«I protagonisti dell'antipolitica», serie a cura di Pino Corrias

PRINCIPIO ATTIVO

Inchieste e reportage

Soci: Gruppo editoriale Mauri Spagnol S.p.A.
Lorenzo Fazio (direttore editoriale)
Sandro Parenzo
Guido Roberto Vitale (con Paolonia Immobiliare S.p.A.)
Sede: via Guerrazzi 9, 20145 Milano

ISBN 978-88-6190-484-2

Prima edizione: dicembre 2013

www.chiarelettere.it
BLOG / INTERVISTE / LIBRI IN USCITA

Marco Travaglio

Viva il Re!

chiarelettere

Sommario

VIVA IL RE!

L'Imbalsamatore (2012-2013) 327

Sir Bis (2013-2020?) 399

VIVA IL RE!

Ringraziamenti
Voglio ringraziare Valentina Abaterusso, Fabrizio d'Esposito, Eduardo Di Blasi, Maurizio Donati, Eloisa Marra, Antonella Mascali, Elvira Modugno, Luca e Sabrina Motta e Carlo Tecce per il prezioso aiuto.

Ad Alessandro
(che ha diciotto anni)
e a Elisa
(che ne ha quindici)

La persona del re è sacra e inviolabile.
Articolo 2 dello Statuto albertino, 8 febbraio 1848

Non c'è niente da fare. Sembra proprio che il popolo italiano
non voglia essere governato. E ha ragione. Ha paura che se vincono
troppo quelli di là, viene fuori una dittatura di sinistra.
Se vincono troppo quegli altri, viene fuori una dittatura di destra.
La dittatura di centro invece... quella gli va bene. Auguri!
Giorgio Gaber, 1996

Non le lotte e le discussioni dovevano impaurire,
ma la concordia ignava e le unanimità dei consensi.
Luigi Einaudi, «Corriere della Sera», 22 agosto 1948

Ecco il nostro telegramma di congratulazioni e auguri a Sandro Pertini:
«Che Dio Le conceda il coraggio, presidente, di fare le cose
che si possono e che si debbono fare; l'umiltà di rinunziare
a quelle che si possono ma non si debbono,
e a quelle che si debbono ma non si possono fare;
e la saggezza di distinguere sempre le une dalle altre».
Indro Montanelli, «il Giornale», 9 luglio 1978

Questo libro

Se uno dei Padri costituenti, quelli veri, quelli del 1946-1947, tornasse miracolosamente in vita, salisse sul campanile del Quirinale e di lì desse un'occhiata all'Italia, chiamerebbe giù tutti gli altri per domandare loro, angosciato: «Scusate, ricordo male o nella Costituzione avevamo scritto Repubblica parlamentare?». Perché l'Italia del 2013 a tutto somiglia – a una monarchia, a un principato, a un sultanato, a un emirato, a un'aristocrazia basata sull'anzianità, a una tecnocrazia a sovranità limitatissima, al massimo a una Repubblica presidenziale – fuorché a una Repubblica parlamentare. E questo si deve a Giorgio Napolitano, l'uomo che fin da giovane gli amici chiamavano scherzosamente «il figlio del re» per la sua straordinaria somiglianza con Umberto II di Savoia. E che ora, paradosso della storia, si è fatto lui stesso re.

Quella che state per leggere non è una biografia. Ce ne sono già fin troppe, una se l'è addirittura scritta lui. Questo è ciò che manca nelle altre. La controstoria del primo presidente della Repubblica che ha concesso il bis, contro lo spirito della Costituzione e contro tutto quello che aveva giurato fino al giorno prima della sua rielezione. Alla veneranda età di ottantotto anni: quando un cittadino non può più guidare l'automobile. Ma lo Stato sì.

Chi cercasse i pregi e i meriti del politico integerrimo, insigne statista, fervido patriota, marito fedele e padre esemplare, dirigente comunista e postcomunista, parlamentare ed eurodeputato, europeista convinto, presidente della Camera, ministro dell'Interno, senatore a vita, poi capo dello Stato e ri-capo dello

Stato, li troverà da un'altra parte: nell'abbondante produzione saggistica, storica, biografica e soprattutto agiografica che affolla le biblioteche da quando Giorgio Napolitano è divenuto l'uomo più potente del paese. Qui invece si racconta il suo lato B, finora – salvo rare eccezioni – ignorato o relegato nel dimenticatoio, alla voce «lesa maestà». Di cose che non vanno, nella sua carriera e soprattutto nei suoi sette anni e mezzo al Quirinale, ma anche prima, ce ne sono parecchie: pensieri, parole, opere e omissioni. In un altro paese, un paese davvero democratico intendo, se ne discuterebbe liberamente e laicamente. In Italia è come se fosse vietato. Tabù. Non lo è (ancora) per legge: lo è nei fatti.

Il Presidente Monarca

A mano a mano che il presidente, giorno dopo giorno, con la scusa di «emergenze» più o meno effettive o create ad arte, allargava i suoi poteri restringendo tutti gli altri, la sua figura in carne e ossa si marmorizzava in un monumento intoccabile, impunibile, incriticabile, indiscutibile, addirittura inascoltabile. Se sia stato lui il primo a credersi il Salvatore della Patria o se l'abbiano convinto la corte dei *laudatores* che lo circondano e i partiti incapaci che strisciano ai suoi piedi, è tema di dibattito. Sta di fatto che, fra uno strappo oggi, una forzatura domani e un abuso dopodomani, è diventato quello che tutti vediamo: il capo dello Stato di Emergenza, di Eccezione e di Necessità, che tutto può, anzi tutto deve. Un delirio di onnipotenza che probabilmente l'ha colto in buona fede: ma questa non è un'attenuante, anzi potrebbe essere un'aggravante. E spiega perché i nostri lungimiranti costituenti ritennero che sette anni al Quirinale potessero bastare e avanzare, anche se non lo scrissero esplicitamente per evitare una Carta troppo rigida.

Nel suo primo settennato e mezzo, il Presidente Monarca ha impartito ordini categorici e imperativi per tutti (quelli che i turiferari chiamano eufemisticamente «moniti»): ai parlamenti, ai governi, ai partiti di maggioranza e di opposizione, agli elettori, ai magistrati, alla Corte costituzionale (sia pur velatamente), ai giornalisti di carta, tv e web, ai movimenti di piazza, ai sindacati, agli storici, agli intellettuali, persino a calciatori, produttori, registi e attori. Mancano, forse, i cantanti e i trapezisti, ma c'è ancora tanto tempo per colmare la lacuna. E più lui tracimava ed esondava, più chi doveva frenarlo e arginarlo si ritirava.

Piero Calamandrei definì il presidente della Repubblica «vox Constitutionis». Certo sognare, nella società della comunicazione, un presidente silente e taglianastri sarebbe ridicolo. Oggi fa sorridere pensare a quando, negli anni Cinquanta, la prima esternazione informale del presidente Giovanni Gronchi suscitò un acceso dibattito fra i costituzionalisti sul tema: può il capo dello Stato parlare? Quindi il problema non è la «vox»: è quel che segue, cioè la «Constitutio». Quello che fa quando dice e dice quando fa Giorgio Napolitano è conforme alla Costituzione oppure no? Può un presidente della Repubblica che ha giurato sulla Costituzione – quella vera, quella del 1948 – modificarla progressivamente a sua immagine e somiglianza, e intanto sollecitare continuamente i partiti a riformarla? Nel 2006, quando lo fece per la prima volta nel suo discorso di insediamento numero uno alle Camere riunite, Francesco Cossiga lo rimarcò subito: «Se avessi parlato io di modifiche della Costituzione, di bipolarismo e di altre cose di natura squisitamente politica, così come lui ha fatto giustamente (poiché, intelligente e sensibile politicamente com'è, ha ben compreso che il fatto che il presidente della Repubblica debba essere super partes è un'enorme sciocchezza), i membri dei gruppi parlamentari del Pci, lui e Augusto Barbera esclusi, avrebbero raccolto le firme per sollevare l'impeachment nei miei confronti, come avevano già fatto per aver io detto molto di meno».

In realtà, con buona pace di Napolitano (e anche di Cossiga), i poteri e i limiti del presidente sono chiaramente, rigidamente codificati nella Costituzione.

Art. 85. Il presidente della Repubblica è eletto per sette anni.

Art. 87. Il presidente della Repubblica è il capo dello Stato e rappresenta l'unità nazionale. Può inviare messaggi alle Camere. Indice le elezioni delle nuove Camere e ne fissa la prima riunione. Autorizza la presentazione alle Camere dei disegni di legge di iniziativa del governo. Promulga le leggi ed emana i decreti aventi valore di legge e i regolamenti. Indice il referendum popolare nei casi previsti dalla Costituzione. Nomina, nei casi indicati dalla legge, i funzionari dello Stato. Accredita e riceve i rappresentanti diplomatici, ratifica i trattati internazionali, previa, quando occorra, l'autorizzazione delle Camere. Ha il comando delle forze armate, presiede il Consiglio supremo di difesa costituito secondo la legge, dichiara lo stato di guerra deliberato dalle Camere. Presiede il Consiglio superiore della magistratura. Può concedere grazia e commutare le pene. Conferisce le onorificenze della Repubblica.

Art. 88. Il presidente della Repubblica può, sentiti i loro presidenti, sciogliere le Camere o anche una sola di esse. Non può esercitare tale facoltà negli ultimi sei mesi del suo mandato, salvo che essi coincidano in tutto o in parte con gli ultimi sei mesi della legislatura.

Art. 89. Nessun atto del presidente della Repubblica è valido se non è controfirmato dai ministri proponenti, che ne assumono la responsabilità. Gli atti che hanno valore legislativo e gli altri indicati dalla legge sono controfirmati anche dal presidente del Consiglio dei ministri.

Art. 90. Il presidente della Repubblica non è responsabile degli atti compiuti nell'esercizio delle sue funzioni, tranne che per alto tradimento o per attentato alla Costituzione. In tali casi è messo in stato di accusa dal parlamento in seduta comune, a maggioranza assoluta dei suoi membri.

Art. 91. Il presidente della Repubblica, prima di assumere le sue funzioni, presta giuramento di fedeltà alla Repubblica e di osservanza della Costituzione dinanzi al parlamento in seduta comune.

Art. 92. [...] Il presidente della Repubblica nomina il presidente del Consiglio dei ministri e, su proposta di questo, i ministri.

Art. 93. Il presidente del Consiglio dei ministri e i ministri, prima di assumere le funzioni, prestano giuramento nelle mani del presidente della Repubblica.

Inoltre può nominare fino a cinque senatori a vita (*art. 59*) e promulgare le leggi approvate dal parlamento entro un mese (*art. 73*) o rinviarle alle Camere almeno la prima volta, «con messaggio motivato» per «chiedere una nuova deliberazione» (*art. 74*); sciogliere consigli regionali e rimuovere presidenti di giunte regionali «che abbiano compiuto atti contrari alla Costituzione o gravi violazioni di legge», oppure «per ragioni di sicurezza nazionale» (*art. 136*). Infine nomina un terzo dei componenti della Corte costituzionale (*art. 135*). Punto.

È il perfetto ritratto dell'arbitro super partes. A questo punto, delle due l'una: o sbaglia la Costituzione repubblicana, o sbaglia continuamente Giorgio Napolitano.

Il Grande Imbalsamatore

Nulla di ciò che fa e dice è mai lasciato al caso. In questi anni di democrazia sottovuoto spinto, per mancanza di veri politici e di una vera politica, l'unico disegno chiaro e netto è stato ed è il suo. E lui lo persegue con certosina, scientifica, pervicace metodicità, essendosi – o essendo stato – convinto di essere l'unica salvezza possibile per l'Italia. Affiancato da un poderoso esercito di corazzieri che lui, via via, è andato reclutando con alcuni reduci del vecchio Pci migliorista e del Psi craxiano, oppure ingaggiando ex novo e sistemando nei partiti, nelle istituzioni italiane ed europee, nel sottogoverno nazionale e locale, nel funzionariato di Stato, nella magistratura, nei giornali, nelle tv, nel mondo dell'economia, della finanza (anche internazionale), delle forze dell'ordine, delle forze armate, dei servizi di sicurezza, della cultura. In fondo il suo sistema di potere l'aveva costruito così già prima di ascendere al Colle: i «miglioristi», nel Pci, erano noti per avere pochissimi voti, ma un'impressionante rete di relazioni nelle stanze e nei palazzi che contano. E quella rete Napolitano ha enormemente irrobustito una volta salito al Colle

Una prova? Le sue quattro telefonate con Nicola Mancino, intercettate a Palermo nell'inchiesta sulla Trattativa, sono state distrutte, ma le conoscono diverse decine di persone. Eppure il segreto resiste impenetrabile nel paese delle fughe di notizie, da ormai due anni.

Alcuni fanno risalire il disegno politico di Napolitano alla sua «testa» di uomo della Prima repubblica. Altri alla sua cultura comunista (nella versione italiota del togliattismo) mai davvero abbandonata. Anzi conservata nella sua concezione dei rapporti fra i poteri dello Stato. Una concezione malata del «primato della politica» che lui inizialmente individuava nella supremazia del (suo) partito, poi dei partiti (tutti) e ultimamente solo di quelli che obbediscono a lui. Al di sopra non c'è nulla: neppure la legge, neppure la Costituzione. Il parlamento come primo potere di controllo «terzo» e poi la magistratura, la libera stampa, l'opinione pubblica, le autorità indipendenti e gli altri contrappesi – quelli che Paolo Sylos Labini chiamava «gli anticorpi» dello Stato liberale e di diritto – devono inchinarsi e rassegnarsi.

Siccome i partiti sono deboli, tendenti all'evanescenza, hanno bisogno di un padre e di un maestro, anzi di un istitutore che li prenda per mano e li conduca dove vuole lui, perché solo lui sa che cosa è meglio per loro, dunque per noi. Il fatto che la Costituzione non lo preveda o che i cittadini non siano d'accordo conta poco. Ciò che decidono gli elettori viene regolarmente sopito e troncato dal Conte Zio della Repubblica, che vede e provvede per tutti, consultandosi nelle segrete stanze con i pochi soggetti che lui ritiene legittimati a decidere per tutti. Il sia pur rozzo ed embrionale sistema bipolare nato nel 1994 con la legge elettorale maggioritaria è il meno adatto al suo disegno. Infatti, appena salito sul Colle più alto nel maggio del 2006, Napolitano si impegnò subito a indebolirlo, entrando in rotta di collisione con Romano Prodi, che si ostinava a governare con la sua esile maggioranza di centrosinistra uscita dalle urne, senza abbracciare l'opposizione berlusconiana nelle agognate (dal Quirinale) larghe intese. E persino quando il Cavaliere stravinse le elezioni del 2008 con un'amplissima maggioranza alla Camera e persino al Senato, Napolitano continuò a predicare il dialogo a chi doveva opporsi alle politiche eversive e illegali del governo. Ma il meglio lo diede quando poté fabbricarsi in casa due governi – il Montalitano e il Napolettano – a sua immagine e somiglianza, all'insaputa degli elettori, o addirittura contro la loro volontà. I governi di «larghe intese» che tagliano le odiatissime (da lui) «ali» estreme: la Lega e le destre più destre da una parte, la sinistra di Sel & C. dall'altra, il MoVimento 5 Stelle tutt'intorno. E pazienza se quest'ultima è la forza più votata, almeno tra gli elettori italiani.

Ad avvantaggiarsi delle continue dosi di cloroformio e bromuro iniettate dal Grande Anestesista in chi avrebbe dovuto contrastare il nascente regime, e già lo faceva poco e male di suo, fu naturalmente il Cavaliere. I moniti alla pacificazione e ad «abbassare i toni», in apparenza imparziali, erano sempre sbilanciati da una sola parte. Perché Berlusconi ha sempre avuto mille armi, anche truccate, illegali e sotterranee, per condizionare la politica: gli altri invece, al confronto, erano disarmati e, le rare volte che non lo erano, provvedeva lui a disarmarli. Intanto il delinquente di Arcore spostava l'asticella dell'intollerabile sempre più in alto. Cercare la via mediana fra un centrosinistra immobile e un centrodestra che galoppa continuamente verso l'eversione porta non al giusto, ma all'ingiusto mezzo. Non all'equidistanza, ma all'equivicinanza.

Chiunque guasti la «bipartisanship» diventa un disturbatore della quiete pubblica da ammonire, anzi da monitare, disperdere e neutralizzare: oppositori che si oppongono, magistrati senza guinzaglio che scoprono i delitti del potere, giornalisti senza bavaglio, sindacalisti senza mordacchia, intellettuali disorganici. Per sette anni e mezzo, all'inizio morbidamente e poi vieppiù aspramente, il Grande Imbalsamatore ha ottenuto di far sparire dalla scena porzioni sempre più vaste di realtà, soltanto perché minacciavano il suo disegno emolliente. E addio princìpi irriducibili e irrinunciabili: solo rapporti di forza.

Il Re Taumaturgo

Se Napolitano avesse dedicato ai crimini di Stato (e spesso di mafia), alle ruberie di Casta, alle sconcezze della Protezione civile e delle «grandi opere», ai delitti dell'Ilva, agli abusi della Fiat contro i lavoratori, alle razzie dei banchieri e dei top manager (o magnager) un centesimo dei moniti che ha riservato ai magistrati che via via li scoperchiavano, questo libro non avrebbe motivo di esistere. Invece, su tutti quegli orrori, nella rassegna stampa del Quirinale non risulta praticamente nulla, se non qualche fervorino di circostanza, seguito da incredibili aperture di credito. Come il continuo martellamento sul supposto «scontro fra politica e magistratura». Tante sono le cose che il Presidente Incontinente ha detto, a proposito ma soprattutto a sproposito, da distogliere l'attenzione generale da quello che non ha mai detto. E che invece, se fosse stato un arbitro davvero imparziale, avrebbe dovuto dire.

Lo stesso vale, ma elevato al cubo, per il caso Berlusconi, da lui trattato come un normale politico di centrodestra e non come un criminale matricolato, titolare del più ciclopico conflitto d'interessi che la storia politica ricordi. Oscar Luigi Scalfaro e Carlo Azeglio Ciampi riconobbero, ciascuno a modo suo, quell'indecente anomalia, e si comportarono di conseguenza: pronunciando tanti (il primo) e qualche (il secondo) «No» alle irrefrenabili derive eversive del Caimano. Napolitano, quasi mai. Mai un monito sullo strapotere televisivo, sul dominio abusivo dell'etere privato e sull'illegale occupazione di mezza Rai. Mai un rifiuto di firmare una legge vergogna fabbricata su misura per i suoi processi. Non una parola neppure quando, per riprendersi la maggioranza in parlamento che Fini e i suoi avevano ridotto a minoranza, Berlusconi diede vita alla più ributtante compravendita di parlamentari mai vista, e alla luce del sole. Imporre un altolà in una a caso di quelle mille occasioni avrebbe scatenato la reazione dell'eversore: dunque, meglio tacere e acconsentire per quieto vivere. Come se fosse sempre l'ultima volta, che invece diventava regolarmente la penultima, autorizzando l'Utilizzatore Finale a riprovarci alla prima occasione.

Il Caimano è stato per molti anni utile e funzionale ai disegni del Re Taumaturgo. E, finché è servito, è stato tenuto in vita, anche artificialmente, tollerando l'intollerabile. Berlusconi ha usato Napolitano e Napolitano ha usato Berlusconi. Fino alla rielezione del presidente (patrocinata da lui) e alla nascita del governissimo di Letta jr. (scelto da lui), in cambio della sua permanenza nella stanza dei bottoni dopo le rovinose elezioni del 2013. Tanto – era il retropensiero – il Cavaliere ha il guinzaglio corto delle condanne e non si permetterà colpi di testa per non giocarsi la grazia. Quando poi, malgrado i ripetuti moniti al «passo indietro» in cambio della clemenza presidenziale, il sodale ha fatto di testa sua e si è ribellato, è stato «posato». Scaricato. E il Quirinale ha cambiato cavallo, puntando tutto sui «governisti» al seguito di Angelino Alfano. Nella convinzione, tutta ancora da verificare, che la frattura nel Pdl sia autentica, e non un gioco delle parti da inscenare fino al giorno delle prossime elezioni.

La progressiva demolizione del bipolarismo a opera di Napolitano si corona oggi, proprio mentre chiudo questo libro, con tutti i partiti della maggioranza – Pdl, Pd e Scelta civica – spaccati a metà tra filogovernativi (rispettivamente con Alfano, Letta jr. e Casini) e antigovernativi (con Berlusconi, Renzi e Monti). La faglia longitudinale che li attraversa tutti e tre ha un solo vero padre. Cioè colui che ha imposto ai tre partiti quest'alleanza innaturale. Cioè Giorgio Napolitano. Che, dopo aver dissanguato il suo ex partito imponendogli di salvare Berlusconi nel 2011 (governo Monti anziché elezioni anticipate) e poi di allearsi nuovamente con lui (larghe intese con Letta jr. anziché governo provvisorio di pochi mesi per rifare la legge elettorale e tornare a votare), sta spappolando anche gli altri. Persino i 5 Stelle, che un partito non sono, hanno subìto defezioni e aspre polemiche interne proprio sulla prospettiva di subentrare all'eventuale defezione del Caimano in una nuova maggioranza per il Letta-bis sotto l'alto patrocinio del presidente. Il quale, ora, ha finalmente un partito tutto suo, sia pure disseminato un po' nel Pd, un po' nel Pdl, un po' in Scelta civica. Dopo i governi del presidente, il partito del presidente. Un partito tutto rivolto alla restaurazione e alla manutenzione del passato: anche perché, alla soglia dei novant'anni, è difficile immaginare il futuro.

Siccome però il diavolo fa le pentole, ma non i coperchi, non tutto è andato per il verso giusto. Al Quirinale non avevano ancora finito di festeggiare la dipartita politica dei nemici Di Pietro e Ingroia, quando hanno dovuto ingoiare l'irrompere nel Palazzo di una forza altrettanto incontrollabile, e per giunta ben più nutrita: i 5 Stelle. Che, pur con tutti i loro errori e ingenuità, si sono installati in parlamento a fare ciò che nessuno, salvo rare eccezioni, aveva mai osato fare dal 2006 a oggi, e anche prima: un'opposizione magari sgangherata, ma irriducibile e non addomesticabile dall'alto. La reazione di Napolitano dinanzi a quei marziani che non riesce a controllare è stata talvolta scomposta e rabbiosa, smascherando definitivamente la natura non arbitrale e non imparziale della sua presidenza.

E immediatamente i sondaggi ne hanno risentito. Ancora nel gennaio del 2011, secondo l'Osservatorio Ispo di Renato Mannheimer sul «Corriere della Sera», il presidente riscuoteva un consenso dell'84 per cento: un plebiscito trasversale, rimasto costante in tutto il primo quinquennio del suo mandato. Poi lo scandalo delle telefonate con Mancino, nell'estate del 2012, e l'impopolarità del governo Monti lo fecero precipitare. Il 26 aprile 2013, dopo la rielezione, la fiducia degli italiani in Napolitano era scesa al 61 per cento. A fine giugno era calata al 55. Il 6 settembre, dopo quattro mesi di governo Letta, l'istituto di sondaggi Swg lo dava per la prima volta ben al di sotto del 50, precisamente al 43. Con un lieve recupero, il 27 settembre, al 48 per cento. Ma sempre sotto la soglia di maggioranza: meno della metà degli italiani si fida delle sue scelte e lo considera il «presidente di tutti».

Il Pilota Automatico

Il 7 marzo 2013, all'indomani delle elezioni-terremoto in Italia, il governatore di Bankitalia Mario Draghi disse di non nutrire soverchi timori per il dirompente risultato e ironizzò sull'«eccitazione dei politici e dei giornalisti». In Italia, spiegò, «gran parte delle misure di consolidamento dei conti continueranno a procedere con il pilota automatico». E, dal suo punto di vista, aveva ragione: il pilota automatico è Napolitano, il subcommissario della commissariatissima democrazia italiana. Purtroppo, però, quello del Pilota Automatico è una figura sconosciuta nella nostra Costituzione. E fa sorridere la scusa inventata nel 2012 da Napolitano per giustificare il conflitto d'attribuzioni fra sé e la Procura di Palermo dinanzi alla Consulta: cioè – citando l'incolpevole Luigi Einaudi – il dovere del presidente della Repubblica di «trasmettere al suo successore, immuni da qualsiasi incrinatura, le facoltà che la Costituzione gli attribuisce». Magari fosse così. Purtroppo non lo è, anche a causa della sciagurata sentenza della Consulta che – come aveva previsto Gustavo Zagrebelsky – non solo perse la sua terzietà prestando il fianco all'accusa di «cortigianeria»; ma soprattutto stravolse la figura del capo dello Stato, per giunta con una «revisione» e un «mutamento della Costituzione» in una forma vietata dall'articolo 138 (che consente di modificare la Carta fondamentale soltanto con legge costituzionale).

Quella che Re Giorgio consegnerà al suo successore, quando si deciderà a scendere dal Colle, è una figura mostruosa che nulla ha a che vedere con quella disegnata dai Padri costituenti: quella, appunto, del Pilota Automatico. Persino Francesco Cossiga, il presidente esternatore e picconatore per antonomasia, aveva consegnato pressoché intatta la presidenza della Repubblica a Scalfaro: blaterava, insultava, polemizzava, litigava, minacciava, talvolta delirava, ma la sostanza dei poteri presidenziali non osò intaccarla praticamente mai. Perché fece tutto, abusi di potere inclusi, alla luce del sole. Lo stesso non si può dire di Napolitano e delle sue forzature costituzionali, sia quelle palesi, sia quelle occulte e segrete, che conosciamo soltanto in parte, almeno per il momento. Eppure, ai tempi di Cossiga al Quirinale, Napolitano aveva tutt'altra idea delle funzioni e soprattutto dei limiti del presidente della Repubblica. Così come del diritto delle opposizioni e della libera stampa di attaccarlo, di criticarlo, addirittura di chiederne l'impeachment o almeno le dimissioni per alto tradimento e attentato alla Costituzione.

Quando l'impeachment lo chiedeva Lui

Nella primavera del 1991 la Prima repubblica agonizza sotto i colpi di Mani pulite, della Lega Nord e dei referendum elettorali di Mario Segni. Cossiga s'è convinto che il premier Giulio Andreotti, spalancando gli archivi dei servizi segreti di Forte Braschi al pm veneziano Felice Casson che indaga su Gladio (la struttura paramilitare clandestina Stay Behind messa in piedi nei paesi Nato negli anni Cinquanta-Sessanta, per l'eventualità di un intervento sovietico in Europa, e seguita per un certo periodo dall'allora sottosegretario all'Interno Cossiga), abbia aperto le ostilità contro di lui per indurlo anzitempo alle dimissioni e prendere il suo posto. Il tutto con l'appoggio del Pds di Achille Occhetto e del «partito trasversale» che va dalla sinistra Dc di Ciriaco De Mita al gruppo Repubblica-l'Espresso. Per questo inizia a esternare a destra e a manca per levarsi «i sassolini dalle scarpe» e poi a «picconare» a tutto spiano i suoi nemici veri o presunti, risparmiando soltanto il Psi e il Msi (i soli a difenderlo a spada tratta). E attirandosi i fulmini di tutto l'arco costituzionale, «la Repubblica» di Eugenio Scalfari in prima linea, che lo attacca su tutto: Gladio, la P2, Ustica, il caso Moro (tutti fatti già ampiamente noti nel 1985, quando anche l'allora Pci contribuì a eleggerlo con un'amplissima maggioranza al Quirinale). Un'escalation senza fine.

Il 22 marzo 1991 Napolitano, allora ministro degli Esteri del «governo ombra» del Pds, dichiara: «Non c'è un problema del Pds nei rapporti con il presidente Cossiga. Non è neanche un problema dell'opposizione. È un problema oggettivo. Il nostro dissenso e sconcerto è quello delle altre parti politiche. È di interesse generale un chiarimento sulle dichiarazioni di Cossiga, al quale rivolgiamo l'appello a ritornare sul trono». E a tapparsi la bocca. Due giorni dopo si appella alle «forze politiche democratiche» per «una comune assunzione di responsabilità» insieme al governo, finalizzata a «ricercare chiarimenti e risposte che possano garantire una serena dialettica tra i poteri democratici». «È singolare – aggiunge Napolitano – che il presidente Cossiga non veda come tutte le voci più rappresentative dell'opinione pubblica abbiano in questi giorni espresso sconcerto e inquietudine per le sue dichiarazioni e le sue sempre più concitate reazioni. Non c'è alcun attacco nei suoi confronti mosso per pregiudizio o calcolo dal Pds. C'è solo un'esigenza ormai generalmente riconosciuta di rispetto dei limiti entro cui la Costituzione colloca il ruolo del presidente della Repubblica ed entro cui è consigliabile e necessario che quel ruolo venga esercitato.»

Il 1° maggio Giuliano Amato, vicesegretario del Psi di Craxi, spara a zero contro chi critica il Colle: «Il capo dello Stato è oggetto di un'autentica campagna che, a ondate successive, persegue l'esplicito scopo di destabilizzare le istituzioni». Più o meno con le stesse parole, nel giugno del 2012, all'esplodere dello scandalo delle telefonate Mancino-D'Ambrosio sull'inchiesta della Procura di Palermo sulla trattativa Stato-mafia, Napolitano denuncerà «una campagna di insinuazioni e sospetti nei confronti del presidente della Repubblica». Peccato che ventuno anni prima, quando sotto attacco c'era Cossiga, Napolitano la pensasse molto diversamente.

Il 2 maggio 1991 il cronista politico dell'«Unità» Pasquale Cascella intervista l'allora presidente dei senatori Dc, Nicola Mancino, con domande-assist del tipo: «Qui girano sospetti di un complotto...». Mancino raccoglie: «Amato farebbe bene a fare nomi e cognomi dei complottatori. Per quanto ci riguarda l'idea di una nostra compartecipazione al complotto è semplicemente ridicola». Cascella non è un omonimo del Cascella che diventerà portavoce di Napolitano e insorgerà sdegnato a ogni pallida critica al presidente (non Cossiga, Napolitano): è sempre lui.

E chi scende in campo, nel 1991, in difesa di Mancino e della libertà di attacco al Colle? Napolitano. Il 3 maggio, in un duro articolo sulla prima pagina dell'«Unità», il futuro cultore dell'intoccabilità del Quirinale (se occupato da lui) manda a dire al futuro amico Amato: «C'è da chiedersi a chi possa giovare il sempre più ostentato schierarsi del Psi come "partito del presidente", contro tutti i supposti protagonisti e complici di un presunto complotto contro il capo dello Stato». Non solo:

«Cossiga – sostiene il Napolitano modello 1991 – è purtroppo attivamente coinvolto in una spirale di quotidiane polemiche, di difese e di attacchi di carattere personale e politico, fino alla sconcertante e francamente inquietante distribuzione di etichette e di voti a giornali» (le stesse etichette e gli stessi voti che Napolitano, ventun anni dopo, appiopperà ai pochissimi giornalisti critici, come quelli del «Fatto Quotidiano»). Poi assesta l'ultimo ceffone al braccio destro di Craxi: «Perché Amato non confuta nel merito le tesi di chiunque tra noi, come sarebbe legittimo, anziché emettere indistinte denunce, riferendosi a una campagna contro il capo dello Stato che sarebbe stata promossa non si sa bene da chi e per quali calcoli, e di cui sarebbe partecipe il Pds? Non ci si risponda con la facile formula del "partito trasversale"».

Amato, nella sua replica, non evoca il partito trasversale, ma – con ventuno anni di anticipo – l'asse Napolitano-Mancino: «Ho parlato di campagna, non di complotto. Spiace dover constatare che prima Mancino, poi Napolitano ritengano che si tratti della stessa cosa». Proprio come nel 2012 nel caso Trattativa: campagna, complotto, notizie, tutto uguale, tutto sbagliato, tutto vietato. Anche Scalfari, nel 1991, accusa Cossiga e i suoi supporter di «attentato alla libertà di stampa». Ma pure lui, come Napolitano, avrà modo di ricredersi, attaccando come eversore chiunque oserà criticare l'amico Giorgio. E, dimenticando che in tutte le democrazie, a partire dagli Usa con i casi di Nixon, di Clinton e di Bush jr., i presidenti sono costantemente sotto tiro della libera stampa. E che anche in Italia è sempre stato così, anche per merito suo: fu proprio Scalfari, insieme a Lino Jannuzzi sull'«Espresso», l'autore del famoso scoop sulle presunte tentazioni golpiste del presidente Antonio Segni e del generale Giovanni De Lorenzo coinvolti nel «piano Solo». E fu proprio «l'Espresso» fondato da Scalfari a condurre insieme a Camilla Cederna la durissima polemica contro Giovanni Leone, costretto alle dimissioni anticipate nel 1978, all'indomani del sequestro e della morte di Aldo Moro (dunque in un momento storico per la politica italiana ben più delicato di quello attuale). Salvo poi, nel 2012, bollare come «destabilizzante» la presunta «campagna in corso da tempo contro il Quirinale», cioè contro Napolitano, con «una virulenza che va molto al di là del sacrosanto diritto di informazione e di critica». Forse che i capi dello Stato si possono criticare e attaccare solo quando non piacciono a Scalfari?

Il 20 maggio 1991 Napolitano torna a puntare il dito contro «i comportamenti di Cossiga, divenuti inquietanti perché si sono trasformati in un coinvolgimento attivo della massima autorità istituzionale della Repubblica in una spirale di polemiche quotidiane e di forzature istituzionali». Parole che oggi si attaglierebbero benissimo a certi comportamenti inquietanti del presidente Napolitano. Il quale ventun anni fa dissente dalla decisione del segretario e del presidente del Pds, Occhetto e Stefano Rodotà, di presentare quattro interpellanze parlamentari contro Cossiga. Ma non per il merito, solo per il metodo: lui preferirebbe coinvolgere tutti i partiti in un comune pressing per far dimettere il capo dello Stato, in nome della «libertà di critica che discende dal principio della responsabilità politica "diffusa" del presidente della Repubblica» (22 maggio).

Lo stesso accade quando il vertice del partito prepara la richiesta di messa in stato di accusa di Cossiga per alto tradimento e attentato alla Costituzione (il cosiddetto impeachment): le prove addotte in un dossier di quaranta cartelle, scritto da più mani sotto la supervisione di Luciano Violante, sono una lunga «concatenazione logica e temporale» di atti compiuti dal capo dello Stato «volti intenzionalmente a modificare la forma di governo» in senso presidenziale, «estendendo le proprie funzioni e prerogative» ben oltre il dettato costituzionale. Anzitutto «interferendo illegalmente nelle attività del legislativo, dell'esecutivo e del giudiziario» e avviando così «l'esercizio di una propria funzione governante», «altamente pericolosa perché non sostenuta da alcuna responsabilità politica». Inoltre Cossiga avrebbe «aperto un incostituzionale circuito tra partiti e presidente» e si sarebbe comportato da «capo di un partito», violando il suo «inderogabile dovere di imparzialità», anche con «la strumentalizzazione dei media per conquistarsi una parte dominante nei conflitti da lui stesso aperti». Avrebbe poi «usurpato il potere politico che spetta in esclusiva al parlamento», «gravemente interferito nell'attività di governo» e «delegittimato magistrati che prendono decisioni a lui sgradite» anche quando «la decisione lo riguarda direttamente». Infine «si è fatto portatore di un personale disegno per la soluzione della crisi italiana che prevede lo scavalcamento delle regole fissate dalla Costituzione per modificare la forma di governo e la stessa Costituzione». Insomma, non ha perpetrato «un colpo di Stato nelle forme classiche», ma una serie di «atti seriamente diretti non a compiere un "semplice" abuso, ma ad alterare illegittimamente i rapporti tra i poteri dello Stato». Pare il ritratto della futura presidenza Napolitano. Invece il Pds sta parlando di Cossiga.

Napolitano e i suoi miglioristi, nel 1991, discutono il metodo dell'impeachment, che isolerebbe il Pds e non otterrebbe mai la maggioranza in parlamento, ma non il merito delle accuse, che anzi pienamente condividono. E, per sbarazzarsi del presidente golpista, preferirebbero una campagna comune fra tutti gli avversari di Cossiga per costringerlo ad andarsene anzitempo. «Non ho dubbi – dice Napolitano il 22 novembre – sulla gravità dei comportamenti e interventi come quelli del capo dello Stato.» E nega che i suoi distinguo sulla messa in stato d'accusa siano «una dissociazione» dalla linea del partito.

«Il presidente fa politica» (ma non è lui)

Il 25 novembre il coordinamento politico del Pds dà mandato ai gruppi parlamentari di chiedere l'impeachment per il presidente, che ben presto verrà approvato a larghissima maggioranza. Napolitano e gli altri miglioristi (Emanuele Macaluso, Gianni Pellicani e Umberto Ranieri) confermano che «l'esigenza di porre un limite ai comportamenti inammissibili del presidente Cossiga ci ha visti uniti. È nostra opinione che tutte le forze democratiche dovrebbero convenire nel giudicare inevitabile che Francesco Cossiga tragga le conseguenze della scelta da lui già compiuta di assumere un ruolo politico incompatibile con la funzione di presidente della Repubblica». E il Pds dovrà valutare «le molteplici iniziative che possono essere assunte al fine di fermare un processo di allarmante degrado istituzionale». Quindi il Napolitano «prima della cura» pensava che un presidente che si assume un «ruolo politico» dovesse andare a casa; quello «dopo la cura» invece assumerà un ruolo politico; ma, lungi dall'andare a casa, si farà riconfermare al Quirinale per altri sette anni.

Cossiga si prende gioco di Napolitano & C. che non vogliono l'impeachment ma chiedono le sue dimissioni, e li chiama «politici vegetariani» perché «non sono né carne né pesce». Intanto Napolitano torna a delimitare quelli che (allora) sono per lui i confini invalicabili per un capo dello Stato: «Occorre in questo momento cruciale sollevare una questione di incompatibilità fra l'aggressivo ruolo politico di parte assunto dal presidente Cossiga e la funzione attribuita dalla Costituzione al presidente della Repubblica, tra un esercizio esorbitante dei poteri presidenziali e la permanenza in quella carica [...]. Riflettano tutti i partiti sul modo di porre questa che può configurarsi come una questione politica di dimissioni del capo dello Stato». Insomma, prosegue il 3 dicembre, «ciascuno eserciti le sue responsabilità, tuteli le sue prerogative senza lasciarsi intimidire, ponendo concretamente argini su diversi terreni in difesa di essenziali principi ed equilibri costituzionali». Il tutto, sulla scorta del parere univoco di ben cinquantun costituzionalisti contro i continui deragliamenti costituzionali di Cossiga. Già, perché all'epoca i costituzionalisti difendevano la Costituzione dal presidente, non il presidente dalla Costituzione.

Il 24 gennaio 1992, mentre il Comitato parlamentare per i procedimenti di accusa esamina le sei denunce (per 29 fattispecie di reato) presentate contro Cossiga da Pds, Radicali, Rifondazione, Verdi, La Rete e Sinistra indipendente, Napolitano si allinea in conferenza stampa con Occhetto, Ugo Pecchioli e Rodotà. E dice: «Tre sono le vie che possono essere percorse: quella dell'impeachment avanzata dal Pds; quella di sollecitare l'atto delle dimissioni del capo dello Stato; e quella che Cossiga indica anche nella sua recente nota, vale a dire astenersi strettamente da interventi impropri». Perché «la situazione di estrema gravità si è ulteriormente deteriorata», in quanto Cossiga ha continuato «a comportarsi in modo sempre più incompatibile con il ruolo di garanzia che la Costituzione attribuisce al presidente della Repubblica». Inoltre, se «il capo dello Stato si considera ingiustamente accusato, nessuno gli contesta il diritto di confutare le accuse, nelle sedi e nelle forme più appropriate; ma altra cosa è ingiuriare coloro che hanno preso l'iniziativa della denuncia». L'impeachment verrà poi archiviato dal parlamento l'11 maggio 1993, quando Cossiga non sarà più presidente da un anno e Napolitano sarà presidente della Camera.

Ce n'è abbastanza per immaginare che oggi il Napolitano del 1991 chiederebbe le dimissioni del Napolitano del 2013.

Prologo
La giornalista e il presidente

Che cosa accade nelle rarissime occasioni in cui un prestigioso editorialista di un autorevole quotidiano si permette di criticare il presidente Giorgio Napolitano? Accade che spesso il presidente Napolitano telefoni personalmente al malcapitato. Oppure gli scriva letterine piccate. È accaduto a Barbara Spinelli, che ben conosce il capo dello Stato perché figlia di Altiero Spinelli, politico e pensatore considerato uno dei padri dell'Europa unita, a cui Napolitano era legato da uno stretto rapporto di solidarietà politica, quando il Pci, soprattutto con Giorgio Amendola, fece propria la scelta europeista. Nel 2008 Barbara scrive sulla «Stampa» alcuni editoriali piuttosto critici sul comportamento del capo dello Stato a proposito della sua personale politica di costante e strenua difesa del governo Berlusconi, in particolare delle firme apposte in calce alle sue leggi vergogna, ma anche del suo atteggiamento sul caso del pm di Catanzaro Luigi de Magistris, sulla perquisizione della Procura di Salerno negli uffici giudiziari catanzaresi e sulle indagini della Procura di Palermo su mafia e politica.

Il 22 dicembre 2008 Napolitano le scrive una lettera molto pesante e offensiva, a metà fra il risentito e l'iracondo, in cui la accusa di avere scritto un articolo «molto spiacevole» e di «nulla sapere» sul caso De Magistris (secondo lei vittima di un «complotto», secondo lui «indifendibile» e malato di «insopportabili protagonismi e divismi»); di essersi fatta subornare da misteriose entità che l'avrebbero «tendenziosamente informata e sollecitata».

Poi si dice disponibile a darle «molti ragguagli da vicino», se lei non «sfuggisse a una discussione ravvicinata».

Barbara Spinelli gli risponde il 3 gennaio 2009, da Parigi.

Parigi, 3 gennaio 2009

Signor Presidente,

sono molto stupita per la lettera che ho ricevuto il 22 dicembre: un giudizio così devastante sul lavoro giornalistico che svolgo, espresso dal presidente della Repubblica, esce dall'ambito del rapporto di amicizia e ha effetti profondi sulla coscienza che ho della mia professione e dei miei rapporti con i lettori. Sono stupita dalle parole usate e dall'indignazione – per non dire l'ira – che suscita un normale articolo sulla giustizia e la politica in Italia.

Le parole usate. Quando si dice che ho scritto «senza nulla sapere della vicenda» cui mi riferisco, «essendo stata tendenziosamente informata e sollecitata», non è la libertà di opinare che si mette in questione, ma certamente l'intelligenza e l'onestà. Pensavo che Giorgio Napolitano conoscesse il mio modo di lavorare. Quando a proposito del pm De Magistris si dice che è stato allontanato perché affetto da divismo e protagonismo, non si fornisce una informazione, ma un cliché. Simili cliché (il *protagonismo* della Forleo o De Magistris, la natura *eversiva* dell'opposizione di Di Pietro) stanno erodendo la democrazia italiana.

L'indignazione sul caso Catanzaro-Salerno. Se tiene fede al patto che ha stretto non con i politici ma con i lettori, il giornalista deve trasmettere a questi ultimi quel che ha accertato sulla base degli elementi noti, e constatare quanto segue: delle due procure, una (Catanzaro) ha compiuto atti di intralcio alla giustizia oltrepassando le proprie competenze; l'altra (Salerno) ha esercitato competenze che la legge le assegna e potrà tutt'al più star commettendo un errore giudiziario nella condotta della sua istruttoria; ma saranno le procedure di difesa e poi di appello a doverlo stabilire, non i partiti, il Csm, l'Anm o la presidenza della Repubblica. A meno di non voler regalare ai magistrati di Catanzaro, accusati di reati gravissimi, una franchigia di impunità assolutamente estranea al principio di uguaglianza di tutti i cittadini dinanzi alla legge (una sorta di lodo Alfano allargato). Perché non pronunciarsi su questa cosa semplice e lasciare che lo slogan «guerra tra le procure» – un ennesimo cliché – confonda il cittadino, discreditando ulteriormente la magistratura? Non sarebbe utile agli italiani una parola chiara di chi, oltre che loro presidente, è presidente del Csm e garante della Costituzione? Che cosa c'è di offensivo nel porre questa domanda, forse anche utile a un capo dello Stato impegnato in un'ardua, sotterranea difesa della democrazia? Perché ciò che è usuale nei più presidenziali dei regimi democratici, la critica al presidente, sembra esser vissuto in Italia come un'offesa all'istituzione?

Infine, non è vero che preferisco sfuggire un incontro ravvicinato. Sono mesi che non vengo in Italia per più di pochissimi giorni, e a una prima lettera del Quirinale avevo risposto con una lunga lettera, il 19 giugno, cui non era seguita una risposta argomentata ma un messaggio interlocutorio. Questo significa che sulla questione centrale – la pericolosità di Berlusconi, come è avvenuto il suo ritorno al potere, la continua sua aggressione alla magistratura e allo Stato di diritto – i giudizi continuano a divergere profondamente. Forse è questo che mi ha spinto, fin qui, a giudicare e scrivere con lo sguardo di un cittadino completamente indipendente, non incline a esser ammesso nei meandri del potere né a entrarvi. Il desiderio di un incontro è vivo, ma se avverrà esso sarà con la giornalista, il cui giudizio può essere guidato solo dalla forza dei fatti e degli argomenti.

Un cordiale saluto, unito a un augurio di anno nuovo anche per Clio.

Barbara Spinelli

A questa lettera, l'8 gennaio 2009 il presidente replica ancor più risentito per l'antica amicizia tradita dalla «signora giornalista» e confessa la sua «sorpresa e delusione» per i giudizi «non obiettivi» e disinformati. Accusa ancora una volta la Spinelli di avere «sposato le tesi di una parte come se si trattasse di verità inconfutabilmente accertate, che il giornalista avrebbe il "dovere di trasmettere" ai lettori». Ed è molto offeso per l'accenno di Barbara al diritto che i giornalisti, in ogni democrazia, hanno di criticare i presidenti della Repubblica. Tant'è che la ringrazia sarcastico «della lezioncina».

Segue un incontro a quattr'occhi al Quirinale il 26 gennaio 2009. Un colloquio aspro, che alla fine lascia i due sulle rispettive posizioni. Chiedo a Barbara Spinelli di raccontarlo per questo libro e lei, consultando gli appunti presi quel giorno su un Moleskine nero, accetta gentilmente di farlo.

Come inizia un colloquio fra una giornalista e il capo dello Stato?
Io gli dico subito che la sua lettera è veramente molto offensiva. E che lui dovrebbe conoscere, per non recente frequentazione personale e per lettura, il mio lavoro di una vita: avrò fatto errori, ma quel che è certo è che non scrivo a comando. Lui mostra stupore, si schermisce accennando un diniego. Io gli faccio presente che non possono essere interpretate diversamente le parole della sua lettera, secondo la quale io sarei «tendenziosamente informata e sollecitata». Soggiungo subito, impedendogli di continuare la sua reazione stupita, che una cosa vorrei gli fosse chiara: a ben vedere sì, sono stata e sono quotidianamente «sollecitata», quando scrivo i miei articoli (avrei voluto dire sono «chiamata», ma mi sono domandata se avrebbe capito).
Sollecitata da chi?
Da persone che purtroppo sono tutte morte e cioè: Bobbio, Sylos Labini, Montanelli, Biagi. Le cose che queste persone dissero fin dall'inizio dell'ascesa di Berlusconi, dieci-quindici anni fa, erano giuste fin da allora e si stanno tutte verificando tali e quali oggi, così come le abbiamo di fronte agli occhi. Sono fedele a loro e di certo sono da loro sollecitata.
E Napolitano?
Abbozza, non sa molto che dire. In apertura aveva citato Sylos Labini in tutt'altro contesto (contesto salottiero, di complicità diciamo così «nobiliare»), ma questa volta non accenna a solidarizzare con lui. Accuratamente evito di citare i viventi, ma aggiungo che chi oggi dice le stesse cose, in politica o sui giornali, dà un

immenso fastidio ed è additato come sovversivo o eversivo, senza che nessuno protesti. Dico poi, visto che ha solo abbozzato, che le cose che ho scritto su di lui sono scorrettamente interpretate come un insulto dannoso. Dovrebbero essere interpretate – visto che son convinta del suo delicato e arduo tentativo di arginare il male – come un aiuto, un contrappeso.

E lui nega che sia così?

No, lui non nega mai: è un muro di gomma, inutile sbatterci contro i pugni. Ma comincia a parlare del suo rapporto con Berlusconi e della persona di Berlusconi come gli appare nei colloqui che ogni tanto ha con lui: è una persona completamente «estranea alla politica» (pare incredibile, ma dice così). E quando gli chiedo di spiegare, afferma che Berlusconi non ha idea delle regole, delle abitudini, delle norme che regolano la vita politica. Mi racconta di un suo colloquio, forse agli inizi della legislatura, con Berlusconi e Tremonti al Quirinale. In sostanza parlò solo Tremonti, era lui il «politico»: disse chiaramente che si preparavano tempi tremendi per l'economia e quello che s'imponeva era un governo di unità nazionale. Berlusconi invece questo tema dell'unità nazionale non lo citava nemmeno allora, subito dopo il voto, quando ancora non era rinato lo scontro con il Pd.

E poi?

E poi Napolitano, quasi per difendersi, mi cita una serie di ministri, cui aggiunge epiteti ingiuriosi e sprezzanti. Tra questi ricordo Brunetta, ministro della Funzione pubblica; La Russa, ministro della Difesa; Maroni, ministro dell'Interno. Ma non elabora. Sono battute mondane.

E tu gli domandi perché, in pubblico, sembri appiattito o quasi sul governo di questa bella gente?

Dice che lui, come capo dello Stato, protesta regolarmente contro il ricorso continuo ai decreti, dice continuamente che non firmerà se non gli sarà fornita una buona motivazione. Gli ricordo i continui ostacoli che frappose al governo dell'Unione. E risponde che non è vero che protestò di più con il governo Prodi. Per esempio, è ostile all'idea di impiegare i militari per compiti di sicurezza urbana in Italia, perché, se continuiamo così, cosa succede con le

missioni all'estero? Dal punto di vista numerico c'è un vero problema, che La Russa ignora. Gli chiedo se non sia il caso di fermare la riforma della giustizia e lui dice che non c'è niente di preciso contro cui muoversi, perché in Berlusconi è quasi tutto soltanto annuncio, anche nel campo della giustizia. Il che fra l'altro non è vero, perché lo scardinamento della giustizia è in pieno corso.
Parlate anche del nascente scontro fra Berlusconi e Fini?
Ne parla lui: ciò che gli dà speranza è l'atteggiamento istituzionale corretto di Fini, presidente della Camera. Proprio in quei giorni Napolitano gli ha telefonato per lamentarsi con lui di Berlusconi a proposito dell'aumento dei militari per garantire la sicurezza nelle città (sollevando la questione delle missioni all'estero). Fini gli ha risposto che ogni giorno si rallegra con se stesso per non aver voluto entrare per una seconda volta in un governo guidato da Berlusconi. Napolitano è dell'opinione che qualcosa si muova, nella maggioranza. Io gli dico: «Vede? Allora non è inutile avere qualcuno che si oppone e critica all'aperto, non solo sotterraneamente o con la "moral suasion"».
Che dice invece del Pd?
Esprime un giudizio negativo, ma estremamente nebuloso e pieno di vecchi cliché. Dice giustamente che il Pd non è capace di prendere posizioni chiare a causa delle correnti che lo abitano (cita il caso della legge sul testamento biologico, un giudizio che condivido). Ma poi si perde in frasi fatte come: il programma, l'identità e cianfrusaglie simili. Il bersaglio che dovrebbe avere l'opposizione (il governo, dunque Berlusconi) è completamente obnubilato. Ma non è questo il punto che lo interessa. Insisto: il clima in Italia è pessimo a causa non dello «scontro» fra i partiti (che in realtà non c'è), ma della narcosi dei mezzi d'informazione e soprattutto delle televisioni, tutte praticamente in mano a Berlusconi. Proprio perché il clima è questo, mi chiedo come mai non parli almeno lui, che potrebbe farlo. Perché non alza la voce, perché non si fa sentire con un giudizio chiaro? Temo che non alzi la voce perché il pericolo non è visto da lui fino in fondo. Gli ricordo che il nostro dissidio verte nella sostanza su questo, e non su questo o quell'affare di giustizia.

E lui che cosa risponde?
Lui dice, e ripeterà più volte nel corso della conversazione, che fa quello che può. Mi elenca qualche tentativo di arginare il peggio. È convinto che la situazione *sarebbe* grave se non ci fosse altro che lui, come persona o carica in cui si può sperare. Io replico subito che la situazione *è* grave, ed è già arrivata al punto in cui la sua parola è decisiva e in pratica l'unico *recours* è lui. E gli cito la legge Alfano sull'immunità per le alte cariche dello Stato: perché non ha approfittato dell'occasione per annunciare che la presidenza della Repubblica si tirava fuori da quella copertura? Non sarebbe stato un segnale importante, che avrebbe indicato come il custode della Costituzione non temeva l'articolo 3 sull'eguaglianza di tutti i cittadini davanti alla legge? Avrebbe messo in difficoltà Berlusconi, scoprendo che chi ha interessi personali da difendere sono magari tutti, ma non il capo dello Stato.
Che ha risposto Napolitano?
Si è schermito dietro un sorriso, come se gli avessi suggerito un comportamento del tutto assurdo e scomposto. Da gran signore – perché è e rimane un gentiluomo – ha detto che sarebbe stato del tutto sconveniente «fare un caso personale». Ma il problema qui era la carica, non le persone singole (che contano evidentemente per Berlusconi, ma che importa...). Quello del presidente mi è parso un esempio di abnegazione comunista davvero stomacante. A un certo punto mi ricorda che anche lui è stato tirato in ballo (dalla magistratura?), forse quando era ministro dell'Interno, ma non ricordo bene il contesto. Mi domando ancora oggi perché me l'abbia detto: come se per lui fosse naturale far parte del gruppetto di Intoccabili della Repubblica... Ma non voglio proprio credere che sia così.
Parlate anche del caso De Magistris?
Sì, su quel caso Napolitano ha preso con sé parecchia documentazione, preparata dal suo consigliere giuridico. Mi ripete un suo cliché prediletto (prediletto anche da Berlusconi e dai suoi): l'accusa di «protagonismo e divismo» lanciata contro i giudici e, nel caso specifico, contro De Magistris. Trova che l'articolo del pm, allora in servizio a Catanzaro, su «MicroMega» sia non solo osceno in sé

(ma non mi spiega perché), ma violi anche gli obblighi deontologici che qualsiasi magistrato deve rispettare. Insomma, il suo appello ai magistrati sarebbe del tutto scorretto. Se vuol fare politica, De Magistris si spogli della toga e faccia il mestiere del politico. Così, anche in questo caso, mi trovo davanti a un muro di formalismo del tutto ignaro della sostanza (il famoso dito che conta più della luna su cui è puntato): sostanza che è ben cupa e ai miei occhi giustifica ampiamente l'uscita di De Magistris su «MicroMega».

E del cosiddetto «scontro fra procure» Salerno-Catanzaro?

Gli dico che è stato grave far passare l'idea che fosse una «guerra fra procure», come se ambedue si muovessero fuori dalla norma. Dal punto di vista legale, le cose sono chiare: la Procura di Salerno *aveva il diritto-dovere* di indagare su eventuali scorrettezze della Procura di Catanzaro; mentre la Procura di Catanzaro *non aveva il diritto*, sul piano legale, di reagire come ha reagito alle mosse di Salerno. Lui non nega quello che dico. Ma, alla maniera comunista, mi dice che la cosa è «molto, molto più complicata» di quel che pensi io: ci sono state scorrettezze da ambo le parti. Non nega però che l'uno aveva il diritto e l'altro no.

Però a pagare è stata solo la Procura di Salerno, cioè quella che aveva diritto e dovere.

Sì, glielo ricordo, e lui tace. Come al solito, la presunta complicazione della realtà è citata per dissimularne la natura: è una vecchia tattica comunista, ripeto, che perverte l'arte ben più nobile della dialettica. Il presidente, poi, mi dice che l'affare Genchi [Gioacchino Genchi, il consulente di De Magistris per l'analisi dei tabulati telefonici, *nda*] è gravissimo, per la rete di tabulati e intercettazioni che tiene per sé nel suo archivio personale: saranno coinvolte tante persone innocenti. Aggiunge che il Pd avrebbe dovuto attaccare Genchi per primo, senza aspettare che si scatenasse Berlusconi. In sostanza mi dice che l'operazione che Berlusconi sta innescando è una battaglia più che giustificata. Mi cadono le braccia.

Parlate anche della sua concezione della giustizia?

Ne parla lui. Dice che la giustizia è gravemente ammalata, anzi «marcia». Cita un altro suo pallino-cliché: il correntismo nel Csm. Quando presiede il plenum, dice di avere l'impressione di trovarsi in una sorta di parlamento: ogni corrente ha il suo capogruppo e solo il capogruppo prende la parola. Quanto sia ammalata la giustizia – aggiunge – lui lo vide con i propri occhi quand'era ministro dell'Interno e cercò di «rimediare».

Come?

Si vanta di aver combattuto l'aumento ipertrofico dei pentiti di mafia, con costi altissimi perché «ogni pentito non solo parla, ma pretende un programma di protezione per sé e la famiglia». E mi fa capire di essere uno degli artefici della loro drastica riduzione. In altre parole: è complice della distruzione del lavoro di Falcone e Borsellino.

Di che altro parlate?

Della fine del governo Prodi. Il presidente mi dice che potremmo rivederci per parlarne più approfonditamente. Ma poi al congedo non ripete la proposta e solo io la evoco come speranza. Gli dico che per me Prodi era l'ultima barriera contro Berlusconi, e che operare per farla cadere è stato irresponsabile da parte di tutti. Gli dico che fin dal primo giorno Prodi è stato incalzato e ostacolato, anche da lui. Mi obietta di continuo che l'Unione aveva una maggioranza debole. Ribatto che entrambi conosciamo la storia recente delle nazioni europee: ne abbiamo visti di governi con maggioranze di un solo voto o quasi, o di governi crollati nei sondaggi di popolarità, che tuttavia non venivano quotidianamente messi in mezzo, soprattutto dalle massime istituzioni.

Gli imputi di aver sabotato Prodi?

Gli ripeto quel che gli scrissi nella prima lettera: la sua offensiva contro il voto dei senatori a vita e la sua continua domanda di una maggioranza politica, senza senatori a vita, hanno pericolosamente delegittimato i senatori a vita, intimidendoli. E hanno creato un precedente quantomeno curioso, visto che nessuno aveva mai obiettato quando, in passato, si erano verificate analoghe maggioranze sorrette da senatori a vita. A cominciare dal primo governo Berlusconi nel 1994.

E Napolitano?

Non nega che Berlusconi si avvalse dei senatori a vita, ma nega di averli intimiditi. Anzi, mi ricorda quando Storace offese la senatrice Rita Levi-Montalcini, lui la difese e Storace gli fece un attacco terribile (lui in genere si presenta come vittima di grandi attacchi). Comunque si domanda a cosa servano i senatori a vita: se possano o meno schierarsi. È una questione, anche questa, «molto, molto complicata» (il mondo per lui è sempre molto complicato). Lui non ha ancora nominato nessuno, ma adesso dovrà farlo e sta pensando alle persone giuste... Ho la netta sensazione – sia qui sia quando accenna alla decisione che dovrebbe prendere sul nome del presidente della Corte costituzionale – che voglia creare quella particolare suspense che impregna il rapporto diretto e un po' complice fra il potente politico e il giornalista, quel gioco fatto di curiosità e di notizie regalate in cambio di qualcosa... «Ti piacerebbe, vero, sapere a chi sto pensando? La vorresti, vero, questa *friandise* che ti faccio ciondolare davanti dicendo e non dicendo, di cui potresti vantarti con il tuo giornale?» Forse è una sensazione sbagliata e troppo sospettosa, la mia. Comunque, deliberatamente, non gli faccio alcuna domanda «curiosa». Anche perché non m'interessa proprio conoscere il senatore a vita che nominerà. Poi, ancora sulla caduta di Prodi, mi dice che è stata tutta colpa dell'estrema sinistra, ideologicamente legata al passato. Le colpe dei centristi gliele ricordo io. Ma lui non ci sente: *un ange passe*, anche in questo caso.

Altri argomenti?

La «bipartisanship», i toni bassi, il clima costruttivo tra governo e opposizione. Lui ha iniziato la nostra conversazione proprio con questo: elogiando la campagna elettorale di Veltroni – l'«Obama *ante litteram*» lo chiama lui – che tanto insisteva su queste esigenze. Io gli dico che il paragone è del tutto fuori posto: certo, in tutte le democrazie occorrono accordi di fondo fra i due schieramenti. Ma l'Italia è una democrazia patologica, perché uno dei due schieramenti nel gioco dell'alternanza è una completa anomalia da tutti i punti di vista. In Italia, davanti al fenomeno Berlusconi, la «bipartisanship» e le «intese costruttive» diventano su alcune materie fondamentali un pericolo vero e proprio. Lui dice che su alcuni punti, per esempio la politica estera... Ma in genere incassa, come incassa ogni critica e ogni rilievo che gli muovo, aggirando-

lo o meglio ignorandolo e continuando la conversazione come se non avessi detto quello che ho detto. Più tardi, pur avendo fatto elogio della campagna obamiana di Veltroni, dice che lui la parola «dialogo» l'aborre e infatti parla sempre di «confronto». Quindi non capisco su che cosa dissentiamo esattamente.
Come vi lasciate?
Verso la fine mi dice, con un piccolo sorriso: «Anch'io – sai? – cerco di fare bene il mio lavoro al mio posto, come tu nel tuo».
Che impressione ne hai tratto?
Il colloquio non mi ha sollevato, né mi ha dato soddisfazione avergli detto fino in fondo quel che penso di lui. Non mi sono neppure sentita particolarmente utile, come quando si fa un servizio ben fatto e magari si attraversa una tempesta. Non ho avuto mai la sensazione che qualcosa del nostro colloquio sarebbe rimasto dentro di lui. Non ho avuto difficoltà a parlargli chiaro e vero, la sua carica non mi ha intimidito. Ma non era una forza, la mia: una forza contrapposta a un'altra forza. Era un semplice *uttering* di fronte a un muro di gomma. Napolitano non è una forza, anche se a suo modo ha una sua forza e un suo essere sveglio. Non pare per niente un vecchio. Sembra una persona non del tutto formata: un essere volutamente *in fieri*, che non ha ancora conosciuto vere prove di coraggio. Ha suscitato in me una sorta di indifferenza, di sottile noia. All'inizio gli ho detto che solo lui poteva alzare la voce per difendere la democrazia. Ma ci credevo poco. Alla fine, non ci credevo per niente.

Il Peggiorista
(1953-2006)

Giorgio Napolitano nasce a Napoli il 29 giugno 1925. Il padre è un avvocato liberale, la madre proviene da una famiglia di professionisti piemontesi. Il suo primo impegno politico è nel Guf, il gruppo universitario fascista, mentre studia Giurisprudenza all'ateneo Federico II fra il 1942 e il 1944. Frequenta un gruppo di giovani e brillanti intellettuali conosciuti al Liceo Umberto I: Raffaele La Capria, Giuseppe Patroni Griffi, Luigi Compagnone, Antonio Ghirelli, Francesco Rosi, Tommaso Giglio, Massimo Caprara. E anche, per qualche mese, Curzio Malaparte. Si arrabatta con scarsi risultati come attore e regista dilettante, ma pure come critico teatrale su «IX Maggio», la rivista dei guffini napoletani. Poi, dopo la Liberazione, nel novembre del 1945 si iscrive al Partito comunista, «presentato» da tre pezzi grossi come Giancarlo Pajetta, Giulio Spallone e Mario Alicata.

Togliattiano convinto e allievo di Giorgio Amendola, detto «Giorgio 'o Chiatto», Napolitano è per tutti «Giorgio 'o Sicco». A soli ventotto anni, nel 1953, senza passare per la Fgci (Federazione giovanile comunista italiana), entra direttamente alla Camera, dove resterà ininterrottamente fino al 1996, tranne il breve intervallo fra il 1963 e il 1968. È un «riformista», cioè un comunista moderato. Così almeno recitano le agiografie. Ma un conto sono le appartenenze correntizie, un altro le posizioni ideologiche. Che spesso, rilette a posteriori, provocano stupore e incredulità in chi è abituato a immaginarlo come un tranquillo socialdemocratico fin dalla più tenera età.

Appena cooptato nel Comitato centrale, nel novembre del 1956 Napolitano viene scelto da Togliatti per esaltare dalla tribuna dell'VIII congresso del Pci la sanguinosa repressione sovietica della rivolta di Budapest, dopo l'intervento dell'Armata rossa in Ungheria. E lui non si fa pregare, anzi proclama in polemica con l'amico Antonio Giolitti, fortemente critico sull'invasione:

> Il compagno Giolitti ha il diritto di esprimere le proprie opinioni, ma io ho quello di aspramente combattere le sue posizioni. L'intervento sovietico in Ungheria, evitando che nel cuore d'Europa si creasse un focolaio di provocazioni e permettendo all'Urss di intervenire con decisione e con forza per fermare l'aggressione imperialista nel Medio Oriente, ha contribuito in misura decisiva, oltre che a impedire che l'Ungheria cadesse nel caos e nella controrivoluzione, non già a difendere solo gli interessi militari e strategici dell'Urss, ma a salvare la pace nel mondo.

Parole rinnegate molti anni più tardi in varie occasioni: nella sua autobiografia *Dal Pci al socialismo europeo* (Laterza, 2006); durante la visita nel 2006 a Budapest al cimitero dei caduti della rivoluzione ungherese per guadagnarsi il biglietto d'invito alle celebrazioni ufficiali del Cinquantenario, fra le proteste dei reduci della rivolta; nel 2009, nel discorso per il centenario della nascita di Norberto Bobbio («La mia storia non è rimasta eguale al punto di partenza, ma è passata attraverso decisive evoluzioni della realtà internazionale e nazionale e attraverso personali, profonde, dichiarate revisioni»); e in un colloquio con il «Corriere della Sera» il 9 febbraio 2010, alla morte di Giolitti, in cui rivelerà il «grave tormento autocritico» che l'aveva attanagliato a proposito della tragedia del 1956. Anche perché era stata proprio la sua esaltazione dei carri armati sovietici a provocare la rottura dei rapporti con il suo amico Giolitti, uscito dal partito e passato nel campo socialista. Quell'attacco dal palco dell'VIII congresso fu – riconosce Napolitano cinquantaquattro anni dopo – «un errore in cui caddi, mosso anche da un certo zelo conformistico e da una concezione sbagliata di una serie di problemi del socialismo e della democrazia che fece restare me e molti dirigenti del partito sordi davanti alla battaglia di Budapest. Cosa che riconobbi più volte». Con appena qualche decennio di ritardo.

Il giornalista Gennaro Sangiuliano, nel libro *Scacco allo zar* (Mondadori, 2012), ricorda che ancora nel febbraio del 1964 Napolitano plaudiva sull'«Unità» alla decisione di Mosca di espellere ed esiliare lo scrittore dissidente Aleksandr Solženicyn, autore di *Arcipelago Gulag*:

> Che la sua «incompatibilità» [di Solženicyn, *nda*] sia stata sciolta dalle autorità sovietiche non con un'incriminazione ma con la sua espulsione può essere considerato più o meno «positivo». Qualcuno può giudicarla obiettivamente, come l'ha giudicata, la «soluzione migliore»; ma solo commentatori faziosi e sciocchi possono prescindere dal punto di rottura cui Solženicyn aveva portato la situazione e possono evocare lo spettro dello stalinismo.

Non solo. Ancora nel 1970 Napolitano esaltava Lenin come «espressione e guida geniale del movimento rivoluzionario» sui «Quaderni di critica marxista», in uno scritto intitolato *Lenin teorico e dirigente rivoluzionario*. E magnificava l'importanza della «prima, decisiva scelta che venne compiuta dall'ala più avanzata del movimento operaio italiano sotto la guida di Lenin e dell'Internazionale comunista: la scelta della rottura con l'opportunismo, con i riformisti e la fondazione del Partito comunista d'Italia».

Intanto, nel 1959, Giorgio 'o Sicco ha sposato Clio Bittoni, marchigiana, che gli darà due figli: Giulio, oggi professore di diritto amministrativo; e Giovanni, ora dirigente dell'Autorità antitrust. Nel 1968, al momento di affiancare (e in seguito sostituire) alla segreteria del Pci il malandato Luigi Longo, Giorgio Amendola scarta il suo pupillo Giorgio e gli preferisce Enrico Berlinguer perché – gli dice – «ti manca la grinta». Napolitano diventa ministro degli Esteri del partito e soprattutto capo dell'opposizione interna al nuovo leader. Sull'invasione sovietica della Cecoslovacchia si mantiene prudente. Ma nel 1969 è fra i membri del Comitato centrale che votano per la radiazione dei dissidenti del gruppo del «manifesto» (Rossana Rossanda, Luigi Pintor e Aldo Natoli), fortemente critici con l'Urss e con la repressione della Primavera di Praga. L'amico Massimo Caprara gli consegna una lettera di solidarietà ai compagni del «manifesto»: lui, gelido, la gira al segretario Longo, senza dire una parola.

Da allora la sua carriera politica fila via grigia e monotona come il suo personaggio di uomo senza qualità. Con pochissimi episodi degni di nota. Il viaggio negli Stati Uniti del 1978, il primo di un dirigente del Pci, per un ciclo di conferenze nelle università (anni dopo Henry Kissinger lo definirà «il mio comunista preferito» e lui risponderà: «Ex comunista, prego!»). E l'aspro scontro del 1979 con il ruspante leader della sinistra del partito a Napoli, Antonio Bassolino. Ma per una storia di poltrone, raccontata da quest'ultimo nel suo libro *Le Dolomiti di Napoli* (Marsilio Editori, 2013). «Don Antonio», segretario del Pci in Campania, sta per essere promosso dal congresso a un ruolo di primissimo piano nella segreteria nazionale: responsabile dell'organizzazione. Si vota a scrutinio segreto. Dopo lo spoglio, lo fermano due compagni:

> Vogliono parlarmi con urgenza: «C'è un problema serio. Tra i delegati al congresso nazionale non risulta eletto Napolitano». Resto sorpreso: «Può essere un errore, ricontate». «L'abbiamo fatto.» «Fatelo ancora.» Riconteggiando, Giorgio risulta tra i delegati, ma certo non tra i primi.

Due giorni dopo si riunisce la direzione e decide: Napolitano non può non essere eletto.

> Si alza Giancarlo Pajetta. Guarda prima me e poi Enrico Berlinguer. «Tu sai quello che si voleva fare. Non voglio sapere come

> è successo. A Napoli sei tu il capo del partito e tu ne rispondi.» Resto a Napoli per un altro difficile anno. Niente segreteria e organizzazione.

Il suo posto, in barba al voto dei «compagni», lo prende Giorgio 'o Sicco. Che qualcuno comincia pure a chiamare «Mast'acconcia», per la sua abilità – rivelerà Gianfranco Rotondi – «ad aggiustare tutte le faccende». Soprattutto le sue.

La capacità di cadere sempre in piedi, anzi di non cadere mai; l'abilità di schierarsi sempre dalla parte «giusta», quella dei vincitori; le frequentazioni non proprio proletarie (le vacanze fra Stromboli e Capalbio, i salotti di Ciampi e Maccanico); l'impeccabile *aplomb* fumo di Londra; le fumisterie oratorie di chi non dice mai nulla, ma lo dice benissimo, portando a spasso il suo monumento con la boccuccia a cul di gallina: sono tutte caratteristiche che gli varranno le feroci ironie di molti compagni (ma non solo) e soprannomi al vetriolo. Per Compagnone, Giorgio è «'o guaglione fatt'a vecchio». Per Caprara, «la natura morta» e «l'Andreotti del Pci». Per Giuliano Ferrara, il «coniglio bianco in campo bianco» che «al posto del sangue ha la segatura». E poi, naturalmente, «il figlio di re Umberto». O «il compagno che sbadiglia». «L'ovvio dei popoli.» Un giorno, dopo avergli parlato per mezz'ora, un laburista inglese sbotta: «Se è un comunista lui, io cosa sono?».

Il primo vero scontro nel partito, a livello nazionale, Napolitano lo scatena da leader della corrente «migliorista» – la destra filocraxiana del Pci – contro il segretario Berlinguer. Il quale, dopo gli anni del compromesso storico con la Dc di Moro e Andreotti (condiviso anche da Giorgio), alla fine dei Settanta ha imboccato la strada della «diversità» comunista rispetto alla disinvoltura socialista (il leader non fa mistero di considerare Bettino Craxi il capo di «una banda di gangster»). Il conflitto esplode alla direzione del partito il 5 febbraio 1981. Napolitano attacca Berlinguer rimproverandogli i rapporti conflittuali con Craxi. E il 21 agosto torna a criticarlo aspramente sull'«Unità» per aver posto la «questione morale e l'orgogliosa riaffermazione della nostra diversità» nella famosa intervista a Eugenio Scalfari su «Repubblica», accusandolo di settarismo e isolazionismo rispetto al Psi «con pure contrapposizioni verbali» e «vuote invettive». Con Craxi, infatti, Napolitano auspica rapporti sempre più stretti e appoggia la sua politica sulla scala mobile e sul costo del lavoro, contro la linea del Pci e della Cgil.

Sul nucleare, poi, Napolitano scavalca addirittura a destra Craxi, che sostiene il referendum abrogazionista. Anche «l'Unità» diretta dall'amico Macaluso, si schiera per il Sì. E Giorgio 'o Sicco non glielo perdona. Il 19 febbraio 1986 scrive una letteraccia al segretario Alessandro Natta e allo stesso Macaluso, accusandolo di aver nascosto «un eccellente articolo di Zorzoli [...] che ribadiva non un'opinione personale, ma la nostra linea di fronte al fatto nuovo della caduta del prezzo del petrolio e di aver dato invece spazio a un "articolo antinucleare" di Bertinotti [...], dei più tendenziosi e fanatici». Poi chiede la testa di Macaluso («Contesto questo modo di dirigere il giornale»). Il quale – come rivela Pasquale Chessa ne *L'ultimo comunista* (Chiarelettere, 2013) – offre a Natta le sue dimissioni e gli scrive che «la lettera di Giorgio Napolitano ha superato ogni limite e ha posto una questione di eccezionale gravità». Il 26 aprile esplode il reattore nucleare di Chernobyl. Giovanbattista Zorzoli, responsabile Energia del Pci e consigliere di amministrazione dell'Enel, verrà condannato in Tangentopoli a quattro anni e sei mesi per corruzione insieme a Primo Greganti.

Nessuno stupore allora, se nel 1992, in piena Tangentopoli, Craxi e la Dc preferiscono Napolitano al «moralista» Stefano Rodotà come presidente alla Camera. Ma ben presto nemmeno lui verrà risparmiato dalla furia del «Cinghialone» ferito, che più volte lancerà sanguinose allusioni alle tante «anime belle» (compresa la sua) che fingono di non conoscere i sistemi illegali di finanziamento dei partiti (compreso il Pci). Nel 1994 Craxi inserirà Napolitano in una galleria di presunti traditori immortalati in un pamphlet dal titolo *Bugiardi ed extraterrestri*. Intanto la corrente «migliorista» è stata investita, a Milano come a Napoli, da vari scandali di corruzione.

I «piglioristi» di Tangentopoli

A metà degli anni Ottanta – si legge nelle sentenze sulla Tangentopoli milanese –, con la chiusura del rubinetto dei rubli di Mosca, proprio la corrente migliorista del Pci ha accettato di entrare a pieno titolo nel sistema di spartizione degli appalti e delle tangenti. Per esempio, quelli della Metropolitana milanese: il consigliere di amministrazione e poi vicepresidente della Mm in quota Pci-Pds, Luigi Mijno Carnevale, ritirava come tutti gli altri le bustarelle e le girava ai superiori. In particolare alla «corrente migliorista» che – scrivono i giudici nella sentenza Mm – «fa capo a Giorgio Napolitano» (mai personalmente chiamato in causa né indagato, almeno a Milano). Nell'inchiesta Mani pulite finiscono invece il capocorrente lombardo Gianni Cervetti (poi condannato in primo grado e assolto in appello) e il settimanale migliorista «Il Moderno», diretto da Lodovico Festa e finanziato da Silvio Berlusconi, Salvatore Ligresti, Marcellino Gavio e altri: le loro generose sponsorizzazioni a una rivista da poche centinaia di copie non rispondevano – secondo i giudici – a «una valutazione imprenditoriale», ma servivano a «ingraziarsi la componente migliorista del Pci, che in sede locale aveva influenza politica e poteva tornare utile per la loro attività economica». Insomma, stabilirà la Cassazione nella sentenza di prescrizione, «il finanziamento da parte della grande imprenditoria si traduceva in finanziamento illecito al Pci-Pds milanese, corrente migliorista».

Anche a Napoli i miglioristi – ormai ribattezzati dalla satira «piglioristi» – finiscono nei guai per storie di metropolitana. Il costruttore Vincenzo Maria Greco, legato a Paolo Cirino Pomicino, nel dicembre del 1993 racconta ai pm che nell'affare della «metro collinare» è coinvolto anche il Pci locale: il primo stanziamento da 500 miliardi di lire nella legge finanziaria «vide singolarmente l'appoggio anche del Pci». Greco lancia una velenosa stoccata contro il leader dei miglioristi:

> Pomicino ebbe a dirmi che aveva preso l'impegno con il capogruppo alla Camera del Pci dell'epoca, onorevole Giorgio Napolitano,

> di permettere un ritorno economico al Pci [...]. Il segretario provinciale del Pci dell'epoca era il dottor Umberto Ranieri, attuale deputato e membro della segreteria nazionale del Pds. Costui era il riferimento a Napoli dell'onorevole Napolitano. Pomicino mi disse che già riceveva somme di denaro dalla società Metronapoli [...] e che si era impegnato con l'onorevole Napolitano a far pervenire una parte di queste somme da lui ricevute in favore del dottor Ranieri.

Si parla di un contributo di 200 milioni di lire. Nel 1994 Napolitano, ancora presidente della Camera, viene iscritto nel registro degli indagati dai pm Nicola Quatrano e Rosario Cantelmo: un atto dovuto e riservatissimo, che viene «segretato» e sigillato in cassaforte, collegato a una sigla in codice annotata sul «libro nero» della procura. Poi Pomicino smentisce in parte la versione di Greco, negando di aver versato soldi personalmente a Ranieri e sostenendo di aver saputo delle mazzette ai comunisti dall'ingegner Italo Della Morte, della società Metronapoli, ormai defunto:

> Mi disse che versava contributi anche al Pci. Tutto ciò venne da me messo in rapporto con quanto accaduto durante l'approvazione della legge finanziaria [...]. Il gruppo comunista capitanato da Napolitano ebbe a votare l'approvazione di tale articolo di legge, pur votando contro l'intera legge finanziaria.

Napolitano reagisce a muso duro:

> Come ormai è chiaro, da qualche tempo sono bersaglio di ignobili invenzioni e tortuose insinuazioni prive di qualsiasi fondamento. Esse vengono evidentemente da persone interessate a colpirmi per il ruolo istituzionale che ho svolto e che in questo momento sto svolgendo. Valuterò con i miei legali ogni iniziativa a tutela della mia posizione.

Alla fine, archiviazione per tutti. Oggi Ranieri è uno dei più ascoltati consiglieri di Napolitano al Quirinale, insieme a Macaluso.

Presidente della Camera (degli inquisiti)

Quando, il 3 giugno 1992, Napolitano diventa presidente della Camera, subito si sprecano le ironie: l'Eterno Secondo ha dovuto attendere l'ecatombe di Mani pulite per agguantare una poltrona di prestigio. Da tre mesi, con l'arresto di Mario Chiesa, ha preso avvio l'inchiesta su Tangentopoli. E, con quella, è tramontato definitivamente il suo sogno di mettere insieme gli ex comunisti e i socialisti in un unico grande *rassemblement* socialdemocratico. Un mese prima, alle elezioni politiche, il quadripartito che sostiene il governo uscente di Andreotti ha superato di un soffio il 51 per cento dei voti, mentre la Lega Nord, unica forza antisistema, ha toccato il 9 per cento su scala nazionale (con punte del 30 per cento nel Settentrione). È la fine della Prima repubblica, di cui Napolitano è stato uno degli arredi di maggior pregio. La fine del suo mondo, almeno così sembra.

Sono mesi di tensioni altissime, a partire da quelle seguite alle stragi di Capaci e via d'Amelio che in estate insanguinano Palermo e l'Italia tutta, nel breve volgere di cinquantasette giorni. Intanto sul banco di Napolitano, il più alto di Montecitorio, si ammonticchiano le richieste di autorizzazione a procedere delle procure di mezza Italia contro centinaia di parlamentari inquisiti per mazzette e abusi di potere. Nell'aprile del 1993, dopo un solo anno di legislatura, le richieste a carico di deputati e senatori saranno già 540: 107 per corruzione, 89 per concussione, 46 per ricettazione, 116 per illecito finanziamento ai partiti, 108 per abuso d'ufficio. Un record assoluto per la storia del parlamento italiano. Cinque ministri del nuovo governo Amato, inquisiti appena nominati o quasi, si dimettono. Nei sondaggi la fiducia dei partiti, che nel 1989 era ancora all'11,4 per cento, precipita al 2.

Il 2 settembre 1992 si uccide con un colpo di fucile, nella cantina della sua casa di Brescia, Sergio Moroni, deputato socialista, raggiunto da tre avvisi di garanzia per il suo ruolo di «esattore» delle tangenti sui rifiuti riservate al Psi. Prima di spararsi, Moroni ha inviato al presidente della Camera una lettera in cui ammette il suo ruolo nel sistema dei finanziamenti illeciti, ma protesta contro quelli che definisce il «clima da pogrom» e la «decimazione» casuale della classe politica. Napolitano la legge all'emiciclo con volto terreo. La stessa espressione con cui accoglie, il 15 dicembre, la notizia del primo avviso di garanzia a Bettino Craxi. Che, di lì a poco, si dimette da segretario del Psi.

Il 2 febbraio 1993, intorno alle 13, il tenente colonnello della guardia di finanza Gianni Giovannelli si presenta in piazza del Parlamento 24, ingresso secondario del palazzo di Montecitorio, con una lettera firmata dal pm Gherardo Colombo. Non è una perquisizione: il pool di Milano ha chiesto semplicemente di acquisire copia dei bilanci (lì depositati e custoditi) del Psi dal 1985 al 1992. Documenti pubblici, nulla di segreto. Ma tanto basta a provocare uno scontro senza precedenti. A quell'ora il presidente Napolitano è a pranzo. E, senza di lui, i commessi della Camera non possono autorizzare l'ufficiale a entrare a Montecitorio: il palazzo gode di una sorta di extraterritorialità, che risale allo Statuto albertino, per via dell'immunità che copre ancora i suoi inquilini. I commessi chiamano i deputati-questori, i quali avvertono il segretario generale, il quale rintraccia telefonicamente Napolitano, il quale ordina di mettere alla porta il colonnello: «La sua richiesta è irrituale e incomprensibile». Irrituale perché non indirizzata al presidente della Camera, incomprensibile perché i bilanci dei partiti sono pubblicati sulla «Gazzetta Ufficiale». Napolitano rientra in ufficio e chiama Francesco Saverio Borrelli. Il procuratore di Milano cade dalle nuvole e chiede notizie ai suoi sostituti. Poi richiama Napolitano: «È stato un equivoco».

L'indomani è lo stesso Colombo, che ha firmato la delega, a spiegare: l'ordine di acquisire i bilanci era generico e la guardia di finanza, per guadagnare tempo, si è rivolta direttamente alla Camera anziché consultare le annate della «Gazzetta Ufficiale». «Non era mia intenzione – spiega il magistrato – violare le prerogative parlamentari. Volevo soltanto acquisire la documentazione senza scomodare il livello istituzionale. Se qualcuno ha frainteso, vuol dire che mi sono espresso male e di questo mi scuso.» «Infatti – chiosa Borrelli – i finanzieri si sono rivolti alle strutture burocratiche della Camera, senza investire i livelli parlamentari.» Tutto sembra finire lì, con un ampio chiarimento fra gentiluomini. Ma il giorno dopo, 4 febbraio, la notizia dell'incidente finisce sulla prima pagina del quotidiano genovese «Il Secolo XIX»: *Finanza all'assalto della Camera, Napolitano evita la «profanazione», poi i giudici si scusano.*

Al partito trasversale degli inquisiti non pare vero di potersi prendere una rivincita sui magistrati, dopo mesi di ceffoni a senso unico. Polemiche a non finire contro la Procura di Milano. Ma anche contro Napolitano che ha nascosto ai deputati l'incidente. «Schiaffo al parlamento», «attentato alle istituzioni», «scandalo»: un coro unanime di proteste si leva dalla maggioranza e dall'opposizione, con l'eccezione di Msi e Lega Nord che sostengono a spada tratta i giudici. A Montecitorio, dove si vota sull'ennesima mozione di sfiducia delle opposizioni al governo Amato, a dar fuoco alle polveri sono i socialisti. «Borrelli – accusa Biagio Marzo – considera il parlamento italiano come quello di un paese sudamericano. Credo proprio che dovrebbe dimettersi.» Alcuni deputati chiedono un dibattito parlamentare *ad hoc.* Napolitano si consulta con il presidente della Repubblica, Oscar Luigi Scalfaro, poi chiude il caso con un breve intervento riepilogativo e un comunicato. Che recita:

> Preciso che si è chiesta in maniera irrituale agli uffici della Camera, da parte di ufficiali della guardia di finanza, su invito della Procura di Milano, copia di atti peraltro già pubblicati per obbligo di legge sulla «Gazzetta Ufficiale». La segreteria della Camera ha contestato l'irritualità e l'incomprensibilità di tale passo ufficiale. Il procuratore capo di Milano ha espresso a nome del suo ufficio formali scuse.

Borrelli, quando i giornalisti glielo leggono, non sembra gradire: «Sono – commenta gelido – valutazioni del presidente della Camera. Noi, sotto il profilo dei contenuti, non abbiamo commesso nulla di censurabile. Ci siamo scusati, ma per l'equivoco, se equivoco s'è creato davvero».

Ai primi di marzo, mentre lo scandalo Enimont sta per travolgere tutti i leader della maggioranza e il Pds trema per l'arresto di Primo Greganti, Amato tenta il colpo di spugna su Tangentopoli, con il decreto firmato dal suo ministro della Giustizia Giovanni Conso (subentrato all'inquisito Claudio Martelli), che depenalizza il reato di illecito finanziamento ai partiti senz'alcuna sanzione neppure politica o amministrativa per i colpevoli. Scalfaro, Napolitano e Spadolini (presidente del Senato) sconsigliano. Conso tentenna. Ma il premier tira dritto. E Scalfaro, a furor di popolo, non firma. Il 16 marzo, nel dibattito alla Camera, parla Amato in un clima da bolgia infernale. I leghisti urlano: «Ladri, ladri!». I missini all'unisono alzano decine di mani guantate di bianco roteando spugnette variopinte. «Mettano via quegli oggetti – intima Napolitano –, smettano con questa buffonata!» Ma la protesta continua. Due missini sono espulsi dall'aula. Il monumentale leghista Luca Leoni Orsenigo, deputato di Cantù, giocatore di basket in una squadra di oratorio, tira fuori un cordone annodato a mo' di cappio, tipo Far West, e lo fa penzolare sotto gli occhi esterrefatti dei colleghi. Napolitano accantona il proverbiale *aplomb* e, paonazzo in volto, urla: «Metta via subito quella roba!». L'aula è un'arena da corrida. Alla fine il capestro scompare, così come Orsenigo, espulso dall'aula e seguito da tutti i colleghi del suo partito che in fila indiana urlano: «Ladri! Mafiosi!». Il missino Carlo Tassi, rigorosamente in camicia nera, fa ciondolare un paio di manette. Alla fine Napolitano sospende Orsenigo dall'aula per sette giornate e mette fine alla gazzarra.

La scena si ripete con qualche variazione il 29 aprile quando, poche ore dopo il giuramento del governo tecnico di Carlo Azeglio Ciampi, la Camera respinge col voto segreto alcune richieste di autorizzazione a procedere contro Craxi. Che l'indomani, all'uscita dall'Hotel Raphaël, viene bersagliato con monetine e altri oggetti da una folla mista di manifestanti di destra e di sinistra. Dopo quel voto, Napolitano convoca la giunta del regolamento e dispone che d'ora in avanti la Camera voti sulle autorizzazioni a procedere a scrutinio palese (quello segreto resterà solo per le richieste di arresto, perquisizione e intercettazione).

Per una nemesi storica davvero impietosa, tocca proprio a un fedele custode della partitocrazia, a una quintessenza della Casta come Napolitano, assistere e in certi casi acconsentire, da terza carica dello Stato, a ogni colpo mortale che, giorno dopo giorno, si porta via la Prima repubblica. Il 18 aprile il referendum-plebiscito voluto da Mario Segni & C. cancella la legge elettorale proporzionale aprendo la strada al maggioritario (poi codificato dal «Mattarellum»): vota il 75 per cento degli aventi diritto (un record, per un referendum) e i Sì toccano quota 82,7. In contemporanea, l'oceanico referendum radicale spazza via (o almeno dovrebbe) il finanziamento pubblico dei partiti: i Sì schizzano al 90,3 per cento. Poi ancora un'estate di bombe stragiste contro i monumenti artistici e religiosi: Firenze, Milano e Roma, con decine fra morti e feriti. Nella Capitale, la notte fra il 27 e il 28 luglio 1993, Cosa nostra (o chi per essa) ha selezionato come obiettivi due basiliche tra le tante: quelle di San Giovanni in Laterano e di San Giorgio al Velabro. Giovanni come Spadolini, presidente del Senato. E Giorgio come Napolitano, presidente della Camera.

Gli ultimi atti di morte del Sistema li stilano due leggi costituzionali: quella che alza la maggioranza necessaria per le amnistie e gli indulti dal 50 per cento più uno ai due terzi, frenando le fregole autoimpunitarie della classe politica; e quella che modifica l'articolo 68 della Carta cancellando l'istituto dell'autorizzazione a procedere sui parlamentari (ma non quello per l'arresto, le perquisizioni e le intercettazioni). La riforma che consentirà ai magistrati di processare gli eletti senza il permesso del parlamento viene approvata dalla Camera, sotto la presidenza di Napolitano, il 12 ottobre 1993 con 525 Sì, 5 No (fra cui Vittorio Sgarbi) e un astenuto. Il Senato fa altrettanto il 27 ottobre con 224 Sì, nessun No e 7 astenuti.

Craxi ormai considera l'ex amico Giorgio un traditore. E consuma la sua vendetta il 17 dicembre, pochi mesi prima di darsi alla latitanza ad Hammamet, deponendo davanti a Di Pietro e ai giudici del processo Cusani:

> Come credere che il presidente della Camera, onorevole Giorgio Napolitano, che è stato per molti anni ministro degli Esteri del Pci e aveva rapporti con tutta la nomenklatura comunista dell'Est a partire da quella sovietica, non si fosse mai accorto del grande traffico che avveniva sotto di lui, tra i vari rappresentanti e amministratori del Pci e i paesi dell'Est? Non se n'è mai accorto?

Giorgio & Silvio, prove tecniche di inciucio

Il 27 e 28 marzo 1994 l'Italia torna alle urne con tre anni di anticipo per le prime elezioni politiche del post-Tangentopoli, o della Seconda repubblica. Vince Silvio Berlusconi e Napolitano lascia la presidenza della Camera per tornare deputato semplice. Ma quando il Cavaliere presenta il suo governo a Montecitorio, Achille Occhetto incarica proprio lui di parlare a nome del partito. Dopo una campagna elettorale al calor bianco, Napolitano coglie l'occasione per ribaltare la linea del partito, con un discorso tutto zucchero e miele. Auspica persino «una linea di confronto non distruttivo tra maggioranza e opposizione». Poi aggiunge un monito: «Siate misurati e saggi, colleghi della maggioranza. L'opposizione non deve impedire che si deliberi in parlamento, ma ha ragione di esigere misura e correttezza, riconoscimento e rispetto dei propri diritti. L'opposizione non deve impedire che questo governo governi». Crede di essere a Westminster. Infatti Berlusconi, che tuona un giorno sì e l'altro pure contro i comunisti che mangiano i bambini, non crede alle sue orecchie: si arma di un sorriso a trentadue denti, scende dal banco del governo, attraversa l'emiciclo, sale fino allo scranno di Giorgio 'o Sicco e gli stringe affettuosamente la mano, elogiandolo come «oppositore corretto, all'inglese». Da allora, come già per Kissinger, Napolitano diventa il suo «(ex) comunista preferito» (almeno fino all'avvento di D'Alema in

Bicamerale, e poi di nuovo dopo la sua elezione a presidente della Repubblica).

Nell'autunno del 1994 Giuliano Ferrara, che conosce Napolitano come le sue tasche per la comune militanza nel Pci amendolian-migliorista e ha avuto modo di apprezzarlo nell'età dell'oro craxiana, suggerisce al Cavaliere di raccogliere il «discorso della mano tesa» e di sdebitarsi con il suo autore nominandolo commissario europeo. Berlusconi ci pensa a lungo, ma alla fine opta per Emma Bonino, anche lei da contraccambiare per l'appoggio a Forza Italia dei Radicali di Pannella (deluso per la mancata nomina a ministro degli Esteri).

I destini di Giorgio e Silvio tornano a incrociarsi nel gennaio del 1995, poche settimane dopo la caduta del primo governo Berlusconi per mano di Umberto Bossi. La nuova maggioranza Lega-centrosinistra, che si appresta a sostenere il governo tecnico di Lamberto Dini (con l'astensione di Forza Italia, An e Udc), elegge Napolitano alla Commissione speciale per il riordino del sistema radiotelevisivo, ideata dalla presidente leghista della Camera Irene Pivetti. Nel novembre 1994, infatti, la Corte costituzionale ha dichiarato incostituzionale la legge Mammì sulle tv che consente alla Fininvest di possedere tre reti televisive in barba a ogni minimo criterio antitrust. Insomma il Biscione deve vendere Rete 4 oppure spedirla su satellite. E il parlamento deve riformare la Mammì, anche perché incombono i referendum di primavera promossi da alcuni comitati e partiti di sinistra per imporre un limite antitrust di una sola rete per ogni editore e per abolire gli spot nei film trasmessi in tv. Berlusconi, per dovere d'ufficio, tuona: «La nomina di un comunista a capo di una commissione parlamentare è un fatto di straordinaria gravità». Napolitano non perde la calma:

> La dichiarazione di Berlusconi può solo farmi sorridere e non mi distoglierà dall'impegno di garantire un confronto costruttivo, nel rispetto di tutte le posizioni. Berlusconi si espresse ben diversamente con me e su di me, quando chiese la mia disponibilità alla nomina a commissario europeo: metterò le qualità che allora mi

venivano riconosciute al servizio di una soluzione equilibrata per la riforma tv. Riformeremo la legge Mammì come ci impone la sentenza della Corte costituzionale.

Ma lo sa anche il Cavaliere di non aver nulla da temere. Infatti la Commissione Napolitano concluderà i suoi lavori (si fa per dire) con un beneamato nulla di fatto. E la Fininvest si terrà le sue tre reti, compresa quella abusiva, *in saecula saeculorum.*

Il 3 maggio, sempre del 1995, un'indagine della Procura di Napoli apre un inatteso squarcio sui rapporti fra Napolitano e il gruppo Berlusconi. Viene arrestato il responsabile della Fininvest in Campania, Maurizio Iapicca. È accusato di aver pagato tangenti e fatto favori alla «trimurti» Pomicino (Dc)-Di Donato (Psi)-De Lorenzo (Pli) attraverso due emittenti televisive locali (Canale 7 e Canale 8), occultamente controllate dai tre politici. In pratica la Fininvest, tramite Iapicca, avrebbe regalato programmi (compreso lo scollacciato *Colpo grosso*) per una decina di miliardi alle due tv, usate come serbatoio di fondi neri dai tre politici. In cambio il trio avrebbe garantito un occhio di riguardo in sede di attuazione della legge Mammì. Nell'ufficio del manager – subito scarcerato perché reo confesso – viene trovata una lista di sedici politici di vario colore, classificati in base alla loro presunta vicinanza alla Fininvest: «già in rapporti», «in buoni contatti», «vicini», «molto amici», «in collegamento» e così via. Nella categoria «vicini» compare, fra gli altri, il nome di Giorgio Napolitano. Tutti gli interessati, ovviamente, negano. Napolitano minaccia querele. Uno solo ammette: è il socialista Luigi Vertemati, che però tiene a precisare di aver avuto contatti anche con la Fiat, la Pirelli, l'Eni, l'Olivetti, l'Enel e così via.

Iapicca poi si salverà grazie alla prescrizione e se ne andrà in pensione. Ma nel 2008 verrà improvvisamente riesumato da Berlusconi, che lo candiderà nelle prime elezioni indette da Napolitano presidente della Repubblica. E, grazie al Porcellum, lo farà eleggere deputato del Pdl. A Montecitorio l'onorevole Iapicca non lascerà gran traccia di sé, pur vantando un indice di presenza alle votazioni dell'85 per cento, sempre a sostegno del terzo e ultimo governo del capo. Nessun disegno di legge, nessuna mozione, nessuna interpellanza, quattro sole interrogazioni. Una presenza discreta e silenziosa. Quasi un monito vivente, perché chi ha orecchi per intendere intenda.

Il 6 dicembre 2007 il presidente Napolitano renderà visita alla sede della Mondadori, la casa editrice scippata nel 1991 da Berlusconi a Carlo De Benedetti grazie a una sentenza comprata da Cesare Previti con soldi della Fininvest. E dirà estasiato: «La casa Mondadori è parte integrante della nostra comunità nazionale. È un patrimonio che appartiene a tutta l'Italia». Le stesse parole che Massimo D'Alema aveva pronunciato nel 1996, in visita a Mediaset.

Il ministro e gli armadi

Alle elezioni del 21 aprile 1996, Giorgio Napolitano viene trombato in quota proporzionale nella sua Napoli. Ma è subito ripescato come ministro dell'Interno del governo Prodi. Qualcuno si illude che il primo ex comunista a mettere piede al Viminale getterà finalmente qualche raggio di luce nei meandri più bui e negli armadi più misteriosi. Ma lui, intervistato a *Linea tre* da Lucia Annunziata, tiene subito a smentire qualunque intenzione di discontinuità col passato: «L'Italia va rassicurata sul fatto che non ci siano nuovi misteri. Mi impegno alla massima trasparenza del Viminale, ma non vado lì per aprire armadi. Non intendo rifare la storia di cinquant'anni. Non vado a fare indagini retrospettive».

Pochi giorni prima, l'ex direttore dell'Ufficio affari riservati del Viminale, il prefetto Federico Umberto D'Amato, intervistato da «Repubblica» ha lanciato una rasoiata a Napolitano, rivelando di conoscerlo bene per averlo tenuto d'occhio per trent'anni e giurando sulla sua cristallina onestà. Sarà un caso, ma subito dopo Napolitano – fa notare Aldo Giannuli, storico dei servizi segreti – «si preoccupa di mandare messaggi distensivi alla polizia che, magari, avrebbe potuto essere preoccupata dall'arrivo di un ex comunista al Viminale e assicura di non essere venuto a "cercare scheletri nell'armadio"».

Il 1° agosto 1996 D'Amato muore. E, guarda un po' la combinazione, l'8 agosto salta fuori casualmente in un ufficio abbandonato sulla circonvallazione Appia, a Roma, un pezzo dell'archivio segreto degli Affari riservati del Viminale (per anni custodito dal braccio destro di D'Amato, Silvano Russomanno). Racconta Giannuli in un articolo pubblicato nel maggio del 2009 sul suo sito web:

> Napolitano assicurò l'opinione pubblica che tutto sarebbe stato chiarito e ne sarebbe stata data completa informazione. A questo scopo, nominò una commissione di inchiesta amministrativa che, fra l'altro, ascoltò pure chi vi parla. La commissione ci impiegò diversi mesi e, alla fine, stese una lunghissima relazione che il ministro inviò tempestivamente in commissione Stragi. Ma la relazione venne secretata e per la sua consultazione vennero adottate misure senza precedenti. Sino a quel punto, i documenti riservati – e per tali si intendeva solo quelli di istruttorie penali ancora in corso – non potevano essere riprodotti in fotocopia, ma erano liberamente consultabili da commissari e consulenti che potevano prendere appunti. In quella occasione venne stabilito, su esplicita richiesta dell'ente originatore, che parlamentari e consulenti potessero prenderne visione ma, compilando un apposito modulo sul quale riportare l'orario di inizio e di fine della consultazione preciso al minuto, senza poter prendere alcun appunto e in presenza di uno dei carabinieri in servizio presso la commissione che doveva controllare sull'applicazione integrale delle precedenti disposizioni. La relazione venne rapidamente sepolta in un cassetto e non se ne parlò più. Ovviamente, la delicatezza del tema richiedeva doverose cautele, ma che fine aveva fatto l'impegno a informare l'opinione pubblica sulla vicenda? Così come si perse per strada la proposta avanzata da più parti di una ricognizione generale sul ministero, per appurare quali e quanti altri fondi archivistici fossero stati abbandonati nei vasti scantinati del Viminale. E, infatti, dopo qualche tempo, spuntò un ulteriore gruppo

> di fascicoli accantonati nel vano morto sotto alcune scale, dove avrebbe dovuto esserci un deposito di scarpe. Né mi risulta che a tutt'oggi sia stata fatta tale ricognizione per cui non è affatto da escludere che, in un vecchio archivio di deposito, magari insieme a pratiche di pensione o atti amministrativi, ci siano anche scaffali occupati da ben altra documentazione. Si poteva lavorare meglio.

Parte dei dossier della via Appia vengono sequestrati dai pm delle Procure di Milano e Venezia che indagano sulla strage di piazza Fontana e sull'eversione nera. A Milano i sostituti procuratori Maria Grazia Pradella e Massimo Meroni aprono un'indagine sul prefetto Carlo Ferrigno, direttore della polizia di prevenzione, con l'ipotesi di reato di falso ideologico aggravato e rifiuto di atti d'ufficio. L'accusa, che investe altri dirigenti di polizia ed ex responsabili dei servizi segreti, è quella di aver deviato le indagini sull'eversione, non consegnando due informative del 1971 che indirizzarono l'inchiesta di piazza Fontana sulla falsa pista anarchica. Napolitano deplora subito la «fuga di notizie» sull'iscrizione di Ferrigno nel registro degli indagati e rivendica il proprio contributo al servizio della verità. Ma non allontana il suo prefetto.

Però il 25 aprile 1997, in una cassaforte degli uffici della polizia di prevenzione al Viminale, vengono trovati altri documenti finora sottratti alla magistratura. Ferrigno si dimette, ma viene subito promosso a capo della divisione Ordine pubblico del ministero dell'Interno. Napolitano cerca di smorzare le polemiche: «Bisogna fare chiarezza sul passato, ma senza farsi travolgere dai suoi sussulti». Il presidente dei familiari delle vittime della strage di Bologna, Paolo Bolognesi, denuncia «i ritardi del ministero dell'Interno nel punire i responsabili degli occultamenti» e «la riabilitazione degli stessi». Napolitano perde la calma e spara:

> Il signor Bolognesi, per il solo fatto di rappresentare la tragedia e il dolore delle vittime di una strage rimasta impunita [falso: ci sono condanne per gli esecutori neofascisti e per i depistatori ai ver-

tici dei servizi segreti militari, *nda*], non è autorizzato a lanciare pubblicamente accuse fondate sull'ignoranza e sul falso, gratuite, strumentali e farneticanti.

Il 16 aprile 1999, dopo due proroghe delle indagini, i pm di Milano chiedono l'archiviazione per Ferrigno e subito Napolitano, ormai ex ministro dell'Interno, si precipita a esternare tutta la sua «soddisfazione», ma anche il suo «forte rammarico per la lunghezza dei tempi, determinata dalle ripetute proroghe delle indagini, per il danno arrecato alla persona del prefetto Ferrigno dal protrarsi dei presunti sospetti nei suoi confronti, e per il gratuito attacco rivolto persino all'allora ministro dell'Interno». Cioè a lui. Forse dimentica che Ferrigno non si dimise perché indagato, ma perché si scoprì che nascondeva nella cassaforte del suo ufficio documenti che avrebbe dovuto da tempo consegnare ai magistrati. Un fatto ormai assodato e gravissimo, anche se non è un reato.

Per il resto, i due anni di Napolitano al Viminale scivolano via «sanza 'nfamia e sanza lodo». La sua riforma più memorabile è quella lessicale, che abolisce con apposita circolare l'uso dell'«Eccellenza» e del «Lei» con l'iniziale maiuscola. Lì Napolitano dà sfogo a tutta la sua leggendaria pignoleria:

> Al fine di aderire ad analoga indicazione del Sig. Ministro, si prega di tenere presente che nelle lettere a firma del Sig. Ministro, il tu, il lei, il ti, il le etc. andranno scritti con carattere minuscolo. Inoltre, il titolo S.E. andrà riservato solo ai vescovi.

In compenso, il Signor Ministro si continua a scrivere con le maiuscole... Farà molto discutere la sua legge sull'immigrazione, scritta a quattro mani con la compagna Livia Turco, che istituisce fra l'altro i Centri di permanenza temporanea per i clandestini, poi trasformatisi in molti casi in autentici lager. Ma soprattutto la mancata sorveglianza di Licio Gelli, che fugge all'estero indisturbato nel giorno della condanna definitiva per il depistaggio sulla strage di Bologna, il 28 aprile 1998 (per questo Paolo Flores d'Arcais, direttore di «MicroMega», chiede le dimissioni del ministro).

La macchia più scura però è l'incredibile avversione di Napolitano al Viminale nei confronti dei pentiti di mafia. Che, sostiene il ministro, «sono 1200: troppi, di più non ne possiamo tollerare». In realtà sono troppi i mafiosi irriducibili, non quelli che collaborano con la giustizia. Questi però hanno iniziato a parlare dei «mandanti occulti» delle stragi, del «papello» di Riina e delle «trattative» fra lo Stato e la mafia. Così l'apposita commissione governativa al ministero dell'Interno inizia a tagliare selvaggiamente i programmi di protezione: decine di pentiti – quasi tutti in pericolo di vita e decisivi per i processi di mafia – si ritrovano dall'oggi al domani senza sussidio né scorta. E così diversi «testimoni di giustizia», cioè cittadini onesti che hanno avuto la malaugurata idea di fidarsi dello Stato, hanno testimoniato contro le cosche, e ora vengono gettati in mezzo a una strada.

In contemporanea, nasce in quei mesi il disegno di legge antipentiti, che sarà poi perfezionato dal successivo ministro della Giustizia Piero Fassino (governo Amato, 2000-2001) e approvato da ampia e trasversale maggioranza. Quello che farà dire financo a un magistrato prudente come l'allora procuratore di Palermo Piero Grasso: «Se fossi un mafioso, con questa legge non mi pentirei più». Infatti, da allora, i nuovi collaboratori di giustizia di spessore si conteranno sulle dita delle mani di un monco. E alcuni mafiosi pentiti si pentiranno di essersi pentiti, ritrattando le loro rivelazioni.

Ma allora Napolitano sarà già lontano dal Viminale: non riconfermato ministro nel governo D'Alema (ottobre 1998), l'anno seguente viene subito sistemato in un seggio sicuro al parlamento europeo, dove diventa presidente della commissione Affari costituzionali. Il 18 novembre 2002 si segnala per uno sconcertante attacco alla Corte d'assise d'appello di Perugia, che ha osato condannare Giulio Andreotti a ventiquattro anni per l'omicidio Pecorelli (sentenza poi annullata dalla Cassazione): «Un così radicale ribaltamento rispetto all'assoluzione di primo grado, a distanza di tanti anni dall'inizio delle indagini e del procedimento, suscita interrogativi seri sul funzionamento della nostra macchina giudiziaria». Come se i processi lunghi dovessero finire sempre in assoluzione. O come se gli appelli servissero sempre a confermare i verdetti di primo grado.

Nel 2004 Napolitano è protagonista di uno scandalo ben più grave. Un giornalista tedesco (c'è un filmato su YouTube) lo insegue invano per chiedere spiegazioni di una sua usanza poco edificante: per un volo low cost Roma-Bruxelles da 90 euro, l'eurodeputato italiano ha ottenuto un rimborso di 800 euro (come per un volo di linea), più altri 80 per il taxi e 268 di indennità di missione. Per molto meno, nel resto d'Europa, scattano le dimissioni. In Italia non ne parla praticamente nessuno, tant'è che Napolitano liquida il giornalista tedesco senza neppure degnarlo di una risposta.

Al suo rientro in Italia da Bruxelles, nel 2005, è pronto per lui lo scranno di senatore a vita per volontà del presidente Ciampi. Che ancora non lo sa, ma è il suo predecessore al Quirinale.

Il Pompiere Incendiario
(2006-2008)

Il 10 aprile 2006, dopo una notte di grande incertezza, l'Unione di Romano Prodi vince di strettissima misura le elezioni politiche. Nei collegi nazionali del Senato, è il centrodestra a prevalere, con più voti e più seggi (155 Casa delle libertà, 154 Unione). Il «ribaltone» lo fanno gli italiani all'estero, che danno 4 senatori all'Unione, 1 solo alla Cdl e 1 all'indipendente Luigi Pallaro (eletto in Sudamerica: voterà la fiducia a Prodi, ma si riserverà poi di decidere caso per caso). Alla Camera invece il centrosinistra vince, ma per appena 25.000 voti e rotti. Per la prima volta nella storia repubblicana, gli elettori non hanno potuto scegliere i propri rappresentanti in parlamento indicandone il nome sulla scheda. La nuova legge elettorale, scritta dal leghista Roberto Calderoli e imposta pochi mesi prima del voto da Pdl, Udc e Lega, ha reintrodotto il sistema proporzionale, ma senza la preferenza. Così i segretari dei partiti, decidendo l'ordine dei candidati nelle «liste bloccate», hanno stabilito a tavolino chi sarebbe entrato alla Camera e al Senato e chi no. Un sistema talmente oligarchico che lo stesso Calderoli, pochi mesi dopo, lo definirà «una porcata».

Le alchimie del nuovo sistema garantiscono comunque all'Unione un pugno di seggi in più al Senato e un'ampia maggioranza alla Camera (dove un mostruoso premio del 55 per cento viene assegnato alla coalizione o al partito più votato). Ma Berlusconi convoca subito la stampa per denunciare «brogli assolutamente unidirezionali della sinistra ai miei danni». Ovviamente non porta alcuna prova. Ma per settimane rifiuta di ammettere la sconfitta.

Il 28 aprile il Senato elegge il suo nuovo presidente. La Cdl spera di dividere la traballante Unione candidando Andreotti, molto apprezzato tra gli ex democristiani della Margherita e dell'Udeur. Ma alla fine, dopo ore di drammatica seduta notturna, il candidato del centrosinistra Franco Marini, anch'egli ex Dc, prevale con 165 voti contro 156. Molto meno accidentata, l'indomani, l'elezione a presidente della Camera di Fausto Bertinotti, leader di Rifondazione comunista, nonostante le pretese di D'Alema: è il candidato ufficiale dell'Unione e passa senza problemi al quarto scrutinio.

Rimangono da riempire due caselle istituzionali: la presidenza del Consiglio e quella della Repubblica. E Berlusconi condiziona pesantemente entrambe le partite, restando asserragliato per un mese a Palazzo Chigi, accusando ancora l'Unione di brogli e rifiutando di riconoscerne la vittoria. Lo scopo è lampante: impedire a Ciampi, nel caos delle cifre, di incaricare Prodi prima della scadenza del proprio mandato al Quirinale e costringerlo a rinviare la nomina del nuovo premier al successore. Solo il 19 aprile infatti la Cassazione mette fine alla *querelle* sulle schede contestate ufficializzando la vittoria del Professore. E l'8 maggio le Camere sono convocate in seduta comune per eleggere il nuovo capo dello Stato.

Dopo la scorpacciata di cadreghe, il centrosinistra – come il coccodrillo che piange solo dopo i pasti – corre a blandire il Caimano per concordare con lui un presidente «condiviso» e «di garanzia». I nomi più gettonati sono Giuliano Amato, Anna Finocchiaro, Franco Marini, Emma Bonino e soprattutto Massimo D'Alema. Che, mancata la poltrona di presidente della Camera e disinteressato – almeno a parole – a incarichi governativi, non fa mistero di puntare alla successione di Ciampi. E comincia a sondare gli ambienti berlusconiani per costruirsi il consenso necessario. Però lo schema di sette anni prima, quando destra e sinistra si accordarono in un batter d'occhio sull'ex governatore di Bankitalia ed ex premier, ora è improponibile. Berlusconi non è più quello ammansito della Bicamerale, ma sfodera zanne e artigli nella sua guerra eversiva contro la vittoria mutilata dai comunisti imbroglioni. Impossibile sedersi al tavolo con lui per concordare alcunché con il minuetto delle «rose» di nomi. Infatti ripete a macchinetta i suoi candidati di bandiera: Gianni Letta, Marcello Pera, Pier Ferdinando Casini, Lamberto Dini e Mario Monti.

La Volpe del Tavoliere

Il più lesto a muoversi è stato D'Alema che, già all'indomani delle elezioni, ha mandato avanti l'agenzia parlamentare «Velina Rossa» del superdalemiano Pasquale Laurito con l'idea di nominare Berlusconi senatore a vita. In che cosa abbia «illustrato la Patria» il plurimputato Cavaliere, non è dato sapere. Ma la stravagante proposta trova subito fervidi sostenitori nel centrosinistra. Soprattutto in campo dalemiano. Giuseppe Caldarola la giudica «un'ipotesi attraente per un clima di pacificazione». Nicola Latorre la trova «interessante». L'ex portavoce di D'Alema, Fabrizio Rondolino (ora autore televisivo per Rai e Mediaset specializzato in reality show), la ritiene «convincente e giusta», anche se vedrebbe bene Berlusconi «presidente di una nuova Bicamerale». Potrebbe sembrare la boutade di un pugno di personaggi in cerca d'autore. Ma non lo è, visto che fra le garanzie offerte dagli emissari dalemiani agli sherpa berlusconiani, nei primi abboccamenti per il progetto «D'Alema for President», c'è proprio il laticlavio a Berlusconi: che lo metterebbe in parte al riparo da rischi giudiziari.

Il 14 aprile, mentre il Cavaliere ancora cannoneggia sui fantomatici «brogli della sinistra», Latorre si reca in visita nella sede del quotidiano «Il Foglio» e incontra per due ore il direttore Giuliano Ferrara. I due si erano presi a male parole solo quattro mesi prima, quando «Il Foglio» aveva insinuato che i 50 milioni di euro accantonati in nero dal presidente di Unipol Giovanni

Consorte e dal suo vice Ivano Sacchetti fossero una «provvista» destinata alla campagna elettorale dei Ds, l'equivalente della maxitangente Enimont. Latorre era insorto contro le «gravissime accuse» e le «intollerabili speculazioni», annunciando querela a Ferrara. E lo stesso aveva fatto D'Alema. Ora però è già tutto dimenticato. Latorre e Ferrara parlano a lungo della candidatura di D'Alema al Colle, che pochi giorni dopo il corpulento direttore del «Foglio» comincia a patrocinare sul giornale edito da Veronica Berlusconi. La proposta viene ben presto sottoscritta da altri sponsor d'eccezione: Lanfranco Pace, Oreste Scalzone (allora latitante), Fedele Confalonieri, Carlo Rossella, Marcello Dell'Utri, Paolo Cirino Pomicino, Francesco Cossiga, Vittorio Feltri, Renato Farina, Paolo Guzzanti, Gianni Baget Bozzo, Piero Ostellino, Marcello Veneziani, Clemente Mastella e così via.

Latorre e Ferrara tornano a incontrarsi subito dopo l'elezione dei presidenti delle Camere. Berlusconi, ormai rassegnato alla nascita del governo Prodi, cambia musica rispetto al «golpe dei brogli» e comincia a invocare un «governo di larghe intese», nel tentativo disperato di tenere almeno un piede nella stanza dei bottoni. E se Prodi si dichiara indisponibile a formule diverse da quella sottoposta agli elettori, D'Alema – detto la Volpe del Tavoliere – apre subito la porta al dialogo, invitando l'Unione a «ricercare il confronto più aperto» e «il massimo di convergenza possibile» con il centrodestra che lo accusa di colpo di Stato.

Prodi prova a sondare discretamente Ciampi, tramite il banchiere di Intesa Sanpaolo Giovanni Bazoli, per saggiarne la disponibilità alla riconferma. Ma il presidente uscente è irremovibile: per lui la Costituzione impone implicitamente un solo settennato. «Non sono disponibile – dice lui stesso il 3 maggio, levando tutti dall'imbarazzo – a una rielezione, sia per la mia età [va per gli ottantasei anni, *nda*], sia perché il rinnovo di un mandato settennale mal si confà con le caratteristiche proprie della forma repubblicana del nostro Stato.» E lui, di diventare un nuovo re d'Italia, non ha alcuna intenzione.

A questo punto, per bloccare eventuali accordi sottobanco sul Quirinale che minerebbero la compattezza della coalizione, il Professore impone ai partiti alleati di delegare il suo braccio destro Ricky Levi come l'unico autorizzato a trattare con la Cdl per una soluzione condivisa. Ma, incuranti della decisione, gli sherpa dalemiani continuano a incontrare segretamente gli esponenti del partito-azienda e talora direttamente dell'azienda, per sponsorizzare la candidatura del Líder Massimo. Lo stesso D'Alema, rivela il «Corriere della Sera», sente più volte al telefono Gianni Letta, mentre Fassino ha un incontro riservato con il presidente di Mediaset Fedele Confalonieri; e poi

> Latorre effettua massicce incursioni dentro Forza Italia; Bersani, che vanta un buon rapporto con la Lega, lavora sul fronte del Nord [infatti Maroni esprime grande interesse sulla candidatura D'Alema, prima di essere stoppato da Bossi, *nda*]; Caldarola prende da parte Mastella e Fini. Anna Finocchiaro rassicura le toghe e Marco Minniti le forze armate. Gianni Cuperlo tiene i contatti con Mediaset. La catto-dalemiana Livia Turco dichiara che «in Vaticano ritengono D'Alema una delle personalità più intelligenti della politica italiana».

Intanto si muovono anche gli altri partiti. Di Pietro, per sparigliare le carte a sinistra, lancia la sua neosenatrice Franca Rame. Cossiga invece lancia Marini, che però si dice indisponibile. Fuori uno. Berlusconi, con la campagna elettorale all'arma bianca appena condotta, non può uscire allo scoperto, ma tutte le sue mosse indicano che, non potendo mandare al Quirinale un suo uomo, lavora per impallinare qualunque altro candidato del centrosinistra diverso da D'Alema. E ai primi di maggio ripete più volte che «D'Alema è il più bravo di tutti i comunisti, mentre Napolitano non esiste: tra un comunista e l'altro, mi fiderei più di D'Alema». Lo fa sapere riservatamente il suo portavoce Paolo Bonaiuti, confidando a un amico che «Berlusconi si è di nuovo infatuato di D'Alema» come ai tempi della Bicamerale.

Il secondo big del partito-azienda a uscire allo scoperto, dopo Ferrara, è Dell'Utri. Il 5 maggio si fa intervistare dal «Corriere della Sera»: anche lui sponsorizza D'Alema e dice che pure il

Cavaliere potrebbe votarlo e farlo votare, come già nel 1996 per la presidenza della Bicamerale; ma, in cambio dello «sdoganamento» da parte di Forza Italia, il pregiudicato Dell'Utri chiede «un segnale istituzionale» da D'Alema (o chi per lui) sui temi della giustizia e della televisione.

Dell'Utri chiama e, a stretto giro di posta, Fassino risponde: lo stesso 5 maggio riceve in visita al Botteghino (la sede dei Ds) l'attivissimo Giuliano Ferrara, che lo intervista per «Il Foglio» dell'indomani. Un'intervista che è tutta un programma, nel vero senso della parola. Per la prima volta, in sessant'anni di storia repubblicana, un segretario di partito presenta la piattaforma programmatica di un aspirante presidente della Repubblica. Che fra l'altro non è lui, ma D'Alema. È il «segnale istituzionale» auspicato da Dell'Utri. Sei impegni precisi per indurre Berlusconi, e i suoi cari al seguito, a votare D'Alema. Fassino esordisce con un preambolo: «La guerra è finita, perciò la candidatura di D'Alema al Quirinale deve essere il primo atto di una pace da costruire e non l'ultimo atto di una guerra che continua. Chiedo a Berlusconi e a tutta la Cdl di valutare alla luce del sole la possibilità di eleggere D'Alema».

Ferrara domanda: «Fassino chiede i voti alla Cdl?». Risposta: «Certo. O comunque un'intesa graduabile in diverse forme esplicite». Seguono le solite giaculatorie sulla necessità di «ritrovare la serenità» fra destra e sinistra, di pacificarsi, «smetterla di pensare che se vince Berlusconi ci sia il fascismo alle porte». Poi ecco le sei proposte indecenti.

1) «Il prossimo governo italiano si farà carico delle scelte di chi lo ha preceduto, in nome dell'interesse nazionale. Di questo percorso, D'Alema al Quirinale vuole farsi garante» (e a che titolo il candidato presidente di una Repubblica parlamentare potrebbe commissariare di fatto il premier Prodi, dettandone le scelte politiche, fra l'altro, in palese contrasto col programma dell'Unione che prometteva discontinuità con le scelte del precedente governo, proprio in nome dell'interesse nazionale?).

2) «L'assicurazione che, se il governo Prodi dovesse entrare in crisi, si tornerà a votare perché [...] la legittimità di una

maggioranza e di un governo viene dal voto dei cittadini» (peccato che la Costituzione prescriva che i parlamentari sono eletti «senza vincolo di mandato» e che il capo dello Stato può sciogliere le Camere solo come *extrema ratio*, quando in parlamento non emerge alcuna maggioranza in grado di sostenere un governo).

3) «Da capo del Csm, un presidente che eserciti la funzione di garanzia operando [...] per evitare ogni possibile cortocircuito fra politica e giustizia» (qui Fassino fa propri i deliri berlusconiani su fantomatici «cortocircuiti fra politica e giustizia» e avalla la tesi bislacca secondo cui le doverose indagini della magistratura sui malaffari dei politici sarebbero altrettanti abusi).

4) «Sulle grandi scelte di politica estera, un presidente che favorisca la massima intesa possibile» (ma in una Repubblica parlamentare la politica estera spetta al governo e al parlamento, non al capo dello Stato; ed è stata proprio la politica estera, con la partecipazione dell'Italia alla guerra in Iraq, uno dei terreni di più aspro scontro fra centrodestra e centrosinistra).

5) «All'indomani del referendum che – come noi auspichiamo – boccerà la revisione costituzionale della destra [previsto per giugno, *nda*], si riprenda il confronto sulle istituzioni che consenta di portare a termine una transizione istituzionale da troppi anni incompiuta» (ma che senso ha difendere la Costituzione dalla controriforma della destra per poi promettere subito un'altra riforma insieme alla destra? E a quale titolo il nuovo capo dello Stato, «garante della Costituzione» vigente, potrebbe garantirne la sostituzione con un'altra?).

6) Il D'Alema proposto da Fassino per il Quirinale «è quello che ha presieduto la Bicamerale [...] e ha sempre rifiutato di demonizzare il centrodestra» (un altro refrain berlusconiano – la taccia di «demonizzatore» per chiunque lo descriva per quello che è – entra nel lessico del leader Ds).

L'intervista di Fassino al «Foglio» suscita l'allibita reazione dell'ex presidente della Corte costituzionale Valerio Onida, stupefatto da cotanto analfabetismo istituzionale. Quella stessa sera, in stereofonia, il presidente Fedele Confalonieri, ospite di

Fabio Fazio su Rai 3, impartisce all'operazione D'Alema la sua paterna benedizione:

> Da uomo della strada dico sì a D'Alema, è uno con la testa, molto simile al Cavaliere, sono uomini che non usano i bizantinismi. [...] Da uomo d'impresa dico che D'Alema è un uomo di parola: dieci anni fa è venuto in azienda e ha detto che Mediaset non si toccava perché era un patrimonio del paese. E infatti con il suo governo non abbiamo avuto nessun problema.

Poi, già che c'è, il presidente di Mediaset pone il veto sull'idea di Prodi di nominare Di Pietro ministro delle Comunicazioni: «Sarebbe un ministro delle comunicazioni giudiziarie» ironizza. Verrà prontamente accontentato, con la nomina del più felpato Paolo Gentiloni.

Intanto, secondo Mario Calabresi di «Repubblica» che ha avuto un lungo colloquio con Gianni Letta, in quelle ore D'Alema incontra «a quattr'occhi» lo stesso Letta e poi Dell'Utri, «entrambi favorevoli alla sua elezione». Letta rivela che ci sono «pressioni fortissime su Berlusconi, interne ed esterne, perché si esprima a favore di D'Alema». Dall'interno premono Ferrara, Dell'Utri, Confalonieri e più felpatamente lo stesso Letta. E dall'esterno? Calabresi, dopo ampia ricognizione fra gli emissari dalemiani, ricostruisce l'agenda dei temi su cui costoro stanno trattando con i berlusconiani: la fresca condanna definitiva di Previti per Imi-Sir e la riapertura del processo Mondadori; le parole di Bertinotti che ha osato auspicare il «dimagrimento di Mediaset» in ossequio a due sentenze della Consulta (subito zittito da tutti i partiti alleati, oltreché da Cdl e Mediaset); la candidatura di Di Pietro alle Comunicazioni; l'incompatibilità dichiarata dal Tar per il direttore generale della Rai, il berlusconiano Alfredo Meocci, e il rischio di un ribaltone in viale Mazzini.

La triade Ferrara-Confalonieri-Dell'Utri non si esporrebbe così se non avesse il via libera del Cavaliere. È quel che va ripetendo anche Bruno Tabacci dell'Udc: «Il candidato di Berlusconi è D'Alema». Poi però si mettono di traverso Rutelli (geloso dei

Ds) e il duo Casini-Fini (gelosi di Berlusconi). E l'operazione D'Alema abortisce, perché spaccherebbe entrambi i poli proprio in avvio di legislatura.

Il Rieccolo

Quando comprende di non avere alcuna chance, è lo stesso D'Alema a farsi da parte, dichiarandosi «non interessato al Quirinale». Un po' come la volpe con l'uva nella fiaba di Esopo. Per non perdere, dopo la seconda, la terza e la quarta, anche la prima carica dello Stato, i Ds ripiegano precipitosamente su Giorgio Napolitano. E non è un sacrificio da poco, visto che appena pochi mesi prima questi ha strapazzato in direzione sia Fassino sia D'Alema per le loro incaute telefonate durante la scalata illegale di Unipol alla Bnl: «Alcuni dirigenti hanno mostrato eccessiva fiducia in Giovanni Consorte».

Quando il segretario Ds Piero Fassino, domenica 7 maggio 2006, va a trovarlo nella sua casa romana del quartiere Monti, in via dei Serpenti, e gli comunica che tocca a lui, Napolitano non si scompone. Dopo aver seguito in diretta tv i primi tre scrutini, dissimula con grande *aplomb* la sorpresa, mista al gusto perfido della vendetta verso il suo partito che l'aveva frettolosamente scaricato e messo in un angolo come un vecchio zio petulante e molesto.

Quando lo riesumano per il Colle, Napolitano è un signore di quasi ottantun anni che ha raggiunto da un pezzo, almeno politicamente, la pace dei sensi. Non a caso suggellata dal laticlavio, omaggio di Ciampi, che è parso coronare il suo mezzo secolo di vita parlamentare. Passa il suo tempo a tenere conferenze. A leggere i giornali nell'emeroteca e nei cortiletti di Montecitorio insieme a tanti «ex». A scrivere pensose e noiose articolesse, soprattutto sul tema dell'Europa, che «l'Unità» e ogni tanto altri giornali gli pubblicano, più per dovere che per piacere. E a rilasciare sullo stesso argomento verbose e polverose interviste che poi pretende pignolescamente di rileggere, correggendo anche le virgole e protestando vibratamente con i direttori nel caso in cui gli esausti redattori gli abbiano tagliato qualche riga o parola.

Del resto il suo rapporto con la stampa, almeno con quella non proprio sdraiata ai suoi piedi, è sempre stato a dir poco problematico, come racconterà Antonio Padellaro nel 2013 sul «Fatto Quotidiano», rievocando un episodio dei primi mesi di presidenza Napolitano.

> Nel maggio del 2006 «l'Unità» decise di celebrare l'ascesa di Giorgio Napolitano al Quirinale con il titolo *Buongiorno Presidente*, che a me parve molto bello e augurale, anche perché all'epoca ero io a dirigere il giornale. Col senno di poi, forse avrei dovuto moderare l'entusiasmo. [...] Con i colleghi dell'«Unità» decidemmo di stampare quella pagina augurale su una lastra di zinco debitamente incorniciata a imperituro ricordo e di apporvi gli autografi di tutti i giornalisti e lavoratori del quotidiano fondato da Antonio Gramsci e di cui l'autorevole dirigente comunista era stato una firma apprezzata. Poi, presi dall'entusiasmo, chiedemmo al portavoce Pasquale Cascella di poter consegnare direttamente nelle mani del nuovo capo dello Stato il prezioso oggetto. Cortese, Cascella mi assicurò che si sarebbe fatto latore della richiesta. Non ne sapemmo più nulla, ma non certo per responsabilità di Cascella. Qualche tempo dopo, nel congedarmi dall'«Unità», feci recapitare lo sfortunato omaggio al Quirinale, dove penso giaccia ancora in qualche augusto ripostiglio.

Torniamo a domenica 7 maggio 2006. Davanti a Fassino che gli offre su un piatto d'argento l'ambita e insperata poltrona più alta della Repubblica, Napolitano accetta subito. Ma – come rivela all'autore di questo libro un importante dirigente degli allora Ds – pone una condizione: «Se il vostro candidato sono io, allora dovrò esserlo fino in fondo: voi continuerete a sostenermi fino a quando non sarò eletto, fosse anche dopo venti o trenta votazioni». Verrà eletto alla quarta. Una lezione che il Pd dimenticherà platealmente sette anni più tardi, quando scaricherà prima Marini e poi Prodi alla prima votazione negativa, aprendo la strada alla rielezione dello stesso Napolitano. Che invece, avendo una memoria di ferro, confiderà nella dilettantesca smemoratezza dei suoi compagni. E avrà partita vinta.

Siccome però il centrodestra non ha alcuna intenzione di votarlo, l'Unione attende il quarto scrutinio (il primo che prevede la maggioranza semplice). E nei primi tre vota scheda bianca. Nel primo la Cdl sceglie Gianni Letta e l'Idv la Rame. Nel secondo e nel terzo anche il centrodestra si astiene, mentre la Lega vota Bossi. Qualche buontempone segna sulla scheda i nomi di Adriano Sofri, Maria Gabriella di Savoia, Giorgio Almirante, Bruno Vespa, Barbara Palombelli, Linda Giuva (moglie di D'Alema), Giuliano Ferrara e Ambra Angiolini. Poi la melina finisce.

Al quarto scrutinio, il 10 maggio 2006, Giorgio Napolitano viene eletto undicesimo presidente della Repubblica con 543 voti su 990: tutti quelli dei grandi elettori dell'Unione (541) più 2 dissidenti dell'Udc (Tabacci e Follini). La maggioranza più risicata della storia del Quirinale dopo quelle di Leone e Segni, per eleggere il presidente più anziano dopo Pertini. L'Udc di Casini, che pure non l'ha votato, lo applaude con fair play. La Cdl, invece, pur avendo optato per una benevola astensione, resta immobile sugli scranni, come ha ordinato il Cavaliere. «Mi raccomando, composti come se fosse un funerale.» Più tardi inizierà a tuonare contro il presidente «comunista» e «uomo di parte», tipico esemplare della «sinistra che ha taroccato le elezioni e ha occupato tutte le istituzioni, dalle presidenze delle due Camere al Quirinale alla Corte costituzionale...». Ma avrà presto occasione di ricredersi.

Il primo monito: inciucio forever

Il 15 maggio Napolitano tiene il suo discorso di insediamento davanti alle Camere riunite. E, complice la lunghissima coda di paglia che gli deriva dalla sua provenienza comunista e dalla risicatissima maggioranza, lancia subito un supermonito (il primo di una lunghissima serie) per l'inciucio fra centrosinistra e centrodestra. Lui lo chiama

> esigenza di una seria riflessione sul modo di intendere e coltivare in un sistema politico bipolare i rapporti tra maggioranza e opposizione [...]. Il fatto che si sia instaurato un clima di pura contrapposizione e di incomunicabilità, a scapito della ricerca di possibili terreni di impegno comune, deve considerarsi segno di un'ancora insufficiente maturazione nel nostro paese del modello di rapporti politici e istituzionali già consolidatosi nelle altre democrazie occidentali. Ebbene, è venuto il tempo della maturità per la democrazia dell'alternanza anche in Italia. Il reciproco riconoscimento, rispetto e ascolto tra gli opposti schieramenti, il confrontarsi con dignità in parlamento e nelle altre assemblee elettive, l'individuare i temi di necessaria e possibile limpida convergenza nell'interesse generale, possono non già mettere in forse ma, al contrario, rafforzare in modo decisivo il nuovo corso della vita politica e istituzionale avviatosi con la riforma del 1993 e le elezioni del 1994 [...].
> A chi vi parla, chiamato a rappresentare l'unità nazionale, spetta semplicemente trasmettere oggi un messaggio di fiducia, in risposta al bisogno di serenità e di equilibrio fattosi così acuto e diffuso tra gli italiani. Sono convinto che la politica possa recuperare il suo posto fondamentale e insostituibile nella vita del paese e nella coscienza dei cittadini. Può riuscirvi quantopiù rifugga da esasperazioni e immeschinimenti che ne indeboliscono fatalmente la forza di attrazione e persuasione, e quantopiù esprima moralità e cultura, arricchendosi di nuove motivazioni ideali.

Tutto dev'essere «condiviso», anche la «storia» e la «memoria» della Repubblica,

> nata sessant'anni fa come culmine della tormentata esperienza dello Stato unitario e, prima ancora, del processo risorgimentale. Ci si può – io credo – ormai ritrovare, superando vecchie lace-

ranti divisioni, nel riconoscimento del significato e del decisivo apporto della Resistenza, pur senza ignorare zone d'ombra, eccessi e aberrazioni. Ci si può ritrovare – senza riaprire le ferite del passato – nel rispetto di tutte le vittime e nell'omaggio non rituale alla liberazione dal nazifascismo come riconquista dell'indipendenza e della dignità della patria italiana. Memoria condivisa, come premessa di una comune identità nazionale, che abbia il suo fondamento nei valori della Costituzione.

Napolitano omaggia la Costituzione nel «sessantesimo anniversario dell'elezione dell'Assemblea costituente» e cita i suoi principi fondamentali, dal lavoro all'eguaglianza, dalla laicità al «ripudio della guerra», che purtroppo non sempre terrà presenti durante il suo mandato.

Un risoluto ancoraggio ai lineamenti essenziali della Costituzione del 1948 non può essere scambiato per puro conservatorismo. I costituenti si pronunciarono a tutte lettere per una Costituzione «destinata a durare», per una Costituzione rigida ma non immutabile, e definirono le procedure e garanzie per la sua revisione.

Cioè: il garante della Costituzione, che ha appena giurato su di essa, ne invoca fin dal primo giorno la revisione almeno nella seconda parte, per rafforzare il governo a scapito del parlamento e degli altri poteri di controllo. E proprio su questo tavolo Napolitano auspica l'incontro fra la destra berlusconiana, incostituzionale e anticostituzionale, e il centrosinistra che ha appena vinto di misura le elezioni per il rotto della cuffia. Come se questo rientrasse nei suoi poteri.

Nei progetti volti a rivedere la seconda parte della Costituzione che si sono via via succeduti, non sono stati mai messi in questione i suoi principi fondamentali. Ma già nell'Assemblea costituente si espresse – nello scegliere il modello della Repubblica parlamentare – la preoccupazione di «tutelare le esigenze di stabilità dell'azione di governo e di evitare le degenerazioni del parlamen-

> tarismo». Quella questione rimase aperta e altre ne sono insorte in anni più recenti, anche sotto il profilo del ruolo dell'opposizione e del sistema delle garanzie, in rapporto ai mutamenti intervenuti nella legislazione elettorale. La legge di revisione costituzionale approvata dal parlamento mesi or sono è ora affidata al giudizio conclusivo del popolo sovrano; si dovrà comunque verificare poi la possibilità di nuove proposte di riforma capaci di raccogliere il necessario largo consenso in parlamento.

Al montante discredito della politica, che affonda nella melma di uno scandalo dopo l'altro, il presidente dedica poche e asettiche parole. Non per invitare i politici a smettere di rubare, ma per invitare guardie e ladri a pacificarsi, assimilando il linguaggio berlusconiano che spaccia i processi sui delitti dei politici per un'eterna guerra fra politica e giustizia. Come se il problema non fossero i politici che commettono reati, ma i magistrati che li scoprono.

> Certo i problemi della legalità e della moralità collettiva si presentano ancora aperti in modi inquietanti e anche in ambiti che avremmo sperato ne restassero immuni. Mentre sono purtroppo rimaste critiche le condizioni dell'amministrazione della giustizia, soprattutto sotto il profilo della durata del processo. E troppe tensioni circondano ancora i rapporti tra politica e giustizia, turbando lo svolgimento di una così alta funzione costituzionale e ferendo la dignità di coloro che sono chiamati ad assolverla. Anche in questo delicatissimo campo, sono esigenze di serenità e di equilibrio, negli stessi necessari processi di riforma, quelle che si avvertono e chiedono di essere soddisfatte.

Il finale, dopo un mare di retorica sull'Europa e sulla Patria, è un estremo inno all'inciucio che azzarda improbabili parallelismi con l'unità nazionale postbellica:

> Prevalse allora – la prova più alta la diede l'Assemblea costituente – ed ebbe ragione di tutte le difficoltà il senso della missio-

> ne nazionale comune: che fu più forte di pur legittimi contrasti ideologici e politici. Così, oggi, il mio appello all'unità non tende a edulcorare una realtà di aspre divergenze soprattutto ai vertici della politica nazionale, ma proprio a sollecitare tra gli italiani un nuovo senso della missione da adempiere per dare slancio e coesione alla nostra società, per assicurare al nostro paese il ruolo che gli spetta in Europa e nel mondo.

Poi Napolitano si lancia in molte, impegnative promesse che, viste a posteriori, ricordano quelle dei marinai:

> Considero mio dovere impegnarmi per favorire più pacati confronti tra le forze politiche e più ampie, costruttive convergenze nel paese; ma è un impegno che svolgerò con la necessaria sobrietà e nel rigoroso rispetto dei limiti che segnano il ruolo e i poteri del presidente della Repubblica nella Costituzione vigente. Un ruolo di garanzia dei valori e degli equilibri costituzionali; un ruolo di moderazione e persuasione morale, che ha per presupposto il senso e il dovere dell'imparzialità nell'esercizio di tutte le funzioni attribuite al presidente. [...] Non sarò in alcun momento il presidente solo della maggioranza che mi ha eletto; avrò attenzione e rispetto per tutti voi, per tutte le posizioni ideali e politiche che esprimete; dedicherò senza risparmio le mie energie all'interesse generale per poter contare sulla fiducia dei rappresentanti del popolo e dei cittadini italiani senza distinzione di parte. Viva il parlamento! Viva la Repubblica! Viva l'Italia!

La carica dei 103

L'indomani, 16 maggio, Napolitano convoca Romano Prodi al Quirinale e lo incarica di formare il suo secondo governo: che è il primo nominato dal nuovo presidente, ma anche il più bulimico della storia repubblicana. Infatti quello che giura al Colle il giorno 17, esattamente dieci anni dopo la nascita del Prodi-1, comprende la bellezza di 18 ministri con portafoglio, 8 senza portafoglio, 10 viceministri, 66 sottosegretari. Totale: 102 poltrone (103 con quella del premier). Così lottizzate: 37 Ds, 28 Margherita, 10 in quota Prodi, 8 Rifondazione, 6 Rosa nel pugno, 3 Verdi, 3 Comunisti italiani, 3 Italia dei valori, 2 Udeur, 1 Socialisti (Bobo Craxi), 1 Alleanza lombarda (Elidio De Paoli). Alcuni ministeri vengono «spacchettati» per moltiplicare i posti a sedere. Quello dei Lavori pubblici si sdoppia in Infrastrutture (Antonio Di Pietro) e Trasporti (Alessandro Bianchi). Quello del Welfare si fa addirittura in tre: Lavoro (Cesare Damiano), Famiglia (Rosy Bindi) e Solidarietà sociale (Paolo Ferrero). E così via. Ma su questo scandalo il nuovo presidente non dice una parola né spende la sua «moral suasion» sottotraccia per indurre i partiti a più miti consigli. Firma e tace.

Né ha nulla da obiettare sulla presenza, nel Prodi-2, di alcuni personaggi nei guai con la giustizia. Vincenzo Visco, condannato per abuso edilizio, è viceministro delle Finanze (fortunatamente bilanciato da un eccellente ministro dell'Economia, come Tommaso Padoa-Schioppa). Il sottosegretario allo Sviluppo Filippo Bubbico, Ds, ex governatore della Basilicata, è stato rinviato a giudizio a Potenza per abuso d'ufficio. Il Ds Giovanni Lolli, imputato a Bari per favoreggiamento nell'inchiesta sulla missione «Arcobaleno», è sottosegretario allo Sport. Marco Verzaschi, ex forzista appena passato all'Udeur, indagato in quel momento a Roma nello scandalo delle Asl con l'accusa di aver incassato tangenti quand'era assessore alla Sanità nella giunta Storace, diventa sottosegretario alla Difesa. Poi c'è il diessino Cesare De Piccoli, salvato dalla prescrizione nel processo sul finanziamento illecito di 200 milioni versato tra il 1990 e il 1992 dalla Fiatimpresit su tre conti svizzeri: dunque viceministro dei Trasporti.

I figli del Re

Napolitano e Prodi non fanno in tempo a sistemarsi nei rispettivi palazzi e già scoppia la prima bomba giudiziaria. Il 16 giugno, su richiesta del pm di Potenza Henry John Woodcock, il gip

Alberto Iannuzzi arresta Vittorio Emanuele di Savoia e altri personaggi, anche politici, accusati di una lunga serie di reati: corruzione, concussione, truffa, falso ideologico, riciclaggio, minacce, favoreggiamento, associazione per delinquere, sfruttamento della prostituzione. Il pm anglonapoletano che sta terremotando la Basilicata viene subito accusato da politici e giornali di «cercare le copertine» e di imbastire inchieste che poi evaporano «come bolle di sapone». In realtà i risultati processuali delle sue indagini sono di tutto rispetto, in un contesto politico-affaristico-giudiziario – quello lucano – che nasconde enormi affari e malaffari. Anche stavolta, come in passato, Woodcock si è imbattuto casualmente nel cosiddetto «erede al trono» di casa Savoia e in altre figure eccellenti indagando e intercettando una gang di trafficoni e corruttori locali, impegnati nel settore delle slot machine per case da gioco. Vittorio Emanuele, rientrato in Italia da tre anni dopo l'abolizione del divieto costituzionale, è accusato di far parte di un'associazione criminale che, accordandosi con funzionari corrotti dei Monopoli di Stato, ha procurato a un faccendiere licenze statali per 400 videopoker da piazzare in bar e locali di tutta Italia. Accordi sotterranei, secondo l'accusa, anche attorno al casinò di Campione d'Italia, dove il «principe» è di casa, per favorire un altro maneggione del settore dei videogiochi d'azzardo. C'è poi una squallida storia di prostitute importate dall'Europa dell'Est e un'altra di titoli nobiliari fasulli venduti a peso d'oro. E, a latere, emerge pure un giro di aspiranti «vallette» che si concedono a politici molto introdotti negli ambienti della Rai in cambio di comparsate e contratti televisivi.

L'indagine verrà poi sminuzzata in vari tronconi e sparpagliata per competenza in diversi tribunali d'Italia. Dove, dopo le conferme della bontà delle accuse da parte del Tribunale del riesame e della Cassazione, riposerà in pace senza nulla di fatto almeno per quanto riguarda il Savoia. Ma, anziché sul malcostume dei personaggi pubblici immortalati dalle intercettazioni, le polemiche si scatenano contro i magistrati, «rei» di immischiarsi nella vita privata di tanta brava gente. Anche il ministro della Giustizia Mastella partecipa al coro, insieme a tutto il Pdl. Ma anche e soprattutto Napolitano, con la prima di una lunga serie di interferenze in un'indagine in corso.

Il 17 giugno, all'indomani della retata, il segretario della Nuova Dc Gianfranco Rotondi chiede «a Napolitano e a Mastella di assumere un'iniziativa politica forte» per difendere «l'immagine dell'Italia» contro la «pirateria giudiziaria» di Woodcock che ha osato far arrestare il Savoia, mentre «non si arresta un ex re» [sic]. Insomma quel pm va «fermato» per via politica. Cossiga, che con il pm di Potenza ha un conto aperto da quando gli fece arrestare il fido generale del Sisde Stefano Orlando, annuncia una minacciosa interrogazione parlamentare per chiedere spiegazioni sul suo curriculum professionale e disciplinare, che denoterebbe un «voluto lassismo e inefficienza» dell'organo di autogoverno nei suoi confronti. A quel punto Napolitano, con una mossa irrituale e inedita, chiede al Csm di esaminare il fascicolo disciplinare di Woodcock. E lo riceve. E lo fa subito sapere.

Dal dossier trasmesso da Palazzo dei Marescialli al Quirinale, risulta che il pm di Potenza ha un solo procedimento aperto, nato dalla denuncia appena fatta da un avvocato potentino intercettato e poi arrestato, ancora fermo alla fase istruttoria. Per il resto, nel 2003 il precedente guardasigilli Castelli ha avviato l'azione disciplinare contro Woodcock e la gip Gerardina Romaniello per l'arresto del generale Orlando tanto caro a Cossiga. Ma il Csm ha archiviato tutto («perché sono risultati esclusi gli addebiti»), su richiesta dello stesso pg della Cassazione («legittimamente l'Orlando era stato privato della libertà in quanto allo stesso era stato contestato il delitto di favoreggiamento che certamente consentiva l'emissione del provvedimento restrittivo [...]. La circostanza è stata riconosciuta anche dal Tribunale per la libertà al quale fu sottoposta la vicenda»). Castelli non s'è dato per vinto e ha impugnato la sentenza dinanzi alle sezioni unite civili della Cassazione. Ma quelle nel 2005 hanno rigettato il ricorso condannando il ministero a pagare le spese del giudizio a Woodcock e alla Romaniello.

Insomma, l'iniziativa del Colle è un clamoroso buco nell'acqua dal punto di vista pratico. Ma, siccome non ha precedenti, è un messaggio intimidatorio contro un giovane magistrato impegnato in un'inchiesta delicata e isolato da tutti. Anche da molti colleghi. E ora anche dal presidente della Repubblica. Qualcuno però, a Potenza, la prende sul ridere: vuoi vedere che Napolitano, soprannominato fin da giovane «il figlio di re Umberto» e «Re Giorgio» per la sua straordinaria somiglianza con il Re di Maggio, è intervenuto contro Woodcock per salvare suo «fratello» Vittorio Emanuele?

L'indulto extralarge

Dopo i primi mesi di gelo, i rapporti di Napolitano con Berlusconi vanno migliorando. Anche perché il presidente – forse per tagliarsi la coda di paglia dell'ex comunista eletto soltanto dal centrosinistra, o forse per altri motivi che non scopriremo mai – inizia a raccomandare «soluzioni condivise» sulla giustizia (come se una pessima riforma diventasse ottima solo perché condivisa da molti). E a ostacolare qualunque tentativo di discontinuità del centrosinistra rispetto al quinquennio berlusconiano, in barba alle promesse elettorali dell'Unione. Intanto, come vedremo, non perde occasione per mettere in difficoltà il governo Prodi, che già sta insieme con lo sputo. Il peccato originale del Professore, agli occhi del presidente ma anche del Cavaliere, è quello di arroccarsi nella sua risicata maggioranza, anziché sedersi al tavolo con il Caimano per trattare con lui le famose «scelte condivise».

Il primo banco di prova arriva subito. Il governo è appena nato e già bisogna risolvere un'emergenza nazionale: l'arresto di Cesare Previti, condannato per corruzione giudiziaria nel caso Imi-Sir a sei anni di reclusione, di cui almeno tre da scontare ai domiciliari. Si lavora dunque a un megaindulto con la scusa delle carceri sovraffollate. Napolitano è d'accordo: a Natale del 2005, prima di diventare presidente, ha marciato con i Radicali di Pannella, ma anche con Cossiga e Giuliano Ferrara, per invocare un provvedimento di clemenza che liberi migliaia di detenuti. E il primo atto della sua presidenza, il 31 maggio 2006, è la grazia a Ovidio Bompressi, per esaudire le ultime volontà del suo predecessore Ciampi. Questi già nel 2004 aveva provato a graziare il complice di Adriano Sofri, di Giorgio Pietrostefani e di Leonardo Marino, nell'assassinio del commissario Luigi Calabresi. Ma era stato bloccato dal rifiuto del ministro della Giustizia Roberto Castelli di istruire la pratica. E aveva sollevato un conflitto di attribuzioni contro di lui alla Consulta. La quale, molto opportunamente, ha emesso la sentenza soltanto il 3 maggio, cioè alla fine del mandato presidenziale di Ciampi.

Sull'indulto, inizialmente, i Ds sono freddini: temendo la concorrenza di Di Pietro, che chiede un provvedimento molto limitato che escluda i reati di Tangentopoli, anche il maggior partito dell'Unione propone di tagliare fuori dalla clemenza i colletti bianchi. Ma la Cdl, ansiosa di salvare Previti dai domiciliari, punta i piedi per includere anche le mazzette e i reati finanziari. L'onorevole avvocato Gaetano Pecorella alza ancora il tiro: non solo l'indulto dev'essere di tre anni e «non può passare senza l'amnistia», ma non bisogna neppure toccare le leggi vergogna: «Se Mastella vuole prendere iniziative deve venire a patti con il centrodestra e abbandonare l'idea di azzerare quanto abbiamo fatto».

Napolitano auspica le solite «convergenze» tra maggioranza e opposizione. E il ministro della Giustizia Mastella si allinea prontamente al diktat forzista. Così, con la benedizione del Colle, la legislatura si apre con un megainciucio impunitario, il più ampio indulto mai visto nella storia repubblicana: uno sconto di tre anni sulle pene per tutti i reati commessi fino al 2 maggio 2006 (esclusi quelli di mafia, terrorismo e usura, ma compresi quelli contro la pubblica amministrazione, quelli finanziari, quelli fiscali e addirittura il voto di scambio politico-mafioso, che sul sovraffollamento carcerario hanno incidenza zero). Così Previti è salvo (va ai servizi sociali, cioè torna a piede libero), Berlusconi intasca un bonus di tre anni da usare alla prima condanna definitiva, e così i «furbetti del quartierino» pizzicati nel 2005 a scalare illegalmente banche e giornali, per citare soltanto gli imputati più noti di una classe dirigente in gran parte inquisita.

Vota a favore l'80 per cento del parlamento (contrari solo Idv, Lega e An, astenuto il Pdci). In pochi mesi usciranno dal carcere o dalle misure alternative circa 30.000 detenuti, di cui circa un terzo verranno presto sorpresi a delinquere di nuovo. Così l'Unione tradisce subito gli impegni appena presi con gli elettori. Nel suo programma non era contemplato nulla del genere. In compenso era previsto l'azzeramento delle leggi vergogna del governo Berlusconi-2 in materia di giustizia e tv, che invece – sempre in nome delle «soluzioni condivise» care a Napolitano – resteranno tutte in vigore.

La controriforma dei giudici

Come promesso solennemente in campagna elettorale, il governo Prodi annuncia un decreto urgente per cancellare con un tratto di penna la legge-delega dell'ex guardasigilli Castelli che, se attivata con i decreti attuativi già in parte varati *in extremis* dal governo uscente, stravolgerebbe l'ordinamento giudiziario, minacciando pericolosamente l'indipendenza della magistratura. Ma il 7 giugno 2006, dopo un incontro al Quirinale tra Napolitano e Mastella, il proposito rientra. Il capo dello Stato auspica il «dialogo sulla giustizia» con il centrodestra, che l'ha appena devastata per cinque anni a colpi di maggioranza. Così il governo ripiega su un normale disegno di legge che sospende la controriforma Castelli fino al marzo 2007. Ma solo sulla carta: infatti è impossibile approvarlo nei due rami del parlamento entro il 18 giugno (quando scatterà il primo decreto), il 19 giugno (il secondo), il 28 luglio (il terzo). Mastella, al Senato, comincia a trattare con la Cdl per giungere a «una soluzione condivisa» con chi, un anno prima, aveva imposto la legge vendetta contro i magistrati a colpi di fiducia e di maggioranza. La legge che si doveva «azzerare» diventa per Mastella «una buona base di partenza», da migliorare con alcuni «ritocchi» qua e là, sempre se il centrodestra è d'accordo. Il ministro è pronto a qualunque compromesso al ribasso pur di «realizzare la più larga intesa possibile» intorno a «un atto di saggezza parlamentare che non decompone quanto c'è, ma lo sottopone al giudizio di maggioranza e opposizione».

L'Associazione nazionale magistrati (Anm), a cui il ministro aveva promesso il decreto, si sente presa in giro e si prepara alla mobilitazione. L'alibi di Mastella è l'esigua maggioranza al Senato, che non garantirebbe l'approvazione dell'eventuale decreto. Vista l'importanza della materia, si potrebbe porre la questione di fiducia, pratica molto diffusa sia sotto il governo Berlusconi sia sotto il governo Prodi. Ma sulla giustizia nessuno ne ventila neppure l'eventualità. Così, con qualche trascurabile ritocco e alcune modifiche addirittura peggiorative rispetto al testo Castelli, la controriforma dell'ordinamento giudiziario entrerà in vigore dopo estenuanti trattative col centrodestra (al quale i continui inviti quirinaleschi a una «soluzione condivisa» hanno regalato il potere di veto). La beffa finale è il voto contrario della Cdl: la miglior prova del fatto che i cedimenti non erano affatto indispensabili, ma soprattutto non hanno portato ad alcuna «condivisione». Soltanto a una pessima legge che mette in ginocchio la magistratura.

Dossier Telecom: bruciare tutto

Il 20 settembre 2006 la Procura di Milano fa arrestare Giuliano Tavaroli, fino a pochi mesi prima capo della security della Telecom di Marco Tronchetti Provera, e altre venti persone legate a vario titolo alla struttura della compagnia telefonica: avrebbero spiato, hackerato, schedato o pedinato per anni dipendenti, fornitori, ma anche giornalisti scomodi e una serie di politici e imprenditori concorrenti. Chiunque potesse in qualche modo impensierire l'azienda finiva nel mirino di Tavaroli & C.

I giudici sequestrano migliaia di dossier e fascicoli contenenti intercettazioni telematiche, informative di appostamenti, pedinamenti e documenti provenienti da fonti aperte e scoperte, grazie anche alla linea diretta che Tavaroli ha stabilito con l'amico ed ex commilitone (nei carabinieri dell'antiterrorismo) Marco Mancini, ora numero tre del Sismi del generale Nicolò Pollari. Appena si comincia a parlare di schedature su politici, il panico si diffonde in un battibaleno nel Palazzo. Ma non per i fatti emersi dall'inchiesta e per le loro implicazioni sulla privacy, sulla democrazia e sullo Stato di diritto. No: per il timore che gli spioni abbiano scoperto qualcosa di grosso su qualche membro del Palazzo.

Prodi, pressato da destra e da sinistra, annuncia precipitosamente un decreto «perché il marcio non dilaghi». I principali leader di maggioranza e opposizione s'affrettano a dirsi d'accordo. Tutti pronti a votarlo insieme. «Scelta condivisa.» Mastella si mette all'opera e vara il provvedimento nel giro di un giorno: un decreto che ordina ai giudici di distruggere immediatamente tutto il materiale sequestrato, senza nemmeno poterlo esaminare per valutare la presenza di notizie di reato, a carico degli intercettatori o anche degli intercettati. Il tutto in palese violazione del principio costituzionale dell'obbligatorietà dell'azione penale. Il decreto numero 259 s'intitola *Disposizioni urgenti per il riordino della normativa in tema di intercettazioni telefoniche* e porta le firme di Prodi, Amato e Mastella, oltreché ovviamente del presidente Napolitano. Solo Di Pietro si dissocia, spiegando che distruggere i dossier è come far sparire l'arma di un delitto appena commesso. Lo stesso ripetono i migliori magistrati, giuristi e costituzionalisti d'Italia. Ma è tutto inutile. La parola d'ordine della Casta è cancellare le intercettazioni abusive.

Nell'agitazione generale, nessuno fa caso a un particolare non da poco: nell'ordinanza di arresto per Tavaroli & C., la parola «intercettazioni» non compare mai, infatti nell'inchiesta non risulta una sola telefonata carpita illegalmente. Una classe politica con la coscienza sporca e una coda di paglia lunghissima teme che gli spioni Telecom abbiano scoperto comportamenti illegali o immorali di molti suoi membri e vuole evitare che qualche magistrato usi quelle informazioni per indagare non solo sugli spioni, ma anche su qualche spiato. Più che lo spionaggio illegale della Telecom, ciò che preoccupa governo e parlamento è ciò che gli spioni potrebbero aver scoperto. Nessuno – né giudici, né giornali – ha mai detto che i dossier contengano notizie di reato, ma in parlamento lo si dà per scontato. E si intona il «si salvi chi può» preventivo. Non – come dice Prodi – «perché il marcio non dilaghi», ma perché il marcio non venga fuori. Napolitano, garante e patrono del vecchio establishment, firma tutto senza sollevare obiezione alcuna.

Nel 2007 il gip milanese Giuseppe Gennari ricorre alla Consulta, chiedendo che dichiari il decreto incostituzionale. Ma due anni dopo, quando ormai il processo Telecom è avviato da tempo, la Corte se ne esce con una sentenza tardiva e cerchiobottista: il decreto Telecom è incostituzionale, ma solo in parte. Gli atti illeciti contenuti negli 83 faldoni dell'archivio Tavaroli (carte e file con informazioni su 4287 persone e 132 società) dovranno essere distrutti, ma con alcuni paletti a tutela del diritto di difesa che renderanno ancor più macchinose le procedure di distruzione, allungando i tempi a dismisura. Il decreto Mastella-Prodi-Napolitano, infatti, è scritto coi piedi: prevede che il gip informi le parti e rediga un verbale sostitutivo degli atti illecitamente acquisiti senza far alcun riferimento al loro contenuto. Ma il gip Gennari ha subito obiettato alla Consulta che i dossier illegali rappresentano «corpo del reato» e che dunque la loro distruzione comporterebbe «l'eliminazione di una prova». La Corte gli dà ragione per metà. Prima di distruggere i dossier, il gip dovrà garantire il contraddittorio previsto nei casi di incidente probatorio (presenza di accusa, difesa e persone offese dal reato, che qui sono migliaia). Inoltre il verbale di distruzione dovrà contenere le circostanze che riguardano la «formazione, l'acquisizione e la raccolta» dei documenti illegali. Il che, trattandosi di migliaia di fascicoli, richiederà tempi biblici. Dopo l'indulto, è un altro autogol della Casta sempre più screditata.

Disarmare la gip Forleo

Il 6 giugno 2007, due bombe terremotano il Palazzo. Il ministro Padoa-Schioppa sfiducia in parlamento il generale Roberto Speciale, comandante della guardia di finanza. E il «Corriere della Sera» rivela che il gip di Milano, Clementina Forleo, sta per ricevere dai suoi periti le trascrizioni di una settantina di telefonate intercettate due anni prima sulle utenze dei protagonisti dello scandalo delle scalate bancarie (il governatore di Bankitalia Antonio Fazio, i finanzieri Stefano Ricucci, Gianpiero Fiorani e Giovanni Consorte) che parlavano con alcuni politici di centrodestra (i forzisti Romano Comincioli, Luigi Grillo e Salvatore Cicu) e di centrosinistra (i diessini D'Alema, Fassino e Latorre). Telefonate che, ritenute processualmente indispensabili, verranno presto depositate ai rispettivi avvocati prima di essere trasmesse al parlamento per chiedere, come prevede la legge, l'autorizzazione a utilizzarle. Dunque, al momento del deposito, non saranno più segrete e potranno essere divulgate.

Allarme rosso in tutto il Palazzo per evitare le conseguenze di una legge varata dagli stessi che ora ne lamentano gli effetti e li addossano alla incolpevole giudice. La Forleo viene attaccata da destra e da sinistra. E, quel che è più grave, dai presidenti delle due Camere, Fausto Bertinotti e Franco Marini, che diramano addirittura un comunicato congiunto per protestare con la presidente del Tribunale di Milano, Livia Pomodoro:

> La questione sembra coinvolgere le prerogative parlamentari di cui all'articolo 68 della Costituzione. [...] Le chiediamo pertanto, nella piena autonomia delle decisioni dell'autorità giudiziaria e alla luce del principio di leale collaborazione tra poteri dello Stato, di farci pervenire ogni utile elemento di informazione che possa fugare le preoccupazioni emerse in parlamento.

Parole che l'ex presidente Francesco Cossiga definisce «una buffonata irrituale». Ma, incredibilmente, si intromette nell'autonomia e indipendenza della magistratura colui che come presidente del Csm dovrebbe tutelarle: il capo dello Stato. Nel primo di una lunghissima serie di «moniti» ai magistrati, Napolitano non fa nomi. Ma proprio nel Forleo Day esorta le toghe a «un attento controllo diretto con decisione a evitare che nei provvedimenti giudiziari siano inseriti riferimenti a persone estranee, non necessari per la motivazione».

Quando poi, il 20 luglio, la Forleo deposita in cancelleria, a disposizione delle parti, l'ordinanza con le intercettazioni di cui chiede alle Camere l'autorizzazione all'utilizzo processuale, si scopre che le telefonate sono considerate indispensabili non solo – come si pensava all'inizio – per provare i reati addebitati a Fazio e ai furbetti; ma anche per indagare almeno due dei politici indirettamente intercettati: D'Alema e Latorre, che la procura e il gip considerano

> non passivi recettori di informazioni pur penalmente rilevanti, né personaggi animati da sana tifoseria, ma consapevoli complici di un disegno criminoso di ampia portata, che si stava consumando ai danni dei piccoli e medi risparmiatori, in una logica di manipolazione e lottizzazione del sistema bancario e finanziario nazionale.

Mentre destra e sinistra all'unisono ripartono all'attacco della giudice, riecco Napolitano il 23 luglio con un altro monito. Davanti al plenum del Csm censura, senza mai nominarla, la Forleo, richiamando i magistrati a «non inserire in atti processuali valutazioni e riferimenti non pertinenti e chiaramente eccedenti rispetto alle finalità dei procedimenti». È un'altra, inaudita invasione di campo del presidente della Casta in un procedimento in corso. Ma, anziché difendere il magistrato attaccato dal capo dello Stato e dalla stragrande maggioranza dei partiti sul merito di un suo atto processuale, il segretario dell'Anm Nello Rossi (Magistratura democratica) esalta «la lezione di diritto» del Colle perché «gli atti giudiziari non devono subire torsioni o deviazioni rispetto allo scopo dell'atto». Si muove anche il procuratore generale (pg) della Cassazione Mario Delli Priscoli, titolare dell'azione disciplinare, chiedendo l'acquisizione dell'ordinanza Forleo. E nell'ufficio del gip a Milano, con lo stesso scopo, arrivano gli ispettori prontamente sguinzagliati da Mastella. Il presidente della Repubblica scrive addirittura una lettera ai presidenti delle Camere Marini e Bertinotti perché il parlamento acceleri la riforma della giustizia «con intese bipartisan».

La Forleo è isolata anche all'interno della casta togata. Solo Di Pietro prende le distanze da Napolitano, sostenendo che il suo richiamo è corretto soltanto in teoria, perché le parole del gip non sono affatto «eccedenti», ma anzi pertinenti rispetto allo scopo dell'ordinanza (chiedere al parlamento il permesso di usare le intercettazioni) e dunque «l'attacco al giudice Forleo mi pare fuori luogo». Anche l'ex presidente del Senato Marcello Pera, forzista dissidente, sottolinea che «non compete al presidente della Repubblica sindacare singoli atti della magistratura». Altri fanno notare il conflitto d'interessi del capo dello Stato che corre al salvamento dei suoi compagni di partito. Così il Quirinale è costretto a smentire di aver mai fatto riferimento alla Forleo. Ma intanto chi doveva intendere ha inteso. Un anno dopo, Clementina Forleo verrà trasferita dal Csm da Milano a Cremona per «incompatibilità ambientale e funzionale», con un atto illegale che verrà poi annullato dal Tar consentendole di tornare a Milano. E il parlamento troverà il modo di impedire ai magistrati milanesi di utilizzare le loro telefonate con i furbetti del quartierino. Che saranno gli unici a pagare per le loro scalate fuorilegge. Un'altra palata di fango che la Casta disperata si getta addosso.

Viva la Casta, abbasso Grillo

C'è poco da meravigliarsi, dunque, se nel maggio del 2007 il libro *La Casta* di Gian Antonio Stella e Sergio Rizzo sui privilegi dei politici diventa un best seller da due milioni di copie. E se proprio nel 2007, il 25 aprile e l'8 settembre, i due V-Day (V come Vaffanculo) di Beppe Grillo richiamano in centinaia di piazze italiane folle oceaniche di cittadini esasperati. L'ex comico raccoglie centinaia di migliaia di firme per tre referendum e tre leggi di iniziativa popolare per riformare le caste della politica e dell'informazione, nonché la legge elettorale. Segnali che dovrebbero suonare come estremi campanelli d'allarme all'orecchio dei politici. I quali, però, sordi e autoreferenziali come non mai, si rinserrano nella loro torre d'avorio e liquidano il tutto come «antipolitica», sperando che *passi 'a nuttata.*

Il 18 settembre, consegnando i premi di giornalismo «Saint Vincent» al Quirinale, Napolitano difende imperterrito la Casta e se la prende per la prima volta con la stampa, rea di dare voce alla protesta dei cittadini: «Sì, la situazione è pericolosa. C'è un clima pesante di qualunquismo. Per me poteva essere più comodo cavalcare tutto o estromettermi del tutto, ma ho scelto di non farlo». E invita – non si sa bene a che titolo – giornali e tv a dare «buone notizie» e a «evitare la denuncia indiscriminata e approssimativa, magari sensazionalistica, nella descrizione dei problemi del mondo della politica». Insomma a fare «attenzione al danno che possono provocare rappresentazioni unilaterali della volontà del paese, partendo dall'idea che le buone notizie non sono notizie. I mass media si difendono dicendo che raccontano e riflettono. Ma bisogna vedere come lo fanno». È chiaro che il libro di Stella e Rizzo gli è rimasto sullo stomaco. Tra l'altro racconta impietosamente i costi del Quirinale, quattro o cinque volte quelli di Buckingham Palace (e negli anni successivi, nascosti in un bilancio generico e poco trasparente, i costi del Colle seguiteranno a lievitare, a dispetto delle promesse di tagli e risparmi: dai 217 milioni di euro del 2006 ai 228 del 2013). Ma le cronache «ispirate» degli esegeti del Quirinale spiegano che il capo dello Stato ce l'ha soprattutto con Grillo e con i suoi seguaci. La prima scaramuccia di una guerra appena iniziata.

Silenziare lo scandalo Rai-Mediaset

A metà novembre del 2007 il quotidiano «la Repubblica» svela per primo le intercettazioni della Procura di Milano nell'inchiesta sul fallimento dell'Hdc (la società del sondaggista di Berlusconi, Luigi Crespi), che dimostrano gli accordi sottobanco fra i vertici di Rai e Mediaset per occultare, «gestire» e manipolare le notizie sgradite al Cavaliere nei telegiornali e in alcuni programmi di approfondimento. Per qualche ora, si torna finalmente a discutere dell'Editore Unico che da tredici anni controlla tramite i suoi fedelissimi ogni inquadratura di ogni telecamera della Televisione Unica Raiset. Poi i soliti pompieri intervengono a disperdere la notizia con gli idranti. Cioè con la consueta polemica sulle presunte «violazioni del segreto istruttorio». Lo fanno, comprensibilmente, i discepoli di Berlusconi col vecchio trucco di guardare il dito anziché la luna. E, molto meno comprensibilmente, lo fa pure il presidente della Repubblica.

Il mattino del 22 novembre Napolitano interviene pubblicamente a stigmatizzare il fattaccio. Non l'incredibile «cartello» occulto fra due aziende teoricamente concorrenti ai danni della libera informazione; ma il fatto che alcuni quotidiani l'abbiano rivelato e le intercettazioni giudiziarie abbiano consentito di scoprirlo. Con il solito stile sibillino, cioè senza fare nomi, il capo dello Stato approfitta della cerimonia per la consegna dei premi «Vittorio De Sica» per ammonire: «Le intercettazioni sarebbe bene che restassero dove devono restare fino a che c'è il segreto istruttorio». Applausi a scena aperta dal centrodestra e dal ministro Mastella (autore di un ddl per imbavagliare la stampa proprio sulle intercettazioni, approvato a maggio da destra e sinistra alla Camera e ora all'esame del Senato). Tutti hanno capito benissimo che quello del presidente è un altolà ai giornali che si occupano del caso Rai-Mediaset. A poco vale la solita precisazione del Colle: «Nessun riferimento a casi specifici». Anche perché in quel momento le sole intercettazioni all'ordine del giorno dell'attualità politico-giornalistica sono quelle.

Purtroppo per Napolitano, il «segreto istruttorio» non esiste più dal 1989, quando il nuovo Codice di procedura penale lo sostituì con il più blando segreto investigativo, che cessa quando l'indagato può venire a conoscenza dell'atto al termine delle indagini. Insomma, uno svarione giuridico bello e buono. Che però ottiene l'effetto sperato. Della privatizzazione strisciante del cosiddetto «servizio pubblico» non si parlerà più.

Scippare De Magistris

A Catanzaro c'è un pm napoletano, Luigi de Magistris, che disturba i manovratori politico-affaristico-massonico-giudiziari della Calabria. Il suo procuratore capo, Mariano Lombardi, gli ha appena soffiato l'indagine «Poseidone» sulle immani ruberie delle cricche di potere nel campo della (non) depurazione del mare inquinato. Ma De Magistris indaga anche su decine di «eccellenti», politici di destra e di sinistra (fra i quali Mastella e, come «atto dovuto», Prodi), faccendieri, grembiulini, imprenditori senza scrupoli: l'inchiesta si chiama «Why Not» e riguarda l'uso e l'abuso di fiumi di soldi pubblici e fondi europei che finiscono, anziché allo sviluppo dell'economia locale, nelle tasche dei soliti noti.

Il 19 ottobre 2007 l'avvocato generale dello Stato di Catanzaro, Dolcino Favi, «facente funzioni» sulla poltrona vacante di procuratore generale, «avoca l'indagine» sfilandola al pm titolare. Le motivazioni sono ai confini della realtà: De Magistris sarebbe in conflitto d'interessi nell'indagare su Mastella, visto che il ministro ha chiesto il suo trasferimento e inviato diverse ispezioni nel suo ufficio. Pare la fiaba del lupo e dell'agnello: qui semmai è Mastella ad avere un interesse personale a sbarazzarsi di un magistrato che da mesi indaga sulle sue telefonate e ora anche su di lui, non viceversa. Il fatto che il ministro, ora indagato, abbia chiesto per lui il procedimento disciplinare e il trasferimento d'ufficio non basta certo a dimostrare un «interesse personale» del magistrato inquirente. Anche perché la decisione del Csm sul pm sarebbe comunque arrivata prima dell'esito finale delle sue indagini, qualunque esso fosse (archiviazione o richiesta di rinvio a giudizio). E, anche se fosse arrivata dopo, il destino processuale di Mastella non vi avrebbe avuto alcuna influenza.

Tantopiù che, finita l'inchiesta, il pm non può decidere nulla, visto che gli eventuali rinvii a giudizio li dispone un gip «terzo».

Il 22 ottobre, mentre l'indagato Mastella finge per tutto il giorno di dimettersi da guardasigilli per ottenere la solidarietà di Prodi, ecco il consueto monito di Napolitano: esprime «viva preoccupazione» per il caso De Magistris, promette di «prestare vigile attenzione» e invita i protagonisti a «evitare dichiarazioni e commenti che determinano sconcerto nella pubblica opinione». Il destinatario ovviamente è De Magistris, l'unico che abbia pronunciato qualche frase, nella speranza che il Csm e l'Anm lo difendano dagli incredibili soprusi dei superiori. Ma il presidente del Csm è Napolitano, dunque ci siamo capiti. Infatti il Csm, così «avvisato» dal Colle supremo, si spacca a metà e alla fine non prende alcuna posizione sull'inaudita avocazione.

Anche De Magistris, come la Forleo, viene lasciato solo dalla magistratura associata e verrà fucilato nel giro di un anno dal Csm (sempre presieduto da Napolitano) con una sanzione disciplinare e soprattutto con il trasferimento a Napoli per «incompatibilità ambientale e funzionale» con Catanzaro. Cioè con il divieto di svolgere mai più le funzioni di pubblico ministero. Nel 2009 lascerà la toga per darsi alla politica, candidandosi a eurodeputato come indipendente nelle liste dell'Italia dei valori. Una volta eletto, il 28 settembre, scriverà al capo dello Stato una lunga lettera per spiegare i drammatici motivi che l'hanno indotto a lasciare per sempre la magistratura.

> Signor Presidente, scrivo questa lettera a Lei soprattutto nella Sua qualità di presidente del Consiglio superiore della magistratura. È una lettera che non avrei mai voluto scrivere. [...] È una lettera con la quale Le comunico, formalmente, le mie dimissioni dall'Ordine giudiziario. Lei non può nemmeno lontanamente immaginare quanto dolorosa sia per me tale decisione [...]. La magistratura ce l'ho nel mio sangue, provengo da quattro generazioni di magistrati. Ho respirato l'aria di questo nobile e difficile mestiere sin da bambino. Uno dei giorni più belli della mia vita è stato quando ho superato il concorso per diventare uditore giu-

diziario. Una gioia immensa che mai avrei potuto immaginare destinata a un epilogo così buio [...]. Ho sempre pensato che chi ha il privilegio di poter fare quello che sogna nella vita debba dare il massimo per il bene pubblico e l'interesse collettivo, anche a costo della vita. Per questo decisi di assumere le funzioni di pubblico ministero in una sede di trincea, di prima linea nel contrasto al crimine organizzato: la Calabria. Una terra da cui, in genere, i magistrati forestieri scappano dopo aver svolto il periodo previsto dalla legge e dove invece avevo deciso (ingenuamente) di restare.
Ho dedicato a questo lavoro gli anni migliori della mia vita, dai venticinque ai quaranta, lavorando mai meno di dodici ore al giorno, spesso anche di notte, di domenica, le ferie un lusso al quale dover spesso rinunciare. Sacrifici enormi, personali e familiari, ma nessun rimpianto: rifarei tutto, con le stesse energie e il medesimo entusiasmo [...]. Parallelamente al consolidarsi dell'azione investigativa svolta, però, si rafforzavano le attività di ostacolo che puntavano al mio isolamento, alla delegittimazione del mio lavoro, alle più disparate strumentalizzazioni. Intimidazioni, pressioni, minacce, ostacoli, interferenze. Attività che, talvolta, provenivano dall'esterno delle istituzioni, ma il più delle volte dall'interno: dalla politica, dai poteri forti, dalla stessa magistratura [...]. Ostacoli nel lavoro quotidiano da parte di dirigenti e colleghi, revoche e avocazioni illegali, tecniche per impedire un celere ed efficace svolgimento delle inchieste.
Ho condotto indagini nei settori più disparati, ma solo quando mi occupavo di reati contro la pubblica amministrazione diventavo un cattivo magistrato [...]. Gli ostacoli più micidiali all'attività dei servitori dello Stato sono i mafiosi di Stato: quelli che indossano abiti istituzionali, ma piegano le loro funzioni a interessi personali, di gruppi, di comitati d'affari, di centri di potere occulto. Non mi dilungo oltre, perché credo che al presidente della Repubblica tutto questo dovrebbe essere noto.
Ebbene oggi, Signor Presidente, non è più necessario uccidere i servitori dello Stato: si creerebbero nuovi martiri; magari, ai funerali di Stato, il popolo prenderebbe di nuovo a calci e sputi i simulacri del regime; l'Europa ci metterebbe sotto tutela. Non vale la

pena rischiare, anzi non serve. Si può raggiungere lo stesso risultato con modalità diverse: al posto della violenza fisica si utilizza quella morale, la violenza della carta da bollo, l'uso illegale del diritto o il diritto illegittimo, le campagne diffamatorie della propaganda di regime, si scelga la formula che più piace. Che ci vuole del resto, Signor Presidente, per trasferire un magistrato perbene, un poliziotto troppo curioso, un carabiniere zelante, un finanziere scrupoloso, un prete coraggioso, un funzionario che non piega la schiena, o per imbavagliare un giornalista che racconta i fatti? È tutto molto semplice, quasi banale. Ordinaria amministrazione. Per allontanare i servitori dello Stato e del bene pubblico, bisogna prima isolarli, delegittimarli, diffamarli, calunniarli. A questo servono i politici collusi, la stampa di regime al servizio dei poteri forti, i magistrati proni al potere, gli apparati deviati dello Stato. La solitudine è una caratteristica del magistrato, l'isolamento è un pericolo. Ebbene, in Calabria, mentre le persone rispondevano positivamente all'azione di servitori dello Stato vincendo timori di ritorsioni, spezzando omertà e connivenze, pezzi significativi delle istituzioni contrastavano le attività di magistrati e forze dell'ordine con ogni mezzo [...]. Lei, Signor Presidente, dovrebbe conoscere – sempre quale presidente del Csm – le attività messe in atto ai miei danni [...]. Attività di indebito esercizio di funzioni istituzionali al solo fine di bloccare indagini che avrebbero potuto ricostruire fatti gravissimi commessi in Calabria (e non solo) da politici di destra, di sinistra e di centro, da imprenditori, magistrati, professionisti, esponenti dei servizi segreti e delle forze dell'ordine. Tutto ciò non era tollerabile in un paese ad alta densità mafiosa istituzionale. Come poteva un pugno di servitori dello Stato pensare di esercitare il proprio mandato onestamente applicando la Costituzione? Signor Presidente, Lei – come altri esponenti delle istituzioni – è venuto in Calabria, ha esortato i cittadini a ribellarsi al crimine organizzato e ad avere fiducia nelle istituzioni. Perché, allora, non è stato vicino ai servitori dello Stato che si sono imbattuti nel cancro della nostra democrazia, cioè nelle più terribili collusioni tra criminalità organizzata e poteri deviati? Non ho mai colto alcun segnale da parte Sua in questa direzione, anzi. Eppure avevo sperato in un Suo intervento, anche pubblico: ero ancora nella fase della mia ingenuità istituzionale. Mi illudevo nella neutralità, anzi nell'imparzialità dei pubblici poteri. Poi ho visto in volto, pagando il prezzo più amaro, l'ingiustizia senza fine.

Sono stato ostacolato, mi sono state sottratte le indagini, mi hanno trasferito, mi hanno punito solo perché ho fatto il mio dovere, come poi ha sancito l'autorità giudiziaria competente. Ma intanto l'obiettivo era stato raggiunto, anche se una parte del paese aveva e ha capito quel che è accaduto, ha compreso la posta in gioco e me l'ha testimoniato con un affetto che Lei non può nemmeno immaginare. Un affetto che costituisce per me un'inesauribile risorsa aurea.

Ho denunciato fatti gravissimi all'autorità giudiziaria competente, la Procura della Repubblica di Salerno: me lo imponeva la legge e prima ancora la mia coscienza. Magistrati onesti e coraggiosi hanno avuto il solo torto di accertare la verità, ma questa ancora una volta era sgradita al potere. E allora anche loro dovevano pagare, in modo ancora più duro e ingiusto [...]. Quando la Procura della Repubblica di Salerno – un pool di magistrati, non uno «antropologicamente diverso», come nel mio caso – ha adottato nei confronti di insigni personaggi calabresi provvedimenti non graditi a quei poteri che avevano agito per distruggermi, ecco che il circuito mediatico-istituzionale, ai più alti livelli, ha fatto filtrare il messaggio perverso che era in atto una «lite fra procure», una guerra per bande. Una menzogna di regime: nessuna guerra vi è stata, fra magistrati di Salerno e Catanzaro. C'era invece semplicemente, come capirebbe anche mio figlio di cinque anni, una procura che indagava, ai sensi dell'art. 11 del Codice di procedura penale, su magistrati di un altro distretto. E questi, per ostacolare le indagini, hanno a loro volta indagato i colleghi che indagavano su di loro, e me quale loro istigatore. Un mostro giuridico. Un'aberrazione di un sistema che si difende dalla ricerca della verità, tentando di nascondersi dietro lo schermo di una legalità solo apparente.

Questa menzogna è servita a buttare fuori dalle indagini (e dalle funzioni di pm) tre magistrati di Salerno, uno dei quali lasciato

> addirittura senza lavoro. Il messaggio doveva essere chiaro e inequivocabile: non deve accadere più, basta, capito?! Signor Presidente, io credo che Lei in questa vicenda abbia sbagliato. Lo affermo con enorme rispetto per l'istituzione che Lei rappresenta, ma con altrettanta sincerità e determinazione. Ricordo bene il Suo intervento – devo dire, senza precedenti – dopo che furono eseguite le perquisizioni da parte dei magistrati di Salerno. Rimasi amareggiato, ma non meravigliato. Signor Presidente, questo sistema malato mi ha di fatto strappato di dosso la toga che avevo indossato con amore profondo. E il fatto che non mi sia stato più consentito di esercitare il mestiere stupendo di pubblico ministero mi ha spinto ad accettare un'avventura politica straordinaria [...]. Ma nell'animo, nel cuore e nella mente, sarò sempre magistrato [...].
>
> Con grande serenità, mi dimetto dall'Ordine giudiziario, dal lavoro più bello che avrei potuto fare, nella consapevolezza che non mi sarebbe più consentito esercitarlo dopo il mandato politico. Lo faccio con un ulteriore impegno: quello di fare in modo che ciò che è successo a me non accada mai più a nessuno e che tanti giovani indossino la toga non con la mentalità burocratica e conformista magistralmente descritta da Piero Calamandrei nel secolo scorso, come vorrebbe il sistema di potere consolidato, ma con la Costituzione della Repubblica nel cuore e nella mente.

Dal Quirinale, nessuna risposta.

Graziare Contrada, anzi no

Che ne pensa Napolitano del potere che gli conferisce la Costituzione di concedere la grazia ai condannati? Quella elargita a inizio mandato a Bompressi non fa testo: l'aveva già decisa Ciampi. Dunque la prima vera occasione di esprimersi pubblicamente sulla questione gliela fornisce, sullo scorcio del 2007, l'avvocato Giuseppe Lipera, appena divenuto difensore di Bruno Contrada. Già capo della Squadra mobile e della Criminalpol di Palermo, poi numero tre del Sisde, Contrada è stato definitivamente condannato a dieci anni per concorso esterno in associazione mafiosa. Il 20 dicembre Lipera scrive a Napolitano per «supplicarlo» di concedere «un provvedimento di clemenza *sua sponte*» al suo assistito. Che però non la chiede, anzi pretende la revisione del suo processo e l'assoluzione. Ma per la revisione servono nuove prove, che non ci sono: il dibattimento s'è chiuso appena sette mesi prima e la Cassazione non ha ancora depositato le motivazioni della sentenza. Quanto alla grazia, non s'è mai vista per un condannato per mafia, che oltretutto ha appena iniziato a scontare la pena. Ma Lipera insiste con una conferenza stampa al giorno, accampando «motivi di salute» e annunciando che «Contrada sta morendo in carcere».

In realtà il neodetenuto contesta semplicemente il menù del carcere, che non rispetta la dieta antidiabete suggerita dai medici. Perciò ha avviato uno sciopero del cibo, che certo non migliora lo stato di salute di un vecchio malandato. Insomma, nulla di drammatico. Però Napolitano trasmette la pratica al ministro della Giustizia Clemente Mastella, che garantisce la «procedura d'urgenza per motivi umanitari». Intanto parte il *battage* mediatico degli innocentisti «a prescindere»: una variopinta compagnia di giro capitanata da Giuliano Ferrara, Lino Jannuzzi e Stefania Craxi, che punta a demolire una sentenza definitiva che ancora nessuno ha potuto leggere. Rita Borsellino taglia corto: se Contrada sta male, la via maestra è un'altra: ricovero in ospedale in vista dell'eventuale differimento della pena per motivi di salute.

Il 24 dicembre il Colle fa sapere che Napolitano, dopo la lettera di Lipera, «ha immediatamente acquisito notizie dal ministero della Giustizia sullo stato del procedimento per il differimento della esecuzione della pena pendente dinanzi al Tribunale di sorveglianza di Napoli». E – con un'entrata a gamba tesa nell'autonomia della magistratura – «ha chiesto al presidente del Tribunale di sorveglianza di Napoli di valutare l'opportunità di anticipare la data dell'udienza di trattazione del procedimento». Il Tribunale di sorveglianza prontamente obbedisce: il 28 dicembre Contrada viene trasferito all'ospedale Cardarelli per nuove analisi.

Molti parenti di vittime di mafia rilasciano dichiarazioni di fuoco contro il trattamento di favore riservato a Contrada e soprattutto contro l'ipotesi che venga graziato. Napolitano risponde piccato il 26 dicembre con un'altra nota del Quirinale:

> A proposito dell'intensificarsi di dichiarazioni e di appelli in merito al «caso Contrada», si fa notare che il presidente della Repubblica ha ben presente, di fronte a qualsiasi domanda di grazia, tutte le ragioni da prendere in considerazione, quanto stabilito dalla Corte costituzionale e le procedure da rispettare. Qualsiasi provvedimento in materia di differimento della pena, basato sulla gravità delle condizioni di salute dei condannati che stiano scontandola in carcere, è – com'è noto – di esclusiva competenza della magistratura di sorveglianza.

E allora perché Napolitano ha interferito nel calendario del giudice di sorveglianza? E a quale titolo l'ha fatto? A quel punto si rifà vivo Lipera: «Contrada è recluso in un reparto da incubo, ha diritto a un ospedale degno del suo rango». Strano: il padiglione è nuovo di zecca, inaugurato a luglio. Contrada chiede di tornare in carcere e i giudici l'accontentano. Poi, dal carcere, rivendica la sua «grande amicizia con Paolo Borsellino» (smentito da tutti: Borsellino e Falcone non gli stringevano neppure la mano), torna a chiedere la revisione del processo e pretende pure «un grazie dallo Stato». Lipera, a quel punto, nega di aver mai chiesto la grazia. Ma allora di che si è parlato per due settimane? E a chi ha risposto Napolitano? Sbeffeggiato pubblicamente dal legale di Contrada, il Colle ingrana la retromarcia con una tragicomica nota fatta trapelare da imperscrutabili «ambienti del Quirinale»:

> A quanto si apprende, il presidente della Repubblica Giorgio Napolitano ha comunicato al ministro della Giustizia Clemente Mastella, che ne ha già preso atto, di ritenere che non debba avere

ulteriore corso la procedura aperta a seguito della «implorazione-supplica» inviata dall'avvocato Lipera, nella qualità di difensore di Bruno Contrada.

Gli stessi «ambienti» spiegano che Napolitano è tornato indietro «dopo le diverse dichiarazioni rese dall'avvocato Lipera e la volontà manifestata dal dottor Contrada di non voler chiedere un atto di clemenza», nonché il «preannuncio della presentazione di un ricorso per la revisione della condanna» che «si pone in oggettivo contrasto con la possibilità di attivare la procedura per la concessione della grazia. In tal modo questa si configurerebbe come un suppletivo grado di giudizio, escluso dalla sentenza n. 200 del 2006 della Corte costituzionale [quella che ha dato ragione a Ciampi nel conflitto con Castelli sul caso Bompressi, *nda*]».

Peccato che la revisione Contrada l'avesse chiesta fin da subito. Insomma i conti non tornano. Resta il sospetto che il Colle abbia giocato sull'equivoco, tentando di graziare comunque Contrada e tirandosi poi indietro dinanzi alle proteste dei familiari delle vittime e all'incauta gestione pubblica della vicenda da parte dell'avvocato. Infatti, con la tipica *excusatio non petita*, il 12 gennaio 2008 Napolitano risponde piccato al deputato di An Gustavo Selva, che è tornato alla carica per la grazia a Contrada: «Non vi è stata alcuna "marcia indietro", come si è volgarmente affermato da qualche parte, né tantomeno ho subito condizionamenti di sorta». Ha fatto tutto da solo.

Giri di Walter

Il 2007 si chiude con la nascita del Partito democratico, che riunisce i Ds e la Margherita ed elegge segretario Walter Veltroni (D'Alema e Fassino si leccano le ferite del caso Unipol). Il quale si mette subito all'opera per avviare un «dialogo sulle riforme istituzionali» con Berlusconi (che a sua volta annuncia la fusione di Forza Italia e An nel Popolo della Libertà): se non riapre la

Bicamerale, poco ci manca. I due si scambiano complimenti e smancerie. Giuliano Ferrara benedice l'avvento del «Veltrusconi». Pd e Pdl, con gli sherpa Goffredo Bettini e Gianni Letta, lavorano a una legge elettorale bipartitica, all'americana, che tagli le ali estreme dei due schieramenti. Il sogno di Napolitano sta per avverarsi: i sabotaggi del Quirinale contro il governo si intensificano (come vedremo tra poco). E i partiti piccoli e medi che sostengono il già traballante Prodi-2 entrano in fibrillazione, a cominciare dall'Udeur di Mastella, mentre Berlusconi avvia una serrata campagna acquisti fra i senatori scontenti dell'Unione. Il Professore ormai ha i mesi contati. Il colpo di grazia glielo dà Veltroni, quando annuncia che in caso di elezioni «il Pd correrà da solo» e condannerà gli alleati all'estinzione. Questi non hanno che una strada per sopravvivere: rovesciare il governo prima che il piano Veltrusconi diventi realtà.

Il 14 gennaio 2008 la Procura di Santa Maria Capua Vetere indaga per corruzione diversi dirigenti dell'Udeur in Campania, a cominciare dal segretario Mastella e dalla moglie Sandra Lonardo (presidente del Consiglio regionale), che finisce agli arresti domiciliari insieme al consuocero e a mezzo partito mastelliano in Campania. L'inchiesta, poi trasferita a Napoli, riguarda la lottizzazione di cariche pubbliche tra Napoli e Benevento, soprattutto nelle Asl. Il guardasigilli attacca a testa bassa la magistratura in pieno parlamento, ricevendo applausi a scena aperta da quasi tutti i partiti, di destra, di centro e di sinistra (a parte il solito Di Pietro). Poi si accorda segretamente con Berlusconi e si dimette da ministro e da alleato di Prodi. Il governo – privo dell'appoggio dell'Udeur e dei seguaci di Lamberto Dini, ripassati armi e bagagli con il centrodestra – cade in Senato il 24 gennaio, fra bottiglie di champagne stappate e fette di mortadella penzolanti nei banchi della Cdl. Un anno dopo Mastella diventerà parlamentare europeo nelle file del Pdl.

Prodi sale subito al Quirinale e rassegna le dimissioni nelle mani di Napolitano. «Sono state le dimissioni più rapide della storia» racconterà il suo portavoce Silvio Sircana: «Siamo arrivati al Quirinale e le formalità erano già tutte pronte». Il presidente avvia le consultazioni per vedere se c'è una nuova maggioranza, a cui peraltro lavora da mesi. Ma sia il Pd veltroniano sia Berlusconi non vedono l'ora di tornare alle urne. Il 30 gennaio l'uomo del Colle tenta la carta Marini, con un mandato esplorativo molto particolare e inedito: il compito che Napolitano gli affida è quello di cercare consensi per un governicchio di transizione che adotti le misure finanziarie più urgenti e dia modo al parlamento di modificare il Porcellum prima del voto. Ma il 4 febbraio Marini si arrende e due giorni dopo il presidente firma il decreto di scioglimento delle Camere, ventun mesi dopo il suo insediamento al Quirinale.

L'idillio Veltroni-Berlusconi prosegue in campagna elettorale. Il leader del Pd si fa un vanto di «non attaccare mai il Cavaliere», anzi di neppure nominarlo (lo chiama «il principale esponente dello schieramento avversario»), perché «bisogna uscire da quindici anni di odio». Invece Berlusconi, a capo del Popolo della libertà (Pdl), attacca a testa bassa «i comunisti». E stravince le elezioni per la terza volta.

Padoa-Schioppa, Prodi e il «pompiere incendiario»

La storia del secondo governo Prodi ha un doppiofondo segreto. In quei 722 giorni di calvario, il ministro dell'Economia Tommaso Padoa-Schioppa – di gran lunga il miglior elemento della compagine – matura la convinzione che Napolitano abbia fatto di tutto per indebolire, logorare, talora boicottare l'esecutivo dell'Unione. E lo scrive in alcune pagine del suo diario che l'autore di questo libro – in alcuni colloqui avuti con lui nella sua casa romana fra il 2009 e il 2010 fino a poche settimane prima della sua improvvisa scomparsa (il 18 dicembre 2010) – ha avuto il privilegio di poter leggere, discutere e annotare nelle parti più significative e attuali. Ma ha deciso di non riportarle testualmente per rispetto della volontà dei familiari, che decideranno liberamente se e quando rendere pubblici quegli scritti.

Siamo nell'autunno del 2006. Dopo la turbolenta estate dell'indulto, a fine agosto il governo ha inviato truppe italiane in Libano per la missione Unifil, mentre è iniziato il ritiro dei militari dall'Iraq. Il 7 settembre il dipietrista Sergio De Gregorio (corrotto – come confesserà lui stesso nel 2012 – da Berlusconi) è passato al centrodestra, privando l'Unione del suo unico voto di scarto al Senato e rendendo decisivi i senatori a vita. Il 13 settembre Angelo Rovati, discusso consigliere di Prodi, ha dovuto dimettersi per lo scandalo seguito alla divulgazione di un suo piano per la ristrutturazione di Telecom. Il 30 settembre Padoa-Schioppa ha annunciato una legge finanziaria da 33,4 miliardi per rimettere in sesto i conti pubblici. E il governo cerca la difficile strada del «dialogo con il centrodestra» indicata dal Colle sulla controriforma dell'ordinamento giudiziario. Un'emergenza dopo l'altra.

In questo clima – annota il ministro – il 18 ottobre Napolitano invita a pranzo Prodi, lo stesso Padoa-Schioppa ed Enrico Letta, sottosegretario alla presidenza del Consiglio. E lì fa il «pompiere incendiario», lo «stabilizzatore destabilizzante», come lo definisce il titolare dell'Economia. Paventa il «rischio» che Prodi ponga la fiducia. Si fa portavoce di tutte le critiche al governo. Insomma – ricorda Padoa-Schioppa – «soffia sul fuoco anziché spegnerlo». L'indomani i giornali, opportunamente sensibilizzati, scrivono che Napolitano ha «bacchettato» Prodi e il suo ministro.

Il 20 dicembre, nella cerimonia al Quirinale per gli auguri natalizi alle alte cariche dello Stato, Napolitano parla della legge finanziaria ormai in dirittura d'arrivo in parlamento. E lo fa – ricorda Padoa-Schioppa – in chiave quasi esclusivamente critica su due punti: la dimensione «abnorme» del testo della manovra e del maxiemendamento e l'uso della fiducia. Segue il solito monito per «soluzioni condivise con l'opposizione».

Il 21 febbraio 2007, dopo meno di un anno di vita, il governo Prodi è già in crisi. La maggioranza, divisa sulle coppie di fatto, sul rifinanziamento della missione militare in Afghanistan, sul raddoppio della base americana di Vicenza, «va sotto» al Senato sulla risoluzione che deve approvare la politica estera del ministro D'Alema: soltanto 158 Sì (su un quorum di 160) contro 136 No e 24 astenuti (decisivi i neocomunisti Fernando Rossi e Franco Turigliatto). Prodi sale subito al Quirinale per rimettere il mandato nelle mani di Napolitano.

L'indomani – annota Padoa-Schioppa nel suo diario – Prodi torna al Quirinale e lì Napolitano chiede garanzie preventive sui «numeri al Senato» in vista della fiducia e del voto sull'Afghanistan. Pare che il capo dello Stato non gradisca una maggioranza che si regga sui senatori a vita, come se questi fossero figli di un dio minore. Il ministro dell'Economia è sconcertato: il voto si fa in parlamento, non al Quirinale, e sarebbe ora di finirla con il malvezzo delle «crisi extraparlamentari» da Prima repubblica.

Il 24 febbraio, previe consultazioni informali con i partiti, Napolitano respinge le dimissioni di Prodi e lo rinvia alle Camere per il voto di fiducia. Nessuno – a parte chi gli parla in privato – sa che il presidente sta segretamente lavorando con personali «esplorazioni» a un'altra maggioranza, al momento però invano. Quale maggioranza? Il solito inciucio di larghe – o almeno più larghe – intese. Una posizione che Padoa-Schioppa definisce «inquietante». Così come il comunicato del Colle, che pretende una maggioranza «politica»: un altro cedimento alla tesi del centrodestra, che vorrebbe escludere i senatori a vita dal voto. Il che, ricorda l'ex ministro, induce il povero Ciampi a disertare le sedute del Senato ogni volta che è in gioco la sopravvivenza del governo (invece Rita Levi-Montalcini, spesso volgarmente insultata dai banchi della destra, è quasi sempre presente, e votante).

Il 28 febbraio il governo ottiene la fiducia a Palazzo Madama (162 Sì, 157 No), anche grazie al passaggio di Marco Follini dall'Udc al centrosinistra. Il 3 marzo si replica a Montecitorio (342 Sì, 253 No e 2 astenuti). La crisi è rientrata. Almeno per ora.

Qualche mese di relativa calma. Poi il 12 luglio Napolitano torna a polemizzare con Prodi e Padoa-Schioppa a proposito di un emendamento inserito dal governo in un decreto già approvato e in fase di conversione in legge in parlamento. Il presidente rivendica per sé un diritto di veto sul potere legislativo molto discutibile, almeno per il ministro dell'Economia. Che non riesce a comprendere come possa il capo dello Stato pretendere di sindacare sull'urgenza dei provvedimenti del governo, visto che questa è una valutazione squisitamente «politica», che spetta al consiglio dei ministri e al parlamento, non al capo dello Stato. Il che vale, a maggior ragione, per il giudizio sugli emendamenti, governativi e parlamentari: di che si impiccia Napolitano?

Il braccio di ferro fra Palazzo Chigi e ministero dell'Economia da una parte e Quirinale dall'altra, pur non trapelando quasi mai sulla stampa, prosegue sotterraneamente su altre questioni di fondo. Padoa-Schioppa continua a pensare che Napolitano si assuma compiti non suoi, debordando dai suoi poteri costituzionali. Come quando considera antidemocratico qualsiasi atto e riforma del governo che non sia stato preventivamente «concordato» con l'opposizione. Cioè con Berlusconi. È una malintesa forma di garanzia presidenziale all'opposizione con l'ossessiva ricerca di una «pacificazione». Che però – osserva l'ex ministro – «porta il presidente a chiedere molto di più alla maggioranza che all'opposizione», visto che «le prevaricazioni vengono dall'opposizione, non dalla maggioranza».

Padoa-Schioppa si domanda perché Napolitano faccia così. E si risponde che forse è perché è stato eletto solo dal centrosinistra. O forse perché è divorato da un'ansia di «popolarità»: insomma vorrebbe essere come Pertini, o almeno come Ciampi. Ma Pertini e Ciampi erano popolari fra la gente, mentre l'attuale presidente cerca consensi soprattutto nel Palazzo, tra i partiti, da vero «professionista della politica». Inoltre, la lunga appartenenza a un partito di opposizione, il Pci, lo porta a pensare che le opposizioni abbiano sempre una sorta di «diritto di veto» sulle scelte della maggioranza. Ma soprattutto – ripete spesso Padoa-Schioppa nei nostri colloqui – «Napolitano detesta il bipolarismo e persegue un suo disegno politico», quello svelato nella breve crisi del febbraio 2007: quello di un governo di larghe intese che eliminerebbe l'alternanza fra destra e sinistra e scipperebbe agli elettori il diritto di scegliere da chi essere governati, per rimetterlo nelle mani delle segreterie dei partiti.

Come nella Prima repubblica, che rimane l'unico orizzonte di Napolitano. Ma anche – osserva malizioso l'ex ministro «come in Unione Sovietica»: «il governo lo sceglie il partito (o i partiti) e non il popolo».

Peccato che la Costituzione dica tutt'altro. E che ciò metta in pericolo la democrazia italiana, specie se all'opposizione c'è Berlusconi. Che, come spesso è accaduto nella storia della conquista del potere dei partiti comunisti nel XX secolo, punta a entrare in larghe coalizioni da posizioni di minoranza, per poi prendersi la maggioranza.

Il 16 luglio dal ministero dell'Economia parte per il Quirinale una nota critica sulla posizione di Napolitano in materia di decreti urgenti e di emendamenti durante l'iter parlamentare. Padoa-Schioppa la riassume così in uno dei nostri colloqui: «L'accertamento da parte del Quirinale dei presupposti di urgenza iniziò con la presidenza Ciampi. Ma all'epoca era giustificato dagli abusi dello strumento del decreto compiuti da Berlusconi, che peraltro godeva di una schiacciante maggioranza parlamentare». Poi ci fu una sentenza della Corte costituzionale, che nel 2006 annullò un decreto con cui il governo Berlusconi aveva ammesso la candidatura a sindaco e poi convalidato l'elezione di un condannato ineleggibile. La Consulta spiegò che i decreti sono illegittimi soltanto quando la mancanza del requisito di urgenza è «evidente». Perciò il ministro dell'Economia dissente dalla lettura del Quirinale in materia di decreti: «perché introduce di fatto un filtro più fine di quello fissato dalla Corte», cioè si attribuisce «una valutazione e una responsabilità squisitamente politiche, che invece dovrebbero restare prerogative del governo e del parlamento».

Il 7 ottobre Padoa-Schioppa, in un'intervista al Tg1, difende il ricorso alla fiducia da parte del governo Prodi. Due giorni dopo Napolitano gli scrive una lettera «privata» per esprimere un dissenso politico e istituzionale: quasi che l'uso della fiducia vada contro la Costituzione. Il ministro rimane di sasso, anche perché la fiducia è prevista dalla prassi parlamentare e costituzionale, specie quando un governo si regge su una maggioranza così risicata. È l'ennesimo bastone fra le ruote di un governo che, già di suo, barcolla. Ripensando a quei fatti nel 2009-2010, l'ex ministro commenterà con amarezza il fatto che il Quirinale abbia poi concesso a Berlusconi ciò che aveva negato a Prodi: il via libera ai continui ricorsi alla fiducia, nonostante l'amplissima maggioranza di cui nel 2008-2010 gode il centrodestra in entrambi i rami del parlamento (contrariamente all'Unione nel 2006-2008). L'abuso della fiducia parlamentare, come vedremo, proseguirà nel silenzio-assenso del Quirinale anche sotto i governissimi di Monti e di Letta jr.

Intanto, nell'estate del 2007, è esploso il caso del generale Roberto Speciale, dal 2003 comandante generale della guardia di finanza, nominato dal governo Berlusconi. Nel luglio del 2006 il viceministro dell'Economia, Vincenzo Visco, gli ordina di avvicendare quattro ufficiali del corpo, praticamente l'intera catena di comando delle Fiamme gialle a Milano. Ma lui rifiuta. Il centrodestra lo spalleggia e insinua chc Visco voglia trasferire i quattro finanzieri perché stanno indagando anche sullo scandalo Unipol-Bnl. In ogni caso la guardia di finanza è alle dipendenze del ministero dell'Economia, dunque l'alto ufficiale si rende responsabile di una grave insubordinazione dinanzi all'autorità politica.

Siccome Speciale è stato pure coinvolto nello scandalo delle «spigole d'oro» a spese dei contribuenti (se le faceva recapitare con voli militari per le sue vacanze in altura), il governo gli chiede di dimettersi, in cambio della promozione a giudice della Corte dei conti. Ma lui rifiuta. A quel punto il ministro Padoa-Schioppa, dopo aver illustrato al parlamento le ragioni che fanno ritenere Speciale un ufficiale infedele, lo destituisce. Il generale però – con tanti saluti al dovere militare dell'obbedienza – si ribella, fa ricorso al Tar, mobilita le truppe del centrodestra, querela Padoa-Schioppa, lancia oscuri messaggi al presunto «nemico». E, quando il Tar del Lazio il 15 dicembre lo reintegra, scrive una lettera di dimissioni (da un incarico che non ha più), continuando a rivendicare un'assurda autonomia dal governo. Poi ordina – senza averne alcun titolo – al capo di stato maggiore della guardia di finanza di diffondere la sua missiva a tutto il corpo delle Fiamme gialle. Insomma si sente al di sopra di tutto e di tutti. Per Padoa-Schioppa, le sue sono «mosse» da golpista. Ma Napolitano, anziché respingere l'irricevibile lettera al mittente, la accoglie ed elogia addirittura Speciale per il suo presunto «spirito di servizio verso le istituzioni». Giuseppe D'Avanzo, su «Repubblica» del 18 dicembre 2007, critica duramente il comportamento remissivo del presidente:

> Un generale, al comando di 59.874 militari in armi, non accetta di essere alle «dirette dipendenze» di un governo che gode della piena fiducia del parlamento. Roberto Speciale non ne riconosce il potere, la legittimità, il dovere costituzionale di decidere dell'indirizzo politico e amministrativo del paese e quindi anche di scegliere chi deve essere o non deve essere alla guida di un corpo, «parte integrante delle forze armate dello Stato e della forza pubblica».
>
> Scrive al presidente della Repubblica, perché «è al di sopra di tutto, anche della politica, anche del governo». È uno schiaffo all'esecutivo, che non sorprende in un soldato infedele. Stupisce che il Quirinale accetti di ricevere la lettera del generale. Che, implicitamente, acconsenta che Speciale possa dimettersi da una responsabilità che non ha più e che nessuno – tantomeno il governo – gli ha riconosciuto.
>
> Meraviglia che il presidente della Repubblica acconsenta che un generale non si dimetta nelle mani dell'autorità politica a cui è sottordinato, di cui è dipendente. Confonde che il capo dello Stato accetti di svolgere il ruolo del tutto improprio di destinatario di una lettera che abusivamente gli è stata consegnata, chiudendo gli occhi sul disprezzo che il generale assegna al governo per di più prendendo per buono un presunto «spirito di servizio verso le istituzioni».
>
> È un pericoloso, e inedito, precedente nella storia della Repubblica. Dovremo presto attenderci che il capo della polizia rifiuti di dimettersi nelle mani del ministro dell'Interno o che il capo di

Stato maggiore della Difesa non consegni il suo addio al ministro della Difesa, tanto del governo si può fare a meno?

La sensazione è che questo «caso Speciale», nato dalla debolezza del governo e dalla volontà di compromesso con un minaccioso network spionistico e illegale, di cui il generale è stato attore di prima fila, moltiplicherà le sue muffe, se non affrontato con energia. Di compromesso in compromesso, di timidezza in timidezza, siamo arrivati alla delegittimazione dei poteri del governo.

Meglio sarebbe ricordare la proposta del generale «tutto d'un pezzo» di violare i segreti d'ufficio avanzata al viceministro Visco (e rifiutata). O tenere a mente quando, con il governo di centrodestra, i segreti della guardia di finanza diventavano pubblici per essere utilizzati, in piena campagna elettorale, da Silvio Berlusconi con denunce alla magistratura. Pensare di lisciare il pelo a quel soldato e ai soldati come lui è peggio di una cattiva idea. È un errore politico e istituzionale.

Tutta l'ambiguità del Quirinale sul caso Speciale si palesa nella riunione del Consiglio dei ministri del 19 dicembre, convocata per varare il decreto che accetta le dimissioni di Speciale e nomina il suo successore, il generale Cosimo D'Arrigo. Una riunione drammatica, condizionata dalle solite ingerenze di Napolitano. Padoa-Schioppa ricorda quella tesissima giornata, trascorsa a preparare il provvedimento. Si confrontano due tesi: «accettare le dimissioni e dunque riconoscere che Speciale è ancora in carica, oppure prendere soltanto atto che vuole andarsene, e quindi negare che sia in carica?». Il ministro dell'Economia è per la seconda tesi. Ma il Quirinale, ancora una volta, si intromette e preme per la prima soluzione, per non scontentare Berlusconi. Alla fine, con la minaccia di non firmare il decreto, Napolitano la spunta. E così il provvedimento del governo diventa palesemente contraddittorio, al limite del ridicolo: premette che Speciale rinuncia «a essere reintegrato», dunque non è più in carica; ma poi aggiunge che può tranquillamente dimettersi, non si sa da quale carica.

I rapporti tra Palazzo Chigi e Quirinale sono sempre più freddi. Il 20 dicembre, nella consueta cerimonia degli auguri di Natale al Colle, Napolitano e Marini nominano il governo soltanto di sfuggita, e solo per fare da cassa di risonanza alle critiche e alle difficoltà. Padoa-Schioppa è sempre più sconcertato.

Il freddo diventa gelo un mese dopo, quando Mastella & C. annunciano l'uscita dalla maggioranza. Il 23 gennaio 2008 Prodi e Padoa-Schioppa vogliono «parlamentarizzare» la crisi: cioè affrontare subito a viso aperto il voto sulla fiducia in Senato, per verificare nella sede centrale della democrazia parlamentare se la coalizione che meno di due anni prima ha vinto, sia pure di poco, le elezioni abbia ancora i numeri non solo a Montecitorio (dove la fiducia è scontata), ma anche a Palazzo Madama. Napolitano invece vorrebbe una crisi extraparlamentare, senza voto in aula. Forse – si interroga l'ex ministro – per evitare l'imbarazzo di un governo appoggiato dalla Camera e bocciato dal Senato. O forse perché, senza una sfiducia esplicita di Palazzo Madama, Prodi sarebbe ancora «spendibile» in seguito, per un suo rinvio alle Camere o per un reincarico, che consentano al Colle di evitare le elezioni anticipate con la «nuova maggioranza» che ha in mente da tempo. Padoa-Schioppa però è convinto che il Colle preferisca gestire la crisi nelle segrete stanze, come se il governo rispondesse a lui e ai partiti, non al parlamento. Che ai suoi occhi conta meno delle segreterie dei partiti. Tant'è che, in un faccia a faccia con Prodi al Quirinale, Napolitano insiste perché si dimetta prima del voto in aula. Il ministro dell'Economia si dice convinto che il Quirinale «orienti anche la stampa» nella stessa direzione.

Ma il premier, seppure molto preoccupato all'idea di scontentare il capo dello Stato, non si piega: andrà trasparentemente alla conta in Senato. E il ministro dell'Economia è d'accordo con lui. «Ero convinto – dirà due anni dopo – che si dovesse andare al voto in Senato per una questione di chiarezza e nella speranza che un voto esplicito resuscitasse un briciolo di "disciplina di coalizione" tra le forze della maggioranza. Invece evitare il voto era una prova di ambiguità, ma anche un modo per conservarsi in tasca una prossima "chance" che gli italiani non avrebbero né capito né apprezzato.»

Fra gli uomini più vicini a Prodi, il ministro della Difesa Arturo Parisi è d'accordo con il premier e con il titolare dell'Economia. E così, pur con qualche esitazione, Giulio Santagata, ministro dell'Attuazione del programma. Invece Enrico Letta vorrebbe le dimissioni del governo dopo il voto alla Camera e prima di quello al Senato. Padoa-Schioppa gli obietta che «ritirarsi dopo una larga fiducia a Montecitorio è quasi comico».

A Montecitorio Prodi chiede ai deputati un voto esplicito di fiducia, rivendicando quella che Padoa-Schioppa chiama «una linea di piena "parlamentarizzazione" della crisi». Poi – è il 24 gennaio – sale al Quirinale, anche perché Napolitano, ma non solo lui, preme perché non vada al voto in Senato. Oppure – come vorrebbe Letta jr. – ci resti soltanto per il dibattito, fino alle dichiarazioni di voto. E a quel punto, se apparirà chiaro che la maggioranza non c'è più, chieda una pausa, rinunci al voto e vada a dimettersi al Colle. Ma il Professore tiene duro: quell'escamotage – ricorda Padoa-Schioppa – «gli appare una fuga, un espediente furbesco che gli italiani non capirebbero». Lo chiama anche il segretario del Pd Piero Fassino, per sponsorizzare il «lodo Letta», che ormai è la linea di tutto il Pd dettata da Napolitano.

Il premier potrebbe considerare le dimissioni prima del voto in Senato soltanto se il Quirinale gli offrisse un ruolo nel dopocrisi, con un reincarico o almeno con la permanenza a Palazzo Chigi fino alle elezioni. Ma né il presidente né il Pd gli prospettano nulla di simile. Tutto questo tramestio, per Padoa-Schioppa, è frutto dell'immaturità democratica (lui parla di «cultura distorta della democrazia») non solo dell'Italia, ma anche delle alte cariche dello Stato. Napolitano, Marini e Bertinotti non hanno mai assimilato le due regole basilari della democrazia dell'alternanza: la maggioranza governa; la minoranza si oppone con tutte le garanzie. O, meglio, conoscono soltanto la seconda.

Il 30 gennaio, l'abbiamo visto, Napolitano dà un mandato esplorativo e condizionato a Franco Marini, per mettere insieme una maggioranza provvisoria che riformi la legge elettorale e consenta al governo di assumere le decisioni più urgenti. Un'altra clamorosa forzatura costituzionale, osserva Padoa-Schioppa nel suo diario: non è un vero «incarico», ma una mossa del presidente per un governo che, prima ancora di nascere, dovrebbe già avere il «consenso su un preciso progetto». È improbabile – riflette l'ex ministro – che questa astruseria sia la soluzione suggerita dai partiti durante le consultazioni. Più verosimile che l'abbia partorita personalmente il presidente. Padoa-Schioppa la fulmina con un aforisma folgorante: «Un cammello è un cavallo disegnato da un comitato». E spiega: «A me quella soluzione sembra un cammello, poco coerente con la Costituzione e tale da spianare la strada al risultato che Berlusconi cerca, elezioni al più presto».

Il motivo è semplice: per fare un governo basta il 50 per cento più uno del parlamento, mentre per cambiare la legge elettorale occorre una maggioranza più ampia, ma soprattutto diversa da quella necessaria per governare. Un conto è l'amministrazione, un altro le regole del voto che investono una «questione di fatto costituzionale» (anche se regolata da una legge ordinaria) e dunque richiedono un accordo tra i due schieramenti contrapposti alle elezioni e in parlamento. Perché mai Napolitano mette insieme le due cose, legando il governo alla legge elettorale? Evidentemente, per lui, «governare non è importante». «In molti paesi – ricorda Padoa-Schioppa – governare è considerato talmente importante che si accetta di farlo, anche per lungo tempo, anche con un governo di minoranza», com'è avvenuto in Danimarca e come presto accadrà in Belgio. In Italia invece molto meno: «Da noi conta la *politics*, non la *policy*». Insomma, le condizioni poste dal Quirinale a Marini sono «quasi impossibili», ma soprattutto regalano a Berlusconi il diritto di veto e dunque «il controllo del risultato». E pazienza se – com'è scontato – l'Italia non sarà più governata per un po'.

Un'alternativa per salvare la legislatura ci sarebbe, osserva l'ex ministro: tentare ancora di compattare la maggioranza uscita dalle urne del 2006, dunque senza Berlusconi, che vuole una cosa soltanto: le elezioni. Una maggioranza magari striminzita, ma «certamente antiberlusconiana e inadatta a fare – da sola – una nuova legge elettorale». Ma Napolitano vuole esattamente il contrario: per lui, appunto, «un cammello è un cavallo disegnato da un comitato». La metafora racchiude, più efficace e micidiale di qualunque saggio o editoriale, la quintessenza della cultura politica togliattiana e giacobina, cioè ben poco democratica nel senso classico del termine, di Napolitano.

Visto poi quello che il presidente sarà capace di fare e di dire per puntellare il terzo governo Berlusconi e soprattutto quelli dei «suoi» Monti e Letta, non c'è dubbio che Prodi non è caduto solo per i numeri risicati al Senato, per le campagne acquisti del Caimano e per i logoramenti del nuovo Pd di Veltroni. Ma anche per il mancato appoggio (per non dire di peggio) del Quirinale. Padoa-Schioppa lo scrive nel suo diario già il 14 febbraio 2008, senza neppure il senno di poi: Napolitano ha un «giudizio negativo» su Prodi. E non solo non l'ha mai aiutato. Ma ha spesso contribuito a «logorarlo» e ad «accelerarne la caduta».

Prima delle elezioni anticipate, Napolitano fa ancora in tempo a interferire nelle scelte del governo dimissionario sul caso Alitalia. Prodi e Padoa-Schioppa, prima di cadere, hanno avviato trattative con Air France, disposta a rilevare la compagnia di bandiera italiana – marcia e decotta dalle fondamenta – a condizioni molto vantaggiose per l'azienda, sia dal punto di vista finanziario sia da quello occupazionale. Ma la Cgil e soprattutto Berlusconi si mettono di traverso, in nome dell'«italianità» della compagnia. In realtà, dietro il tricolore, il Cavaliere nasconde ben altri interessi: quelli della potente lobby di Malpensa, sostenuta anche dalla Lega. E annuncia una cordata di «patrioti» disposti a rilevare Alitalia, i cui nomi naturalmente rivelerà soltanto dopo le elezioni. Alla fine Prodi preferirà che una decisione così strategica, mancando la concordia fra i partiti, l'assuma il suo successore.

Napolitano, garante del sistema e dello *status quo*, ha tutta l'aria di stare con il Cavaliere contro Air France. E il 18 febbraio 2008 inoltra a Padoa-Schioppa una lettera in quel senso di Diana

Bracco, potente industriale farmaceutica, divenuta il braccio destro della presidente di Confindustria Emma Marcegaglia, ex consigliere di Telecom e ora del «Sole 24 Ore», nonché vicepresidente della Camera di commercio di Milano e futura presidente di Expo 2015. Il presidente dichiara la sua «incompetenza» sul caso Alitalia. Ma poi accredita gli argomenti della Bracco.

Nel 2011 coronerà finalmente il suo sogno con Mario Monti e poi con Enrico Letta: cioè non dovrà più neppure interferire nelle scelte dei governi, essendo di fatto anche il presidente del Consiglio.

Il Firmatutto
(2008-2011)

Quella del 13 e 14 aprile 2008, per Silvio Berlusconi, non è una vittoria: è un trionfo. Il neonato Pdl raggiunge il 38 per cento al Senato e il 37 alla Camera. L'alleata Lega Nord schizza rispettivamente all'8,1 e all'8,6. E c'è pure il Movimento per l'Autonomia (Mpa) di Raffaele Lombardo con l'1,1. Il Pd, a dispetto della fissazione di Veltroni per la «vocazione maggioritaria», si ferma al 33,8 a Palazzo Madama e al 33,4 a Montecitorio, mentre l'alleata Idv ottiene il 4,3. L'unico altro partito a superare la soglia del 4 per cento per entrare alla Camera senza apparentamenti con una coalizione è l'Udc di Casini, che raccoglie il 5,7 e il 5,6 per cento. Tutti gli altri restano fuori dal parlamento, dalla Destra di Storace (2,1 e 2,4 per cento) alla Sinistra arcobaleno (3,2 e 3,1).

Nonostante le regole del Porcellum, scritte apposta nel 2005 per propiziare il pareggio fra le due maggiori coalizioni e garantire l'ingovernabilità, il centrodestra fa man bassa di seggi sia alla Camera (365 su 630, grazie al megapremio di maggioranza) sia al Senato (172 su 315). Numeri talmente ampi da consentire al Cavaliere di occupare le presidenze dei due rami del parlamento, con Gianfranco Fini e Renato Schifani. E di accettare subito l'incarico, senza riserve, quando Napolitano il 7 maggio glielo affida.

Il suo terzo governo (o quarto, calcolando come terzo quello «rimpastato» nel 2005) è già bell'e pronto: 21 ministri e 37 sottosegretari. Il guardasigilli è Angelino Alfano, giovane avvocato agrigentino, già segretario particolare di Berlusconi. All'Economia torna Giulio Tremonti, agli Esteri Franco Frattini. Poi ci sono due ministri pregiudicati (Bossi alle Riforme istituzionali e Maroni all'Interno) e tre inquisiti: quello dei Trasporti, Altero Matteoli (favoreggiamento, poi salvato dall'immunità), quello degli Affari regionali, Raffaele Fitto (corruzione, finanziamento illecito, turbativa d'asta, falso), e quello della Semplificazione, Roberto Calderoli (ricettazione, poi prosciolto). Sono indagati anche i sottosegretari Letta (abuso e turbativa d'asta) e Cosentino (concorso esterno in associazione camorristica). Poi naturalmente c'è Berlusconi, che quando giura da premier ha sei processi in corso: Mills, Mediaset, caso Sanjust (un'annunciatrice Rai, sua ex amante, di cui il Cavaliere avrebbe perseguitato l'ex marito agente del Sisde: abuso d'ufficio e maltrattamenti), tentata corruzione di Agostino Saccà (ex capo di Raifiction) e istigazione alla corruzione di alcuni senatori dell'Unione. Gli ultimi tre processi verranno presto archiviati a Roma.

Con il ritorno del Cavaliere a Palazzo Chigi, Napolitano diventa il suo santo patrono, scudo umano e difensore d'ufficio, con ben altra solidarietà rispetto a quella riservata a Prodi. Ne avallerà senza fiatare quasi tutte le leggi vergogna, soprattutto quelle *ad personam*. E legherà le mani al Pd, talmente succube della politica emolliente e anestetica del Quirinale da non tentare mai neppure un vagito di seria opposizione. A farla per davvero rimane il solo Di Pietro, peraltro circondato da troppi personaggi discutibili e non all'altezza. Ma, espulsa dal parlamento, l'opposizione riemerge nelle piazze, convogliata soprattutto dal MoVimento 5 Stelle di Beppe Grillo e anche, per qualche mese, dal «popolo viola». I quali, però, a ogni legittima critica al Colle, vengono brutalmente squalificati come qualunquisti, eversori, dediti al vilipendio. Per la prima volta nella storia repubblicana, il capo dello Stato diventa infallibile, insindacabile e incriticabile per definizione, addirittura più del papa. Qualunque rilievo alle sue discutibilissime scelte diventa lesa maestà. E non c'è suo atto, appello, commento, sospiro, silenzio, banalità che non venga accolto da un coro unanime e trasversale di applausi, elogi, ringraziamenti, salamelecchi, nuvole d'incenso in omaggio all'«alto monito del Quirinale». Un sudario di conformismo e unanimismo piomba sull'intero paese, criminalizzando il diritto al dissenso. Anzitutto sulla grande stampa, popolata di corazzieri travestiti da giornalisti che fanno quadrato intorno al Colle. E così, a furia di *Osanna* ed *Exultet*, lo stesso inquilino del Quirinale comincia a perdere il senso della misura e a credersi davvero infallibile e intoccabile. Bacchetta pubblicamente (ma anche privatamente) i suoi critici. Maltratta i cittadini che, al suo incedere solenne, azzardano qualche domanda impertinente. Frena il Csm ogniqualvolta – come prevede la legge – esprime pareri critici sulle leggi vergogna che lui si appresta a firmare. Fa telefonare dal suo portavoce, l'ex giornalista dell'«Unità» Pasquale Cascella, ai direttori dei giornali che ospitano articoli (peraltro rarissimi) non allineati. Diffonde stizzite note ufficiali e ufficiose («in ambienti del Quirinale si apprende che...») per inseguire questa o quella polemica che lo riguarda o lo sfiora. Quando invece Berlusconi attacca la magistratura, la libera stampa, la Corte costituzionale, il parlamento, l'opposizione, piovono dal Colle pilateschi e generici appelli al «rispetto tra le istituzioni», ad «abbassare i toni», a evitare gli «scontri», soprattutto «fra politica e giustizia», talmente vaghi da consentire a chiunque di interpretarli come gli pare. Un po' come gli oracoli della Sibilla cumana: «*ibis... redibis... non... morieris... in bello...*», leggibili nell'un verso e nell'altro, a seconda delle convenienze.

Decreto monnezza

Il governo Berlusconi-3 s'è appena insediato e già deve disinnescare una miccia giudiziaria: il 27 maggio vengono arrestate a Napoli 25 persone, tra cui diversi funzionari e dipendenti del Commissariato per l'emergenza rifiuti in Campania guidato da Guido Bertolaso, nominato commissario da Prodi e appena promosso dal Cavaliere a sottosegretario della Protezione civile. Secondo l'accusa, avrebbero consentito per anni di smaltire in discariche a cielo aperto rifiuti «tal quali» spacciandoli per «ecoballe» ecologicamente trattate, con la complicità dell'impresa Fibe-Impregilo che avrebbe dovuto curare i trattamenti, «con grave pregiudizio per l'ambiente e la salute pubblica». Agli arresti domiciliari finisce, fra gli altri, Marta Di Gennaro, la vicecommissaria di Bertolaso. Le accuse vanno dal traffico illecito di rifiuti al falso ideologico alla truffa ai danni dello Stato. Si scoprirà di lì a poco che è indagato anche Bertolaso.

Ma ecco subito pronto un decreto del governo Berlusconi, approvato qualche giorno prima (quando i *boatos* sugli sviluppi dell'inchiesta erano insistenti e si attendeva il blitz *ad horas*) per sterilizzare l'azione dei magistrati. È il dl n. 90 del 23 maggio 2008: «Misure straordinarie per fronteggiare l'emergenza nel settore dello smaltimento dei rifiuti nella regione Campania e ulteriori disposizioni di protezione civile». Oltre a militarizzare le nuove discariche come «aree di interesse strategico», presidiate dall'esercito e inavvicinabili dai cittadini che protestano, il decreto deroga alle norme nazionali ed europee che regolano lo smaltimento dell'immondizia e consente di seguitare a sversare nelle discariche anche quella tossica e pericolosa. Punisce col carcere chi abbandona rifiuti ingombranti o pericolosi nelle strade della Campania. Attribuisce al procuratore capo di Napoli la competenza regionale su tutti i reati legati ai rifiuti e all'ambiente, e a un organo collegiale l'adozione delle misure cautelari per gli stessi reati, espropriando così le altre procure campane e creando una mostruosa superprocura centralizzata per i rifiuti.

Subito 72 pm e tre procuratori aggiunti di Napoli (su un totale di 120) firmano un documento che definisce il decreto «incostituzionale», in quanto istituisce giudici speciali in barba alla Costituzione (articolo 25: «Nessuno può essere distolto dal giudice naturale precostituito per legge»; articolo 102: «La funzione giurisdizionale è esercitata da magistrati ordinari istituiti e regolati dalle norme sull'ordinamento giudiziario. Non possono essere istituiti giudici straordinari o giudici speciali»). Eppoi le indagini trasferite da tutta la Campania a Napoli creeranno un ingolfamento tale da renderle «meno efficaci» e da svilire anche l'«azione di contrasto della criminalità organizzata camorristica che opera illegalmente in questo settore». Inoltre «le disposizioni assicurano una deroga ai parametri comunitari: solo nella regione Campania, posto che per le altre regioni italiane vige un divieto assoluto, sarà possibile smaltire in discarica un rifiuto normativamente considerato pericoloso in qualunque paese europeo».

Anche l'Anm e il Csm esprimono seri dubbi sulla legittimità del provvedimento. L'organo di autogoverno dei giudici approva in commissione un documento che denuncia il contrasto fra il decreto e il principio costituzionale dell'uguaglianza dei cittadini davanti alla legge, per la norma che prevede una tipologia di reato *ad hoc* solo per i rifiuti ingombranti abbandonati in zone dove vige lo stato di emergenza. Cioè in Campania. Una norma che rischia pure di creare «disfunzioni», visto che alcuni cittadini potrebbero essere spinti a scaricare in zone dove questo non è vietato.

Alla vigilia di Natale il decreto viene convertito in legge dal parlamento e subito firmato da Napolitano. Che si complimenta pubblicamente con Berlusconi per la sua «azione risoluta contro cieche resistenze a decisioni improrogabili», che avrebbe addirittura «superato l'emergenza» rifiuti. Già che c'è, il presidente consuma una perfida rivincita sul governatore campano Antonio Bassolino, da sempre suo rivale «da sinistra» nel Pci-Pds-Ds napoletano. Nel novembre del 2006, appena salito al Colle, Napolitano l'aveva già preso di mira per l'emergenza rifiuti e i tumulti di piazza contro l'inquinamento e l'apertura di nuove discariche, definendo quelli come «i giorni tra i peggiori che la città di Napoli ricordi». Bassolino gli aveva risposto a brutto muso con un'intervista a Giuseppe D'Avanzo su «Repubblica». Ora il capo dello Stato attacca «le politiche portate avanti nell'ultimo quindicennio»: quello dominato da «don Antonio», prima come sindaco di Napoli e poi come presidente della Regione. Parole che Bassolino non riesce proprio a digerire, visto che i rifiuti – da lui gestiti per quattro anni come commissario straordinario – sono da tempo affidati al nuovo commissario Bertolaso e ormai sfuggono al controllo della Regione. Altri elogi spenderà Napolitano per il Caimano nel marzo del 2009, all'accensione del controverso inceneritore di Acerra.

L'8 gennaio 2009 il plenum del Csm si accinge a discutere il decreto rifiuti con tutti i suoi profili di incostituzionalità per esprimere il suo parere, come prevede la legge per ogni nuova norma in materia di giustizia. Ma Napolitano lo blocca: guai a criticare il decreto sulla monnezza, che a lui piace tanto. Ma che finirà ugualmente dinanzi alla Consulta, grazie a un'eccezione sollevata dal Tribunale di Torre Annunziata, che ritiene «non manifestamente infondata» la tesi della procura sulla violazione dell'articolo 3 della Costituzione, là dove il decreto punisce certi comportamenti solo in Campania, e sulla mancanza dei requisiti di necessità e urgenza richiesti per emettere un decreto legge.

Non contento, il Quirinale fa trapelare tutto il suo fastidio per le indagini sullo scandalo dei rifiuti, che coinvolgono indagati eccellenti come Bertolaso e poi il prefetto Alessandro Pansa. Il clima si surriscalda e provoca ben presto una clamorosa spaccatura nella Procura di Napoli. Il procuratore capo Giandomenico Lepore fa di tutto per sterilizzare l'inchiesta sui livelli superiori e, interpretando gli auspici del Colle, prima la sfila ai pm titolari Giuseppe Noviello e Paolo Sirleo; poi dispone lo stralcio delle posizioni del potente sottosegretario e del prefetto (che verranno trasmesse a Roma, dove finiranno archiviate). I pm «scippati» e il loro coordinatore, il procuratore aggiunto Aldo De Chiara, si dissociano dalla decisione del capo: vorrebbero trattare Bertolaso e Pansa come tutti gli altri indagati, chiedendo anche per loro il rinvio a giudizio a Napoli. Cioè nella sede giudiziaria competente a processarli.

Il caso finisce davanti al Csm, dove a metà maggio del 2009 De Chiara rivela per iscritto che il 24 luglio dell'anno precedente Lepore gli giustificò lo stralcio di Bertolaso e Pansa con l'obiettivo di «non ostacolare l'azione del governo Berlusconi» appena nato. Lepore conferma a metà: «Come in ogni valutazione che comporti rilevanti implicazioni sull'esercizio di pubbliche funzioni, ho soppesato limiti e conseguenze che un'iniziativa giudiziaria, a mio giudizio in quel momento ancora incompleta, avrebbe potuto riflettere sull'emergenza rifiuti». Alla fine il Csm censura Lepore perché, revocando il fascicolo ai due titolari, ha loro impedito nei fatti di indagare. Ma a quel punto si rifà vivo Napolitano, che evidentemente segue quell'inchiesta con un'incombente e irrituale attenzione. Tant'è che arriva a trasmettere all'amico avvocato napoletano Vincenzo Siniscalchi, ex deputato Ds e ora membro laico del Csm, il suo auspicio per un «recupero di serenità» nella Procura di Napoli. Il che, in quel momento di divisione, suona come una difesa d'ufficio del procuratore capo appena censurato da Palazzo dei Marescialli. Infatti Siniscalchi, con quell'autorevole viatico alle spalle, presenta un emendamento al plenum del Csm per «salvare» il procuratore dalle conseguenze che la delibera consiliare può avere sulla sua carriera, ottenendo che non venga inserita nel suo fascicolo personale. È lo stesso Siniscalchi a rendere pubblico sul «Corriere del Mezzogiorno» l'invito che gli ha esternato il capo dello Stato. Il quale non lo smentisce: evidentemente l'ha autorizzato lui a metterlo in piazza. Sia pure indiretta e tortuosa, è un'interferenza del Colle in una vicenda giudiziaria. Ma, come abbiamo visto, non è la prima. E, come vedremo, neppure l'ultima.

Compleanno con indagati

A fine giugno del 2008, mentre Napoli ancora boccheggia nell'emergenza monnezza tutt'altro che «superata», Napolitano è segnalato a Capri per un'occasione particolare: festeggia il suo ottantatreesimo compleanno in compagnia del governatore Bassolino, rinviato a giudizio per truffa alla Regione Campania da lui stesso presieduta (sarà assolto nel 2013), e della presidente del Consiglio regionale Sandra Lonardo Mastella, appena uscita dagli arresti domiciliari, ma tuttora indagata per concussione insieme al marito Clemente per le lottizzazioni nelle Asl campane. Brindisi e canzoni napoletane fra il presidente e i due inquisiti. Allegria.

Legge Alfano, 10 con lodo

Sistemata a modo suo la monnezza a Napoli, Berlusconi si mette subito all'opera per bloccare i due processi in corso a suo carico: quello per la corruzione dell'avvocato David Mills e quello per i fondi neri Mediaset. Inizialmente infila all'ultimo istante un emendamento nel decreto Sicurezza appena autorizzato da Napolitano, che bloccherebbe 100.000 procedimenti penali per una serie di reati commessi fino al 2006 (l'anno dell'indulto). Compresi ovviamente i suoi. È un ricatto in piena regola, con la minaccia di paralizzare l'intera macchina giudiziaria se il Colle e il Pd non gli regaleranno un salvacondotto *ad personam.* E naturalmente l'estorsione va a buon fine.

Con una bizzarra estensione della «moral suasion» di Ciampi, Napolitano inaugura una prassi inedita e non prevista dalla Costituzione: fa riservatamente sapere al governo di non gradire quella soluzione, e così salva Berlusconi dalle conseguenze devastanti dell'emendamento ammazzaprocessi, che gli avrebbe attirato le ire di decine di migliaia di vittime di reati in attesa di giustizia. Il capo dello Stato si dice invece disponibile a una soluzione meno dirompente che salvi soltanto il Caimano: una riedizione riveduta e corretta (anzi, corrotta) del lodo Maccanico-Schifani, bocciato dalla Consulta nel 2004, per bloccare solo i due processi a Berlusconi e consentire che si celebrino tutti gli altri. Il premier, generoso come sempre, si sacrifica e lascia processare gli altri purché non si processi lui. Il Pd di Veltroni, sollecitato dal Colle, garantisce la consueta finta opposizione, senz'ombra di ostruzionismo, così che la leggina entri in vigore a tempo di record, prima dell'estate. Anna Finocchiaro, capogruppo al Senato, si spinge a dire che «il Pd non è contrario al principio dell'immunità». È il via libera alla legge che prenderà il nome dal ministro Alfano e, chissà perché, verrà chiamata «lodo».

Licenziato dal Consiglio dei ministri il 27 giugno 2008, il cosiddetto lodo Alfano – che prevede l'automatica sospensione dei dibattimenti a carico dei presidenti della Repubblica, del

Senato, della Camera (che non hanno processi) e del Consiglio (che ne ha due) – viene approvato dalla Camera il 9 luglio e dal Senato il 22 luglio. Il capo dello Stato lo firma il 23 luglio, a tempo di record. La legge più veloce del West: venticinque giorni in tutto.

In piazza Navona a Roma manifestano girotondini, «grillini» e dipietristi, mentre il Pd ufficialmente diserta.

Sull'«Unità», il direttore Antonio Padellaro esprime «forte disagio» per la firma del presidente e lo «strappo al principio di eguaglianza». Di Pietro applaude. Ma subito interviene Veltroni: «Il presidente ha svolto con il consueto equilibrio il suo compito, certamente non facile. La firma era un atto dovuto». Napolitano risponde alle sparute critiche di non poter rinviare alle Camere il «lodo» del guardasigilli perché non è «manifestamente incostituzionale», in quanto supera le censure avanzate nel 2004 dalla Consulta all'altro scudo incostituzionale (il Maccanico-Schifani). Ma è una doppia bugia. La legge Alfano non supera tutti i rilievi mossi dalla Consulta al suo progenitore, dunque è manifestamente incostituzionale. E comunque la Costituzione non prevede che il capo dello Stato possa rispedire al mittente soltanto le leggi «manifestamente incostituzionali»: l'articolo 74 si limita a dire che «il presidente della Repubblica, prima di promulgare la legge, può con messaggio motivato alle Camere chiedere una nuova deliberazione». Né è consentito al presidente di intervenire prima che una legge diventi tale, cioè venga approvata dal parlamento. Altrimenti – come fanno notare diversi costituzionalisti – il presidente diventa coautore della legge e, al momento di promulgarla o respingerla, si ritrova in mano un testo che ha collaborato a scrivere. Il che non rientra fra i suoi poteri. La stessa scena si ripeterà con il «decreto Englaro» e con il «salva liste». Ci arriveremo presto.

Dopo la firma-lampo, Napolitano accompagna la promulgazione con un incauto e sconcertante comunicato, in cui sposa in pieno le rassicurazioni di Alfano sulla «piena coincidenza del lodo con le indicazioni date nel 2004 dalla Corte costituzionale» bocciando il «lodo» Schifani:

> Punto di riferimento per la decisione del capo dello Stato è stata la sentenza n. 24 del 2004 con cui la Corte costituzionale dichiarò l'illegittimità costituzionale dell'articolo 1 della legge n. 140 del 20 giugno 2003 che prevedeva la sospensione dei processi che investissero le alte cariche dello Stato. A un primo esame, quale compete al capo dello Stato in questa fase, il disegno di legge è risultato corrispondere ai rilievi formulati in quella sentenza. La Corte, infatti, non sancì che la norma di sospensione di quei processi dovesse essere adottata con legge costituzionale. Giudicò inoltre «un interesse apprezzabile» la tutela del bene costituito dalla «assicurazione del sereno svolgimento delle rilevanti funzioni che ineriscono a quelle cariche», rilevando che tale interesse «può essere tutelato in armonia con i principi fondamentali dello Stato di diritto, rispetto al cui migliore assetto la protezione è strumentale», e stabilendo a tal fine alcune essenziali condizioni. Non essendo intervenute, in sede parlamentare, modifiche all'impianto del provvedimento, salvo una integrazione al comma 5 dell'articolo unico diretta a meglio delimitarne l'ambito di applicazione – conclude la nota –, il presidente della Repubblica ha ritenuto, sulla base del medesimo riferimento alla sentenza della Corte costituzionale, di procedere alla promulgazione della legge.

Parole che saranno platealmente smentite un anno dopo dalla Consulta, che boccerà anche la legge Alfano proprio richiamandosi alla sentenza con cui bocciava la Schifani.

Il presidente non sa leggere

Del resto a Napolitano basterebbe leggere con attenzione la sentenza del 13 gennaio 2004 (che lui stesso cita), firmata dall'allora presidente Riccardo Chieppa e dal relatore Francesco Amirante, per prevedere come andrà a finire. La sospensione dei processi prevista dalla Schifani – scriveva la Corte – è illegittima in quanto «generale, automatica e di durata non determinata». *Generale* nel senso che i processi erano sospesi per «tutti gli ipotizzabili reati, in qualunque epoca commessi, che siano extrafunzionali, cioè estranei alle attività inerenti alla carica». *Automatica* nel senso che la sospensione scattava «senza alcun filtro, quale che sia l'imputazione e in qualsiasi momento dell'iter processuale, senza possibilità di valutazione delle peculiarità dei casi concreti». *Indeterminata* nel senso che non teneva conto degli «effetti della reiterabilità degli incarichi e comunque della possibilità di investitura in altro tra i cinque indicati»: bastava passare dall'uno all'altro incarico e il processo non sarebbe ripreso mai più. Per queste tre ragioni si creava un «regime differenziato». Che in teoria non sarebbe di per sé inaccettabile, ma solo

> se conosce dei limiti ben precisi. Il principio di eguaglianza comporta infatti che, se situazioni eguali esigono eguale disciplina, situazioni diverse possono implicare differenti normative. In tale seconda ipotesi, tuttavia, ha decisivo rilievo il livello che l'ordinamento attribuisce ai valori rispetto ai quali la connotazione di diversità può venire in considerazione. Nel caso in esame sono fondamentali i valori rispetto ai quali il legislatore ha ritenuto prevalente l'esigenza di protezione della serenità dello svolgimento delle attività connesse alle cariche in questione.

Cioè – spiegava la Consulta – l'auspicata serenità delle alte cariche, che non vogliono farsi distrarre dai processi, non può prevalere su valori costituzionali fondamentali, come il diritto dell'imputato alla difesa. Anche se un'alta carica voleva rinunciare alla sospensione e farsi processare subito per difendersi nel merito e dimostrare la propria innocenza, non poteva farlo perché la sospensione era irrinunciabile. E così era menomato

> il diritto di difesa dell'imputato, al quale è posta l'alternativa tra continuare a svolgere l'alto incarico sotto il peso di un'imputazione che, in ipotesi, può concernere anche reati gravi e particolarmente infamanti, oppure dimettersi dalla carica ricoperta al fine di ottenere, con la continuazione del processo, l'accertamento

giudiziale che egli può ritenere a sé favorevole, rinunciando al godimento di un diritto costituzionalmente garantito.

Almeno questa esigenza, anzi soltanto questa, viene soddisfatta dalla legge Alfano, che diventa rinunciabile. Tutte le altre censure della Corte, invece, rimangono parzialmente o totalmente insoddisfatte. Per esempio l'indeterminatezza temporale dello scudo: è vero che stavolta sembrerebbe valere per una sola legislatura e non sarebbe reiterabile, ma la formula usata è quantomai ambigua:

> La sospensione opera per l'intera durata della carica o della funzione e non è reiterabile, salvo il caso di nuova nomina nel corso della stessa legislatura né si applica in caso di successiva investitura in altra delle cariche o delle funzioni.

Se il premier, nel corso della legislatura, lascia il governo e assume un'altra carica («nuova nomina») tra le quattro «immuni», per esempio quella di presidente della Repubblica, porta con sé lo scudo per altri sette anni.

Un altro principio costituzionale fondamentale è il diritto di tutte le vittime di reati ad avere giustizia in uguale misura. Scriveva la Consulta a proposito della Schifani: «Sacrificato è altresì il diritto della parte civile la quale, anche ammessa la possibilità di trasferimento dell'azione in sede civile, deve soggiacere alla sospensione prevista dal comma 3 dell'articolo 75 del Codice di procedura penale».

Inoltre non si può certo dire che la Alfano riconosca il diritto a una giustizia celere: un'intera legislatura è lunga, e poi – trattandosi di legge ordinaria – c'è pure il rischio che, con un semplice emendamento approvato a colpi di maggioranza, si proroghi lo scudo anche per la successiva legislatura, rinviando il processo *sine die*. Dunque sia la legge Schifani sia la Alfano violano l'articolo 3 della Costituzione, che sancisce l'eguaglianza di tutti i cittadini (compresi quelli che hanno subito un reato) di fronte alla legge; e l'articolo 24 («Tutti possono agire in giudizio per tutelare i propri diritti e interessi legittimi. La difesa è diritto inviolabile in ogni stato e grado del procedimento»).

La Consulta eccepiva anche sulla scelta delle alte cariche da immunizzare, visto che la legge Schifani

> accomuna in unica disciplina cariche diverse non soltanto per le fonti di investitura, ma anche per la natura delle funzioni e distingue, per la prima volta sotto il profilo della parità riguardo ai principi fondamentali della giurisdizione, i presidenti delle Camere, del Consiglio dei ministri e della Corte costituzionale rispetto agli altri componenti degli organi da loro presieduti.

Che c'entrano cariche collegiali come quelle parlamentari e governative con quella monocratica del capo dello Stato e con una funzione giudiziaria come quella del presidente della Corte costituzionale? E che differenza c'è tra il presidente della Consulta e gli altri giudici costituzionali? Tutto ciò portava alla norma «gravi elementi di intrinseca irragionevolezza». Nella Alfano sparisce il presidente della Consulta. Ma resta il fritto misto «irragionevole» tra la funzione del capo dello Stato e quelle dei presidenti del Consiglio e dei due rami del parlamento.

Ma la «svista» più clamorosa di Napolitano e dei suoi cattivi consiglieri riguarda un altro profilo, il più smaccatamente incostituzionale, del nuovo «lodo»: non si può derogare a un principio costituzionale (l'uguaglianza di tutti i cittadini di fronte alla legge, art. 3) con una legge ordinaria come la Alfano. Ci vuole una legge costituzionale.

Il 27 settembre 2008, appena il Tribunale di Milano riapre i battenti dopo le ferie estive, è costretto dal «lodo» a sospendere il processo Mills a carico di Berlusconi (stralciando la sua posizione da quella dell'avvocato inglese, per il quale le udienze proseguono) e il processo Mediaset (qui i giudici decidono di non separare le sorti del Cavaliere da quelle dei tre coimputati, congelando le udienze per tutti). E, su richiesta della procura, solleva l'eccezione di incostituzionalità della legge Alfano dinanzi alla Consulta.

Lo stesso fa il gip di Roma nell'altro procedimento in corso a carico del Cavaliere, ancora in fase di udienza preliminare: quello sulla presunta corruzione di alcuni senatori dell'Unione. Così, per un anno abbondante, il Cavaliere si libera di tutti i suoi processi, grazie alla seconda legge sicuramente incostituzionale promulgata da Napolitano (dopo il decreto Telecom).

La falsa guerra Salerno-Catanzaro

La pretesa del presidente di orientare le scelte dei magistrati si esercita in forme ancor più clamorose alla fine del 2009 sul nuovo «caso Catanzaro». L'antefatto è presto spiegato. Prima di finire dinanzi al plotone di esecuzione del Csm, il pm Luigi de Magistris fa in tempo a denunciare i suoi superiori e alcuni colleghi alla competente Procura di Salerno, accusandoli di aver sabotato e insabbiato nell'ultimo biennio le sue indagini, prima che gli venissero tolte di mano. Lo stesso fanno, sempre a Salerno, i suoi superiori e i suoi indagati eccellenti, presentando vari esposti contro di lui. I pm salernitani Gabriella Nuzzi e Dionigio Verasani, coordinati dal procuratore capo Luigi Apicella, indagano sulle denunce incrociate e alla fine scoprono che ha ragione De Magistris. Così chiedono di archiviare le querele contro di lui e indagano per corruzione giudiziaria e altri reati i suoi superiori, colleghi e alcuni indagati, con l'accusa di aver complottato per bloccare il suo lavoro. Poi chiedono per ben sette volte in dieci mesi alla Procura generale di Catanzaro la copia integrale del fascicolo «Why Not»: la pietra dello scandalo. Ma la Procura generale calabrese nicchia, prende tempo e invia solo una parte degli atti con il contagocce. Dopo dieci mesi di vana attesa, il 3 dicembre 2008 i due pm di Salerno, accompagnati dalla Digos, scendono a Catanzaro per sequestrare il fascicolo integrale e perquisire abitazioni e uffici di alcuni indagati, magistrati compresi. La reazione delle toghe calabresi è ai limiti dell'eversione: il pg Vincenzo Iannelli controsequestra ai colleghi salernitani gli atti appena sequestrati e indaga i due colleghi per abuso d'ufficio, pur essendo – lui sì – in conflitto d'interessi (in quanto inquisito). E, per giunta, territorialmente incompetente a occuparsi dei magistrati di Salerno (sui quali può indagare per legge soltanto la Procura di Napoli). Ma, anziché denunciare la grave insubordinazione dei magistrati di Catanzaro contro la legittima attività della Procura di Salerno, il vicepresidente del Csm Nicola Mancino, i partiti di destra, di centro e di sinistra, con i giornali e le tv al seguito, strillano alla «guerra fra procure». Come se le due procure potessero essere messe sullo stesso piano.

Napolitano avalla questa incredibile truffa politico-mediatica, comunicando di aver incaricato il segretario generale della presidenza della Repubblica, Donato Marra, di inviare una lettera al pg di Salerno, Lucio Di Pietro. Questa:

> La Procura della Repubblica presso il Tribunale di Salerno ha effettuato ieri perquisizioni e sequestri nei confronti di magistrati e uffici della Procura generale presso la Corte di appello di Catanzaro e della Procura della Repubblica presso il tribunale di quella città. Tali atti di indagine, anche per le forme e modalità di esecuzione, hanno avuto vasta eco sugli organi di informazione, suscitando inquietanti interrogativi. Inoltre, in una lettera diretta al capo dello Stato, il procuratore generale di Catanzaro ha sollevato vive preoccupazioni per l'intervenuto sequestro degli atti del procedimento cosiddetto «Why Not» pendente dinanzi a quell'ufficio, che ne ha provocato la interruzione. Tenendo conto di tutto ciò, il presidente Napolitano mi ha dato incarico di richiederLe la urgente trasmissione di ogni notizia e – ove possibile – di ogni atto utile a meglio conoscere una vicenda senza precedenti, che – prescindendo da qualsiasi profilo di merito – presenta aspetti di eccezionalità, con rilevanti, gravi implicazioni di carattere istituzionale, primo tra tutti quello di determinare la paralisi della funzione processuale cui consegue – come ha più volte ricordato la Corte costituzionale [...] – la compromissione del bene costituzionale dell'efficienza del processo, che è aspetto del principio di indefettibilità della giurisdizione.

Dunque sequestrare il fascicolo «Why Not» per qualche giorno, il tempo di farne una copia, avrebbe provocato – secondo Napolitano – la «paralisi» delle indagini, che peraltro languivano da un anno, cioè da quando erano state tolte al pm titolare De Magistris. Ma allora Napolitano non aveva mosso un dito, né un sopracciglio.

Il capo dello Stato finge di cadere dalle nuvole per le notizie provenienti da Salerno e Catanzaro. Eppure undici mesi prima, il 9 gennaio 2008, i pm salernitani Apicella, Verasani e Nuzzi erano stati ascoltati per ore dalla I commissione del Csm (presieduto dal capo dello Stato), preannunciando quanto sarebbe accaduto: i loro accertamenti – comunicarono al Csm – avevano dimostrato che De Magistris aveva condotto «solo indagini corrette», mentre un network di giudici calabro-lucani, inquisiti, avvocati, politici e faccendieri si erano attivati per «ostacolarlo», «isolarlo», «intimidirlo», «screditarlo» e «allontanarlo». De Magistris aveva lavorato «in un contesto giudiziario fortemente condizionato da interessi extragiurisdizionali, talvolta illeciti». Tant'è che – aggiunsero i tre pm campani, facendo nomi e cognomi – una decina fra magistrati calabro-lucani e ispettori ministeriali erano indagati per reati gravissimi: dalla corruzione giudiziaria alla rivelazione di segreti all'abuso alla calunnia. Di che si meraviglia dunque il capo dello Stato? Della perquisizione?

Anche delle ripetute resistenze opposte dalla Procura di Catanzaro alla richiesta di esibire l'intero fascicolo «Why Not», i pm salernitani avevano informato il Csm e il pg della Cassazione, ben prima di scendere a Catanzaro. Il fatto poi che Napolitano definisca «eccezionale» e «senza precedenti» il provvedimento di sequestro fa sorridere: ogni giorno, nelle varie procure d'Italia, si dispone il sequestro di atti che questo o quell'ufficio pubblico tenta di nascondere.

Insomma, di «eccezionale» e «senza precedenti», in tutta questa storia, c'è soltanto l'incredibile iniziativa del Quirinale che chiede gli atti dell'inchiesta a una procura mentre è impegnata in una delicata operazione di sequestro, deragliando dai suoi poteri costituzionali, che non gli consentono di mettere il naso in un'indagine in corso. Un'interferenza di inaudita gravità che naturalmente quasi nessuno osa segnalare. Ma accade anche di peggio.

Il Csm, il suo capo e il pg della Cassazione, che non hanno mosso un dito per sbloccare l'*impasse* nata dal rifiuto di Catanzaro di consegnare le carte a Salerno, né per trasferire o sospendere le toghe calabro-lucane inquisite, si attivano con straordinaria celerità per allontanare prima De Magistris da Catanzaro e poi Nuzzi, Verasani e Apicella da Salerno. Nuzzi e Verasani verranno trasferiti nel Lazio con il divieto di fare mai più i pm (così come De Magistris). Apicella sarà addirittura privato dello stipendio e destituito dalla magistratura alle soglie della pensione. E pazienza se il Tribunale del riesame di Salerno stabilirà che avevano compiuto soltanto il loro dovere con il sequestro della discordia. I magistrati indagati per avere complottato contro De Magistris, invece, resteranno quasi tutti ai posti di combattimento, nel silenzio-assenso di Napolitano.

Nell'autunno del 2009 il gip di Perugia Massimo Ricciarelli archivierà l'indagine aperta senza competenza dal pg di Catanzaro sui pm salernitani per abuso d'ufficio e interruzione di pubblico servizio. E stabilirà che lo «stallo» e la «paralisi» dell'inchiesta «Why Not» vibratamente denunciati dal capo dello Stato erano una bufala bella e buona: «Era prevista la sollecita estrazione di copie, funzionale alla restituzione del compendio sequestrato». Appena fotocopiato, il fascicolo sarebbe stato restituito agli inquirenti calabresi. «In altre parole – spiegherà il gip – deve ritenersi mancante l'intenzionale volontà di arrecare un danno ingiusto, che costituisce requisito indispensabile per la configurabilità» dell'abuso. Infondata anche l'accusa di interruzione di pubblico servizio, per evidente «mancanza dell'intenzionalità richiesta» e, anzi, visto lo scopo del «perseguimento di un fine di giustizia, che per un pm costituisce innanzitutto un dovere d'ufficio». Dopo aver definito «non decisivi i rilievi contenuti nel provvedimento disciplinare» del Csm contro i pm espulsi, il gip Ricciarelli «dispone darsi comunicazione al Csm» dell'archiviazione. Cioè allo stesso

Csm che, sulla base del nulla, in men che non si dica, con un processo sommario, ha ormai irrimediabilmente stroncato la carriera a tre magistrati perbene.

Contra Eluanam

Il 6 febbraio 2009 gli italiani seguono con il fiato sospeso le ultime ore di vita di Eluana Englaro, la giovane donna che versa in coma vegetativo da diciassette anni a causa di un incidente stradale. In seguito alle ultime e definitive sentenze della Cassazione e persino della Consulta, i familiari di Eluana hanno ottenuto che i medici sospendessero i trattamenti meccanici che la tengono artificialmente in vita da così tanto tempo, senz'alcuna speranza di ripresa. Ma, su pressione del Vaticano, Berlusconi convoca un Consiglio dei ministri straordinario per varare un decreto che impone il ripristino dell'alimentazione e dell'idratazione forzate, cancellando i provvedimenti adottati irrevocabilmente e univocamente dalla magistratura di ogni ordine e grado.

Prim'ancora che il decreto venga approvato dal governo, però, Napolitano fa pervenire al Consiglio una lunga lettera in cui preannuncia che non lo promulgherà: «Confido che una pacata considerazione delle ragioni da me indicate valga a evitare un contrasto formale in materia di decretazione d'urgenza che finora ci siamo congiuntamente adoperati per evitare». Pur con la massima comprensione per una vicenda «dolorosissima sul piano umano e quanto mai delicata sul piano istituzionale», il capo dello Stato anticipa che si atterrà al suo dovere di non emanare «provvedimenti di urgenza manifestamente privi dei requisiti o lesivi di norme e principi costituzionali». Dunque «ritiene di non poter procedere alla emanazione del decreto». E così, ancora una volta, con un'interpretazione estensiva della «moral suasion», anziché attendere la presentazione del decreto e poi bocciarlo, Napolitano anticipa al governo le sue mosse, allo scopo dichiarato di «evitare un contrasto formale», peraltro espressamente previsto dalla Costituzione.

Il governo ripiega allora su un disegno di legge che regolamenti il «fine vita». Ma Berlusconi, anziché ringraziare Napolitano per avergli evitato di andare a sbattere contro il muro, risponde con uno sgarbo istituzionale: rende nota la lettera del Colle, dandone lettura in Consiglio dei ministri. Poi passa agli insulti:

> Chiedere un parere al Quirinale prima di varare un decreto succede sempre e viene fatto per cortesia istituzionale, però noi di certo non avevamo chiesto una lettera; sono loro [il Colle, *nda*] che l'hanno comunicata al dottor Letta. Ci sono due culture che si confrontano: la cultura della verità e della vita e la cultura della morte e dello statalismo. Noi siamo per la cultura della vita e della libertà. La loro ideologia è sempre quella dell'intervento dello Stato sempre e comunque anche negli ambiti privati dei cittadini. Da una parte l'ideologia liberale e dall'altra la loro [di Napolitano e delle sinistre, *nda*] che purtroppo conosciamo bene e che si manifesta via via in una compressione della sfera privata e delle libertà. Credo che Napolitano sia stato preso da tutto l'intorno...

Segue un duro attacco alla Costituzione: «una legge fatta molti anni fa sotto l'influsso di una dittatura e con la presenza al tavolo di forze ideologizzate che hanno guardato alla Costituzione russa come un modello».

Il Quirinale non replica. In fondo, sono tutti contenti. Napolitano ha fatto bella figura agli occhi dell'opinione pubblica. Berlusconi – al quale le sorti della povera Eluana non interessavano né poco né punto – ha fatto bella figura col Vaticano e la sua bottega elettorale non ha subito danno alcuno. Anzi, la firma rifiutata dal presidente è una sorta di bonus per una firma gratuita alla prossima legge per difendere i suoi interessi. Le sue leggi vergogna, infatti, si dividono in due categorie: quelle che servono personalmente a lui, e le altre. Riconoscerle è facilissimo: quelle che servono a lui, Napolitano le firma all'istante; le altre, ogni tanto.

Abbasso le ronde, ma firma

Siccome ormai Napolitano appare come un consulente dell'esecutivo, il 16 febbraio il governo gli chiede il suo parere sul decreto sicurezza del ministro dell'Interno Maroni che istituisce fra l'altro le «ronde» private anticriminalità. È un'idea fissa della Lega Nord e dell'estrema destra, che vorrebbero affiancare alle forze dell'ordine pattuglie di cittadini volontari nella lotta ai delinquenti di strada. Il presidente esprime alcune «riserve di costituzionalità». Il 19 Maroni sale al Quirinale per illustrargli una versione più soft (niente armi, subordinazione delle ronde ai prefetti e alle forze dell'ordine). Ma Napolitano ribadisce le sue forti perplessità sul merito (la privatizzazione strisciante dell'ordine pubblico) e sul metodo (l'uso del decreto legge). Anche il ministro della Difesa, Ignazio La Russa, preferirebbe un disegno di legge. Ma il 20 febbraio il governo se ne infischia e vara ugualmente il decreto. E Maroni fa sapere che lo ha concordato con il presidente, «senza alcuna forzatura né obiezione».

Napolitano, con una nota ufficiale, conferma l'informale (e irrituale) consultazione tra il governo e la presidenza della Repubblica durante la stesura del provvedimento. Ma al contempo ribadisce «l'autonoma ed esclusiva responsabilità del governo per le scelte di indirizzo e di contenuto del provvedimento d'urgenza». Poi, come sempre, firma. Primo caso di approvazione «con riserva».

Abbasso il piano casa, ma firma

La scena si ripete il 24 marzo 2009. Il governo Berlusconi lavora a un decreto per il cosiddetto «piano casa» che consentirebbe ai proprietari di immobili di ricostruirli o ampliarli, aggirando le norme antisismiche e i vincoli paesaggistici, con la scusa di rilanciare il comparto edile. Forti proteste delle Regioni, delle opposizioni e degli ambientalisti. Napolitano, dopo aver incontrato il premier suggerendo prudenza, gli invia una lettera sollecitandolo a tener conto del parere delle Regioni. Cioè a rinunciare allo strumento blindato del decreto. Poi, complice anche il terremoto d'Abruzzo, il decreto slitterà di alcuni mesi. E alla fine il presidente firmerà anche quello.

Basta decreti omnibus, ma firma

Il 9 aprile 2009 Napolitano torna a scrivere a Berlusconi, ai presidenti dei due rami del parlamento, Gianfranco Fini e Renato Schifani, e al ministro dell'Economia, Giulio Tremonti, per stigmatizzare il malvezzo dei «decreti omnibus»: quei provvedimenti – già censurati ai tempi di Prodi – che il governo gli fa firmare in una certa versione e poi modifica in parlamento con maxiemendamenti pieni di misure su tutt'altre materie, spesso ponendovi pure la fiducia per strozzare il dibattito in aula. Con il risultato che il presidente della Repubblica si vede restituire per la promulgazione, magari a poche ore dalla scadenza, un testo completamente diverso da quello iniziale. Così, dice il capo dello Stato, non gli si «consente l'ulteriore, pieno esercizio dei poteri di garanzia che la Costituzione gli affida».

La lettera è partita dopo che sul tavolo di Napolitano è arrivato per la promulgazione il decreto legge sugli incentivi all'economia: il presidente l'aveva emanato con 7 articoli e se l'è visto restituire con 17, con il titolo cambiato e con spese aggiuntive per 1,3 miliardi di euro. Il governo infatti vi ha infilato *in extremis* il decreto sulle quote latte che rischiava di decadere e vi ha posto la fiducia. La missiva del Quirinale doveva rimanere riservata (chissà poi perché), ma trapela da fonti parlamentari il 17 aprile e così quella sera la presidenza della Repubblica – «piuttosto irritata» secondo i quirinalisti – ne rende noto il testo. Nel quale Napolitano lamenta che quella prassi scorretta non gli permetta la «verifica sia della sussistenza dei requisiti di straordinaria necessità e urgenza sia della correttezza della copertura delle nuove o maggiori spese»; e gli impedisca di esercitare il potere di rinviare una legge alle Camere secondo l'articolo 74 della Costituzione.

A questo punto qualche ingenuo penserà che Napolitano abbia rinviato il decreto omnibus alle Camere. Invece no: l'ha promulgato e poi se n'è lamentato. Lacrime di coccodrillo.

Il presidente critico cinematografico

Il 9 maggio 2009, celebrando il «Giorno della memoria delle vittime del terrorismo e delle stragi», Napolitano riceve i familiari dei caduti. Assiste alla prima stretta di mano fra le vedove Pinelli e Calabresi, Licia e Gemma. Ammette che lo Stato «porta su di sé il peso» della giustizia incompiuta. Elogia la «ricomposizione storica nella chiarezza e di rinnovata coesione umana, morale e civile della nazione». Auspica un comune impegno «difficile, penoso, duro di riuscire a guardare avanti, senza dimenticare quel che è accaduto, ma superando ogni istintivo rancore». Conferma che negli anni del terrorismo «si incrociarono diverse trame eversive», quelle della destra neofascista «con connivenze anche in apparati dello Stato» e quelle della «sinistra estremista e rivoluzionaria». Ricorda la strage di piazza Fontana, seguita da «una lunga e tormentatissima vicenda di indagini e processi da cui non si è riusciti a far scaturire una esauriente verità giudiziaria», anche a causa dei depistaggi da parte di apparati dello Stato. Poi però non resiste alla tentazione di uscire dal seminato, con due interferenze in campi che non gli competono: quello del cinema e quello della storiografia.

Il primo riguarda il film del regista Renato De Maria, scritto dagli sceneggiatori Sandro Petraglia, Ivan Cotroneo e Fidel Signorile. prodotto da Lucky Red e intitolato *La prima linea.* È ispirato liberamente al libro del terrorista di Prima linea Sergio Segio, che sarà interpretato da Riccardo Scamarcio, mentre i panni della sua compagna Susanna Ronconi li vestirà Giovanna Mezzogiorno. È un film aspro, realistico, per nulla elogiativo. Anzi tutto il contrario. Ma il presidente Napolitano non l'ha visto, come del resto nessuno essendo ancora in lavorazione. Eppure tuona contro la pellicola perché, spiega, «non si può passare sotto silenzio». Che cosa? Il fatto che «a serie e oneste ricostruzioni filmiche sulla genesi e lo sviluppo del terrorismo di sinistra, debbano affiancarsi ricostruzioni basate su memorie romanticheggianti e autogiustificative di personaggi che ebbero parte attiva in quella stagione sciagurata». E che ne sa Napolitano del carattere «romanticheggiante e autogiustificativo» di un film che non ha visto e, interpellato dai cronisti, annuncia di non voler vedere? Pare di essere tornati negli anni Cinquanta, quelli dell'ufficio censura di andreottiana memoria. Il tutto a opera di un ex comunista. Naturalmente il monito non passa inascoltato. La Direzione generale per il cinema del ministero dei Beni culturali, che un anno prima ha concesso un finanziamento al film tra mille polemiche politiche, e solo a patto che contenga «una netta condanna del terrorismo», si riserva di ritirare il contributo se sarà giudicato offensivo dai familiari delle vittime o se qualche ex terrorista parteciperà a qualche iniziativa di promozione. E così a terrorismo si aggiunge terrorismo.

La storia siamo Lui

La seconda invasione di campo riguarda le ricostruzioni storiche degli anni Sessanta e Settanta. Anche su queste, non si sa a che titolo, Napolitano si riserva un potere di veto sulla libera ricerca degli studiosi. E bacchetta gli storici che hanno da tempo illuminato l'esistenza e i contorni del «doppio Stato» in varie fasi della storia d'Italia: quello Stato, cioè, che in pubblico tuonava contro l'eversione e la mafia e nell'ombra le copriva o le favoriva. «Il nostro Stato democratico – afferma imperativo il presidente – proprio perché è sempre rimasto uno Stato democratico, e in esso abbiamo sempre vissuto, non in un fantomatico "doppio Stato", porta su di sé questo peso.» Immediatamente esultano i «terzisti» e i revisionisti all'amatriciana del «tutto va bene madama la marchesa». Come Pierluigi Battista del «Corriere della Sera», che si compiace perché «il Quirinale ha affondato l'ideologia del doppio Stato». Come se il presidente della Repubblica potesse riscrivere la storia e impartire direttive agli storici e ai ricercatori perché si attengano a una verità di Stato. Segue, sempre per la penna del Battista, la lista di proscrizione degli storici che hanno osato, nei loro studi, sostenere e soprattutto dimostrare l'esistenza del doppio Stato. Torna in mente il Napolitano ministro dell'Interno che, appena entrato al Viminale, non voleva «aprire gli armadi». Per non parlare di quello che presto si attiverà contro le indagini sulla trattativa Stato-mafia.

Attacco a Spatuzza e Ciancimino

L'apoteosi del «doppio Stato» è la trattativa avviata nell'estate del 1992, a cavallo fra le stragi di Capaci e via d'Amelio, tra i vertici del Ros dei carabinieri (gli alti ufficiali Mario Mori e Giuseppe De Donno) e quelli di Cosa nostra (Totò Riina e Bernardo Provenzano) tramite Vito Ciancimino. Il primo a parlarne per sommi capi è stato, nel 1996, il pentito Giovanni Brusca, che ha costretto Mori e De Donno ad ammettere la trattativa. Ora però la verità su quella pagina nera ha fatto passi da gigante. Nel dicembre 2007 Massimo Ciancimino, ultimo figlio di «don Vito», ha raccontato a «Panorama» il suo ruolo in quell'immondo patteggiamento per conto del padre.

E la «nuova» Procura di Palermo, guidata non più da Piero Grasso e Giuseppe Pignatone, ma da Francesco Messineo e Antonio Ingroia, ha raccolto la sua lunga testimonianza e sequestrato decine di documenti, fra cui una copia del famigerato «papello» di Riina con la richiesta di Cosa nostra allo Stato in cambio della fine delle stragi. Anche il pentito Gaspare Spatuzza, reo confesso della strage di via d'Amelio, non solo scagiona i falsi colpevoli fatti condannare dalla polizia con un clamoroso depistaggio delle indagini; ma racconta anche le confidenze che gli fece il boss Giuseppe Graviano nel gennaio del 1994 su un presunto accordo stipulato con Berlusconi e Dell'Utri («che ci stanno mettendo l'Italia nelle mani») alla vigilia della discesa in campo del Cavaliere. Nell'estate del 2009 l'indagine è a una svolta e affiorano i primi verbali dei collaboratori, sentiti anche nel processo per mafia a Marcello Dell'Utri.

Si fa vivo anche Totò Riina, che dal carcere duro rompe improvvisamente il silenzio sulle stragi e dichiara, tramite il suo avvocato: «L'attentato a Paolo Borsellino fu opera di personaggi legati alle istituzioni». Ciancimino jr. chiama in causa, oltre ai carabinieri del Ros, anche esponenti della politica e dei servizi segreti che avrebbero «garantito» le necessarie coperture alla trattativa. Tra gli altri, cita i democristiani Virginio Rognoni e Nicola Mancino, che nel 1992 erano rispettivamente ministri della Difesa e dell'Interno, e che smentiscono con forza di aver mai saputo nulla della faccenda. Ora Mancino è vicepresidente del Csm (subentrato proprio a Rognoni), un gradino sotto Napolitano. Il quale, invece di sostenere senza riserve l'azione dei magistrati antimafia per venire finalmente a capo di quell'immondo intrigo e incoraggiare chiunque sappia qualcosa a parlare, lancia un imbarazzante monito che trasuda insofferenza per gli sviluppi delle indagini.

Il 20 luglio 2009, all'indomani del diciassettesimo anniversario della strage di via d'Amelio, le ultime rivelazioni di Spatuzza e Ciancimino – prese terribilmente sul serio dai magistrati di Palermo, Caltanissetta e Firenze – vengono definite dal capo dello Stato «più o meno sensazionalistiche» in quanto «provengono da soggetti, diciamo così, piuttosto discutibili. Altra cosa sono le testimonianze che si acquisiscono in sede giudiziaria e lì vanno vagliate, lì se c'è un velo di oscurità o di ambiguità da squarciare bisogna squarciarlo». Parole che suonano come un'intromissione bella e buona nelle indagini in corso, ma soprattutto come un segnale a chi sta collaborando e a chi potrebbe seguire il suo esempio.

Gli argomenti usati dall'uomo del Colle sono a dir poco stupefacenti: ferma restando l'ovvietà che ogni indizio dev'essere «vagliato in sede giudiziaria», è assolutamente fisiologico che le notizie più utili sugli *interna corporis* di Cosa nostra siano quelle che «provengono da soggetti discutibili»: cioè dai mafiosi. Senza un «soggetto discutibile» come Buscetta, Falcone e Borsellino non avrebbero potuto istituire il maxiprocesso. Comunque il governo provvederà presto a intimidire Spatuzza, levandogli la protezione. E anche Ciancimino provvederà a suicidarsi processualmente con un documento falso contro Gianni De Gennaro.

È la prima volta che Napolitano si imbatte nella trattativa Stato-mafia. E appare subito preoccupato di tutelare lo Stato. Anzi, il doppio Stato.

Silenzio, il G8 ci ascolta

A fine maggio, dopo le passerelle sulle rovine dell'Aquila terremotata che l'hanno portato al picco massimo di popolarità, seguite dagli scandali legati alla minorenne Noemi Letizia, ai festini allegri a Villa Certosa e alle denunce della moglie Veronica sull'«uomo malato» da cui intende separarsi, Berlusconi sente puzza di nuove indagini. E attacca a testa bassa i magistrati «eversivi» che «vogliono sovvertire l'esito delle elezioni come nel 1994». Napolitano, al solito, anziché difendere le toghe vilipese, interviene al plenum del Csm per sgridarle e invitarle nientemeno che all'«autocritica». Poi le accusa, nell'ordine, di: «iniziative di dubbia sostenibilità», «elementi di disordine in alcune procure», «comportamento impropriamente protagonistico o chiaramente strumentale ad altri fini», «anomalie nella conduzione delle indagini». Alludendo qua e là alla solita «guerra fra procure» Salerno-Catanzaro, ma non solo, il presidente si scaglia contro il potere diffuso dei pm (che chiama «atomizzazione nell'esercizio dell'azione penale») e invoca le «funzioni ordinatrici e coordinatrici dei capi degli uffici», nonché i «poteri di sorveglianza dei procuratori generali e del pg della Cassazione». Il modello è quello dei peggiori anni Cinquanta e Sessanta, quando i magistrati che osavano indagare sul potere venivano scippati e isolati dai vertici togati. Poi, già che c'è, se la prende con quei pochi (Di Pietro e Grillo) che hanno solidarizzato con De Magistris, appena trasferito da Catanzaro: «reazioni inammissibili», le definisce il presidente censore, per la gioia di Berlusconi e di tutto il centrodestra.

Non contento, il 29 giugno a Capri per il suo ottantaquattresimo compleanno, Napolitano lancia un altro formidabile salvagente al Caimano, terrorizzato dalla cattiva stampa internazionale per i suoi scandali privati alla vigilia del G8 dell'Aquila. Il capo dello Stato invita l'opposizione a sospendere le polemiche contro il capo del governo ed estende la sua lezioncina anestetica anche all'informazione:

> Sarebbe giusto, di qui al G8, data la delicatezza di questo grosso appuntamento internazionale, avere una tregua nelle polemiche. Io capisco le ragioni dell'informazione e della politica, ma il mio augurio e il mio auspicio in questo momento sono di una tregua nelle polemiche.

Mai un presidente della Repubblica era arrivato a tanto. Ma la stampa italiana, salvo rarissime eccezioni, si affretta ad allinearsi agli ordini di scuderia. E Berlusconi, ovviamente, ringrazia: «Penso che sia logico che un capo dello Stato rivolga un invito del genere e mi sembra che sia logico che venga anche accolto». Maurizio Gasparri si allarga un altro po' e vede nell'appello di Napolitano «un messaggio anche alla magistratura».

Così il premier, dopo il terremoto, usa anche il G8 per rifarsi una verginità in Italia e nel mondo. Poi, una volta chiuso il vertice internazionale e partiti i «grandi della terra», si spertica in lodi a Napolitano, fino al punto di pentirsi pubblicamente della scelta fatta nel 2006: «Avrei dovuto votare per lui al Quirinale». Il 12 luglio, in un'intervista al «Corriere della Sera», il presidente ricambia le smancerie del Cavaliere auspicando che la tregua proBerlusconi prosegua anche dopo il G8: «Il vertice dell'Aquila rappresenta indubbiamente un riconoscimento per Berlusconi e il governo. Dopo la tregua per il G8 ora serve, nell'interesse del paese, un clima più civile, corretto e costruttivo tra governo e opposizione». Nuovo coro di osanna da Pd e Pdl.

Il premier ne approfitta subito per mettere in cantiere la legge bavaglio sulle intercettazioni e il terzo scudo fiscale.

Solo Di Pietro respinge l'appello al dialogo e acquista una pagina sull'«Herald Tribune» per denunciare i pericoli del berlusconismo per la democrazia italiana, annunciando che proseguirà nella dura opposizione al governo delle leggi vergogna. Napolitano, stizzito, polemizza apertamente con lui con un'altra dichiarazione pubblica: «Ormai va di moda declinare gli inviti...». Per la prima volta dai tempi di Cossiga, un presidente della Repubblica si spoglia della giacchetta nera da arbitro e indossa quella di una delle due squadre in campo, quella del governo, per prendere a calci l'altra: quella dell'opposizione. Una scena destinata a ripetersi spesso, nei mesi e negli anni a venire.

No al reato di clandestinità, ma firma

Il 2 luglio 2009 il centrodestra approva il secondo «pacchetto sicurezza» firmato da Maroni: in meno di due giorni il provvedimento viene trasmesso al Quirinale per la firma. Ma Napolitano lo «cova» per due settimane. Poi, il 15 luglio, invia una lettera al premier e ai ministri dell'Interno e della Giustizia per esprimere «forti perplessità e preoccupazioni» sul provvedimento, definito «disomogeneo ed estemporaneo», non basato sulle necessarie «sistematicità e organicità». Il presidente ce l'ha in particolare con il reato di clandestinità per gli immigrati irregolari e con le solite ronde anticrimine care alla Lega. Parla di «rilevanti criticità», invoca precisi limiti alle nuove norme per ridurre «al minimo allarmi e tensioni nell'applicazione della normativa in questione, anche sotto il profilo dell'aggravio che possa derivarne per gli uffici giudiziari». Insomma, a causa della nuova legge, «il nostro ordinamento giuridico risulta seriamente incrinato da norme oscuramente formulate, contraddittorie, di dubbia interpretazione o non rispondenti a criteri di stabilità e certezza della legislazione». E aggiunge che sarebbe ora di finirla con «provvedimenti eterogenei nei contenuti e frutto di un clima di concitazione e di vera e propria congestione che sfuggono alla comprensione dell'opinione pubblica e rendono sempre più difficile il rapporto tra il cittadino e la legge».

Quanto al nuovo reato di immigrazione clandestina, esso sortirà «l'effetto paradossale e contraddittorio» di rendere «non più punibile o punibile solo con ammenda» chi viene espulso perché si trova illegalmente in Italia ma poi riesce a rientrarvi, mentre prima rischiava il carcere da uno a cinque anni. Napolitano conclude che non spetta a lui «pronunciarsi e intervenire sull'indirizzo politico e sui contenuti essenziali di questa come di ogni legge approvata dal parlamento». Ma aggiunge di non poter restare «indifferente dinanzi a dubbi di irragionevolezza e di insostenibilità che un provvedimento di rilevante complessità ed evidente delicatezza solleva, per taluni aspetti, specie sul piano giuridico».

Ce n'è abbastanza per attendersi il rigetto della legge con messaggio motivato alle Camere, come prevede l'articolo 74 della Costituzione. Invece Napolitano promulga anche questa, ma con riserva. Così fa bella figura sia col governo sia con l'opposizione. Una formula che, secondo il costituzionalista Michele Ainis, «non esiste». E, secondo l'ex presidente del Senato Marcello Pera, «è fuori dai poteri costituzionali del presidente, che non può intervenire sul merito politico dei provvedimenti». Ma soltanto, se non li condivide, respingerli alla Camera: «O dubita e non firma, oppure firma e basta».

Il governo promette al Quirinale di modificare la legge in sede di norme attuative, «tenendo conto delle osservazioni del capo dello Stato». Poi naturalmente non farà niente. Ancora tanto rumore per nulla. Provvederanno poi la Consulta e la Corte europea di Strasburgo a cancellare le norme più incostituzionali e xenofobe, a cominciare dalla custodia cautelare per i clandestini.

Di Pietro ironizza sull'ennesima finta battaglia del Quirinale, condotta «con la piuma d'oca»: «Se il presidente ha seri dubbi di incostituzionalità, il suo compito è rinviare la legge alle Camere e non approvarla. Altrimenti il suo lamento è solo un grido al vento pieno di ipocrisia». Apriti cielo. Napolitano torna a polemizzare apertamente con lui: «A qualche fiero guerriero sembra che io intervenga con la piuma d'oca, ma è sempre meglio, si potrebbe dire, che un vano rotear di scimitarre». Senza mai nominare l'ex pm, il presidente con la mosca al naso lo accusa di «invocare polemicamente e di continuo poteri e perfino doveri d'intervento che non ho». E aggiunge stizzito: «Chi mi critica mostra di avere compreso poco della Costituzione e della forma di governo, non presidenziale, che essa ha fondato».

Ma pochi giorni dopo, il 20 luglio, Napolitano contraddice le sue stesse parole bocciando – in un burrascoso colloquio al Quirinale col ministro della Giustizia Alfano – l'ennesima legge vergogna sulle intercettazioni, che imbavaglia la stampa e lega le mani ai magistrati. E costringe il governo a rinviarla. È la prova migliore che, quando vuole, il Quirinale può fare argine contro le lesioni allo Stato di diritto. Naturalmente, per indorare la pillola del suo primo no al governo Berlusconi su una norma che interessa molto al premier, Napolitano lancia il consueto fervorino per un «confronto più civile e costruttivo fra maggioranza e opposizione». Un colpo al cerchio e uno alla botte, con l'invito ai magistrati a «non indulgere alla spettacolarizzazione dei processi». Chi abbia spettacolarizzato i processi, e quando, e dove, e come, non è dato sapere.

Riabilitati Caltagirone e Leone

In attesa di farlo con Bettino Craxi nel decennale della morte, Napolitano pensa bene di riabilitare uno dei personaggi più controversi e chiacchierati della Prima repubblica: Gaetano Caltagirone. Capofila di una famiglia di palazzinari siciliani trapiantati a Roma, Caltagirone era un finanziatore occulto della corrente andreottiana. Franco Evangelisti, braccio destro del Divo Giulio, raccontò in una celebre intervista a Paolo Guzzanti per «Repubblica» che il costruttore era solito rovesciargli sulla scrivania mazzette di denaro contante dopo avergli domandato: «A Fra', che te serve?». Nominato Cavaliere del lavoro da Giovanni

Leone nel 1977 (stessa infornata di Berlusconi), Caltagirone era stato coinvolto con i due fratelli nel crac del gruppo di famiglia (19 società fallite) e nello scandalo dell'Italcasse. E nel 1981 si era visto revocare il cavalierato per «indegnità» da Sandro Pertini. Ma nel 1988 era stato definitivamente assolto per insufficienza di prove dal Tribunale di Roma: nel suo collegio difensivo c'era anche Cesare Previti. L'8 agosto 2009 il «Corriere della Sera» dà notizia che Napolitano ha restituito a Caltagirone, ormai ottantenne, il cavalierato.

Il presidente completa così l'opera di frettolosa «ripulitura» della storia nazionale avviata il 25 novembre 2006, quando elogiò il suo controverso e chiacchierato predecessore, Giovanni Leone, e scoprì a Napoli un busto in suo onore alla presenza della vedova Vittoria e dei figli, esaltando ed elogiando «la correttezza del suo operato e la prova estrema di senso di responsabilità verso le istituzioni» fornita con le dimissioni rassegnate nel giugno del 1978 nella «fase travagliata e amara che segnò lo scorcio finale della sua funzione di capo dello Stato». Dimissioni seguite alla richiesta di impeachment per lo scandalo Lockheed presentata dal Pci, in cui naturalmente Napolitano militava. Ma questo il presidente omette di ricordarlo.

Ora, comunque, nelle vacanze estive del 2009, è tutto preso dalla vigilia delle celebrazioni per i 150 anni dell'Unità d'Italia, che partiranno nel 2011. E costeranno alla Rai cifre iperboliche, grazie a una megastruttura affidata a Giovanni Minoli: nell'aprile del 2010, proprio alla vigilia della pensione, il giornalista viene nominato coordinatore delle iniziative per l'Unità d'Italia, con un contratto di collaborazione triennale da 2,5 milioni di euro, più un budget di 16 milioni per una struttura che durerà fino al 2013, quando l'Italia Unita di anni ne avrà già compiuti 152. Il tutto per portare ai programmi Rai percentuali di ascolto da prefisso telefonico. Il 19 agosto Napolitano rilascia una lunga intervista alla «Stampa» per rivelare di aver scritto al governo «affinché chiarisca i suoi intendimenti e i programmi in vista del nostro anniversario». Ma il governo Berlusconi è in tutt'altre faccende affaccendato.

Difendere i pm? Non esageriamo

A metà settembre riaprono i tribunali e ripartono i processi al Cavaliere. Il quale torna ad attaccare i magistrati per sostenere la ricusazione della presidente del collegio giudicante del caso Mills, Nicoletta Gandus, da mesi nel mirino suo e dei suoi giannizzeri. Già che c'è, il premier accusa anche i pm siciliani di «tramare» contro di lui con le inchieste su stragi e trattativa («una follia e uno spreco di denaro pubblico»). Anziché difendere i magistrati insultati e minacciati, il 10 settembre Napolitano rende nota una lettera scritta il 4 settembre al Csm per intimargli «prudenza, responsabilità, equilibrio e serenità» nell'aprire le «pratiche a tutela» delle toghe vilipese: pratiche – a suo dire – «giustificate solo per attacchi così denigratori da mettere in dubbio l'imparzialità della funzione giudiziaria». Per tutti gli altri attacchi, invece, il Csm può tranquillamente abbandonare i magistrati a se stessi.

Il monito presidenziale arriva proprio nel giorno in cui il Csm deve esprimersi a tutela della giudice Gandus, del pm Fabio De Pasquale, dei pm di Napoli che indagano sui rifiuti e sulla compravendita dei senatori, e di quelli di Pescara che hanno fatto arrestare Del Turco. Risultato: protesta Di Pietro, il Pd tace e il Pdl esulta.

Scudo fiscale, chi non firma è perduto

Tra fine settembre e inizio ottobre «il Fatto Quotidiano» raccoglie 80.000 firme sotto un appello a Napolitano perché non promulghi il terzo «scudo fiscale» firmato da Giulio Tremonti. Il decreto consente il rimpatrio dei capitali sporchi esportati o accumulati all'estero, per giunta in forma anonima e senza l'obbligo da parte delle banche di segnalare operazioni sospette all'Antiriciclaggio. Il tutto in cambio di una modica tassa del 5 per cento, con annesso condono per tutti i reati fiscali e finanziari collegati. Un'amnistia mascherata, approvata a maggioranza semplice. Dunque, contro il dettato costituzionale che impone la maggioranza dei due terzi per i provvedimenti di clemenza. Analoghi appelli al Colle giungono da Di Pietro e dalla rivista «MicroMega». Anche Grillo spara a zero. Ma il 2 ottobre, subito dopo il voto definitivo della Camera, il Quirinale diffonde una nota in cui fa sapere che promulgherà lo scudo entro ventiquattr'ore: anche perché altrimenti, alla mezzanotte del 3 ottobre, il decreto decadrebbe per sempre. Secondo Napolitano, «la previsione di ipotesi di non punibilità subordinata a condotte dirette a ottenere la sanatoria di precedenti comportamenti non è ritenuta qualificabile come amnistia».

Di Pietro parla di «atto di viltà e abdicazione» e viene prontamente indagato per vilipendio dalla Procura di Roma. Napolitano protesta tramite il portavoce Cascella con «il Fatto Quotidiano» e definisce le critiche «mistificazione costituzionale». Poi fa trapelare, tramite il solito «Corriere della Sera», la sua «delusione» per la difesa troppo tiepida ricevuta dal Pd. Quel giorno il capo dello Stato è in visita in Basilicata, dove viene accolto con cartelli «Giorgio non firmare». Un cittadino gli si avvicina: «Presidente, non firmi, lo faccia per le persone oneste». Napolitano, piccatissimo, agita il dito indice sul volto del malcapitato: «Nella Costituzione c'è scritto che il presidente promulga le leggi. Se non firmo oggi, il parlamento rivota un'altra volta la stessa legge ed è scritto nella Costituzione che a quel punto io sono obbligato a firmare. Questo voi non lo sapete? Se mi dite non firmare, non significa niente».

Resta da capire perché mai i padri costituenti abbiano inserito nella Carta un articolo inutile, il numero 74:

> Il presidente della Repubblica, prima di promulgare la legge, può con messaggio motivato alle Camere chiedere una nuova deliberazione. Se le Camere approvano nuovamente la legge, questa deve essere promulgata.

Un articolo ben più impegnativo di quanto non racconti Napolitano. Glielo ricorderà il 23 novembre, in un'intervista a «Repubblica», il suo predecessore Carlo Azeglio Ciampi, che qualche legge vergogna aveva osato rispedirla al mittente (la Gasparri-1 sulle tv, l'ordinamento giudiziario Castelli e la Pecorella che aboliva l'appello del pm contro le assoluzioni):

> Io non do consigli a nessuno, meno che mai a chi mi è succeduto al Quirinale. Ma il capo dello Stato, tra i suoi poteri, ha quello della promulgazione. Se una legge non va, non si firma. Non si deve usare come argomento [...] che tanto, se il parlamento riapprova la legge respinta, il presidente è poi costretto a firmarla. Intanto non si promulghi la legge in prima lettura [...], per lanciare un segnale forte a chi vuole alterare le regole, al parlamento e all'opinione pubblica.

Anche perché, se una legge resta incostituzionale anche in seconda lettura, il presidente può comunque rifiutare di promulgarla e dimettersi, per non venir meno al suo giuramento di custode della Costituzione, che è un po' più importante della poltrona.

Chi consulta la Consulta

Il 6 ottobre 2009 è fissata l'udienza davanti alla Corte costituzionale sulla legittimità del cosiddetto lodo Alfano. E già in estate sono iniziate le grandi manovre berlusconiane per premere sui giudici della Consulta. A luglio Peter Gomez sull'«Espresso» ha rivelato che in casa di un giudice costituzionale indicato dal Pdl, Luigi Mazzella, si è svolta una cena riservata con un altro giudice della Corte, Paolo Maria Napolitano, con l'autore del lodo, Alfano, con il beneficiario Berlusconi e con Gianni Letta. Di Pietro ha chiesto le dimissioni dei due giudici o, almeno, la loro astensione dalla votazione sul lodo. Il magistrato, anche costituzionale, non deve soltanto essere, ma anche apparire imparziale. Per questo il Codice di procedura civile, all'articolo 51, riferendosi ai magistrati ordinari, prevede che «il giudice ha l'obbligo di astenersi [...] se egli stesso o la moglie è parente [...] o convivente o commensale abituale di una delle parti».

Ma ecco intervenire Napolitano: non contro i due giudici «parziali» e non più «terzi», ma contro Di Pietro. La sua richiesta di dimissioni dei compagni di merende del premier «non trova alcun fondamento istituzionale» perché «interferirebbe nella sfera di insindacabile autonomia della Corte costituzionale». Quindi l'autonomia della Corte non è messa in pericolo dalle disinvolte cene di due suoi membri, ma da chi osa criticarle.

Così Mazzella e Napolitano (Paolo Maria) non si astengono e votano per confermare la costituzionalità della legge Alfano. Ma fortunatamente finiscono in minoranza: il 7 ottobre la Consulta (con 9 voti contro 6, questi ultimi – come vedremo – pesantemente inquinati dalle pressioni della loggia P3) dichiara che il «lodo» è illegittimo e lo cancella, in quanto viola la Costituzione in più punti. La reazione di Berlusconi è rabbiosa e così quella di tutto il Pdl e della Lega, che strillano a una sola voce contro la «sentenza politica» dei «giudici di sinistra». Il premier, uscendo da Palazzo Grazioli all'ora di cena, viene sentito urlare:

> La Consulta è di sinistra e il capo dello Stato sapete voi da che parte sta. Abbiamo giudici della Corte costituzionale eletti da tre capi dello Stato [si riferisce a Scalfaro, Ciampi e Napolitano, *nda*] della sinistra che fanno della Consulta non un organo di garanzia ma un organo politico. Io vado avanti, con o senza lodo dobbiamo governare cinque anni. Al fatto che passasse il lodo non ci ho mai creduto, perché con undici giudici di sinistra era impossibile che approvassero il lodo. Altro che organo di garanzia, è un organo politico! I processi che ora mi scaglieranno contro sono autentiche farse, ma io andrò là a sbugiardarli tutti: non solo in tribunale, ma anche alla radio, in tv e sui giornali.

Il Quirinale replica con una nota stizzita: «Tutti sanno da che parte sta il presidente della Repubblica. Sta dalla parte della Costituzione, esercitando le sue funzioni con un'assoluta imparzialità e in uno spirito di leale collaborazione istituzionale». Ma Berlusconi se ne infischia: «Non mi interessa quello che ha detto il capo dello Stato, non mi interessa! Mi sento preso in giro e non mi interessa. Chiuso». E annuncia una «grande riforma della giustizia».

In tarda serata, poi, telefona a *Porta a Porta* e spara ancora alzo zero sul Quirinale. Dice che Napolitano è «espressione della vecchia maggioranza di sinistra». E aggiunge una rivelazione che, se fosse vera, sarebbe davvero inquietante:

> Aveva garantito con la sua firma che la legge sarebbe stata approvata dalla Consulta. Bastava che il capo dello Stato intervenisse con la sua nota influenza sui giudici, e ci sarebbe stato quello spostamento di due voti che avrebbe fatto passare la legge. E su Napolitano le mie dichiarazioni potrebbero essere anche più esplicite e dirette...

Sia come sia, nei giorni seguenti Napolitano è costretto a spiegare per ben tre volte in pubblico la sua controversa firma in calce al lodo Alfano incostituzionale. Anche perché Berlusconi lo accusa di «non essere super partes» e «il Giornale» gli lancia messaggi ricattatori, a partire dal suo malvezzo di cooperare alla stesura delle leggi, incluso il «lodo» della discordia. «C'era un accordo del Quirinale col governo per garantire un verdetto positivo della Corte» scrive l'*house organ* berlusconiano. Il presidente smentisce la cosa come «del tutto falsa», ma poi è costretto ad ammettere: «La collaborazione tra gli uffici della presidenza della Repubblica e dei ministeri competenti è parte di una prassi consolidata di semplice consultazione e leale cooperazione».

Per il resto, Napolitano ripete ciò che aveva detto nell'estate del 2008, al momento della promulgazione: e cioè che la legge superava le censure della Consulta al lodo Schifani. E, così facendo, dà indirettamente ragione ai *pasdaràn* berlusconiani, che accusano la Corte di aver contraddetto la precedente sentenza, venendo meno ai doveri di leale collaborazione fra poteri dello Stato. Il che, come abbiamo visto, è falso. Non solo non è vero che il lodo Alfano soddisfaceva le richieste della Corte del 2004. Ma non è neppure vero che nel 2004 la Consulta avesse escluso che un nuovo lodo impunitario per le alte cariche richiedesse una legge costituzionale. Anzi citava due volte l'articolo 138 della Costituzione, quello che regolamenta le leggi costituzionali. Poi osservava che non si può modificare o derogare con legge ordinaria a un principio costituzionale, quale quello di eguaglianza fra tutti i cittadini (articolo 3): «Alle origini dello Stato di diritto sta il principio della parità di trattamento rispetto alla giurisdizione, il cui esercizio, nel nostro ordinamento, sotto più profili è regolato da precetti costituzionali». Più chiaro di così...

Alla fine, tirando le somme, la Consulta individuava ben quattro profili di incostituzionalità nel merito del lodo Schifani, per cui non riteneva di doversi occupare diffusamente anche della forma, cioè della sua veste di legge ordinaria. Ma concludeva significativamente: «Resta assorbito ogni altro profilo di illegittimità costituzionale». E assorbito non vuol dire escluso. Vuol dire, appunto, assorbito: cioè superato dalla decisione principale.

A fugare definitivamente ogni equivoco provvede il 20 ottobre 2009 la stessa Consulta, rendendo note le motivazioni della sentenza n. 262 sul «lodo» Alfano, firmate dal relatore Franco Gallo e dal presidente Francesco Amirante:

> La sospensione processuale crea un'evidente disparità di trattamento di fronte alla giurisdizione. Sussistono entrambi i requisiti propri delle prerogative costituzionali, con conseguente inidoneità della legge ordinaria a disciplinare la materia. [...] Deve, pertanto, dichiararsi l'illegittimità costituzionale.

La Corte riafferma che in democrazia non esistono intoccabili e che il premier non è un *primus super pares*, come deliravano i suoi onorevoli avvocati, né è l'unico imputato ad avere legittimi impedimenti. Insomma l'impunità è illegittima perché decisa con legge ordinaria, ma potrebbe esserlo anche se fosse contenuta in una legge costituzionale.

Poi la Consulta ribadisce ad Alfano, alla Cdl e anche a Napolitano che non si può modificare il principio costituzionale di eguaglianza con una legge ordinaria: nel 2004 «la Corte non si è pronunciata sul punto» perché ritenne prevalenti altre questioni di incostituzionalità («Rientra nei poteri di questa Corte stabilire, anche per economia di giudizio, l'ordine con cui affrontarle nella sentenza e dichiarare assorbite le altre»). Ma conferma che «le prerogative» delle figure istituzionali «sono regolate da norme di rango costituzionale». Se l'imputato ha un «legittimo impedimento» istituzionale a comparire in tribunale, il Codice penale gli consente già di chiedere un rinvio, poi spetta al giudice decidere «l'entità dell'impegno addotto dall'imputato». Non c'è bisogno di protezioni speciali per il premier con «meccanismi automatici e generali». «Non viene in rilievo l'aspetto psicologico, individuale e contingente, della soggettiva serenità del singolo titolare della carica statale, ma solo l'obiettiva protezione del regolare svolgimento delle attività connesse alla carica stessa.» Sospendere automaticamente i processi, invece, «impedirebbe qualsiasi verifica circa l'effettiva sussistenza dell'impedimento e renderebbe operante la sospensione anche se non sussiste alcun impedimento». Parole che lasciano intuire l'incostituzionalità di un'altra legge vergogna prossima ventura: quella sul legittimo impedimento automatico per il premier e i ministri.

Inoltre la Consulta smentisce, con buona pace di Napolitano, che la legge Alfano superasse i rilievi di incostituzionalità mossi dalla Corte allo Schifani. Almeno tre sono rimasti.

Primo: anche la legge Alfano

> si applica solo a favore dei titolari di quattro alte cariche dello Stato [...] per imputazioni relative a tutti gli ipotizzabili reati, in qualunque epoca commessi e, in particolare, extrafunzionali, cioè estranei alle attività inerenti alla carica. La deroga si risolve in un'evidente disparità di trattamento delle alte cariche rispetto a tutti gli altri cittadini che, pure, svolgono attività che la Costituzione considera parimenti impegnative e doverose.

Il secondo è la «violazione del principio di uguaglianza con riferimento alle alte cariche dello Stato prese in considerazione», perché opera una «disparità di trattamento fra i presidenti e i componenti degli organi costituzionali [...] e fra cariche disomogenee». Non si vede perché immunizzare quattro cariche e non altre, o perché solo i presidenti del Consiglio e delle Camere e non tutti i ministri e i parlamentari: «Non è configurabile una preminenza del presidente del Consiglio dei ministri rispetto ai ministri»: il premier è *primus inter pares*, e non *super pares* come sosteneva l'avvocato Pecorella. Idem per i presidenti di Camera e Senato.

Il terzo profilo di incostituzionalità è che la legge Alfano, come la Schifani, continua a prevedere, per tutti i reati extrafunzionali, un meccanismo generale e automatico di sospensione del processo, che non può trovare «ragionevole giustificazione in un supposto maggiore disvalore dei reati funzionali rispetto agli [...] altri reati». Infatti anche la Alfano pretende di coprire il premier per i reati commessi da privato cittadino e non per quelli commessi da presidente del Consiglio (ancora soggetti al tribunale dei ministri).

Dunque bastava saper leggere la lingua italiana per prevedere che anche il lodo Alfano sarebbe stato bocciato. Bisognava pensarci prima di scriverlo. E di firmarlo.

Un colpo al cerchio e uno al cerchio

Per il Cavaliere è un periodaccio. Il 3 ottobre il giudice civile di Milano, Raimondo Mesiano, ha condannato la Fininvest a risarcire con 750 milioni di euro la Cir di Carlo De Benedetti per lo scippo della Mondadori, frutto della sentenza comprata dall'avvocato Cesare Previti per conto di Berlusconi nel 1991. Il premier scatena i suoi all'assalto del giudice, mentre Canale 5 lo fa pedinare da una troupe fin dal barbiere e per strada, trasmettendo poi un servizio per ridicolizzare financo i suoi calzini turchesi. Un linciaggio mediatico che suscita la reazione dell'opinione pubblica. Il presidente dell'Anm Luca Palamara scrive a Napolitano, capo del Csm, perché dica almeno una parola che ponga fine al massacro. Ma il presidente, per tutta risposta, invita i magistrati «al dialogo e all'ascolto», «offrendo la disponibilità a contributi concreti e propositivi» a «tutti gli aspetti della crisi del sistema-giustizia», in vista di «riforme né occasionali né di corto respiro», ovviamente «con rigore, misura e senza scendere sul terreno dello scontro». Una mezza presa in giro. Poi aggiunge che «suscita viva preoccupazione anche in me l'acuirsi della tensione fra istituzioni della Repubblica e in particolare tra quelle in cui s'incarnano i rapporti fra politica e giustizia». Quanto a Mesiano, il presidente si limita a parlare di «attacco mediatico inquietante» e, come soluzione, auspica «il ritorno a un confronto che rimanga in una misura di civiltà e rispetto reciproco». Cerchiobottismo allo stato puro.

Ma anche parole al vento. A fine novembre Berlusconi – incoraggiato dai balbettii presidenziali – torna all'attacco della magistratura: stavolta ce l'ha con le Procure di Palermo, Firenze e Caltanissetta che hanno riaperto le indagini sulle stragi e sulle retrostanti trattative grazie alle rivelazioni di Ciancimino jr., Spatuzza e altri nuovi collaboratori di giustizia. E così facendo – dice il premier, con il tipico salto logico di chi sa qualcosa che nessun altro sa – puntano ad «abbattere il mio governo». Il 27 novembre Napolitano, anziché difendere la magistratura accusata addirittura di eversione golpista, se ne esce con l'ennesima giaculatoria bipartisan, che però suona come un brusco altolà alle indagini su mafia e politica:

> Sento il bisogno di dire qualcosa in questo particolare momento. L'interesse del paese [...] richiede che si fermi la spirale di una crescente drammatizzazione, cui si sta assistendo, delle polemiche e delle tensioni non solo tra opposte parti politiche ma tra istituzioni investite di distinte responsabilità costituzionali. [...] È indispensabile che da tutte le parti venga uno sforzo di autocontrollo nelle dichiarazioni pubbliche, e che quanti appartengono alla istituzione preposta all'esercizio della giurisdizione si attengano rigorosamente allo svolgimento di tale funzione. Spetta al parlamento esaminare, in un clima più costruttivo, misure di riforma volte a definire corretti equilibri tra politica e giustizia.

Poi, mentre i magistrati s'interrogano sul senso di quell'intimazione all'«autocontrollo» che puzza tanto di autoinsabbiamento, il capo dello Stato lancia un altro salvagente al premier:

> Va ribadito che nulla può abbattere un governo che abbia la fiducia della maggioranza del parlamento, in quanto poggi sulla coesione della coalizione che ha ottenuto dai cittadini-elettori il consenso necessario per governare.

Questa volta la replica dell'Anm non si fa attendere: «Non siamo in guerra, ma non vogliamo più subire aggressioni». Ma ormai lo schema è fisso: ogniqualvolta una procura si avvicina ai delitti del potere, interviene Napolitano ad ammonirla. Anzi, ad avvertirla.

I risultati del monito non tardano ad arrivare. Qualche sera più tardi a *Ballarò* Luciano Violante, responsabile Istituzioni del Pd, dichiara che i processi a Berlusconi creano un conflitto insanabile fra «democrazia e legalità», ergo bisogna regalargli uno scudo costituzionale in cambio del ritiro del «processo breve». Cioè dell'ennesima legge incostituzionale, in cantiere a Palazzo Chigi, che cancellerebbe decine di migliaia di dibattimenti, compresi ovviamente quelli del premier. È la solita legge racket: o il Quirinale e il Pd cedono un salvacondotto *ad personam*, oppure il governo è pronto a sfasciare l'intera giustizia. Bersani abbocca subito all'amo e sposa la linea Violante: «Il governo ritiri il provvedimento che cancella i processi e si apra un confronto parlamentare a partire dalla bozza Violante. In quel contesto si possono affrontare anche le questioni del rapporto sistemico tra esecutivo, parlamento e magistratura. Il problema della magistratura c'è e non ha trovato un punto di equilibrio in tutti questi anni». La legge uguale per tutti è un bel guaio: bisogna rimediare.

Il premier, ringalluzzito, accusa i magistrati di volere la «guerra civile». Violante, demolito da Barbara Spinelli sulla «Stampa», risponde che «mentre tutti i cittadini sono uguali davanti alla legge», qualcuno è più uguale degli altri: «Gli eletti alle massime cariche dello Stato possono essere esentati dalla responsabilità penale o, in modo assoluto, per determinati reati, o, a tempo, sino a quando rivestono una carica politica. È la prevalenza del principio democratico sul principio di legalità». Il «Corriere della Sera» si schiera per l'impunità con un editoriale dell'ambasciatore Sergio Romano, che invoca una nuova «forma di immunità» per Berlusconi. Le nuove accuse di mafia gli sembrano «poco plausibili» e tanto basta: che importa accertare se sono vere o false. Mettiamoci una pietra sopra e lasciamoci governare da un possibile amico della mafia, visto che «ha una consistente maggioranza».

A quel punto entra in scena il vicesegretario del Pd Enrico Letta, che sempre al «Corriere» dichiara: «Il grido d'allarme di Romano è condivisibile», anche perché «mai le forze politiche sono state tanto vicine a un'intesa sul merito delle riforme». E il Pd si guarda bene dal «cercare scorciatoie per far cadere il governo e liberarsi di Berlusconi, che per noi non è un "ingombro"». Quella è roba da oppositori e Letta il Giovane, modestamente, non lo nacque. Infatti spiega che, dopo un proficuo colloquio al Quirinale tra lui, Bersani e Napolitano, il Pd ha deciso che «non opporrà obiezioni al ricorso di Berlusconi al legittimo impedimento» per sottrarsi ai processi. Anzi, dice Enrico scavalcando lo zio Gianni, «consideriamo legittimo che, come ogni imputato, Berlusconi si difenda *nel* processo e *dal* processo». Insomma «l'opposizione si attiene a quanto detto dal capo dello Stato». Ormai è ufficiale: il Pd delega a Napolitano la guida dell'opposizione (si fa per dire) e, dopo averlo incontrato, autorizza il premier a fuggire illegalmente dai processi «come ogni imputato» (è noto infatti che ogni imputato, tipo i marocchini accusati di spaccio di hashish, possono sottrarsi alle udienze, essendo impegnati in Consiglio dei ministri).

L'indomani, prontamente, l'invasione di campo di Napolitano dà i suoi primi frutti: la Procura di Firenze smentisce irritualmente l'indiscrezione che Berlusconi sia di nuovo indagato per le stragi del 1993. Lui intanto ne approfitta per dichiarare: «Strozzerei con le mie mani chi ha scritto *La piovra* o scrive libri sulla mafia». Poi, accanto a Vladimir Putin, mima una sventagliata di mitra contro una cronista russa che ha osato domandare del delitto della giornalista dissidente russa Anna Politkovskaja.

Passa qualche giorno e il 10 dicembre, dal congresso del Ppe a Bonn, Berlusconi dà nuovamente fuori di matto:

> Permettetemi di parlare un secondo del mio paese. Ormai la sovranità sta passando al partito dei giudici. Il parlamento fa le leggi, ma se queste non piacciono al partito dei giudici questo si rivolge alla Corte costituzionale e la Corte abroga la legge. Stiamo lavorando per cambiare questa situazione anche attraverso una riforma della Costituzione. La Consulta, da organo di garanzia, si è trasformata in organo politico. Abrogando il lodo Alfano praticamente ha detto ai pubblici accusatori: riprendete la caccia all'uomo nei confronti del premier. Purtroppo abbiamo avuto tre presidenti della Repubblica consecutivi tutti di sinistra.

Napolitano stavolta, visto che nel mirino non c'è solo la magistratura ma anche la sua persona, si sveglia e replica a muso duro:

> In relazione alle espressioni pronunciate dal presidente del Consiglio in una importante sede politica internazionale di violento attacco contro fondamentali istituzioni di garanzia volute dalla Costituzione italiana, il presidente della Repubblica esprime profondo rammarico e preoccupazione. Il capo dello Stato continua a ritenere che, specie per poter affrontare delicati problemi di carattere istituzionale, l'Italia abbia bisogno di quello «spirito di leale collaborazione» e di quell'impegno di condivisione che pochi giorni fa il Senato ha concordemente auspicato.

Due giorni dopo, il lancio di un souvenir sul volto del premier da parte di un folle in piazza del Duomo a Milano provvede a oscurare il duro braccio di ferro tra Palazzo Chigi e il Quirinale. E tutto ricomincia come se nulla fosse accaduto.

San Bettino vergine e martire

Il 2010 si apre con le solenni celebrazioni per commemorare un padre della patria: Bettino Craxi, morto latitante ad Hammamet dieci anni prima con altrettanti anni di reclusione collezionati in Cassazione per corruzione e finanziamento illecito. È una sorta di triduo di beatificazione del politico corrotto e di inaudite aggressioni ai magistrati che l'hanno processato e condannato. Tre ministri – Renato Brunetta, Maurizio Sacconi e Franco Frattini – si fanno aviotrasportare sulla tomba del condannato in Tunisia, mentre il presidente del Senato Renato Schifani ne canonizza la figura a Palazzo Madama alla presenza di Silvio Berlusconi e di numerosi pregiudicati. Il sindaco di Milano Letizia Moratti, dal canto suo, si prepara a intestare a Craxi un parco pubblico.

Anche Napolitano partecipa da par suo alla causa di santificazione di san Bettino, con una lunga lettera alla vedova Anna. Nella missiva, indirizzata alla villa di Hammamet, si legge fra l'altro: «Non dimentico il rapporto che fin dagli anni Settanta ebbi con lui [...]. Si trattò di un rapporto franco e leale, nel dissenso e nel consenso che segnavano le nostre discussioni e le nostre relazioni». Nel suo felpato quirinalese, Napolitano aggiunge che Craxi «decise di lasciare il paese mentre erano ancora in pieno svolgimento i procedimenti giudiziari nei suoi confronti». Un modo come un altro per non dire che fuggì all'estero per sottrarsi alla giustizia del suo paese.

Secondo il capo dello Stato, il pool Mani pulite si insinuò nel «vuoto politico» dei primi anni Novanta e le sue «indagini giudiziarie» (non la corruzione, dunque, ma le inchieste che la scoprirono) impressero «un brusco spostamento degli equilibri nel rapporto tra politica e giustizia». A farne le spese fu soprattutto il leader socialista, che fu trattato dai giudici «con durezza senza eguali». Il fatto che rubasse con destrezza senza eguali, rimane nella penna presidenziale. E le mazzette miliardarie, e gli appalti truccati, e i soldi rovesciati da vari faccendieri sul letto dello studio di piazza Duomo, e i 50 miliardi trovati su tre conti personali in Svizzera? Non sono reati comuni: il napolitanese li trasforma soavemente in «fenomeni degenerativi ammessi e denunciati» (come se rubare e poi, una volta scoperti, andare in parlamento a dire «qui rubano tutti» rendesse meno gravi i furti).

Il presidente ricorda infine che «la Corte dei diritti dell'uomo di Strasburgo [...] ritenne violato il "diritto a un processo equo" per uno degli aspetti indicati dalla Convenzione europea». Ma ricorda male: quella sentenza, lungi dal ribaltare quelle della giustizia italiana per corruzione e finanziamento illecito, si limitò a censurare il nuovo Codice di procedura penale in base a cui Craxi (come tutti gli italiani imputati dal 1990 in poi) era stato processato: cioè il Codice Vassalli-Pisapia che lo stesso Craxi aveva voluto e votato nel 1989. Modificato da due sentenze della Consulta, quel codice – come del resto il precedente – consentiva di usare contro un imputato i verbali delle chiamate in correità dei suoi coimputati anche se questi non si presentavano a ripeterle in aula. La norma fu poi modificata da una legge costituzionale del 1999 (con il nuovo art. 111 della Carta), dopo la fine dei processi a Craxi. Se questi, dunque, non furono «equi», non lo furono tutti quelli celebrati in Italia in tutta la storia repubblicana fino al 1999.

Su un punto però Napolitano ha ragione: Craxi lasciò sulla politica italiana «un'impronta non cancellabile». Digitale.

L'Agcomica finale

Anno nuovo, scandalo nuovo. Il 12 marzo 2010 «il Fatto Quotidiano» rivela che la Procura di Trani, indagando su una truffa di carte di credito e usura, ha intercettato il direttore del Tg1 Augusto Minzolini e il commissario dell'Agcom in quota Pdl, Giancarlo Innocenzi, a colloquio con Berlusconi. Il direttore del Tg1 concorda col premier come neutralizzare le rivelazioni di Spatuzza. Innocenzi è un ex dirigente Fininvest, ex sottosegretario alle Comunicazioni del governo Berlusconi-2, e ora è membro dell'Autorità «indipendente» che dovrebbe garantire la libertà e il pluralismo nelle comunicazioni. Il premier gli intima di silenziare i programmi televisivi scomodi («chiudere tutto»), soprattutto *Annozero*. Ma non ama neanche *Ballarò* e non vuol più vedere Di Pietro in tv, né Eugenio Scalfari ed Ezio Mauro nel programma di Serena Dandini. Innocenzi è disperato: «Berlusconi mi fa lo shampoo e mi manda a fare in culo tre volte al giorno».

La sua missione è indurre l'Agcom a fornire alla Rai il pretesto giuridico per oscurare Santoro o almeno per impedirgli di parlare dei processi a Berlusconi. Perciò mobilita altri commissari. Preme sul presidente Corrado Calabrò perché diffidi la Rai minacciandola di multe del 3 per cento sul fatturato (90 milioni di euro) per colpa di Santoro. Concerta strategie con il direttore generale Mauro Masi, con i forzisti della commissione di Vigilanza e con il consigliere Rai Alessio Gorla, anche lui ex dirigente Fininvest. Viene consultato anche il giudice Cosimo Ferri, membro togato del Csm. Non contento, Innocenzi minaccia di denunciare Calabrò perché si muove «solo quando deve farsi i cazzi suoi», mentre con il premier è tiepido. O di far «chiudere questa cazzo di Agcom» da Tremonti. Chiede a Gianni Letta di chiamare Calabrò. Istruisce gli onorevoli forzisti Nicola Cosentino e Marcello Dell'Utri perché presentino esposti contro Santoro. Parla con Berlusconi di commissionare una denuncia al comandante generale dei carabinieri. Inventa a tavolino ostacoli su ostacoli per *Annozero*, come il divieto di trasmettere docufiction o di parlare di processi in tv.

Lo scandalo è enorme, anche se poi l'inchiesta verrà trasferita da Trani a Roma e lì riposerà in pace per sempre. Ma pochi fanno notare che le «autorità amministrative indipendenti», pur lottizzate dal parlamento, cioè dai partiti, hanno un garante supremo: il capo dello Stato, che firma in ultima istanza le nomine dei loro commissari. Ma, sullo scandalo emerso a Trani, Napolitano non dice una parola. Per una pura coincidenza, entrambi i suoi figli, Giovanni e Giulio, brillanti professionisti, lavorano per due diverse autorità indipendenti. Giovanni, il primogenito, è in forza alla Direzione conflitto di interessi dell'Antitrust. Il secondogenito, Giulio, ha partecipato alla stesura del decreto legge proprio sul riordino delle Autorità e nel 2009 è stato nominato dal numero uno dell'Agcom, Calabrò, presidente dell'Organo di vigilanza per la parità d'accesso sulla rete di Telecom Italia. In passato, nel 2003, l'avvocato Giulio Napolitano ha ricevuto due consulenze legali da 15.000 euro dalla giunta comunale di Roma ai tempi del sindaco Walter Veltroni. Il 6 ottobre 2009, però, la Corte dei conti stabilirà che quelle prestazioni potevano essere svolte tranquillamente dal folto ufficio legale del Comune, senza ricorrere a consulenti esterni, e condannerà la funzionaria che ha reclutato Napolitano jr. a risarcire il Comune con 10.000 euro.

Liste fuorilegge sanate per decreto

L'uomo dell'anno si chiama Alfredo Milioni. È il presidente Pdl del XIX municipio di Roma, incaricato di depositare le firme della lista di Renata Polverini, candidata del centrodestra a governatore del Lazio alle elezioni regionali della primavera del 2010. Ma, a causa di un tragicomico ritardo – giustificato con una «pausa panino» troppo lunga – Milioni arriva fuori tempo massimo sulla data di scadenza del 27 febbraio. E, a norma di legge, si vede escludere la lista Polverini dalla sezione elettorale della Corte d'appello. Per seri problemi nell'autenticazione delle firme (in parte false), in un primo momento, viene esclusa anche la lista del Pdl capeggiata dal governatore Roberto Formigoni in Lombardia. Il centrodestra annuncia ricorsi al Tar, ma senz'alcuna speranza di vederseli accogliere. La legge parla chiaro: chi arriva tardi o falsifica le firme resta fuori, com'è già accaduto in passato per moltissime liste.

Dopo una settimana di tregenda, con scambi di accuse fra le varie fazioni che balcanizzano il Pdl laziale, la sera del 4 marzo un Berlusconi più minaccioso del solito sale al Quirinale. Vuole sottoporre informalmente a Napolitano la bozza di un decreto che di fatto obbliga i giudici amministrativi a riammettere le due liste fuorilegge del suo partito. Il presidente ricade nella trappola della «moral suasion». Anziché osservare un doveroso silenzio mentre l'esecutivo decreta o mentre il legislativo legifera, riservandosi l'esame finale per l'eventuale promulgazione soltanto quando la norma è stata approvata, Napolitano anticipa sottovoce al premier che non firmerà il provvedimento così formulato. E gli indica pure i punti che ritiene inaccettabili, partecipando così alla stesura della seconda versione del decreto, di cui diviene automaticamente coautore e corresponsabile.

L'incontro comunque è a dir poco burrascoso. Berlusconi – secondo indiscrezioni giornalistiche smentite solo molto tardivamente dal Quirinale come «fantasiose» – minaccia di scatenare «la piazza» contro il capo dello Stato in caso di mancata firma. Del resto è un altro membro del governo – il ministro della Difesa Ignazio La Russa – a dirlo fuori dai denti: «Non vorrei fare la parte dell'eversivo, ma lo dico chiaro e tondo: non accetteremo mai una sentenza che impedisca ai nostri elettori di votarci alle regionali. Se ci impediscono di correre, siamo pronti a tutto».

Il 6 marzo, previo intervento emolliente di Gianni Letta sui duellanti, il governo Berlusconi partorisce in tutta fretta la seconda versione del decreto salva liste, definito «interpretativo» della legge elettorale vigente, anche se non c'è nulla da interpretare: le norme sulle liste esistono da decenni e sono chiarissime, tant'è che nessuno le ha mai messe in discussione. Altro che interpretare: il decreto stravolge le regole in modo da sanare *ex post* le irregolarità che hanno portato all'esclusione del Pdl in Lazio e in Lombardia. Infatti, secondo tutti i giuristi degni di questo nome, il decreto è illegale e incostituzionale. Illegale perché la legge Spadolini n. 400 del 1988 vieta di modificare per decreto la normativa elettorale (onde evitare il rischio che si voti con una regola e poi, se il decreto non viene convertito in legge dal parlamento, quella decada dopo il voto e si debba tornare alle urne). Incostituzionale perché sana soltanto le irregolarità delle liste Pdl e non quelle di altre formazioni bocciate in varie parti d'Italia; e perché pretende di dettare la sentenza al Tar, già investito del caso, così che – come confessa La Russa – «non possa darci torto».

Ma Napolitano firma. Poi risponde alle critiche e ammette che l'incontro col premier è stato molto «teso» e che, dopo aver rigettato la prima versione, ha deciso di firmare la seconda perché «non presentava evidenti vizi di incostituzionalità». Poi sottoscrive addirittura una nota congiunta con Berlusconi per affermare testualmente che sarebbe «insostenibile l'esclusione degli iscritti al maggior partito politico di governo». Cioè: la prima e la quarta carica dello Stato suggeriscono ai giudici amministrativi di Roma e di Milano di ammettere le liste fuorilegge di Polverini e Formigoni perché rappresentano un partito grande e di governo. Non contento, Napolitano aggiunge:

> La preoccupazione di una piena rappresentanza, nella competizione elettorale regionale in Lazio come dovunque, delle forze politiche che intendono concorrervi, non può che essere compresa e condivisa dal presidente della Repubblica. Ma spetta solo alle competenti sedi giudiziarie la verifica del rispetto delle condizioni e procedure previste dalla legge.

È il consueto monito da Sibilla Cumana che ciascuno può rigirare e tradurre come vuole. Infatti i giornali di centrosinistra enfatizzano la seconda frase e quelli di centrodestra la prima. Ma non si comprende a quale titolo il presidente della Repubblica esprima «preoccupazione» se una o più liste vengono escluse perché non hanno rispettato la legge. La preoccupazione dovrebbe scattare nel caso in cui qualcuno fosse autorizzato a violare la legge, non in quello contrario. Se, poniamo, fosse stata la lista dei 5 Stelle a non raccogliere le firme necessarie, il capo dello Stato si sarebbe scomodato con due pubbliche dichiarazioni per farla riammettere anche se non è il «maggior partito di governo»? C'è da dubitarne, visto che a ogni elezione c'è sempre qualcuno che rimane fuori per analoghe irregolarità e, giustamente, il Quirinale ha sempre taciuto. Il Pdl ha forse una speciale licenza di violare le leggi? E chi gliel'ha conferita? E perché? E con quale serenità i giudici di varia istanza decideranno sui ricorsi dell'intricatissimo contenzioso, dopo aver appreso che spetta a loro optare per il Sì o per il No, ma se opteranno per il No accresceranno la «preoccupazione» del capo dello Stato?

Sulle prime il Pd fa la faccia feroce e la voce grossa: annuncia la fine del «dialogo sulle riforme» con il Pdl e organizza per il 13 marzo una grande manifestazione di protesta in piazza del Popolo a Roma. «Se il governo – tuona il segretario Pier Luigi Bersani – indossa gli anfibi e scende in piazza con attacchi violenti contro le istituzioni, noi non restiamo certo in pantofole.» Ma proibisce severamente agli oratori e ai manifestanti di criticare il primo firmatario del decreto Napolitano-Berlusconi: si può criticare solo il secondo. Eppure il provvedimento dello scandalo si chiama «Decreto del presidente della Repubblica». È il solito campionato dell'ipocrisia, con avvertimenti all'alleato Di Pietro («Se critica il Colle, è fuori dalla coalizione») e patetici rastrellamenti della piazza per depurarla da cartelli anti-Quirinale. Come se, all'insaputa dei più, fosse stato ripristinato il delitto di lesa maestà. Così, in piazza del Popolo, sopravvivono soltanto qualche maglietta e qualche ministriscione contro Napolitano, sfuggiti al servizio d'ordine piddino. Ma a Napolitano non basta neppure questo: infatti fa trapelare su «La Stampa» la sua irritazione per la manifestazione, attraverso «una sconsolata considerazione affidata a qualcuno del suo staff: "Ne valeva la pena?"...».

Il finale è da avanspettacolo. Il Tar del Lazio, quando esamina il ricorso del Pdl, fa rispettosamente notare che il decreto salva liste di Napolitano e Berlusconi è nullo, inutile, inservibile, inapplicabile al caso del Lazio, *tamquam non esset.* E conferma l'esclusione della lista del Pdl. Nella fretta, infatti, ai giureconsulti del Quirinale e di Palazzo Chigi è sfuggito un piccolo dettaglio: con la riforma del 2001 del titolo V della Costituzione, le elezioni regionali sono regolate da leggi regionali, immodificabili con norme nazionali. Il governo centrale non ha alcun titolo per intervenire. Insomma, il sedicente governo più federalista della storia si è scordato un minuscolo particolare: la legge elettorale regionale. Una quisquilia trascurata anche dai geniali consiglieri giuridici di Napolitano.

«Che figura» sibila il presidente della Camera Gianfranco Fini. Berlusconi tuona contro le solite «toghe rosse». Alessandro Sallusti denuncia «l'accanimento feroce contro il primo partito del paese», scoprendo un fatto davvero inquietante: «Il giudice che ha escluso il Pdl in ufficio ha la foto del Che» (il che, a suo dire, proverebbe che la lista del Pdl era regolare). Invece «Libero», una volta tanto, azzecca i titoli: *Vaffa dei giudici al Pdl* e *Schiaffo dei giudici a Napolitano*. Già, perché con la sua bizzarra «moral suasion» il presidente s'è reso complice del decreto. E ora, dopo la bacchettata dei giudici del Tar, dietro la lavagna è finito anche lui. In buona compagnia.

Ma alla farsa manca ancora la comica finale. Un mese dopo le regionali – vinte comunque nel Lazio dalla Polverini contro Emma Bonino e da Formigoni in Lombardia (grazie al recupero della lista Pdl con le firme false da parte dei giudici amministrativi) –, a metà aprile il Pd si prende una piccola rivincita. Organizza un blitz alla Camera per affossare la conversione in legge del decreto salva liste, approfittando delle consuete assenze nella maggioranza e delle inconsuete presenze nell'opposizione. Un miracolo mai accaduto prima: il centrodestra finisce in minoranza e il decreto dello scandalo è morto. Ma niente paura: l'illusione di un'opposizione che si oppone tramonta *dans l'espace d'un matin*. L'indomani il Pd, sgomento per l'inatteso e involontario successo, è già pentito. Ripone gli anfibi, recupera le pantofole di peluche e torna al suo passatempo preferito: l'inciucio. Onde evitare che la cancellazione del decreto invalidi le elezioni regionali appena tenute, la maggioranza di centrodestra presenta in fretta e furia una leggina per salvare gli effetti del decreto appena affossato, ribattezzata dai magliari di Palazzo Chigi «legge salva effetti», e sbrogliare il gran pasticcio creato da Berlusconi e Napolitano. Così il decreto, cacciato dalla porta, rientra dalla finestra in meno di ventiquattr'ore.

A quel punto ci sarebbe da attendersi che la maggioranza pro-decreto votasse Sì alla salva effetti e l'opposizione anti-decreto votasse No. Infatti l'Idv vota No e perfino l'Api di

Rutelli si astiene. Ma il Pd, con una mirabolante giravolta, vota a favore della leggina governativa (a parte Furio Colombo e poche altre persone serie), a braccetto con Pdl e Lega. Quindi le proteste e le manifestazioni di piazza contro «l'attacco violento alle istituzioni» erano tutte uno scherzo. Il Pd era contro il decreto, ma non contro i suoi effetti. Tant'è che ora contribuisce a ripescarli. Salvando il decreto di Berlusconi e la faccia di Napolitano.

Un'altra esule perseguitata

Dal novembre del 2009 la presidente del Consiglio regionale della Campania, Sandra Lonardo Mastella, moglie dell'ex ministro Clemente, è costretta a risiedere a Roma da un provvedimento cautelare dei giudici di Napoli, che le hanno inflitto il divieto di dimora nella sua regione perché non inquini le prove e non reiteri i reati dei quali è accusata (lottizzazioni di posti pubblici e affini). Agli alti lai della signora, indagata per associazione per delinquere e abuso d'ufficio insieme al marito e dunque puntualmente ricandidata dal Pdl alle imminenti elezioni regionali, risponde prontamente Napolitano con una lettera, rivelata dal settimanale berlusconiano «Panorama» il 18 marzo 2010. Lady Mastella gli aveva scritto lamentando come il divieto di recarsi in Consiglio regionale esponesse non soltanto lei, ma l'intera democrazia italiana «a un *vulnus* che credo sia grave». Senza contare l'imbarazzante rischio di dover fare la prossima campagna elettorale «a distanza», dal domicilio coatto. Il capo dello Stato, anziché respingere al mittente l'indebita pressione di un'indagata sui magistrati, replica con una nota di affettuoso incoraggiamento: «Il tema merita un attento approfondimento anche in sede legislativa, in funzione di un soddisfacente equilibrio tra le esigenze della misura cautelare e le prerogative politiche che ella ha sottolineato». Cioè: ci vuole una legge per consentire agli inquisiti al domicilio coatto di uscire almeno per la campagna elettorale.

«Apprezzo chi mi apprezza»

Un tempo stigmatizzava le sparate violente, secessioniste e xenofobe della Lega Nord. Ora invece Napolitano ha instaurato un rapporto idilliaco con il Carroccio, i cui vertici lo elogiano spesso e volentieri per i suoi interventi filogovernativi e per le sue generose «firme con riserva» sui pacchetti sicurezza del ministro Maroni. Il motivo di cotanto affetto lo spiega lui stesso il 19 marzo 2010 durante la sua visita a Damasco, fra un pranzo ufficiale e una gita in auto con il tiranno sanguinario Bashar al-Assad: «Mi pare che da parte della Lega Nord vi sia preoccupazione per un eccessivo concentrarsi nella campagna elettorale su spunti polemici e sulla sottovalutazione del tema del governo delle regioni. Io apprezzo chi apprezza le mie prese di posizione». Testuale. Il sindaco leghista di Verona, Flavio Tosi, condannato per istigazione all'odio razziale, rimette nel suo ufficio il ritratto di Napolitano, che aveva levato tre anni prima per sostituirlo con quelli di Pertini e del papa.

Il lavoro, chi se ne importa

Il 30 marzo 2010, appena chiuse le urne delle elezioni regionali, Napolitano rinvia alle Camere la prima legge del suo primo quadriennio presidenziale. E lo fa, guarda caso, per una delle rarissime norme del governo che non riguardano gl'interessi processuali o finanziari di Berlusconi: il ddl sul welfare che, fra l'altro, modifica l'articolo 18 dello Statuto dei lavoratori ed estende l'istituto dell'arbitrato ai rapporti fra aziende e dipendenti licenziati. Il quotidiano «la Repubblica» aveva anticipato il suo orientamento contrario il 15 marzo, ricevendo una furibonda smentita del Quirinale. Invece era tutto vero. Napolitano boccia il ddl lavoro non perché lo ritenga «palesemente incostituzionale», cioè per l'unico motivo che – secondo lui e i corazzieri della penna – gli consentirebbe di non firmare una legge. Ma semplicemente perché non gli piace. Infatti, nel messaggio alle

Camere, parla di «estrema eterogeneità, complessità e problematicità di alcune disposizioni». E così conferma che rientra fra i suoi poteri costituzionali quello di respingere le leggi semplicemente perché non le condivide. Dunque, se non l'ha mai fatto, vuol dire che condivideva tutte le leggi vergogna promulgate finora. Ma c'è anche una interpretazione più maliziosa. Che, cioè, il tutto sommato innocuo *niet* alla leggina sul lavoro sia un contentino ai critici del Colle e preluda al via libera a ben altro provvedimento: quello sulla legge Alfano che introduce il «legittimo impedimento» automatico e obbligatorio per il premier e i suoi ministri, varata definitivamente dal parlamento a metà marzo e ancora sospesa al Quirinale, a causa della pausa elettorale. Una legge ben più vergognosa e più «interessante» per Berlusconi.

(Il)legittimo impedimento

Chi pensa male fa peccato, ma ci azzecca. Il 7 aprile 2010 Napolitano firma il «legittimo impedimento», cioè l'undicesima legge vergogna promulgata nei suoi primi quattro anni di mandato (dopo l'indulto, il decreto Telecom, l'ordinamento giudiziario Mastella-Castelli, la legge che salva il generale Pollari dal processo Abu Omar, il lodo Alfano, il raddoppio dell'Iva per Sky a vantaggio di Mediaset, due pacchetti sicurezza con ronde e reato di clandestinità, lo scudo fiscale e il decreto salva liste). E lo fa senza la minima riserva scritta od orale. Come spiega «La Stampa» nel consueto articolo «ispirato», il capo dello Stato aveva a disposizione altri cinque giorni di tempo per firmare o rigettare la legge salva Berlusconi. Ma ha preferito «anticipare di qualche giorno per tenere l'attenzione "concentrata sulle ragioni" della visita che compirà a Verona» nella stessa giornata: nientemeno che l'inaugurazione di Vinitaly, la fiera dei vini. Sempre secondo «La Stampa», il Colle prevede che anche questa firma verrà deglutita senza nemmeno un ruttino dal Pd. E pazienza per «le prevedibili proteste di dipietristi ed estrema sinistra»: robetta.

Il «legittimo impedimento» firmato Alfano è la trentasettesima legge *ad personam* dell'era Berlusconi. Consente al premier e ai suoi ministri di scampare legalmente ai processi senza il fastidio di doversi inventare di volta in volta una scusa. Il tutto per sei mesi, rinnovabili fino a un massimo di diciotto consecutivi, in attesa della soluzione finale: il lodo Alfano-bis con legge costituzionale o il ritorno all'impunità parlamentare.

Ormai fra Napolitano e Berlusconi s'è instaurato un gioco di squadra ben collaudato: il primo può permettersi qualche scherzetto sulle leggi che non riguardano il secondo, ma su quelle che gli interessano non si scherza, si firmano e basta. Dopo il precedente del ddl lavoro, il presidente non solo avalla la costituzionalità della legge Alfano, ma dichiara pure di condividerla. E pazienza se è manifestamente incostituzionale, come confermano svariati giuristi, costituzionalisti e presidenti emeriti della Consulta, incluso financo un fedelissimo come Valerio Onida. L'ha ammesso persino l'onorevole avvocato Piero Longo: «Il legittimo impedimento finisce alla Corte».

Del resto, la Consulta l'ha già detto chiaramente in ben due sentenze. Nel 2001, pronunciandosi sugli impedimenti accampati da Cesare Previti, ha affermato: «L'esigenza di celebrare i processi in tempi ragionevoli e quella di assicurare un corretto assolvimento dei compiti istituzionali hanno pari rango costituzionale». E spetta al giudice, non certo all'imputato, assicurare un giusto bilanciamento fra le due istanze. E nel 2008, fulminando il lodo Alfano, ha definito «irragionevole e sproporzionata» la «presunzione legale assoluta di legittimo impedimento» dovuta esclusivamente alla carica ricoperta: gli impedimenti per le alte cariche valgono «solo per lo stretto necessario», «senza alcun meccanismo automatico e generale». E ha cassato la norma immunitaria anche perché contenuta in una legge ordinaria.

Ora, la legge Alfano istituisce, con norma ordinaria, un legittimo impedimento automatico per il premier e i ministri che dura ben diciotto mesi. E, in barba al precetto costituzionale che vuole i giudici «soggetti soltanto alla legge» (articolo 101), li assoggetta alle circolari di un funzionario di Palazzo Chigi che comunica insindacabilmente ai tribunali, di sei mesi in sei mesi, l'impossibilità del premier e dei ministri a comparire in tribunale. Per questi profili di palese incostituzionalità, la Procura di Milano chiede al tribunale di sospendere i processi a Berlusconi e di sollevare la questione di incostituzionalità contro la legge davanti alla Consulta. Questa, il 13 gennaio 2011, la dichiarerà parzialmente incostituzionale restituendo al giudice il potere di verificare di volta in volta la legittimità dell'impedimento accampato dal premier o dal ministro imputato. Il resto – la parte superstite della legge Alfano – sarà poi raso al suolo dal referendum voluto da Di Pietro e vinto il 12 e 13 giugno 2011 con un plebiscito di Sì.

Magistrati zitti e muti

Ormai non passa giorno senza un attacco di Berlusconi e dei suoi cari ai magistrati. Pronta la replica di Napolitano. Il 27 aprile 2010 riceve al Quirinale una delegazione di giovani toghe tirocinanti e non si lascia sfuggire l'occasione per dire che i giudici devono tapparsi la bocca e addirittura collaborare con il governo:

> Fate attenzione a non cedere a esposizioni mediatiche o a sentirvi investiti, come ho detto più volte in questi anni, di missioni improprie ed esorbitanti oppure ancora a indulgere ad atteggiamenti impropriamente protagonistici e personalistici che possono offuscare e mettere in discussione l'imparzialità dei singoli magistrati, dell'ufficio giudiziario cui appartengono, della magistratura in generale. Dalle nuove generazioni di magistrati ci attendiamo un apporto di fresca e serena consapevolezza delle vostre responsabilità nell'esercizio della funzione che vi spetta e nel rapporto di leale cooperazione con tutte le istituzioni rappresentative e di garanzia così come nell'attento rapporto anche con l'evoluzione e la domanda della società.

È, quella del presidente della Repubblica, una singolare concezione del potere giudiziario. In base all'articolo 73 dell'ordinamento giudiziario, «il pm veglia all'osservanza delle leggi, alla pronta e regolare amministrazione della giustizia, alla tutela dei diritti dello Stato». Non è scritto da nessuna parte che «cooperi» con chicchessia. Tantomeno con il governo o con il parlamento, specie se infestati di imputati e pregiudicati. L'articolo 104 della Costituzione definisce la magistratura «un ordine autonomo e indipendente da ogni altro potere». Da quando le rivoluzioni liberali posero fine all'assolutismo e inaugurarono lo Stato moderno di diritto, imperniato sulla netta divisione dei poteri, il legislativo e il giudiziario controllano l'esecutivo per evitare che questo tracimi dai propri confini abusando del proprio potere. Se dovessero cooperare, non avrebbe senso la loro indipendenza e il ruolo di controllo e di bilanciamento dei primi due sul terzo. Che, diceva Alexis de Tocqueville, tende a debordare se non incontra ostacoli, dunque «non è concedere un privilegio particolare ai tribunali il permettere loro di punire gli agenti del potere esecutivo quando violano la legge. Sarebbe togliere loro un diritto naturale il proibirglielo».

Inoltre, nell'Italia del 2010, soltanto un marziano atterrato lì per caso potrebbe attribuire il calo di fiducia nella magistratura non ai forsennati attacchi dei politici e dei giornalisti al seguito, ma a «visioni autoreferenziali» delle toghe, a presunte «esposizioni mediatiche», ad «atteggiamenti protagonistici e personalistici», a carenze di «autocritica» o di «equilibrio, serenità e sobrietà». Solo un extraterrestre di passaggio potrebbe auspicare che «politica e giustizia non si percepiscano come mondi ostili guidati dal reciproco sospetto», dimenticando gli innumerevoli delinquenti che popolano la classe politica e scrivono leggi. Soltanto un venusiano potrebbe invitare a «stemperare esasperazioni e contrapposizioni polemiche tra politica e giustizia», visto che queste non nascono da problemi caratteriali, ma dai delitti di molti politici, che comprensibilmente non amano essere scoperti e puniti.

La lirica, chi se ne importa

Bulimico e incontentabile, il 10 aprile 2010 Berlusconi arringa la Confindustria a Parma scagliandosi contro la Consulta e il Quirinale che gli impedirebbero di governare: «I ddl dell'esecutivo devono trovare approfondita discussione con il presidente della Repubblica e il suo staff, che interviene anche sugli aggettivi». Il che, come sappiamo, è pure vero. Scalfari, su «Repubblica», rivelerà che Napolitano, furibondo, chiama subito Gianni Letta e, «stupefatto e indignato», non si accontenta neppure delle sue scuse a nome del governo.

Poi si prende una minuscola rivincita. Il premier non gradisce la «consulenza» dello staff del Colle? Peggio per lui: il presidente rifiuta di promulgare il decreto del ministro dei Beni culturali Sandro Bondi sulle fondazioni liriche e lo rispedisce al mittente chiedendo alcuni chiarimenti. Ma questo, per il Quirinale, come già il rigetto del ddl lavoro, è un altro autogol perché smentisce alcuni leitmotiv di Napolitano e dei suoi corifei.

Primo: essendo il decreto in gestazione da mesi, tant'è che aveva sollevato le proteste di quasi tutti gli enti interessati, Napolitano ha avuto tutto il tempo per esercitare la famosa «moral suasion». Che però, questa volta, pare improvvisamente disattivata. Così, eccezionalmente, il presidente ha lasciato correre il ministro fino in fondo, salvo poi respingergli la legge proprio sul traguardo.

Secondo: forse Napolitano è rimasto impressionato dalle scene cui ha assistito qualche giorno prima alla Scala di Milano, dove le maestranze inferocite lanciavano uova ad altezza uomo. Il che dimostrerebbe che è cosa buona e giusta «tirarlo per la giacca», condotta sempre aborrita come disdicevole e quasi eversiva dal Colle e dai turiferari quirinalizi.

Terzo: perché, quando firmò leggi e decreti ben più gravi, Napolitano si difese dicendo che era obbligato a farlo, perché in caso di mancata promulga il governo glieli avrebbe riproposti tali e quali, obbligandolo poi ad avallarli? E perché il potere di respingere leggi e decreti continua a usarlo, eccezionalmente, soltanto quando non sono in gioco gli interessi di Berlusconi?

Possibile mai che le uniche leggi meritevoli di essere respinte nei quattro anni della sua presidenza fossero quella sull'arbitrato nei contratti di lavoro e quella sugli enti lirici?

Nemmeno il tempo di porsi queste domande, e già l'indomani Napolitano sottoscrive il decreto Bondi. Dopo appena ventiquattr'ore di astinenza da firma.

La scena si ripete, con qualche variazione sul tema, il 30 maggio. Il governo presenta al Quirinale la bozza di manovra economica. Napolitano la rispedisce al mittente con le sue «osservazioni sulla sostenibilità giuridica e istituzionale» del provvedimento. Il governo gli invia le risposte richieste e un testo corretto. Che Napolitano l'indomani firma.

Ormai il Quirinale è un viavai di norme da correggere, limare, riscrivere. Ne sa qualcosa Alfano, che fa la spola fra Palazzo Grazioli e il Colle con versioni sempre nuove della legge bavaglio sulle intercettazioni. Napolitano – giocando di sponda con Fini – ordina ritocchi ed emendamenti continui. Ogni volta il guardasigilli torna a casa come uno scolaretto rimandato. E il Caimano schiuma di rabbia. Specie il 1° luglio, quando Napolitano boccerà il testo di Alfano appena approvato dal Senato e fermo alla Camera. Motivo: «Restano punti critici e il mio consiglio di dare priorità alla manovra economica è rimasto inascoltato».

Brancher no, Berlusconi sì

Due mesi dopo la firma di Napolitano sul legittimo impedimento, il premier avverte, all'improvviso, l'irrefrenabile esigenza di nominare un nuovo ministro: Aldo Brancher. Ex dirigente Fininvest e dunque deputato Pdl, Brancher fu arrestato diciassette anni prima a Milano per tangenti e poi salvato dalla prescrizione e dalla depenalizzazione del falso in bilancio. Ma ora è di nuovo imputato a Milano per ricettazione di 600.000 euro e appropriazione indebita di altri 420.000: soldi versati nel 2005 dal patron della Banca popolare di Lodi, Gianpiero Fiorani, in concomitanza con la scalata illegale dell'istituto padovano Antonveneta. Seppure già indagato, o forse proprio per questo, nel 2008 Berlusconi ha nominato Brancher sottosegretario alle Riforme per il federalismo. E ora lo promuove ministro del Federalismo.

Il 18 giugno 2010 Brancher sale con il premier al Quirinale e giura con tutto il rituale: brindisi ufficiale e stretta di mano di Napolitano, che gli fa «molti complimenti e auguri». Tutti sanno che Berlusconi l'ha fatto per garantirgli il nuovo scudo impunitario del premier e dei ministri. Anche perché, come fa notare la Lega Nord, un ministro del Federalismo c'è già: Umberto Bossi. Strano che al Quirinale nessuno se ne sia accorto. Brancher viene così ribattezzato «ministro del Decentramento», ma sulla «Gazzetta Ufficiale» nulla si dice sull'effettiva delega che gli è stata assegnata. Tant'è che «Famiglia Cristiana» lo ribattezza «ministro del Nulla».

Il 24 giugno, confermando i sospetti sulla sua promozione, il neoministro annuncia che si avvarrà della legge sul legittimo impedimento per saltare l'udienza del 5 luglio del suo processo di Milano, in quanto proprio quel giorno sarà impegnatissimo a «organizzare» il lavoro del suo ministero-fantasma. Ma il 25 giugno arriva l'altolà dal Quirinale:

> In rapporto a quanto si è letto su qualche quotidiano questa mattina a proposito del ricorso dell'on. Aldo Brancher alla facoltà prevista per i ministri dalla legge sul legittimo impedimento, si rileva che non c'è nessun nuovo ministero da organizzare, in quanto l'on. Brancher è stato nominato semplicemente ministro senza portafoglio.

I legali di Brancher fanno precipitosamente marcia indietro e annunciano che il loro assistito il 5 luglio sarà presente in tribunale. Pd e Idv presentano una mozione di sfiducia individuale e anche i finiani chiedono le sue dimissioni. Lui le rassegna il 5 luglio, appena diciassette giorni dopo la nomina.

Restano però da chiarire alcuni punti. 1) Napolitano non sapeva che di ministro del Federalismo ce n'era già uno, Bossi, che aveva regolarmente giurato nelle sue mani due anni prima? 2) Napolitano non sapeva ciò che tutti i giornali scrivevano, cioè che Brancher era imputato a Milano? 3) Che differenza c'è fra Brancher e Berlusconi? Già, perché Brancher ha fatto esattamente quel che ha fatto il premier: è entrato al governo per salvarsi dal processo, ha votato la legge sul legittimo impedimento e infine ha tentato di approfittarne per scansare le udienze inventandosi inesistenti impegni governativi. E allora perché Napolitano, che quella legge ha appena promulgato ben sapendo che vale sia per il premier sia per i ministri, con o senza portafoglio, lo ha nominato ministro e poi gli ha ordinato di non avvalersi di una legge dello Stato che porta la sua autorevole firma?

Che la legge serva ad autocertificare impedimenti inesistenti e a costringere i giudici a rinviare i processi per diciotto mesi senza alcuna documentazione sulla natura dell'impedimento, è noto a tutti: per gli impedimenti veri c'è già il Codice di procedura penale. Berlusconi l'ha già usata tre volte (una per ogni suo processo) e il capo dello Stato non ha obiettato alcunché. Invece, per il povero Brancher, scatena il putiferio. Forse perché Berlusconi è potente e Brancher molto meno?

L'indomani, a riprova dell'imbarazzo per l'ennesima figuraccia, Napolitano fa filtrare la sua ricostruzione ufficiale dei fatti insufflandola al direttore del «Corriere della Sera», Ferruccio de Bortoli. Questa: due settimane prima Gianni Letta gli telefona per annunciargli la nomina di un nuovo ministro. Non quello dello Sviluppo economico, vacante da tre mesi, dopo le dimissioni di Claudio Scajola, ma quello del Federalismo, che com'è noto non può attendere. Ohibò, esclama Napolitano. E subito chiama Berlusconi per avere lumi: «La telefonata non è cordiale». Il premier biascica qualcosa sui rapporti Pdl-Lega, l'agricoltura e così via. Poi promette di mandargli subito le deleghe riservate all'irrinunciabile Brancher. Ma il testo è – parola di presidente – «un pastrocchio», «una pagliacciata», «un gioco delle tre carte» (De Bortoli tace per carità di patria un'altra «espressione partenopea ancor più colorita»).

Poi – racconta il direttore del «Corriere» – il neoministro giura «nelle mani del capo dello Stato nonostante tutte le riserve». Riserve di Napolitano, s'intende, che non riesce neppure lui a spiegarsi come abbia potuto digerire il pastrocchio, la pagliacciata, il gioco delle tre carte e quell'espressione ancor più colorita in meno di ventiquattr'ore. Tantopiù che, poco prima della cerimonia, il presidente ha notato «un'altra curiosa anomalia: la presenza di Tremonti e Calderoli. Napolitano non esita a definirli "i padrini dello sposo". Chiede a entrambi del "pastrocchio", e ne ricava quasi l'impressione che nessuno dei due l'abbia letto». Allora che fa? Blocca tutto? Finge un malore? Dice che lui i pastrocchi non li firma? Macché. Officia la cerimonia di giuramento, con stretta di mano, brindisi, sorrisi e addirittura applausi finali, come dimostra un impietoso filmato di Sky. Se il presidente – come fa ora sapere tramite De Bortoli – era «irritato», in «alta tensione con Palazzo Chigi», lo nascondeva benissimo con sforzi maxillofacciali da consumato attore. Quando poi – prosegue l'ispirato De Bortoli – Napolitano scopre, con la dovuta calma, di aver nominato due ministri del Federalismo e nessuno dello Sviluppo economico, all'«irritazione» si aggiunge lo «sconcerto», anche perché le deleghe di Brancher continuano a non uscire sulla «Gazzetta Ufficiale». Il presidente «si sente un po' preso in giro». Non del tutto: un po'. Allora chiama Gianni Letta: «Telefonata non delle più piacevoli». «Poi il presidente prende carta e penna» e verga «una nota» per dire che Brancher non può invocare il legittimo impedimento: quella è una legge *ad personam*, che diamine, si era d'accordo che valeva per il solo Berlusconi, mica per gli altri.

Ora, grazie al «Corriere», è tutto chiaro. Tranne un dettaglio: se Napolitano era così imbestialito durante il brindisi col premier, lo sposino e i due padrini, che aveva da sorridere e da applaudire? E in che senso fece a Brancher «molti complimenti e auguri»?

Il mistero del lodo Ceccanti

Il 6 luglio 2010 «il Fatto Quotidiano» scopre che il parlamentare e costituzionalista del Pd Stefano Ceccanti ha presentato un emendamento per immunizzare il capo dello Stato da qualsiasi processo per qualunque reato passato, presente e futuro. La sua nota vicinanza a Napolitano fa subito pensare a un'iniziativa del Colle per interposta persona.

L'indomani «il Giornale» ci inzuppa il biscotto e commenta la cosa con un editoriale di Vittorio Feltri dal titolo che occupa tutta la prima pagina: *Ma che ha combinato Napolitano?* Il Pdl ne approfitta per rilanciare l'idea fissa di regalare l'impunità alle massime cariche dello Stato, Cavaliere compreso, già bocciata dalla Consulta sotto forma dei «lodi» Schifani e Alfano e appena riesumata da una legge costituzionale firmata da Gasparri e Quagliariello. E proprio a questa legge, fatta apposta per aggirare il controllo della Consulta, viene appiccicato l'emendamento Ceccanti. Il quale però, appena la notizia viene fuori, lo ritira in tutta fretta, mentre la Finocchiaro lo accusa di «errore di valutazione».

Il Quirinale, che dopo lo scoop del «Fatto» aveva taciuto avvalorando il sospetto di non essere estraneo alla proposta Ceccanti, quando Feltri insinua che Napolitano abbia qualcosa da nascondere rompe il silenzio e fa sapere, in una nota molto piccata, di non entrarci nulla:

> La presidenza della Repubblica resta sempre rigorosamente estranea alla discussione, nell'una o nell'altra Camera, di proposte di legge d'iniziativa parlamentare, la cui presentazione non deve – a differenza dei disegni di legge d'iniziativa governativa, ai sensi dell'articolo 87 della Costituzione – essere neppure autorizzata dal capo dello Stato. Ciò vale anche per la proposta di legge costituzionale (a firma del senatore Gasparri e altri, recante disciplina dei processi nei confronti delle alte cariche dello Stato) attualmente in discussione alla prima commissione del Senato della Repubblica e per qualsiasi emendamento presentato in quella sede. Ciò nonostante il quotidiano «il Giornale», dopo che già ieri «il Fatto Quotidiano» era intervenuto ambiguamente sull'argomento, ha tratto spunto da tale vicenda parlamentare per un sensazionalistico titolo e articolo di prima pagina, destituiti di qualsiasi fondamento, la cui natura ridicolmente ma provocatoriamente

> calunniosa nei confronti del presidente della Repubblica non può essere dissimulata da qualche accorgimento ipocrita: la presidenza non può non rilevarne la gravità. Il presidente della Repubblica non ha comunque nessun motivo, né personale né istituzionale, per sollecitare innovazioni alla normativa vigente, quale è sancita dalla Costituzione, sulle prerogative del capo dello Stato.

La rabbia del presidente è tale che Berlusconi – strapazzato da Napolitano al Quirinale – è costretto a scusarsi e a dissociarsi dal titolo dell'*house organ* di famiglia. Feltri, giustamente, replica: «Io credo che il presidente della Repubblica non debba chiedere spiegazioni a noi. Ci siamo limitati a chiosare la notizia, quindi Napolitano dovrebbe chiedere spiegazioni a coloro i quali hanno presentato l'emendamento e l'hanno ritirato subito dopo che "il Fatto Quotidiano" ha reso nota la vicenda». Che si chiude qui, misteriosamente come si era aperta. Ma tornerà alla mente di qualcuno due anni dopo, con le telefonate fra Mancino e il Quirinale sulla trattativa Stato-mafia.

Toh, la loggia P3

Nel luglio del 2010 vengono arrestati e/o indagati a Roma alcuni politici e trafficoni del (o vicini al) Pdl con l'accusa di aver messo in piedi un'associazione per delinquere simile a una loggia segreta, la cosiddetta «P3», per condizionare nomine del Csm, sentenze della magistratura e della Consulta. Il plotone degli indagati comprende Marcello Dell'Utri, Denis Verdini, l'ex assessore comunale socialista di Napoli Arcangelo Martino, i faccendieri Flavio Carboni e Pasqualino Lombardi.

L'accusa più grave riguarda le manovre per garantire, pochi mesi prima, il via libera della Corte costituzionale al «lodo» Alfano. Manovre fallite, visto che la partita si concluse con 9 No e 6 Sì. Nelle intercettazioni disposte dai giudici sui membri della P3, si legge che qualcuno degli indagati si vanta di aver avvicinato ben 7 giudici costituzionali su 15 e afferma che avrebbero garantito il Sì alla lobby. Lo scrive il presidente del Tribunale del riesame di Roma, Guglielmo Muntoni, confermando gli arresti di alcuni pitreisti: «Lombardi era riuscito a ottenere l'assicurazione sul voto, nel senso voluto dai sodali, di 7 dei 15 giudici della Corte costituzionale». Poi uno cambiò idea *in extremis*, ma «resta il fatto che tale ingerenza ci fu e venne esercitata su almeno sei giudici costituzionali che anticiparono a un soggetto come il Lombardi la loro decisione». Lo diceva al telefono in dolce stilnovo l'irpino Pasqualino Lombardi: «Chist' erano sette, so' stat' siempre sette, l'ottav' nun l'ammo mai truvate... che cazz' t'agg'a dicere... Noi ne tenevamo cinque certi e ce ne volevano [altri, *ndr*] tre, ne tenevamo due [incerti, *ndr*] e ce n'è rimasto uno... ch'amm a fa'». E l'ha confermato lui stesso a verbale davanti ai pm: «Facevo pressioni sulla Corte per acquisire meriti con Berlusconi».

Dopo le gravissime parole del giudice Muntoni, ci sarebbe da attendersi almeno un monito del capo dello Stato e un colpo di reni della maggioranza della Consulta per cacciare i mercanti dal tempio, cioè i sette giudici costituzionali (si riusciva a intuire benissimo chi potessero essere) che hanno violato il segreto e tradito il proprio mandato, obbedendo alla P3 anziché alla Costituzione. Invece i sette felloni restano indisturbati al loro posto.

Il 10 dicembre 2010, quando si tratterà di scegliere il nuovo presidente della Consulta fra il più anziano Ugo De Siervo e il più giovane ma più filogovernativo Alfonso Quaranta, saranno ben sette i giudici costituzionali a votare per il secondo, rompendo un principio consolidato e fino ad allora mai messo in discussione (quello dell'anzianità). De Siervo verrà eletto con otto voti, cioè con la maggioranza di uno soltanto, andando a presiedere una Corte mai così spaccata, proprio alla vigilia della decisiva votazione sulla nuova legge Alfano: quella del legittimo impedimento. Con le conseguenze che vedremo.

Per la verità, sullo scandalo della P3, Napolitano qualcosa dice, scagliandosi il 23 luglio contro le «squallide consorterie» emerse dalle indagini. E lo stesso fa, a ruota, il vicepresidente del Csm Nicola Mancino. Anche perché gli inquinamenti della

P3 hanno toccato pure Palazzo dei Marescialli sulle nomine dei capi di alcuni uffici giudiziari come il presidente della Corte d'appello di Milano. Il giorno 30 il presidente esorta il Csm ad «alzare la guardia» e «vigilare» su «trame inquinanti» e «deviazioni» che «turbano e allarmano», ma soprattutto minano la «credibilità morale» dei magistrati. Ma ne approfitta pure per la solita filippica contro le toghe che si candidano alle elezioni o vanno in tv. Un colpo al cerchio e uno alla botte.

Ma, nell'autorevole denuncia, è come se mancasse qualcosa: uno sforzo di memoria per collegare la P3 a certe discusse e discutibili iniziative del Csm, avallate da Napolitano, applaudite dall'Anm e votate anche da Mancino contro magistrati certamente fallibili, ma altrettanto certamente estranei ai giochi di potere di questa e altre consorterie, e regolarmente puniti con ferocia e fretta quantomeno sospette: da Clementina Forleo a Luigi de Magistris, ai pm salernitani Luigi Apicella, Gabriella Nuzzi e Dionigio Verasani. L'ispezione ministeriale contro De Magistris, per esempio, partì subito dopo che il pm di Catanzaro aveva disposto una perquisizione all'ex piduista Luigi Bisignani, indagato in «Why Not» e successivamente a Napoli per un'altra lobby occulta, la «P4». E chi aveva promosso quell'ispezione? Il ministro Clemente Mastella, buon amico di Bisignani. E chi l'aveva condotta? L'ispettore capo Arcibaldo Miller, risultato poi in contatto con uomini della P3. Il trasferimento di De Magistris a Napoli, votato all'unanimità dal Csm (lo disse Mancino), fu confermato dalle sezioni unite della Cassazione presiedute da Vincenzo Carbone, su richiesta del pg Antonio Martone. Anche Mancino, Carbone e Martone risultano ora in contatto con elementi della P3. E chissà quante altre notizie interessanti sarebbero emerse sui casi Forleo, De Magistris e Salerno se le intercettazioni sulla P3 fossero scattate non uno, ma due o tre anni prima.

Negli stessi giorni in cui Napolitano e Mancino denunciano la «squallida consorteria», De Magistris – ormai europarlamentare – riceve una busta verde dal Csm: è l'ordinanza della sezione disciplinare (presidente Mancino) che ha archiviato, per le sue sopraggiunte dimissioni, l'ennesimo processo disciplinare nato dall'ennesima ispezione del solito Miller per una sua gravissima affermazione apparsa il 19 gennaio 2009 sul sito web di «MicroMega»: «Non sono pochi i magistrati pienamente inseriti in un sistema di potere criminale che reagisce alle attività di controllo e si muove, dal sistema, per evitare che sia fatta verità e giustizia su tanti fatti criminali inquietanti avvenuti nella storia del nostro paese». Miglior descrizione della P3 non si poteva fare. De Magistris ci era arrivato, senza intercettazioni, con un paio d'anni d'anticipo ed è stato punito dagli amici della P3. Altri ci arrivano soltanto ora: i profeti del giorno dopo.

Il Presidente Transformer

Con tutto quello che ha da fare, tra funzioni sue proprie e ruoli improvvisati, Napolitano trova anche il tempo per occuparsi di qualunque tema dello scibile umano. Dal calcio alla tv alla fiction.

Il 7 maggio, dopo che il capitano della Roma Francesco Totti ha rifilato un calcione all'interista Mario Balotelli in una partita di Coppa Italia, il presidente stigmatizza il fattaccio come «una cosa inconsulta».

L'8 settembre Napolitano battibecca con il direttore berlusconiano del Tg1, Augusto Minzolini. Non per le continue falsità raccontate dal telegiornale-ammiraglia della Rai. Ma per il solito delitto di lesa maestà del presidente: un editoriale in cui ha definito «ribaltone» l'eventuale governo che dovesse nascere con una nuova maggioranza, in caso di dimissioni del Cavaliere al posto delle auspicate (da lui) elezioni anticipate. Un parere come un altro, nulla di scandaloso o eversivo. Attaccato dal centrosinistra, il direttore del Tg1 replica a brutto muso: «Ho il massimo rispetto per gli organi costituzionali. Detto questo, sopra a tutto c'è la Carta fondamentale con l'articolo 21». A quel punto il Quirinale sente il bisogno di intervenire nella *querelle* politico-giornalistica con una nota che suona così: «C'è anche l'articolo che regola le prerogative del capo dello Stato.

La Costituzione andrebbe letta nella sua interezza». E tra le prerogative del presidente – fa notare il Colle – c'è la verifica di una maggioranza parlamentare prima di sciogliere le Camere. Dunque è vietato parlare di ribaltoni o di governi tecnici perché, ricorda Napolitano, esistono solo governi politici, espressione di un voto parlamentare. Il presidente della Rai Paolo Garimberti si mette subito a vento e chiede al direttore generale Mauro Masi «un intervento diretto e immediato» contro Minzolini perché «il Tg1 ha superato limiti invalicabili per il servizio pubblico. Certi giudizi sono inopportuni e invasivi delle competenze e delle responsabilità di soggetti istituzionali». Come scrive l'indomani Goffredo De Marchis su «Repubblica», prima di divulgare la lettera a Masi, «Garimberti ha inviato il testo al Quirinale. Una cortesia apprezzata da Napolitano, così come il contenuto».

Quindi è ufficiale: oltre a tutto il resto, Napolitano diventa anche il supervisore e il commissario politico della Rai. E chi, a torto o a ragione, vede la politica in modo diverso da lui commette un'«invasione» nelle sue «competenze e responsabilità istituzionali». Viva la Libertà.

Il 18 novembre 2011 il popolare attore Lino Banfi, celebre in tv per la fiction di Rai1 *Un medico in famiglia*, rivelerà che il presidente Napolitano «mi ha chiesto di rifare nonno Libero e questo mi riempie di orgoglio». E naturalmente nonno Giorgio verrà prontamente esaudito.

Giù le mani da Schifani

Il 4 settembre 2010 il Pd ha la bella idea di invitare il presidente del Senato Renato Schifani, indagato a Palermo per associazione mafiosa, alla sua festa nazionale di Torino per un dibattito con Piero Fassino. Un gruppo di giovani dei movimenti Agende rosse, Popolo viola e 5 Stelle lo contestano, esibendo titoli di giornale sulle indagini per mafia a suo carico. E vengono caricati e trascinati via dalla polizia e dal servizio d'ordine del Pd. Intanto, dal palco, Fassino li insulta: «squadristi!», «ascari della destra che fanno un favore a Berlusconi!». Schifani li taccia di «antidemocrazia» e li accusa di «voler impedire a due personalità politiche di parlare». Sdegnati i commenti di tutti i partiti (a parte l'Idv) e delle massime cariche dello Stato, a cominciare da Napolitano, che deplora la «gazzarra intimidatoria» e aggiunge:

> Il tentativo di impedire il libero svolgimento di manifestazioni e discorsi politici è un segno dell'allarmante degenerazione che caratterizza i comportamenti di gruppi sia pur minoritari, incapaci di rispettare il principio del libero e democratico confronto e di riconoscere nel parlamento e nella stessa magistratura le istituzioni cui è affidata nel sistema democratico ogni chiarificazione e ricerca di verità.

La Casta non si contesta: la libertà di espressione diventa ufficialmente dovere di applauso.

Tiro libero al pm

Il 3 ottobre 2010 Berlusconi, alla festa milanese del Pdl, innesta il pilota automatico e attacca a testa bassa le toghe. Chiede «una commissione parlamentare d'inchiesta sull'operato di certi magistrati» (quelli che indagano su di lui), che costituirebbero «un'associazione a delinquere». Infatti nomina e insulta personalmente «il famigerato De Pasquale», cioè il pm dei processi Mediaset e Mills: «Quello che ha detto a Gabriele Cagliari che lo avrebbe liberato e poi è andato in vacanza e Cagliari si è suicidato» (ricostruzione completamente falsa e già smentita da diverse sentenze penali e disciplinari, da cui De Pasquale è uscito completamente assolto). Quanto al pentito Spatuzza, che oltre al suo e a quello di Dell'Utri ha fatto anche il nome di Schifani e ha perso la protezione grazie al governo, il premier lo definisce «al soldo di certi pm», e dunque «capace di dire qualunque cosa». Poi passa a difendere gli amici Dell'Utri, Carboni, Verdini e gli altri protagonisti dello scandalo P3: «Quattro vecchietti che vengono tenuti dentro affinché parlino di Berlusconi, perché hanno fatto loro capire che se parlano di me la loro condizione cambia totalmente». Infine minaccia i parlamentari finiani, che da qualche settimana hanno lasciato il Pdl per costituire un gruppo parlamentare autonomo, Futuro e libertà, ma garantiscono ancora l'appoggio esterno al suo governo: guai se favorissero un nuovo «ribaltone», come quello che sarebbe avvenuto nel 1994, quando «il presidente di allora [Scalfaro, *nda*] disse a Bossi: "Berlusconi è nel baratro, se resti con lui ci finisci anche tu"» (altra ricostruzione di pura fantasia). Insomma la caduta del suo primo governo «fu un fatto eversivo».

Dal presidente della Repubblica (e del Csm), nemmeno una parola per difendere i magistrati vilipesi. Neanche per contestare la parola «ribaltone» e illustrare le prerogative del Quirinale in caso di crisi (Berlusconi non è mica Minzolini). In compenso, dal Colle parte una raffica di esternazioni in difesa della «stabilità» del governo Berlusconi e della «continuità» della legislatura contro chi lo vorrebbe «pronto con la penna in mano a firmare il decreto di scioglimento delle Camere». E siccome qualcuno trova che stia esagerando nel fare da stampella a una maggioranza pericolante, replica piccato che si tratta di «polemiche sgarbate»: «qualcuno sostiene che dico anche troppe parole, ma io cerco di dire quelle necessarie».

Molti membri togati del Csm chiedono e ottengono l'apertura di una «pratica a tutela» del pm De Pasquale. E a quel punto Napolitano finalmente interviene il 1° dicembre, con due mesi di ritardo. Ma non per respingere gli attacchi del premier al magistrato, bensì per ammonire il Csm, «in una delicatissima fase della vita istituzionale», a usare il massimo «riserbo» nelle pratiche a tutela dei magistrati per «evitare situazioni che possono creare inopportune tensioni». Come se le tensioni nascessero dalla difesa delle toghe aggredite e non da chi le definisce «famigerate» e «associazione a delinquere». Si scopre poi che il monito è una risposta ai cinque consiglieri laici del centrodestra nel Csm, che hanno protestato con Napolitano per la pratica aperta a tutela di De Pasquale. Cioè: invece di tutelare l'onorabilità del pm, il presidente si schiera di fatto con i fedelissimi del suo denigratore. Infatti il Pdl applaude a scena aperta.

Operazione salva-Silvio

Dopo un'estate di attacchi furibondi a Fini, martellato dai giornali e dai politici berlusconiani sullo scandalo della casa di Montecarlo ereditata da An e affittata dal fratello della sua compagna Elisabetta Tulliani, i fedelissimi del presidente della Camera si preparano a passare dalla «fiducia con riserva» alla sfiducia esplicita al governo Berlusconi. Ma il premier minaccia: «Piuttosto che le dimissioni, la guerra civile».

A questo punto interviene Napolitano con il solito salvagente. L'8 novembre fa sapere che la spaccatura nella maggioranza è «un problema politico, non istituzionale», dunque non gli compete. Ma poi si smentisce, annunciando che non tollererà crisi di governo prima della «inderogabile approvazione» della legge di stabilità.

Il 15 novembre Futuro e libertà rompe gli indugi con le dimissioni dei ministri Andrea Ronchi e Adolfo Urso e dei viceministri Antonio Buonfiglio e Roberto Menia. La crisi è ufficialmente aperta, anche se la pattuglia finiana assicura il voto di fiducia ancora e soltanto sulla legge di stabilità. Le opposizioni sono ormai maggioranza alla Camera, mentre il centrodestra dispone soltanto di 305 deputati su un quorum minimo di 316. E proprio a Montecitorio Fli, centrosinistra e Udc presentano le loro mozioni di sfiducia, con un ampio margine di vantaggio per rovesciare il governo. Il Pdl risponde con una mozione di fiducia al Senato, dove conserva una piccola maggioranza, sia pure minacciata dalle defezioni interne da quello che pare ormai un esercito in rotta, dissanguato da un esodo inarrestabile verso Fli.

Ma il 16 novembre riecco il pronto soccorso Napolitano. Convoca i presidenti delle due Camere, Fini e Schifani, per fissare il calendario dei lavori parlamentari. E impone una *road map* al rallentatore che sembra fatta apposta per assecondare le tattiche dilatorie di Berlusconi. La legge di stabilità sarà varata nella prima decade di dicembre. Lunedì 13 Berlusconi parlerà alla Camera e al Senato. Soltanto dopo, potrà svolgersi il dibattito e la votazione sulle mozioni di sfiducia (Pd, Idv, Udc-Fli) e di fiducia (Pdl-Lega) al governo. Guarda un po' la coincidenza: proprio martedì 14, lo stesso giorno in cui da mesi la Corte costituzionale ha fissato l'udienza sulla legge Alfano per il legittimo impedimento. Un ottimo pretesto per rinviarla al nuovo anno.

Dal Colle, in serata, filtra il «sollievo» di Napolitano per la «costruttiva intesa» raggiunta con Schifani e Fini, ovviamente «nell'interesse generale del paese». In realtà l'unico interesse soddisfatto è, ancora una volta, quello di Berlusconi. Che, grazie alla trappola tesa a Fini, ha ora un mese di tempo per scatenare la campagna acquisti fra i gruppi di opposizione, rimpiazzare i transfughi finiani e risalire la china da quota 305 deputati ad almeno 316. Anziché votare subito le mozioni di sfiducia, magari a condizione che Fli – come ha già preannunciato – voti poi l'ultima fiducia alla legge di stabilità, Napolitano ha fatto invertire l'ordine dei fattori (prima la finanziaria, poi le mozioni). E il prodotto cambia radicalmente. Anche perché – come dirà Bersani, senz'accorgersi di essere stato gabbato anche lui – «il governo si è voluto prendere quindici giorni di troppo traccheggiando e facendo melina sulla legge di stabilità». Sarebbe bastata e avanzata una settimana per approvarla. Invece si gonfiano i tempi fino a un mese. E non basta: il 14 dicembre si voterà prima la fiducia al Senato e poi la sfiducia alla Camera. Così il Cavaliere potrà presentarsi a Montecitorio con la maggioranza di Palazzo Madama in tasca e, se non l'otterrà anche lì, chiedere a Napolitano di sciogliere solo la Camera.

Quel che accade dal 16 novembre al 14 dicembre è ampiamente prevedibile e previsto: il replay di quanto avvenne sotto il governo Prodi-2. Berlusconi scatena i suoi ascari a fare shopping nei partiti di opposizione vecchi e nuovi (Fli compreso), in una scandalosa campagna acquisti alla luce del sole e senza risparmio di mezzi e di promesse (soldi, poltrone, posti sicuri in lista per la rielezione). Il 3 dicembre, all'ennesima rissa tra Pdl e Terzo polo (Udc-Fli) sulle elezioni anticipate, Napolitano perde la pazienza e ricorda «le prerogative di esclusiva competenza del capo dello Stato». Risposta di Verdini: «Delle prerogative del capo dello Stato, politicamente ce ne freghiamo». Intanto nasce la pattuglia dei transfughi passati dall'opposizione al Pdl: i sedicenti «Responsabili» con ex dipietristi (Razzi e Scilipoti), ex Udc (Pionati), ex Lega (Grassano), ex Pd (Calearo e Cesario), cui si aggiungono truppe raccogliticce delle più varie provenienze, inclusi i «finiani di ritorno» (Siliquini, Catone, Moffa e Polidori). E la Procura di Roma, con tutte le notizie di reato che fornisce ogni giorno la stampa, apre un'inchiesta sul mercato delle vacche.

Ma il 14 dicembre Berlusconi ha partita vinta. E strappa la fiducia anche alla Camera con tre voti di scarto, rendendo ininfluente la fuoriuscita dei finiani. Tocca proprio a Fini leggere la conta per lui più amara: 314 No alla sfiducia, 311 Sì, 3 astenuti, 2 assenti. Altri «responsabili» saliranno sul carro del vincitore nei mesi seguenti, tenendo in piedi il governo per un altro anno. Un anno di risse continue sulla politica economica fra i fedelissimi del premier da un lato e il ministro Tremonti dall'altro, che condanneranno il governo alla paralisi, facendo dell'Italia il boccone ideale per la speculazione finanziaria internazionale, con costi altissimi per i cittadini. Allora tutti dimenticheranno l'antefatto decisivo: senza il rinvio del voto sulle mozioni di sfiducia imposto da Napolitano per la bellezza di un mese, tutto ciò non sarebbe accaduto.

Consulta findus

E la Consulta? Non doveva sentenziare sul legittimo impedimento lo stesso 14 dicembre 2010? Certo che doveva. Da mesi aveva messo in calendario per quella data la discussione sulla costituzionalità dell'ennesima salva Berlusconi. Ma l'ordine di scuderia che trapela dalle alte sfere è sempre quello del Conte Zio: sopire e troncare. Specie nel momento in cui il governo è appeso a un filo e basta un refolo di vento perché si schianti al suolo. Così il 10 dicembre il neopresidente della Corte, Ugo De Siervo, ha annunciato che l'udienza è rinviata all'11 gennaio 2011 a causa del «clima politico surriscaldato».

Indiscrezioni di stampa sostengono addirittura che De Siervo avrebbe strappato l'elezione di misura a presidente proprio dietro la promessa di rinviare la fatidica udienza. Che ciò sia vero o no, comunque, la sostanza non cambia: la più alta istituzione di garanzia si trasforma ufficialmente in organo politico, esposto ai venti della lotta fra partiti. De Siervo sostiene il contrario: la Consulta «preferisce non essere confusa con un organo politico» ed «evitare letture politicizzate della sentenza». Ma i fatti e le sue stesse parole sul «clima politico surriscaldato» dimostrano il contrario. Come se non bastasse la presenza nell'insigne consesso dei sette giudici che – secondo il Tribunale del riesame di Roma – garantirono alla P3 il via libera al lodo Alfano; oltreché dei due (Luigi Mazzella e Paolo Napolitano) che nell'estate del 2009 banchettavano con Alfano e Berlusconi a poche settimane dalla sentenza sul «lodo».

Gelmini con riserva

La fine dell'anno è costellata di esondazioni presidenziali a difesa del traballante governo Berlusconi. Napolitano ripete quasi ogni giorno «resisto a sciogliere le Camere», «sollecito la continuità della legislatura», «occorre un clima nuovo» anche da parte delle opposizioni alla vigilia del 150° anniversario dell'Unità d'Italia. E chi non è d'accordo è «becero». Se avesse sostenuto con altrettanta passione il secondo governo Prodi, forse non sarebbe caduto così presto, nel 2008. E tornano alla mente i diari di Padoa-Schioppa, che scompare improvvisamente proprio il 18 dicembre 2010.

Il 30 dicembre Napolitano firma anche la controriforma dell'università, detta anche legge Gelmini, fortemente osteggiata da docenti e studenti. Ma al contempo ne segnala «alcune criticità» e invita la ministra a correggerle dopo «ampio confronto» con gli studenti (peraltro ignorati per tre anni). È l'ennesima «promulga con riserva» firmata da Napolitano. Il quale nemmeno questa volta, nonostante le obiezioni pressoché unanimi che salgono dal mondo accademico e studentesco, si avvale dello strumento costituzionale del rinvio della legge alle Camere. Naturalmente, come fa il nipotino con il nonnetto che gli raccomanda di coprirsi bene perché fa freddo, la ministra assicura che «terrà conto» delle osservazioni del Colle. Dopodiché se ne infischia allegramente, anche perché ormai la sua legge vergogna è stata pubblicata sulla «Gazzetta Ufficiale» ed è entrata immediatamente in vigore. Cominciando subito a fare danni.

Che fai, Ruby?

L'11 gennaio 2011 la Corte costituzionale può finalmente riunirsi per esaminare un'altra legge incostituzionale firmata da Napolitano: quella di Alfano sul legittimo impedimento per il premier e i ministri imputati. E il giorno 13, come previsto, la dichiara parzialmente incostituzionale là dove regala loro uno scudo automatico per ben diciotto mesi, senza che i giudici possano verificarne la fondatezza.

L'indomani, 14 gennaio, la Procura di Milano, che ha atteso il verdetto della Corte per non turbarne la serenità, dà il via all'«operazione Ruby». E invia al premier Berlusconi un invito a comparire per concussione ai danni della Questura di Milano e per induzione alla prostituzione minorile della ragazza marocchina Karima El Mahroug detta «Ruby Rubacuori», ospite di numerosi festini nella villa di Arcore quando non aveva ancora compiuto diciotto anni. Indagati anche il direttore del Tg4 Emilio Fede, l'agente delle star Lele Mora e la consigliera regionale del Pdl Nicole Minetti. Per il Cavaliere i pm Ilda Boccassini, Pietro Forno e Antonio Sangermano intendono proporre il processo con rito immediato. Intanto, il 17 gennaio, chiedono alla Camera l'autorizzazione a perquisire l'ufficio milanese del ragionier Giuseppe Spinelli, il contabile del Cavaliere, che risulta coperto da immunità parlamentare in quanto spacciato per «segreteria politica dell'onorevole Silvio Berlusconi». Negli atti inviati a Montecitorio ci sono montagne di imbarazzanti prove (documenti e intercettazioni) a carico del premier. Che scatena i suoi giornali, le sue tv e i suoi parlamentari all'ennesimo assalto dei pm.

Napolitano non si lascia sfuggire l'occasione. E, come a ogni indagine eccellente, il 18 gennaio dirama il consueto monito cerchiobottista:

> Naturalmente, il presidente della Repubblica è ben consapevole del turbamento dell'opinione pubblica dinanzi alla contestazione, da parte della Procura della Repubblica di Milano al presidente del Consiglio, di gravi ipotesi di reato, e dinanzi alla divulgazione di numerosi elementi riferiti ai relativi atti d'indagine. Senza interferire nelle valutazioni e nelle scelte politiche che possano essere compiute dal presidente del Consiglio, dal governo e dalle forze parlamentari, egli auspica che nelle previste sedi giudiziarie si proceda al più presto a una compiuta verifica delle risultanze investigative.

In realtà la deplorata «divulgazione» degli atti d'indagine è imposta dalla legge sull'immunità e dal comportamento del premier, che usa il suo scudo parlamentare per coprire le attività di Spinelli, ufficiale pagatore delle squillo. Resta poi da capire a che titolo il capo dello Stato interferisca in un'indagine in corso, dettandone addirittura la tempistica («si proceda al più presto») all'autorità giudiziaria. Una cosa è certa: il disappunto del Quirinale per l'ennesima indagine su Berlusconi è forte.

A fine gennaio, Napolitano ammonisce riservatamente Gianni Letta, vari ministri e i vertici del Pd perché si diano tutti una calmata: si rischiano le elezioni anticipate. Insomma, basta «scontri». E pazienza se l'unico a innescarli è Berlusconi (che verrà ricevuto al Quirinale l'11 febbraio e invitato ad «accettare il giudizio della magistratura»; e poi di nuovo il giorno 22, per una serie di rilievi sul decreto omnibus «Milleproroghe»).

Siccome i moniti non finiscono mai, il 1° febbraio il presidente ne affida un altro al direttore del «Messaggero», il suo quasi omonimo Roberto Napoletano, ponendo ancora una volta sullo stesso piano l'aggressore (Berlusconi) e gli aggrediti (i magistrati). Il titolo di prima pagina del «Messaggero» è tutto un programma: *Napolitano: «Allarme fondato. Serve uno sforzo per abbassare i toni»*. Svolgimento:

> Ho avuto nei giorni scorsi fondati motivi per esprimere allarme di fronte al moltiplicarsi e acuirsi di conflitti che travalicano e investono le istituzioni. La fondatezza di tale allarme è stata da più parti riconosciuta, il che è da considerarsi positivo se prelude a uno sforzo generale per abbassare i toni. In quanto al dibattito pubblico che si è innescato – con l'espressione di pareri anche da parte di esponenti politici e costituzionalisti – sulle responsabilità e prerogative del presidente della Repubblica, lo seguo con attenzione ma non intendo ovviamente pronunciarmi nel merito di alcuna tesi o interpretazione.

Tante banalità politichesi per farsi i complimenti da solo («la fondatezza di tale allarme è stata da più parti riconosciuta», e chi non la riconosce non conta). E per far sapere che il presidente non ha alcuna intenzione di difendere i magistrati aggrediti. Anzi è piuttosto infastidito dalla nuova indagine giudiziaria che ha indotto il premier e i suoi compari ad alzare i toni. Perché il problema per lui è il volume, non il contenuto: i decibel, non la sostanza dei fatti gravissimi scoperti dai magistrati.

Il 2 febbraio, nuova esternazione durante il tour per i 150 anni dell'Unità d'Italia: riprendendo un refrain delle veline del Minculpop nel Ventennio, Napolitano trova che ci sia «uno spazio abnorme, nei telegiornali e nei notiziari, alla cronaca nera e giudiziaria». Tipo quella sui processi a Berlusconi.

Libia, guerra a sua insaputa

Ai primi del 2011 si propaga dal Nord Africa in gran parte del mondo islamico la «Primavera araba», con rivolte e sommovimenti che – almeno all'inizio – chiedono più libertà e più democrazia. L'Italia intanto rimane tutta ripiegata sulle solite miserie del tinello e dell'alcova di casa Berlusconi.

Il 19 marzo, con un'interpretazione estensiva e forzata della risoluzione Onu che auspica una *no fly zone* sulla Libia per proteggere i civili e gli insorti contro il regime di Gheddafi, la Francia inizia a bombardare le truppe del rais di Tripoli. E subito viene affiancata dai cacciabombardieri americani e inglesi. L'Italia, all'inizio, si limita a prestare agli attaccanti le basi di Trapani-Birgi e Sigonella. Ma Napolitano raccoglie le pressioni anglo-franco-americane e si schiera personalmente per l'intervento armato. Un giornalista gli domanda: «L'Italia sta entrando in guerra?». Lui si rabbuia in volto:

> Vedo che qui si lavora per la pace. Poi, altrove, facciamo la nostra parte come membro attivo della comunità internazionale, interessati come tutti i paesi del G8 e delle Nazioni Unite ad affermare dei principi e a esigere il rispetto di valori fondamentali come i diritti umani e le aspirazioni di libertà e giustizia sociale oggi, in modo particolare, nel mondo arabo. E faremo ciò che è necessario anche noi.

Peccato che gli Stati membri dell'Onu e anche quelli della Nato abbiano posizioni del tutto opposte fra loro sull'intervento armato in Libia. E che, nella maggioranza di governo, la Lega Nord non ne voglia sapere di autorizzare l'ingresso dell'Italia in guerra. Bossi e Calderoli minacciano addirittura la crisi. E lo stesso Berlusconi, vecchio compare e amico di Gheddafi, fa il pesce in barile e preferirebbe lasciar perdere.

I cacciabombardieri francoamericani utilizzano le basi aeree italiane, ma il governo assicura che la nostra aviazione militare non vi partecipa. Poi però, dopo qualche giorno, anche i Tornado italiani cominciano a levarsi in volo e a sganciare bombe contro le truppe di Gheddafi. L'Italia è passata dal «non bombardiamo» al «bombardiamo», senza che il parlamento abbia mai discusso né autorizzato l'entrata in guerra; né tantomeno abbia revocato il «Trattato di amicizia, cooperazione e alleanza militare» italo-libico siglato il 30 agosto 2008, ratificato il 6 febbraio 2009 da Berlusconi con Gheddafi e plebiscitato dalle Camere (col solo voto contrario dei Radicali, dell'Idv, dell'Udc e dei deputati Pd Furio Colombo e Andrea Sarubbi).

Ma Napolitano sostiene che va bene così: meglio non interpellare le Camere, altrimenti cadrebbe il governo, visto che la Lega è furiosamente contraria all'intervento. E si arrampica sugli specchi per giustificare l'incredibile aggiramento del parlamento:

> L'ulteriore impegno costituisce il naturale sviluppo della scelta compiuta dall'Italia a metà marzo. L'Italia non può restare indifferente al rischio che vengano brutalmente soffocati movimenti caratterizzati da una profonda carica liberatoria dalla sanguinaria reazione del colonnello Gheddafi.

Insomma: il «bombardiamo» è il «naturale sviluppo» dell'iniziale «non bombardiamo».

Così, il 28 aprile 2011, per la prima volta nella sua storia, l'Italia entra in guerra all'insaputa del parlamento e per decisione di mezzo governo soltanto. Il Quirinale ha di fatto esautorato il potere legislativo e commissariato l'esecutivo. E, già che c'è, anche l'opposizione, o quel che ne resta. A parte l'Idv, radicalmente contraria all'intervento, il Pd (con l'eccezione di alcuni esponenti cattolici) e l'Udc diventano le armate di complemento degli ùzzoli guerrafondai del Quirinale e dei ministri degli Esteri Franco Frattini e della Difesa Ignazio La Russa.

I giornali rivelano – mai smentiti – che Napolitano ha addirittura telefonato a Bersani per raccomandare «senso di responsabilità sulla Libia»: cioè per chiedere al Pd di non invocare il voto in parlamento. Un'intromissione talmente pesante da far insorgere persino il mite capogruppo Dario Franceschini («Una cosa sono le preoccupazioni del capo dello Stato, un'altra la nostra iniziativa politica per mettere in difficoltà il governo»); da provocare qualche maldipancia alla presidente del partito Rosy Bindi («I bombardamenti non mi piacciono, ma non possiamo lasciare solo Napolitano»); e da far dire al vicecapogruppo Luigi Zanda: «Noi siamo napolitaniani, dunque niente voto».

Sempre su pressione del Quirinale, il presidente della Camera Fini tiene irritualmente bloccata la mozione antibombardamenti dell'Idv, sempre nel timore che la voti anche la Lega e cada il governo. Ma di questa ennesima torsione della democrazia parlamentare non parla quasi nessuno. Un quirinalista informatissimo come Marzio Breda del «Corriere della Sera» si spinge a scrivere con la più soave naturalezza che «il Quirinale teme per la tenuta dell'esecutivo». Purtroppo, però, non risulta nella Costituzione che il capo dello Stato debba tenere artificialmente in vita un governo morto. Eppure, dopo il salvataggio di novembre, è la seconda volta che lo fa. E nessuno, a parte Di Pietro, ha nulla da ridire.

Quando l'autore di questo libro sottolinea su «il Fatto Quotidiano» le incredibili, irrituali interferenze quirinalizie, Napolitano fa diramare dal suo ufficio stampa un durissimo comunicato datato 3 maggio, che recita: «In questi giorni sono stati attribuiti al presidente della Repubblica in modo del tutto arbitrario interventi relativi alle mozioni sulla Libia» (sono stati, ma da chi? Mistero). «È stata pubblicata la notizia – semplicemente inventata – di una telefonata intercorsa in proposito tra il presidente e il segretario del Pd» (pubblicata e inventata da chi? Mistero). «Facendo riferimento alla telefonata che non c'è stata, il vicedirettore del "Fatto Quotidiano" ha imbastito una polemica dai toni provocatori nei confronti del capo dello Stato al di là delle posizioni da lui assunte nelle sedi appropriate.» Finalmente il nome, anzi l'identikit di un colpevole: a imbastire la polemica è stato il vicedirettore del «Fatto», usando per giunta «toni provocatori» senza prima aver chiesto il permesso all'ufficio stampa del Quirinale.

Napolitano striglia Travaglio: inventata la telefonata al Pd, titola «Libero». *L'ira di Napolitano tirato per la giacca da Trava-*

glio & Co, rilancia «il Giornale». Ma «la Repubblica» batte tutti: «Una risentita nota del Colle smentisce telefonate con Bersani, poche righe molto secche. [...] Si era parlato di un intervento su Bersani [...]». Si era parlato da parte di chi? Ma di «Repubblica», naturalmente, che il 30 aprile rivelava: «La telefonata forse più difficile da quando è segretario del Pd, Pier Luigi Bersani l'ha avuta con Napolitano che sulla Libia ha chiesto alle forze politiche "senso di responsabilità"...». Cioè nessun nuovo voto sulla guerra alla Libia, anche se nel frattempo la posizione del governo italiano è passata dal «non bombarderemo mai» al «bombardiamo eccome». È la telefonata che – rivela finalmente il Quirinale con quattro giorni di ritardo – non c'è mai stata.

E meno male che «il Fatto» l'ha citata riprendendola da «Repubblica», altrimenti il presidente non l'avrebbe mai smentita e tutti sarebbero rimasti convinti che c'era stata. Compresi i vertici del Pd, che avevano una gran voglia di votare in parlamento una mozione contro i bombardamenti, ma credevano di non poterlo fare proprio a causa di quella telefonata che davano tutti per vera. Tant'è che alcuni la usavano per sostenere il No alla mozione antiguerra (Bindi e Zanda). Ora si apprende che erano tutti vittime di un abbaglio collettivo, un caso di suggestione generale che sarebbe bastato poco a dissipare: era sufficiente che il 30 aprile il Quirinale o Bersani scrivessero due righe per smentire «la Repubblica» a proposito della «telefonata che non c'è stata». Invece per quattro giorni l'equivoco ha dilagato in tutt'Italia su su fino al parlamento, impedendo al Pd di alzare le barricate contro la guerra. E – incredibile a dirsi – continuerà a dilagare anche dopo la smentita del Quirinale. Infatti il Pd non alzerà le barricate neanche in seguito. Forse perché nessuno crede alla smentita e tutti continuano a credere alla telefonata.

Romano, ministro con riserva

Siccome ha sempre ricompensato tutti, Berlusconi decide di promuovere ministro delle Politiche agricole Francesco Saverio Romano, l'ex Udc e cuffariano di ferro, che quattro mesi prima è passato al Pdl nei giorni del mercato dei deputati e che in quel momento è sotto inchiesta a Palermo per concorso esterno in associazione mafiosa e per corruzione aggravata da finalità mafiose.

Il 21 marzo il premier chiama Napolitano per dargli il lieto annuncio. Il presidente telefona al procuratore di Palermo Francesco Messineo per saperne di più e apprende che: dell'indagine per mafia il pm ha chiesto l'archiviazione, ma il gip ha preso tempo per approfondire; invece l'indagine per corruzione aggravata (la presunta spartizione del tesoro di Vito Ciancimino fra alcuni politici siciliani, compreso Romano) è tuttora in corso. A quel punto ci si attenderebbe che Napolitano pregasse Berlusconi di proporgli un altro ministro, possibilmente intonso da processi. L'articolo 92 della Costituzione infatti assegna a lui il potere di nominare il premier e i ministri. Tant'è che nell'aprile 1992 Scalfaro rifiutò di mandare Craxi a Palazzo Chigi solo perché girava voce che il pool di Milano gli ronzasse intorno dopo l'arresto di Mario Chiesa e altri manager del Psi: così toccò a Giuliano Amato. Lo stesso Scalfaro, nel 1994, negò a Cesare Previti il ministero della Giustizia, sebbene non fosse neppure indagato (però era l'avvocato di Berlusconi, in palese conflitto d'interessi). Ciampi, nel 2001, fece lo stesso quando il Cavaliere gli propose come guardasigilli il pregiudicato Maroni (resistenza e oltraggio a pubblico ufficiale). Altri tempi, altri presidenti.

Napolitano nel 2008 ha già dato l'incarico di governo a Berlusconi sebbene imputato per corruzione giudiziaria, appropriazione indebita, falso in bilancio e frode fiscale. Poi ha nominato ministri due noti pregiudicati (Bossi alle Riforme e Maroni addirittura all'Interno), due noti imputati (Altero Matteoli e Raffaele Fitto), senza contare il sottosegretario Brancher repentinamente dimessosi. Ora ci risiamo. Dopo aver saputo che Romano è indagato per storie di mafia, Napolitano non fa una piega e dà il via libera alla sua nomina a ministro.

Il 23 marzo Romano giura nelle sue mani al Quirinale, con il solito ricevimento e il rituale dei brindisi, dei sorrisi e degli applausi. Poi, mentre scende dal Colle e rincasa tutto giulivo con la moglie e il pargolo, gli piove sul capo un durissimo comunicato del Quirinale: «Il presidente ha ritenuto necessario assumere informazioni sullo stato del procedimento a suo carico per gravi imputazioni», poi «ha proceduto alla nomina non ravvisando impedimenti giuridico-formali», ma «ha auspicato che gli sviluppi del procedimento chiariscano al più presto l'effettiva posizione del ministro». Frasi mai pronunciate a proposito di Berlusconi, che di procedimenti penali a carico ne ha ben di più e più avanzati di quelli di Romano. In pratica Napolitano aveva due opzioni: rifiutare la nomina, oppure avallarla. Ma ha scelto la solita terza via: l'ha firmata e poi s'è dissociato da se stesso. Un tempo c'erano i film «adulti con riserva». Poi vennero le leggi promulgate con riserva. Ora abbiamo i ministri con riserva.

L'estate dello spread

Dopo un'estate di crolli in Borsa e di speculazioni internazionali contro l'Italia, considerata l'anello più debole della catena d'Europa, lo spread – cioè il differenziale di rendimento fra i titoli di Stato tedeschi e quelli italiani – sale alle stelle, ben oltre quota 500. E il governo Berlusconi precipita ai minimi storici di credibilità e consenso.

L'11 luglio Napolitano chiama a un «tavolo comune» sulla crisi maggioranza e opposizione. Bersani abbocca, Di Pietro no. Ma il governo continua a fare da solo. Berlusconi confida ai suoi che il Colle «è pronto a farmi fuori con un governo tecnico». E tira diritto verso il baratro.

Il 13 agosto il Consiglio dei ministri vara una drammatica manovra finanziaria firmata da Tremonti, ma subito svuotata dai partiti della maggioranza. Tant'è che viene riscritta per tre volte in tre settimane. Ma nemmeno la quarta versione soddisfa il presidente della Banca centrale europea (Bce) Jean-Claude Trichet e il suo successore designato, il governatore di Bankitalia Mario Draghi, che a novembre prenderà il suo posto.

Il governo italiano è ufficialmente commissariato dalla Bce, come ha annunciato il 5 agosto lo stesso Berlusconi, comunicando che la prima manovra gli è stata appena imposta da una lettera di Trichet e Draghi.

In sintesi la missiva, che resterà top secret per quasi due mesi, chiede all'Italia una serie di riforme strutturali giugulatorie e l'anticipo al 2013 del pareggio di bilancio già fissato per il 2014. In cambio (anche se il *do ut des* non può essere esplicitato), l'istituto di Francoforte comprerà titoli di Stato italiani sul mercato, facendone scendere i rendimenti e dunque lo spread rispetto a quelli tedeschi e salvando il paese dalla bancarotta. Una scelta – quella del pareggio anticipato – che si rivelerà catastrofica per l'Italia: nell'estate successiva, quella del 2012, basterà la promessa di Draghi di intervenire con acquisti illimitati di debito pubblico dei paesi che ne faranno richiesta, per calmierare i mercati e far scendere lo spread italotedesco. Senza il diktat della Bce, agli italiani sarebbero stati risparmiati sacrifici per decine di miliardi.

Ma incolpare i vertici finanziari europei, una volta tanto, è ingiusto e sbagliato. La famigerata lettera della Bce, più che di un'intromissione europea, è il frutto di una richiesta di ingerenza da parte italiana. Come si scoprirà più avanti, grazie alle rivelazioni di Giulio Tremonti, è stato lo stesso Berlusconi a chiedere la lettera della Bce e a sottomettersi all'Europa. Sa bene infatti che al Quirinale, d'intesa con il Pd e con il Terzo polo di Casini e Fini, sono iniziate le grandi manovre per sostituire il suo governo con un ministero tecnico guidato da Mario Monti. Per sventare la minaccia e guadagnare tempo, il Cavaliere consegna mani e piedi se stesso e l'Italia nelle mani della Bce, che gli concede più tempo con un programma da applicare «a rate». Insomma, la lettera è stata scritta più a Roma che a Francoforte, con il consenso di Berlusconi e il contributo di Renato Brunetta, che è solo il ministro della Funzione pubblica, ma agisce come braccio armato del premier, commissariando a sua volta Tremonti. Il quale viene tenuto all'oscuro di tutto, essendo noto il suo astio per Draghi e dunque per l'asse Bankitalia-Bce (quando verrà a saperlo, paragonerà il documento alle «lettere di minacce delle Br»). Sarà Brunetta, d'ora in poi, a gestire i rapporti con Francoforte, aggiornando la Bce sulle misure via via adottate.

Ma, per anticipare il pareggio di bilancio, occorre varare una serie di manovre correttive «lacrime e sangue». E la maggioranza di centrodestra è ormai balcanizzata in mille pezzi (i berlusconiani contro Tremonti e la Lega fieramente contraria a toccare le pensioni di anzianità, come invece vorrebbero i berluscones): impossibile trovare l'accordo su una manovra seria, drastica e dunque credibile per i mercati finanziari. Le varie versioni sfornate a getto continuo da Palazzo Chigi della manovra finanziaria sono puro maquillage, nella speranza di ingannare l'Europa e rinviare il grosso degli interventi correttivi a dopo le elezioni, cioè alla prossima legislatura.

Intanto, mentre sul paese infuria la più grave crisi finanziaria del secolo, Berlusconi se ne sta in vacanza in Costa Smeralda, pensa solo ai suoi processi e non si fa vedere a Roma per ventitré giorni. Il 22 agosto Napolitano parla al meeting di Cl a Rimini e, dopo tanti moniti vuoti e generici, accusa finalmente il governo di aver alimentato per troppo tempo «illusioni», minimizzando la crisi con «semplificazioni propagandistiche e comparazioni consolatorie su scala europea», mentre l'opposizione si limitava a scaricare le colpe sul governo. Insomma, anche se lo scopo è il solito – favorire un «dialogo» impossibile – il presidente chiede ai politici di parlare finalmente «il linguaggio della verità» e di dare vita a una «svolta autentica». Peccato che sia troppo tardi.

Il 5 settembre, poche ore prima che la manovra-fantasma approdi in Senato, il capo dello Stato rompe gli indugi, interpretando la costernazione di Draghi e Trichet dinanzi al traccheggiare del governo, che s'è già rimangiato gli impegni. E commissaria a sua volta il governo commissariato con un supermonito che intima di riscrivere la manovra per la quinta volta:

> Nessuno può sottovalutare il segnale allarmante rappresentato dall'odierna impennata del differenziale tra le quotazioni dei titoli del debito pubblico italiano e quelli tedeschi. È un segnale di

> persistente difficoltà a recuperare fiducia come è indispensabile e urgente. Si è ancora in tempo per introdurre in Senato nella legge di conversione del decreto del 13 agosto misure capaci di rafforzarne l'efficacia e la credibilità. Faccio appello a tutte le parti politiche perché sforzi rivolti a questo fine non vengano bloccati da incomprensioni e da pregiudiziali insostenibili.

Tremonti tenta ancora di convincere Bossi a tagliare le pensioni, ma il Senatur risponde picche. Berlusconi finalmente si riappalesa nella Capitale e impapocchia un testo che più o meno ricalca i precedenti già bocciati dall'Europa e dal Colle. E su quello, dopo che Alfano, Frattini e Schifani l'hanno categoricamente escluso, pone la questione della fiducia.

Che ne dirà Napolitano? Ufficialmente, tace. Ma ufficiosamente lascia trapelare qualcosa. Solo che è ancor più sibillino del solito, per cui ciascun giornale capisce una cosa diversa. «Libero» descrive la «soddisfazione del regista Napolitano». Idem «il Giornale», che titola: *Il Colle fa sponda al governo. Il sollievo di Napolitano.* E pure «la Repubblica»: *Napolitano osserva con una certa soddisfazione il prodotto del suo pressing.* «La Stampa», al contrario, dipinge un «Napolitano rammaricato per la fiducia sul testo», non senza «la consapevolezza e la soddisfazione», ma anche con un «malcelato disappunto» e «una certa circospezione»: insomma, così così. Il «Corriere della Sera» pesca nel vocabolario il giusto mezzo fra soddisfazione e rammarico: *Il cauto sollievo del Quirinale.*

Il 23 ottobre, al vertice dell'Unione europea a Bruxelles, la cancelliera tedesca Angela Merkel e il presidente francese Nicolas Sarkozy incontrano Berlusconi. Poi, in conferenza stampa, una giornalista domanda loro: «Il premier italiano vi ha rassicurati?». I due si scambiano un'occhiata densa di ilarità e trattengono a stento la risata. Il filmato fa il giro del mondo: è la pietra tombale definitiva sul Cavaliere.

Il bluff del governo italiano e della sua manovra correttiva farlocca viene scoperto dalla Bce e dai partner europei al vertice del G20 di Cannes del 3-4 novembre, dove l'Italia si presenta con Berlusconi che non rivolge la parola a Tremonti e viceversa. Ma soprattutto con un pugno di mosche in mano: cioè senza le misure aggiuntive necessarie per garantire il pareggio di bilancio, mentre lo spread schizza alle stelle. È la fine. Ma resta da avvertire il Cavaliere, che vive in un mondo tutto suo. E il 4 novembre se ne esce con un detto memorabile: «Gli italiani non sentono la crisi in modo spasmodico come scrivono i giornali. Siamo un paese benestante, i consumi non sono diminuiti, i ristoranti sono pieni e si fatica a prenotare un posto sugli aerei».

Parte della lettera della Bce diventerà poi il programma del governo Monti. Che sarà obbligato a adottare le misure di austerità concordate da Berlusconi e Brunetta con la Bce, e naturalmente mai realizzate.

Bye bye Silvio

A novembre defunge il terzo governo Berlusconi: nonostante la compravendita di deputati di un anno prima, la crisi finanziaria (e dunque politica) ha prodotto una nuova fuoriuscita di dissidenti dal Pdl. E il Cavaliere a Montecitorio è ormai in minoranza. Tenta *in extremis* di comprare qualche altro deputato, ma attorno a lui ormai c'è puzza di cadavere: si attende *ad horas* il governo tecnico che Napolitano ha in serbo da qualche mese e dal centrodestra c'è il fuggi-fuggi per saltare sul carro del nuovo vincitore. Persino i *pasdaràn* berlusconiani Giorgio Stracquadanio e Gabriella Carlucci mollano il Caimano. Il più indaffarato nel reclutamento dei transfughi dal Pdl è Casini, assistito da una vecchia volpe come Cirino Pomicino. La resa dei conti, l'8 novembre, arriva con la votazione sul Rendiconto dello Stato, che ottiene appena 308 voti: ne mancano 8 alla soglia minima di maggioranza (316). Il testo del governo passa soltanto perché le opposizioni abbandonano in massa l'aula per abbattere il quorum ed evitare il disastro finanziario definitivo.

Il 9 novembre Napolitano nomina senatore a vita il professor Mario Monti – sessantotto anni, già rettore della Bocconi, già consigliere di amministrazione della Fiat, già consulente di Goldman Sachs, di casa nel salotto del club Bilderberg, già commissario europeo, editorialista del «Corriere» – in vista della sua annunciatissima nomina a premier. Così avrà anche lui l'insindacabilità parlamentare. E si potrà dire che il suo futuro governo non è tecnico, ma politico. E si eviterà che un non parlamentare diventi presidente del Consiglio, in tempi di così diffusa «antipolitica». Meno di un mese prima, il 16 ottobre, il Professore ha scritto sul «Corriere» che l'Italia «è già oggetto di "protettorato": tedesco-francese e della Banca centrale europea». Tanto per mettere le cose in chiaro.

Il 12 novembre Berlusconi sale al Quirinale per rassegnare le dimissioni, dopo aver avuto la garanzia da Napolitano che non si andrà a elezioni anticipate (dalle quali uscirebbe distrutto, visto che il suo consenso s'è ridotto al lumicino). Non è un mistero che il presidente è molto sensibile agli auspici delle autorità politiche e finanziarie europee, che preferiscono una gestione pilotata e controllata della crisi italiana, piuttosto che un ricorso alle urne che potrebbe portare al governo un centrosinistra condizionato dagli «estremisti» di Sel e assediato da una forza antagonista come il MoVimento 5 Stelle. Come vedremo, alcuni giornali insinueranno che il vero timore di Napolitano per le sue telefonate intercettate con Nicola Mancino in quei giorni cruciali riguardi proprio la possibile divulgazione dei retroscena «internazionali» della crisi del governo Berlusconi.

A fine anno il «Wall Street Journal» rivelerà che il 20 ottobre la Merkel ha telefonato a Napolitano, all'indomani della cerimonia d'insediamento di Draghi alla Bce. Lì la cancelliera ha discusso del caso Italia con Trichet, Sarkozy e Draghi. E il giorno dopo ha chiamato il presidente al Quirinale per chiedergli «con modi diplomatici di sostituire il capo del governo, se Berlusconi non si dimostra in grado di cambiare l'Italia» con «riforme più incisive» che il Cavaliere non ha più la forza di varare. A quel punto, prosegue il quotidiano Usa, «Napolitano inizia a sondare i partiti sull'appoggio a un nuovo governo». Tre giorni dopo, la Merkel e Sarkozy ridono di Berlusconi in mondovisione. La ricostruzione verrà smentita da Napolitano e dalla Merkel. Ma è molto verosimile.

Una regola di minima decenza, in una Repubblica parlamentare, vorrebbe che il premier si presentasse prima dinanzi alle Camere per esserne sfiduciato (o, eventualmente, rifiduciato). Invece Napolitano gli consente di evitare l'estremo smacco e dunque di gabellare le sue dimissioni obbligate per un atto di responsabilità e patriottismo: un sacrificio di cui poi incassare i dividendi. Esattamente quello che il presidente aveva tentato di imporre a Prodi nel gennaio 2008, ricevendone però un fermo rifiuto.

A completare il paradosso, il Pd avrebbe tutto l'interesse alle elezioni anticipate, che vincerebbe senza colpo ferire. Ma ormai è sempre più in preda alla sindrome di Stoccolma nei confronti del capo dello Stato, che già negli ultimi mesi l'ha costretto a varie scelte suicide (dal rinvio della mozione di sfiducia nel novembre 2010 al Sì extraparlamentare alla guerra di Libia). E anche stavolta – dopo un vano tentativo di Bersani di chiedere al presidente di votare subito – si lascia dettare la linea dal Quirinale, appiattendosi su Napolitano e contribuendo a dissanguarsi con il sostegno a un governo tecnico a trazione berlusconiana di cui – altro paradosso – apparirà come il principale sponsor, essendo Berlusconi abilissimo a giocare all'uomo di lotta e di governo. Il risultato, come vedremo, sarà la sconfitta del centrosinistra alle elezioni del 2013.

Il governo Napolitano-Monti

Il 13 novembre Napolitano affida l'incarico al neosenatore Mario Monti. Il quale consulta i partiti, che dal Pdl al Pd, dall'Udc a Fli, gli garantiscono fiducia piena e incondizionata. Fanno eccezione soltanto l'Idv (che chiede a gran voce le elezioni anticipate e promette la prima fiducia per far partire il governo, riservandosi poi di votare gli eventuali provvedimenti che condivide) e la Lega Nord (che passa subito all'opposizione). Per la prima volta nella storia repubblicana, sotto la pressione del presidente della Repubblica, nasce un governo appoggiato dalla destra, dal centro e dalla sinistra, con una maggioranza bulgara intorno al 90 per cento del parlamento (281 seggi su 315 al Senato e 556 su 630 alla Camera).

Il 16 novembre Monti scioglie la riserva e giura nelle mani di Napolitano con i suoi 18 ministri, compreso il Professore che tiene per sé l'Economia (a cui si aggiungono presto 3 viceministri e 27 sottosegretari). Tutti, almeno in apparenza, «tecnici». Ma tutti rispondenti ai quattro padrini del nuovo governo: il capo dello Stato (che considera a buon diritto Palazzo Chigi come casa sua), il neopremier, Berlusconi e – per le briciole – Bersani. Il risultato è un distillato del vecchio establishment partitico, bancario, parastatale e familistico, con ampie spruzzate di baronie universitarie, di lobby paramassoniche e di magistratura amministrativa: un ottimo spaccato del Partito del presidente. Con un militare alla Difesa (l'ammiraglio Giampaolo Di Paola) e un nobile ambasciatore agli Esteri (Giulio Maria Terzi di Sant'Agata) a dare un tocco di Sudamerica.

Inizialmente si era parlato di due vicepremier, nelle persone di Gianni Letta e Giuliano Amato, ma poi si è optato per nomi meno polverosi, per meglio mascherare da «governo tecnico» l'inciucio gattopardesco che sta dietro all'operazione. Non mancano gli amici della famiglia Napolitano: soprattutto del figlio secondogenito Giulio, allievo di Sabino Cassese, legato ai *think tank* di Enrico Letta e Giuliano Amato, protagonista di una prodigiosa carriera universitaria fino alla cattedra di Istituzioni di diritto pubblico nell'ateneo Roma Tre e asso pigliatutto di incarichi e consulenze pubbliche (dal Coni alla Federcalcio alla presidenza del Consiglio), come pure il fratello maggiore Giovanni (dirigente dell'Autorità antitrust). Roma Tre ha una caratteristica: da quindici anni ha come rettore Guido Fabiani, marito della sorella di Clio Napolitano, cioè cognato del presidente e zio di Giulio (lascerà l'incarico nel marzo 2013 per diventare assessore del governatore Pd del Lazio, Nicola Zingaretti). E, guarda un po', lì insegna il figlio minore del presidente; ma anche Anna Fabiani, figlia del rettore. E non solo.

Amico inseparabile di Giulio Napolitano è Andrea Zoppini, neosottosegretario alla Giustizia: avvocato, già consigliere giuridico di Palazzo Chigi con Prodi e poi con Berlusconi, molto legato a Gianni ed Enrico Letta, è ordinario di Diritto privato. Dove? Anche lui a Roma Tre. Insieme a Giulio ha scritto un libro, *Le Autorità al tempo della crisi*, presentato nel 2010 nella sede dell'Associazione bancaria italiana (Abi) da De Bortoli, Tremonti, Catricalà ed Enrico Letta. È titolare di diverse consulenze e arbitrati, fra cui uno – con parcella da mezzo milione di euro – in una controversia legale fra Ferrovie dello Stato e un consorzio d'imprese guidato dalla Fiat per i lavori dell'Alta velocità ferroviaria sulla tratta Novara-Milano. Ma la legge del 2004 vieta ai membri del governo di «ricoprire cariche o uffici e di svolgere altre funzioni comunque denominate in enti di diritto pubblico» (come appunto le Fs). Durerà poco: lascerà il governo quando sarà indagato per frode fiscale, accusa che verrà poi archiviata.

Sempre a Roma Tre insegna diritto civile l'altro sottosegretario alla Giustizia: Salvatore Mazzamuto, giurista palermitano di scuola Pci poi approdato a destra, già preside della facoltà di Giurisprudenza della sua città, già membro del Csm in quota Dini, poi consigliere giuridico del ministro della Giustizia Angelino Alfano nel governo Berlusconi-3, per il quale ha elaborato una controriforma del Csm. Ora gli hanno dato un'altra chance.

Un altro amico del figlio di Napolitano è Michel Martone, neoviceministro del Lavoro e delle Politiche sociali. Figlio del potente e controverso magistrato Antonio Martone (il cui nome compare nell'inchiesta sulla P3), Michel insegna diritto del lavoro all'Università di Teramo e alla Luiss di Roma, dopo una carriera accademica da raccomandato di ferro. È noto anche per una fumosa consulenza da 40.000 euro all'anno per studiare i «problemi giuridici della digitalizzazione delle amministrazioni pubbliche di paesi terzi», gentilmente assegnatagli dall'allora ministro Brunetta. Ed è membro della Fondazione Bettino Craxi e del movimento di Luca Cordero di Montezemolo «Italia Futura». Dirà di aver agguantato la poltrona governativa «mandando il curriculum a Catricalà».

Altra caratteristica del governo Monti: oltre a risparmiare al Caimano una sicura disfatta elettorale, sistema nei posti chiave uomini in grado di garantirlo nelle due ragioni sociali del suo impegno politico: la difesa della roba (soldi e aziende) e dai processi. Nessuna legge patrimoniale. Nessuna lotta all'evasione fiscale, alla corruzione e alle mafie. Nessuna riforma della Rai. Nessun'asta per le frequenze tv liberate dal passaggio dall'analogico al digitale (assegnate gratuitamente a Rai e Mediaset dal morente governo Berlusconi con la formula del *beauty contest*, cioè del «concorso di bellezza» che premia i soggetti già presenti nel mercato televisivo: Rai, Mediaset e La7). Tutte garanzie assicurate da una pletora di ministri e sottosegretari in pieno e spesso multiplo conflitto d'interessi, su cui Napolitano graziosamente sorvola.

L'ex amministratore delegato di Banca Intesa, Corrado Passera, diventa esaministro dello Sviluppo economico, Infrastrutture, Trasporti, Comunicazioni, Industria e Marina mercantile, per espressa imposizione di Berlusconi in persona, in cambio del suo via libera al governo Monti. Passera ha ben meritato ai suoi occhi nel 2008, quando gestì l'operazione Cai-Alitalia in plurimo conflitto d'interessi (Intesa era advisor per cercare i soci di Cai, ma divenne anche azionista di Cai, senza contare che altri soci, come Carlo Toto di Air One, erano debitori di Intesa). Ora dovrà difendere dai banchi del governo la Nuova Alitalia dai rilievi dell'Antitrust per la posizione monopolista sulla tratta Milano-Roma e vigilare sul nuovo soggetto privato che fa concorrenza alle Ferrovie dello Stato: la società Ntv (Nuovo trasporto viaggiatori) di Montezemolo, Della Valle, Punzo & C. Inoltre è un fan delle «grandi opere» berlusconiane, compreso l'inutile e dispendioso Tav Torino-Lione. E persino del folle ponte sullo Stretto di Messina.

Ma i banchieri promossi a ministri non sono finiti. C'è Elsa Fornero, già vicepresidente del Consiglio di sorveglianza di Intesa Sanpaolo, sistemata al Lavoro. Il titolare del Turismo, Piero Gnudi, è consigliere di Unicredit. Francesco Profumo, ministro dell'Istruzione, è stato consigliere di Unicredit Private

Bank. Piero Giarda, ai Rapporti con il parlamento, è stato presidente della Cassa del Trentino e consigliere di sorveglianza del Banco Popolare. Nessuna sorpresa se la categoria più favorita del governo Monti sarà proprio quella dei banchieri.

Per completare l'opera, c'è poi la nomina di Mario Ciaccia a viceministro delle Infrastrutture: già braccio destro di Passera a Banca Intesa come amministratore delegato della consociata Biis (Banca infrastrutture innovazione sviluppo), ha finanziato e «partecipato» parecchie grandi opere, che ora è chiamato a deliberare, valutare, promuovere o bocciare per conto dello Stato, in plateale conflitto d'interessi. Memorabile il suo inno al ponte sullo Stretto: «Sarà un ulteriore incubatore di sviluppo e di crescita per un'area di importanza strategica per tutto il paese», «un'opportunità irripetibile di sviluppo per il turismo e per i beni culturali di Sicilia e Calabria».

Ma il settore più strategico per Berlusconi è quello delle telecomunicazioni, retto – come abbiamo visto – dall'esaministro Passera, che ingaggia subito il predecessore, Paolo Romani del Pdl (l'ideatore del *beauty contest*), come suo «rappresentante personale» per imprecisate «missioni in Iraq e in Afghanistan». Il sottosegretario alle Telecomunicazioni è invece Massimo Vari, altro berlusconiano doc: anziano avvocato e costituzionalista, in vita sua non s'è mai occupato di tv, tralicci, canali, digitale terrestre o analogico. Ma ha il curriculum giusto: essendo molto amico di Gianni Letta e di Fedele Confalonieri, nel 2005 fu indicato da Berlusconi come presidente dell'Agcom (anche se poi gli fu preferito Corrado Calabrò). Gran collezionista di incarichi e poltrone, Vari è stato giudice della Corte dei conti di Lussemburgo e consigliere di Stato per il Vaticano. E lì, oltre le mura leonine, ha conosciuto il suo amico Giancarlo Innocenzi, l'ex manager Fininvest divenuto sottosegretario del governo Berlusconi e poi commissario Agcom (a lui telefonava il Cavaliere per far chiudere *Annozero*). Un ottimo garante dello *status quo* televisivo.

Passera conferma Roberto Sambuco a capo del Dipartimento per le Comunicazioni dello sviluppo economico: ex top manager del gruppo Wind, anche Sambuco è legatissimo a Gianni Letta; è stato l'uomo di fiducia dei ministri Scajola e Romani (con cui inventò il *beauty contest*); ed è intimo del faccendiere piduista e piquattrista Luigi Bisignani, che nel 2009 al telefono con la ministra Stefania Prestigiacomo lo definiva suo «amicissimo» («quando sono lì, se vado lì, fa tutto quello che gli dico»).

Poi c'è un'altra superlobby: quella della magistratura amministrativa e contabile, da cui provengono ben ventiquattro componenti del governo Monti. Soprattutto il Consiglio di Stato, noto pascolo per politici trombati.

Filippo Patroni Griffi è ministro della Pubblica amministrazione e semplificazione. Due cognomi, due stipendi: quello di ministro e quello di presidente di sezione del Consiglio di Stato, in aspettativa da tempo immemorabile. Già capo dell'Ufficio legislativo del ministero della Funzione pubblica nei governi Ciampi, Dini, Prodi-1, D'Alema-2, Amato-2, capo di gabinetto del ministero per le Riforme istituzionali nel governo Prodi-2 e di quello della Funzione pubblica nel Berlusconi-4 (con Brunetta), nonché capo del Dipartimento affari giuridici e legislativi della presidenza del Consiglio nel Prodi-2, e poi segretario generale dell'Autorità garante della privacy e membro della Civit presieduta da Martone senior. Anche lui molto amato da Gianni Letta, Patroni Griffi nel 2008 ha acquistato dall'Inps un appartamento con vista sul Colosseo a prezzi stracciati (177.760 euro per 109 metri quadrati: 1630 euro al metro quadrato), grazie anche al via libera del Consiglio di Stato (di cui fa parte) alla perizia di due tecnici vicini ad Angelo Balducci (l'ex provveditore alle opere pubbliche arrestato con la cricca della Protezione civile) e alla difesa di un ottimo avvocato: Carlo Malinconico, pure lui consigliere di Stato e ora sottosegretario alla presidenza del Consiglio del governo Monti (sarà costretto a dimettersi per lo scandalo delle ferie pagate in un lussuoso resort dell'Argentario dagli uomini della cricca.

Poi c'è Antonio Catricalà, nuovo sottosegretario alla presidenza del Consiglio. Già consigliere e presidente di sezione del Consiglio di Stato, docente di giurisprudenza a Tor Vergata e alla Luiss, nel 1996 diventa capo di gabinetto del ministro delle Poste Antonio Maccanico (governo Prodi), al quale suggerisce il codicillo salva Rete 4 che rinvia il passaggio su satellite di Rete 4 (imposto da una sentenza della Consulta del 1994) a quando le parabole satellitari avranno raggiunto un «congruo sviluppo» (cioè mai, visto che nessuno può quantificare il concetto di «congruo»). Tanta fedeltà gli vale, nel 2001, la nomina a segretario generale di Palazzo Chigi nel secondo governo Berlusconi e, nel 2005, di presidente dell'Antitrust fino al 2011. Lì si segnala per un'olimpica indifferenza al trust Mediaset che blocca il mercato televisivo: infatti lascia marcire in un cassetto l'indagine conoscitiva sul mercato tv trasmessagli dal predecessore Giuseppe Tesauro, che denunciava la posizione dominante di Mediaset e ne raccomandava un congruo dimagrimento. Ora prende il posto del suo mentore Gianni Letta come sottosegretario a Palazzo Chigi. E confida subito di ispirarsi a lui, suo unico spirito-guida: «Ho preso il testimone da un semidio come Gianni Letta».

Poi ci sono i berlusconiani doc travestiti da tecnici. Per esempio Gianfranco Polillo, sottosegretario al ministero dell'Economia retto dal premier Monti. Già repubblicano e poi socialista, già presidente di Enel Stoccaggi e funzionario parlamentare, già vicino a D'Alema e poi ghostwriter di Cicchitto, ma anche adepto dei repubblicani berlusconiani di Francesco Nucara, Polillo è stato raccomandato nel governo Monti proprio da Cicchitto («Sono sottosegretario per caso: ho dato il mio curriculum a Cicchitto, di cui ero consulente. Lui l'ha dato a Monti, che non conoscevo. Tutto qui»). Presenzialista televisivo da Guinness, Polillo considera i sindacati una jattura e non perde occasione per cantare le gesta del Cavaliere: «È un grandissimo personaggio: nel 1994 ha salvato la democrazia dalla gioiosa macchina da guerra dell'ex Pci. Poi è stato perseguitato peggio di Al Capone. Lo stimo, ha fatto tanto per il paese. Lo vorrei al Quirinale, sarebbe un bravissimo presidente della Repubblica».

Poi ci sono gli amici di Salvatore Ligresti, il costruttore e assicuratore siculo-milanese arrestato e condannato per le tangenti a Craxi ai tempi di Tangentopoli. Amica della sua famiglia e del fratello Antonino (pregiudicato per corruzione della guardia di finanza) è la ministra dell'Interno Anna Maria Cancellieri, prefetto in pensione.

Filippo Milone, sottosegretario alla Difesa, era il braccio destro di Ligresti negli anni Ottanta e Novanta, fu più volte inquisito e una volta arrestato nel 1992-93 per tangenti in cambio di appalti del gruppo ligrestiano Grassetto Costruzioni, di cui era presidente. Fu poi condannato definitivamente in Cassazione a un anno e sette mesi di reclusione per abuso d'ufficio, dopo aver confessato di aver promesso una mazzetta di sei miliardi di lire a vari politici piemontesi per l'appalto del nuovo ospedale di Asti. Dopo qualche anno di quarantena, Milone divenne consulente e portaborse di Ignazio La Russa ed entrò nel cda delle Poste e dell'Ansaldo. Ma né la condanna definitiva, né i suoi rapporti con Finmeccanica (principale fornitore del ministero della Difesa), né i conflitti d'interessi per le partecipazioni in varie società legate a Ligresti (Quintogest e Sviluppo Centro Est) e a Fintecna Immobiliare (impresa pubblica del Tesoro) inducono Monti e Napolitano a liberarsi del sottosegretario. Anzi sarà proprio Milone a gestire per la Difesa l'affare della dismissione delle caserme abbandonate, a cui sono interessati la stessa Fintecna Immobiliare (come venditrice) e il gruppo Ligresti (come potenziale acquirente).

Elio Adelfio Cardinale, neosottosegretario alla Salute in quota Schifani è un medico e barone universitario palermitano, già presidente della Società nazionale dei medici radiologi e preside della facoltà di Medicina dell'università di Palermo, già vicepresidente dell'Istituto superiore di sanità e presidente del Cerisdi su nomina della giunta Cuffaro; ma soprattutto è il marito dell'ex procuratore aggiunto di Palermo Anna Palma, divenuta nel 2008 capo di gabinetto del presidente del Senato Schifani (ora indagato per mafia). La Palma fu testimone di nozze di Cuffaro (ora in carcere per favoreggiamento alla mafia). Il marito sottosegretario sarà presto indagato a Bari per aver truccato un concorso universitario con le accuse di truffa e falso.

Anche la ministra della Giustizia, Paola Severino, è portatrice di un discreto conflitto di interessi, essendo un famoso e potente avvocato romano che ha difeso quasi tutti i maggiori gruppi finanziari e industriali del paese, pubblici e privati, compresi alcuni uomini del gruppo Berlusconi.

Solo interessi, nessun conflitto

Non bastando i conflitti di interessi dentro il governo, se ne creano subito altri con le nomine di sottogoverno.

Giovanni Pitruzzella diventa subito presidente dell'Autorità garante della concorrenza (Antitrust). Formalmente lo nominano i presidenti di Camera e Senato, Gianfranco Fini e Renato Schifani, ma con l'ovvio gradimento del governo Monti che si è appena insediato e con il decisivo avallo del presidente della Repubblica. Peccato che l'uomo che dovrebbe vigilare non solo sulla concorrenza, ma anche sui conflitti d'interessi, sia lui stesso portatore di un conflitto d'interessi piuttosto cospicuo, oltre a non presentare quei requisiti di «notoria imparzialità e indipendenza» che si richiedono per i membri e tantopiù per i presidenti delle cosiddette «autorità indipendenti». Pitruzzella infatti, oltre a essere un costituzionalista, è l'avvocato civilista di Schifani, che si è servito di lui per denunciare giornalisti troppo critici. Dalla fine del 2007 inoltre è stato «off counsel», cioè consulente indicato sulla carta intestata e sul sito web dello studio legale palermitano Pinelli-Schifani (proprio il presidente del Senato che l'ha nominato e che oggi non fa più parte dello studio, dov'è però rappresentato dal figlio Roberto). Lo studio è intestato a una società delle famiglie di Renato Schifani e Nunzio Pinelli. Come scrive Salvatore Bragantini sul «Corriere della Sera», «il principale punto di forza di Pitruzzella pare essere l'amicizia col presidente del Senato» e «quali siano le competenze specifiche maturate dal costituzionalista palermitano nel campo degli abusi di mercato, della concorrenza sleale, delle intese lesive della concorrenza, il comunicato che annuncia la nomina non ce lo dice, per una semplice ragione: esse non esistono». *Dulcis in fundo*, nel 2003 Pitruzzella ha scritto un libro con Totò Cuffaro dal titolo: *Il coraggio della politica. Mezzogiorno, federalismo, democrazia* (Rubbettino). Poi le loro strade si sono divise: uno in carcere, l'altro all'Antitrust.

Giuseppe Orsi è il nuovo presidente di Finmeccanica. Nominato dal governo Monti al posto dell'inquisito Pier Francesco Guarguaglini, Orsi è considerato vicinissimo ai berlusconiani di Comunione e liberazione, ma anche alla Lega Nord. Ben presto verrà accusato di corruzione internazionale per tangenti pagate al governo indiano in cambio di commesse per elicotteri militari. Finirà in carcere e sarà, per ovvi motivi, costretto a dimettersi.

Insomma, c'è una sola persona che ha tutto da guadagnare e nulla da perdere dal governo Monti, di cui è il principale azionista e l'utilizzatore finale: Silvio Berlusconi. Gli eventuali successi dei «tecnici» saranno tutti merito suo, visto che è il leader del maggior gruppo parlamentare di maggioranza; e gli eventuali insuccessi saranno colpa di Monti e del centrosinistra. Inoltre avrà tutto il tempo per far dimenticare i disastri del suo governo, che nel novembre del 2011 sono chiari a tutti, anche ai suoi fedelissimi. Eppure il presidente della Repubblica e quello del Consiglio non fanno che omaggiarlo e lisciargli il pelo, come se le sue dimissioni (forzate per questioni numeriche) e la sua adesione al governo Monti fossero un estremo sacrificio compiuto per senso di responsabilità e spirito patriottico, meritevole di gratitudine e ringraziamento.

Monti lo chiamerà ripetutamente «statista». E Napolitano, già mentre conferisce l'incarico al Professore, non fa mancare un cenno di «speciale ringraziamento al dottor Gianni Letta per la scrupolosa collaborazione istituzionale, la sensibilità e lo spirito di sacrificio che hanno contribuito a tenere vivo e lucido il rapporto fra il presidente della Repubblica e il governo nell'interesse della coesione nazionale». Subito ricambiato da Letta: «Sono molto grato al presidente che ha compreso il senso del mio gesto». Monti, prima di omaggiare anche lui l'esimio Letta, rivolge un deferente saluto a Renato Schifani: «Il vostro, nostro presidente del Senato che ha voluto accogliermi, fin dal primo istante di questa mia missione – come potete immaginare, non semplicissima – svoltasi, in gran parte, a Palazzo Giustiniani, con una generosità e una cordialità che non potrò dimenticare». Tanto perché sia chiaro chi comanda, ancora.

Il presidente dà ragione al presidente

Su alcuni, pochissimi giornali come «il Fatto» e «il manifesto» e in alcuni, sparutissimi ambienti politici (Idv e Sel) e giuridici, la nascita di questo singolare «governo tecnico del presidente» innesca un dibattito sulla legittimità costituzionale delle mosse di Napolitano, che fa e disfa ministeri e maggioranze, detta la linea ai partiti e al parlamento e lancia quotidiani moniti in questa o quella direzione per spegnere qualunque voce critica. L'Italia è ancora una Repubblica parlamentare o è diventata surrettiziamente una Repubblica presidenziale? A furia di «emergenze» più o meno reali, il «capo dello Stato di necessità» non avrà per caso sospeso la democrazia per cause di forza maggiore?

A ogni pur timido affacciarsi di questi interrogativi, Napolitano prende subito cappello. Per esempio il 20 dicembre. Nel discorso di Natale al Quirinale, dopo aver chiuso ufficialmente i festeggiamenti per i 150 anni dell'Unità d'Italia, tiene puntigliosamente a precisare:

> Solo con una grave leggerezza si può parlare di sospensione della democrazia, in un paese in cui nulla è stato scalfito: né nelle libere scelte delle forze politiche, né nelle autonome determinazioni del parlamento, né nelle prerogative degli organi di garanzia, né nelle possibilità di espressione delle istanze e delle manifestazioni di dissenso anche da parte delle forze sociali.

L'indomani l'effetto sui giornali è esilarante. I maggiori quotidiani italiani «aprono» tutti con lo stesso titolo sulla stessa presunta notizia: il presidente si fa molti complimenti per aver inventato il governo Monti e nega recisamente di aver sospeso la democrazia e violato la Costituzione.

«Corriere della Sera»: *«Nessuno strappo costituzionale». Per il presidente la democrazia «non è sospesa».*

«La Repubblica»: *Napolitano: «Nessuno strappo costituzionale. Con Monti la democrazia non è stata sospesa».*

«La Stampa»: *La democrazia non è sospesa.*

«Il Messaggero»: *La democrazia non è sospesa.*

Cioè: il capo dello Stato si congratula con se stesso, come l'oste che spiega quanto è buono il suo vino. E soprattutto smentisce di aver fatto un colpo di Stato. L'*excusatio non petita (accusatio manifesta)* è talmente comica da ricordare una scena del film *Il dormiglione*: quando Woody Allen e Diane Keaton si aggirano per l'ospedale travestiti da medici e, per rendere più credibile il camuffamento, ripetono a chiunque incontrino nei corridoi: «Non siamo impostori, siamo dottori!». Il quarto o il quinto che li sente dire così, insospettito da quell'insistenza, comincia a dubitare che non siano medici, ma impostori, e a inseguirli.

Il presidente della Cgil

Non contento di impartire ordini a chiunque gli passi accanto, Napolitano completa la collezione dei sudditi dando una sistematina al segretario generale della Cgil, Susanna Camusso. Questa ha osato attaccare duramente Monti («non prendo lezioni da un cooptato») e la ministra del Welfare Elsa Fornero, che minaccia lacrime e sangue per i lavoratori, i pensionati e i loro diritti, a cominciare dall'articolo 18 dello Statuto. Il 20 dicembre Napolitano riceve per gli auguri di Natale, nella sala degli arazzi, le alte cariche dello Stato e altri vip, tra cui la Fornero e la Camusso. E abbraccia platealmente la prima, mentre non degna di uno sguardo la seconda. Segue il monito quotidiano, in cui chiede a chi «rappresenta gruppi sociali» di evitare «giudizi perentori, battute sprezzanti e contrapposizioni semplicistiche». Come se l'attacco ai pensionati e all'articolo 18 da parte del ministro fossero ramoscelli d'ulivo.

Quando poi scorge in sala la Camusso, il presidente le fa un gesto con le mani, come a dire: «datti una calmata». Lei allora avanza verso di lui con il dito alzato e lo scuote, poi sibila severa: «No, presidente, non pensiate di farci arretrare. È stato troppo severo con il sindacato». E Napolitano, seccato: «Andrò a rileggermi il mio discorso con la lente d'ingrandimento».

La tentazione di assoggettare al Quirinale il maggiore sindacato italiano, trattandolo come fosse il Pd, riciccerà alla vigilia del 1° maggio 2012, quando Napolitano ammonirà i rappresentanti dei lavoratori a evitare «contrasti» interni e «conflittualità» sociali in nome del «comune interesse nazionale». Come se i dissidi tra Cgil da una parte (contraria al massacro sociale targato Monti & Fornero) e Cisl e Uil dall'altra (molto più concilianti con il governo) fossero risse da cortile e non dissensi di sostanza.

Referendum no, Porcellum sì

L'anno 2012 potrebbe cominciare bene, anzi benissimo. Si attende la sentenza della Consulta, chiamata ad approvare o bocciare i referendum elettorali promossi dal Comitato per abrogare il «Porcellum» e tornare al precedente «Mattarellum», sostenuti da Arturo Parisi, Mario Segni, Antonio Di Pietro, appoggiati anche da Sel e Fli e boicottati dai grandi partiti di centrodestra e di centrosinistra. Dunque, poco graditi al Quirinale.

Le pressioni degli alti palazzi per la bocciatura sono fortissime: sia perché tutti vogliono conservare la legge porcata, varata dal governo Berlusconi nel 2005 e conservata finora con generale soddisfazione; sia perché si teme un effetto destabilizzante sull'inciucio che sostiene il governo Monti; sia ancora per il timore di regalare un altro successo a Di Pietro, bestia nera di tutti (Quirinale *in primis*), che potrebbe coalizzarsi con il suo amico Grillo e far saltare il banco. Il rischio, insomma, è che si ripeta il trionfo dei referendum contro il nucleare, la privatizzazione dei servizi idrici e il legittimo impedimento che hanno terremotato la politica nella primavera del 2011.

La camera di consiglio della Corte è prevista per l'11 gennaio. Ma già il giorno 5 il «Corriere della Sera» preannuncia un verdetto tutto politico:

> Non sarà una sentenza della Consulta a far saltare il clima di tregua in parlamento, non sarà la Corte a provocare fibrillazioni che metterebbero in difficoltà il governo di emergenza nazionale: in prossimità del verdetto sui referendum elettorali, istituzioni e partiti di «maggioranza» sono stati rassicurati sul fatto che i quesiti per abrogare il Porcellum verranno bocciati. Così le forze politiche contrarie ai referendum non sarebbero costrette a muoversi d'urgenza per cambiare la legge, con l'obiettivo di evitare la consultazione. Una corsa affannosa e contro il tempo alzerebbe il rischio di tensioni tra i partiti. Tensioni che si scaricherebbero sull'esecutivo. Con la bocciatura dei referendum, verrebbe quindi messo in sicurezza il sistema politico, non il sistema elettorale.

Secondo «la Repubblica», anch'essa molto informata, la Corte sarebbe spaccata in tre: 6 giudici pro referendum, 5 contro, 4 incerti. Fra i contrari figurerebbero i soliti Luigi Mazzella e Paolo Napolitano (noti per la famosa cena con Berlusconi e Alfano prima della decisione sul lodo Alfano), oltre a Paolo Grossi (nominato da Napolitano), a Giuseppe Frigo (indicato dal Pdl) e al presidente Quaranta (eletto dalla Corte dei conti e gradito al Pdl). Nessuna delle indiscrezioni dei due maggiori quotidiani italiani viene smentita dalla Consulta. Dunque, a una settimana dalla sentenza, alcuni settori di quello che dovrebbe essere il «giudice delle leggi» e il massimo presidio di legalità del paese fanno filtrare a due giornali filogovernativi, ai «partiti di maggioranza» e a imprecisate «istituzioni» i propri orientamenti (che dovrebbero restare segreti anche dopo la decisione in camera di consiglio, figurarsi prima). «La Repubblica» attribuisce le divisioni a questioni giuridiche (il presunto «vuoto legislativo» che seguirebbe all'abolizione del Porcellum, peraltro smentito dai promotori che vogliono resuscitare il precedente Mattarellum). Invece il «Corriere» – l'abbiamo visto – ne dà una lettura tutta politica. Come se spettasse alla Consulta «mettere in sicurezza il sistema politico» (manco fosse una fognatura da coibentare) o preoccuparsi della «tregua in parlamento» e del «governo di emergenza nazionale». E come se il referendum non fosse la più alta espressione di democrazia diretta, bensì un pericolo da «evitare» a ogni costo per scongiurare «tensioni tra i partiti» e «sull'esecutivo». Il tutto in barba ai 1.210.466 cittadini italiani che, nella torrida estate del 2011, hanno firmato i referendum, illudendosi di vivere in una democrazia.

Naturalmente gli oracoli si dimostrano ottimamente informati. Infatti il 12 gennaio la Consulta boccia i referendum elettorali, sostenendo che l'abrogazione del Porcellum non riporterebbe automaticamente in vita il Mattarellum, ma lascerebbe l'Italia orfana di una legge elettorale. Molti giuristi sostengono il contrario, ma fa niente. Ciò che conta è che la vecchia partitocrazia è salva: infatti esulta a una sola voce. Visibilmente sollevate, le tre massime cariche dello Stato – Napolitano, Schifani e Fini – diramano addirittura una dichiarazione congiunta, per sottolineare la solennità dell'evento:

> È comune convinzione che tocchi alle forze politiche e alle Camere assumere rapidamente iniziative di confronto concreto sui temi da affrontare e le soluzioni da concertare, assumendosi il compito di proporre e adottare modifiche della vigente legge elettorale secondo esigenze largamente avvertite dall'opinione pubblica.

I leader dei partiti si allineano come un sol uomo.

Bersani (Pd): «Adesso tocca al parlamento agire, da domani saremo impegnatissimi nel portare a buon fine il processo di riforma elettorale».

Frattini (Pdl): «Il messaggio che la politica deve raccogliere è un accordo solido e trasparente per una nuova legge elettorale rispettosa del diritto di scelta dei cittadini».

Casini (Udc): «Ora ci pensa il parlamento».

Maroni (Lega): «Cambiare la legge elettorale per non offendere il sentimento democratico dei cittadini».

Solo Di Pietro osa criticare la Consulta, convinto che il parlamento non cambierà mai il Porcellum. Ma viene trattato come il solito «eversore» e «antipolitico» da tutti gli altri, che si dicono impegnati pancia a terra nella Grande Riforma. Che, naturalmente, non si farà.

Bavaglio ai magistrati scomodi

Il 15 febbraio 2012 Napolitano torna a parlare al plenum del Csm, di cui è presidente. E a lanciare un bel monito ai partiti affinché approfittino del clima di larghe intese («un positivo mutamento dell'atmosfera per quel che riguarda disponibilità e reali possibilità di confronto costruttivo») per varare una serie di «scelte condivise». Anzitutto per mettere in riga i magistrati scomodi che osano parlare in dissenso dal pensiero unico. Tutti pensano subito al procuratore aggiunto di Palermo Antonio Ingroia, «reo» di indagare sulla trattativa Stato-mafia e anche di aver accettato di parlare di lotta alla mafia al congresso dei Comunisti italiani, dove si è definito financo «partigiano della Costituzione» e dunque è stato subito bacchettato da quasi tutti i partiti, ma anche dal vicepresidente e da vari consiglieri del Csm. Napolitano ricorda le «vicende delicate per il ruolo ricoperto dai magistrati che in esse erano coinvolti e per l'eco mediatica che le accompagnava» e deplora che

> a disorientare i cittadini contribuiscono – come da tempo rilevo – alcune tipologie di condotta che innescano periodicamente spirali polemiche e acuiscono molteplici tensioni. Mi riferisco in particolare alle esternazioni esorbitanti i criteri di misura, correttezza espositiva e riserbo.

Ma ce l'ha anche con «l'inserimento nei provvedimenti giudiziari di riferimenti non necessari ai fini della motivazione e che spesso coinvolgono terzi estranei; con l'assunzione quando inopportuna di incarichi politici e la riassunzione di funzioni giudiziarie dopo averli svolti o essersi dichiarati disposti a svolgerli. Condotte del genere possono incidere sulla immagine di terzietà che deve assistere ogni magistrato». A quali processi si riferisca, non è dato sapere. Ma il pensiero corre subito al caso Ruby e all'inchiesta sulla trattativa Stato-mafia, nella quale proprio in quei mesi – come si scoprirà tra breve – il Quirinale sta interferendo sottobanco ben oltre i suoi poteri. In ogni caso l'accusa di inserire «nei provvedimenti giudiziari riferimenti non necessari» che «coinvolgono terzi estranei» rimane sospesa per aria, generica e minacciosa.

Quanto alle «esternazioni» dei magistrati, più o meno «esorbitanti i criteri di misura», Napolitano sa bene che non sono vietate da alcuna norma, dunque non punibili, anzi legittime: la riforma della legge sull'ordinamento giudiziario varata da centrosinistra e centrodestra nel 2006 non le contempla fra gli illeciti disciplinari sanzionabili. Ma il presidente non si rassegna e invoca una nuova legge liberticida che escluda i magistrati dalla libertà di espressione sancita dall'articolo 21 della Costituzione:

> Molti dei comportamenti prima indicati sfuggono però alla sanzionabilità disciplinare per la rigida tipizzazione voluta dal legislatore del 2006 e non sono riconducibili neppure alla regolamentazione paradisciplinare del trasferimento di ufficio disposto in via amministrativa. È bene che da parte delle forze politiche di ciò si sia consapevoli e che a ciò – se si vuole – si ponga meditato rimedio.

Insomma occorre una legge per punire i magistrati che dicono cose sgradite ai politici, soprattutto a lui. Già che c'è, Napolitano ne approfitta per lanciare minacce neppur tanto velate al Consiglio di Stato, che ultimamente si è permesso di bocciare un certo numero di promozioni di magistrati decise dal Csm in base a lottizzazioni correntizie, dunque illegittime. Lo fa raccomandando al Csm di evitare nomine non professionali e spartitorie, ma anche invocando modifiche legislative per evitare ulteriori «intrusioni», cioè per tagliare le unghie alla giustizia amministrativa che per legge deve controllare la legittimità degli atti del Csm. Come se il Csm presieduto da Napolitano fosse al di sopra della legge e il Consiglio di Stato dovesse rassegnarsi al ruolo di passacarte. Ecco le parole testuali del capo dello Stato, che naturalmente non suscitano alcuna critica o polemica:

> Alle condivisibili affermazioni di principio debbono seguire – non escludendosi anche appositi interventi normativi – applicazioni coerenti da parte della giustizia amministrativa, tali da evitare un improprio sindacato che lede il potere decisionale del Consiglio superiore. È a tal fine anche opportuno che il Consiglio eviti di adottare deliberazioni ancorate a criteri troppo rigidi che determinino una sensibile attenuazione dell'esercizio del suo potere discrezionale.

Il Consiglio di Stato non s'impicci dunque nelle spartizioni «discrezionali» del Csm, perché se tenta di far rispettare la legge (lui la chiama «criteri troppo rigidi») si provvederà a impedirglielo con un'apposita riforma. Evviva la divisione dei poteri e lo Stato di diritto.

L'inciucio paga: Berlusconi e Dell'Utri salvi

Appoggiando il governo Monti e mettendosi a cuccia sotto il Quirinale per un po', Berlusconi si è (o è stato) convinto che questo gli converrà nella sua veste di imputato. E le stranezze che da allora in poi costellano il processo Mills e il processo Dell'Utri autorizzeranno il sospetto che il clima di «pacificazione» e di «larghe intese» imposto dal Colle abbia contagiato anche qualche alto magistrato.

Nel febbraio del 2012 il processo Mills è agli sgoccioli. Dopo infiniti rinvii, pare finalmente giunto il momento della sentenza.

Secondo l'accusa, confermata dalla Cassazione il 25 febbraio 2010 nel dibattimento separato a carico dell'avvocato inglese (prescrizione e condanna a risarcire la presidenza del Consiglio), questi fu corrotto nel 1999 dalla Fininvest con 600.000 dollari per mentire nell'interesse del Cavaliere quando fu sentito come teste, alla fine degli anni Novanta, nei processi Guardia di finanza e All Iberian. Per Berlusconi la prescrizione scatta con due anni di ritardo, nel febbraio del 2012, perché vanno recuperati tutti i legittimi impedimenti e i tempi morti dovuti ai vari «lodi» impunitari e incostituzionali. Dunque, ci sarà tempo soltanto per il verdetto di primo grado. Che comunque è importante, perché dovrà accertare se il Caimano sia un perseguitato dalla giustizia o un corruttore impenitente. Il 27 gennaio il processo è finito: concluse le requisitorie e le arringhe, manca solo la sentenza. Ma gli avvocati Ghedini e Longo giocano il tutto per tutto e bloccano il collegio giudicante sulla soglia della camera di consiglio con l'ennesima ricusazione. È un refrain visto e rivisto in tutti gli altri processi a Berlusconi: una mossa tanto ostruzionistica e dilatoria, quanto infondata e pretestuosa. In questi casi, non esistendo alcun presupposto per ritenere «prevenuti» i giudici, la Corte d'appello è solita respingere la richiesta dei legali in pochi giorni, dopodiché il dibattimento riprende speditamente. Ma questa volta la I sezione della Corte impiega quasi un mese per pronunciare un No tanto doveroso quanto scontato: lo fa soltanto il 23 febbraio, pur sapendo benissimo che il 15 scatta la prescrizione. O forse, chissà, proprio per questo. La sentenza arriva a processo morto: quando finalmente il tribunale la emette, il 25 febbraio, non gli rimane che prendere atto dell'estinzione del reato per «sopraggiunta prescrizione». Sopraggiunta quando? Esattamente dieci giorni prima, durante la melina dei giudici d'appello. Sopraggiunta perché?

La colpa di non aver scongiurato una, peraltro prevedibilissima, prescrizione non è soltanto della Corte d'appello. Da almeno un anno il pm Fabio De Pasquale si sgola con le tre giudici del tribunale – la presidente Francesca Vitale e le colleghe a latere Antonella Lai e Caterina Interlandi – che occorre sbrigarsi. Come? Fissando, concordandole con la difesa, un maggior numero di udienze. Ma invano. Anzi, la presidente del Tribunale di Milano Livia Pomodoro (ex dirigente del ministero della Giustizia ai tempi di Conso e D'Ambrosio) si è accordata con i legali di Berlusconi per tenere le udienze di questo e degli altri processi al Cavaliere soltanto di lunedì. Con il risultato che il processo Mills avanza a passo di lumaca, al ritmo di un lunedì al mese. E nemmeno sempre. Dal 23 marzo 2011 si slitta al 9 maggio, poi al 23 maggio, poi più nulla fino al 18 giugno. E di lì al 18 luglio e poi al 19 settembre. Sei udienze in appena sei mesi. L'ultima con l'imputato in veste di premier è il 24 ottobre. Poi, a novembre, le sue dimissioni. Intanto, per arrivare in fondo in tempo utile, il collegio ha «tagliato» una serie di testimoni ritenuti superflui, *in extremis*, fra le proteste dei difensori del Caimano. Sembra un'accelerazione, ma a fine anno – quando l'imputato non può più accampare impedimenti istituzionali perché non è più premier – il tribunale torna incredibilmente a rilassarsi. Rallenta proprio sul traguardo, tra dicembre e gennaio.

Il pm tenta di spostare la prescrizione a luglio 2012, calcolando tutto il tempo perduto. Ma le giudici la fissano inderogabilmente al 15 febbraio. Il tempo per arrivare a sentenza comunque c'è. Ma qui interviene, con l'inspiegabile ritardo nel respingere la ricusazione, la Corte d'appello presieduta da Giovanni Canzio (che ha trascorso una vita a Roma, in Cassazione).

Il 14 maggio la presidente Francesca Vitale, firma da sola le motivazioni e le deposita senz'avvertire le colleghe Lai e Interlandi. E scrive che, anche senza la prescrizione, Berlusconi non sarebbe stato ugualmente condannato perché la lettera-confessione di Mills al suo commercialista (in cui ammetteva di essere stato pagato per «salvare Mr B da un mare di guai»), pur utilizzabile nei confronti dell'avvocato inglese, sarebbe stata inutilizzabile – in base a una tortuosa interpretazione giuridica – contro il Cavaliere.

Il clima, nel collegio giudicante, è rovente da mesi. Tant'è che – come si scoprirà a processo finito – già nell'autunno del

2011 una delle due giudici a latere (non si sa quale) ha depositato nella cassaforte della Cancelleria del tribunale una busta sigillata con il suo dissenso a proposito di un'ordinanza – decisa a maggioranza dalle altre due colleghe – destinata a rallentare ulteriormente il dibattimento. Quella della «busta», rarissima ancorché prevista dalla legge, è una scelta che può compiere un giudice finito in minoranza per mettere nero su bianco di non aver condiviso una decisione della maggioranza del collegio, per tutelarsi da eventuali richieste di danni in base alle norme sulla responsabilità civile dei magistrati. La busta poi resta chiusa, salvo appunto che il magistrato non debba usarla per difendersi da una richiesta di danni.

La Procura generale di Milano, sconcertata dalla condotta della Vitale e dei giudici d'appello, reagisce. Il procuratore generale Manlio Minale, dopo il deposito delle motivazioni, scrive due lettere molto dure al presidente della Corte d'appello Giovanni Canzio, per chiedergli di esercitare i suoi «poteri di sorveglianza» contro chi ha favorito l'eutanasia del processo: causata dalla «inadeguatezza del calendario» delle udienze deciso dal tribunale, dalla «ingiustificata disattenzione» agli allarmi lanciati dal pm De Pasquale e dal ritardo della Corte nel respingere la ricusazione dilatoria. Una scelta, quest'ultima, su cui Minale esprime «disagio».

Il pg chiede a Canzio di stigmatizzare alcuni passaggi della sentenza Vitale, che addirittura censura «le inopportune e reiterate sollecitazioni del pm sul calendario» e, per la prescrizione, si autoassolve («il collegio è estraneo»), accusando invece «la lunghezza delle indagini» della procura (durate i canonici diciotto mesi) e la decisione della collega Nicoletta Gandus di separare il processo a Mills da quello a Berlusconi dopo il «lodo» Alfano. Al contrario, secondo il pg, a pesare è stata soprattutto la lentezza del tribunale, con l'assurda «regola del lunedì». Il presidente Canzio, però, risponde che non è opportuno prendere provvedimenti in relazione a una sentenza che può ancora essere impugnata in appello (cosa che non avverrà, visto che la prescrizione impedisce di celebrare il secondo grado di giudizio).

E la faccenda muore lì, a parte un procedimento disciplinare aperto dal Csm contro la Vitale – su denuncia di Canzio – per le sue critiche alla Gandus che, con ben altro piglio, ha condotto il parallelo processo a Mills, scongiurandone la prescrizione e arrivando alla condanna, almeno nei primi due gradi di giudizio.

Il risultato comunque è chiaro: Berlusconi l'ha fatta franca. E può gabellare la prescrizione per un'assoluzione, ripartendo all'attacco della Procura di Milano.

Pochi giorni dopo, il 9 marzo, Marcello Dell'Utri rischia il carcere: basta che la Cassazione confermi la sua condanna in appello a sette anni per concorso esterno in associazione mafiosa. Infatti, per precauzione, alla vigilia della sentenza vola a Santo Domingo, dove ha appena acquistato una villa con l'aiuto di Berlusconi. Il primo presidente della Corte, Ernesto Lupo (futuro consigliere giuridico di Napolitano), assegna il processo alla V sezione penale in base alle «tabelle» prefissate. Il presidente è Aldo Grassi, un giudice finito sui giornali negli anni Novanta per le sue conversazioni con il collega Corrado Carnevale, meglio noto come l'«Ammazzasentenze» che si divertiva a insultare Falcone e Borsellino; e per un'ispezione ministeriale e una pratica di trasferimento da Catania (poi archiviate dal Csm) per la sua presunta timidezza nei confronti dei cavalieri del lavoro catanesi Costanzo e Rendo, sospettati di mafiosità.

La tempistica dell'assegnazione è particolarmente lenta e macchinosa: caso strano, visto che il processo finirà in prescrizione nel giugno 2015. Eventualità tutt'altro che remota, se la Cassazione decidesse di annullare la sentenza di secondo grado con rinvio a un nuovo appello. E la Corte ha il dovere di scongiurare le prescrizioni. Le motivazioni del verdetto di secondo grado sono state depositate nel novembre 2010. Nel gennaio 2011 il pg di Palermo Nino Gatto ha presentato ricorso in Cassazione contro la parte della sentenza che assolve Dell'Utri per il periodo post 1992. E così han fatto i difensori dell'imputato, contro la condanna per il periodo pre 1992. A fine febbraio il fascicolo è giunto all'ufficio per l'attribuzione dei ricorsi della Cassazione. A marzo la causa è stata assegnata alla V sezione. In quel periodo però il presidente Grassi è assente per malattia e la sezione è guidata dal reggente Renato Calabrese. Dunque deve essere lui a presiedere il collegio. Ma quel che accade dopo sembra fatto apposta – con tutte le carte a posto, per carità – perché a occuparsi del caso sia Grassi, nel frattempo rientrato in servizio. Il processo Dell'Utri viene «covato» al Palazzaccio per quasi un anno e poi fissato addirittura al 9 marzo 2012, quando Calabrese è stato appena «collocato anticipatamente a riposo», cioè in pensione (il 12 gennaio). Risultato: la presidenza del collegio viene riassunta da Grassi.

Quando «il Fatto» segnala l'iter altamente sospetto del processo, la presidenza della Cassazione replica che non c'è alcun «torbido mistero nell'assegnazione e nella fissazione» del caso Dell'Utri, contraddistinte anzi da «trasparenza e correttezza delle procedure». E bolla come «inaccettabile» l'insinuazione di «strani ritardi», visto che tutto è avvenuto «nel rispetto dei criteri tabellari, oggettivi e predeterminati sin dal 2010; tali criteri prevedevano la competenza della V sezione penale per tutti i procedimenti relativi a reati di criminalità organizzata pervenuti dal primo gennaio al 31 marzo del 2011». Però il vertice della Corte non può non confermare che «il presidente Renato Calabrese, designato come reggente della sezione» durante l'assenza di Grassi,

> si limitò a fissare i ricorsi urgenti sopravvenuti, sicché il processo Dell'Utri venne poi fissato dal titolare della sezione, rientrato in servizio nella seconda metà di aprile 2011. Detto processo, tenuto conto dei collegi predeterminati, dei ruoli di udienza disponibili e della complessità dei vari procedimenti, fu fissato per l'udienza del 9 marzo 2012, dinanzi a un collegio presieduto dal presidente Calabrese, nel rispetto dei criteri predeterminati per l'assegnazione dei ricorsi. A seguito dell'anticipato collocamento a riposo del presidente Calabrese, avvenuto il 12 gennaio scorso – conclude la Cassazione – la presidenza del collegio del 9 marzo 2012 è stata assunta dal presidente titolare della sezione, Aldo Grassi.

Non basta. Il procuratore generale Vitaliano Esposito (lo stesso del caso Napolitano-Mancino) designa come pubblico ministero il sostituto Francesco Mauro Iacoviello, che ha sempre fatto il pm a Ravenna, dunque in quella procura non s'è mai occupato di mafia siciliana. Ed è uno dei pochissimi magistrati italiani ad aver dichiarato in più occasioni – processi e pubblicazioni giuridiche – di non credere al reato di concorso esterno in associazione mafiosa. Possibile che debba essere proprio lui a sostenere l'accusa (si fa per dire) nel processo a Dell'Utri condannato per concorso in associazione mafiosa? L'uomo giusto al posto giusto...

Infatti, nella sua requisitoria, che somiglia tanto a un'arringa, Iacoviello chiede l'annullamento con rinvio della sentenza di condanna. E non si limita a criticarne le motivazioni. Ma, prendendo in contropiede persino i difensori di Dell'Utri, si lancia in una sprezzante lezione di diritto ai pm di Palermo che hanno indagato sul senatore berlusconiano e ai vari giudici che l'hanno rinviato a giudizio e condannato in primo e secondo grado. E conclude – dopo aver commesso alcuni marchiani errori di fatto (per esempio accusa i giudici d'appello di aver ignorato la sentenza della Cassazione sul caso Mannino, citata invece ripetutamente nel verdetto) – che ormai il concorso esterno in associazione mafiosa «è un reato a cui non crede più nessuno». Forse ignora che le sezioni unite della Cassazione ne hanno confermato l'esistenza nei processi Carnevale e Mannino, precisandone meglio i contorni; e che varie sezioni ordinarie della Suprema corte hanno condannato decine tra politici e colletti bianchi proprio per quel delitto.

Alla fine, il 9 marzo, la V sezione annulla con rinvio la condanna di Dell'Utri. Ma non in base al teorema Iacoviello: bensì perché ritiene provata la mafiosità del senatore dai primi anni Settanta al 1977 e dal 1982 al 1992, ma non nel quinquennio intermedio (quando Dell'Utri, lasciato per un po' il gruppo Berlusconi, andò a lavorare per un altro amico dei mafiosi: Filippo Alberto Rapisarda). Su quel lasso di tempo, le motivazioni dell'appello sarebbero lacunose e contraddittorie e vanno riformulate in un nuovo processo di secondo grado (che nel 2013 confermerà la condanna di Dell'Utri a sette anni).

Per il braccio destro del Cavaliere è un bel sollievo: infatti rientra da Santo Domingo e torna libero in Italia, anzi in parlamento.

Se questa non è una doppia tregua processuale per Berlusconi e per il suo compare, ci somiglia molto.

Fornero, salva-Ilva e altre vergogne

A proposito della democrazia italiana che, lungi dall'essere sospesa, gode ottima salute, il governo Monti parte subito in quarta con una raffica di decreti legge, pomposamente definiti salva Italia, semplifica Italia, liberalizza Italia, cresci Italia, che accollano costi della crisi finanziaria ai contribuenti onesti, ai lavoratori e ai pensionati, regalando miliardi a palate alle banche e senza fare neppure il solletico ai grandi capitali, agli speculatori finanziari, agli evasori, ai corrotti e alla malavita organizzata. Per giunta le Camere sono del tutto esautorate, visto che non ci sono risorse per approvare leggi di iniziativa parlamentare: restano aperte per poche ore alla settimana, e solo per convertire in legge i decreti del governo. Che, per soprammercato, pone ogni volta la questione di fiducia, strozzando il dibattito e spegnendo gli eventuali dissensi, nel timore che i partiti della maggioranza – la più ampia mai vista nella storia repubblicana – facciano qualche scherzetto.

Particolarmente scandaloso sarà il decreto salva-Ilva del ministro dell'Ambiente Corrado Clini, scritto su misura per consentire alla famiglia Riva – proprietaria degli stabilimenti inquinanti di Taranto e appena arrestata in blocco per la morte di centinaia di persone e inquisita a Milano per una megafrode fiscale di 2 miliardi – di continuare a produrre dagli impianti-killer. Il decreto segue quello del 2010, il Berlusconi-Prestigiacomo, che alzava le soglie di benzo(a)pirene. E precede quello del 2013, il Letta-Orlando, che favorirà un'altra volta i Riva con la nomina a commissario dell'Ilva del loro ex consulente Enrico Bondi. Tre decreti vergogna, tutti firmati senza fiatare da Napolitano.

Un altro esempio fra i tanti. Il 21 marzo 2012 approda alla Camera il decreto sulle liberalizzazioni, con la solita procedura d'urgenza «prendere o lasciare»: testo blindato dalla consueta fiducia, la dodicesima in tre mesi. Problema: manca la copertura finanziaria per ben cinque norme del provvedimento, lo dice la Ragioneria dello Stato. Il rappresentante del governo, il sottosegretario-gaffeur all'Economia, Gianfranco Polillo, sostiene che «la copertura non può essere quantificata in anticipo»: se fosse così, tutte le leggi passerebbero al buio. Ma non c'è nemmeno il tempo di discutere: si vota e basta, a scatola chiusa. Il presidente della Camera, Fini, protesta per «l'insensibilità del governo» (e meno male che c'è: Schifani ha già fatto sapere che lui vorrebbe solo decreti). Il Quirinale «si riserva di compiere gli opportuni passi per un chiarimento, anche in termini più generali». La solita supercazzola. Del resto, nei giorni precedenti, Napolitano ha invitato i gruppi parlamentari a evitare fastidiosi emendamenti al decreto Milleproroghe. A che serve allora il parlamento, in una democrazia parlamentare? A ratificare senza fiatare i decreti del governo?

L'andazzo prosegue con la legge Fornero sul lavoro, cioè con la controriforma dell'articolo 18 dello Statuto dei lavoratori. Il governo promette che stavolta non sarà il solito decreto blindato, ma un disegno di legge. Però Monti fa sapere: «Sulla riforma non accetto incursioni in parlamento» (così lui chiama gli emendamenti). Sennò – minaccia la Fornero – «potremmo non restare» e far cadere il governo. Cioè: il disegno di legge è come se fosse un decreto, calato dall'alto direttamente dallo Spirito santo. Nel testo si legge la formula «salvo intese», che farebbe pensare a qualche spazio di dialogo con il parlamento. Invece no, Monti precisa che la clausola sottintende le «intese fra governo e Quirinale». E le Camere? Un optional.

Non è la prima volta che Monti mente al parlamento. Presentando il suo governo al Senato il 17 novembre 2011, aveva giurato: «Non verranno modificati i rapporti di lavoro regolari e stabiliti in essere». Ora l'altra controriforma Fornero, quella del sistema previdenziale, rinvia la pensione a oltre 350.000 «esodati», cioè lavoratori che avevano accettato l'uscita incentivata dal mondo del lavoro in base ad accordi con le loro aziende garantiti dal governo in base alla legge pensionistica esistente. Quindi modifica i rapporti di lavoro regolari e stabiliti in essere. Fra l'altro, per pagare il sussidio a 350.000 persone, occorrono miliardi che il governo non sa né come né dove trovare. È la prova che anche il decreto salva Italia è stato approvato senza copertura finanziaria. Roba che neanche ai tempi di Cirino Pomicino, di cui pure Monti fu un valido collaboratore.

Ma Napolitano continua a coprire il governo e a muoversi come se il vero premier fosse lui. Il 20 febbraio, per esempio, in visita a Cagliari ha invocato «un Welfare diverso» in perfetta sintonia con gli attacchi del duo Monti-Fornero allo stato sociale. Poi, bersagliato dagli slogan dei manifestanti, al grido di «via il governo dei banchieri», si è subito offeso come se il governo fosse il suo e ha contestato i contestatori: «Non rappresento né le banche né il capitale finanziario, come qualcuno umoristicamente crede o grida».

Bei tempi quando i presidenti della Repubblica almeno respingevano le leggi e i decreti finanziariamente scoperti, in base all'articolo 81 della Costituzione («Ogni altra legge che importi nuove o maggiori spese deve indicare i mezzi per farvi fronte»). Invece Napolitano, come sempre, firma tutto. E sul «nuovo» articolo 18 che spalanca le porte ai licenziamenti discriminatori camuffati con ragioni economiche, dichiara: «La riforma aiuta la crescita», ma «devo ancora approfondire il tema». Poi però aggiunge che la «riforma è ineludibile per adeguarsi alla legislazione dell'Europa». E pazienza se in Germania ogni lavoratore licenziato, con qualunque motivazione, può appellarsi al giudice, il quale può decidere sempre fra il suo indennizzo e il suo reintegro. In Italia, invece, non più.

A fine della XVI legislatura i decreti del governo Monti saranno 41 e i voti di fiducia 51 (in un anno), contro gli 80 decreti e le 53 fiducie del Berlusconi-3 (in tre anni e mezzo). Così alla fine del quinquennio, Napolitano avrà firmato 121 decreti, più i 47 della legislatura breve con il governo Prodi-2 (dal 2006 al 2008): 168 in tutto, nei sette anni del suo primo mandato.

«Non votate Grillo»

Il 25 aprile 2012 il presidente della Repubblica commemora la Liberazione dell'Italia dal nazifascismo in piazza del Popolo a Pesaro. La politica è al punto più basso della sua già tenue credibilità, tra lo scandalo del tesoriere della Margherita, Luigi Lusi, fuggito con la cassa di un partito morto, e quelli dei rimborsi pubblici rubati da interi consigli regionali e comunali. E mancano appena due settimane alle elezioni amministrative che potrebbero certificare il tracollo del sistema.

Napolitano coglie l'occasione per fare un po' di campagna elettorale per la maggioranza che sostiene il suo governo (cioè quello di Monti), con un monito a difesa dei vecchi partiti e un anatema contro Beppe Grillo, il cui MoVimento 5 Stelle è in grande ascesa nei sondaggi: «Ci si fermi a ricordare e a riflettere – dice – prima di scagliarsi contro la politica». La solita geremiade contro l'«antipolitica», che stavolta suona ancor più stravagante del solito: nessuno, infatti, è mai riuscito a delegittimare i partiti e la politica quanto Napolitano, che ha promosso un tecnocrate come Monti, mai eletto da nessuno, prima senatore a vita e poi capo di un governo tecnico con una sola caratteristica: escludere tutti gli eletti dal popolo. Sì, è vero, ammette il presidente: negli ultimi anni i partiti, per «stanchezze» e «degenerazioni», hanno «mostrato i propri limiti» e «compiuto errori». Ma «rifiutarli in quanto tali dove mai può portare? I partiti sono insostituibili», anche se devono impegnarsi «a estirpare il marcio e a ritrovare slancio ideale, tensione morale, capacità nuova di proposta e di governo». E naturalmente devono abbracciarsi tutti insieme, «come nel 1945» (che non c'entra nulla con la situazione attuale).

Poi si spoglia ancora una volta del ruolo di arbitro imparziale e lancia un preciso avvertimento agli elettori: «Non ci si abbandoni a una cieca sfiducia nei partiti – come se nessun rinnovamento fosse possibile – che finisce per dare fiato a qualche demagogo di turno». E chi è il demagogo di turno? Ma Grillo, naturalmente, che sta mobilitando le piazze di piccoli e grandi comuni di tutta Italia in vista delle amministrative. Napolitano va anche oltre e paragona il MoVimento 5 Stelle all'Uomo qualunque di Guglielmo Giannini:

> Vedete, la campagna contro i partiti, tutti in blocco, contro i partiti come tali, cominciò prestissimo dopo che essi rinacquero con la caduta del fascismo: e il demagogo di turno fu allora il fondatore del movimento dell'Uomo qualunque, un movimento che divenne naturalmente anch'esso un partito, e poi in breve tempo sparì senza lasciare alcuna traccia positiva per la politica e per il paese.

Questo è ciò che il capo dello Stato, con un'entrata a gamba tesa in campagna elettorale senza precedenti nella storia della Repubblica italiana, auspica per le imminenti elezioni. I vecchi partiti esultano come un sol uomo e si sentono autorizzati alla caccia al Grillo. Persino una persona ammodo come Guido Crosetto del Pdl dà i numeri e paragona Grillo al «fascismo», anzi al «razzismo», anzi al «nazifascismo», anzi a «Goebbels» in persona. Grillo replica che, se Napolitano difende i partiti, allora è «il presidente dei partiti». E invoca una nuova Resistenza con nuovi partigiani. Parrebbe logica pura, ma non per Bersani, che parla di «insulto» e diffida minaccioso l'ex comico, reo di leso monito: «Grillo non si permetta di insultare Napolitano, non si arrischi a dire cosa direbbero i partigiani se tornassero: loro saprebbero cosa dire dell'Uomo qualunque».

In realtà, quella di Bersani è una difesa d'ufficio più «spintanea» che spontanea. Come rivela «Il Foglio», «nel Pd raccontano che il segretario sia sempre più insofferente per l'interventismo del capo dello Stato. Ogniqualvolta il leader del Pd tenta di smarcarsi dal governo o dagli alleati, il presidente lo riprende e lo bacchetta. È capitato anche di recente. Dicono che sia accaduto sulle questioni della Rai e sulla giustizia». Così il Pd continua a pagare spaventosi tributi di sangue a quello che ormai si considera il suo unico, vero leader: Napolitano. Che però fa guadagnare voti alla concorrenza.

Boom? Quale boom?

Alle elezioni amministrative, incuranti del monito presidenziale, gli italiani premiano il MoVimento 5 Stelle, che balza dall'1-2 all'8 per cento su scala nazionale. E alle comunali di Parma sorpassa il Pdl che ha ridotto la città alla bancarotta, mandando al ballottaggio contro il Pd il suo candidato Federico Pizzarotti. Napolitano non la prende bene. Ai giornalisti che gli chiedono un commento sul boom di Grillo, l'8 maggio replica furente: «Di boom ricordo quello degli anni Sessanta, altri non ne vedo». Anzi, non li vuole proprio vedere: «Le amministrative sono un test piuttosto circoscritto». Ma sì, dài, non è successo niente.

Il fatto è che ormai, all'incontinente presidente, scappa di monitare un giorno sì e l'altro pure. Negli ultimi due mesi (aprile e maggio) è riuscito a farlo sulla politica, sui partiti («non sono il regno del male, non vanno demonizzati», «sono indispensabili»), sui soliti magistrati, su Benigno Zaccagnini, sul semipresidenzialismo, sulle Fosse ardeatine, sulla Protezione civile, sulle risorse per il territorio, contro il web caro ai 5 Stelle («nemmeno la rete può condurre direttamente al luogo delle decisioni politiche»), sul paesaggio come ricchezza nazionale, e persino sull'America's Cup di vela a Napoli. Irrefrenabile.

Un sobrio 2 giugno

Il boom dei 5 Stelle Napolitano l'ha sentito eccome. Infatti, nel tentativo di arginare il vento della protesta anti-Casta, prende subito le contromisure. Il 2 giugno, per quella che tutti pensano sia l'ultima sua festa della Repubblica da capo dello Stato, corre ai ripari: per amore di popolarità o per timore di impopolarità, conferma il tradizionale ricevimento della vigilia nei giardini del Quirinale con duemila invitati e poi la classica parata militare ai Fori imperiali, ma ne annuncia una versione «austera» e «sobria». Sarà, ma gli ospiti del banchetto sono più di 2000, con 200 camerieri e 5000 bottiglie di vino. Spesa stimata di 300.000 euro.

Alla fine, una nota ufficiale del Colle recita testualmente: «La composizione del buffet definitivamente offerto ai partecipanti al ricevimento è stata la seguente: crostini, canapés, panini, focaccine, formaggi (mozzarelle e ricotta del coordinamento Libera, provola, parmigiano), cous-cous di verdure di Libera, frutta, bevande (vini di Libera, prosecco, succhi di frutta, acqua minerale)». Di Pietro, che ha disertato per protesta, denuncia «la sagra degli sprechi». Napolitano non si tiene e replica: «Non sa che cosa dice».

Autorità incompetenti e dipendenti

Nell'estate del 2012, a dimostrazione del fatto che il governo tecnico è la prosecuzione di quelli politici con gli stessi mezzi, i partiti si spartiscono le cosiddette «autorità indipendenti».

Al garante della privacy va l'onorevole dermatologo Antonello Soro (Pd) con i gradi di presidente, accompagnato dalla docente di diritto costituzionale Licia Califano (area Pd); dal magistrato Augusta Iannini, moglie di Bruno Vespa di cui dovrà sanzionare eventuali violazioni durante *Porta a Porta* (area Pdl); dall'ex onorevole ed ex consigliere d'amministrazione della Rai Giovanna Bianchi Clerici, giornalista e laureata in Lingue e civiltà orientali (Lega Nord). Ora, il Codice della privacy impone che a comporre l'Autorità garante siano «persone che assicurano indipendenza e che sono esperti di riconosciuta competenza delle materie del diritto o dell'informatica, garantendo la presenza di entrambe le qualificazioni». Non è questo il caso di nessuno dei nuovi componenti, le cui nomine sono dunque illegittime.

All'Autorità garante per le comunicazioni (Agcom), Monti sceglie come presidente un docente bocconiano, suo ex collaboratore alla Commissione europea: Angelo Marcello Cardani. Che sarà affiancato dai soliti lottizzati. Due del Pdl: il riconfermato Antonio Martusciello, ex dirigente Fininvest, ex deputato e sottosegretario berlusconiano; e Antonio Preto, ex capo di gabinetto del forzista Antonio Tajani, nonché consulente e coautore dei libri di Renato Brunetta. Uno del Pd: il dalemiano Maurizio Decina, docente al Politecnico di Milano, già membro dei cda di società sottoposte alla vigilanza dell'Agcom come Telecom, Italtel e Tiscali. E uno dell'Udc: Francesco Posteraro, funzionario parlamentare, vicesegretario della Camera, con un curriculum totalmente privo del benché minimo riferimento alle comunicazioni (a parte avere un figlio giornalista), ma in compenso amico di Casini. Nemmeno uno dei suddetti commissari può vantare contemporaneamente i requisiti di competenza e indipendenza previsti dalla legge: anche le loro nomine sono dunque illegittime.

Del nuovo presidente dell'Autorità garante della concorrenza (Antitrust) abbiamo già detto. È lo schifaniano Pitruzzella, affiancato da commissari lì presenti da anni: Piero Barucci (dal 2007), Carla Bedogni Rabitti (dal 2007) e Salvatore Rebecchini (dal 2009).

Per fortuna l'ultima parola spetta per legge a Napolitano, visto che i membri delle Authority sono nominati con decreto del presidente della Repubblica. A lui infatti vari giuristi e associazioni della società civile si appellano perché non firmi il decreto di nomina inviatogli dal parlamento per l'Agcom e la Privacy. Anche perché, se firmasse, potrebbe essere presto coinvolto in una ridda di ricorsi al Tar delle decine di cittadini che avevano presentato i loro curriculum per l'Agcom e se li sono visti cestinare, a vantaggio dei soliti amici degli amici. Napolitano potrebbe consigliarsi con il figlio primogenito Giovanni, che dirige proprio il settore «conflitti d'interessi» dell'Antitrust. Invece, dopo qualche giorno di attesa, Napolitano appone la sua augusta firma anche su questa grande abbuffata.

Ora e sempre amnistia

Il 27 settembre 2012, per Silvio Berlusconi è una bella giornata. Napolitano chiede ufficialmente al parlamento di approvare alla svelta «proposte volte a incidere sulle cause strutturali della degenerazione dello stato delle carceri». E fin qui niente da dire, visto che il numero dei detenuti sfiora ormai quota 70.000 su 45.000 posti cella dichiarati. Poi però il capo dello Stato suggerisce «l'introduzione di pene alternative alla prigione» ed evoca «un possibile speciale ricorso a misure di clemenza», addirittura auspicando la riforma «dell'articolo 79 della Costituzione che a ciò oppone così rilevanti ostacoli» perché prevede per amnistia e indulto la maggioranza dei due terzi. E questa è una solenne sciocchezza: l'amnistia e/o l'indulto non incidono affatto sulle «cause strutturali» dell'affollamento delle carceri, visto che intervengono sulla popolazione già detenuta, mandandone fuori una parte con l'estinzione dei reati (amnistia) o delle pene (indulto).

Le cause strutturali sono, *a monte*, le leggi che producono troppi detenuti (non in assoluto, visto che l'Italia ne ha 112 ogni 100.000 abitanti, contro i 127 della media europea; ma in rapporto ai posti cella). E, *a valle*, la penuria di carceri e la vetustà di quelle esistenti, con decine di penitenziari e reparti chiusi perché impraticabili o per le solite lungaggini burocratiche. Ma non si ricordano moniti del Quirinale né per la costruzione di nuove carceri né per l'abrogazione delle leggi riempicarceri: dall'ex Cirielli sui recidivi, alla Fini-Giovanardi sulle droghe, ai vari «pacchetti sicurezza» del terzo governo Berlusconi, come quello del 2009 che introdusse il reato di clandestinità e porta in calce la firma di Napolitano. Così come l'indulto svuotacarceri del 2006, che si rivelò del tutto inutile proprio perché gli annunciati interventi «strutturali» non vennero e nel giro di un anno le celle si riempirono come prima e più di prima. Ancora una volta il Quirinale si rende complice dei partiti, che usano da sempre l'emergenza carceri per giustificare amnistie e indulti con il pretesto di sfollare i detenuti, e intanto salvare periodicamente i membri della Casta e i loro compari.

Toh, la corruzione

Il 25 settembre, in occasione dell'apertura dell'anno scolastico, il presidente della Repubblica cade un'altra volta dal pero, dinanzi ai nuovi scandali che dilagano in quasi tutti i consigli regionali d'Italia, dalla Lombardia del governatore Roberto Formigoni, accusato di enormi corruzioni nel settore della sanità; al Lazio, dove il capogruppo del Pdl Franco Fiorito detto «Er Batman» è accusato di avere svaligiato la cassa dei «rimborsi» del gruppo.

Come se fosse vissuto sulla luna fino al giorno prima, Napolitano si meraviglia molto per i recenti «fenomeni di corruzione, vergognosi e inimmaginabili». E, con notevole contraddizione logica, si stupisce perché il parlamento non si decide ad approvare una seria legge anticorruzione. In verità le Camere stanno discutendo un pacchetto normativo della ministra Paola Severino che si chiama proprio così: «Anticorruzione». Ma è quasi soltanto fumo negli occhi. Anziché scoraggiare le tangenti, infatti, rischia addirittura di incentivarle, posto che: diminuisce le pene e accorcia la prescrizione della «concussione per induzione» (il reato per cui sono imputati Berlusconi nel processo Ruby e l'ex capo della segreteria di Bersani, Filippo Penati, per le mazzette incassate a Sesto San Giovanni); non ripristina il reato di falso in bilancio; e non recepisce le convenzioni internazionali sul reato di autoriciclaggio. Se le norme più blande sulla concussione sono un parto congiunto Pdl-Pd, le resistenze su falso in bilancio e autoriciclaggio sono tutte targate Berlusconi. Per un motivo elementare: il suo conflitto d'interessi con la giustizia. Ma, anziché chiamarlo direttamente in causa, magari facendo autocritica per averlo resuscitato e promosso azionista di maggioranza del governo Monti, Napolitano finge di non vedere le cause – stavolta sì – strutturali degli scandali e dello svuotamento della legge che dovrebbe prevenirli.

Il 5 ottobre il presidente sale in pellegrinaggio ad Assisi, un tempo patria dei poverelli di san Francesco e ora viavai di sottane cardinalizie, loden di tecnici e blazer di banchieri. E lancia un appassionato monito ai partiti, cioè ai principali responsabili del malaffare dilagante, come se fossero organi sani e capaci di autorigenerarsi: «Serve una ripresa di slancio ideale e senso morale» contro la «inadeguatezza del quadro politico a offrire punti di riferimento e prospettive» e una «convergenza di iniziative» contro i «fenomeni di degrado del costume». Parole che suonano vagamente stonate, in bocca a un uomo che di quella classe politica fa parte da sessant'anni ed è riuscito persino a litigare con Berlinguer sulla «questione morale»; e poi a legare il suo nome a quelli di Bettino Craxi e di Silvio Berlusconi. E ora salmodia ad Assisi con il cardinale Ravasi e il ministro-banchiere Corrado Passera, all'epoca indagato per frode fiscale senza che nessuno chieda le sue dimissioni. E allora «slancio ideale e senso morale» da chi?

Toh, i terremotati

Sempre con l'aria dell'extraterrestre appena atterrato, il 7 ottobre Napolitano si reca in visita all'Aquila tre anni e mezzo dopo il terremoto. E, con la rapidità di un treno accelerato degli anni Cinquanta, monita: «Basta *new town*, è ora di ricostruire la città». Come se le *new town* fossero state costruite a sua insaputa. Chissà dov'era il capo dello Stato mentre il premier Berlusconi, nel 2009-2010, buttava 1,1 miliardi di euro della collettività per edificare gli obbrobri del «progetto C.A.S.E.» e li inaugurava con Bruno Vespa a favore di telecamera. O quando i terremotati andavano a protestare a Roma ignorati dal Tg1, dal governo e dal Colle. O ancora quando, stufi di attendere la Protezione civile, si armavano di pale e carriole per rimuovere le macerie dal centro storico e venivano addirittura denunciati per «manifestazione elettorale non autorizzata» dal prefetto Franco Gabrielli, poi promosso da Berlusconi a capo della Protezione civile al posto di Bertolaso, e confermato da Monti.

Eppure bastava leggere alcuni giornali o seguire alcuni programmi tv, che raccontarono fin da subito la finzione della «ricostruzione». Oppure vedere il film *Draquila* di Sabina Guzzanti, presentato e applaudito al Festival del cinema di Cannes col sabotaggio dell'allora ministro della Cultura Sandro Bondi. Chissà dov'era, allora, Napolitano. In ogni caso, meglio tardi che mai. Benvenuto sulla terraferma. E complimenti per i riflessi pronti.

Romanzo Quirinale
(2011-2012)

Il 13 giugno 2012 la Procura di Palermo conclude la sua indagine sulla trattativa fra Stato e mafia e deposita 120 faldoni di atti a disposizione degli avvocati dei dodici indagati. Sei per la mafia: i boss Salvatore Riina, Bernardo Provenzano, Leoluca Bagarella e Giovanni Brusca, il medico mafioso Antonino Cinà e il figlio di Vito Ciancimino, Massimo. E sei per lo Stato: gli ex ufficiali del Ros dei carabinieri Antonio Subranni, Mario Mori e Giuseppe De Donno, gli ex ministri democristiani Calogero Mannino e Nicola Mancino, e il senatore berlusconiano Marcello Dell'Utri. I pm Antonio Ingroia, Nino Di Matteo, Lia Sava, Francesco Del Bene e Roberto Tartaglia li accusano tutti di «violenza o minaccia a corpo dello Stato» (cioè di aver ricattato i governi Amato, Ciampi e Berlusconi con le bombe e con le trattative); tranne Mancino, che risponde «soltanto» di falsa testimonianza. L'ex ministro Giovanni Conso, l'ex onorevole democristiano e ora berlusconiano Giuseppe Gargani e l'ex capo del Dipartimento amministrazione penitenziaria (Dap) Adalberto Capriotti, che rispondono di false dichiarazioni al pm, vengono «stralciati» per essere processati al termine del giudizio principale, come vuole un'assurda legge del 1995. Le difese hanno venti giorni di tempo per chiedere nuove indagini e interrogatori, dopodiché la procura trarrà le sue conclusioni.

Lo stesso giorno il «Corriere della Sera» e «la Repubblica» anticipano la sorpresa più clamorosa – almeno dal punto di vista politico – dell'inchiesta appena chiusa: intercettando i telefoni di Mancino, gli inquirenti si sono imbattuti in una serie di sue conversazioni con il consigliere giuridico del Quirinale, il magistrato Loris D'Ambrosio, per discutere su come allontanare le indagini sui politici da Palermo. Al Quirinale, per ora, tutto tace. L'indomani, però, quasi tutti i quotidiani italiani cominciano a pubblicare stralci e nei giorni seguenti le trascrizioni integrali delle telefonate. Dalle quali emerge inequivocabilmente un ruolo molto attivo del Quirinale sull'indagine, a richiesta di Mancino.

Inizia, così, il lungo «Romanzo Quirinale»: un film giallo-noir che è bene riepilogare, fotogramma per fotogramma, partendo dal principio.

Il terrore corre sul filo

4 novembre 2011. Il gip di Palermo Riccardo Ricciardi accoglie la richiesta della procura di intercettare Mancino, Conso, Subranni, Mori, De Donno e altri personaggi coinvolti nelle indagini sulla trattativa Stato-mafia perché «è verosimile ritenere che gli stessi possano entrare in contatto tra loro o con altri soggetti che in quel medesimo arco temporale rivestivano cariche di rilevante importanza, per riferire elementi utili alle indagini sulla trattativa tra lo Stato e Cosa nostra, se non addirittura per concordare tra loro "versioni di comodo" in vista degli imminenti interrogatori».

Infatti, appena gli inquirenti iniziano ad ascoltare Mancino sulle sue varie utenze telefoniche, scoprono che sta facendo pressioni sul Quirinale per essere aiutato ad allontanare da sé (o almeno da Palermo) l'amaro calice delle indagini. Il suo interlocutore sul Colle più alto è il consigliere giuridico di Napolitano, il magistrato Loris D'Ambrosio, già membro dell'Alto commissariato antimafia dal 1989 al 1993 per poi passare al ministero della Giustizia e dal 2006 al Quirinale con Napolitano come direttore dell'Ufficio per gli affari dell'amministrazione giudiziaria. Tra Mancino e D'Ambrosio, dal 25 novembre 2011 al 5 aprile 2012, vengono intercettate otto telefonate. Conversazioni compromettenti non solo per i due interlocutori, ma anche per quello che emerge subito come il referente di D'Ambrosio: il capo dello Stato, Giorgio Napolitano. Che appare molto condiscendente alle richieste di Mancino.

Quelle del napoletano Napolitano e dell'avellinese Mancino, dall'inizio degli anni Novanta, sono vite parallele. Il primo era comunista, il secondo democristiano di sinistra (corrente De Mita). Nel 1992-94 Napolitano era presidente della Camera e Mancino ministro dell'Interno. E al Viminale, nel 1996, arrivò Napolitano, mentre Mancino diventava presidente del Senato. Poi rieccoli gomito a gomito, dal 2006 al 2010, al Csm: Napolitano presidente e Mancino vicepresidente. E non è finita, perché la figlia adottiva di Mancino, Chiara, lavora insieme al marito proprio all'Ufficio per gli affari dell'amministrazione giudiziaria del Quirinale diretto da D'Ambrosio, chiamata direttamente da chi possiamo immaginare dopo aver vinto nel 1998 il concorso per la Scuola superiore della pubblica amministrazione, diventando funzionaria dello Stato.

Il nome di Chiara Mancino, accanto all'indirizzo di «Corso Rinascimento» a Roma, compare nella «lista Anemone» (il costruttore prediletto della cricca di Bertolaso & C.) sequestrata nel 2008 dalla guardia di finanza: è l'elenco dei lavori effettuati dall'impresa incriminata negli alloggi di centinaia di personaggi famosi nella Capitale. Nulla di penalmente rilevante, s'intende. Ma un altro elemento che spiega come il consigliere D'Ambrosio fosse l'anello debole della catena che da Mancino porta a Napolitano. I rapporti fra i due potenti sono datati, consolidati e diretti, senza bisogno della mediazione del magistrato-consigliere.

6 dicembre. Mancino viene ascoltato dalla Procura di Palermo come testimone sulla trattativa Stato-mafia che si svolse fra il 1992 e l'inizio del 1994, quand'era ministro dell'Interno. L'indomani si lamenta al telefono con D'Ambrosio per il trattamento subito da parte dei magistrati siciliani e rivendica un non meglio precisato «diritto a una tutela». Alla vigilia di Natale partecipa a una cerimonia pubblica e incontra il procuratore nazionale antimafia Piero Grasso, a cui chiede di intervenire sui pm di Palermo. Grasso – racconta Mancino a D'Ambrosio – se ne lava le mani e gli risponde che «quelli là danno solo fastidio, ma lei sa che noi non abbiamo poteri di avocazione». Cioè non può scippare le indagini alla Procura di Palermo. Mancino dice di aver replicato: «Ma poteri di coordinamento sì». D'Ambrosio lo rassicura: «Si faccia il Natale tranquillo, tanto questi [i pm, *nda*] non arriveranno a niente, stanno facendo solo confusione».

24 febbraio 2012. Mancino viene sentito come teste anche al processo a carico di Mori per la mancata cattura di Provenzano nel 1995. Subito dopo, il pm Nino Di Matteo dichiara: «Qualcuno nelle istituzioni mente». L'ex ministro si identifica subito in quel «qualcuno» e teme di finire indagato per falsa testimonianza: la sua versione dei fatti è platealmente smentita dall'ex ministro della Giustizia Claudio Martelli. In due punti: 1) Martelli racconta che la Dc, quando nacque il governo Amato nel maggio '92, aveva deciso di sostituire il ministro dell'Interno Vincenzo Scotti con Mancino perché il primo era troppo duro con la mafia, mentre il secondo era molto inesperto e si sarebbe rivelato più morbido (versione confermata anche da Scotti). 2) Martelli sostiene di aver informato Mancino dei colloqui *border line* avviati dal Ros nel giugno '92 con l'ex sindaco mafioso Vito Ciancimino. Mancino nega sia il punto 1 sia il punto 2. Per questo è terrorizzato da un'accusa di falsa testimonianza. E richiama D'Ambrosio, il quale gli promette di intervenire anche lui su Grasso perché faccia qualcosa in suo favore.

5 marzo. Mancino inizia a tempestare D'Ambrosio di chiamate: «Io sono una persona che ha fatto il suo dovere, perché devo essere messo in un angolo? Ora facciamo pagare a Mancino. Ma Mancino può anche essere emarginato, ma non è giusto. Io non sono più il Nicola Mancino di tre-quattro anni fa...». Si dice «messo in un angolo», «distrutto», «perfino nel Partito democratico nessuno mi parla». Poi sputa il rospo: «Vorrei evitare che venisse accolta l'istanza di un ulteriore confronto con Martelli, che dice colossali bugie». D'Ambrosio chiama in causa per la prima volta Napolitano.

D'Ambrosio: Posso parlare col presidente, perché se l'ha presa a cuore, se l'aveva presa a cuore la questione [...].

Mancino: L'unico che può dire qualche cosa è Messineo. L'altro che può dire qualche cosa è Grasso.
D.: E va bene adesso io sento il presidente. [...] Intervenire sul collegio [i giudici del processo Mori, *nda*] è una cosa molto delicata [...].
M.: Questo io l'ho capito.
D.: Provo a chiamare Grasso.

9 marzo. Il gip di Caltanissetta Alessandra Giunta archivia le posizioni dei politici nell'inchiesta sui depistaggi per la strage di via d'Amelio, ma mette nero su bianco pesanti giudizi sulle loro condotte, di Mancino *in primis*, citando le parole della procura: «Tante amnesie di uomini dello Stato perdurano ancora oggi», anche se «il quadro allo stato non ci consegna alcuna responsabilità penale di uomini politici allora al potere». Mancino pensa di nuovo a se stesso ed è sempre più allarmato.

Il grande ricatto

12 marzo. Mancino fa balenare il ricatto al Colle:

> ... ma anche per la storia del paese... ma che razza di paese è. [...] Se non tratta con le Brigate rosse, fa morire uno statista, tratta con la mafia e fa morire vittime innocenti. Non so... O tuteliamo lo Stato, o se qualcuno ha fatto qualcosa poteva dire «ma io debbo avere tutte le garanzie anche per quanto riguarda la rilevanza statuale delle cose che sto facendo». [...] Io sto parlando dello Stato.

Traduzione possibile: se qualcuno, a nome o per conto dello Stato, nel 1992-93 ha partecipato alla trattativa, o l'ha assecondata, o in seguito l'ha coperta, sempre per conto dello Stato, e ora, vent'anni dopo, si ritrova nei guai con la giustizia e abbandonato con il cerino in mano, ha diritto a una tutela da parte dello Stato fin dal suo vertice massimo. Altrimenti – sottinteso – potrebbe anche decidere di parlare, di fare altri nomi per non essere il solo a pagare: insomma «muoia Sansone con tutti i filistei». E Mancino teme che venga coinvolto anche l'ex presidente Scalfaro.

D'Ambrosio e Mancino parlano spesso dell'esigenza di «coordinare» le indagini della Procura di Palermo (competente sulla trattativa Stato-mafia) con quelle della Procura di Caltanissetta (competente sulla strage di via d'Amelio e sul depistaggio istituzionale che fece ricadere ogni responsabilità su due falsi pentiti creati a tavolino dalla polizia, Vincenzo Scarantino e Salvatore Candura, rei confessi di un reato mai commesso, condannati all'ergastolo e poi scagionati dalla confessione del vero autore: il pentito Gaspare Spatuzza). In realtà Mancino vorrebbe che le indagini sulla trattativa venissero tolte alla Procura di Palermo e trasferite a quella di Caltanissetta, che gli pare più morbida solo perché ha escluso responsabilità politiche nel depistaggio sulla strage (il che non significa che escluderebbe responsabilità politiche anche nella trattativa). O, almeno, che la presunta linea morbida nissena venisse imposta anche a Palermo.

Oltretutto sia D'Ambrosio sia Mancino sia Napolitano sanno benissimo che il «coordinamento» fra le procure impegnate sui fatti del 1992-93 (Palermo, Caltanissetta e Firenze) è già assicurato da un protocollo approvato da Grasso e dai tre procuratori capi il 28 aprile 2011 e ratificato dal Csm (presieduto da Napolitano) il 27 luglio 2011. Dunque non c'è nulla da «coordinare», anche se Napolitano e D'Ambrosio fingono di dimenticarlo.

D'Ambrosio informa poi Mancino di aver parlato con Napolitano e con Grasso. E gli preannuncia che il presidente contatterà direttamente Grasso. Ma coinvolgerà anche il procuratore generale della Cassazione, Vitaliano Esposito, preposto al controllo sulla Procura nazionale antimafia, per costringere Grasso a fare qualcosa, sebbene abbia già dichiarato più volte di non poter fare nulla.

D'Ambrosio: Io ho parlato con il presidente e ho parlato anche con Grasso. Ma noi non vediamo molti spazi purtroppo, perché no... ma adesso probabilmente il presidente parlerà con Grasso nuova-

mente... eh... vediamo un attimo anche di vedere con Esposito... qualche cosa... ma la vediamo difficile insomma la cosa, ecco.
Mancino: Oh... ma visto che Grasso coordina Caltanissetta, non può coordinare tutte e due le procure?
D.: Ma io gliel'ho detto pure oggi a Grasso. Grasso mi ha risposto: «Va bene, ma io in realtà, il Consiglio superiore mi ha fatto una normativa, però non mi serve niente». Questa è il... in realtà è lui che non vuole fare [...]. Per adesso, dunque, mi ha detto il presidente di parlare con Grasso, di vederlo eh... e vediamo un po'.
M.: Eh, perché io vedo che per Macaluso [Emanuele, direttore del «Riformista», amico e consigliere di Napolitano, *nda*] batte sulla tesi dell'unicità dell'indagine.
D.: Sì, sì, ma questo gliel'ho detto al presidente... l'ho visto.
M.: Eh, perché non è che anche sul 41-bis indaga Caltanissetta, che fa? [Il 41-bis è il carcere duro e isolato per i mafiosi, che fu inopinatamente tolto a 334 detenuti dal ministro Conso nel novembre del 1993, dopo le stragi di Firenze, Milano e Roma, *nda*] Caltanissetta va in una direzione e quelli possono andare in un'altra direzione? Ma non lo so se c'è serietà... poi da questo punto di vista, ecco...
D.: Ma, io riesco, guardi, io adesso ripeto, dopo aver parlato col presidente riparlo anche con Grasso e vediamo un po'... lo vedrò nei prossimi giorni, vediamo un po'. Però, lui... lui proprio oggi dopo parlandogli, mi ha detto: «Ma sai, lo so, non posso intervenire»... Capito? Quindi mi sembra orientato a non intervenire. Tant'è che il presidente parlava di... come la Procura nazionale sta dentro la Procura generale [della Cassazione, *nda*], di vedere un secondo con Esposito [...]. Ma io comunque riparlerò con Grasso perché il presidente mi ha detto di risentirlo. Però io non lo so... francamente... lui è ancora orientato a non fare niente, questa è la verità [...]. Insomma, noi, ecco, parlando col presidente, se Grasso non fa qualcosa, la vediamo proprio difficile qualunque cosa. Adesso lo possiamo rivedere, magari lo vede il presidente un giorno di questi [...].
M.: Lei veda un po' se Grasso ha intenzione anche di ascoltare me... sia pure in maniera riservatissima. Che nessuno ne sappia niente.

D.: Va bene, tanto io lo devo sentire Grasso e lo sento domani. Va bene?
M.: Grazie, scusi, grazie.

La proposta indecente

Lo stesso 12 marzo D'Ambrosio confida a Mancino un fatto di inaudita gravità: Napolitano gli suggerisce di parlare con Martelli per appianare le rispettive divergenze. Una proposta talmente indecente da imbarazzare persino Mancino, il quale probabilmente vi intravede un'istigazione all'inquinamento probatorio, cioè al depistaggio delle indagini.

D'Ambrosio: Qui il problema che si pone è il contrasto di posizione oggi ribadito pure da Martelli... e non so se mi sono spiegato, per cui diventa tutto... cioè... la posizione di Martelli... tant'è che il presidente ha detto: ma lei ha parlato con Martelli?... eh... indipendentemente dal processo diciamo, così...
Mancino: Ma io non è che posso parlare io con Martelli... che fa...
D.: [...] Io ho detto: «Guardi, non credo – ho detto, – Signor Presidente, comunque non lo so. A me aveva detto che aveva parlato con Amato, giusto... anche con Scalfaro...».
M.: Va bene... povero Scalfaro [morto il 29 gennaio 2012, *nda*]. De Donno dice che Scalfaro aveva fatto tutto lui, con Capriotti [ex direttore del Dap, *nda*].
D.: Però lì ci spostiamo a fine '93 [...]. Quasi impossibile capire le cose.

14 marzo. Il pg della Cassazione Vitaliano Esposito, evidentemente pressato dal Colle, chiede al gip di Caltanissetta le carte del decreto di archiviazione in cui denunciava le amnesie dei politici. Un modo come un altro per far capire all'incauto magistrato che, a Roma, quelle sue parole non sono state affatto gradite.

15 marzo. Mancino chiama subito Esposito per congratularsi. La telefonata, anche per il linguaggio usato, è un reperto d'epoca, oltreché una prova della sudditanza del secondo magistrato più importante d'Italia nei confronti di un ex politico ormai in pensione, ma ancora potentissimo e nel cuore del capo dello Stato.

> *Mancino*: Ue', guaglio', ho letto che hai chiesto gli atti a Caltanissetta, bravo!
> *Esposito*: Sono chiaramente a sua disposizione, adesso vedo questo provvedimento e poi ne parliamo. Se vuole venirmi a trovare, quando vuole.
> *M.*: Guaglio', come vengo, vado sui giornali!
> *E.*: Ahahah, ho capito.

La lettera della vergogna

27 marzo. Mancino preannuncia a D'Ambrosio che invierà una lettera al presidente della Repubblica per chiedergli ufficialmente di intervenire sulle indagini della Procura di Palermo, che ormai lo sospetta esplicitamente di falsa testimonianza.

3 aprile. D'Ambrosio ha ricevuto la lettera di Mancino e ne parla con lui al telefono:

> Stiamo ragionando, ma il presidente è orientato a fare qualcosa [...] ma per ora non le posso dire nulla [...]. Sto elaborando un pochino le cose... però la decisione l'abbiamo già presa... Adesso il presidente è in Giordania, quando torna si decide insieme... faccio la mia proposta e vediamo un attimino.

Poi gli anticipa che Napolitano girerà la sua lettera a Esposito con una richiesta precisa: «Il coordinamento consiste anche nell'utilizzare una strategia comune, nel compiere atti insieme. [...] Tutto questo non sta accadendo» (tra le Procure di Palermo e Caltanissetta).

4 aprile. Detto, fatto. Il segretario generale del Quirinale, Donato Marra, trasmette al procuratore generale Esposito la lettera di Mancino e, a nome del presidente, vi allega una nota di accompagnamento con i *desiderata* di Napolitano, che coincidono in pieno con quelli di Mancino:

> Illustre Presidente, per incarico del presidente della Repubblica trasmetto la lettera con la quale il senatore Nicola Mancino [che non è più senatore dal 2006, *nda*] si duole del fatto che non siano state fin qui adottate forme di coordinamento delle attività svolte da più uffici giudiziari sulla cd. «trattativa» che si assume intervenuta fra soggetti istituzionali ed esponenti della criminalità organizzata a ridosso delle stragi del 1992-1993. [...] Il capo dello Stato auspica possano essere prontamente adottate iniziative che assicurino la conformità di indirizzo delle procedure ai sensi degli strumenti che il nostro ordinamento prevede, e quindi anche ai sensi delle attribuzioni del pg della Cassazione fissate dagli artt. 6 D.lgs. 106/2006 e 104 D.lgs. 159/2011; e ciò specie al fine di dissipare le perplessità che derivano dalla percezione di gestioni non unitarie delle indagini collegate, i cui esiti possono anche incidere sulla coerenza dei successivi percorsi processuali. Il presidente Napolitano le sarà grato di ogni consentita notizia.

5 aprile. L'indomani nessuno sa (né verrebbe mai a sapere, se due mesi e mezzo dopo non venissero pubblicate le intercettazioni) della lettera del Colle al pg in favore di Mancino. Né il Csm, di cui Napolitano è presidente. Né i magistrati siciliani. Né tantomeno l'opinione pubblica. L'unico che sa subito tutto è Mancino, prontamente informato da D'Ambrosio, che gli legge al telefono la lettera di accompagnamento e gli confida che l'ha voluta Napolitano in persona, concordandola preventivamente con il nuovo pg *in pectore* Gianfranco Ciani e con il sostituto Pasquale Ciccolo. Il presidente non vuole dare l'impressione «di voler scaricare su Mancino la responsabilità», anzi «il presidente condivide la sua preoccupazione». Sottinteso: di Mancino. Che risponde: «Questi si dovrebbero muovere al più presto», D'Ambrosio gli suggerisce di chiamare lui stesso il presidente, che tutto sa e tutto dispone, per ringraziarlo. Se quello dell'ex ministro era un ricatto, la mossa del Quirinale è il cedimento: il presidente non «scarica» Mancino, non lo «manda allo sbaraglio», anzi.

> *D'Ambrosio*: Ho parlato pure, abbiamo parlato pure con Ciani [...]. Ho parlato sia con Ciccola [Ciccolo, *nda*] che con Ciani: hanno voluto la lettera così fatta per sentirsi più forti. [...] Ma c'era una situazione che il presidente aveva già detto all'Adunanza [del Csm, *nda*], ha rilevato e percepisce questa mancanza di coordinamento e ti dice: esercita questi tuoi poteri anche nei confronti di Grasso. Perché qui il problema vero... Grasso si copre, questa è la verità, perché con la storia dell'avocazione, no? Perché è una gran cretinata l'avocazione, perché lui la cosa a cui deve pensare è il coordinamento [...].
> *Mancino*: Esatto, esatto.
> *D.*: Perché il minimo del coordinamento è questo, adesso vediamo come lo risolverà Ciani, quindi quello che voglio dire... noi non abbiamo mandato lei allo sbaraglio [...]. Adesso lei lo sa, quando uscirà quello che noi, quello che il presidente auspica, tra l'altro il presidente l'ha letta prima di mandarla, eh non è una cosa solo di Marra. Lei può dire che ha saputo della lettera che le è stata mandata, è stato informato che la lettera è stata mandata al pg. Poi ha saputo che era ai fini di un coordinamento investigativo, lei lo può dire parlando informalmente con il presidente, perché no?
> *M.*: E va bene.
> *D.*: Non c'è niente, lui [Napolitano, *nda*] sa tutto. E che, non lo sa? L'ha detto lui: «Io voglio che la lettera venga inviata, ma anche con la mia condivisione».

Presidente ordina, pg esegue

19 aprile. Due settimane dopo, Esposito è ormai in pensione e il suo successore Ciani, appena insediato e reso «più forte» dalla lettera del Colle, convoca segretamente Grasso in Cassazione per parlare sia di come avocare l'inchiesta da Palermo, sia di come normalizzarla con il famoso e pretestuoso «coordinamento» con le Procure di Caltanissetta e Firenze. Ma Grasso, ancora una volta, si defila e pretende che le due proposte indecenti gli vengano messe per iscritto. Il verbale della riunione recita:

> Il procuratore generale rimarca l'importanza della funzione di coordinamento investigativo e della coerenza delle iniziative d'indagine collegate [...]. Il pna [procuratore nazionale antimafia, *nda*] evidenzia la diversità dei filoni d'indagine e la loro complessità [...]. Precisa di non avere registrato violazioni del protocollo del 28 aprile 2011 tali da poter fondare un intervento di avocazione a norma dell'art. 371-bis Cpp. Il pna rimetterà al pg un'informativa scritta.

Traduzione: ogni mossa del Quirinale in favore di Mancino è destituita di ogni fondamento giuridico e fattuale, per almeno tre motivi: 1) Grasso non ha il potere di fare ciò che gli viene chiesto. 2) Né il Quirinale né il pg hanno il potere di chiedergli ciò che gli chiedono. 3) Non esistono i presupposti per intervenire sui pm di Palermo, né tantomeno di sfilare loro l'indagine (si parla esplicitamente di «avocazione»), visto che da un anno le loro indagini sono regolarmente «coordinate» con quelle delle altre due procure. E a quel coordinamento i magistrati palermitani non sono mai venuti meno. E Napolitano e il suo staff dovrebbero saperlo bene.

Infatti era stato proprio Grasso, all'inizio del 2011, a chiedere per iscritto a Napolitano un intervento del Csm per assicurare il coordinamento investigativo fra Palermo, Caltanissetta e Firenze, dopo che erano emerse divergenze fra le tre procure sul ruolo del «dichiarante» Massimo Ciancimino. Il presidente aveva attivato il Csm con una lettera firmata da D'Ambrosio il 25 febbraio 2011. Ne era seguito il 28 aprile un vertice fra Grasso e i tre procuratori capi, che avevano siglato un protocollo per il coordinamento delle rispettive indagini. E il 27 luglio il Csm l'aveva approvato. Del Csm fanno parte come membri di diritto Napolitano e Ciani, che dunque lo conoscono benissimo. E allora di quale coordinamento vanno cianciando questi signori un anno dopo?

Nelle settimane seguenti, mentre Grasso prepara la promessa informativa scritta, riceve un sollecito da Ciani, a sua volta pressato dal Quirinale che non lo molla:

> Caro procuratore, poiché devo dare un seguito alla nota 4/4/2012 del segretario generale della presidenza della Repubblica, ti sarei grato se mi farai pervenire con sollecitudine la relazione che ti chiesi nel corso del nostro incontro del 19 aprile ultimo scorso. Cordiali saluti.

La risposta scritta di Grasso a Ciani arriva qualche giorno dopo. Il titolo della lettera, su carta intestata, è tutto un programma: «Relazione su on. Mancino» (la prova che tutta la discussione riguarda le pretese dell'ex ministro amico di Napolitano, non certo gli sbandierati sacri principi del coordinamento investigativo). Seguono dieci pagine di spiegazioni fattuali e giuridiche per giungere alla già nota e stranota conclusione:

> Non ci sono i presupposti per avocare: tali poteri così limitati [della Dna, *nda*] giustificano il fatto che nessun procuratore nazionale antimafia si sia mai avvalso di tale prerogativa. [...] Ciò che è sicuramente fallita nello schema dell'articolo 371-bis è la previsione, in effetti inefficace, così come concepita, dell'avocazione [...]. Piuttosto che avocare, occorre incidere sui temi delle investigazioni e sulla loro ragionevole durata.

Alla fine, in allegato alla lettera, Grasso trasmette a Ciani un progetto di riforma della Procura nazionale che prevede una forte centralizzazione delle indagini e un rafforzamento dei suoi poteri di coordinamento: «Con preghiera di palesare le prospettate esigenze a livello istituzionale». Un progetto di Super-superprocura di cui nulla, almeno finora, si era mai saputo.

Resta da capire in base a quali norme o poteri o prerogative il presidente della Repubblica e il suo consigliere giuridico abbiano tentato per mesi di condizionare, intralciare, normalizzare, deviare un'indagine giudiziaria in corso su richiesta di un privato cittadino, coinvolto in veste di testimone e poi di indagato per falsa testimonianza.

Il presidente risponde «non rispondo»

13 giugno. Gli atti dell'inchiesta, depositati e a disposizione delle parti, cioè degli avvocati dei dodici indagati, perdono il loro carattere di segretezza. Finiscono sui giornali. Ed esplode lo scandalo.

16 giugno. Marco Lillo pubblica sul «Fatto Quotidiano» un'intervista a D'Ambrosio. Il quale tenta di minimizzare tutto: Mancino non fece pressioni, ma solo «uno sfogo», peraltro con «insistenti chiamate e molte lettere al presidente» (solo una è nota). Ma «noi gli abbiamo sempre detto: "Chiama il procuratore, chiama l'altro procuratore, chiama il procuratore nazionale antimafia"». E solo perché Mancino «è il presidente emerito del Senato ed ex presidente del Csm» e il Quirinale era allarmato per «la disparità di tre Procure, Caltanissetta, Palermo, Firenze, che indagarono sulla stessa cosa» (e anche questo, come abbiamo visto, è falso).

Resta il fatto che nessun altro cittadino potrebbe chiamare il Quirinale per lamentarsi di un'indagine sgradita e trovare una tale udienza alle proprie lagnanze. Ma, sulle questioni decisive, D'Ambrosio oppone il top secret. Cosa chiese esattamente Mancino al Colle? E cosa rispose e/o fece Napolitano? E cosa chiese di fare a D'Ambrosio nell'interesse di Mancino? D'Ambrosio risponde di non poter rispondere:

> Lei non può farmi domande di questo genere. C'è un problema di responsabilità del presidente e nella qualità di consigliere io non posso parlare prima di aver chiesto a lui. Tenga conto che c'è l'immunità del presidente. [...] Non posso dire nulla sul contenuto dei miei colloqui con il capo dello Stato. Le dico di più, persino se i magistrati mi chiedessero queste cose io sarei in imbarazzo e dovrei chiedere al presidente se posso rispondere o no.

Insomma D'Ambrosio si dice vincolato da un inedito segreto presidenziale e dall'«immunità» del presidente. Autorizzando persino il sospetto che quest'ultimo abbia addirittura violato qualche legge. La faccenda è talmente cruciale che «il Fatto» prega D'Ambrosio di chiedere a Napolitano di scioglierlo dal vincolo del segreto per poter rispondere più approfonditamente alle domande. D'Ambrosio si impegna a dare una risposta. Si consulta con il portavoce di Napolitano, Pasquale Cascella. Ma poi non risponde più al telefono. Lo fa in vece sua Cascella, con un sms a Lillo: «Evidenti ragioni di correttezza istituzionale impongono un assoluto riserbo sui rapporti tra il capo dello Stato e i suoi collaboratori: rapporti comunque sempre rispondenti al rigoroso esercizio da parte del presidente Napolitano delle sue prerogative». Come se il presidente fosse immune anche dalle domande dei giornalisti.

Lo stesso 16 giugno, costretto da un titolo del «Fatto» (*I misteri del Quirinale*), il Colle rende noto il testo della lettera inviata il 4 aprile dal segretario generale Marra al pg della Cassazione per «accompagnare» quella di Mancino. Segue una nota del portavoce Cascella che sottolinea come Napolitano si sia mosso «secondo le sue responsabilità e nei limiti delle sue prerogative». Resta da capire perché, se la lettera rientrava nei suoi poteri, Napolitano l'abbia tenuta segreta finora e l'abbia divulgata soltanto quando non poteva più nasconderla.

21 giugno. «Il Fatto» insiste e trasmette ufficialmente al Quirinale un elenco di sette domande al capo dello Stato, pubblicandole l'indomani a firma di Marco Lillo:

> *Alla cortese attenzione del consigliere del Quirinale Pasquale Cascella*
> Gentile consigliere Pasquale Cascella, ho provato a contattarLa telefonicamente ma non riesco a ottenere risposta a voce o via sms al cellulare. «Il Fatto» chiede al presidente della Repubblica una dichiarazione ufficiale sulla seguente conversazione intervenuta il 12 marzo scorso tra il consigliere Loris D'Ambrosio e Nicola Mancino.
> D'Ambrosio: *Qui il problema che si pone è il contrasto di posizione*

oggi ribadito pure da Martelli... e non so se mi sono spiegato, per cui diventa tutto... cioè... la posizione di Martelli... tant'è che il presidente ha detto: ma lei ha parlato con Martelli?... eh... indipendentemente dal processo diciamo, così...
Mancino*: Ma io non è che posso parlare io con Martelli... che fa...*
D.*: No no... dico no... Io ho detto: «Guardi non credo – ho detto –, signor presidente, comunque non lo so. A me aveva detto che aveva parlato con Amato, giusto... e anche con Scalfaro...».*
1. Il presidente conferma o smentisce di avere chiesto a D'Ambrosio di chiedere a Mancino se questi aveva parlato con Martelli?
2. Il presidente si dissocia dalle affermazioni di D'Ambrosio che connette la richiesta suddetta (colloquio Mancino-Martelli extra processo) con il contrasto di posizione tra i due ex ministri in vista di un confronto nel processo?
3. Qual è l'interpretazione «non tendenziosa» di questa intercettazione secondo il presidente?
4. E qual è l'interpretazione «non tendenziosa» di questa seconda affermazione contenuta nella conversazione intercettata il 5 marzo sempre tra D'Ambrosio e Mancino?
Mancino*: Eh... però il collegio a mio avviso lì, un collegio equilibrato. Come ha ritenuto inutile il confronto Tavormina... dirigente prima della Dia e poi dirigente del Cesis, come ha ritenuto inutile ha respinto la domanda di confronto così potrebbe anche rigettare, per analogia... eh... sì ma davvero questa è la fonte della verità, Martelli, e io sono la fonte delle bugie?*
D'Ambrosio*: Sì, ho capito però il problema è intervenire sul collegio, è una cosa molto delicata, questo è quello che voglio dire.*
M.*: Questo io l'ho capito.*
D.*: Una cosa è più facile parlare con il pm, perché... chiedere... io quello che si può parlare è con Grasso, per vedere se Grasso dice... eh... di evitare... cioè questa è l'unica cosa che vedo perché Messineo, credo che non dirò mai... deciderà Di Matteo... dirà così no.*
5. Il consigliere giuridico del presidente, per evitare il confronto a Mancino, considera l'ipotesi di intervenire prima sul collegio del tribunale, poi ripiega in via ipotetica sul pm e infine sul procuratore nazionale antimafia. Il presidente si dissocia o ritiene lecito

intervenire su un collegio del tribunale o su un pm per evitare un confronto tra un testimone qualsiasi e un altro testimone più amico (Mancino) che rischia un'incriminazione?

6. Perché il Quirinale dovrebbe occuparsi e preoccuparsi del contrasto di posizione tra due testimonianze di due ex ministri in un procedimento penale?

7. Più volte D'Ambrosio afferma di avere chiesto al procuratore nazionale Piero Grasso di intervenire per un coordinamento tra le Procure di Palermo e Caltanissetta più conforme alle aspirazioni di Mancino e di avere ricevuto in risposta un diniego. D'Ambrosio afferma in un'altra conversazione con Mancino: «*Dopo aver parlato col presidente riparlo anche con Grasso e vediamo un po'... lo vedrò nei prossimi giorni, vediamo un po'. Però, lui... lui proprio oggi dopo parlandogli, mi ha detto: "Ma sai, lo so, non posso intervenire"... Capito? Quindi mi sembra orientato a non intervenire. Tant'è che il presidente parlava di... come la Procura nazionale sta dentro la Procura generale, di vedere un secondo con Esposito*». Ritiene il presidente di essere stato indotto in errore dal suo consigliere o ritiene giusto intervenire sul procuratore generale per chiedere al procuratore nazionale (che recalcitra) di rafforzare il coordinamento tra procure al fine reale però – da quello che dice il suo consigliere giuridico al telefono – di evitare un confronto scomodo a un testimone?

L'indomani un messo del Quirinale in motocicletta consegna alla redazione del «Fatto» un bustone sigillato con la ceralacca, contenente la risposta protocollata di Cascella:

> Caro direttore, con riferimento all'articolo *Presidente risponda su Mancino* firmato da Marco Lillo, si osserva che, come è naturale, il presidente della Repubblica non ha da rilasciare commenti, né tantomeno conferme o smentite, in merito a frammenti di conversazioni private intercettate dalla polizia giudiziaria e pubblicate da alcuni quotidiani. Ogni eventuale approfondimento è riservato all'autorità giudiziaria competente, secondo le modalità e con le garanzie previste dall'ordinamento giuridico.

Dunque Napolitano considera le conversazioni D'Ambrosio-Mancino «private», e ha ragione da vendere, visto che Mancino è un privato cittadino e il tema trattato esula totalmente dalle funzioni istituzionali del Quirinale. Ma cambierà prontamente idea, quando – come vedremo – manderà l'Avvocatura dello Stato a sostenere dinanzi alla Consulta la natura istituzionale delle sue conversazioni con Mancino, e la Consulta si berrà quella ridicola panzana. Ma qui la natura giuridica delle telefonate non c'entra nulla, perché «il Fatto» ha chiesto al capo dello Stato una risposta su almeno due questioni di cruciale rilevanza pubblica: il suo suggerimento a Mancino di «parlare con Martelli» in vista di un possibile confronto in tribunale tra i due ex ministri che hanno fornito versioni divergenti sui fatti del 1992; i tentativi di D'Ambrosio di intervenire sul collegio giudicante e sui pm di Palermo mediante il procuratore nazionale antimafia per condizionare un procedimento in corso.

Ma il presidente insiste nel non voler rispondere e giustifica il suo silenzio con tre alibi farlocchi: sono «conversazioni private»; sono solo «frammenti» di telefonate; se ne occuperà l'«autorità giudiziaria». Invece il contenuto è di grande rilievo politico, istituzionale e morale, dunque pubblico; le conversazioni integrali (altro che «frammenti») sono disponibili sul sito web del «Fatto»; l'autorità giudiziaria si occupa di reati, mentre qui si tratta di abusi di potere tutti politici commessi da un consigliere del Quirinale che spende continuamente il nome del presidente della Repubblica. Il quale dovrebbe fornire chiarimenti non alla magistratura, ma all'opinione pubblica, l'unica che può giudicarlo senza lo scudo dell'immunità.

L'abuso di potere

Anche senza risposte ufficiali, comunque, alcuni punti emergono chiari e lampanti dalle carte.

1) A Roma decine di «uomini delle istituzioni» (si fa per dire) sanno perfettamente che cosa accadde nel 1992-1993 e negli

anni successivi fra lo Stato e la mafia; e, nel timore che qualcuno racconti ai magistrati altri particolari nel prosieguo dell'inchiesta di Palermo, si attivano per mettere tutto a tacere, per rassicurare chi sa troppo e per ostacolare le indagini.

2) Mancino sente di poter condizionare il Quirinale. E il fatto che le sue pressioni non vengano respinte al mittente fin dall'inizio, ma anzi vengano assecondate e soddisfatte dal massimo vertice dello Stato, lo rafforza nella convinzione di avere il coltello dalla parte del manico.

3) Il Quirinale ha ampiamente abusato del suo potere per interferire in una indagine in corso. Il portavoce Cascella, in un messaggio su Twitter, sostiene che le mosse del presidente sono avvenute in ossequio all'«art.104 D.lgs 6.9.2011 n. 159» e all'«art. 6 del D.lgs 20.2.2006 n. 106». Ma i due articoli regolano le competenze del pg della Cassazione, non del presidente della Repubblica, che sul pg non ha alcun potere gerarchico. Vediamo.

Il decreto n. 159 è il nuovo Codice antimafia e, all'articolo 104, stabilisce che «il pg presso la Cassazione, esercita la sorveglianza sul procuratore nazionale antimafia»; ma non dice che il capo dello Stato eserciti la sorveglianza sul pg della Cassazione o sul procuratore nazionale antimafia.

Il n. 106 invece è uno dei decreti attuativi del nuovo ordinamento giudiziario e all'articolo 6 stabilisce che i pg delle varie Corti d'appello inviano una relazione annuale al pg della Cassazione, il quale esercita un potere non gerarchico di informazione e verifica sui capi delle procure, per esempio per prevenire conflitti reciproci. Ma, ancora una volta, nulla si dice sul potere del capo dello Stato di sollecitare o indirizzare l'attività del pg della Cassazione o del procuratore nazionale antimafia.

Dunque non è vero che il presidente e il suo consigliere si sono attenuti ai loro «doveri costituzionali», «prerogative», «responsabilità», «nell'alveo dell'assoluta correttezza». Anzi, è vero il contrario. Secondo la Costituzione, l'unico rapporto che il capo dello Stato ha con la magistratura è in veste di presidente del Csm. Che è l'organo di autogoverno dei magistrati e il baluardo della loro autonomia e indipendenza da ogni altro potere. Dunque è contraddittorio e paradossale che sia proprio il presidente del Csm – direttamente o tramite il consigliere – a tentare di minare l'autonomia e l'indipendenza dei magistrati di Palermo.

Del resto, se gli atti compiuti dal capo dello Stato e dal consigliere fossero previsti dalla legge e addirittura doverosi, sarebbero avvenuti alla luce del sole: invece tutto si svolge tra il lusco e il brusco. Non solo le telefonate, ma anche la lettera di Mancino al Colle e quella di Marra al pg della Cassazione, gl'incontri fra D'Ambrosio e Grasso, la convocazione di Grasso da parte di Ciani. Senza le intercettazioni e le indagini giornalistiche che li hanno svelati o hanno costretto il Quirinale a svelarli parecchi mesi più tardi, nessuno ne avrebbe saputo nulla.

Alcuni ritengono che Napolitano, come presidente del Csm, abbia il diritto-dovere di sollecitare il coordinamento di indagini o di segnalare le lagnanze in proposito di chi è parte in un'inchiesta. Ma neanche questo è vero: in base all'ordinamento giudiziario, i conflitti fra procure in merito alla competenza o ad altri dissidi possono segnalarli al pg della Cassazione soltanto i procuratori generali di Corte d'appello interessati. Solo allora il pg della Cassazione interviene, investendone il Csm (che è un «consiglio», cioè un organo collegiale, e mai può essere sostituito dal suo presidente con mosse solitarie e segrete). Nel caso delle indagini su stragi e trattative, mai i pg di Caltanissetta, di Palermo e di Firenze hanno segnalato a quello della Cassazione alcun conflitto. Lo segnala invece, in segreto e su richiesta di un testimone che teme di essere indagato, il capo dello Stato, bypassando le procure generali competenti, il Csm e lo stesso procuratore nazionale antimafia, che infatti ripete più volte di non potere e di non dovere intervenire.

Il perché lo spiega lo stesso Piero Grasso il 19 giugno, intervistato da Sandra Amurri per «il Fatto Quotidiano»:

> Mancino lamentava valutazioni diverse da parte di talune procure rispetto a relazioni e comportamenti e omissioni a lui attribuiti. Gli ho detto che il solo strumento che può ridurre a unità indagi-

> ni pendenti in diversi uffici è l'istituto dell'avocazione che, però, è applicabile solo nel caso di ingiustificata e reiterata violazione delle direttive impartite dal pna al fine del coordinamento delle indagini. Avocazione che non è nei miei poteri, ma nel caso Mancino non vi erano i requisiti per poterla applicare. [Quelle di Mancino, *nda*] sono le parole di un uomo che si sente perseguitato, accerchiato. Come risulta dai verbali, sono state fatte riunioni di coordinamento tra le varie procure senza alcuna tensione, come possono confermare tutti i pm. Nessuno si è mai lamentato di una mia interferenza. Non vi è mai stato alcun accenno alla questione Mancino.

Dunque Grasso informa prima Mancino e poi D'Ambrosio del fatto che non esistono problemi di coordinamento fra le procure che indagano su stragi e trattative. Eppure Mancino scrive il contrario nella sua lettera a Napolitano. E Napolitano prende per buono ciò che scrive Mancino, anziché ciò che dice Grasso, nella lettera fatta inviare da Marra al pg della Cassazione, sollecitando proprio il coordinamento che Grasso assicura esistere senz'alcun problema. Non solo: il pg convoca Grasso per parlare di avocazione e coordinamento su pressione del Quirinale, a sua volta pressato da Mancino, sebbene Grasso abbia già detto a tutti i soggetti che le lagnanze dell'ex ministro sono infondate. Cosa che lui ribadisce ancora una volta al pg della Cassazione. Grasso lo conferma al «Fatto»:

> Sono stato convocato dal pg della Suprema corte il 19 aprile. Mi è stata richiesta una relazione sul coordinamento tra le procure. Ho espresso la volontà che mi venisse messo per iscritto. Mi è stato fatto presente che era nei suoi poteri chiederlo verbalmente. Il 22 maggio ho risposto per iscritto specificando che nessun potere di coordinamento può consentire al pna di dare indirizzi investigativi e ancor meno di influire sulla valutazione degli elementi di accusa acquisiti dai singoli uffici giudiziari. E l'avocazione non è nei miei poteri.

Domanda: ma perché, Ciani non lo sapeva? Risposta di Grasso: «Io alle richieste del superiore ufficio rispondo per iscritto». Dunque non solo le richieste di Mancino al Quirinale, del Quirinale a Ciani e di Ciani a Grasso erano infondate. Ma Mancino, il Quirinale e Ciani pretendevano che Grasso violasse i suoi poteri. Parole – quelle del pna – che fanno pensare a un atto di analfabetismo giuridico e istituzionale da parte di due magistrati (D'Ambrosio e Ciani) e dei massimi vertici del Csm di ieri e di oggi (Napolitano e Mancino). Resta da capire perché la presidenza della Repubblica si sia spinta così al di fuori dei suoi poteri.

Che cosa c'è dietro

La reazione di Napolitano e D'Ambrosio al pressing di Mancino si può spiegare soltanto in due modi:

1) Il Quirinale vuole impedire, per una malintesa «ragion di Stato», il coinvolgimento di altri importanti uomini delle istituzioni, a cominciare dall'ex presidente Scalfaro, dagli ex premier Amato e Ciampi, giù giù fino agli ex ministri Mancino e Conso, responsabili almeno politicamente dei cedimenti dello Stato al ricatto di Cosa nostra nel 1992-1993: prima con i negoziati del Ros con Vito Ciancimino, poi con il ribaltone alla direzione delle carceri (Dap) che portò alla linea morbida sul 41-bis, revocato da Conso a 334 mafiosi nel novembre del 1993.

2) Napolitano, dal 1992 al 1994 presidente della Camera e poi, dal 1996 al 1998, ministro dell'Interno, potrebbe essere a conoscenza di particolari su quelle vicende di cui non ha mai fatto parola in pubblico. E così D'Ambrosio, per i ruoli istituzionali ricoperti dalla fine degli anni Ottanta a tutti gli anni Novanta (Alto commissariato antimafia, Procura nazionale antimafia, capo di gabinetto di quattro ministri della Giustizia). Se e che cosa sappia Napolitano resta al momento un mistero. D'Ambrosio invece confida a Mancino di sapere parecchie cose. Come peraltro appare evidente da alcuni passaggi delle sue telefonate

con l'ex ministro (su cui fornirà spiegazioni poco convincenti e a tratti reticenti ai pm di Palermo che lo interrogheranno come testimone) e dalla sua lettera di dimissioni a Napolitano.

L'uomo del Colle ha detto «boh»

La prima volta che viene sentito a Palermo, il 20 marzo 2012, Loris D'Ambrosio non sa che i pm Messineo e Di Matteo che gli siedono di fronte hanno ascoltato le sue telefonate con Mancino intercettato. Quindi manca poco che neghi di esistere. I magistrati gli domandano se sappia qualcosa della strana nomina, nella primavera del 1993, del giudice Francesco Di Maggio a vicecapo del Dap, subito sotto il nuovo direttore Adalberto Capriotti. Il quale aveva appena sostituito Nicolò Amato, licenziato improvvisamente per volontà del presidente Scalfaro, del capo della polizia Parisi e del ministro Conso dopo undici anni di onorato servizio, senza preavviso né spiegazione, in seguito a varie lamentele dei boss detenuti al 41-bis che lo consideravano troppo duro.

Il tema è cruciale per l'inchiesta sulla trattativa: secondo l'accusa, si deve proprio alla coppia Capriotti-Di Maggio l'inversione di rotta dal carcere duro al carcere molle, sfociata in una lettera del 26 aprile 1993 in cui Capriotti chiedeva a Conso di tagliare e revocare centinaia di 41-bis ad altrettanti mafiosi per dare «un segnale positivo di distensione nelle carceri». Proprio ciò che chiedeva il «papello» consegnato da Riina a Vito Ciancimino e da questi a uomini delle istituzioni nell'estate del 1992. L'invito di Capriotti fu poi raccolto all'inizio di novembre del 1993 da Conso, dopo le stragi estive di Firenze, Milano e Roma, con il mancato rinnovo del 41-bis per ben 334 boss detenuti contro il parere della Procura di Palermo e – pare – all'insaputa degli altri membri del governo. Come mai fu scelto proprio Di Maggio, che fra l'altro non aveva i titoli per ricoprire l'incarico di dirigente generale al Dap, tanto che Scalfaro dovette firmare in fretta e furia un decreto per conferirglieli? D'Ambrosio, che conosce

Di Maggio dai tempi della comune appartenenza all'Alto commissariato antimafia e che nei giorni della sua nomina al Dap lavorava al ministero della Giustizia, cade quasi dalle nuvole:

> Non so dire quali siano state le considerazioni che avevano indotto Di Maggio a chiedere, nel 1992, di essere destinato al ministero [cioè al Dap, dipartimento del ministero della Giustizia, *nda*] abbandonando l'incarico prestigioso, e verosimilmente meglio remunerato, di Vienna [alle Nazioni Unite, *nda*]. Posso solo ipotizzare che fosse attratto dalla possibilità di esercitare compiti «più operativi». Non ho più avuto occasione di incontrare il dottor Di Maggio successivamente alla mia uscita dall'Alto commissariato. L'ho incontrato, del tutto occasionalmente, verso la fine del '92 perché si era recato presso il ministero. [...] Ho incontrato di nuovo Di Maggio nel mese di giugno del '93, non so precisare il giorno, e in quella circostanza Di Maggio mi disse che era sua intenzione trasferirsi al ministero in qualità di vicedirettore del Dap.

Tutto qui. Eppure, al telefono con Mancino, D'Ambrosio è stato molto più prodigo di particolari sul decreto di nomina di Di Maggio a vice di Capriotti. Decreto che sarebbe stato materialmente scritto non dalla presidenza del Consiglio, né da quella della Repubblica, ma dallo stesso Di Maggio, nell'ufficio di Liliana Ferraro, succeduta a Falcone come direttore degli Affari penali del ministero della Giustizia e diretta superiore di D'Ambrosio. Ma chi ha voluto Di Maggio al Dap, visto che sia Capriotti sia Conso assicurano che non l'avevano mai conosciuto? D'Ambrosio se lo chiede parlando al telefono con Mancino a proposito della gestione dei 41-bis. Ma, senza ancora sapere delle intercettazioni, nel primo interrogatorio si limita a definire la nomina «una singolarità rispetto alla prassi normale».

Il 16 maggio 2012 i pm lo riconvocano, sempre come testimone, intenzionati stavolta a contestargli quel che dice nelle telefonate con Mancino, in cui dimostra di conoscere molto più di quel che dice. Per esempio, quando lascia intendere all'ex ministro di sapere addirittura di due fronti di trattativa Stato-mafia: «Era un discorso che riguardava nella parte 41-bis Mori, Parisi, Scalfaro e compagnia; per la parte di colloqui investigativi [con i boss in carcere, *nda*]... un po' sconsiderati oppure almeno un po' facili, Di Maggio, Mori e compagnia».

Messineo: Dottor D'Ambrosio, il 20 marzo 2012 lei ha reso delle dichiarazioni sulla nomina al Dap del dottor Di Maggio. Ritiene di dovere rettificare in qualche punto?
D'Ambrosio: No, per quanto riguarda le modalità di nomina [...], cioè francamente io non ho mai visti questi decreti [...].
M.: Volevo richiamare l'attenzione su un punto della dichiarazione: «Non ho alcuna notizia specifica sulle modalità di formazione e sull'iter seguito per la nomina di Di Maggio. Di tale circostanza non ho mai parlato né con la dottoressa Ferraro, né con la dottoressa Pomodoro [Livia Pomodoro, altra giudice all'epoca distaccata come funzionaria al ministero di via Arenula, *nda*]».
D'Am.: Le modalità io non le ho mai sapute. La Pomodoro e la Ferraro non mi hanno mai specificato come scrissero, dove fu scritto il provvedimento, io non lo so.
Di Matteo: Quindi lei non ha ricordo di avere visto il decreto?
D'Am.: Non l'ho visto, non l'ho visto, questo proprio ne sono sicuro.
Di M. (*estraendo le intercettazioni D'Ambrosio-Mancino*): Guardi, la nostra esigenza di approfondimento deriva anche dalle intercettazioni telefoniche sulle utenze del senatore Mancino. Nella conversazione del 25 novembre 2011, a proposito di Di Maggio, lei a un certo punto dice: «Ecco, e diventa attraverso un dpr [decreto del presidente della Repubblica, *nda*] dirigente generale, no? Ora io ho assistito personalmente a questa vicenda» [...]. E poi lei ha dichiarato [...]: «Io ricordo [...] chiaramente il decreto scritto, il dpr scritto nella stanza della Ferraro, il dpr che lo faceva vicecapo del Dap».
D'Am.: Io questa cosa l'ho detta a Mancino, ma io questo dpr non l'ho [...]. Come fa a essere scritto un dpr dalla Ferraro, dentro la... Ferraro? Cioè io quello che sostengo è che può anche

essere stata una bozza predisposta lì [...], questo può anche essere, cioè se io l'ho detto, è così! Però io il dpr vero e proprio non l'ho visto dove è stato composto.
Di M.: Eh, perché lei al senatore Mancino parla di un decreto scritto nella stanza della Ferraro!
D'Am.: Io ricordo che Di Maggio frequentava la Ferraro, frequentava la Pomodoro in quel periodo, ma non ho mai visto materialmente il decreto, cioè questo è quello che... voglio dire, l'ho detto nel senso che l'ho detto... a chi l'avrei detto?
M.: Vorremmo capire qual è il significato di queste espressioni.
D'Am.: Cioè il ragionamento è questo: [Di Maggio, *nda*] doveva andare alla direzione degli Affari penali, va al Dap, a questo punto io ho fatto cenno anche nell'altro interrogatorio che la Ferraro e la Pomodoro probabilmente saranno state loro che hanno organizzato qualche cosa, data la loro vicinanza con Di Maggio. La materiale scrittura del decreto io non l'ho... dico, l'ho visto nel senso che probabilmente ne avrò sentito parlare, l'avranno detto loro [...]. Questo voglio dire, non è il dpr, l'idea del dpr, quello volevo dire, forse l'ho detto male, qualcosa... Ma io non ho mai visto dove è nato questo dpr [...].
M.: Sembrerebbe però che lei abbia visto nell'ufficio della Ferraro qualche cosa...
D'Am.: Guardi, onestamente, io posso aver visto una... non so neanche una bozza, non so dire, una bozza no, cioè una proposta, una idea di proposta...
M.: Sì, però lei aveva detto di non avere mai parlato con la Ferraro né con la Pomodoro di questo argomento.
D'Am.: Ma io non l'ho visionata la bozza, io non ho visionato la bozza, io ho assistito alla parte in cui loro potevano aver ideato il provvedimento, cioè l'ideazione.
Di M.: Però adesso ricorda di avere visto...
D'Am.: Io un qualcosa che... cioè che stavano preparando la nomina, sì, ma io un foglio di carta decreto, per dire, che si chiama decreto, no.
M.: Le chiederei uno sforzo di memoria.
D'Am.: Io ricordo [...], ho parlato con Franco Di Maggio, ho det-

to: «Ma che cosa vai facendo?» [...]. E lui disse: «No, no, ho deciso di fare in questo modo». Mi pare, cioè ricordo proprio davanti a me, che cominciarono a scrivere qualche cosa nella stanza accanto, che era poi la stanza di Falcone, la segreteria di Falcone, e ritengo che abbiano fatto questa parte del dpr, però non ho mai letto nulla.
Di M.: Lei lo ha detto tre volte: il decreto scritto, il dpr scritto, il dpr che lo faceva vicecapo del Dap.
D'Am.: Ma l'idea... cioè io voglio dire... la mia idea non era il dpr, era come la base del dpr, cioè non c'era il visto, visto, visto, non so se mi sono spiegato. [...] Cioè io credo che tutto questo sia nato tra Pomodoro-Ferraro-Di Maggio.
M.: Mi stranizza la possibilità che un magistrato vada al ministero e dica: «Perché non mi nominate vicecapo del Dap?». Ma lei non chiese alla Ferraro spiegazioni?
D'Am.: Eh no, perché la Ferraro era il mio direttore generale...
Di M.: Ma perché, perché la Ferraro? [...] Cosa c'entrava?
D'Am.: Ma probabilmente c'era un discorso di come redigerlo, adesso io non lo so... questo decreto non l'hanno fatto evidentemente alla presidenza del Consiglio, l'avranno fatto probabilmente anche al ministero della Giustizia [...] o almeno avranno scritto il pezzo del collocamento fuori ruolo [di Di Maggio, *nda*], questo non lo so.
M.: Sì, ci saremmo aspettati, la volta scorsa, che a questo punto si dicesse: «Non ne ho mai parlato, tuttavia ricordo che sono avvenute queste cose».
D'Am.: Ma io... cioè, non lo ritenni significativo.
Di M.: Nella conversazione con Mancino lei lo cita come molto significativo! Lei dice: «... questo è il problema, ricordo chiaramente il dpr scritto nella stanza della Ferraro»...
D'Am.: No, cioè, io quando parlo di dpr non parlo del dpr che lei ha davanti, perché quello non l'ho mai visto [...]. Va bene, bene questo pezzettino qui io non l'ho detto, ma [...] mi sembrava non particolarmente significativo.
Di M.: E allora perché lei ha parlato di decreto [nella telefonata a Mancino, *nda*]?

D'Am.: Ma perché, perché il decreto era l'effetto, non so se mi sono spiegato, era l'effetto. [...] Io vorrei dire che il presidente Mancino telefona tutti i santi giorni su questa... perché lui si sente costantemente sotto pressione...
Di M.: Lei dice: «Che Di Maggio fosse favorevole all'alleggerimento del 41-bis lo escluderei»; nei confronti di soggetti che in qualche modo collaboravano non formalmente, ma come confidenti, invece sembrerebbe dire di sì. E poi lei dice: «Questo era un discorso che riguardava nella parte 41-bis Mori, Parisi, Scalfaro e compagnia; per la parte di colloqui investigativi... un po' sconsiderati oppure almeno un po' facili, Di Maggio, Mori e compagnia»...
D'Am.: Di Maggio per me è sempre stato contrario all'alleggerimento del 41-bis. Poteva essere, viceversa, nell'ottica della trattativa, che lui volesse agevolare i colloqui investigativi dei carabinieri, per avere confidenze dall'interno del carcere.
Di M.: Perché solo ai carabinieri?
D'Am.: Ma perché, nell'ottica di Di Maggio, c'era una vicinanza maggiore ai carabinieri. La mia idea [...] è che Di Maggio aveva piacere a utilizzare il colloquio investigativo [...].

Insomma, quanto alla strana nomina di Di Maggio, D'Ambrosio ammette che è «una delle cose strane di quel periodo». Anzi è «il punto centrale di questa storia» della trattativa. E ricorda una scena:

Di Maggio seduto vicino la segretaria che stava scrivendo qualcosa... vidi che stavano preparando... questa attività ma non l'ho mai letto il decreto [...], una sorta di dispositivo che probabilmente doveva ancora essere sottoposto al ministro, al presidente del Consiglio, al presidente della Repubblica [...]. Cioè io credo che tutto questo sia nato tra Pomodoro e Ferraro, cioè questo è quello che io voglio dire, cioè Pomodoro, Ferraro e Di Maggio [...]. Cioè che poi loro avessero parlato anche con altri io francamente non lo so, cioè a me sembra strano che non avessero parlato con qualcun altro, detto onestamente.

Quando la procura gli domanda se non si chiese perché fu scelto Di Maggio (e in quel modo tortuoso), D'Ambrosio risponde: «Aveva detto che voleva fare in quel modo, aveva fatto questa scelta; io non chiedo perché avete scelto Di Maggio... perché l'unica domanda che potevo fare: perché avete scelto Di Maggio? Eh, che potevo chiedere!». Al telefono con Mancino, però, ricorda addirittura un dialogo con Di Maggio: «Gli dicevo: "Scusa, ma mi spieghi un attimo perché te ne vai dalla magistratura, visto che perdi pure i soldi? Francamente non capisco"...». E spiega che «escluderei» che Di Maggio fosse «tanto favorevole» all'alleggerimento del 41-bis («lo escluderei»), ma resta convinto che fosse «di un'altra idea». «Quale?», gli domandano ora i pm. E lui: «C'erano due scuole di pensiero: una era l'alleggerimento del 41-bis; l'altra era il colloquio investigativo, per consentire più agevole accesso nelle carceri agli amici di Di Maggio...». Compresi gli uomini del Ros dell'allora colonnello Mori.

Insomma – come ricostruiscono sul «Fatto» Giuseppe Lo Bianco e Sandra Rizza – ciò che avrebbe spinto Di Maggio ad accettare la nomina al Dap era il suo interesse «all'alleggerimento [del 41-bis, *nda*] di soggetti che in qualche modo collaboravano: non formalmente, ma come confidenti». E chi erano gli amici di Di Maggio? «Essendo figlio di un maresciallo dei carabinieri – prosegue D'Ambrosio – aveva dell'Arma un'altissima considerazione e aveva rapporti di conoscenza con molti suoi ufficiali, tra questi il col. Bonaventura, già stretto collaboratore di Dalla Chiesa, al pari degli ufficiali Ganzer, Mori, Di Petrillo e Pignero». Di Maggio, dunque, privilegiava la via del carcere: chiacchierando al telefono con Mancino, il consigliere del Quirinale parla anche di non meglio precisate «squadrette» nei bracci del 41-bis.

Ma c'è di più. Sempre al telefono con Mancino, D'Ambrosio collega quelle misteriose attività investigative nelle celle dei mafiosi con lo strano e presunto suicidio di Antonino Gioè, il boss trentasettenne di Altofonte coinvolto nella strage di Capaci, trovato impiccato con i lacci delle scarpe da tennis nella sua cella di Rebibbia il 29 luglio 1993 (due giorni dopo la strage di via Palestro a Milano e le bombe alle basiliche romane). Nei giorni precedenti aveva ricevuto strane visite di uomini dei servizi, anche stranieri. E, prima di morire, aveva lasciato una lettera-testamento in cui citava come «infiltrato dello Stato» Paolo Bellini, un confidente dei carabinieri, proveniente dal mondo dell'estrema destra. A quel suicidio D'Ambrosio dice a Mancino di non credere: «... Tant'è che poi fu ucciso... cioè morì... un'altra cosa che io non ho mai seguito bene... cioè mi ha sempre stupito... che Gioè si suicidò». E aggiunge che la sua morte è «un segreto che ancora ci portiamo appresso». Ora i pm vogliono sapere perché, parlando di Di Maggio, del 41-bis e delle carceri, D'Ambrosio abbia tirato fuori il caso Gioè. Il consigliere di Napolitano risponde: «Essendo lui [Di Maggio, *nda*] un "custodialista" forte [...], insomma che cosa in realtà è accaduto alle carceri in quel periodo? Questa la domanda che mi pongo io, la vera domanda, al di là del 41-bis. Questo suicidio così è strano, mi ha turbato, ecco, mi turbò allora nel '93 e mi turba tuttora. Mi turba, insomma, ci penso ogni tanto!».

Com'è evidente dalla progressione, dalle contraddizioni e dalle reticenze dei due interrogatori (epico quell'«io quando parlo di dpr non parlo di dpr»), il teste D'Ambrosio arriva a un passo dall'incriminazione per reticenza o addirittura per false dichiarazioni. Ma poi la sua posizione resta quella di testimone, a riprova dell'atteggiamento «garantista» tenuto dalla Procura di Palermo nei confronti del Quirinale: tutto il contrario di quello che racconterà la vulgata politico-mediatica. Resta il fatto che D'Ambrosio, sui traffici politico-ministeriali nei mesi cruciali della trattativa Stato-mafia, sa più di quel che dice. Almeno davanti ai magistrati, mentre con Mancino (e, come vedremo da una sua lettera autografa, anche con Napolitano) è molto più loquace.

Il consigliere espiatorio

Con le intercettazioni, l'intervista al «Fatto» e gli interrogatori di D'Ambrosio, ce ne sarebbe abbastanza per aprire un caso politico di enormi proporzioni, che in un altro paese potrebbe addirittura giustificare una richiesta di impeachment per il presidente (per molto meno, cioè per il caso Watergate, Richard Nixon lasciò la Casa bianca nel 1974). Invece in Italia l'intera classe politica – con l'eccezione di Grillo, Di Pietro e pochissimi altri – e l'intero mondo dell'informazione (con rarissime mosche bianche) fingono di non vedere, non sentire, non sapere e non capire. Si voltano dall'altra parte. Oppure rivoltano la frittata: chi incolpando la Procura di Palermo di inesistenti «abusi» ai danni del Quirinale; chi censurando la disinvoltura di D'Ambrosio per scagionare *in toto* Napolitano. Come se il consigliere agisse a titolo personale e all'insaputa del presidente.

Eppure basta leggere le trascrizioni delle sue telefonate con Mancino per sapere che D'Ambrosio afferma ripetutamente di muoversi in nome e per conto di Napolitano: «il presidente ha preso a cuore la questione» e si è «orientato a fare qualcosa»; «il presidente parlerà con Grasso nuovamente»; «mi ha detto di parlare con Grasso»; «parlava di vedere un secondo con Esposito»; suggeriva a Mancino di «parlare con Martelli»; scriveva al pg della Cassazione per «non mandare lei allo sbaraglio» e perché il pg «eserciti i suoi poteri nei confronti di Grasso», insomma «si decide insieme» e il presidente «sa tutto, e che non lo sa?».

Delle due l'una: o D'Ambrosio è un millantatore che fa dire a Napolitano cose mai dette, e allora andrebbe licenziato su due piedi; oppure dice la verità, e allora il primo responsabile delle sue azioni è proprio Napolitano, i cui ordini il consigliere si limitava a eseguire. La risposta arriva a stretto giro.

Il 18 giugno, nel pieno delle polemiche, D'Ambrosio – come rivelerà Napolitano tempo dopo – scrive al presidente una lettera riservata in cui gli offre le dimissioni. Ma l'indomani Napolitano, con un'altra missiva riservata, le respinge confermandogli «affetto e stima intangibili [...], neppure sfiorati dai tentativi di colpire lei per colpire me». E aggiunge: «Le sue condotte sono state ineccepibili; e assolutamente obiettiva e puntuale è la sua denuncia dei comportamenti perversi e calunniosi – funzionali a un esercizio distorto del proprio ruolo – di quanti, magistrati, giornalisti o politici, non esitano a prendere per bersaglio anche lei e me». Dunque il capo dello Stato non ha nulla da rimproverare a D'Ambrosio: ce l'ha «soltanto» con i magistrati di Palermo che hanno osato scoprire casualmente i traffici Quirinale-Mancino e con i pochissimi politici e giornali che si permettono di criticarlo.

Immoral dissuasion

Fra questi ultimi, non c'è soltanto «il Fatto». Almeno nei primi giorni – quando ancora la cronaca domina sul commento e sulla censura e il Quirinale non è ancora riuscito a coordinare il depistaggio mediatico – anche i cronisti della «Repubblica» stigmatizzano duramente l'uomo del Colle: «Dal Quirinale – scrivono Attilio Bolzoni e Salvo Palazzolo – D'Ambrosio seguiva ogni sviluppo dell'inchiesta sulla trattativa, sperava in un "coordinamento" che di fatto sfilasse ogni potere d'indagine ai pm siciliani e ragionava sul da farsi con Mancino [...]. Le telefonate intercettate stanno scoprendo un eccessivo attivismo al Quirinale sulla delicata inchiesta di Palermo e sfiorano più di una volta il nome di Giorgio Napolitano». Solo il fondatore Eugenio Scalfari si precipita a difendere l'indifendibile, con un videomessaggio registrato in fretta e furia per Repubblica Tv che costringe il quotidiano a un'impaginazione schizofrenica. Accanto all'articolo di Bolzoni e Palazzolo, appare un riquadro che dà conto dell'omelia scalfariana dal titolo *Scalfari: irresponsabili gli attacchi a Napolitano, c'è chi prende di mira lui per far cadere Monti.* Ma neppure il direttore Ezio Mauro la pensa così, anche se per evitare spiacevoli contrapposizioni affida il suo commento critico a un tweet: «Trattativa Stato-mafia, il paese deve sapere, inchiesta legittima. Consiglieri Quirinale imprudenti e impropri. No a leggi bavaglio».

La linea, insomma, è quella di scaricare D'Ambrosio e salvare il presidente, nella convinzione che il consigliere giuridico del Colle pagherà per tutti e verrà dimissionato. Beata ingenuità:

Napolitano non può scaricare D'Ambrosio, che non ha fatto altro che eseguire i suoi ordini. *Simul stabunt, simul cadent.*

Gli altri giornali intanto fanno finta di non vedere, o di non capire. «L'Unità», nel giorno in cui escono le intercettazioni, titola in prima pagina l'articolo di Claudia Fusani: *Severino: «Verità sulle stragi mafiose ma basta illazioni». Mancino e il Quirinale: nessuna violazione.* Anche i quotidiani di centrodestra, dal «Giornale» a «Libero», nascondono lo scandalo, forse per non guastare l'idillio fra Berlusconi e il Quirinale che l'ha appena salvato dalle elezioni anticipate con l'operazione Monti. Solo «Il Foglio» di Giuliano Ferrara, a destra, si occupa diffusamente del caso, ma per linciare Ingroia e gli altri magistrati di Palermo, e difendere a spada tratta le interferenze del Quirinale. Una solidarietà pelosa, da spendere alla prima occasione per invocare analoghi interventi del Colle anche in favore di Berlusconi.

Il «Corriere della Sera» adotta una strategia ancor più raffinata: i fatti separati dalle opinioni, nel senso che le opinioni prescindono totalmente dai fatti, anzi li cancellano o li ribaltano. Negli articoli di cronaca il quotidiano di via Solferino pubblica scrupolosamente le intercettazioni dello scandalo (con titoli del tipo: *«Adesso il presidente parlerà con Grasso». Il consigliere informava Mancino*). Ma poi affida i commenti al solito Pierluigi Battista, che ignora e addirittura nega l'evidenza per non disturbare i manovratori; e al costituzionalista Michele Ainis, che non vede nella condotta del Colle «nessuna interferenza, semmai un richiamo e una vigilanza doverosi. Esercitati in modo trasparente. Insomma una bolla di sapone». Le notizie sono abrogate per non disturbare la linea del giornale, cioè del Quirinale.

Oddio, hanno ascoltato The Voice

Il 21 giugno 2012 Napolitano chiede pubblicamente una legge contro le intercettazioni e la loro pubblicazione (la vecchia legge bavaglio Alfano, stoppata per mesi proprio dai veti del Colle e poi dai finiani): «Se da tanto tempo è all'attenzione del parlamento, vuol dire che si tratta di una questione che meritava già da tempo di essere affrontata e risolta sulla base di un'intesa la più larga possibile». Poi si fa scudo di «tutti coloro che sono intervenuti con seria conoscenza delle leggi e del diritto» per autoelogiare l'«assoluta correttezza del comportamento della presidenza della Repubblica ispirata soltanto a favorire la causa dell'accertamento della verità anche su quegli anni». Infine, non contento della quasi unanimità della stampa italiana in suo favore, attacca «alcuni quotidiani» che «riempiono pagine con conversazioni telefoniche intercettate in ordine a indagini in corso sugli anni della più sanguinosa strage di mafia», dandone «interpretazioni arbitrarie e tendenziose e talvolta perfino versioni manipolate». Accusa risibile, visto che i quotidiani si sono limitati a pubblicare i testi delle intercettazioni (addirittura in versione integrale sui siti web) e, in pochissimi casi, a trarne le dovute conseguenze.

Qualcuno si domanda perché mai il capo dello Stato invochi il bavaglio alla stampa, ora che le intercettazioni del suo consigliere sono già uscite sui giornali. La risposta arriva il 20 giugno quando «Panorama», il settimanale del gruppo Mondadori-Berlusconi, insufflato da una fonte di primissima mano, rivela ciò che Napolitano e Mancino già sanno, ma tutti gli altri italiani ancora no: e cioè che, intercettando le utenze di Mancino, i magistrati di Palermo sono incappati casualmente, involontariamente e pure inaspettatamente in alcune telefonate dirette tra l'ex ministro e Napolitano in persona. La notizia viene ripresa in prima pagina soltanto dal «Fatto Quotidiano», che parla di due conversazioni. Dal Colle, nessun commento.

Il 22 giugno, intervistato da «Repubblica», il pm di Palermo Nino Di Matteo spiega, senza violare alcun segreto: «Negli atti depositati non c'è traccia di conversazioni del capo dello Stato e questo significa che non sono minimamente rilevanti». A una domanda sulla sorte di tutte le telefonate non rilevanti, secretate e non depositate, Di Matteo risponde ancora una volta illustrando ciò che prevede in questi casi il Codice di procedura penale: «Noi applicheremo la legge in vigore. Quelle che dovranno essere distrutte con l'instaurazione di un procedimento davanti al gip saranno distrutte, quelle che riguardano altri fatti da sviluppare saranno utilizzate in altri procedimenti».

Se ne desume che le telefonate con la voce del presidente sono già state giudicate dai pm penalmente irrilevanti e dunque secretate, neppure trascritte e stralciate dal fascicolo appena chiuso. La procura le conserva in cassaforte e ne chiederà al gip la distruzione nella rituale udienza camerale, alla presenza degli avvocati. I quali, come prevede la legge (articolo 269 del Codice di procedura penale), avranno il diritto di ascoltarle per valutarvi eventuali elementi utili alla difesa dei loro assistiti. Se poi anch'essi le riterranno irrilevanti, il giudice le potrà distruggere.

Alla notizia che gli avvocati, come prevedono il Codice e i principi costituzionali del diritto alla difesa, del giusto processo e del contraddittorio, potranno ascoltare le sue conversazioni con Mancino, Napolitano perde la testa e comincia a cannoneggiare la Procura di Palermo. Il motivo è semplice. Gli avvocati, ascoltate le parole del presidente, potrebbero divulgarle a qualche giornalista, che a sua volta ne darebbe conto ai suoi lettori. E l'opinione pubblica verrebbe a sapere che cosa si sono detti Napolitano e Mancino. La qual cosa terrorizza l'uomo del Colle: chissà poi perché, visto che giura di non avere nulla da nascondere. A questo punto si scatena un impressionante fuoco di sbarramento sui magistrati palermitani, linciati dai sodali del presidente in parlamento, nelle tv e nei giornali proprio per avere seguito le procedure previste dal Codice, dalla legge e dalla Costituzione.

Corazzieri, all'assalto!

«Il Fatto Quotidiano», in beata solitudine, invita Napolitano e Mancino a divulgare subito il contenuto delle loro conversazioni, per evitare sospetti e soprattutto ricatti. Ma l'appello cade nel vuoto. Anzi suscita al Quirinale e tra i suoi supporter reazioni prima infastidite e poi furibonde, come se un'elementare richiesta di trasparenza fosse reato di lesa maestà.

A fine giugno, oltretutto, viene intercettata nell'inchiesta Finmeccanica una telefonata fra un potentissimo dirigente del colosso pubblico, Ignazio Moncada (definito dall'ex banchiere dello Ior Ettore Gotti Tedeschi «grandissimo burattinaio»), e l'ex ministro Giulio Tremonti. Quest'ultimo domanda a Moncada: «Le vuoi le intercettazioni Mancino-D'Ambrosio?». E aggiunge di possedere «il dvd completo». I due, interrogati dai pm di Napoli su quella conversazione, diranno che stavano scherzando.

La situazione potenzialmente ricattatoria è evidente a tutti. Ma tutti fingono di non vederla. Non solo: a reti, edicole e Camere unificate, la disinformazione organizzata ribalta la realtà di 180 gradi. Anziché indignarsi per il contenuto delle telefonate D'Ambrosio-Mancino, tutti iniziano a deplorare che esse siano finite sui giornali. E, anziché censurare gli abusi di potere del Colle contro la Procura di Palermo, un plotone di corazzieri di complemento si inventa un inesistente attacco della Procura di Palermo contro il Colle. Fingendo di ignorare che i magistrati hanno doverosamente intercettato il sospettato e poi indagato Mancino, si racconta che i pm siciliani avrebbero intercettato nientemeno che Napolitano, profanando il tempio sacro e inviolabile del Quirinale. The Voice non può essere ascoltato, registrato, valutato, pubblicato. Come il Re Sole.

Eugenio Scalfari, forse il giornalista più vicino a Napolitano dopo Cascella, spara a zero sui magistrati antimafia, inventandosi un nuovo Codice di procedura penale *ad hoc*, il Codex Scalfaritanus:

> Quando Mancino [...] chiese al centralino del Quirinale di metterlo in comunicazione col presidente, gli intercettatori avrebbero dovuto interrompere immediatamente il contatto. Non lo fecero [...]. Un gravissimo illecito... ancor più grave quando il nastro fu consegnato ai sostituti procuratori i quali lo lessero, poi dichiararono che la conversazione risultava irrilevante ai fini processuali, ma anziché distruggerlo lo conservarono in cassaforte [...]. Grave infrazione compiuta dalla procura la quale deve sapere che il capo dello Stato non può essere né indagato né intercettato né soggetto

> a perquisizione [...]. Si tratta di norme elementari della Costituzione e trovo stupefacente che né i procuratori interessati, né i giudici, né i magistrati preposti al rispetto della legge, né gli opinionisti esperti in diritto costituzionale abbiano detto una sola sillaba.

Purtroppo le ricerche delle «norme elementari della Costituzione» che imporrebbero all'«intercettatore» di fermare le macchine appena l'intercettato chiama il Quirinale, si riveleranno vane. Così come quelle della figura dell'«intercettatore». Lo spiega a Scalfari uno stupefatto procuratore Messineo: quando il pm chiede e il gip dispone di intercettare i telefoni di Tizio, nessuno può sapere chi chiamerà o da chi verrà chiamato Tizio. E l'«intercettatore» esiste solo nella *Concessione del telefono* di Andrea Camilleri, roba da fine Ottocento: oggi c'è un'apparecchiatura leggermente più avanzata, che registra in automatico l'intero traffico in partenza e in arrivo su una linea telefonica per tutta la durata del decreto (un mese e mezzo). Per legge nessuno – né l'agente, né il pm – può distruggere alcunché prima che lo decida il gip, a fine indagine, dopo aver messo a disposizione delle parti interessate tutto il materiale, penalmente rilevante o irrilevante. Questo per evitare che venga eliminata una telefonata utile al pm o alla difesa. Lo sa benissimo lo stesso D'Ambrosio, che infatti ha subito chiesto alla Procura di Palermo le trascrizioni di tutte le sue telefonate con Mancino. E lo stesso può fare, volendo, Napolitano.

Quanto alla Costituzione, sventolata da Scalfari, l'articolo 90 che regola le prerogative del presidente dice soltanto che:

> Il presidente della Repubblica non è responsabile degli atti compiuti nell'esercizio delle sue funzioni, tranne che per alto tradimento o per attentato alla Costituzione. In tali casi è messo sotto accusa dal parlamento in seduta comune, a maggioranza assoluta dei suoi membri.

Cioè, al di fuori delle sue funzioni, il presidente è responsabile e perseguibile come ogni altro cittadino. E in ogni caso la

Procura di Palermo – con buona pace di Scalfari – non l'ha né «indagato», né «intercettato», né perquisito, visto che si occupa di Mancino e non di lui.

Ernesto Galli della Loggia, sul «Corriere della Sera», scrive che la trattativa Stato-mafia è solo «supposta» (anche se ormai certificata da numerose sentenze definitive), le pressioni del Quirinale sono «presunte», dunque le polemiche sono «infondate». Invece il «dato centrale» dello scandalo telefoni è «lo stato d'animo di Mancino»: l'ex ministro «non è per nulla tranquillo». Anzi «è posseduto da un'inquietudine angosciosa, molto simile alla paura», «paura di essere "incastrato" dai magistrati che conducono l'indagine, ma di diventare vittima di qualche loro "teorema", di un loro partito preso che lo trasformi da testimone in imputato». L'idea che Mancino sia preoccupato perché sa di non avere detto tutta la verità non sfiora neppure l'illustre politologo, il quale aggiunge che la paura di Mancino non è «un mero fatto personale», ma nientemeno che «la spia di una condizione generale del paese». Chissà che gente frequenta Galli della Loggia, se è convinto che sessanta milioni di italiani abbiano la stessa paura di Mancino. Paura delle tasse, delle banche, della disoccupazione, della criminalità, di non arrivare a fine mese? No, paura dei magistrati che passano il tempo a «incastrare» il primo che passa per poterlo coinvolgere nella trattativa Stato-mafia, per giunta «supposta». La conclusione è irresistibile: «Alzi la mano chi, nelle sue condizioni, non avrebbe gli stessi timori». Dicano la verità, i lettori del «Corriere della Sera»: chi di essi non ha mai temuto di essere incastrato nella trattativa Stato-mafia?

Non bastando Scalfari, su «Repubblica» scende in pista anche il politologo Carlo Galli (futuro deputato del Pd), che si segnala per altre perle di rara saggezza. A suo dire, Napolitano sarebbe stato «aggredito, sospettato, calunniato, infangato, fatto oggetto di distorsioni interpretative in perfetta malafede e con spaventoso cinismo». Proprio lui che è il «perno e garante degli equilibri politici, sostegno all'attività di governo, baricentro della Repubblica, investito dalla stima di tutti i politici del mondo e di tutti i cittadini italiani». Ragion per cui chi osa criticarlo «gioca allo sfascio», anzi compie un «attentato alla democrazia». «La Repubblica» dovrebbe almeno rimuovere dagli archivi la campagna del 1991 per l'impeachment al presidente Francesco Cossiga, che vide protagonista Scalfari insieme al Pds, in cui naturalmente militava Giorgio Napolitano.

Coopera agli sforzi di difendere l'indifendibile anche «Il Tempo» diretto da Mario Sechi, che titola: *L'onda del fango non tocca il Colle* e *Il fango non piega Napolitano* (temeraria sfida alle leggi della fisica: come potrebbe il fango, materia molliccia quant'altre mai, piegare alcunché?).

Stefano Folli, sul «Sole 24 Ore», porta il suo fattivo contributo: «Le intercettazioni non si sono fermate nemmeno davanti al telefono del presidente della Repubblica» per «tenerlo sotto pressione». Ecco: le cimici complottiste infilate nel telefono di Mancino avrebbero dovuto avere la sensibilità istituzionale di spegnersi da sole appena captata la voce del Presidentissimo. Invece rimasero golpisticamente accese. Tutte le microspie d'Italia sono pregate di prendere buona nota ed eseguire la direttiva Folli senza fiatare, ma soprattutto senza registrare.

Marcello Sorgi, sulla «Stampa», sottolinea con grave sprezzo del ridicolo «la solitudine del Colle»: «A questo siamo. Si stenta a crederci, ma è così: poiché schierarsi con le istituzioni si sta rivelando elettoralmente poco conveniente, pur di non correre il rischio dell'impopolarità, Napolitano, in pratica, viene lasciato solo a difendersi». Solo in compagnia di «Repubblica», «Corriere della Sera», «l'Unità», «Il Tempo», «Il Messaggero», «Il Mattino», «Il Sole 24 Ore», «La Stampa», «Il Foglio», Tg1, Tg2, Tg3, Tg4, Tg5, *Studio Aperto* e tutti i partiti tranne l'Idv e i 5 Stelle. Beata solitudine.

Luciano Violante, responsabile del Pd per le riforme istituzionali, smaschera i mandanti dell'orrendo complotto per rovesciare il presidente: «Di Pietro, Grillo, Travaglio e parte del suo giornale sono un blocco politico-mediatico che gioca sul disagio popolare», «aggredisce il Quirinale» ai «fini della conquista del potere» e «usa una parte del mondo giudiziario come una clava per realizzare un progetto distruttivo» e «abbattere i pilastri istituzionali»: «un serio problema democratico» che minaccia «la tenuta economica dell'Italia». Manca soltanto la richiesta di arresto per i tre terroristi.

Sul «Corriere della Sera», si dà da fare anche il presidente emerito della Consulta Valerio Onida, che tenta di smontare l'inchiesta negando addirittura la competenza dei pm di Palermo a indagare sugli ex ministri Mancino e Conso, imputati per aver testimoniato il falso. La procura – sostiene l'emerito – «deve trasmettere gli atti entro 15 giorni, "omessa ogni indagine", al Tribunale dei ministri» per «l'archiviazione o l'autorizzazione a procedere della Camera competente». E pazienza se i due ex ministri sono indagati per aver mentito sotto giuramento nel 2011-12, quando non erano più ministri da quasi vent'anni, ma due semplici pensionati. Evidentemente per Onida un ministero è per sempre, come un diamante. Secondo il famoso principio costituzionale del «lei non sa chi ero io». A questo punto urge ribattezzare il Tribunale dei ministri «Tribunale degli ex ministri».

Pur di dare ragione a Napolitano, Scalfari – che vanta una «laurea in Giurisprudenza nel 1946 con il voto di 110 e lode» – scova una sentenza della Consulta che taglierebbe la testa al toro e sancirebbe una volta per tutte il «gravissimo illecito» commesso dai magistrati di Palermo intercettando sul telefono di Mancino le conversazioni con Napolitano: la n. 135 del 24 aprile 2002. Purtroppo basta un rapido controllo per verificare che il decisivo verdetto riguarda il caso di una discoteca di Alba (Cuneo), in cui furono nascoste dagli inquirenti alcune microspie e telecamere per immortalare «i rapporti sessuali tra i clienti e le ballerine dell'esercizio». Dopodiché «il gestore del locale fu sottoposto ad arresti domiciliari» per «favoreggiamento e sfruttamento della prostituzione». Ne nacque un'intricata controversia giuridica fra i vari magistrati interessati al caso a proposito di chi dovesse autorizzare le telecamere, visto che la saletta dove si svolgevano i convegni carnali era un «luogo di privata dimora». Nessun accenno alle prerogative del capo dello Stato invocate da Napolitano e Scalfari. Anche perché il contesto della discoteca, della lap dance e delle cene eleganti con allegri dopocena parrebbe più confacente a Berlusconi che a Napolitano e a Mancino. Insomma, un'altra patacca per intorbidare le acque.

L'upupa e il cinghialotto

Non contento dei servigi già resi, Scalfari si reca personalmente nella tenuta presidenziale estiva di Castelporziano per portare i suoi conforti a Napolitano. Il viaggio – raccontato su «Repubblica» il 5 luglio – è quantomai accidentato e irto di insidie: «Un cinghialotto ci passa davanti e scompare nel folto del bosco». Non solo: «Sulle strisce di prato ai lati del viale saltella qualche merlo e un'upupa. L'"ilare uccello" cammina impettito con la piccola cresta sul capo. Sarà pure ilare, io invece sono preoccupato». Poi, finalmente, ecco Sua Maestà. Scalfari, nonostante la lunga dimestichezza, ne è visibilmente intimorito: «Chiedo il permesso di togliermi la giacca». Il Sovrano, magnanimamente, acconsente. «Lui m'aiuta a sfilarmela. Indossa una maglietta azzurra.»

A questo punto, con un colpo di reni e scevro da ogni timore reverenziale, Scalfari spara a bruciapelo la domanda delle cento pistole: «Non posso esimermi dal chiedergli le sue reazioni a una vera e propria campagna che è stata lanciata contro di lui partendo da telefonate al Quirinale, che sono state intercettate, dell'ex ministro e vicepresidente del Csm Nicola Mancino». Per la verità non era solo Mancino a chiamare, ma anche il consigliere D'Ambrosio, che però, per carità di patria, scompare dalla scena. La domanda comunque si rivela inutile, visto che contiene già in sé la risposta, a opera dello stesso intervistatore che fa tutto da solo: «Napolitano è intervenuto direttamente, ha fornito i chiarimenti che gli erano stati richiesti da varie parti e ha messo per quanto lo riguarda la parola fine a quella polemica "costruita sul nulla"».

Per la verità, all'unico giornale che gli aveva chiesto chiarimenti («il Fatto»), ha mandato a dire dal suo portavoce che non intendeva rispondere. Ora però avrebbe la grande occasione di illustrare finalmente quale norma costituzionale, legge ordinaria, articolo, comma o codicillo conferisca al presidente il potere di fare ciò che ha fatto. Ma purtroppo la curiosità rimane delusa: «La correttezza dei miei comportamenti – esala Napolitano con un fil di voce, messo all'angolo dall'irruenza dell'intervistatore – ha trovato il più largo riconoscimento». In realtà ci sarebbero anche alcuni giuristi e commentatori, da Zagrebelsky a Cordero, da Barbara Spinelli a Bruno Tinti, che hanno censurato con parole durissime quei comportamenti. Ma, per Scalfari e Napolitano, non contano: conta solo chi applaude.

Il resto è una frizzante lezione di educazione civica sui poteri del presidente, elencati puntigliosamente (manca quello di coordinare le indagini, inspiegabilmente dimenticato), una croccante e attualissima discussione sul governo Pella e la nomina del ministro del Commercio estero Bresciani-Turroni nel 1953. Poi un accenno a Clio, la first lady che fuma e sta buttando la pasta. Resta da parlare, nell'ordine, di: Sraffa, Gramsci, Amendola, Gobetti, Einaudi, l'Europa, la Costituente, l'antipolitica, Keynes, le vacanze. Napolitano dice che conta «i giorni alla rovescia fino al maggio del '13». Scalfari minaccia: «Tu sai come la penso» (lo vorrebbe lì altri sette anni). Ma per fortuna il presidente-monarca lo «ferma subito». La sola idea di altri sette anni al Quirinale col cinghialotto alle calcagna, l'upupa sul davanzale e Scalfari in salotto, atterrisce anche lui. Meglio abdicare.

Lo Stato contro lo Stato

Allarmato e offeso dalla sola idea che le sue conversazioni con Mancino possano essere ascoltate da comuni mortali (gli avvocati difensori), Napolitano attiva subito l'Avvocato generale dello Stato, Francesco Caramazza. Il quale il 27 giugno scrive al procuratore capo di Palermo Francesco Messineo:

> Illustre procuratore, nel quotidiano «la Repubblica» del 22 giugno è stata pubblicata un'intervista [al pm Di Matteo, *nda*] [...]

> dalla cui risposta emerge che sarebbero state intercettate conversazioni telefoniche del presidente della Repubblica, allo stato considerate irrilevanti, ma che la Procura di Palermo si riserverebbe di utilizzare. [...] In presenza di tale notizia di stampa, il segretario generale della presidenza della Repubblica ha dato mandato al mio Istituto di indirizzarle la presente lettera per chiedere una conferma o una smentita di quanto risulta dall'intervista, acciocché la presidenza della Repubblica possa valutare l'adozione delle iniziative del caso.

Il 6 luglio Messineo risponde con due lettere, una sua e una del pm Di Matteo. Questi spiega di aver risposto a una generica domanda con «l'ovvio richiamo alla corretta applicazione della normativa in tema di utilizzo degli esiti delle attività di intercettazione telefonica». Messineo aggiunge:

> Le comunico che questa procura, avendo già valutato come irrilevanti ai fini del procedimento qualsivoglia eventuale comunicazione telefonica in atti diretta al capo dello Stato, non ne prevede alcuna utilizzazione investigativa o processuale, ma esclusivamente la distruzione da effettuare con l'osservanza delle formalità di legge.

Se dunque qualche equivoco poteva essere nato dall'accenno del pm a un eventuale utilizzo di telefonate in altri procedimenti, Messineo provvede a dissiparlo: la procura chiederà che le telefonate Mancino-Napolitano siano distrutte, come stabilisce il Codice, nell'apposita udienza dinanzi al gip, previo eventuale ascolto da parte degli avvocati difensori. Ma è proprio la confermata garanzia di «osservanza delle formalità di legge» che, anziché rassicurare il Quirinale sull'assoluta legittimità delle decisioni della procura, fa definitivamente saltare la mosca al naso a Napolitano. Il quale tiene a precisare che pretende lui stesso tutta «la verità su torbide ipotesi di trattative» (ma torbide semmai sono le trattative, che non sono affatto ipotesi).

Il 16 luglio, a tre giorni dal ventesimo anniversario della strage di via d'Amelio, Napolitano si scrive e si firma da solo un «decreto del presidente della Repubblica» per sollevare un conflitto di attribuzioni fra poteri dello Stato contro la Procura di Palermo dinanzi alla Consulta (piena di amici suoi e/o di nominati da lui), con l'accusa di aver osato prima ascoltare, poi valutare e infine non distruggere le sue telefonate con Mancino, con conseguente «lesione» delle sue «prerogative costituzionali».

Decreto del presidente della Repubblica
PREMESSO che, nell'ambito di procedimento penale pendente dinanzi alla Procura della Repubblica presso il Tribunale ordinario di Palermo, sono state captate conversazioni del presidente della Repubblica nel corso di intercettazioni telefoniche effettuate su utenza di altra persona;
PRESO ATTO che il procuratore della Repubblica presso il Tribunale di Palermo, in risposta a richiesta di notizie formulata il 27 giugno 2012 dall'Avvocato generale dello Stato, ha riferito, il successivo 6 luglio, che «questa procura, avendo già valutato come irrilevante ai fini del procedimento qualsivoglia eventuale comunicazione telefonica in atti diretta al capo dello Stato non ne prevede alcuna utilizzazione investigativa o processuale, ma esclusivamente la distruzione da effettuare con l'osservanza delle formalità di legge»;
PRESO ATTO altresì che, con nota diffusa il 9 luglio 2012 e con lettera al quotidiano «la Repubblica» pubblicata l'11 luglio 2012, il procuratore della Repubblica ha ulteriormente affermato tra l'altro, sempre con riferimento alle indicate intercettazioni, che «in tali casi alla successiva distruzione della conversazione legittimamente ascoltata e registrata si procede esclusivamente previa valutazione della irrilevanza della conversazione stessa ai fini del procedimento e con la autorizzazione del giudice per le indagini preliminari, sentite le parti»;
CONSIDERATO che la Procura della Repubblica presso il Tribunale di Palermo, dopo aver preso cognizione delle conversazio-

ni, le ha preliminarmente valutate sotto il profilo della rilevanza e intende ora mantenerle agli atti del procedimento perché esse siano dapprima sottoposte ai difensori delle parti ai fini del loro ascolto e successivamente, nel contraddittorio tra le parti stesse, sottoposte all'esame del giudice ai fini della loro acquisizione ove non manifestamente irrilevanti;
RITENUTO che, a norma dell'articolo 90 della Costituzione e dell'articolo 7 della legge 5 giugno 1989, n. 219 – salvi i casi di alto tradimento o attentato alla Costituzione e secondo il regime previsto dalle norme che disciplinano il procedimento di accusa –, le intercettazioni di conversazioni cui partecipa il presidente della Repubblica, ancorché indirette od occasionali, sono invece da considerarsi assolutamente vietate e non possono quindi essere in alcun modo valutate, utilizzate e trascritte e di esse il pubblico ministero deve immediatamente chiedere al giudice la distruzione;
OSSERVATO che comportano lesione delle prerogative costituzionali del presidente della Repubblica, quantomeno sotto il profilo della loro menomazione, l'avvenuta valutazione sulla rilevanza delle intercettazioni ai fini della loro eventuale utilizzazione (investigativa o processuale), la permanenza delle intercettazioni agli atti del procedimento e l'intento di attivare una procedura camerale che – anche a ragione della instaurazione di un contraddittorio sul punto – aggrava gli effetti lesivi delle precedenti condotte;
RILEVATO che «è dovere del presidente della Repubblica di evitare si pongano, nel suo silenzio o nella inammissibile sua ignoranza dell'occorso, precedenti, grazie ai quali accada o sembri accadere che egli non trasmetta al suo successore immuni da qualsiasi incrinatura le facoltà che la Costituzione gli attribuisce» (Luigi Einaudi);
ASSUNTA, conseguentemente, la determinazione di sollevare formale conflitto di attribuzione dinanzi alla Corte costituzionale, ai sensi dell'articolo 134 della Costituzione, avverso la decisione della Procura della Repubblica presso il Tribunale ordinario di Palermo di valutare la rilevanza di conversazioni del presidente della Repubblica e di mantenerle agli atti del procedimento pena-

le perché, nel contraddittorio tra le parti, siano successivamente sottoposte alle determinazioni del giudice ai fini della loro eventuale acquisizione,

DECRETA

la rappresentanza del presidente della Repubblica nel giudizio per conflitto di attribuzione indicato nelle premesse è affidata all'Avvocato generale dello Stato.

Roma, 16 luglio 2012

Mai, nella storia della Repubblica, s'era visto nulla del genere. Mai un capo dello Stato in carica aveva trascinato un'autorità giudiziaria dinanzi alla Consulta (lo fece soltanto Cossiga, come vedremo, ma dopo aver lasciato il Quirinale). E soltanto un'altra volta un presidente della Repubblica aveva sollevato un conflitto di attribuzioni con un altro potere dello Stato: Carlo Azeglio Ciampi contro il ministro della Giustizia Roberto Castelli che – come abbiamo visto – rifiutava di istruire la pratica per la grazia a Ovidio Bompressi.

Il presidente Pinocchio

Una mossa così violenta e azzardata non fa che ingigantire i sospetti di chi pensa che, nelle parole di Napolitano rimaste top secret, ci sia la prova di condotte scorrette: dal punto di vista non penale (i pm le hanno definite «irrilevanti»), ma etico-politico-istituzionale. E lui dà mostra di rendersene conto. Tant'è che, nel tentativo di spiegare l'inaudito conflitto e di allontanare il sospetto di difendere un interesse personale, incappa nella classica *excusatio non petita, accusatio manifesta.* E cioè la citazione di Luigi Einaudi sul dovere di trasmettere «al suo successore immuni da qualsiasi incrinatura le facoltà che la Costituzione gli attribuisce». Purtroppo due precedenti specifici sbugiardano platealmente la temeraria giustificazione del presidente. E dimostrano che in gioco non c'è alcuna prerogativa costituzionale, ma il segreto sul contenuto di conversazioni imbarazzanti.

Il primo risale al 1993, in piena Tangentopoli. La Procura di Milano intercetta l'amministratore delegato della Banca Popolare di Novara, Carlo Piantanida, indagato per bancarotta della finanziaria svizzera Sasea. Piantanida parlava anche con l'allora presidente Scalfaro, che gli preannunciava un «ricambio» ai vertici della sua banca dopo aver parlato con il governatore di Bankitalia, Antonio Fazio. La conversazione («legittimamente intercettata su un'altra utenza» precisa il procuratore Francesco Saverio Borrelli) non solo viene trascritta, ma depositata agli atti del processo Sasea a disposizione delle parti, anche se per la procura è «penalmente irrilevante». Tant'è che – diversamente da quelle fra Napolitano e Mancino, non trascritte, non depositate e non desecretate a Palermo – viene poi pubblicata dal «Giornale» nel febbraio del 1997. A quel punto Cossiga, senatore a vita, chiede spiegazioni al ministro della Giustizia, Giovanni Maria Flick, che risponde in Senato criticando i magistrati per non avere stralciato la telefonata (non certo per averla ascoltata e valutata), ma aggiungendo che la sua è solo una possibile «interpretazione sistematica» della Costituzione, che per giunta «non trova riferimenti letterali nei codici». Tant'è che il Csm apre un'istruttoria sulla condotta dei pm di Milano e subito la archivia. Insomma, emerge un vuoto normativo a proposito della destinazione delle intercettazioni indirette e casuali del capo dello Stato, che però dal 1997 in poi nessun parlamento e nessun governo deciderà mai di colmare. Lasciando dunque intatte le regole vigenti. Anche perché Scalfaro si guarda bene dal polemizzare con la Procura di Milano quando le sue parole finiscono sul «Giornale». E, a maggior ragione, dal sollevare conflitti di attribuzioni contro i magistrati. Forse perché non ha nulla da nascondere.

Il secondo precedente riguarda proprio Napolitano. All'inizio di aprile del 2009 la Procura di Firenze, che indaga sulla cricca della Protezione civile e delle grandi opere per gli appalti truccati e gonfiati all'isola della Maddalena in vista del vertice G8, intercetta il sottosegretario Guido Bertolaso. Il quale, nei giorni del terremoto dell'Aquila, parla anche con il presidente

Napolitano, ansioso di avere notizie sulla sorte delle vittime. Si tratta di intercettazioni penalmente irrilevanti sia per i pm, sia verosimilmente per gli avvocati difensori. Eppure la Procura di Firenze e poi quella di Perugia (che eredita il fascicolo per competenza) decidono di non chiederne la distruzione, di non stralciarle e di non secretarle. Anzi, le fanno trascrivere, le depositano alle parti e poi le allegano agli atti del dibattimento, rendendole conoscibili da tutti. Ora, per coerenza, se la lesione delle prerogative presidenziali si consuma nel momento stesso in cui il magistrato ascolta, valuta e non fa distruggere le bobine con le parole del presidente intercettato indirettamente, Napolitano avrebbe dovuto sollevare un conflitto di attribuzioni contro le Procure di Firenze e Perugia, e anche contro i rispettivi gup e giudici di tribunale, tre anni prima di attivare quello contro Palermo. Perché non l'ha fatto? Forse perché, quella volta, non aveva nulla da nascondere. Anzi, faceva pure bella figura, con i terremotati e con tutti gli italiani.

E proprio qui casca l'asino. Cioè crolla rovinosamente la ragione di principio sbandierata da Napolitano a sostegno del conflitto d'attribuzioni contro i pm di Palermo. Che non è quella di tutelare e trasmettere intatte al successore le prerogative presidenziali, come lui dice tirando in ballo l'incolpevole Einaudi. Ma, molto più prosaicamente, stendere un velo pietoso sul contenuto delle sue chiacchierate con Mancino.

E così, pur di ottenere il suo scopo, il Quirinale non esita ad accusare i magistrati più esposti e a rischio d'Italia, impegnati ogni giorno nel contrasto a Cosa nostra, già sfuggiti a progetti di attentato, di avere violato la Costituzione. Un addebito gravissimo che getta una macchia indelebile sulla loro reputazione e sulla loro carriera, oltre a isolarli in un momento così cruciale e ad aprire la strada a procedimenti disciplinari e addirittura penali nei loro confronti.

Infatti il 2 agosto 2012 il pg della Cassazione, Gianfranco Ciani, sempre così solerte dinanzi alle sollecitazioni quirinalizie, avvia le pratiche per un'azione disciplinare contro Di Matteo (per l'intervista a «Repubblica») e Messineo (per non aver denunciato il collega al Csm). Allora «il Fatto Quotidiano» lancerà una petizione tra i lettori in difesa dei magistrati siciliani attaccati e isolati dalle istituzioni, raccogliendo oltre 150.000 firme in meno di un mese. Per giunta, quello di agosto.

M'illumino d'incenso

Un minuto dopo il decreto che solleva il conflitto, Napolitano viene avvolto da una nuvola d'incenso. Esperti del diritto e del rovescio dimenticano le leggi, i codici, la Costituzione, perfino la logica, la decenza e il senso del ridicolo pur di dare ragione al nuovo Intoccabile, Insospettabile, Insindacabile, Irresponsabile, Inintercettabile, Inascoltabile, Ineffabile.

L'ex presidente della Consulta Ugo De Siervo scrive sulla «Stampa» che «alcune volte le intercettazioni non sono affatto casuali». Lo ripete un altro emerito, Cesare Mirabelli: «Non si può usare un'intercettazione indiretta per aggirare il divieto di intercettare il capo dello Stato». Cioè: i pm di Palermo avrebbero intercettato Mancino già sapendo che avrebbe chiamato Napolitano per chiedere aiuto contro i pm che indagavano su di lui, e che Napolitano anziché mandarlo a quel paese si sarebbe adoperato per favorirlo. Evidentemente De Siervo e Mirabelli nutrono un'opinione piuttosto negativa di Mancino e soprattutto di Napolitano.

De Siervo sostiene poi che «le conversazioni riservate del presidente dovrebbero essere immediatamente eliminate, anche ove casualmente raccolte». Lo ripete Ainis sul «Corriere»: «I nastri vanno subito distrutti, senza farli ascoltare alle parti processuali. [...] È difficile accettare che sia un giudice a esprimersi sulla rilevanza stessa dell'intercettazione». E così l'avvocato Paola Severino, ministra della Giustizia: «Qualsiasi sia la decisione della Corte sul conflitto di attribuzione, l'importante è mantenere la segretezza intorno al contenuto di telefonate che possano riguardare persone istituzionalmente protette per il ruolo che svolgono» per «evitare che le conversazioni del presidente possano essere rese pubbliche». E così pure l'avvocato Franco Coppi: «La frittata è stata fatta nel momento in cui è stata proposta l'udienza davanti al gip per procedere alla distruzione delle intercettazioni».

Par di sognare. Secondo l'articolo 111 della Costituzione, «il processo penale è regolato dal principio del contraddittorio nella formazione della prova». È una garanzia per tutti: difesa, accusa e parti civili. Ciò che per il pm è irrilevante può essere rilevante per un indagato. Perciò non può essere il pm, ma dev'essere il giudice, nel contraddittorio fra le parti, a decidere se un'intercettazione vada distrutta oppure no. Altrimenti l'indagato può essere danneggiato e, volendo, chiedere di invalidare il processo. Non solo: se anche fosse vero che le parole di Napolitano non possono essere valutate dal giudice perché il presidente è sempre insindacabile, anche fuori dall'esercizio delle sue funzioni (e così non è), le parole di Mancino possono e devono essere valutate eccome. Invece i garantisti a intermittenza e persino gli avvocati famosi vorrebbero vietare il contraddittorio, imporre al pm di bruciare tutto subito nel segreto della sua stanza, senza render conto a nessuno, cioè tornare al processo inquisitorio.

Ci sono poi i corazzieri-pompieri che, non volendo scontentare Napolitano ma neppure passare per nemici dei magistrati, si esercitano in acrobatici esercizi di equilibrismo per minimizzare lo scontro aperto del Quirinale contro la Procura di Palermo. Carlo Galli su «Repubblica» sostiene che «si tratta di una questione difficile», dunque «è giusto lasciare alla Consulta il compito di decidere». Massimo Luciani sull'«Unità» sdrammatizza: «L'iniziativa di Napolitano serve a prevenire qualunque dubbio futuro. A questo punto era inevitabile. [...] Sarà la Corte costituzionale a regolare un delicato dissidio istituzionale». Valerio Onida, sul «Corriere», riduce il tutto a una disputa accademica: «Quella del Quirinale è un'iniziativa volta a fare chiarezza [...] per dire qual è la via corretta da seguire in base alla legge nel rapporto fra i due poteri». Emanuele Macaluso, sempre sul «Corriere», è sulla stessa linea emolliente: «Basta con questo battere e ribattere di giuristi. Il presidente si rimette al giudizio della Corte». Enrico Letta, vicesegretario del Pd, fa lo gnorri: «Iniziativa più che opportuna che porterà chiarezza ed eviterà in futuro contraddizioni e pericolosi conflitti fra poteri dello Stato». Insomma, non è successo niente. Tanto rumore per nulla. Una semplice, innocente divergenza di opinioni fra il Colle e la procura, dovuta a un «vuoto normativo», da affidare serenamente alla Consulta che stabilirà chi ha ragione e chi ha torto. E tutti vivranno felici e contenti.

Troppo comodo. Intanto l'espressione stessa «conflitto di attribuzioni» chiarisce già che non è nulla di pacifico. E poi, se ci fosse un vuoto o un'imprecisione normativa, il Quirinale avrebbe dovuto usare un altro strumento per investire la Consulta: per esempio chiedere a Mancino di proporre al gup di sollevare un'eccezione di incostituzionalità sulla norma col buco. Non certo il conflitto di attribuzioni che accusa i pm di un illecito gravissimo, da colpo di Stato (la lesione delle prerogative del capo dello Stato). Ma soprattutto: se c'è un vuoto normativo, vuol dire che la Procura di Palermo ha rispettato la legge esistente, non potendo violare una legge ancora inesistente. E allora di quale conflitto si va cianciando? Infatti molti magistrati interpellati – da Gerardo D'Ambrosio a Felice Casson al consigliere del Csm Antonello Racanelli – dichiarano che, al posto dei pm di Palermo, si sarebbero comportati nello stesso modo, codice alla mano.

È una fortuna, per Napolitano, che Luigi Einaudi non possa smentirlo. Perché è altamente improbabile che, trovandosi nei suoi panni, lo statista piemontese avrebbe dato retta e corda a un Mancino qualsiasi.

Infarto di Stato

Il 26 luglio muore improvvisamente d'infarto, a sessantaquattro anni, Loris D'Ambrosio. Il consigliere del Colle, informano i giornali, era da tempo cardiopatico e le polemiche che l'hanno coinvolto negli ultimi tempi l'avevano sottoposto a un surplus di stress. Napolitano e i corazzieri si adoperano subito sciacallescamente per trasformare l'infarto in un omicidio da addossare a chi ha criticato gli errori di D'Ambrosio (e del suo superiore). E per seppellire, insieme alla salma, i fatti gravissimi emersi dalle intercettazioni. Dice il capo dello Stato a cadavere ancora caldo:

> Atroce è il rammarico per una campagna violenta e irresponsabile di insinuazioni ed escogitazioni ingiuriose cui era stato di recente pubblicamente esposto senza alcun rispetto per la sua storia e la sua sensibilità di magistrato intemerato, che ha fatto onore alla amministrazione della giustizia.

Nemmeno una parola di autocritica per aver esposto D'Ambrosio in quell'imbarazzante ruolo di *trait d'union* fra sé e Mancino, e poi per non averlo sciolto dal vincolo del segreto perché potesse spiegare fino in fondo il suo comportamento: cioè per le uniche e vere cause dello scandalo che ha travolto il consigliere.

Una promessa o una minaccia?

Il 10 agosto, di ritorno a Roma dalle vacanze a Stromboli, Napolitano colloquia con l'amica inviata dell'«Unità» Marcella Ciarnelli, che al solito pende dalle sue labbra. E le affida dichiarazioni di epocale importanza. Tipo questa: «Parto dopo un soggiorno di poco più di otto giorni, più o meno come lo scorso anno». Fissata con esattezza la durata della vacanza, resta da chiarire l'esatto stato d'animo del capo dello Stato: la solerte intervistatrice lo descrive basculante fra il «piacere» per la «schiarita nei rapporti tra il governo e le forze politiche che lo sostengono» e l'«inquietudine» cagionata dal «non vedere ancora vicine a un approdo le discussioni che procedono attraverso continui alti e bassi su una nuova legge elettorale, mentre rimane ancora bloccato il progetto di sia pure delimitate modifiche costituzionali che era stato concordato prima di un'improvvisa virata sul tema così divisivo di un improvvisato cambiamento in senso presidenzialistico della Costituzione». Almeno è certo che il presidente gode di un formidabile apparato respiratorio, se riesce a pronunciare frasi di questa portata senza prender fiato. Il colloquio è purtroppo interrotto da un bambino che «gli porge una foto e si rammarica» perché l'autografo presidenziale «fatto con la biro l'anno scorso s'è scolorito». Ma è fortunato: «se ne guadagna subito un altro». Due autografi in due anni, slurp.

Per carità di patria, o forse per un'improvvisa amnesia, la giornalista evita domande sullo scandalo che terremota le istituzioni da due mesi: l'inchiesta sulla trattativa Stato-mafia. Ampio spazio invece alle Grandi Riforme: Napolitano auspica «sia pure delimitate modifiche costituzionali» (ma non dovrebbe trasmettere la Costituzione intatta al successore, come diceva il suo ignaro «maestro» Einaudi?). Poi sollecita la nuova legge elettorale con una promessa che somiglia tanto a una minaccia: «Rientrando a Roma, seguirò più da vicino il processo che dovrebbe portare all'attuazione dell'impegno ormai inderogabile di non tornare alle urne con la legge elettorale del 2005». Ma la riforma del Porcellum non sarebbe di squisita competenza parlamentare? E non fu proprio Napolitano a dire che «la riforma elettorale è compito del parlamento» il 12 gennaio, commentando tutto soddisfatto la bocciatura del referendum da parte della Consulta? E che c'entra il capo dello Stato con la libera attività parlamentare?

«Pronto Giorgio» «Pronto Nicola»

A fine agosto la bomba a orologeria delle telefonate Napolitano-Mancino, lasciata sotto il tappeto del Quirinale a ticchettare per due mesi, esplode. Il detonatore è «Panorama», il settimanale della berlusconiana Mondadori, che il 30 agosto anticipa ai giornali un servizio sul presunto contenuto delle conversazioni che tanto angustiano il presidente. L'autore è Giovanni Fasanella, giornalista molto esperto, ma anche molto legato al generale Mori, con cui ha scritto un libro-intervista di appassionata difesa. Chi sia la sua fonte, ovviamente, non lo rivela. Ma è improbabile che sia una fonte giudiziaria, visti i pessimi rapporti che intercorrono tra «Panorama» e la Procura di Palermo, che ha più volte denunciato e fatto condannare per diffamazione i suoi direttori e alcuni suoi redattori. Del resto, al corrente delle telefonate top secret, non ci sono soltanto i magistrati che le hanno ascoltate. Ma anche gli investigatori della Dia, il personale amministrativo e la ditta privata a cui lo Stato appalta il servizio di intercettazione. E soprattutto i due interlocutori, Napolitano e Mancino. Ora il primo non fa mistero del suo interesse a mantenerle segrete. E il secondo, ufficialmente, non ne vuole parlare, ma già una volta ha tentato di condizionare il Quirinale.

Sia come sia, Fasanella spiega con linguaggio oscuro che

> i fatti sono fatti e vanno raccontati, soprattutto quando possono nascondere manovre non limpide verso un'istituzione fondamentale come la presidenza della Repubblica. E svelarli per quel che sono e per quel che si può capire significa contribuire a rompere e interrompere ogni gioco poco chiaro (o forse troppo chiaro) che si voglia costruire.

Poi, per evitare eventuali incriminazioni per violazione del segreto, fa il furbo e sostiene di aver dedotto il contenuto delle conversazioni presidenziali, da «tre indizi» che, a suo dire, «costituiscono una prova»: «i commenti di altrettanti osservatori, certamente bene informati (e non appartenenti a un unico fronte politico o editoriale), che il 24 e il 25 agosto hanno ipotizzato in modo univoco e convergente che cosa potrebbero "nascondere" le famose telefonate». Il primo è del direttore di «Repubblica», Ezio Mauro:

> Facciamo un'ipotesi astratta, di scuola. Quante telefonate avrà dovuto fare il capo dello Stato nelle due settimane che hanno preceduto le dimissioni di Silvio Berlusconi da Palazzo Chigi? Se quelle conversazioni, che hanno preceduto e preparato l'epilogo italiano di vent'anni di berlusconismo, fossero diventate pubbliche quell'esito sarebbe stato più facile o sarebbe al contrario pre-

cipitato nelle polemiche di parte più infuocate, fino a rivelarsi impossibile?

Il secondo è un commento dell'autore di questo libro, sul «Fatto», all'editoriale di Mauro:

> Se per caso fossero stati legittimamente intercettati colloqui del presidente relativi alla crisi che ha portato alla fine del terzo governo Berlusconi, noi non troveremmo nulla di scandaloso che fossero resi noti. Anzi se, come Napolitano ha sempre assicurato, si è attenuto scrupolosamente al dettato costituzionale, sarebbe suo interesse dimostrare che le cose stanno davvero così e che abbiamo almeno un politico che dice in privato le stesse cose che dice in pubblico.

Il terzo è un'osservazione di Adriano Sofri sul «Foglio»:

> Mettiamo che Napolitano – invento del tutto, eh! – abbia detto a Mancino che «il tale è un imbecille» o che «il talaltro è un farabutto». È comprensibile che non desideri vedere rese pubbliche le sue frasi private.

Facendosi scudo di tre presunte fonti giornalistiche, che nulla sanno e dunque nulla scrivono del contenuto delle telefonate, Fasanella racconta di essersi limitato a cercare «conferme» e di averle trovate da «diverse fonti». Ma attenzione: non l'ha fatto dopo l'uscita dei tre articoli, bensì «nei giorni che hanno preceduto gli interventi di Mauro, Travaglio e Sofri». Un caso di divinazione alla Nostradamus. Le fonti preventive gli avrebbero dunque confermato «che il contesto da loro [Mauro, Travaglio e Sofri, *nda*] delineato, e abilmente dissimulato, è molto prossimo alla verità».

> Per essere ancora più espliciti: le telefonate dirette tra il capo dello Stato e Mancino risalirebbero al periodo dell'ultima crisi di governo (siamo agli sgoccioli del 2011) con corollario di giudizi su

diversi protagonisti di quella fase, alcuni dei quali molto ruvidi e, ovviamente, impossibili da rintracciare nelle dichiarazioni ufficiali dell'epoca o successive. [...] Qualcosa delle chiamate captate dagli investigatori sta trapelando attraverso il tam-tam che dagli uffici giudiziari siciliani si sta diffondendo nelle stanze del potere romano e dell'informazione. Avventurarsi nei virgolettati sarebbe un esercizio pericoloso e soggetto a facile smentita, dal momento che non esistono tracce di questi colloqui nelle carte processuali. Di certo nel novembre e dicembre del 2011 Napolitano ebbe con Mancino alcune conversazioni, del tutto ignaro che l'interlocutore fosse ascoltato dai magistrati che indagavano sulla «trattativa» tra Stato e mafia.

E di che avrebbe parlato Napolitano con Mancino in quei giorni? Sparlava di Berlusconi, appena dimessosi da premier; ma anche di Antonio Di Pietro, l'unico oppositore (insieme alla Lega) al governissimo Monti; e naturalmente degli odiati pm di Palermo, Ingroia in testa.

In particolare, tra le persone oggetto delle discussioni fra il capo dello Stato e un amico di vecchia data come l'ex leader democristiano ci sarebbero stati Berlusconi, Antonio Di Pietro e parte della magistratura inquirente di Palermo. Napolitano, in particolare, avrebbe espresso forti riserve sull'operato della procura e sull'apparato mediatico che fiancheggia acriticamente le toghe siciliane. Anche su Di Pietro le confidenze telefoniche a Mancino non avrebbero risparmiato critiche. È noto che l'ex pm di Mani pulite e attuale leader dell'Italia dei valori non gode di buona stampa nell'entourage del Quirinale per quel populismo giudiziario che da quindici anni condiziona gran parte del centrosinistra, impedendo la crescita di una cultura garantista e riformista. E parole molto poco benevole con il ricorso a metafore assai lontane dal linguaggio ovattato proprio delle alte cariche istituzionali, infine, sarebbero state riservate anche a Berlusconi, al quale verrebbe addebitata la responsabilità di avere appannato l'immagine internazionale dell'Italia al punto da fare tirare un sospiro di sollievo dalle parti del Colle per la sua uscita di scena da Palazzo Chigi.

Fasanella sa anche che «le telefonate dirette tra il presidente e l'ex ministro dell'Interno possono essere più numerose delle due di cui si continua a parlare senza alcuna smentita da Palermo» (si scoprirà poi che sono quattro). Poi accenna allusivamente – e non come «ipotesi di scuola», ma con l'aria di chi la sa lunga – alla «preoccupazione del Quirinale» per «le conseguenze sugli assetti politico-istituzionali interni e sui rapporti internazionali dell'Italia se le intercettazioni (tutte le intercettazioni) fossero divulgate nei dettagli». Ma, se si trattasse solo di apprezzamenti anche «ruvidi» su Di Pietro, Ingroia e Berlusconi, non si vede che cosa c'entrino i «rapporti internazionali dell'Italia». Resta insomma l'impressione che, con l'aria di voler disinnescare «manovre non limpide» e «giochi poco chiari» attorno al Quirinale, il settimanale berlusconiano stia mettendo in atto qualche suo gioco o manovra, lasciando trapelare la voce che Napolitano si sia abbandonato con Mancino anche a giudizi o a rivelazioni sui retroscena internazionali della crisi di governo e del passaggio dall'era Berlusconi all'era Monti. Insomma, che sappia molto più di quello che scrive, riservandosi il resto magari a una prossima puntata.

Subito il procuratore Messineo si affretta a smentire «Panorama»: «La ricostruzione non corrisponde al contenuto delle telefonate. Valuteremo, quando avremo acquisito tutti gli elementi utili, se aprire un'inchiesta sulla fuga di notizie perché è evidente che c'è stata una rivelazione di cose coperte dal segreto istruttorio». Il pm Ingroia parla di «un grave illecito» e addirittura di un «ricatto» a Napolitano: «Credo che la pubblicazione sia una violazione del segreto istruttorio e se si tratta solo di una squallida denigrazione, è chiaro il tentativo di ricatto nei confronti del presidente della Repubblica. Non posso parlare del contenuto delle intercettazioni, né smentisco né confermo, non ne parlo». Napolitano, con un altro clamoroso autogol, parla invece di «autentici falsi» (il classico ossimoro). «La pretesa, da qualsiasi parte provenga, di poter "ricattare" il capo dello Stato è risibile. Il presidente della Repubblica non è ricattabile, non ha nulla da nascondere e terrà fede ai suoi "doveri costituzionali"», denuncia «una campagna di insinuazioni e di sospetti» dove alle «tante manipolazioni si aggiungono autentici falsi». Campagna che «ha raggiunto un nuovo apice con il clamoroso tentativo di alcuni periodici e quotidiani di spacciare come veritiere alcune presunte ricostruzioni delle conversazioni intercettate tra il capo dello Stato e il senatore Mancino». Già che c'è, il Quirinale volge la situazione a suo favore, con una «chiamata alle armi» in propria difesa che però condiziona la Consulta, in vista della decisione sul conflitto con i pm di Palermo:

> Quel che sta avvenendo conferma l'assoluta obiettività e correttezza della scelta compiuta dal presidente della Repubblica di ricorrere alla Corte costituzionale a tutela non della sua persona ma delle prerogative proprie dell'istituzione. Il presidente, che non ha nulla da nascondere ma valori di libertà e regole di garanzia da far valere, ne attende serenamente la pronuncia. A chiunque abbia a cuore la difesa del corretto svolgimento della vita democratica spetta respingere ogni torbida manovra destabilizzante.

Il cappio al Colle

L'indomani Marzio Breda, sul «Corriere», descrive un Napolitano sull'orlo di una crisi di nervi: «Mesi d'inferno e non poter fare nulla per uscirne», con le «mani legate», «prigioniero di un frustrante senso d'impotenza», «molto turbato» perché «è scontato non aspettarsi puntualizzazioni o smentite del Quirinale che non può scendere sul piano del battibecco con chi lo insulta» (invece ha puntualizzato ed è sceso eccome). E perché «l'ordinamento non prevede misure o provvedimenti con valore imperativo» per «fermare questa deriva da cui rischia di uscire ferito lui stesso, oltre che lesionato il prestigio dell'istituzione». In realtà basterebbe che Napolitano tagliasse corto e rivelasse quel che disse a Mancino.

Delle due, l'una: o è vero o è falso che Napolitano si abbandonò a pesanti apprezzamenti sui pm di Palermo, su Di Pietro e su

Berlusconi. Se è vero, ne deriva che «Panorama» ha una fonte che conosce il contenuto delle telefonate (Mancino o un suo amico? Un pm? Un poliziotto?) e ha – peraltro doverosamente – violato il segreto e verrà perseguito per questo. Ma soprattutto che Napolitano parlava da privato cittadino (intercettabile anche direttamente) e non «nell'esercizio delle sue funzioni» presidenziali (intercettabile solo indirettamente): cioè fuori dall'irresponsabilità prevista dall'art. 90 della Costituzione. Quindi, a maggior ragione, il conflitto di attribuzioni che a quell'articolo si richiama è infondato. Se invece le indiscrezioni sono false, ne deriva che «Panorama» non ha violato segreti e potrebbe avere diffamato il capo dello Stato (sempreché l'interessato quereli). Quanto alle prerogative del presidente, saremmo punto e a capo: senza conoscere il vero contenuto delle telefonate, nessuno può dire se esse rientrino o meno nelle funzioni presidenziali, e comunque ciò è molto improbabile, visto che Mancino è un privato cittadino.

Sapremo mai se «Panorama» scrive il vero o il falso? I pm non possono dirlo, altrimenti violerebbero il segreto. Non possono neppure indagare sulla fuga di notizie, altrimenti confermerebbero che le notizie fuggite sono vere; e i pm e il giornalista di «Panorama» potrebbero chiedere l'acquisizione delle telefonate del presidente, per dimostrare che davvero corrispondano a quanto pubblicato.

I soli che possono svelare l'arcano sono gl'interlocutori delle telefonate, Napolitano e Mancino, ma se ne guardano bene. Anzi reagiscono allo «scoop» in modo opposto, aggiungendo mistero a mistero e sospetto a sospetto. Napolitano smentisce la versione di «Panorama» ma senza rivelare la sua. Mancino, ospite due giorni prima di un programma di La7 con Enrico Mentana, ha sostenuto di non ricordare le parole di Napolitano. Ma ora ritrova prodigiosamente la memoria: lamenta «la violazione del segreto sugli atti» e così conferma implicitamente la versione di «Panorama». A questo punto il presidente ha ben ragione a sentirsi in trappola. Ma purtroppo è un'autotrappola fabbricata con le sue stesse mani. Un cappio che gli stringe sempre più il collo. Anzi, il Colle.

Quattro chiamate (più una)

Un mese dopo, dagli atti depositati alla Consulta per il conflitto di attribuzioni, si scopriranno altri interessanti dettagli sulle telefonate dello scandalo. Non sul contenuto, ma sul numero, le date, la durata e non solo. Le chiamate intercettate dalla Dia sui sei telefoni (tre fissi e tre cellulari) di Mancino dal 7 novembre 2011 al 9 maggio 2012 sono in tutto 9295. E quelle con Napolitano sono soltanto quattro, fra il dicembre 2011 e l'aprile 2012 (per un totale di 18 minuti), mentre una quinta c'è sicuramente stata, ma è sfuggita all'ascolto per uno scrupolo garantista dei pm.

Le prime due sono datate 24 dicembre (dalle ore 9.40 per 3 minuti) e 31 dicembre 2011 (dalle 8.48 per 6 minuti). Partono entrambe da telefoni fissi di Mancino ad Avellino, quello dello studio e quello dell'abitazione: probabilmente in occasione degli auguri per Natale e Capodanno. Siccome le due conversazioni non offrono spunti penalmente rilevanti, o comunque di interesse investigativo, il decreto del gip che autorizza l'ascolto di casa Mancino scade il 26 gennaio 2012 e, nonostante le sollecitazioni della Dia, non viene prorogato dai pm e dal giudice.

Però gli investigatori continuano a intercettare il cellulare di Mancino, usato per la gran parte delle sue conversazioni sulla trattativa con D'Ambrosio, in base a un altro decreto disposto dal gip il 21 dicembre. È su questa utenza mobile che Mancino parla altre due volte con Napolitano: il 13 gennaio (dalle ore 12.52 per 4 minuti) e il 6 febbraio (dalle 11.12 per 5 minuti). E stavolta è il presidente della Repubblica a comporre il numero dell'ex ministro dell'Interno. Ma il 13 gennaio è stato Mancino, dal suo cellulare, a cercare il presidente tramite il centralino del Quirinale, e Napolitano l'ha richiamato tre ore dopo.

Dal centralino del Colle infine parte una quinta telefonata per conto di Napolitano il 20 aprile 2012, proprio all'indomani della convocazione di Grasso nell'ufficio di Ciani per parlare dell'avocazione dell'inchiesta sulla trattativa. Al cellulare risponde Gianna, la moglie di Mancino, che si limita a fornire al centralinista il numero dello studio del marito (che forse ha lasciato il telefonino a casa). Il quale le ha appena confidato che «a Palermo stanno succedendo cose terribili». Purtroppo però la successiva telefonata di Napolitano allo studio di Mancino sfugge agli inquirenti, perché quel telefono è già stato «staccato» per ordine dei magistrati. I quali, se avessero voluto intercettare surrettiziamente Napolitano tramite Mancino, avrebbero prorogato il decreto di intercettazione: invece l'hanno stoppato dopo aver constatato che quell'utenza veniva usata di rado, soprattutto per parlare con Napolitano. La miglior prova della buona fede della procura e la migliore smentita alla tesi dell'attacco giudiziario al Quirinale.

Zagrebelsky contro Napolitano (e Scalfari)

Nel coro belante dei corazzieri, fanno stecca soltanto tre fra i più celebri studiosi di diritto processuale e costituzionale: il presidente emerito della Consulta Gustavo Zagrebelsky, il principe dei processualisti Franco Cordero e il presidente dell'Associazione dei costituzionalisti italiani Alessandro Pace. Tutti e tre collaborano abitualmente con il quotidiano «la Repubblica», trascinato da Scalfari al fianco del Quirinale contro la Procura di Palermo.

Il primo a uscire allo scoperto è Cordero, che scrive parole di fuoco contro le pretese monarchiche, anzi assolutistiche, anzi medievali, di «Neapolitanus Rex». Poi, il 17 agosto, Zagrebelsky in un durissimo articolo smonta le tesi di Napolitano e Scalfari. Pace assumerà la difesa della Procura di Palermo dinanzi alla Consulta, affiancato dai colleghi Mario Serio e Giovanni Serges.

Forse – scrive Zagrebelsky – Napolitano non l'aveva previsto, ma il suo conflitto contro i pm di Palermo è divenuto il «perno di un'operazione di discredito, isolamento morale e intimidazione di magistrati che operano per portare luce su ciò che, in base a sentenze definitive, possiamo considerare la "trattativa" tra uomini delle istituzioni e uomini della mafia».

Non la «presunta» trattativa, come scrivono Scalfari & C., ma la dimostrata e sicura trattativa. Su cui, per Zagrebelsky, le indagini di «straordinaria importanza» non vanno «intralciate, ma anzi incoraggiate e favorite» da chiunque sia convinto che «nessuna onesta relazione sociale possa costruirsi se non a partire dalla verità dei fatti, dei nudi fatti. Tanto è grande l'esigenza di verità, quanto è scandaloso il tentativo di nasconderla». Il conflitto del Colle contro la procura è un *unicum* «dai caratteri eccezionali», «straordinari», «senza precedenti», perché non chiama la Corte costituzionale a dirimere «una controversia sui caratteri d'un singolo potere», ma a ristabilire «la posizione nel sistema costituzionale del presidente», tanto come istituzione, quanto come persona: non solo per le sue «competenze» (le famose «prerogative» invocate dal decreto Napolitano), ma anche per i suoi «comportamenti» (le incaute telefonate con Mancino).

E non c'è *par condicio*, davanti alla Corte costituzionale, fra il Colle e la procura: «È un giudizio nel quale una parte getta tutto il suo peso, istituzionale e personale, che è tanto, sull'altra, l'autorità giudiziaria, il cui peso, al confronto, è poco». Insomma, per Zagrebelsky, è un duello ad armi impari. A prescindere dagli «argomenti giuridici» dell'una e dell'altra parte, «l'esito è scontato»: la Corte dovrà dare ragione al presidente anche se ha torto, perché «presidente e Corte, ciascuno per la sua parte, sono entrambi "custodi della Costituzione". Sarebbe un fatto devastante, al limite della crisi costituzionale, che la seconda desse torto al primo». Dunque, «nel momento stesso in cui il ricorso è stato proposto, è stato anche già vinto. Non è una contesa ad armi pari, ma, di fatto, la richiesta d'una alleanza in vista d'una sentenza schiacciante».

Zagrebelsky prevede che non solo la Procura di Palermo, ma anche la Consulta uscirà sconfitta da un verdetto pro-Napolitano: «Se, per improbabile ipotesi, desse torto al presidente, sarà accusata d'irresponsabilità; dandogli ragione, sarà accusata di cortigianeria». La Corte, giudice delle leggi, dovrà comunque ignorare «il diritto», perciò Napolitano avrebbe fatto meglio a non «coinvolgerla in conflitti di tal genere, non nell'interesse della tranquillità della Corte e dei suoi giudici, ma nell'interesse della tranquillità del diritto».

Sul merito del conflitto Zagrebelsky non si pronuncia esplicitamente, perché «è bene che chi ha fatto parte» della Consulta «si astenga dall'esprimersi». Ma è chiaro che dà ragione ai pm di Palermo, in base ai «dati giuridici espliciti, e quindi incontestabili»: «Una sola norma tratta espressamente delle conversazioni telefoniche del presidente della Repubblica e della loro intercettazione», ed è quella che regola le conversazioni del presidente «sospeso dalla carica dopo essere stato posto sotto accusa per attentato alla Costituzione o alto tradimento». Nel caso di Palermo, invece, Napolitano non è stato messo sotto accusa per nulla, ma semplicemente ascoltato mentre parlava con un terzo intercettato (Mancino), e su questa evenienza la legge non dice «niente di niente»: «Niente sulle intercettazioni fuori del procedimento d'accusa; niente sulle intercettazioni indirette o casuali; niente sull'utilizzabilità, sull'inutilizzabilità nei processi; niente sulla conservazione o sulla distruzione». Dunque, se le norme non esistono, i pm di Palermo non possono averne violata alcuna, quindi il conflitto di attribuzioni non sta in piedi.

Napolitano considera il silenzio dei padri costituenti il frutto di «una dimenticanza o una reticenza», «una lacuna, un vuoto che si deve colmare» interpretando «i principi» e ricavandone «le regole che occorrono». Altri invece, e Zagrebelsky fra questi, affermano che quello dei costituenti sulle intercettazioni indirette del presidente fu un silenzio voluto, «consapevole», dovuto alla «volontà di applicare al presidente della Repubblica, per tutto ciò che non è espressamente detto di diverso, le regole comuni valide per tutti i cittadini».

E qui il diritto cede il passo al sarcasmo: se avessero ragione il presidente e i suoi corifei – argomenta Zagrebelsky – la sua «irresponsabilità» comporterebbe «inconoscibilità» e «intoccabilità assoluta», obbligando i magistrati a usargli un trattamento «particolare», «fuori dalle regole e dalle garanzie ordinarie del processo penale»: cioè l'obbligo di distruggere subito, in procura, senza passare dal gip e dal contraddittorio fra le parti, tutte le conversazioni indirettamente intercettate con la sua voce, in barba alla Costituzione e al Codice. Insomma, qualunque opzione scelga, la Consulta sarà costretta a forzare i suoi poteri, con una sentenza che non sarà «applicazione della Costituzione, ma legislazione costituzionale in forma di sentenza costituzionale». E se, per disgrazia, deciderà nel senso auspicato dal Colle, opererà una «revisione», un «mutamento della Costituzione», che per la stessa Carta fondamentale (articolo 138) è possibile solo con un intervento del parlamento con legge costituzionale. E trasformerà il capo dello Stato in qualcosa di molto distante dalla figura disegnata dai padri costituenti: una sorta di sovrano assoluto, modello Ancien Régime («intoccabile» e «inconoscibile», per dirla con Cordero). Altro che trasmetterne i poteri costituzionali intatti al successore, come sostiene di voler fare Napolitano citando le parole di Einaudi. Parole – chiosa Zagrebelsky – «più monarchiche che repubblicane».

Alla fine il presidente emerito della Consulta invita Napolitano a «una riconsiderazione», cioè a rinunciare al conflitto con la Procura di Palermo. Per diversi motivi.

1) «Il ritegno del Costituente sulla presente questione suggerisce analogo, prudente, atteggiamento in coloro che alla Costituzione si richiamano.»

2) È bene che Napolitano «non si lasci fuorviare dal coro dei pubblici consensi», che spesso non sono soltanto servi encomi: «una cosa è l'ufficialità, dove talora prevale la forza seduttiva di ciò che è stato definito il pericoloso "plusvalore" di chi dispone dell'autorità; un'altra cosa è l'informalità, dove più spesso si manifesta la sincerità. Le perplessità, a quanto pare, superano di gran lunga le marmoree certezze».

3) Le prerogative di un presidente non sono quelle di un re, ritagliate sulla sua persona e dunque ereditarie: «nella Repubblica, l'integrità e la continuità che importano non sono lasciti ereditari, ma caratteri impersonali delle istituzioni nel loro complesso».

Ed ecco la via d'uscita: lasciar perdere il «conflitto istituzionale» e ritirare il ricorso alla Consulta, tantopiù che fin da subito i pm di Palermo hanno dichiarato «le intercettazioni di cui si tratta totalmente prive di rilievo per il processo».

> Che cosa impedisce, nello spirito della tante volte invocata «leale collaborazione», di raggiungere lo stesso fine cui, in ultimo, il conflitto mira – la distruzione delle intercettazioni, per la parte riguardante il presidente della Repubblica – attraverso il procedimento ordinario [davanti al gip e alle parti, come hanno sempre detto di voler fare i pm, *nda*] e con le garanzie di riservatezza previste per tutti? Forse che i magistrati di Palermo hanno detto di rifiutarsi d'applicare lealmente la legge?

Perché di questo Zagrebelsky è profondamente convinto: i magistrati di Palermo hanno applicato e applicheranno sempre lealmente la legge. Quella esistente, s'intende.

Colpevole di aver messo a nudo il re, Zagrebelsky viene linciato dalla stampa berlusconiana e criticato da quella di sinistra, ma anche da quella finto-indipendente. Su «Repubblica» Scalfari risponde a muso duro a Zagrebelsky, mentre il direttore Mauro si pone a metà strada, sostenendo in parte le tesi del suo illustre collaboratore senza entrare in conflitto con quelle del fondatore. E tenta anche lui di minimizzare la guerra dichiarata da Napolitano ai pm di Palermo, riducendola a semplice richiesta di chiarimenti alla Corte su un presunto vuoto normativo.

La mediazione Mauro

In privato, poi, Mauro fa di più: si propone ai pm di Palermo come mediatore fra il Quirinale e la procura per una soluzione che eviti lo scontro finale e salvi la faccia a entrambi i contendenti. Contatta il procuratore aggiunto Antonio Ingroia e fa balenare la possibilità che Napolitano ritiri il conflitto nel caso in cui la Procura di Palermo acceleri le procedure per distruggere le bobine dello scandalo. A Ingroia – come ci racconta lui stesso – viene proposta una rosa di nomi di possibili emissari graditi al Colle che portino avanti con lui la trattativa sulle telefonate della Trattativa: il ministro della Giustizia Paola Severino, il presidente dell'Anm Luca Palamara e la capogruppo del Pd al Senato Anna Finocchiaro.

Ingroia non ha nulla in contrario a chiedere al gip di fissare quanto prima l'udienza per la distruzione delle bobine che tanto terrorizzano il presidente. Ma a patto che si riconosca la bontà della procedura fin lì seguita dalla sua procura e soprattutto che l'udienza avvenga come prevede il Codice: cioè con l'ascolto delle stesse da parte degli avvocati difensori. In ogni caso, perché l'operazione sia praticabile, occorre che il Quirinale faccia sapere alla Corte costituzionale di non avere fretta, così da consentirle di fissare l'udienza sul conflitto nei tempi ordinari (di solito, un anno-un anno e mezzo), e senz'alcuna procedura d'urgenza. Il mediatore più adatto, vista l'inopportunità di coinvolgere in un simile negoziato magistrati e uomini di governo, viene individuato nella figura politica di Anna Finocchiaro. La quale però non si farà mai viva con Ingroia per stabilire i termini dell'accordo. Forse il Quirinale ha cambiato idea? Mistero.

Sta di fatto che di lì a poco giunge notizia che la Consulta, contro ogni sua prassi e tradizione, ha optato per la procedura d'urgenza e fissato l'udienza sull'ammissibilità del conflitto già per il 19 settembre, a distanza di appena due mesi dal decreto, alla ripresa dei lavori dopo la pausa estiva. Il che significa che non c'è più tempo perché Napolitano, sempreché ne abbia mai avuta l'intenzione, ritiri il conflitto. E gli spazi di mediazione si chiudono del tutto. Si va dunque allo scontro finale ad armi impari paventato da Zagrebelsky.

Impar condicio

Per rendere la partita ancora più squilibrata, Napolitano si avvale, per farsi rappresentare dinanzi alla Consulta, dell'Avvocatura dello Stato. Il che significa che i pm di Palermo non se ne potranno servire e dovranno nominarsi una difesa privata, cioè tre avvocati «comuni» (di cui due a carico dello Stato e uno a proprie spese), come se le loro indagini fossero condotte per sfizio personale, e non al servizio dello Stato e della giustizia.

Il ricorso del Quirinale, depositato il 30 luglio dall'Avvocatura dello Stato alla Consulta, è un documento di 18 pagine (più alcuni allegati) firmate dal presidente Francesco Caramazza, dal suo vice Antonio Palatiello e dall'avvocato pubblico Gabriella Palmieri. La procura non può conoscerlo fino all'esame di ammissibilità, così per replicare avrà molto meno tempo di quello consentito al Colle per accusarla. Ma il quotidiano «la Repubblica» è più fortunato dei pm e ottiene di visionare il testo già tre giorni dopo, il 2 agosto. E ne dà conto l'indomani.

Le tesi sostenute dagli avvocati pubblici di Napolitano, pagati dai cittadini italiani, sono ancor più bizzarre di quelle riassunte nel decreto presidenziale.

> Le intercettazioni delle conversazioni cui partecipa il presidente della Repubblica, ancorché indirette e occasionali, sono da considerarsi assolutamente vietate e non possono, quindi, essere in alcun modo valutate, utilizzate e trascritte e di esse il pubblico ministero deve immediatamente chiedere al giudice la distruzione.

Vengono così smentiti quanti minimizzano il conflitto, riducendolo a mera disputa accademico-interpretativa sulle norme relative alle prerogative del capo dello Stato; e ancor di più quanti affermano che il presidente abbia segnalato un «vuoto normativo» sull'uso o sulla distruzione di sue telefonate indirettamente intercettate. Napolitano e i suoi avvocati pubblici sostengono un «pieno normativo», nella Costituzione e nella legislazione ordinaria, che proibirebbe alla procura di fare ciò che ha fatto. Infatti accusano i pm di Palermo di aver compiuto atti «assolutamente vietati» che «ledono le prerogative costituzionali del presidente.»

L'Avvocatura cita l'«art. 90 della Costituzione» e «l'art. 7 comma 3 della legge 219/1989». L'art. 90 stabilisce che «il presidente della Repubblica non è responsabile degli atti compiuti nell'esercizio delle sue funzioni, tranne che per alto tradimento o attentato alla Costituzione». La legge 219/1989 s'intitola «Nuove norme in tema di reati ministeriali e di reati previsti dall'art. 90 della Costituzione». Dunque entrambe le norme riguardano le procedure di messa in stato di accusa del presidente per attentato alla Costituzione o alto tradimento, e non il caso Napolitano-Mancino. Ma – sostiene l'Avvocatura – qualunque cosa faccia Napolitano è sempre nell'esercizio delle sue funzioni:

> Le prerogative che la Costituzione attribuisce al capo dello Stato sono strettamente funzionali agli altissimi compiti che è chiamato a sostenere nell'espletamento della citata funzione di garanzia complessiva del corretto andamento del sistema che egli esercita, mantenendo, appunto, l'unità della nazione. È del tutto evidente che, nell'espletamento di questi compiti, al presidente della Repubblica deve essere assicurato il massimo di libertà di azione e di riservatezza, appunto perché alcune attività che egli pone in essere, e certamente non poco significative, non hanno un carattere formalizzato. Il proseguimento delle finalità costituzionali caratterizza, dunque, l'attività, sia formalizzata sia non formalizzata, del presidente della Repubblica connotandola in senso funzionale, così che la protezione derivante dall'immunità prevista dall'art. 90 della Costituzione ricomprende tutti gli atti presidenziali, nei quali siano appunto rinvenibili quelle finalità.

Pagine e pagine per dimostrare che, nelle telefonate col privato cittadino Mancino, il presidente stava esercitando le sue funzioni di capo dello Stato. Sforzo davvero encomiabile, ma del tutto vano, visto che il distinguo fra attività funzionali ed extrafunzionali potrebbe riguardare le intercettazioni dirette, non quelle indirette. Ma proprio qui sta uno degli autogol: per stabilire se una telefonata rientri nelle funzioni presidenziali o meno, occorre ascoltarla. Che è proprio ciò che ha fatto la procura per stabilirne l'irrilevanza penale, ed è proprio ciò che l'Avvocatura considera una lesione delle prerogative del presidente.

Ricalcando le tesi di Berlusconi sull'estensione pressoché illimitata delle funzioni di premier (al punto da ricomprendervi le telefonate alla Questura di Milano per far rilasciare Ruby), l'Avvocatura allarga i confini delle funzioni tipiche del capo dello Stato a tal punto da sfiorare l'infinito. In realtà le funzioni del presidente della Repubblica sono molto circoscritte e ben formalizzate dalla Costituzione. Tutto il resto, estraneo alle funzioni codificate, non è coperto da alcuna immunità. Altrimenti non avrebbe avuto alcun senso che i costituenti distinguessero gli «atti compiuti nell'esercizio delle sue funzioni» da tutti gli altri. L'irresponsabilità penale e politica del presidente richiamata dall'Avvocatura, infatti, richiede la controfirma del presidente del Consiglio o dei singoli ministri, il che la limita agli atti ufficiali e/o scritti: non alle parole in libertà dette qua e là. Salvo, si capisce, dimostrare che una dichiarazione o una telefonata sono appunto funzionali all'esercizio di una delle precise funzioni attribuite al presidente dalla Costituzione (nomine, questioni di governo o di Csm, faccende militari, colloqui con altri capi di Stato, discorsi alla nazione ecc.). Ma gli autogol non sono finiti.

> Quello che si desume con assoluta chiarezza dal combinato disposto dell'art. 90 della Costituzione e [...] della legge del 1989 è l'impossibilità di intercettare e anche, se del caso, di utilizzare il testo di quelle intercettazioni, proprio perché il presidente della Repubblica, anche se messo in stato d'accusa non può, fino a quando è in carica, subire alcuna limitazione nelle sue comunicazioni, dato che altrimenti risulterebbe lesa la sua sfera di immunità [...]. Lo stesso divieto di uso e utilizzazione dei medesimi mezzi di prova [...] non può logicamente, anche nel silenzio della legge, non estendersi ad altre fattispecie di reato che possano a diverso titolo coinvolgere il presidente.

Ma quale «silenzio della legge»? Ci sono le parole della Costituzione (il presidente è irresponsabile solo nell'esercizio delle funzioni). E la Corte costituzionale ha già smentito l'ardita tesi dell'immunità totale del presidente per qualunque reato, funzionale o extrafunzionale. L'ha fatto con la sentenza n. 154 del 2004, estensore Valerio Onida (proprio lui) e presidente Gustavo Zagrebelsky, risolvendo il conflitto di attribuzioni sollevato dall'ex presidente Francesco Cossiga contro i giudici della Cassazione che lo processavano per diffamazione nei confronti del senatore Sergio Flamigni e del giudice Pierluigi Onorato. Questi l'avevano denunciato per alcuni pesanti apprezzamenti da lui pronunciati nel 1991, ancora in veste di capo dello Stato, davanti ai giornalisti durante un viaggio aereo. Cossiga si trincerò dietro l'articolo 90 della Costituzione e sostenne di non essere processabile *tout court* per ogni suo atto, funzionale ed extrafunzionale. Il tribunale, quando lasciò il Quirinale, lo condannò a risarcire i diffamati. La Corte d'appello invece lo prosciolse per l'immunità totale. Le vittime ricorsero alla Cassazione, che ribaltò il verdetto d'appello. A quel punto nel 2001 Cossiga sollevò il conflitto alla Consulta. E questa, nel 2004, lo dichiarò inammissibile. Motivo:

> Spetta all'autorità giudiziaria, investita di controversie sulla responsabilità del presidente della Repubblica in relazione a dichiarazioni da lui rese durante il mandato, accertare se le dichiarazioni medesime costituiscano esercizio delle funzioni o siano strumentali e accessorie a una funzione presidenziale. E solo in caso di accertamento positivo ritenerle coperte dall'immunità del presidente della Repubblica, di cui all'art. 90 della Costituzione.

Cioè: non tutto ciò che dice il capo dello Stato rientra nelle sue funzioni e dunque è coperto da immunità: decidono caso per caso i magistrati, valutando nel merito le sue dichiarazioni, ovviamente dopo averle lette o ascoltate. Il che, fra l'altro, conferma come valutare una frase del presidente non costituisca alcuna lesione delle sue prerogative. Fermo restando che la Procura di Palermo, una volta accertata l'irrilevanza penale delle frasi di Napolitano (e anche di Mancino), non si è neppure spinta a esaminarne l'eventuale attinenza o meno con le funzioni presidenziali. Ma la spericolata Avvocatura dello Stato va anche oltre:

> Il divieto di intercettazione riguarda anche le cd. intercettazioni indirette o casuali comunque effettuate mentre il presidente della Repubblica è in carica.

E qui sfiora il paranormale. Come si può logicamente pensare di proibire un evento fortuito, involontario, accidentale? E, nel concreto: come si fa a evitare un'intercettazione indiretta e casuale, visto che le apparecchiature di registrazione, una volta attivate per ordine del giudice, incidono automaticamente tutte le chiamate in partenza e in arrivo sulle utenze controllate? Forse l'Avvocatura pretende dai pm e dal gip di Palermo virtù divinatorie, in grado di prevedere, al momento della richiesta di intercettare Tizio, che questi chiamerà il capo dello Stato o ne verrà chiamato.

L'ultima impresa dell'Avvocatura è l'invenzione di una norma che, sul caso Napolitano-Mancino, semplicemente non esiste:

> È evidente che si debba ritenere la inutilizzabilità e procedere alla distruzione immediata del testo intercettato, ai sensi dell'art. 271 Cpp.

L'articolo 271 del Codice di procedura impone la distruzione delle intercettazioni illegali (e quelle di Palermo sono legittime, regolarmente richieste dalla procura e disposte dal gip) e di quelle legali che però captino colloqui che svelano segreti professionali scambiati dai loro titolari: l'indagato e il suo avvocato, il malato e il suo medico, il penitente e il suo confessore. Ma un presidente della Repubblica e un privato cittadino non sono depositari di alcun segreto professionale. Dunque l'articolo 271, con Napolitano e Mancino, non c'entra nulla. E in ogni caso, anche nei citati casi-limite, il Codice prevede la distruzione delle telefonate intercettate a patto che non costituiscano «corpo del reato». E soprattutto la affida al «giudice», non certo al pm. Quindi l'Avvocatura sbaglia indirizzo, contestando alla procura il mancato esercizio del potere di distruzione che spetta al giudice. E si fa scudo di una norma che regola casi tutt'affatto diversi, per chiedere alla Consulta di intimare «alla procura» (e non al gip) l'«immediata distruzione delle intercettazioni telefoniche casuali del presidente». Una sorta di istigazione, alla Corte e ai pm, a violare la legge.

La Corte cortigiana

La Consulta, fin dalle sue prime mosse, sembra far di tutto per dare ragione al suo ex presidente Zagrebelsky sul suo ruolo forzato non di arbitro imparziale, ma di alleato di uno dei due contendenti (il Quirinale) contro l'altro (la Procura di Palermo). A prescindere dal merito e dal diritto. Gli indizi sono tali e tanti da fare quasi una prova.

1) Quirinale e Avvocatura dello Stato lavorano al ricorso fin dal 16 luglio, mentre i pm non possono fare nulla per controbattere per due mesi, visto che il ricorso presentato il 30 luglio dall'Avvocatura alla Consulta rimane sconosciuto alla Procura di Palermo fino al 19 settembre. Solo allora la Consulta decide sull'ammissibilità e lo notifica ai magistrati siciliani. Il quotidiano «la Repubblica» invece, come abbiamo visto, lo conosce fin dai primi di agosto. Paradosso dei paradossi: una violazione del segreto proprio sull'atto del Quirinale che accusa i pm di aver violato i suoi segreti.

2) Il 14 settembre fonti interne alla Consulta anticipano all'Ansa il verdetto favorevole sull'ammissibilità del ricorso del Quirinale, cinque giorni prima che i giudici costituzionali si ritirino in camera di consiglio per decidere. Un'altra fuga di notizie paradossale, da parte di chi è chiamato a giudicare una presunta violazione dei segreti presidenziali da parte dei pm di Palermo. La talpa, oltretutto, si confermerà molto attendibile: infatti il 19 settembre la Corte giudicherà ammissibile il ricorso del Quirinale.

3) In media la Consulta si pronuncia sul merito dei conflitti di attribuzione e dei ricorsi di altro genere non prima di un anno o più. Questa volta invece il presidente Alfonso Quaranta decide di chiudere tutto in quattro mesi, entro l'inizio di

dicembre, anziché nell'estate-autunno del 2013, come vorrebbe la prassi. E perché mai? «Per la delicatezza e l'importanza» del ricorso. Cioè perché c'è di mezzo Napolitano che vuole piegare la procura al più presto, prima della scadenza del suo mandato (maggio 2013). Eppure il presidente assicura che il suo conflitto mira a difendere un principio costituzionale e non gli interessi della sua persona: se ciò fosse vero, sarebbe molto meglio che la decisione arrivasse quando lui non sarà più capo dello Stato (come fu per il conflitto di Ciampi contro Castelli sulla grazia a Bompressi): per «spersonalizzare» la controversia ed evitare di influenzare l'udienza preliminare del processo sulla trattativa Stato-mafia, che si aprirà a Palermo a fine ottobre. A meno che l'obiettivo non sia proprio questo.

4) Per abbreviare ulteriormente l'iter, già rapidissimo, la Consulta non comprime i tempi a disposizione di entrambe le parti in conflitto, ma solo quelli della procura: il Colle e l'Avvocatura hanno avuto il tempo che volevano per scrivere il ricorso, mentre ai pm vengono concessi soltanto 25 giorni, invece dei 50 canonici, per preparare la replica. Quasi che il diritto di difesa fosse un inutile orpello.

5) Da che mondo è mondo e Consulta è Consulta, il giudice relatore sui conflitti di attribuzione è uno solo. Qui invece il presidente Quaranta ne nomina ben due, e li va a pescare fra quelli di nomina parlamentare, cioè politica, cioè partitica, secondo la più bieca lottizzazione da manuale Cencelli: Gaetano Silvestri (in quota centrosinistra) e Giuseppe Frigo (Pdl). Il primo è un giurista e docente messinese, già iscritto al Pci e poi al Pds, dunque compagno di partito di Napolitano negli anni Ottanta e Novanta: infatti nel 1990 il Pds l'ha nominato membro laico del Csm. Frigo è un avvocato bresciano che ha difeso anche Silvio e Paolo Berlusconi e Cesare Previti e, come presidente dell'Unione delle Camere penali, si è battuto per il nuovo articolo 111 della Costituzione: il cosiddetto «giusto processo», imperniato sul principio del contraddittorio fra difesa e accusa davanti a un giudice terzo. Ora si accinge a sostenere esattamente il contrario per assecondare le pretese del Quiri-

nale: e cioè la distruzione delle intercettazioni da parte del pm, bypassando le difese e il giudice terzo.

6) Prima di decidere sull'ammissibilità del ricorso del Colle, la Consulta emette un'ordinanza ai confini del diritto, in cui chiede alla Procura di Palermo, oltre a varie notizie utili sulle telefonate Mancino-Napolitano, una serie di atti di indagine totalmente estranei al tema del conflitto: quelli del procedimento-stralcio, chiuso con le richieste di rinvio a giudizio già all'esame del gip e pieno di carte ancora coperte da segreto. Ora, è vero che la Consulta può acquisire anche atti secretati, ma solo se attinenti all'oggetto del conflitto. E questi non lo sono. Chiederli è un'ennesima intimidazione ai pm, visto che la Consulta non ha alcun potere di sindacare il merito di un'indagine.

Ma di fattacci analoghi il Romanzo Quirinale è costellato fin da quando Mancino chiese protezione a Napolitano e lo sventurato rispose. Da allora, per coprire il primo abuso, ne è arrivato un secondo, per occultare il quale ne è giunto un terzo. E così via, in una catena senza fine che ha privato della loro terzietà le massime istituzioni di garanzia della Repubblica: il Quirinale, la Procura generale della Cassazione, l'Avvocatura dello Stato e infine la Corte costituzionale.

Presidente o Re Sole?

Il 12 ottobre i legali della Procura di Palermo – Pace, Serges e Serio – depositano alla Consulta la «Memoria di costituzione nel giudizio», cioè l'atto di replica al ricorso del Quirinale. E in 32 pagine chiedono di respingere il conflitto. Ricostruiscono i fatti, finora stravolti dalla disinformatia quirinalesca (per la prima volta, si apprende che le chiamate fra Napolitano e Mancino sono quattro). Citano gli articoli della Costituzione e le sentenze della stessa Corte che legittimano e confermano la bontà dell'operato dei pm. E soprattutto spiegano le gravi e paradossali conseguenze che provocherebbe, su tutte le indagini presenti e future, una sentenza che desse ragione al Colle:

> Qualora codesta ecc.ma Corte [...] accogliesse il ricorso avversario, le conseguenze sarebbero, tra l'altro, le seguenti: si renderebbe *ex se* illecito anche l'ascolto occasionale nel contesto di un'intercettazione debitamente autorizzata; si impedirebbe al magistrato penale di prendere cognizione del contenuto della comunicazione sia pure al fine di apprezzare la sussistenza di un illecito a carico di altro soggetto; si determinerebbe un effetto preclusivo ed estintivo a favore dell'altro/i soggetto/i partecipanti al colloquio, non protetti da alcuna irresponsabilità e quindi soggetti alla giurisdizione penale per il contenuto delle comunicazioni effettuate; si imporrebbe al magistrato la immediata distruzione delle intercettazioni contenenti l'ascolto occasionale [...]. Ma non basta. Una volta accolto il ricorso del presidente della Repubblica, i magistrati sarebbero indotti, nel dubbio, ad astenersi dal disporre intercettazioni a carico di tutti coloro che, ancorché sottoposti a indagine penale, potrebbero avere titolo, in ragione di attuali o pregressi rapporti o funzioni precedenti svolte, a comunicare direttamente con il presidente della Repubblica. Ci si deve però onestamente chiedere se una garanzia dell'immunità presidenziale, così irrazionalmente dilatata al di là dei limiti segnati per le intercettazioni legittime [...], non finisca per costituire una violazione dell'obbligatorietà dell'azione penale (art. 112 Cost.).

Quanto allo sbandierato articolo 90 della Costituzione, spiegano i tre giuristi della procura, esso «sancisce la irresponsabilità del presidente – salve le ipotesi di alto tradimento o attentato alla Costituzione – solo per gli atti compiuti nell'esercizio delle sue funzioni». L'Avvocatura dello Stato e il Colle invece ne danno un'interpretazione molto ampia ed elastica, infilandovi di tutto: «l'attività sia formalizzata sia non formalizzata del presidente della Repubblica». Telefonate con vecchi amici incluse. Ma anche questa tesi, «infondata giuridicamente», causerebbe altri effetti «paradossali»: tipo quello di regalargli l'inviolabilità «che caratterizza il sovrano», coperto dalla «totale immunità dalla legge penale». Ma non di un sovrano qualunque, visto che persino il re di Spagna non gode di cotanto privilegio. Per trovare un monarca coperto dall'immunità che Napolitano pretende per sé, bisogna risalire al Re Sole.

> Un'immunità assoluta potrebbe essere ipotizzata per il presidente della Repubblica solo se, contraddicendo i principi dello Stato democratico-costituzionale, gli si riconoscesse una totale irresponsabilità giuridica anche per i reati extrafunzionali. Una simile irresponsabilità finirebbe invece per coincidere con la qualifica di «inviolabile», che caratterizza il sovrano nelle monarchie ancorché limitate: una inviolabilità che – tenuta distinta dalla inviolabilità garantita dallo Statuto e dalle leggi a tutti i cittadini – implicava la *totale immunità* dalla legge penale nonché dal diritto privato quanto a particolari rapporti. È ben vero che ancora oggi si ritiene che l'inviolabilità del re, nell'ordinamento spagnolo, ne escluda del tutto la responsabilità civile e penale anche extrafunzionale, e pertanto egli non può essere sottoposto né direttamente né indirettamente a «investigazione» penale (ma non quando venga in gioco la sicurezza nazionale). Inoltre si ritiene in dottrina che una legittima intercettazione di una conversazione telefonica nella quale accidentalmente figuri il re come mero interlocutore non equivale a «investigare la persona del re», e quindi la registrazione della conversazione ben potrebbe essere valutata dal giudice istruttore che ne ordinerà la distruzione solo se irrilevante ai fini delle indagini, mentre in caso contrario resterebbe agli atti qualora la sua distruzione possa danneggiare l'accusa oppure la difesa con conseguente violazione dell'art. 24 della Costituzione.

L'autogol di Scandicci

Il 13 ottobre i giornali riportano le tesi della Procura di Palermo. E subito, dal Quirinale, filtra una forte irritazione per quell'accostamento del presidente ai monarchi assoluti, con il solito contorno di giuristi corazzieri che criticano l'irriguardoso paragone. Violante, che ormai scavalca per zelo l'ufficio stampa del Colle, arriva a stigmatizzare il fatto che la procura abbia presentato una memoria di replica (assolutamente fisiologica e usuale in ogni conflitto di attribuzione fra due poteri dello Stato in contrasto). Come si è permessa di esercitare il suo diritto di difesa, anziché arrendersi subito nelle mani, anzi ai piedi di Sua Altezza Reale? È lesa maestà.

Due giorni dopo, 15 ottobre, a due settimane dall'inizio dell'udienza preliminare (29 ottobre) sulla trattativa e a un mese e mezzo dalla sentenza della Consulta (4 dicembre) sul conflitto Quirinale-procura, un furibondo Napolitano irrompe un'altra volta a gamba tesa con una mossa di karate destinata a turbare la serenità dei giudici ordinari e costituzionali. In un incontro alla scuola della magistratura di Scandicci (Firenze), presenta un libro dal titolo *Sulla Giustizia*, edito dalla presidenza della Repubblica, che raccoglie i suoi interventi in materia. Il pezzo forte è un carteggio inedito che pare fatto apposta per rinfocolare la polemica con la procura: lo scambio di lettere fra D'Ambrosio e Napolitano all'indomani della pubblicazione delle intercettazioni di Mancino, quando il consigliere giuridico – lo si apprende proprio ora – offrì le sue dimissioni al presidente e questi le respinse. Perché il capo dello Stato ha infilato le due missive nell'antologia dei suoi moniti sulla giustizia?

Una risposta la dà lo stesso Napoliano nell'incontro di Scandicci con i futuri magistrati:

> Si è tentato di mescolare il mio conflitto di attribuzioni con il travagliato percorso delle indagini giudiziarie, insinuando nel modo più gratuito il sospetto di interferenze da parte della presidenza della Repubblica. Il ricorso alla Consulta era una decisione obbligata per chi abbia giurato davanti al parlamento di osservare lealmente la Costituzione. Obbligato era anche il riferimento alla Procura di Palermo, dopo che da essa e solo da essa era stata data pubblica notizia di avvenute intercettazioni di mie conversazioni telefoniche [falso: la notizia la diede il settimanale «Panorama», *nda*].

Insomma Napolitano continua a doversi difendere dalle devastanti conseguenze mediatiche del suo incauto comportamento. Ma, così facendo, perde lucidità e incappa in un autogol che lo strascinerà come testimone proprio nel processo che fa di tutto per allontanare da sé: quello di Palermo sulla trattativa.

La lettera di dimissioni di D'Ambrosio è del 18 giugno, sei giorni dopo il deposito degli atti della Procura di Palermo. Contraddicendo quanto emerge chiaramente dalle sue telefonate, il consigliere scrive al presidente di non aver mai esercitato «pressioni o ingerenze» per «favorire il senatore Mancino o altri rappresentanti dello Stato». Poi deplora che «qualche giornalista o politico» abbia fatto commenti «calunniosi» sul «Fatto Quotidiano» (il riferimento è a un articolo dell'autore di questo libro, intitolato *Immoral suasion*). Cioè sull'unico giornale che gli ha dato modo di spiegare la sua condotta con un'intervista.

L'indomani, 19 giugno, Napolitano ha respinto per iscritto le sue dimissioni, confermandogli

> affetto e stima intangibili [...], neppure sfiorati dai tentativi di colpire lei per colpire me. Le sue condotte sono state ineccepibili; e assolutamente obiettiva e puntuale è la sua denuncia dei comportamenti perversi e calunniosi – funzionali a un esercizio distorto del proprio ruolo – di quanti, magistrati, giornalisti o politici, non esitano a prendere per bersaglio anche lei e me.

Queste parole, divulgate a quattro mesi di distanza e proprio ora, diventano un avvertimento pubblico: il capo dello Stato ce l'ha non solo con politici e giornalisti (come pure D'Ambrosio), ma anche e *in primis* con i «magistrati» di Palermo, rei di «comportamenti perversi e calunniosi, funzionali a un esercizio distorto del proprio ruolo». Il gup e la Corte costituzionale che di lì a poco saranno chiamati a dare ragione o torto a quei magistrati prendano dunque buona nota: ora sanno che, se oseranno dar loro ragione, si automaticamente con chi tentava di «colpire» D'Ambrosio «per colpire» il presidente della Repubblica. Un bel modo per rasserenarli.

Curiosamente però i giornalisti, così solerti nel raccogliere i messaggi a futura memoria del carteggio Napolitano-D'Ambrosio, glissano su altri passaggi della lettera del consigliere, a dir poco inquietanti. Ricordando al capo dello Stato la sua lunga collaborazione con Giovanni Falcone prima come membro dell'Alto commissariato antimafia e poi come consulente del ministero della Giustizia, D'Ambrosio scrive a Napolitano:

> Lei sa ciò che ho scritto anche di recente su richiesta di Maria Falcone. E sa che in quelle poche pagine non ho esitato a fare cenno a episodi del periodo 1989-1993 che mi preoccupano e fanno riflettere; che mi hanno portato a enucleare ipotesi – solo ipotesi di cui ho detto anche ad altri – quasi preso anche dal vivo timore di essere stato allora considerato solo un ingenuo e utile scriba di cose utili a fungere da scudo per indicibili accordi. Non le nascondo di aver letto e riletto le audizioni all'Antimafia di protagonisti e comprimari di quel periodo e di aver desiderato di tornare anche a fare indagini, come mi accadde oltre 30 anni fa dopo la morte di Mario Amato ucciso dai terroristi.

Purtroppo, nel citato libro di Maria Falcone (*Giovanni Falcone un eroe solo*, Rizzoli, 2012), dei misteriosi «episodi del periodo 1989-1993» che l'hanno «preoccupato» e «fatto riflettere», D'Ambrosio non lascia che labili tracce: là dove descrive la solitudine di Falcone dopo il fallito attentato all'Addaura e le polemiche seguite al suo primo progetto di Superprocura. Però, nella lettera, D'Ambrosio afferma che le sue «ipotesi» Napolitano le conosce («lei sa»), e non solo lui («ho detto anche ad altri»). Sono ipotesi strettamente connesse con la trattativa Stato-mafia, se è vero che l'hanno indotto a sospettare «di essere stato allora considerato solo un ingenuo e utile scriba di cose utili a fungere da scudo per indicibili accordi». Da chi D'Ambrosio temeva di essere stato usato? Non certo da Falcone, che gli affidò la stesura delle leggi antimafia (Superprocura, pentiti, 41-bis e così via) approvate dal parlamento nel 1991-1992. Dunque dai politici che sedevano sopra di lui in quel periodo, al governo (presieduto da Andreotti) e in parlamento (presidenti delle Camere erano Napolitano e Spadolini). Ma anche in seguito («protagonisti e comprimari» della politica sentiti in Antimafia). Chi dunque, fra quei politici, usò D'Ambrosio per scrivere cose «utili a fungere da scudo per indicibili accordi»? E a quali «indicibili accordi» allude, se non a quelli della trattativa Stato-mafia? E chi sono gli «altri» a cui il consigliere confidò i suoi sospetti? E perché, quando fu sentito due volte come teste, non mise al corrente i pm e anzi negò di sapere alcunché, se è vero che addirittura desiderava «tornare a indagare»?

A queste domande è impossibile avere risposta, perché l'unico titolato a darla, cioè D'Ambrosio, è scomparso. Ma altri interrogativi interpellano direttamente Napolitano: quando D'Ambrosio gli espose le sue ipotesi e poi gliele scrisse nell'ultima lettera, il presidente gli chiese spiegazioni o dettagli, nomi e cognomi? Delle due l'una: se lo fece (come si spera abbia fatto, visto che non perde occasione per dirsi interessato a conoscere «tutta la verità» sulla trattativa e le stragi), dovrebbe precipitarsi in procura a testimoniare; se invece non lo fece, dovrebbe spiegare il perché.

Ma, su quegli allarmanti passaggi della lettera di D'Ambrosio e sulle domande che fanno sorgere, cala sull'intera stampa italiana una cortina di imbarazzato e imbarazzante silenzio. Quasi nessuno interpellerà Napolitano, né Napolitano riterrà di dover dare spiegazioni. C'è però qualcuno che non si arrende dinanzi a tanta reticenza: i pm di Palermo, che citeranno Napolitano come teste al processo sulla trattativa.

La Corte incostituzionale

Il 4 dicembre, appena 140 giorni dopo il decreto Napolitano e in appena quattro ore di camera di consiglio, la Corte costituzionale risolve il conflitto fra Quirinale e Procura di Palermo. È evidente che la decisione è già stata presa in precedenza (in caso di conflitti di attribuzioni le camere di consiglio durano di solito intere giornate). Infatti, come previsto, la Consulta dà ragione al Quirinale e torto alla procura. Un verdetto emesso quasi all'unanimità, 14 a 1, come confermerà sostanzialmente il futuro presidente Franco Gallo. Nel comunicato che anticipa le motivazioni, si leggono affermazioni ai confini della realtà, della logica, del diritto e del buonsenso, che offendono la reputazione dei 15 giudici costituzionali.

1) La procura avrebbe dovuto chiedere al gip di distruggere le telefonate del presidente, ma «escludere la loro sottoposizione al contraddittorio tra le parti». Cioè: la Corte costituzionale rimprovera ai pm di non aver violato gli articoli 24 (diritto di difesa) e 111 (principio del contraddittorio) della Costituzione.

2) La legge che imporrebbe la distruzione delle bobine all'insaputa dei difensori è l'articolo 271 del Codice di procedura penale, quello citato nel ricorso dell'Avvocatura dello Stato. Che però non c'entra nulla con le telefonate indirettamente intercettate fra Mancino e Napolitano. Infatti – l'abbiamo visto – riguarda le intercettazioni fuorilegge o quelle di conversazioni che svelino segreti professionali, cioè «fatti conosciuti per ragione del ministero, ufficio o professione della persona ascoltata». Ora, le intercettazioni indirette di Napolitano non sono fuorilegge, anzi perfettamente legittime (le ha disposte un gip sui telefoni di un indiziato). E Napolitano non è né l'avvocato, né il medico curante né il confessore di Mancino: i due non sono depositari di alcun «segreto professionale».

3) «Non spettava alla procura di omettere di chiedere al giudice l'immediata distruzione.» E chi l'ha detto che la procura ha omesso di chiedere al giudice ecc.? È vero il contrario: i pm hanno preannunciato fin dal primo momento che l'avrebbero fatto a tempo debito, come previsto dal Codice. Questa frase assurda, fra l'altro, è copiata pari pari dalla memoria difensiva dell'Avvocatura dello Stato. Ma è, anche linguisticamente, insensata. La Consulta avrebbe potuto scrivere: «Spettava alla procura chiedere al giudice l'immediata distruzione». Ma non l'ha fatto, per un motivo molto semplice: non esiste alcuna norma, ordinaria o costituzionale, che lo preveda. Così ha preferito

arrampicarsi sulle specchiere del Quirinale con quell'imbarazzante scioglilingua. Chi agisce male, pensa male e scrive anche peggio.

Si avvera così la profezia di Zagrebelsky. L'esito era scontato: la Corte, dando ragione al presidente che ha torto, ha voluto evitare «una crisi costituzionale», ma ora può essere «accusata di cortigianeria». Ecco: dal 4 dicembre 2012 l'Italia ha una Corte cortigiana.

Quando poi, il 15 gennaio 2013, vengono depositate le motivazioni integrali della sentenza, si scoprono altri passaggi davvero avvincenti.

Il primo è che, d'ora in poi, se un pm intercetta un indagato o un testimone o una vittima di reato che parla con il presidente della Repubblica, deve subito trasmettere la relativa bobina al gip affinché la distrugga «senza sottoposizione al contraddittorio tra le parti»: cioè, come si dice a Napoli, *aumma aumma.* E pazienza se la conversazione contiene prove utili al pm per incastrare il colpevole di un reato o alla difesa per scagionare un indagato rimasto vittima di un errore giudiziario. Nel primo caso, vanno a farsi benedire i principi costituzionali di «non dispersione della prova» e di obbligatorietà dell'azione penale (articolo 112 della Costituzione). Nel secondo, diventano carta straccia i principi del «contraddittorio nella formazione della prova» (articolo 111) e soprattutto del diritto di difesa «inviolabile e in ogni stato e grado del procedimento» (articolo 24): infatti la fatidica bobina con The Voice possono conoscerla il pm, il gip, i poliziotti, i tecnici audio, gli addetti dell'azienda privata a cui lo Stato appalta il servizio, oltre naturalmente ai due interlocutori della telefonata, ma non gli avvocati difensori.

Per mettere una toppa nel clamoroso strappo inferto al diritto di difesa, la Consulta precisa che dovrà essere il gip ad ascoltare le intercettazioni e a valutare se la loro distruzione non comprometta per caso «interessi riferibili a principi costituzionali supremi», come la tutela della vita e della libertà personale. Cioè dovrà sostituirsi agli avvocati difensori (all'oscuro di tutto) e decidere al posto loro se il contenuto delle telefonate sia utile o no ai loro assistiti. Una toppa peggiore del buco.

Eppure contro la sentenza incostituzionale non protesta nessun rappresentante della classe forense. L'Italia ha il record mondiale di avvocati (230.000), ma su questa palese violazione del diritto di difesa non vola una mosca. Che fanno le Camere penali, l'Ordine forense e gli altri organismi dell'Avvocatura? E, soprattutto, a che servono?

Come paventavano Zagrebelsky e i difensori della procura, la Consulta stravolge la figura del presidente della Repubblica, trasformandolo in un monarca assoluto. In quanto «supremo garante dell'equilibrio dei poteri dello Stato» – scrivono i giudici – il presidente della Repubblica non è mai intercettabile. Nemmeno al di fuori dell'esercizio delle funzioni. Nemmeno se qualcuno gli svelasse le prove di reati gravissimi. E nemmeno se è lui a delinquere con delitti extrafunzionali. Per questi, bontà sua, la Corte lo ritiene ancora sottoposto «alla medesima responsabilità penale che grava sugli altri cittadini». Ma «la ricerca della prova deve avvenire con mezzi diversi (documenti, testimonianze e altro), tali da non arrecare una lesione alla sfera di comunicazione costituzionalmente protetta del presidente». Dunque, mai con «strumenti invasivi» come le intercettazioni.

In pratica, il presidente che delinque lontano dalle sue funzioni è teoricamente punibile, ma di fatto resta impunito perché il suo reato non può essere provato. A meno che qualcuno non osi testimoniare contro di lui o lui stesso non sia così sprovveduto da lasciare tracce scritte o fotografiche del suo delitto. Una farsa. Anche perché, per la Consulta, il capo dello Stato è praticamente sempre «nell'esercizio delle sue funzioni», «formali e informali», qualunque cosa faccia o dica in «incontri, comunicazioni, raffronti dialettici», «attività di raccordo, di influenza e di persuasione», ma anche di «stimolo e moderazione». Tutto segreto, insindacabile, impunibile.

Un altro sconcertante passaggio della sentenza dovrebbe far sobbalzare il mondo politico e quello giornalistico: la «propalazione» delle quattro telefonate intercettate fra Napolitano e Mancino «sarebbe estremamente dannosa non solo per la figura e per le funzioni del capo dello Stato, ma anche, e soprattutto, per il sistema costituzionale complessivo che dovrebbe sopportare le conseguenze dell'acuirsi delle contrapposizioni e degli scontri». Ora, innanzitutto, ventilare la propalazione di telefonate mai propalate da nessuno e mai uscite dalla cassaforte della Procura di Palermo è un'offesa alla verità dei fatti: anzi, il suo ribaltamento. Infatti, proprio la prudentissima e rigorosissima procedura adottata dai pm di Palermo (così duramente censurata dalla Consulta) ha evitato che le quattro telefonate dello scandalo diventassero di dominio pubblico.

Ma c'è di più: affermando ciò che affermano, i giudici costituzionali lasciano intendere o fanno sospettare di sapere qualcosa che i comuni mortali non sanno. Infatti dalle loro parole si deduce che Napolitano disse a Mancino cose che, se si venissero a sapere, aggraverebbero «le contrapposizioni e gli scontri» (fra chi e chi? Mistero) e danneggerebbero non solo «la figura e le funzioni» del presidente, ma addirittura «il sistema costituzionale complessivo». Roba grossa, dunque. Al punto che «la semplice rivelazione ai mezzi di informazione dell'esistenza delle registrazioni costituisce un *vulnus* che dev'essere evitato»: e che *vulnus* potrebbe mai creare sapere che Napolitano parlava con Mancino, se non si fossero detti niente di che? Chissà chi ha spifferato questi segreti alla Consulta: Mancino? Napolitano? Un uccellino? Mistero.

Avevano dunque ragione quanti (pochissimi) chiesero fin dal primo giorno a Napolitano di divulgare il contenuto di quelle telefonate, per disinnescare una situazione potenzialmente ricattatoria. Qualcuno dirà: il sospetto che la Consulta conosca il contenuto di quelle telefonate è pura illazione. Invece è una deduzione, e anche una speranza: se la Consulta non sapesse proprio nulla, come farebbe a scrivere che, parlando col privato cittadino Mancino, Napolitano esercitava le sue «funzioni», non importa se «formali o informali»? Purtroppo nessuna norma costituzionale od ordinaria prevede, fra le funzioni formali o informali del capo dello Stato, le interferenze in un'indagine giudiziaria. Altrimenti bisognerebbe affermare che anche quando il barista del caffè Gambrinus di Napoli gli offre un ginseng e lui risponde «no grazie, preferisco un caffè», Napolitano sta esercitando una funzione «informale», e dunque la risposta «no grazie, preferisco un caffè» è coperta da segreto; e i giornali che la riportano per alimentare il culto della personalità del sovrano mettono in pericolo non solo «la sua figura e le sue funzioni», ma soprattutto «il sistema costituzionale complessivo». Innescando fra l'altro un pericoloso «acuirsi delle contrapposizioni e degli scontri». Fra il ginseng e il caffè.

Golpe: che fare?

Così la Consulta regala di fatto a Napolitano un'immunità assoluta, di cui naturalmente potranno giovarsi tutti i suoi successori futuri. Compreso qualcuno magari tentato di organizzare o favorire un colpo di Stato. Come stava per accadere nel 1964 – secondo alcuni storici e giornalisti fra i quali Eugenio Scalfari e Lino Jannuzzi –, ai tempi del presidente Antonio Segni, sempre più debole, malato e succube del generale Giovanni De Lorenzo che teneva nel cassetto il «Piano Solo» per una svolta autoritaria. Finora, contro una simile eventualità, la Costituzione repubblicana metteva il paese in una botte di ferro: il presidente era perseguibile dalla magistratura come ogni cittadino, per tutti i suoi atti extrafunzionali (cioè compiuti al di fuori delle sue funzioni istituzionali); e, per quelli funzionali, lo era per alto tradimento e attentato alla Costituzione. Se evadeva le tasse, arrotava un passante con la sua auto, picchiava la moglie o diffamava un cittadino, finiva sotto processo. E così, previa autorizzazione delle Camere, se ordiva un golpe o vi partecipava. Ma ora, dopo la sentenza della Consulta, non è più così. Per cui bisogna sperare che al Quirinale non salga mai un poco di buono, o uno che lo diventi.

Pur di dare ragione a Napolitano contro i magistrati di Palermo, la Corte ha stabilito un altro principio ai confini della realtà: il capo dello Stato non è mai intercettabile, neppure indirettamente e casualmente, salvo che per i reati di alto tradimento e attentato alla Costituzione. In quei due casi può essere ascoltato, anche direttamente, ma attenzione: solo previa «autorizzazione del Comitato parlamentare per i procedimenti d'accusa» e «solo dopo che il presidente sia stato sospeso dalla carica» dalla Corte costituzionale. Cioè: se è in corso un golpe, per intercettare il presidente golpista il magistrato deve attendere che le Camere lo autorizzino a farlo e che la Consulta lo destituisca. A quel punto però il presidente golpista saprà di essere intercettato e non parlerà più al telefono. Dunque teoricamente rimarrà perseguibile, ma in pratica sarà impossibile trovare le prove per perseguirlo. Non è meraviglioso?

Restano – scrive la Corte – le prove provenienti da «documenti e testimonianze». Sempreché il presidente golpista abbia la gentilezza di scrivere una confessione su carta intestata: «Sto facendo un golpe». E, non potendo subire perquisizioni (altro mezzo di ricerca «invasivo»), abbia la compiacenza di consegnare la sua confessione scritta a un complice, pregandolo di correre a denunciarlo. Altrimenti, se il complice fosse intercettato al telefono col presidente, la bobina che prova il golpe dovrà essere cestinata dal gip ancor prima di leggerla e valutarla.

Nemmeno queste obiezioni di puro buonsenso fanno breccia nella Stampa Unica che intasa le edicole. Anzi, i corazzieri di complemento intervengono subito a chiudere la questione, con un'equazione farlocca che Eugenio Scalfari ha il merito di esplicitare meglio di chiunque altro: siccome la Consulta ha dato ragione a Napolitano, vuol dire che fra lui e Mancino non è successo niente e che nei loro colloqui non c'era nulla. Ergo i «fascisti di sinistra» che hanno «lanciato accuse roventi, ripetute immotivatamente contro il capo dello Stato», «se fossero in buona fede, dovrebbero chiedere pubblicamente scusa per l'errore, ma siamo certi che non lo faranno». Ma quel che ha fatto il Quirinale contro l'indagine sulla trattativa non era oggetto del conflitto di attribuzione né del verdetto della Consulta. E comunque nessuna sentenza potrà mai cancellarlo, perché è indelebilmente impresso nelle carte.

Tanti saluti alla difesa

Le contraddizioni della sentenza più pazza del mondo esplodono non appena, l'8 febbraio 2013, il gip di Palermo Riccardo Ricciardi avvia l'udienza per decidere solitariamente il da farsi sulla distruzione dei quattro nastri Napolitano-Mancino, ordinata dalla Corte costituzionale. Primo problema: la Consulta nulla poteva imporre al gip, visto che il conflitto il Quirinale l'aveva sollevato contro la procura. Teoricamente la sentenza impone alla procura di chiedere la distruzione delle intercettazioni, ma non al gip di accogliere la richiesta. Il giudice potrebbe conservarle e sollevare un'eccezione di incostituzionalità dinanzi alla stessa Consulta contro l'articolo 271 del Codice di procedura penale, così elasticamente interpretato dalla Consulta, con la conseguente lesione del diritto di difesa dei 12 imputati per la trattativa.

Infatti gli avvocati di Massimo Ciancimino, Francesca Russo e Roberto D'Agostino, così come Fabio Repici, legale di parte civile per Salvatore Borsellino, chiedono ufficialmente al gip Ricciardi di poter ascoltare i nastri. I difensori di Ciancimino invocano anche un'eccezione di incostituzionalità sul 271. In caso contrario ricorreranno in Cassazione e chiederanno i danni allo Stato per violazione del diritto di difesa. Ma il loro ricorso contro un eventuale diniego del gip sarà comunque inutile, perché il provvedimento che impugneranno sarà già stato eseguito con la distruzione dei cd-rom con le telefonate dello scandalo. E se poi la Cassazione desse loro ragione, al danno si aggiungerebbe la beffa, perché intanto le telefonate distrutte non sarebbero più ascoltabili. Con il rischio di attirare sull'Italia una condanna della Corte europea per i diritti dell'uomo per la lesione al diritto di difesa; ma anche di invalidare il processo, visto che pure gli altri imputati (compreso, paradossalmente, Mancino) potrebbero sostenere di non essersi potuti difendere adeguatamente.

In ogni caso, il gip Ricciardi decide di chiudere lì la tormentata partita e dispone la distruzione tombale delle fatidiche bobine, respingendo l'istanza dei legali. Motivo: occorre scongiurare «il rischio concreto di divulgazione all'esterno dei contenuti delle conversazioni». Per placare il sacro terrore di Napolitano, i difensori di Ciancimino dovranno fidarsi del giudice, che ha ascoltato le telefonate e assicura che non riguardano «interessi afferenti principi costituzionali supremi (tutela della vita e della libertà personale, salvaguardia dell'integrità costituzionale delle istituzioni della Repubblica) che possano essere in qualche modo irrimediabilmente pregiudicati dalla distruzione delle registrazioni».

Il Romanzo Quirinale giunge così al suo epilogo nel peggiore dei modi. I supporti informatici dei file originali delle quattro telefonate, conservati nel server della procura in una saletta del supercarcere dell'Ucciardone, e i cd-rom con le copie allegate alla richiesta di distruzione inoltrata dalla procura, verranno presto cancellati da un perito informatico. Il bello è che il server della procura è gestito dalla società Rcs, la stessa che a Milano aveva garantito così bene la segretezza della telefonata Consorte-Fassino sul caso Unipol, che un dipendente aveva potuto trafugarla e passarla a Paolo e Silvio Berlusconi, i quali l'avevano fatta pubblicare sul «Giornale» di famiglia all'inizio della campagna elettorale del 2006. Non resta che sperare che stavolta qualcuno non si sia fatto una copia dei cd-rom, da usare al momento opportuno per ricattare o screditare il presidente. Ma, anche se così non fosse, resterebbero in vita una decina di persone che conoscono le telefonate e possono raccontarle a chi vogliono senza che nessuno possa più smentirli con la versione integrale e autentica. Senza dimenticare Mancino, che non è neppure tenuto al segreto d'ufficio, essendo un privato cittadino, per giunta imputato: nessuno meglio di lui, a parte Napolitano, conosce il contenuto delle telefonate. Insomma, da questo momento il presidente è potenzialmente ancor più ricattabile di prima. Anche perché di lì a poco Mancino e gli altri imputati finiscono in tribunale.

Stato & mafia alla sbarra

Il 7 marzo 2013, dopo sei mesi di udienza preliminare e il lungo esame delle 300.000 pagine di atti, il gup Piergiorgio

Morosini conferma la fondatezza delle accuse mosse dalla Procura di Palermo a tutti gli imputati e li rinvia a giudizio per la trattativa Stato-mafia con un dettagliato provvedimento di 20 cartelle. La lista degli accusati si assottiglia da 12 a 10 nomi, ma solo perché Provenzano è gravemente malato e inabile a comparire in udienza; e Mannino ha scelto di farsi giudicare con rito abbreviato. Dinanzi alla Corte d'assise di Palermo, dal 27 maggio, compariranno i boss Riina, Bagarella, Brusca, il medico Cinà, Massimo Ciancimino; e, per lo Stato, gli ex carabinieri Subranni, Mori e De Donno e i politici Dell'Utri e Mancino. I primi nove accusati di «violenza o minaccia a corpo dello Stato»; il decimo, cioè Mancino, di falsa testimonianza.

In men che non si dica, profittando della distrazione generale per il dopo-elezioni di febbraio e le consultazioni al Quirinale in vista del nuovo governo, il Palazzo reagisce con tutta la violenza istituzionale di cui è capace, con tre mosse che mirano a estromettere o almeno a delegittimare i pm in vista del processo.

1) Il 7 marzo, lo stesso giorno dei dieci rinvii a giudizio, il ministro della Giustizia in scadenza, Paola Severino, avvia l'azione disciplinare a scoppio ritardato contro l'ex pm della trattativa Antonio Ingroia (ora leader di Rivoluzione civile, sconfitto alle elezioni e pronto a rientrare in magistratura), reo di avere criticato un anno prima il presidente della V sezione della Cassazione, vecchio amico di Carnevale, che aveva annullato la condanna di Dell'Utri per mafia. Per le toghe che hanno pubblicamente attaccato i pm palermitani per l'inchiesta sulla trattativa, invece, nessuna conseguenza. A parte gli applausi.

2) Il 21 marzo il Csm comunica a Ingroia che l'unica sede giudiziaria possibile per il suo rientro in magistratura è il Tribunale di Aosta. Decisione umiliante per uno dei pm più esperti di lotta alla mafia; e – come vedremo – illegittima.

3) Lo stesso 21 marzo il pg della Cassazione Gianfranco Ciani – lo stesso che un anno prima si dava da fare con Grasso, su richiesta del Quirinale e di Mancino – ufficializza dopo ben sette mesi di istruttoria l'azione disciplinare contro il pm che coordina l'inchiesta sulla trattativa dopo la partenza di Ingroia:

Nino Di Matteo. Motivo: la famosa intervista del giugno 2012 a «Repubblica» sulle intercettazioni Mancino-Napolitano, in cui non svelava nulla di segreto (la notizia era già uscita su «Panorama»). Si limitava a spiegare che la procura le aveva già ritenute penalmente irrilevanti e dunque secretate in cassaforte senza trascriverle, in attesa di inoltrarle al gip per l'udienza di distruzione. Ma così, secondo Ciani, Di Matteo avrebbe «mancato ai doveri di diligenza e riserbo» per aver «ammesso seppure non espressamente l'esistenza delle telefonate Mancino-Napolitano» e dunque «leso indebitamente il diritto di riservatezza del capo dello Stato». Il procuratore capo Francesco Messineo si sarebbe macchiato di omessa denuncia per non aver segnalato al pg Ciani l'inesistente violazione del suo sostituto: azione disciplinare anche per lui. Le accuse sono semplicemente lunari. Come può un pm, commentando una notizia già nota su telefonate secretate, mai trascritte e mai pubblicate, «ledere la riservatezza» di chicchessia? E come fa ad «ammettere seppure non espressamente» qualcosa? I sospetti di una rappresaglia contro i pm che hanno osato toccare gli intoccabili sono tutt'altro che campati in aria. Anche perché, nel caso trattativa, se c'è un magistrato sospettabile di aver esorbitato dai suoi poteri, questo è proprio il pg Ciani con l'incredibile convocazione di Grasso in Cassazione per assecondare Napolitano e Mancino. Ciani non desisterà dalla sua iniziativa contro i pm di Palermo neppure dopo il 3 aprile, quando giungerà notizia che Cosa nostra sta preparando un attentato contro Di Matteo, al quale è stata rafforzata la scorta dopo l'arrivo in procura di una lettera anonima, scritta con ogni probabilità da un uomo degli apparati di sicurezza, molto informato sui suoi spostamenti e sui piani eversivi della mafia. Al punto da indicare anche l'obiettivo politico immediato dell'attentato «chiesto dagli amici romani di Matteo [Messina Denaro, *nda*], perché questo paese non può finire governato da comici e froci». Cioè da una paventata alleanza fra il movimento di Beppe Grillo, che ha appena stravinto le elezioni, e le forze che fanno capo a due leader gay dichiarati: Nichi Vendola, segretario di Sel, e Rosario Crocetta, neogovernatore della Sicilia alla guida di una giunta di minoranza sostenuta dall'esterno dal MoVimento 5 Stelle. Chiunque sia l'autore dell'avvertimento, il presunto pericolo di un governo con «comici e froci» verrà presto scongiurato con un altro governissimo dei vecchi partiti. Un esito che neppure Cosa nostra osava immaginare.

Da che parte sta, fra Di Matteo e i suoi tanti nemici, il governo Monti ormai in scadenza? La risposta si affretta a darla la ministra uscente Severino, replicando per iscritto a una vecchia interrogazione dell'Idv sulle pressioni esercitate da Ciani su Grasso. Il testo viene reso noto dallo stesso alto magistrato dinanzi al plenum del Csm, che lo accoglie con applausi scroscianti. Il partito di Di Pietro chiedeva se non fosse il caso di promuovere l'azione disciplinare contro Ciani. Ma la guardasigilli ha risposto picche, sperticandosi in peana al pg. Purtroppo però, nell'empito encomiastico, è incorsa in alcune sviste davvero gravi per un ministro, per giunta della Giustizia. Forse perché si è bevuta la versione dell'alto magistrato, purtroppo contraddetta dalle carte. Ciani assicura di non aver mai chiesto a Grasso né di avocare né di indirizzare l'indagine di Palermo, limitandosi a svolgere la sua normale funzione di sorveglianza. Il che, scrive la Severino, risulterebbe «dal tenore della relazione redatta da Grasso su richiesta esplicita del pg».

Prima «svista»: fu Grasso, come ha raccontato lui stesso, a pretendere che Ciani gli mettesse per iscritto le sue richieste, così da potergli rispondere a sua volta nero su bianco di no e lasciare traccia dell'accaduto.

Secondo svarione: nel verbale della riunione, si legge che Grasso «precisa di non avere registrato violazioni del protocollo del 28.4.2011 tali da poter fondare un intervento di avocazione a norma dell'art. 371-bis Cpp. Il pna rimetterà al pg un'informativa scritta». L'esatto contrario di quel che affermano Ciani e Severino. Del resto, se il pg non avesse chiesto a Grasso di avocare l'indagine, perché mai Grasso avrebbe risposto di non poterla avocare?

Terza «dimenticanza»: Grasso ha ricostruito i fatti in un'intervista al «Fatto Quotidiano». E ha raccontato – come abbiamo visto – di avere respinto le richieste del pg «specificando che nessun potere di coordinamento può consentire al pna di dare indirizzi investigativi e ancor meno di influire sulla valutazione degli elementi di accusa acquisiti dai singoli uffici giudiziari». Il che significa che gli era stato chiesto di dare «indirizzi investigativi» e «influire sulla valutazione» delle prove. Peccato che Ciani e Severino dicano l'opposto. Ma naturalmente Grasso, promosso nel frattempo a presidente del Senato, si guarderà bene dall'intervenire per smentirli. La poltrona val bene un silenzio.

L'Imbalsamatore
(2012-2013)

Nell'autunno del 2012, mentre il morente governo Monti prepara la legge di stabilità finanziaria, i partiti pensano a tutt'altro: le elezioni politiche di primavera, che saranno seguite dalle presidenziali per eleggere il nuovo capo dello Stato. E ci pensa, naturalmente, anche Napolitano, che non rinuncia a influenzare i due appuntamenti. A suon di moniti.

L'8 settembre il presidente fa sapere che cosa dovrà fare il prossimo governo dopo il voto: «Mi adopererò perché venga esplicitamente e largamente condiviso l'impegno a dar seguito e sviluppo a scelte di fondo concertate in sede europea». E pazienza se, di una politica che accolla i costi della crisi ai ceti più deboli, milioni di italiani non ne vogliono più sapere: come dimostra il successo travolgente del MoVimento 5 Stelle (che si accinge a conquistare il primo posto alle regionali in Sicilia).

Insomma, per Napolitano l'esecutivo postelettorale dovrà essere una fotocopia del governo Monti, da lui elogiato per il suo «densissimo programma» realizzato «in tempi straordinariamente brevi». E lui, non si sa bene a che titolo, si «adopererà» in tal senso.

I cittadini italiani prendano dunque buona nota: dalle urne dovrà uscire un altro bel governissimo di larghe intese Pd-Pdl-Centro, possibilmente per sempre. Altrimenti il presidente si arrabbia.

La riforma elettorale la detta Lui

In ottobre, a sei mesi dalla scadenza naturale della legislatura, i partiti che ci hanno dormito sopra per sette anni si agitano molto per modificare (o fingere di modificare) la legge elettorale «Porcellum». E, tanto per cambiare, sono divisi. Fra di loro, ma anche al proprio interno. Il Pdl preferirebbe assegnare il premio di maggioranza al partito più votato, mentre il Pd – perno dell'alleanza di centrosinistra con Sel che i sondaggi danno favorita – vorrebbe regalarlo alla coalizione che arriva per prima, magari stabilendo una soglia minima intorno al 42 per cento (sotto la quale il premio non scatta).

Anche Napolitano ha riposato a lungo sulla legge elettorale, felicitandosi addirittura per la bocciatura del referendum abrogativo, salvo poi lanciare continui moniti in materia per tutto il 2012. Ora, il 12 ottobre, scrive una lettera al presidente del Senato Schifani per comunicargli come dovrà essere la nuova legge. Raccomanda al parlamento di «evitare il ricorso a incentivi e vincoli tali da indurre a vasti raggruppamenti elettorali di dubbia idoneità a garantire stabilmente il governo». Cioè: niente premio di maggioranza alla coalizione vincente. Ma questa, oltreché un'entrata a gamba tesa nell'autonomia delle Camere, è una plateale interferenza nella battaglia fra centrodestra e centrosinistra; e un pesante condizionamento delle libere scelte del Pd, che proprio in quelle settimane sta discutendo i confini dell'alleanza: riproporre l'asse con Vendola e Di Pietro, immortalato nella celebre «foto di Vasto» (all'ultima festa dell'Idv), per raggiungere quota 42 per cento e ottenere il premio di maggioranza? Oppure correre da solo? O soltanto con Sel e senza l'Idv?

Tutti i giornali interpretano il monito come una precisa scelta di campo del Colle: terrorizzato dalla possibile vittoria di un centrosinistra autosufficiente (con Vendola o, peggio ancora, con la bestia nera Di Pietro), Napolitano lavora per una legge elettorale molto simile al Porcellum che non faccia vincere nessuno. Così il parlamento (soprattutto il Senato) sarà ingovernabile e lui potrà replicare la formula del governissimo.

E magari richiamare pure a Palazzo Chigi l'amato Monti. Lo dice lui stesso papale papale, in barba ai suoi doveri di arbitro imparziale, il 24 ottobre in un nuovo incredibile monito agli italiani: «Alle prossime elezioni tenete conto dell'esperienza di Monti», perché «è salutare e inevitabile». Insomma, rassegnatevi.

Molto meglio dunque che il premio di maggioranza vada al partito vincente. Il quale, per quanti voti prenda, non arriverà mai al 50 per cento più uno. E non sarà costretto a coalizzarsi con i suoi tradizionali alleati *prima* del voto, in sintonia con i propri elettori, ma soltanto *dopo*, gabbando l'elettorato e tagliando le «ali» più estreme, che inquietano Napolitano e i suoi sponsor in Italia e soprattutto in Germania. Via Sel e Di Pietro a sinistra, via la Lega e i neomissini a destra, fuori dai giochi i terribili 5 Stelle. Dunque, nuovo governo di larghe intese sorretto da Pd, Centro e Pdl. Così, anche se sarà sconfitto nelle urne, Berlusconi resterà decisivo anche nella nuova legislatura.

Alla fine comunque la legge elettorale resterà il Porcellum. Napolitano scioglierà le Camere in anticipo, anche se aveva giurato che mai l'avrebbe fatto senza una nuova legge elettorale. E Di Pietro verrà estromesso dal centrosinistra, proprio come auspicato dal suo primo avversario: l'uomo del Colle che ha detto no.

Dopo aver interferito nel dibattito parlamentare sulla legge elettorale, il 24 ottobre Napolitano accusa il Csm di «interferire nel libero confronto parlamentare». Addirittura. Cosa è accaduto? Palazzo dei Marescialli ha dato il suo parere negativo alla legge anticorruzione presentata dalla ministra della Giustizia Severino: la legge che nulla dice contro l'autoriciclaggio, il falso in bilancio e l'evasione fiscale, ma soprattutto riduce le pene e accorcia la prescrizione per il reato di concussione per induzione. E, com'è noto, Napolitano non ammette alcuna critica al governo Monti, che lui considera cosa sua.

Ma, indipendentemente dal merito delle nuove norme, la legge istitutiva del Csm (la n. 195 del 24 marzo 1958, art. 10) parla chiaro: «Il Consiglio superiore [...] dà pareri al ministro sui disegni di legge concernenti l'ordinamento giudiziario, l'amministrazione della giustizia e su ogni altro oggetto comunque attinente alle predette materie». Invece il capo dello Stato ha soltanto il compito di promulgarle o di respingerle alle Camere una volta licenziate, non quello di intromettersi nella loro stesura in parlamento. Eppure, mentre si immischia nel libero confronto parlamentare sulla legge elettorale, tenta di negare al Csm l'esercizio di un suo diritto-dovere. Gli psichiatri parlerebbero di sindrome da «proiezione».

Un inciucio è per sempre

Diverse giunte regionali sono crollate negli ultimi mesi sotto i colpi degli scandali: quella della Lombardia per le inchieste sulle presunte tangenti di Formigoni; quella del Lazio per l'*affaire* Fiorito & C.; e quella del Molise per le irregolarità scoperte nell'ultima vittoria del governatore Michele Iorio. Dunque parrebbe naturale che si votasse anzitutto in queste regioni entro fine anno. Fra l'altro la legge stabilisce che un consiglio regionale sciolto non possa essere rinnovato per più di 90 giorni. A metà novembre viene fissata la data del voto per il 10-11 febbraio. Ma Napolitano spinge per l'Election Day, cioè per posticipare ancora le regionali e anticipare le politiche, votando in un'unica tornata. E fa sapere che sarebbe «appropriata» la data del 10 marzo. La decisione viene annunciata il 16 novembre dopo un vertice al Quirinale con Monti e i presidenti di Camera e Senato, Fini e Schifani. Il voto in Lombardia, Lazio e Molise verrebbe spostato in avanti di tre mesi (da dicembre) e quello per le politiche all'indietro di un mese (da aprile). La scusa è quella di risparmiare 100 milioni di euro. Una barzelletta, visto che – come spiega il futuro governatore del Lazio, Nicola Zingaretti – soltanto la proroga delle caste regionali nullafacenti nei tre consigli sciolti, di milioni ne costerebbe 60.

I veri scopi dell'Election Day, anche se nessuno li confessa, sono ben altri.

1) Risparmiare all'agonizzante Berlusconi una prevedibile doppia sconfitta. Meglio per lui perdere una sola volta tutto

insieme, che tracollare prima alle regionali (in tre regioni rette finora dal Pdl) e poi ancor di più, per l'effetto domino, alle politiche.

2) Rubare un mesetto all'irresistibile ascesa del MoVimento 5 Stelle, che cresce di 1-2 punti al mese e metterebbe le ali dopo la scontata vittoria alle regionali.

3) Far gestire la formazione del nuovo governo a Napolitano, che «scade» a metà aprile e, se le politiche si tenessero nella data prefissata, non potrebbe più seguire il dopo-voto; anzi dovrebbe lasciarlo nelle mani del successore, eletto dal nuovo parlamento.

Persino un giurista molto vicino al Colle come Gianluigi Pellegrino, che ha difeso Napolitano sul caso Palermo, scrive che l'Election Day è un «abuso di potere» e il «cedimento a un ricatto». Il ricatto è quello del Pdl, che minaccia di rovesciare il governo Monti se non si vota quando vuole Berlusconi, subito accettato senza fiatare dagli altri partiti. L'abuso è la violazione della legge che, come ha confermato la Corte costituzionale, impone di rinnovare i consigli regionali entro tre mesi dallo scioglimento. Così ha stabilito anche il Tar per il Lazio e su questa sentenza deve ancora pronunciarsi il Consiglio di Stato il 27 novembre. Figurarsi con quale serenità i giudici sentenzieranno, dopo che il 16 novembre il Colle ha annunciato che la data più appropriata è il 10 marzo.

Ma c'è di più. Con quale pretesto Napolitano scioglierà le Camere con un mese d'anticipo sulla loro scadenza naturale, per consentire il voto il 10 marzo, visto che il governo è tuttora in carica e gode della fiducia del parlamento? Con un'altra invasione di campo, il presidente fa sapere che lo scioglimento anticipato non è un problema, ma a una condizione: che il parlamento modifichi in fretta e furia la nuova legge elettorale. E, già che c'è, lascia anche trapelare come dovrà essere: una riedizione appena ritoccata del Porcellum, così da perpetuare l'inciucio anche nella nuova legislatura. Magari ancora con Monti a Palazzo Chigi, visto che – monita il presidente il 26 novembre – occorre «evitare passi falsi e passi indietro che rischierebbero di appannare la ripresa di fiducia nell'Italia».

Addio Monti

A facilitare il compito di Napolitano, con mirabile gioco di sponda, provvede lo stesso Berlusconi, che il 7 dicembre manda avanti il segretario del Pdl Angelino Alfano con una durissima dichiarazione alla Camera: «Consideriamo conclusa l'esperienza di questo governo». Il Pdl garantisce il Sì solo alla legge di stabilità, poi basta. L'indomani Monti sale al Colle e, senz'avvertire il parlamento né i suoi ministri, comunica che secondo lui quello di Alfano è un atto di sfiducia. Dunque si dimetterà un minuto dopo l'approvazione della legge di stabilità. Il presidente di una qualsiasi Repubblica parlamentare lo rispedirebbe alla Camera per chiedere la fiducia e tornare da lui con le dimissioni solo se non la otterrà. Anche perché nel frattempo il padrone di Alfano, cioè il Cavaliere, ha dichiarato di stimare molto Monti, al punto da volerlo come leader di tutto il centrodestra e anche come premier per tutta la prossima legislatura.

Invece Napolitano coglie la palla al balzo, accetta le dimissioni di Monti e apre ufficialmente una crisi extraparlamentare (quella che voleva imporre nel 2008 a Prodi, che rifiutò; quella che prospettò nel 2011 a Berlusconi, che accettò). È il preannuncio dell'imminente scioglimento delle Camere. Infatti il presidente avvia subito le «consultazioni informali» con i partiti. Ma solo con quelli della maggioranza. E fissa con loro le elezioni anticipate, prim'ancora che venga approvata la legge di stabilità e che il governo si sia dimesso. Il tutto per una frase di tal Alfano. Il parlamento, una volta di più, è scavalcato. Apprende le decisioni del Quirinale e dei leader di maggioranza dai giornali. Come se non esistesse.

A quel punto le preoccupazioni di bilancio, addotte dal Quirinale annunciando l'Election Day per il 10 marzo, vengono frettolosamente accantonate. Il 22 dicembre Napolitano scioglie le Camere perché «non esisteva alcuno spazio per sviluppi in sede parlamentare». E anticipa la data delle elezioni politiche (ma anche delle regionali) di altre due settimane: al 24 e 25 febbraio. Così il presidente avrà non uno, ma due mesi per gestire il dopo-voto prima di lasciare la poltrona.

Naturalmente la grande stampa tiene bordone alla manovra quirinalizia. Il direttore del «Corriere» Ferruccio de Bortoli descrive Napolitano e Monti «sbalorditi» e «indignati» per l'improvvisa rottura di Berlusconi. Il primo «non si persuade» e il secondo «non si capacita» per l'inattesa crisi aperta dal Pdl. Del resto, solo chi in 19 anni non ha ancora capito nulla di Berlusconi può meravigliarsi di quel che è accaduto: chi, appunto, s'era illuso che lo Statista di Arcore nel novembre del 2011 si sarebbe ritirato a vita privata per il suo spirito patriottico e il suo alto senso delle istituzioni, rassegnato a un dorato pensionamento come Cincinnato.

L'ex presidente del Senato Marcello Pera, su «Libero», chiama le cose con il loro nome: «La Costituzione è diventata un canovaccio per spettacoli comici. La pratica che Napolitano e Monti hanno adottato è perfettamente compatibile con il semipresidenzialismo. Come in Francia». Peccato che la Costituzione italiana non lo preveda. È vero che anche il primo e il terzo governo Berlusconi erano caduti senza un formale voto di sfiducia: nel '94 il Cavaliere si dimise un attimo prima che le Camere votassero le mozioni di sfiducia di Lega, Ppi e Sinistra; e nel 2011 se ne andò quando, nel voto sul Rendiconto dello Stato, la sua maggioranza alla Camera si era ridotta a 308 deputati su un quorum di 316. Ma, in entrambi i casi, c'era almeno la prova provata che i suoi governi non avevano più la maggioranza. Invece, che Monti non abbia più la maggioranza, è tutto da verificare. Non solo il parlamento non l'ha mai sfiduciato, ma gli ha votato la fiducia per ben 51 volte in un anno con una maggioranza bulgara mai vista nella storia repubblicana. E allora perché l'Italia dovrebbe andare a votare col cappotto, negli stessi giorni di metà febbraio in cui l'anno precedente sprofondò nella neve e nel ghiaccio? Perché il monarca del Colle ha deciso così. E nessuno, a parte il noto eversore Beppe Grillo, osa fiatare per ricordare invano le prassi costituzionali e parlamentari.

Intanto Napolitano scrive a Monti per invitarlo ad «agevolare» la raccolta delle firme per le nuove liste che si presenteranno alle elezioni. Così il 17 dicembre il governo appena caduto, che dovrebbe limitarsi alla legge di stabilità e all'ordinaria amministrazione, vara in fretta e furia un decreto per dimezzare il numero di firme necessarie alle nuove liste per presentarsi alle elezioni. Compresa quella che – forse, chissà, magari, lui ci sta riflettendo – Monti guiderà in tandem con Fini e Casini. Un decreto (anche) *ad personam*, insomma un autodecreto. Per giunta vietato dalla legge Spadolini n. 400 del 1988, che proibisce la decretazione in materia elettorale. Ma queste sono quisquilie, infatti come sempre Napolitano firma.

Soltanto un mese prima, il 22 novembre, il presidente aveva dichiarato alla «Stampa»: «Monti è senatore a vita: non si può candidare al parlamento o partecipare alla campagna elettorale, perché è già parlamentare e questo non è un particolare da poco, anche se qualche volta lo si dimentica». Poi naturalmente Monti cambia idea e, nonostante l'«irritazione» e il «disappunto» del Quirinale, il 4 gennaio 2013 presenta la sua lista, Scelta civica, alleata di Fli e Udc.

Sallusti, povero martire

Il 17 giugno 2011 il direttore del «Giornale», Alessandro Sallusti, è stato condannato per diffamazione dalla Corte d'appello di Milano a quattordici mesi di carcere, senza la sospensione condizionale della pena, per un articolo pubblicato nel 2007 con lo pseudonimo «Dreyfus» sul quotidiano «Libero» (da lui diretto all'epoca). Il diffamato è il giudice tutelare torinese Giuseppe Cocilovo, accusato falsamente di aver costretto una ragazzina di tredici anni ad abortire contro la sua volontà, mentre in realtà l'autorizzò all'aborto – secondo la legge vigente – su espressa richiesta dell'interessata e della madre. L'udienza in Cassazione per il verdetto definitivo è fissata per il 26 settembre e in vista di quell'appuntamento «il Giornale» lancia una campagna in difesa del suo direttore. Che, essendo pluripregiudicato e plurirecidivo, se la condanna verrà confermata, dovrà scontare la pena in carcere oppure, se ne farà richiesta, ai domiciliari e poi ai servizi sociali.

Il 22 settembre, quattro giorni prima dell'udienza in Cassazione, il portavoce di Napolitano, Pasquale Cascella, pensa bene di annunciare via Twitter: «Il presidente naturalmente segue il caso e si riserva di acquisire tutti gli elementi utili di valutazione». Senza peraltro spiegare a quale titolo il capo dello Stato «segue naturalmente» un processo in corso e interviene a piedi giunti sulla Suprema corte alla vigilia di un verdetto. Né illustrare quali sarebbero le «ipotesi del caso» di competenza del capo dello Stato, visto che la Costituzione non gli conferisce alcun potere di sindacare le sentenze. Il «si riserva di acquisire» eccetera suona come una velata minaccia ai cinque giudici chiamati a decidere. I quali ora sanno che il capo dello Stato li tiene d'occhio. Se dovessero decidere per la conferma della sentenza d'appello, entrerebbero in rotta di collisione con il presidente del Csm, da cui dipendono le loro carriere e i loro procedimenti disciplinari. Dicevano i latini, quando Roma era ancora la capitale del diritto e non del rovescio, che il giudice deve decidere secondo legge e coscienza, *sine spe ac metu*: senza aspettarsi premi né rappresaglie in conseguenza delle sue sentenze. Dopo l'improvvido tweet del Quirinale, sulla testa dei giudici di Cassazione pende un *metus* grosso così.

E non è la prima volta: dal caso Woodcock-Vittorio Emanuele al caso Salerno-Catanzaro, da quello dei «furbetti» e dei politici a quello di Mancino, non c'è indagine eccellente che il Colle non abbia tentato di condizionare. Ormai è chiaro che Napolitano si crede il capo della magistratura. Invece è soltanto il presidente del Csm, l'autogoverno dei magistrati, che è un organo collegiale, si riunisce in date prefissate, dev'essere informato delle iniziative del suo presidente e soprattutto non può dire ai magistrati quello che devono o non devono decidere. Può soltanto sanzionarli (il Csm, non il presidente) *a posteriori*, se quello che hanno fatto è abnorme o viola il codice disciplinare. E, quando qualcuno interferisce nella loro attività, deve aprire pratiche a loro tutela. Ora il Csm dovrebbe aprire una pratica per tutelare i giudici dal presidente del Csm. Ma naturalmente non lo farà.

Peraltro, dopo la sentenza d'appello, Sallusti ha la possibilità di chiudere la faccenda senza danni prima che approdi in Cassazione, come gli suggerisce sul «Fatto» l'autore di questo libro: scusarsi con il giudice Cocilovo, rettificare la notizia falsa e risarcire il danno alla vittima in cambio del ritiro della querela che estinguerebbe il processo. Cocilovo si dice disponibile. Ma Sallusti, con grande arroganza, non solo non si scusa e non risarcisce, ma va a *Porta a Porta* a proclamare di non aver nulla da farsi perdonare e, già che c'è, diffama anche i giudici che l'hanno condannato («sentenza politica», «uso politico della giustizia», «magistrati in malafede da condannare e radiare per abuso di potere»).

Il 26 settembre la V sezione della Cassazione non si lascia intimidire e conferma – non ravvisandovi alcun vizio – la sentenza d'appello. Immantinente, dal Colle più alto, parte un nuovo monito: «Dal Quirinale si fa presente che il presidente esaminerà con attenzione la sentenza adottata oggi dalla V sezione penale della Corte di cassazione relativa alla posizione del direttore del "Giornale"». Il tutto, si badi bene, prim'ancora di conoscerne le motivazioni, che verranno depositate entro un mese. Quindi non si capisce che cosa il presidente, autoproclamatosi quarto grado di giudizio *ad personam Sallustii*, voglia «esaminare con attenzione».

Subito, in parlamento e sui media, parte la mobilitazione generale per fare di Sallusti un cittadino al di sopra della legge: le Camere vengono sequestrate per votare una legge su misura per riformare la diffamazione a mezzo stampa addirittura per decreto. Seguono, in sottofondo, gli alti lai della casta pennuta, dall'Ordine dei giornalisti alla Federazione della stampa. Tutti sorvolano su un particolare fondamentale: in base alla legge penitenziaria, le condanne inferiori ai tre anni possono essere scontate in libertà con l'affidamento in prova al servizio sociale; purché, si capisce, il condannato ne faccia richiesta al giudice di sorveglianza. Ma Sallusti annuncia che non farà alcuna istanza di pena alternativa: vuole andare in carcere per sollevare «il caso», fare il martire e offrire al suo padrone un altro pretesto per attaccare i giudici.

L'autore dell'articolo, rimasto fino a quel momento sott'acqua, nascosto dietro lo pseudonimo «Dreyfus», si autodenuncia in pieno parlamento: è l'ex giornalista Renato Farina, alias «agente Betulla» prezzolato dal Sismi e dunque espulso a suo tempo dall'Ordine dopo avere patteggiato sei mesi per favoreggiamento nel sequestro Abu Omar. Insomma fa l'eroe a costo zero e chiede di andare in carcere al posto di Sallusti, ben sapendo che il giudice diffamato non può più querelarlo (il termine è di 90 giorni dalla data dell'articolo) e lui non sarà mai punito per la sua diffamazione.

Il 27 settembre, di buon mattino, nuova interferenza del Quirinale:

> Il presidente della Repubblica, Giorgio Napolitano, ha ricevuto questa mattina al Quirinale il ministro della Giustizia, Paola Severino. Il capo dello Stato e il ministro hanno convenuto sulla esigenza di modifiche normative in materia di diffamazione a mezzo stampa, tenendo conto delle indicazioni della Corte europea di Strasburgo, non escludendo possibili ricadute concrete sul caso Sallusti.

Quando poi vengono depositate le motivazioni, firmate da due giudici ipergarantisti (Aldo Grassi, vecchio amico di Carnevale, e Antonio Bevere, storico esponente dell'ala morbida di Magistratura democratica), si scopre che quasi tutto ciò che è stato scritto sul caso è falso. Sallusti non è stato affatto condannato per l'«omesso controllo» sull'articolo di Dreyfus-Farina. E dal 2007 al 2012 «"Libero" non ha mai agito per sanare la falsità della notizia». Anzi, cinque giorni dopo l'articolo, quando la bufala era già stata smentita dall'Ansa, dalla Rai e da vari giornali, il quotidiano allora diretto da Sallusti rincarò la dose con un altro attacco dell'avvocato Carlo Taormina al giudice Cocilovo. Il che «rafforza ulteriormente il dolo del reato». Perciò

Sallusti è stato condannato fin dal primo grado non per omesso controllo (reato colposo «mai contestato all'imputato»), ma per concorso doloso in diffamazione «animata da coscienza, volontà [...] e consapevolezza di aggredire la reputazione altrui». È vero che, se lo pseudonimo resta misterioso, l'articolo viene attribuito al direttore: ma qui Sallusti sarebbe stato condannato anche se Farina si fosse svelato in tempo utile. E sul punto, anche volendo, la Cassazione non poteva annullare la condanna: «nessuna censura è stata formulata nei motivi d'appello» presentati dai difensori di Sallusti. Nemmeno loro vi trovavano alcun vizio.

Quanto all'entità della pena, senz'attenuanti generiche, anche per i supremi giudici è un'«ipotesi eccezionale», ma dipende dalla «spiccata capacità a delinquere» di Sallusti (già più volte condannato) e dalla «gravità del fatto e del danno». Si può discutere sulla mancata sospensione condizionale della pena: ma la Cassazione non poteva farci nulla, perché nemmeno questo punto era «oggetto di impugnazione nei motivi di appello». Cioè la difesa Sallusti non l'ha contestata, rendendola definitiva già in secondo grado.

Insomma, se qualcuno ha fatto di tutto perché Sallusti finisse in galera, è proprio Sallusti: pubblicando le menzogne di Farina; aggravandole con quelle di Taormina; non rettificandole per cinque anni, nemmeno dopo la querela, il rinvio a giudizio e le condanne di primo e secondo grado; infine non appellando la mancata condizionale e l'accusa di concorso in diffamazione.

A questo punto, in uno Stato di diritto, la giustizia fa il suo corso e il condannato sconta la pena. Ma non nel regno di Re Giorgio. Sallusti annuncia sul «Giornale» che non vuole saperne degli arresti domiciliari: vuole proprio andare in carcere. E rivela che Napolitano sta facendo pressioni sulla Procura di Milano, competente sull'esecuzione della sentenza, perché trasformi la detenzione da carceraria a domiciliare. Rivelazione mai smentita dal pur querulo portavoce del Colle. Si tratta di questo: in base alla legge svuotacarceri firmata dall'allora guardasigilli Angelino Alfano nel 2010, i condannati a pene (o residui pena) inferiori ai diciotto mesi possono scontarle a casa, senza passare dal carcere, purché i loro legali ne facciano espressa richiesta. Ma Sallusti non la fa e se ne vanta tutti i giorni sul suo «Giornale». In mancanza di richiesta, la prassi dell'Ufficio esecuzioni della Procura di Milano è quella di proporre al giudice di sorveglianza di spedirli o di lasciarli in carcere. Infatti sono centinaia i condannati che restano detenuti per questo unico motivo: la mancata richiesta di pene alternative. Ma Napolitano può tutto.

Infatti il 26 novembre, ribaltando l'univoco orientamento della sua procura e suscitando le furibonde proteste di molti suoi pm, il procuratore capo di Milano Edmondo Bruti Liberati ottiene dal giudice di sorveglianza un trattamento speciale per Sallusti: cioè che per lui il carcere sia commutato in arresti domiciliari anche senza la sua richiesta. Il giornalista viene prelevato il 1° dicembre in redazione per essere condotto nella residenza prescelta: quella della sua fidanzata, la parlamentare Pdl Daniela Santanchè. Sebbene gli obblighi imposti dai magistrati siano molto generosi (può telefonare e uscire due ore al giorno, dalle 10 alle 12), appena entrato in casa Santanchè per scontare la pena il giornalista ne evade sotto gli occhi esterrefatti degli agenti ed esce dall'appartamento. Così si guadagna un nuovo processo, stavolta per evasione, con rito direttissimo (dal quale sarà assolto perché il suo gesto verrà ritenuto puramente simbolico e quindi non punibile).

Ma a Napolitano ancora non basta. Proprio mentre Sallusti evade, il capo dello Stato riconvoca la ministra Severino al Quirinale. Segue tweet di Cascella: «Il presidente Napolitano sta esaminando ogni aspetto della complessa vicenda Sallusti e considera tutte le ipotesi del caso, particolarmente complesso, che richiede responsabilità da tutti». Si torna a parlare di grazia. Ma prima, per prassi, occorre la richiesta del condannato o di un prossimo congiunto, o del convivente, o del tutore, o del curatore, o dell'avvocato. E né Sallusti né la Santanchè né il difensore intendono chiederla. È vero che la legge non esclude la grazia «d'ufficio», ma qui il condannato fa sapere che non ne vuole proprio sapere. Sarebbe il primo caso di grazia all'insaputa, anzi contro il volere del graziando.

Il 6 dicembre, per placare la rivolta dei suoi pm contro l'interpretazione *ad Sallustem* della legge Alfano, Bruti Liberati dirama una direttiva all'Ufficio esecuzioni della procura con un contrordine rispetto alla prassi sin qui seguita: d'ora in poi tutti i condannati nelle condizioni di Sallusti andranno ai domiciliari anche senza chiederli. E proprio perché «in relazione alle determinazioni assunte» sul caso Sallusti «è emersa la necessità di una rivisitazione delle prassi applicative della legge 199 del 2010 [la svuotacarceri Alfano, *nda*] al fine di assicurare la uniformità di indirizzo». I detenuti, naturalmente, ringraziano: senza il direttore del «Giornale», sarebbero rimasti in carcere anche loro. Potenza del Quirinale.

Ma Napolitano non è ancora soddisfatto. Mentre l'onorevole avvocato Ignazio La Russa, che assiste Sallusti, lancia una raccolta di firme per la grazia al suo cliente che non la vuole, il capo dello Stato è alle prese con l'improvvisa crisi del governo Monti e con lo scioglimento anticipato delle Camere. Ma trova il tempo di occuparsi un'altra volta del direttore del «Giornale». Il 20 dicembre il Quirinale annuncia che il presidente ha trasmesso il dossier Sallusti alla ministra Severino perché istruisca la pratica per la grazia. La guardasigilli, neppure volendo, potrà obiettare alcunché: da quando il presidente Ciampi sollevò conflitto di attribuzioni contro Castelli sulla grazia a Bompressi e la Consulta gli diede ragione, il ministro della Giustizia non può più opporsi agli atti di clemenza del Quirinale, ma solo firmarli senza fiatare.

È l'ultima forzatura, la più grave. La grazia, derogando ai principi di eguaglianza e legalità, soggiace a regole e prassi stringenti, perché deve restare un provvedimento eccezionale (dal maggio del 2006 alla fine del 2012 Napolitano l'ha adottato appena 19 volte, e altre 3 ha commutato una pena). E con scopi esclusivamente «umanitari»: guai se suonasse come sconfessione di una sentenza irrevocabile appena pronunciata. Infatti viene concessa solo a condannati che abbiano riconosciuto l'errore commesso e scontato buona parte della pena, previo parere del giudice di sorveglianza, l'unico abilitato a valutarne il percorso rieducativo. Non è il caso di Sallusti, che insulta i giudici che l'hanno condannato, non è mai entrato in carcere, ha appena iniziato a scontare la pena, vanta sette precedenti penali e vari processi in corso per diffamazione (come molti altri giornalisti, peraltro). Un provvedimento di clemenza nei suoi confronti, oltre a stravolgere tutte le regole e le prassi, sconfesserebbe platealmente il verdetto appena emesso dalla Cassazione. E violerebbe la separazione dei poteri e gli altri principi-cardine della Costituzione e dello Stato di diritto.

Insomma quello di Napolitano non sarebbe un atto umanitario, ma un'entrata a gamba tesa della politica per raddrizzare una sentenza sgradita contro un *protégé* della Casta. Con tanti saluti ai 67.000 detenuti che marciscono in celle di un metro quadrato fra i gridolini ipocriti del Palazzo. Per questo motivo, quando nel 2002 il giornalista-senatore Lino Jannuzzi fu condannato per un cumulo di vecchie diffamazioni a una pena detentiva senza condizionale e nel 2004 ricevette l'ordine di esecuzione per scontarla ai domiciliari, il presidente Ciampi attese un congruo periodo di tempo per graziarlo. E lo fece soltanto nel 2005, prima che altre condanne (Jannuzzi aveva seguitato a diffamare) gli facessero superare i tre anni di cumulo-pena e lo portassero in carcere. Altri tempi, quando ancora il diritto e la Costituzione avevano cittadinanza al Quirinale.

L'istruttoria della ministra Severino dura meno di un giorno: alle 17.45 del 21 dicembre l'Ansa dirama una nota del Quirinale che annuncia, per Sallusti, la commutazione della pena detentiva (e accessoria della radiazione dall'Ordine dei giornalisti) in una semplice multa di 15.000 euro. E spiega: «Con il provvedimento di commutazione della pena detentiva, il presidente della Repubblica ha inteso ovviare a una situazione di evidente delicatezza [...] anche nell'intento di sollecitare una riflessione sull'esigenza di una disciplina più equilibrata ed efficace sulla diffamazione a mezzo stampa». Disciplina che naturalmente, una volta salvo Sallusti, non verrà mai approvata.

Lo scopo della clemenza presidenziale dunque è tutto politico e per nulla umanitario: l'esatto contrario di quanto sancito dalla Consulta con la sentenza Ciampi-Castelli. Non solo, ma il colpo di spugna arriva proprio all'indomani della sentenza definitiva: eppure era stato lo stesso Napolitano, rispondendo nel 2008 a Gustavo Selva sulla mancata grazia a Contrada, a citare Scalfaro nero su bianco: «La grazia [e la commutazione della pena, *nda*] qualora applicata a breve distanza dalla sentenza definitiva di condanna, ha il significato di una valutazione di merito opposta a quella del magistrato, configurando un ulteriore grado di giudizio che non esiste e determinando un evidente pericolo di conflitto tra poteri». Ora si rimangia tutto. Sallusti ringrazia molto il presidente, esce dai domiciliari e torna indisturbato sulla tolda del «Giornale» a scrivere e ogni tanto a diffamare questo e quello, con l'alto viatico del Colle. Che ha fatto le prove generali per la possibile, futura grazia a Berlusconi.

Severino, ad personam alla rovescia

Per chiudere degnamente l'anno con quello che dovrebbe essere il suo ultimo videomessaggio agli italiani, il 31 dicembre Napolitano fa un altro spot a Monti. Elogia «le scelte del governo» e, dimenticando la sua contrarietà alla candidatura del premier e senatore a vita con un suo partito, ora dice che «Monti poteva patrocinare una nuova entità politico-elettorale che prenderà parte alla competizione al pari degli altri schieramenti.» Seguono i soliti fervorini sull'Europa e sulla «questione sociale». Ma anche sulla «qualità delle liste».

Il 31 dicembre, infatti, la maggioranza ha varato unanime (480 Sì e 19 No alla Camera, 256 Sì e 7 No al Senato) il cosiddetto decreto «anticorruzione» Severino (dpr 2012/n. 235), che contro la corruzione non fa praticamente nulla. Ma contiene una norma che dichiara ineleggibili per 6 anni e decaduti dal mandato i parlamentari condannati a pene superiori ai 2 anni (sotto, è come se non lo fossero...). La norma estende al parlamento la legge del 1990 sui requisiti di eleggibilità negli enti locali. Ed, essendo una legge di tipo amministrativo e non penale, si applica subito, fin dai primi mesi, a ben 37 consiglieri regionali, provinciali e comunali in carica, o aspiranti tali. Non investe nessun candidato alle elezioni politiche soltanto perché nessun partito candida condannati a pene superiori ai 2 anni (decine, invece, i pregiudicati al di sotto della soglia). Persino il Pdl rinuncia ad alcuni celebri impresentabili, alcuni condannati come Dell'Utri e Brancher, altri solo imputati come Cosentino, Scajola, Papa e Milanese. Nessuno può ancora sapere che, nel nuovo parlamento, il primo a decadere per una condanna sopra i 2 anni sarà Silvio Berlusconi. Utilizzatore finale, una volta tanto, di una legge *ad personam* alla rovescia.

Montepaschi, sopire e troncare

Il 22 gennaio 2013, grazie a uno scoop del «Fatto Quotidiano», esplode il caso del Monte dei Paschi, la banca senese da sempre feudo del Pci-Pds-Ds-Pd. Il partito domina sugli enti locali della zona e dunque sulla Fondazione che controlla l'istituto di credito. La pietra dello scandalo è la scoperta di un complicato gioco finanziario a base di derivati altamente tossici che nasconde un buco di centinaia di milioni nel 2009 e poi a catena di alcuni miliardi. E porta sotto inchiesta il passato management della banca che faceva capo all'avvocato Giuseppe Mussari, da poco sostituito dal nuovo presidente Alessandro Profumo e dal nuovo Ad Fabrizio Viola.

Napolitano interviene subito, il 31 gennaio, a difendere l'ex governatore di Bankitalia Mario Draghi, accusato da alcuni di non aver vigilato fino in fondo sul Montepaschi e finito nel mirino dei suoi nemici tedeschi (dall'agenzia Reuters, che parla di «imbarazzo per Draghi» in giù). I fautori in Europa della linea dura lo detestano per la sua politica monetaria più morbida ed espansiva rispetto al rigore di Angela Merkel. E colgono la palla al balzo per indebolirlo nella sua carica di presidente della Banca centrale europea. In effetti la Banca d'Italia, sotto la guida di Draghi, fu certamente l'unico soggetto istituzionale a vigilare, con due ispezioni a Siena, e a scoprire i contratti segreti sui derivati tossici; anche se lo fece con prudenza eccessiva e poi si accontentò del cambio della guardia tra Mussari e Profumo, senza approfondire i bilanci falsi. La lentezza delle procedure e l'inefficienza endemica della Consob impedirono poi che i disinvolti (a dir poco) amministratori fossero rapidamente e adeguatamente sanzionati. Opportunamente, dunque, Napolitano tutela l'operato di Draghi con un'inusuale intervista al direttore del «Sole 24 Ore», Roberto Napoletano:

> La Banca d'Italia ha documentato minuziosamente al parlamento di aver esercitato fin dall'inizio con il tradizionale rigore le funzioni di vigilanza. E la collaborazione che essa ha prestato e presta senza riserve alla magistratura inquirente è garanzia di trasparenza per l'accertamento di tutte le responsabilità.

Ma il 1° febbraio, in preda a un'irrefrenabile incontinenza interventista, il presidente si mette a impartire direttive all'informazione e alla magistratura, invocando il silenzio stampa sullo scandalo Montepaschi. L'occasione è un incontro ufficiale con l'Ordine dei giornalisti e con la ministra Severino. Occorre – pontifica Napolitano – «evitare cortocircuiti tra informazione e riservatezza delle indagini». E cita il

> richiamo piuttosto brusco di un importante ufficio giudiziario, la Procura della Repubblica di Siena, che segue la scottante e complessa indagine sul Monte dei Paschi, di fronte alla pubblicazione di notizie che ha dichiarato totalmente infondate e di cui ha anche fatto comprendere la grave possibile ricaduta destabilizzante sui mercati, al punto da annunciare o da ventilare provvedimenti per aggiotaggio e insider trading. Questo è un punto delicato di una materia tutta delicata. Nei rapporti tra stampa e amministrazione della giustizia abbiamo spesso degli effetti non positivi, quasi dei cortocircuiti tra informazione (che tende ad avere il massimo di elementi per poter assolvere a un ruolo di propulsione alla ricerca della verità) e, nello stesso tempo, riservatezza necessaria delle indagini giudiziarie e rispetto del segreto d'indagine.

Ma che vuol dire «cortocircuiti tra informazione e giustizia»? E a che titolo il capo dello Stato afferma che il «ruolo della stampa di propulsione alla ricerca della verità» nel caso Mps «confligge con la riservatezza necessaria delle indagini giudiziarie e il rispetto del segreto d'indagine»? La stampa ha il diritto-dovere di svelare i segreti, anche quelli giudiziari, per dare ai cittadini il maggior numero possibile di notizie. Forse Napolitano ignora che, se da giorni lo scandalo del Montepaschi è sulle prime pagine dei giornali di tutto il mondo, è grazie a un quotidiano che ha scoperto ciò che i banchieri nominati dal suo partito occultavano ad azionisti, dipendenti, risparmiatori, investitori e controllori. Se la stampa avesse atteso le famose autorità, magistratura senese compresa, gli italiani non saprebbero ancora nulla. Nelle parole di Napolitano echeggia, dietro il paravento dell'«interesse nazionale», la solita concezione malata, autoritaria del rapporto fra potere e informazione: qualunque scandalo del potere diventa attentato alla nazione perché lo scredita agli occhi dei cittadini e dei mercati. Quindi meglio una notizia scomoda in meno che una in più. Il dito indica la luna e il presidente guarda il dito. Il termometro segna la febbre e lui dà la colpa al termometro.

Se Napolitano non vuole che il sistema bancario venga screditato più di quanto non si screditi da solo, potrebbe lanciare un monito ai banchieri perché caccino i mercanti dal tempio, anziché mettere la volpe a guardia del pollaio, come fecero nominando Mussari presidente dell'Associazione bancaria italiana nel 2010 e nel 2012, cioè dopo le ispezioni di Bankitalia e le dimissioni dal vertice Mps (quando – stando alle sue agende – l'avvocato-banchiere veniva ricevuto due volte al Quirinale «per udienza privata con Giorgio Napolitano»). Poi potrebbe lanciarne un altro ai politici perché escano dalle banche (e dalle fondazioni) e tornino a fare il loro mestiere: che, sulle banche, è quello dell'arbitro, non del giocatore. Già che c'è, poi, il capo dello Stato potrebbe consigliare ai suoi compagni del Pd di darsi una calmata: anziché minacciare di «sbranare» chi scrive dei loro rapporti con l'alta finanza, come fa il segretario Bersani, la smettano di amoreggiare con i banchieri e di scalare banche.

Passa una settimana e l'8 febbraio Napolitano lancia un altro monito alla magistratura. Stavolta il destinatario è la Procura di Bergamo, che indaga sul misterioso omicidio di Yara Gambirasio, la giovane di tredici anni scomparsa il 26 novembre 2010 a Brembate di Sopra (Bergamo) e trovata morta tre mesi dopo a Chignolo d'Isola. Siccome il caso è ancora sostanzialmente insoluto, la madre della ragazza, Maura, ha scritto al Colle sollevando dubbi sull'efficacia delle indagini. Così Napolitano, prende carta e penna e scrive al pg di Brescia, Guido Papalia competente anche sulla Procura di Bergamo:

> Illustre procuratore generale, è pervenuta al presidente Napolitano una lettera della Signora Maura Panarese, madre di Yara Gambirasio, che si duole della conduzione delle indagini relative alla morte della giovane figlia e, in particolare, della scarsa collaborazione del sostituto cui sono affidate con la difesa delle persone offese. Sarò grato se, nell'ovvio rispetto della normativa vigente in materia, vorrà fornire ogni utile e consentita notizia sulla vicenda giudiziaria.

Papalia risponde a stretto giro:

> Non c'è stata carenza di collaborazione o di notizie tra inquirenti e famiglia Gambirasio: i colleghi di Bergamo mi hanno assicurato che tutte le informazioni possibili sono state fornite alla famiglia Gambirasio e di essere sempre disposti ad accogliere i suggerimenti della famiglia. Così come mi hanno assicurato come prosegue l'impegno nelle indagini che non è mai venuto meno.

Anche perché, in fase d'indagine e in mancanza di atti depositati o di ordinanze di custodia, ogni notizia sull'attività degli inquirenti è coperta da segreto investigativo. Ed è davvero curioso che il capo dello Stato solleciti la diffusione di notizie ai familiari della vittima. Specie dopo aver suonato il silenzio stampa sul caso Montepaschi, che invece si nutre di informazioni raccolte dai giornali al di fuori dei circuiti giudiziari e spesso a questi ancora sconosciute. Cioè: Napolitano pretende che non si diano le notizie quando si possono dare e che si diano quando non si possono dare. Dopo la dissociazione, si manifesta così un'altra sindrome: quella della schizofrenia. Selettiva, però. La banca vuota e la moglie ubriaca.

Napolitano piazzista di Monti

Ma sarà poi vero che il governo Monti ha salvato l'Italia dalla bancarotta? E che nel novembre del 2011 non si poteva andare alle urne perché la speculazione internazionale avrebbe fatto un sol boccone del nostro paese? Alla seconda domanda, la risposta è no, come dimostra il caso della Spagna: l'attacco dei mercati finanziari su Madrid (esattamente come su Roma) nell'estate del 2011 ha indotto il premier Josè Luis Rodriguez Zapatero a dimettersi il 29 luglio e a fissare le elezioni anticipate per il 20 novembre; e il fatto stesso che la fallimentare esperienza del governo socialista si fosse interrotta ha placato gli speculatori, che hanno atteso di esaminare le prospettive del paese dopo il voto e l'insediamento del nuovo esecutivo, quello del popolare Mariano Rajoy, alla fine dell'anno.

Quanto alla prima domanda, i numeri del governo Monti sono tutt'altro che rose e fiori, con buona pace del suo sponsor Napolitano. È vero che l'eredità della gestione Berlusconi-Tremonti era pesantissima. Ma non si può certo dire che, dal giuramento del 16 novembre 2011 alle dimissioni dell'8 dicembre 2012 (più il lungo postscriptum fino al governo Letta, cioè fino al 28 aprile 2013), Monti e i suoi tecnici abbiano invertito la rotta dei principali indicatori economici.

Gli unici segni positivi riguardano le tabelle di bilancio imposte dall'Europa. Il rapporto deficit-Pil, lasciato da Berlusconi al 3,8 per cento, è sceso al 3 nel 2012, in linea con i parametri di Maastricht. Il che ha permesso all'Italia di uscire dalla procedura d'infrazione per deficit eccessivo aperta dalla Commissione europea nel 2009. Il deficit di bilancio in termini strutturali – cioè depurato del peggioramento dovuto alla recessione – è passato dal 3 all'1,3 per cento, consentendo all'Italia di avvicinarsi all'obiettivo del pareggio di bilancio nel 2013 (il deficit strutturale è allo 0,6).

Ma il salasso imposto dal Professore agli italiani (anzi, alle fasce più deboli) per rispettare gli obiettivi di bilancio ha stremato l'economia reale e impoverito il paese. Gran parte dei risparmi di spesa (80 miliardi in dieci anni) vengono dalla controriforma Fornero delle pensioni. Che però ha prodotto, come effetto collaterale fra i 350.000 e i 390.000 «esodati»: cioè i lavoratori che, vedendo rinviare l'inizio degli assegni previdenziali, si sono trovati o si troveranno presto senza pensione e senza lavoro. La spesa per tutelarli eroderà parte del risparmio dovuto alla riforma.

Intanto il debito pubblico ha continuato a crescere: dal 120,7 del 2011 al 127 del 2012. E nel 2013 schizzerà a quota 133. E il Pil è precipitato: nel 2011 era cresciuto dello 0,5 per cento, mentre nel 2012 è crollato al -2,5 per cento, in gran parte per l'effetto recessivo delle misure di austerità, come ha ammesso lo stesso Monti. I consumi, che nel 2011 erano calati dello 0,3 per cento, nel 2012 sono sprofondati del 4,1. E il tasso di disoccupazione è passato dall'8,4 al 10,7 (nel 2013 salirà ancora al 12,2).

Senza contare che i mirabolanti «tecnici» chiudono il loro lavoro «dimenticando» di varare oltre 200 decreti attuativi dei loro provvedimenti, e non certo marginali: dal decreto SalvaItalia alla spending review, dal decreto Sviluppo alla controriforma Fornero del mercato del lavoro, dal decreto Semplificazioni alla famosa Agenda Digitale. E meno male che questa volta governavano gli «esperti».

Ma queste per Napolitano sono quisquilie: guai ad ammettere di avere sbagliato. Il 15 e 16 febbraio, preceduto da una visita di Monti, il presidente viene ricevuto alla Casa Bianca da Barack Obama. E lì si lancia in un altro spottone al Professore ormai in scadenza, a una settimana dalle elezioni politiche. Dopo aver previsto per se stesso «una strada in salita» per la nomina del nuovo governo, l'uomo del Colle torna a magnificare gli strepitosi successi del governo Monti: «Eravamo sull'orlo del baratro di una disastrosa crisi, di un vero collasso finanziario solo un anno fa, nel 2011. In questi quattordici mesi l'Italia ha fatto progressi, che devono continuare e continueranno, con l'aiuto e la comprensione di forze politiche diverse». Obama, alla sua sinistra in conferenza stampa, sorride e annuisce. Napolitano auspica che, a prescindere dal voto degli elettori, le larghe intese proseguano, tanto che – dice – «ho un po' deplorato che dopo tredici mesi di sostegno al governo Monti qualche partito dia ora giudizi liquidatori sulle sue scelte». Purtroppo, a disturbare i suoi disegni, sta montando la marea dei 5 Stelle, che lui bolla come «un movimento populista non diverso da quelli di altri paesi europei». Come se il M5S potesse essere paragonato alle forze di estrema destra che crescono in tutta Europa, tipo il Front National di Le Pen in Francia o Alba Dorata in Grecia.

In Italia l'ennesimo tentativo di Napolitano, in tandem con Obama, di condizionare il voto viene accolto da furibonde proteste del Pdl, della Lega e di Beppe Grillo. Ma nessun giornale osa disturbare il manovratore, ormai descritto dalla grande stampa come un intoccabile padre della patria, con imbarazzanti toni da culto della personalità. Ecco due scampoli di prosa del «Corriere della Sera» sulle sue ultime vacanze presidenziali di fine e inizio d'anno nella natia Napoli.

> «Presidente, vuole un ginseng?» «No, grazie: prendo un caffè.» Ieri il capo dello Stato Giorgio Napolitano, in visita nella città di Napoli con la moglie Clio, non ha mancato di fare tappa al bar Gambrinus, dove all'offerta del proprietario ha preferito la classica miscela italiana. «Mi auguro – ha detto – che il 2013 sarà un anno in salita, di crescita.» E poi: «Rivolgo un augurio speciale a Napoli e ai napoletani». («Corriere della Sera», 3 gennaio 2013)
> Pomeriggio al cinema, ieri, per il presidente della Repubblica, Giorgio Napolitano (ieri a passeggio, foto Ansa) e la moglie, signora Clio. [...] Napolitano e signora hanno percorso un tratto di strada a piedi. [...] Scambio di battute in napoletano anche con

una passante: «Preside', fate qualcosa 'e bbuono per 'e guaglioni 'e Napule». E lui accogliente: «E chest' cercamm e fa». Napolitano e la moglie hanno poi concluso la serata con una cena in casa di amici di vecchia data nella zona di Posillipo. («Corriere della Sera», 4 gennaio 2013)

Ingroia e Di Pietro non piacciono: fuori dal centrosinistra

Espulso dalla coalizione di centrosinistra per le sue critiche a Napolitano sul caso trattativa e per la sua pericolosa vicinanza a Grillo, Antonio Di Pietro fa confluire nel nuovo movimento di Antonio Ingroia, «Rivoluzione civile», quel che resta della sua Italia dei valori. Che rimane comunque accreditata, a tre mesi dal voto, di un 3-4 per cento nei sondaggi. Prima delle elezioni di dicembre in Sicilia, i dipietristi erano intorno al 7 per cento. Poi gli effetti mediatici di un servizio di *Report* trasmesso a urne aperte, in barba alla *par condicio*, l'hanno dimezzato con una confusa denuncia sulle proprietà immobiliari dell'uomo simbolo di Mani pulite. Il quale, per settimane, si vede accusare da molti giornali, con dati falsi, di possedere addirittura «56 immobili» (mentre, con la moglie e i due figli maggiorenni, arriva a possedere sette appartamenti più la masseria di famiglia).

Rivoluzione civile associa i partitini della sinistra estrema (Verdi, Comunisti italiani, Rifondazione comunista, oltre all'Idv) con alcuni movimenti di società civile (come gli Arancioni di Luigi de Magistris e i referendari del 2011). Ingroia spera di superare il quorum del 4 per cento e cerca ripetutamente Bersani per offrirgli un apparentamento. Ma il segretario del Pd neppure gli risponde al telefono, convinto com'è di avere in pugno una larga vittoria alla Camera e una più ridotta al Senato. Dove, alla mala parata, conta di avere i voti per governare alleandosi dopo il voto con il Centro di Casini e Monti, che i sondaggi accreditano di numeri a due cifre.

Perché il Pd butta via i voti (tanti o pochi che siano) di un'area comunque importante nell'opinione pubblica di centrosinistra, quella più affezionata ai temi sociali e legalitari, fino a quel momento presidiata con ottimi numeri dall'Idv? Lo spiega un giorno Vendola a Ingroia: «A te e a Di Pietro, Napolitano l'ha giurata: il Pd non può allearsi con voi perché non può rompere con il Quirinale». Per questo Ingroia e la sua lista vengono linciati non solo dalla stampa berlusconiana, ma anche dai giornali cosiddetti indipendenti e dai quotidiani e dai programmi vicini al Pd. Con il solito ricatto morale del «voto utile».

Però Luciano Violante, in gran segreto, offre a Ingroia un patto di desistenza sottobanco, almeno in alcune regioni «a rischio» per il centrosinistra, come la Lombardia, la Campania e la Sicilia. E stavolta è Ingroia a rifiutare: farà soltanto alleanze alla luce del sole. Proprio quelle che il Pd non può o non vuole permettersi, per non contrariare il mitico Centro e soprattutto per non irritare Napolitano.

Ancora una volta, il presidente fa un danno devastante al suo ex partito, inducendolo a privarsi di un possibile alleato che alle elezioni sfiorerà il 3 per cento (poco meno di Sel). Ma, correndo da solo, non potrà eleggere alcun parlamentare. Se fosse stato apparentato con il centrosinistra, avrebbe mandato in parlamento un pugno di deputati e soprattutto di senatori, utilissimi per limitare i danni della disfatta prossima ventura. Il solito autogol del Pd, in conto Quirinale.

Il Temperatore Generale

Per vent'anni, progressivamente, l'Italia è stata pervasa dal pensiero unico del berlusconismo, che imponeva a tutti il suo linguaggio e il suo vocabolario. Dalla fine del 2011 però a dettare la linea, le parole d'ordine, il clima e l'atmosfera all'intero paese non è più Silvio Berlusconi. Ma Giorgio Napolitano. E tutti (o quasi) si allineano, ripetendo a macchinetta i suoi slogan e stilemi alla vaselina, a base di «larghe intese», «pacificazione», «scelte condivise», «tavoli bipartisan», «moderare i toni», «spegnere i conflitti» e così via. Un nuovo sudario di conformismo avvolse l'Italia, comprese le figure «terze» che dovrebbero svolgere opera di controllo sul potere e garantire una sana dialettica proprio sulla base di un salutare conflitto: dalla libera stampa alla magistratura indipendente.

Della stampa, abbiamo detto. Per cogliere che aria tiri fra i magistrati nell'era dell'inciucio, basta assistere all'inaugurazione dell'anno giudiziario del 2013, che si tiene in tutte le Corti d'appello a fine gennaio. Il presidente di quella di Milano Giovanni Canzio, molto apprezzato al Quirinale, se ne esce undici anni dopo il «resistere resistere resistere» di Borrelli, con questa strabiliante proposta: «L'introduzione, con i criteri della scarsa rilevanza del fatto e della tenue offensività della condotta, di talune forme di obbligatorietà temperata dell'azione penale».

Finora c'erano le matite temperate, il clima temperato e il clavicembalo ben temperato di Bach. Ora, grazie al lodo Canzio, c'è pure l'azione penale temperata. Se oggi il pm è obbligato dalla Costituzione a procedere su ogni notizia di reato, domani dovrà armarsi di temperino per smussare, levigare, piallare alcuni fascicoli fino a farli sparire. E quali? Quelli più difficili e più lunghi. E come? «Archiviandoli in base alla regola dell'inidoneità degli atti a sostenere l'accusa in giudizio: formula di cui è auspicabile un più largo uso.» Il vero pericolo non è infatti il dilagare della criminalità, specie fra le classi dirigenti, ma la troppa custodia cautelare e «l'ipertrofia accusatoria» che «rafforza nell'opinione pubblica i pregiudizi di colpevolezza e può ledere il diritto di difesa». Ergo, si indaghi e si arresti il meno possibile. Facile indovinare quali sono le inchieste più lunghe e complicate che non si farebbero più: non certo quelle sui ladri di polli, ma quelle sui ladri di Stato. Nascono così le figure del Sostituto Temperatore, del Temperatore Capo e naturalmente del Temperatore Generale. Canzio è il presidente di quella Corte d'appello che temperò il processo Mills ritardando il diniego alla ricusazione dei giudici fino a far scattare la prescrizione per Berlusconi.

Ma non è solo: il coro dei Temperatori in ermellino canta a una sola voce dal nord al tacco dello Stivale. Il pg di Roma

Giorgio Santacroce, vecchio conoscente di Previti, e il primo presidente della Cassazione Ernesto Lupo se la prendono – senza nominarlo e non si sa bene a che titolo – con il solito Ingroia che osa candidarsi alle elezioni e «vuole salvare il mondo», mentre sulle altre toghe in politica (tipo Piero Grasso, che si presenta nelle liste del Pd per il Senato) non dicono e non hanno mai detto una parola: forse Ingroia s'è candidato con la lista sbagliata.

Di lì a un paio di mesi, Santacroce subentrerà a Lupo come primo presidente della Cassazione. E Lupo andrà a sostituire il defunto D'Ambrosio come consigliere giuridico di Napolitano. A proposito: inaugura l'anno giudiziario anche il pg Gianfranco Ciani, che quasi si commuove ricordando la figura del consigliere D'Ambrosio, un anno dopo le comuni interferenze nelle indagini sulla trattativa. Napolitano, in prima fila, applaude. Una bella rimpatriata.

E così, mentre accusano alcuni colleghi candidati, gli alti magistrati assumono un ruolo squisitamente «politico» senza candidarsi. Anzi, peggio, con la toga o l'ermellino addosso: perché si assumono il ruolo tutto politico di calmierare l'azione penale che, se lasciata a briglia sciolta come prevede la Costituzione, rischia di travolgere il Sistema. Le principali banche e i grandi gruppi industriali hanno bilanci falsi e/o evadono le tasse. I grandi partiti di destra, di centro e di sinistra sono marci dalle fondamenta. Gli apparati di sicurezza sono altamente inquinati, come dimostrano le indagini sulla trattativa, sugli appalti del Viminale, sul G8 di Genova ecc. Il ventennio berlusconiano è una tale cloaca di delitti, cricche, lobby, logge e conflitti d'interessi che, senza un freno all'azione penale, le retate minacciano di susseguirsi trasversalmente per decenni, a mano a mano che i liquami tracimeranno. E rischia di venire giù tutto. Ogni scandalo, vedi Montepaschi o Finmeccanica o Ior, risale subito dal singolo episodio delittuoso alle responsabilità di sistema. Le vie d'uscita sono due: far emergere tutta la sporcizia, depurare l'ambiente, epurare i responsabili e ripartire da zero; o mettere un bel tappo sulla fogna per nasconderne il contenuto maleodorante. Come dopo Tangentopoli, prevale la seconda. Infatti, in coincidenza col caso Mps, alti magistrati sparano sull'azione penale obbligatoria in perfetta sintonia con i politici (dal Pdl a D'Alema). Come se la (presunta) archiviazione del berlusconismo autorizzasse finalmente le toghe e la sinistra a fare ciò che il Cavaliere tentò ma non riuscì a fare: desistere, desistere, desistere.

Per completare l'opera, il 7 febbraio Napolitano visita il carcere di San Vittore, a Milano. Ricorda per l'ennesima volta quanto la situazione delle carceri italiane sia «gravissima». E aggiunge: «La mancata attuazione delle regole penitenziarie europee conferma la perdurante incapacità del nostro Stato a realizzare un sistema rispettoso del dettato dell'articolo 27 della Costituzione sulla funzione rieducativa della pena e sul senso di umanità». Ma, anziché incidere sulle cause che producono un numero spropositato di detenuti in rapporto ai posti-cella, o costruire nuove carceri, il presidente opta per la solita scorciatoia che non risolve nulla, se non gli interessi dei soliti noti, Berlusconi in testa: l'amnistia. «Se mi fosse toccato mettere una firma, lo avrei fatto non una ma dieci volte.»

Dalla Sicilia, frattanto, arrivano notizie tutt'altro che liete per il Colle. Il 7 marzo il gup Morosini ha rinviato a giudizio tutti gli imputati della trattativa Stato-mafia. Compreso Mancino, l'amico del cuore del presidente. E subito dopo la procura inserisce Napolitano nella sua lista-testimoni, in compagnia di Ciani, Vitaliano Esposito, Marra, Grasso, Violante e altri protagonisti del Romanzo Quirinale. Non solo: il 27 marzo la testimonianza del presidente viene disposta anche dalla Corte d'assise di Caltanissetta nel processo Borsellino-quater sulla strage di via d'Amelio, insieme a quelle di Ciampi, Amato, Martelli, Mancino, Scotti, Conso e altri. Napolitano è citato come teste dalla parte civile Salvatore Borsellino, che fra l'altro – vuole chiarimenti su una lettera scritta dal presidente a Marianna Scalfaro, figlia dell'ex capo dello Stato, a proposito della «stretta collaborazione istituzionale e personale» che Napolitano dice di aver instaurato con l'amico Oscar Luigi da presidente della Camera, fra il 1992 e il 1994: gli anni delle stragi e delle retrostanti trattative.

Elezioni, c'è chi dice no

Il 25 e 26 febbraio l'Italia va alle urne. E sorprende tutti: politici, sondaggisti, osservatori, oracoli. Ma anche il presidente della Repubblica, che sognava un sereno e indolore trapasso dal governo Monti al governo Monti, o a qualcosa di molto simile. Il partito più votato, almeno sul territorio italiano, è il MoVimento 5 Stelle di Beppe Grillo, che supera di un soffio il Pd (più votato in assoluto soltanto grazie ai consensi degli italiani all'estero). La coalizione Pd-Sel, data da tutti come strafavorita, dopo una campagna elettorale pressoché inesistente, si ferma al 30 per cento, a un'incollatura da quella di centrodestra (Pdl più Lega Nord, Fratelli d'Italia, La Destra e altre otto liste minori). Il Centro di Monti, Fini e Casini si blocca intorno al 10 per cento. Rivoluzione civile con Ingroia, Di Pietro & C., non raggiunge il quorum del 4 e resta fuori anche dalla Camera (765.000 voti dispersi a causa della folle scelta del Pd di rifiutare l'apparentamento).

Alla Camera il centrosinistra che candidava a premier Bersani raccoglie il 29,55 per cento; il centrodestra di Berlusconi il 29,18; il M5S il 25,56; il terzetto Scelta civica-Fli-Udc il 10,56; Rivoluzione civile il 2,25. Dunque a Montecitorio, essendo arrivato primo, il centrosinistra incamera il mostruoso premio del 55 per cento che gli regala il Porcellum e dispone di un'amplissima maggioranza di 345 seggi, contro i 125 del centrodestra, i 109 dei 5 Stelle e i 47 dei montiani (i restanti 4 vanno a liste estere e locali).

Al Senato il centrosinistra totalizza il 31,63; il centrodestra il 30,72; i 5 Stelle il 23,79; Con Monti per l'Italia (lista unica di Sc, Udc e Fli) il 9,13; Rivoluzione civile l'1,79. Qui il premio di maggioranza è assegnato su base regionale, dunque nessuna coalizione raggiunge la metà più uno dei seggi necessari per governare da sola. Il centrosinistra ha 123 senatori, il centrodestra 117, i 5 Stelle 54, Monti & C. 19 (più altri 2 di liste estere e locali).

Gli italiani che non votano sono aumentati del 5 per cento rispetto al 2008 e sono un quarto degli aventi diritto. Poi c'è un 3,5 per cento tra schede bianche e nulle. Quindi votano soltanto 3 italiani su 4, la percentuale più bassa della storia repubblicana. Se si somma il non-voto ai consensi tributati a una forza antisistema come i 5 Stelle, si può dire che i cittadini che «dicono no» sono di gran lunga il primo partito del paese.

Mai si era registrato un simile travaso di voti dai partiti vecchi a quelli nuovi. I 5 Stelle passano alla Camera da zero a 8.689.458 voti (più 95.041 all'estero) saccheggiando i bacini elettorali di tutti gli altri partiti. Il centrosinistra perde l'8 per cento in cinque anni, il Pdl il 15,81, la Lega il 4,21. Cioè: il Pd, dopo un quinquennio di disastro berlusconiano, riesce nella rara impresa di lasciare per strada 3,5 milioni di voti, pari a quasi un terzo del suo elettorato. Il Pdl ne brucia 6,3, pari alla metà. In tutto gli esperti calcolano che 16 milioni di italiani abbiano abbandonato i partiti del 2008 per dirigersi verso altri lidi: soprattutto verso Grillo e, in misura minore, verso Monti.

Il parlamento che esce dalle urne, oltreché ingovernabile, è anche il più giovane nella storia della Repubblica (grazie ai «grillini», ma anche a una parte degli eletti del Pd, scelti con le primarie). Giovane sia per età anagrafica sia per età «politica», nel senso che molti sono alla prima esperienza parlamentare. L'età media scende a quarantotto anni (prima era a cinquantacinque). Le donne, che nella precedente legislatura erano appena il 20 per cento, ora balzano al 31. Molti volti noti, i «dinosauri» della politica, escono di scena o perché trombati o non ricandidati: da D'Alema a Veltroni, da Fini a Di Pietro, da Marini a Buttiglione, da Frattini alla Turco, da Pisanu a Maroni. In compenso i simboli del trasformismo Razzi e Scilipoti sono stati rieletti. Con il Pdl.

Il Cavaliere canta vittoria, pur avendo dimezzato i suoi voti in cinque anni. Il 21 per cento del suo Pdl corrisponde al 15 degli aventi diritto. L'ha votato soltanto un italiano adulto su sei: il punto più basso della sua ventennale carriera politica. Anche la storia della «straordinaria rimonta» (secondo alcuni, iniziata dopo la sua partecipazione l'11 gennaio a *Servizio Pubblico* di Michele Santoro) è una leggenda metropolitana. Il Pdl era sceso nei sondaggi fino al 17 per cento negli ultimi mesi del 2012, quando il Cavaliere aveva annunciato il suo ritiro e le primarie per investire Alfano della successione. Poi era risalito di 4 punti: dopo l'annuncio del suo ritorno, a dicembre; e soprattutto in febbraio, con la mirabolante promessa di abolire l'Imu sulla prima casa e addirittura di restituire quella già versata nel 2012.

Tramortito dall'esito del voto, cioè dall'inattesa sconfitta che lui chiama «non vittoria», Pier Luigi Bersani fa sapere fin dalla sera dei risultati che c'è un unico premier possibile: lui stesso. E un solo governo possibile: quello «di cambiamento» (ma di minoranza) sostenuto da Pd, forse Sel, certamente Monti & C. con l'auspicato appoggio esterno dei 5 Stelle. Ma sia chiara una cosa: «mai governissimo», «mai larghe intese», «mai con Berlusconi». Napolitano naturalmente ha tutt'altri progetti, ma al momento tace e attende il cadavere di Bersani in riva al fiume. Il suo amico e consigliere Umberto Ranieri dice subito: «Solo Giorgio può nominare un governo: il suo». Infatti il 3 marzo, di ritorno da una visita-pellegrinaggio a Berlino da Angela Merkel, il presidente inviterà il Pd a darsi una calmata: «Misura, realismo e responsabilità».

In ogni caso le prime settimane della XVII legislatura scivolano via nelle solite schermaglie procedurali, mentre i partiti affilano le armi in vista dei primi appuntamenti importanti: l'elezione dei presidenti delle Camere, poi la formazione del nuovo governo, infine l'elezione del nuovo presidente della Repubblica. E tentano di prendere le misure dei nuovi «marziani» calati su Roma: i 163 eletti a 5 Stelle. La speranza dell'establishment è che gli extraterrestri scenderanno subito sulla terraferma, cioè a più miti consigli, o magari si lasceranno fagocitare dagli ozi e dai lussi della Casta, come già avvenne con i «barbari» leghisti. Insomma si tenta di far finta di niente, come se il terremoto elettorale fosse soltanto una parentesi da chiudere al più presto, per riprendere i soliti giochi di palazzo. La rivoluzione in corso sull'altra sponda del Tevere, in Vaticano, dove papa Benedetto XVI, al secolo Joseph Ratzinger, si è dimesso l'11 febbraio per raggiunti limiti di età e il giorno 28 s'è ritirato a Castel Gandolfo, sembra non insegnare nulla ai politici italiani.

Alti colli, alte montagne

Il 3 marzo «il Fatto Quotidiano» pubblica la denuncia del procuratore presso la Corte dei conti del Trentino-Alto Adige, Robert Schulmers, su presunte pressioni nei suoi confronti ispirate dal Quirinale. Le avrebbero esercitate il pg della magistratura contabile Salvatore Nottola e il presidente Luigi Giampaolino, per salvare da un'imbarazzante indagine il presidente della Provincia autonoma di Bolzano, Luis Durnwalder della Südtiroler Volkspartei. Schulmers ha rivelato quelle interferenze altolocate in alcuni messaggi sulla mailing list dei 300 magistrati contabili. Durnwalder, a leggere le inchieste giudiziarie ma anche giornalistiche, è una sorta di incrocio fra Matusalemme e Sardanapalo: al potere ininterrottamente dal 1989 (prima del crollo del muro di Berlino), è accusato in ben tre indagini contabili di avere sperperato i «rimborsi» pubblici in regali all'ex moglie e all'ex fidanzata, in pranzi di Natale, in offerte a privati, in trasferimenti sul suo conto personale e in altre spese folli per un totale di 1.653.609 euro. Ma è anche un prezioso e storico alleato del centrosinistra: alle elezioni di febbraio i 145.000 voti della Svp sono stati decisivi per assicurare alla coalizione Pd-Sel il primo posto, con annesso premio di maggioranza alla Camera.

Così – sostiene Schulmers – nel giugno del 2012 Durnwalder va in visita pastorale al Quirinale, chiede protezione manco fosse Mancino, e subito dopo, come per incanto, il procuratore riceve calorosi inviti dai suoi superiori perché archivi le indagini sul governatore e usi il guanto di velluto con la giunta altoatesina, altrimenti «ci/ti distruggono». Il tutto accompagnato da minacce di dossier sul suo conto: roba che, se ci fosse di mezzo Berlusconi, farebbe gridare alla «macchina del fango». Invece tutti zitti. E dire che, nel dettagliato racconto del procuratore, si sprecano – nero su bianco – i riferimenti alle pressioni del Quirinale. Che fra l'altro, se vere, non sarebbero le prime e neppure le ultime su un'indagine in corso. Il magistrato scrive proprio così: «interferenza indebita del Quirinale». Ma nessun giornale ritiene che questa sia una notizia. Non una riga su «Repubblica», «La Stampa», «Il Messaggero», neanche sul «Giornale» e su «Libero».

Le uniche tracce dello scandalo si rinvengono, per i lettori dotati di strumenti di rilevazione ad alta precisione, in una notizia in breve di 25 righe sul «Corriere della Sera». Ma senz'alcun cenno al presunto ruolo del Quirinale, se non per smentirlo senza spiegarlo. Il titolo pare studiato apposta per non far capire nulla: *Pressioni pro-Durnwalder. Giampaolino: «Tutto falso»*. Solo quando il Quirinale si decide a diramare un comunicato per negare tutto («non corrisponde al vero che la presidenza della Repubblica sia stata interessata a inchieste sull'uso di fondi riservati della Provincia»), i giornali si accorgono del caso, dando ampio spazio alla smentita, ma senza raccontare la notizia a cui si riferisce: e cioè senza mai citare le parole del povero magistrato. Eppure, nel prosieguo del comunicato del Colle, si cita il «documento illustrato dal presidente Durnwalder nel corso di un colloquio istituzionale con il capo dello Stato». Quale documento? Un dossier in cui – per sua stessa ammissione – il presidente altoatesino si lamentava delle prime due inchieste contabili sul suo conto. Non della terza, quella sui «fondi riservati», perché fu resa nota in seguito. Insomma, come già con la lettera al pg della Cassazione sul caso Mancino, il Quirinale è costretto dalle rivelazioni del «Fatto» ad ammettere un'attività tenuta segreta fino a quando non può più negarla. Senza peraltro spiegare se e quali iniziative adottò in seguito.

Il risultato è che Schulmers viene presto scippato delle sue indagini, per la gioia di Durnwalder. Completa il quadro la solita Procura di Roma, sempre molto solerte quando si tratta di proteggere il capo dello Stato: il 5 marzo rende noto di aver iscritto Schulmers sul registro degli indagati (che fra l'altro, per legge, è coperto dal segreto investigativo) per «calunnia e offese all'onore del capo dello Stato». Resta da capire perché non abbia iscritto anche i dirigenti del Quirinale e della Corte dei conti per abuso d'ufficio, nell'ipotesi – finora tutt'altro che smentita – che Schulmers abbia detto la verità. Ma soprattutto: è stato forse abrogato il segreto investigativo sul registro degli indagati? Oppure vale per tutti, salvo per chi critica il presidente della Repubblica?

La partita comunque non è chiusa. Schulmers non si piega. Presenta un esposto al procuratore capo della Repubblica di Bolzano contro «la pretesa del presidente Napolitano di valutare, su sollecitazione di Durnwalder, la correttezza o meno della Procura della Corte dei conti in relazione a due procedimenti di responsabilità amministrativa». Poi deposita addirittura un ricorso per sollevare il conflitto di attribuzione fra poteri dello Stato contro Napolitano per la sua «interferenza nei poteri esercitati dalla Procura della Corte dei conti di Bolzano, consistita in una presa di contatto informale con i vertici della Corte dei conti onde rappresentare agli stessi – avendole fatte proprie – le lamentele del presidente della Provincia». Così, secondo Schulmers, il capo dello Stato avrebbe «violato le attribuzioni e l'indipendenza» della magistratura contabile. Per Napolitano è una nemesi storica: chi di conflitto ferisce...

Assalto al tribunale

A Milano, dopo la lunga pausa elettorale, riprendono per Berlusconi i processi sul caso Mediaset (in appello), sul caso Ruby e sulla telefonata rubata Fassino-Consorte (in tribunale). Intanto l'indagine della Procura di Napoli sulla compravendita di senatori dell'Unione fra il 2006 e il 2008 per rovesciare il secondo governo Prodi è a una svolta: l'ex senatore voltagabbana Sergio De Gregorio confessa di aver ricevuto dal Cavaliere 3 milioni di euro (di cui 2 in nero) per tradire i suoi elettori e passare dall'Idv al Pdl. E i pm chiedono il giudizio immediato. Il 7 marzo, nel processo Fassino-Consorte, il Cavaliere viene condannato in primo grado a un anno di reclusione (coperto da indulto) per rivelazione di segreto d'ufficio, insieme al fratello Paolo. Che, recidivo, si becca due anni e tre mesi.

L'11 marzo il Pdl organizza una manifestazione di protesta, convocando oltre 150 fra deputati e senatori appena eletti sulla scalinata del Palazzo di Giustizia di Milano, dove (e mentre) si svolge una delle ultime udienze del processo Ruby. All'arrivo del segretario Angelino Alfano, scortato da Alessandra Mussolini con una bandiera tricolore, l'allegra brigata intona l'Inno di Mameli. Manca soltanto l'imputato, Berlusconi, che risulta ricoverato all'ospedale San Raffaele per presunti «disturbi pressori» e per una forma di congiuntivite, l'«uveite», curabile con un normale collirio. Dunque, secondo i suoi medici e i suoi legali, sarebbe assolutamente impedito a presenziare alle udienze. Il tribunale ha disposto, come previsto dalla legge e dalla prassi, due visite fiscali (una per il processo Ruby, una per il processo Mediaset) per verificare la fondatezza dell'ennesima assenza. Ma i giudici del processo Mediaset non hanno accolto il legittimo impedimento: il decorso dell'infiammazione oculare è ormai compatibile con la presenza in aula dell'imputato. Dunque le udienze proseguono, con o senza di lui. Il Pdl è insorto come un sol uomo. Cicchitto ha strillato ai «giudici nazisti», la Biancofiore alla «crocifissione». Per questo il Pdl ha promosso l'incredibile gazzarra davanti al tribunale, che ricorda il finale de *Il Caimano* di Nanni Moretti, con i fan di Berlusconi che incendiano il palazzo dopo la sua condanna.

Alla fine i neoparlamentari manifestanti, compreso Alfano, irrompono all'interno dell'edificio e salgono al quarto piano per presidiare la IV sezione penale, dove si celebra il processo Ruby e i giudici sono impegnati a valutare l'impedimento oculistico dell'imputato. Il pm Ilda Boccassini fa chiudere l'aula per scongiurare l'incredibile invasione. E lì il collegio giudicante presieduto da Giulia Turri, sotto la pressione degli onorevoli sediziosi fuori della porta, decide dopo cinque ore di camera di consiglio di accogliere come legittimo l'impedimento da uveite dell'imputato e rinvia l'udienza ad altra data. Allora il pm Ilda Boccassini potrà concludere la sua requisitoria, iniziata dal collega Antonio Sangermano prima delle elezioni, e formulerà la richiesta di pena.

Dal Quirinale, nemmeno una parola di commento all'immonda piazzata. E neppure all'annuncio del Pdl che l'indomani riceverà al Quirinale lo stesso Alfano e i capigruppo uscenti Cicchitto e Gasparri, che gli esprimeranno le loro «preoccupazioni per l'emergenza democratica» prodotta dall'«accanimento giudiziario» manifestato dai giudici milanesi con la visita fiscale. La notizia la comunica lo stesso Alfano dalla scalinata del tribunale, con aria dolente: «Abbiamo grandissimo rispetto per Napolitano, siamo dispiaciuti per l'evolversi della giornata, avremmo voluto non venire qui, ma l'aggravarsi della situazione ce lo ha imposto: il capo dello Stato è un interlocutore di cui ci fidiamo». Dal Colle nessuna smentita. Anzi, più di una conferma ufficiosa.

Ponzio Pilato monita

L'indomani Alfano, Cicchitto e Gasparri, reduci dalla radunata sediziosa a Milano, salgono al Quirinale e vengono accolti da Napolitano come se nulla fosse accaduto. L'estorsione del Pdl ha funzionato. Il presidente della Repubblica, alla fine, dirama un monito pilatesco in cui, ancora una volta, pone sullo stesso piano i magistrati aggrediti e i politici aggressori. Come se le indagini e i processi fossero guerre per bande fra giudici e imputati. Prima Napolitano esprime «rammarico per la manifestazione senza precedenti del Pdl». Ma subito dopo si appella «al comune senso di responsabilità». Comune nel senso che anche i magistrati dovrebbero essere più «responsabili». Come? Propiziando un «immediato cambiamento di clima». Essendo improbabile che il presidente ce l'abbia con i meteorologi o con le avverse condizioni del tempo, resta da capire come i magistrati milanesi potrebbero migliorare il clima con un loro imputato: evitando di inviargli, come si fa sempre in questi casi, le visite fiscali per verificare i legittimi impedimenti con cui da vent'anni tenta di fuggire dalla giustizia? Evitando di condannarlo se lo ritengono colpevole? Evitando di indagarlo se emergono gravi indizi sul suo conto? Mistero.

La reazione dei magistrati membri del Csm (ma anche di qualche «laico») è molto accesa. Vorrebbero discutere la marcia sul tribunale nel plenum, ma poi vi rinunciano «per senso di responsabilità», cioè per non dover dire ufficialmente ciò che pensano del pilatesco monito del Colle. Però, in un comunicato, tutti i membri togati e i laici del Pd smentiscono di fatto Napolitano, osservando che «nel processo le decisioni processuali e di merito spettano soltanto al giudice e a tale principio si sono attenuti i magistrati impegnati nei processi di cui si discute oggi». Quindi gli inviti alla «responsabilità» devono riguardare solo Berlusconi e il Pdl, non i giudici di Milano e di Napoli, che fanno soltanto il loro dovere e non possono essere messi sullo stesso piano di chi li contesta.

Anche «la Repubblica», giornale molto vicino al Colle, questa volta critica il presidente per l'incauta udienza concessa ai vertici del Pdl. Il commento del vicedirettore Massimo Giannini porta l'eloquente titolo *Un premio ai sediziosi*. L'indomani, 14 marzo, Napolitano invia al quotidiano una furibonda replica alla «versione arbitraria e falsa dell'incontro»: «È falso che mi siano stati chiesti "provvedimenti punitivi contro la magistratura": nessuna richiesta di impropri interventi nei confronti del potere giudiziario né è stata rivolta, né la delegazione del Pdl mi ha "annunciato" o prospettato alcun "Aventino della destra"». Poi Napolitano ricorda che il centrodestra ha avuto «il favore del 24 per cento degli elettori». Smentisce qualunque ipotesi di «scudo a chi è imputato in procedimenti penali» e chiude con inaudita durezza: «Ci siano in ogni occasione rigore e zelo nei confronti di tutti i giudiziosi, dovunque collocati e ovunque manifestatisi». Allusione, forse, alla manifestazione annunciata per quel giorno dall'associazione Libertà e Giustizia fondata da Carlo De Benedetti e presieduta da Zagrebelsky in difesa dei magistrati aggrediti.

Processi sospesi per consultazioni

Dopo l'incredibile udienza concessa ai tre capimanipolo, il capo dello Stato fa di più e di peggio: offre a Berlusconi una formidabile sponda istituzionale, convocando d'urgenza il Consiglio di presidenza del Csm. Come se indagini e processi avviati da anni e sospesi per la campagna elettorale fossero eventi inattesi o eccezionali, tali da giustificare iniziative straordinarie. Non contento, al termine del summit, il presidente emana un secondo monito col solito copione. Un colpo al cerchio:

> È comprensibile la preoccupazione dello schieramento che è risultato secondo nelle elezioni, di veder garantito che il suo leader possa partecipare alla complessa fase politico-istituzionale già in pieno svolgimento, che si proietterà fino alla seconda metà del prossimo mese di aprile...

E uno alla botte:

> ... anche se non è da prendersi nemmeno in considerazione l'aberrante ipotesi di manovre tendenti a mettere fuori giuoco – «per via giudiziaria» come con inammissibile sospetto si tende ad affermare – uno dei protagonisti del confronto democratico e parlamentare.

Dunque inquirenti e inquisiti, guardie e ladri, si mettano d'accordo per «evitare tensioni destabilizzanti per il sistema democratico» e «ristabilire un clima corretto e costruttivo nei rapporti tra giustizia e politica». Perché «i protagonisti e le istanze rappresentative della politica e della giustizia non possono percepirsi ed esprimersi come mondi ostili, guidati dal sospetto reciproco, anziché uniti in una comune responsabilità istituzionale». Ecco: se emergono prove sul giro di prostituzione anche minorile nella villa di Arcore o sulle pressioni indebite del Cavaliere sulla Questura di Milano, o se l'ex senatore De Gregorio confessa di essere stato corrotto da Berlusconi con 3 milioni per tradire i suoi elettori, i magistrati non devono «sospettare» del Caimano, ma unirsi a lui nella «comune responsabilità istituzionale», per non apparirgli «ostili» e per instaurare con lui «un clima corretto e costruttivo», evitando «tensioni destabilizzanti». Altrimenti il suo partito – «risultato secondo nelle elezioni» (fosse risultato terzo o quarto le cose cambierebbero) – potrebbe nutrire la «comprensibile preoccupazione» che il leader venga escluso dalla «complessa fase politico-istituzionale» eccetera. C'è addirittura il rischio che un senatore corruttore di senatori non possa diventare il prossimo presidente del Senato o della Repubblica. E sarebbe una bella perdita.

Di fatto, il monito presidenziale è un'intimazione ai giudici di Milano perché prolunghino la moratoria elettorale, già irrituale ma non del tutto inedita, anche ora che le elezioni sono passate. Almeno fino ad aprile, quando il parlamento avrà eletto il nuovo capo dello Stato e questi avrà dato l'incarico di formare il nuovo governo. Se infatti – come sostiene Napolitano – «è comprensibile la preoccupazione dello schieramento che è risultato secondo nelle elezioni, di veder garantito che il suo leader possa partecipare alla complessa fase», l'imputato Berlusconi potrà inventarsi legittimi impedimenti a raffica fino ad aprile, per far rinviare le udienze e allontanare da sé l'amaro calice delle sentenze. Molto meglio che i giudici si arrendano subito e rinviino *motu proprio* le udienze a fine aprile.

Intanto, *ça va sans dire*, i nuovi membri della giunta per le elezioni del Senato (che peraltro si guarda bene dal formarsi e dal riunirsi) dovranno astenersi dall'esaminare la pratica sull'ineleggibilità di Berlusconi ai sensi dell'articolo 10 della legge 361/1957, come chiedono dal giorno dopo le elezioni i parlamentari 5 Stelle.

Inutile dire che l'irrituale appello di Napolitano alla magistratura per la moratoria postelettorale viene prontamente esaudito dai giudici milanesi, che il Pdl vorrebbe pregiudizialmente «accaniti» contro Berlusconi. Il 22 marzo il Cavaliere è guarito dall'uveite. Ma gli avvocati Ghedini e Longo annunciano che non potrà presenziare alla penultima udienza del processo Mediaset, fissata per l'indomani, perché impegnato a Roma in una manifestazione di piazza «contro l'oppressione giudiziaria, burocratica e fiscale». Così come, del resto, i suoi onorevoli difensori. Ma la Corte d'appello non esamina neppure il nuovo, fantasmagorico impedimento. Quel mattino, infatti, il presidente della Cassazione, Santacroce, fa sapere di aver assegnato alla VI sezione l'esame della richiesta di rimessione a Brescia di tutti i processi milanesi del Cavaliere. Così il 23 marzo la Corte d'appello, in un'aula disertata da Berlusconi e dai suoi legali, decide di congelare il processo fino a nuovo ordine, «inquadrando» il ridicolo impedimento «nel particolare momento istituzionale» che ha appena visto Napolitano incaricare Bersani, «un esponente di un partito diverso» da quello del Cavaliere. Dunque il premier incaricato dovrà tessere «contatti con i leader degli altri partiti», compreso l'imputato. Il quale ha diritto a un legittimo impedimento di un mese, fino al 20 aprile: proprio come ha ordinato Napolitano.

L'indomani anche il tribunale che giudica il Cavaliere nel processo Ruby rinvia tutto di un mese, precisamente al 22 aprile. Ma non si azzarda a evocare l'incredibile impedimento mensile per le consultazioni di governo: si limita a dichiarare che è meglio attendere l'udienza in Cassazione sulla richiesta di trasferire i processi a Brescia. Risultato: per non disturbare l'imputato-consultato, dei processi Mediaset e Ruby non si sentirà più parlare fino a maggio. E neppure di quello napoletano sul caso De Gregorio: ligio al monito del Colle, il gip respinge la richiesta dei pm per il rito immediato. Non c'è mica fretta.

Bersani colleziona poltrone (per gli altri)

Sabato 16 marzo Camera e Senato eleggono i loro presidenti. Il Pd fa l'asso pigliatutto e rinuncia all'idea di «cedere» una delle due poltrone a un possibile alleato del suo futuro governo: M5S o Scelta civica. D'Alema, che sogna (o dice di sognare) un governissimo con Centro e Pdl ma allargato financo ai 5 Stelle, propone di riservare a un berlusconiano e a un «grillino» i vertici dei due rami del parlamento. Ma ai 5 Stelle Bersani non pensa neppure per un minuto. Per qualche ora invece ipotizza Monti presidente del Senato, anche per evitare che l'ambizioso

Professore venga sponsorizzato dal centrodestra. Nei giorni precedenti Napolitano ha inviato a Monti chi dice una lettera, chi addirittura un sms, per invitarlo a candidare o se stesso o un altro di Scelta civica per una delle due Camere, perché «il Pd accetterebbe» (sarebbe l'ennesima interferenza del Colle nella libera dialettica parlamentare). Ora però sul premier in scadenza si abbatte implacabile la vendetta del presidente. Che lo convoca al Quirinale e gli spiega che, essendo ancora presidente del Consiglio, sia pure in carica per «il disbrigo degli affari correnti», la sua ascesa al vertice di Palazzo Madama «presenta problemi giuridici» insormontabili. Monti la prende male: non capisce, ma si adegua.

I candidati del Pd per le due Camere sono i capigruppo uscenti Dario Franceschini e Anna Finocchiaro. Ma, nella notte fra venerdì 15 e sabato 16 marzo, Bersani estrae dal cilindro i nomi di Laura Boldrini e Piero Grasso, neoeletti con Sel e con il Pd. E dire che, prima e dopo le elezioni, aveva garantito: «Anche se avremo il 51 per cento dei voti, ci comporteremo come se avessimo il 49». Invece ha avuto il 25 per cento e si comporta come se avesse il 51.

L'indomani la vendoliana Boldrini diventa presidente della Camera con i voti della coalizione Pd-Sel, ampiamente maggioritaria a Montecitorio grazie al megapremio del Porcellum. Al Senato invece il centrosinistra non ha la maggioranza, dunque rischia l'impasse. Ma a levargli le castagne dal fuoco provvedono alcuni senatori del Centro montiano e anche del MoVimento 5 Stelle, che nel segreto dell'urna fanno confluire 13 voti in più sull'ex procuratore nazionale antimafia, anche per scongiurare l'elezione del candidato del Pdl: il presidente uscente Renato Schifani, indagato per mafia a Palermo. Bersani si illude di poter ripetere lo schema anche per il suo «governo del cambiamento», spaccando i 5 Stelle al Senato. Ma le defezioni «grilline» non sono riproducibili in vista di una nuova maggioranza stabile: un conto è agevolare l'elezione di una carica istituzionale, una tantum, per giunta per evitare che uno Schifani riagguanti il secondo scranno della Repubblica; un altro è trasformare un movimento come quello di Grillo in una stampella permanente, con tanto di voto di fiducia, a un governo Pd-Sel.

Proprio mentre intravede uno spiraglio per il suo governo, Bersani non si accorge di aver chiuso tutte le porte ai possibili alleati: dopo aver perso le elezioni, cedere la presidenza di un ramo del parlamento all'unico vincitore, il M5S, sarebbe stato un buon segnale di apertura. Meglio ancora se accompagnato da un Sì alla sfida lanciata pubblicamente da Grillo per avviare un dialogo: «Il Pdmenoelle rinunci come noi ai rimborsi elettorali». Invece la scorpacciata di poltrone e di fondi pubblici è il peggior modo per accostarsi ai «marziani» a 5 Stelle. I quali cominciano a sospettare delle buone intenzioni di Bersani. Come se stesse soltanto cercando un alibi per l'inciucio che verrà.

Del resto, come possono fidarsi i 5 Stelle di un politico, Bersani, che li ha coperti d'insulti (peraltro ricambiato) per tutta la campagna elettorale? Il blog di Grillo ne pubblica un'antologia eloquente:

> «Fascisti del web, venite qui a dirci zombie.» «Con Grillo finiamo come in Grecia.» «Lenin a Grillo gli fa un baffo.» «Autocrate da strapazzo.» «Grillo porta gente fuori dalla democrazia.» «Grillo porta al disastro.» «Grillo vuol governare sulle macerie.» «Grillo prende in giro la gente.» «Nei 5 Stelle c'è poca democrazia.» «Grillo fa promesse come Berlusconi.» «Grillo dice cose sconosciute a tutte le democrazie.» «Grillo può portarci fuori dall'Europa.» «Basta con l'uomo solo al comando, guardiamoci ad altezza occhi, la Rete non basta.» «Se vince Grillo il paese sarà nei guai.» «Siamo di gran lunga il primo partito e questo vuol dire che siamo compresi. Perché a differenza di quello lì che urla, noi ci guardiamo in faccia, noi facciamo le primarie, stiamo tra la gente.» «Grillo è indecente, maschilista come Berlusconi.» «Da Grillo un populismo che può diventare pericoloso.» «Con Grillo andremmo peggio della Grecia e usciremmo dalla democrazia.» «Mai intese con Grillo. È come Berlusconi.»

Ora, dopo la batosta elettorale, Bersani ha cambiato registro: «So che fin qui i 5 Stelle hanno detto "tutti a casa". Ma ora ci sono anche loro: o vanno a casa anche loro o dicono che cosa vogliono fare per questo paese loro e dei loro figli». E ancora: «Con i grillini bisognerà fare *scouting* e dialogare, vediamoli alla prova dei fatti». Ma li considera come un partito tradizionale, cioè disposti a fare il contrario di quel che hanno promesso agli elettori, o comunque «trattabili», disponibili a giochetti di palazzo sottobanco. Se non tutti, almeno qualcuno. Questo significa *scouting*: contattarli a uno a uno per saggiarne la permeabilità. Alla bisogna Bersani incarica alcuni sherpa: il capo dell'organizzazione Maurizio Migliavacca e il capo della sua segreteria Vasco Errani (proprio l'uomo sbagliato: eletto per la terza volta consecutiva governatore dell'Emilia-Romagna, il M5S ne chiede da tempo le dimissioni perché la legge consente soltanto due mandati). Come mediatrice si propone anche Sonia Alfano, l'europarlamentare eletta come indipendente nelle liste dell'Idv con l'appoggio decisivo di Grillo, col quale poi ha rotto i rapporti: vanta ottime relazioni con alcuni pentastellati siciliani, gli stessi che hanno votato per Grasso presidente del Senato e patrocinato l'appoggio esterno «caso per caso» del M5S alla giunta Crocetta. Una formula che Bersani spera di replicare a Roma per il suo governo di minoranza. Ma dimentica che, nelle regioni, non è previsto il voto di fiducia, in parlamento sì. E a lui, per avviare un governo, serve appunto una maggioranza disposta a votargliela, ovviamente al buio: cosa che i 5 Stelle dichiarano di non poter fare con nessuno.

Per agevolare l'operazione *scouting*, i giornali più vicini al Pd, che hanno cannoneggiato i 5 Stelle per tutta la campagna elettorale, interrompono improvvisamente le ostilità e iniziano a blandirli. Ezio Mauro, direttore di «Repubblica», cioè il giornale che più di tutti ha dipinto Grillo e i suoi ragazzi come il nuovo Duce e le nuove camicie nere, ora auspica «impegno congiunto di Pd e M5S» per approvare «subito, ora» le leggi che i partiti – Pd compreso – non hanno mai fatto in vent'anni. Intanto il «Corriere della Sera» rivela che addirittura «un gruppo di grillini è pronto a sostenere il governo Bersani», «praticamente fatto», con tanto di «sospirone di sollievo» degli «inorgogliti bersaniani». Naturalmente non è vero niente. Grillo liquida il tutto come «politica puttanesca» e «mercato delle vacche». Del resto lo *scouting* somiglia molto alle compravendite di parlamentari del Caimano, con un nome inglese per nobilitare lo scilipotismo progressista. Lo fa notare anche Renzi, che diffida il suo partito dal proseguire su quella strada. Che, fra l'altro, si rivela l'ennesimo clamoroso autogol di Bersani, contribuendo a incrementare la diffidenza dei 5 Stelle nei suoi confronti.

Quando invoca il dialogo con loro, poi, il segretario del Pd sembra parlare non a nome del suo partito, ma a titolo personale. Tutti i big del Pd, da D'Alema a Violante, da Veltroni a Letta, da Franceschini a Renzi, sostenuti dal «Corriere», «Il Sole 24 Ore», «Il Messaggero», «La Stampa» e *house organ* berlusconiani, auspicano fin da subito le «larghe intese» Pd-Pdl. Bersani comunque, almeno a parole, non demorde e non fa mistero di aspettarsi dal capo dello Stato l'incarico pieno per formare il governo. Ma non indica mai i numeri che dovrebbero garantirgli la maggioranza al Senato. E Napolitano, nelle «consultazioni informali» avviate il 3 marzo, non fa che ripetere a tutti i leader che non esistono governi di minoranza, ma solo maggioranze vere. Altrimenti ci penserà lui con un «governo del presidente», o «di scopo».

Il 15 marzo, in un'intervista al «Foglio», il direttore dell'«Unità» Claudio Sardo, autore di un libro-intervista con Bersani (*Per una buona ragione*, con Miguel Gotor, Laterza 2011) e fedelissimo interprete del suo pensiero, spiega che il segretario ha in mente «un governo senza maggioranza precostituita». Poi avverte Napolitano con toni perentori, che riflettono il duro braccio di ferro in corso in quei giorni fra Bersani e il capo dello Stato:

> Giorgio Napolitano dovrebbe dare al segretario del Pd l'incarico pieno, mi aspetto che avvenga questo: in qualsiasi altro paese democratico, non ci sarebbero dubbi. Bersani è il leader della coalizione che ha la maggioranza assoluta alla Camera e quella relativa al Senato. Se il capo dello Stato – che nel nostro sistema

> è un arbitro, un potere neutro – constata che non ci sono altre maggioranze certe attribuibili ad altre personalità, non possono esserci schemi alternativi al tentativo del segretario. [...] Bisogna dire chiaramente a Grillo che un governo Pd-Pdl se lo sogna.

Ma Napolitano si muove come un caterpillar verso la direzione opposta: «bruciare» Bersani e il suo governo di minoranza, propiziare un governissimo Pd-Pdl-Scelta civica e così garantire la massima continuità non solo a Palazzo Chigi, ma anche al Quirinale. Dove, checché ne dica in pubblico, non ha ancora rinunciato all'idea di restare per altri sette anni. Oppure di piazzarvi un suo fedelissimo che interpreti la sua linea. È evidente infatti che l'ascesa a Palazzo Chigi di un ex comunista come Bersani precluderebbe a lui, altro ex comunista, la riconferma al Colle. E una maggioranza di sinistra, magari col contributo di qualche dissidente grillino, guarderebbe ad altri per la carica di capo dello Stato. E manderebbe all'aria lo schema delle larghe intese che lui – e i poteri internazionali che lo sostengono – considera l'unica soluzione possibile per l'Italia.

Chi consulta chi?

Le consultazioni che iniziano sul Colle più alto il 20 marzo seguono un copione diametralmente opposto a quello previsto dalla prassi costituzionale. Non è il presidente a consultare i partiti che salgono nel suo ufficio per comunicargli i loro propositi sul nuovo governo. Ma sono i partiti a consultare il presidente per conoscere i suoi propositi sul nuovo governo. E i suoi propositi escludono sia il governo di minoranza a guida Bersani, sia quello che hanno in mente (anche se lo esplicitano confusamente) i 5 Stelle: cioè un esecutivo a tempo, presieduto e formato da personalità indipendenti e sostenuto da chi ci sta (verosimilmente M5S, Pd e Sel), per sciogliere pochi nodi programmatici urgenti (fra i quali la nuova legge elettorale) e riportare al più presto il paese alle urne.

La prima tornata di consultazioni «alla rovescia», dal 20 al 21 marzo, evidenzia una totale impasse. Bersani, testardo e tetragono sul suo governo di minoranza, vorrebbe cercarsi di volta in volta in Senato i voti mancanti su ogni singolo provvedimento. Il M5S reclama un «governo a 5 Stelle» su alcuni punti qualificanti del suo programma e, per bocca del suo capogruppo al Senato Vito Crimi, «apre» a «un premier estraneo ai partiti», poi però non indica i nomi dei suoi candidati ideali. Il Pdl e Scelta civica invocano un governissimo con la stessa maggioranza che sostiene da un anno e mezzo il governo Monti, magari presieduto da Grasso.

A Bersani, in un incontro tanto lungo quanto aspro, Napolitano comunica a brutto muso che senza «numeri certi e certificati» al Senato, l'incarico pieno se lo può sognare. Al massimo, ne avrà uno «esplorativo». Più rilassato il faccia a faccia tra il presidente e Beppe Grillo, dopo anni di schermaglie a distanza. Affiancato da Crimi e Lombardi, l'ex comico consegna al presidente il programma dei 5 Stelle, chiede che l'incarico venga dato al MoVimento («il più votato dagli elettori italiani») e comunica che «il M5S non accorderà alcuna fiducia a governi politici o pseudotecnici con l'ausilio delle ormai familiari foglie di fico come Grasso». Poi spiega di non potersi fidare di «Pdl e Pdmenoelle, che fino a ieri ci davano dei fascisti, dei comunisti, dei populisti». Se Napolitano vuole un governo politico di legislatura, osserva Grillo, «l'unica soluzione è che si mettano d'accordo Pd e Pdl: hanno fatto insieme tutto ciò contro cui ci battiamo: la Tav, il nucleare... noi siamo per la decrescita!». Per il resto, parla quasi soltanto Napolitano. Ricorda che è «una questione di numeri», che «bisogna dare la possibilità al centrosinistra di governare», insiste sul «rispetto della volontà degli elettori». S'intromette Crimi: «Ma tra chi ha votato noi e chi si è astenuto, il messaggio degli elettori è chiaro: basta con questi partiti». Nella sorpresa generale, il capo dello Stato si mostra comprensivo: «Vi do atto che i partiti di un tempo erano un'altra cosa, c'erano idee, c'era una serietà che è venuta a crollare con la fine delle ideologie».

Grillo insiste: «Noi siamo un movimento, le persone vogliono contare. I paradigmi a cui siamo abituati non vanno più bene». Il presidente si abbandona alla nostalgia: «Ricordo la grande esperienza dell'eurocomunismo, la forza con cui la sostenemmo, la speranza di cambiamento di quegli anni...». L'amarcord dura qualche minuto. Poi si torna all'attualità. Napolitano guarda i tre: «Il vostro è un programma in venti punti...». Crimi passa l'iPad al capo dello Stato, che comincia a scorrere il documento. Grillo illustra i punti uno a uno: rilancio della piccola e media impresa, reddito di cittadinanza, tagli alla politica... Napolitano lo ferma: «Se vuole l'incarico di governo, deve portarmi numeri certi in parlamento». Grillo se la cava con una battuta: «Sarà per la prossima volta». Poi torna alla carica: «Come vede noi siamo prontissimi a governare. Se emergesse la volontà di sostenere un nostro governo di minoranza, le porteremmo un elenco di nomi, una rosa di alto profilo per il nostro esecutivo. Poi, come vuole la Costituzione, sarà lei a scegliere il presidente del Consiglio. In ogni caso, dobbiamo essere rappresentati: se non vuole darci l'incarico per il governo, ci spettano la presidenza del Copasir [il Comitato parlamentare di controllo sui servizi segreti, *nda*] e della Vigilanza Rai». Il congedo è scherzoso. Grillo: «Mi spiace, ma dopo che ci siamo conosciuti, non potrò più chiamarla Morfeo: la vedo piuttosto sveglio». Napolitano: «Dormo molto meno di quel che sembra». La Volpe del Colle ha ottenuto ciò che voleva: il disgelo, almeno sul piano personale, con il suo critico più implacabile; e la conferma che Bersani andrà a sbattere.

Il segretario del Pd, però, fa finta di nulla. Proclama che «non esiste un piano B»: cioè l'unica alternativa al suo governo di minoranza sostenuto da chissà chi sono le elezioni. Intanto però, in gran segreto, manda emissari a sondare financo la «nuova» Lega Nord di Bobo Maroni e i dissidenti del Pdl riuniti intorno a Gianfranco Micciché, sperando che escano dall'aula al momento della fiducia, abbassando il quorum per la maggioranza. E in pubblico si lancia in promesse mirabolanti: un'immediata legge sul conflitto d'interessi e una riforma del finanziamento pubblico dei partiti (non per abolirlo: solo per modificarlo).

Bersani avvia poi un bizzarro giro di sue personali consultazioni con le parti sociali, le associazioni di categoria, per finire con i più disparati vip e gruppi della società civile (il Cai, il Wwf, il Touring club, don Luigi Ciotti, Roberto Saviano...). E annuncia alle tv e ai giornali un formidabile *dream team* di governo a base di nomi illustri, una specie di album veltroniano delle figurine delle celebrità. Il governo da collezione dovrebbe comprendere ministri extrapolitici come Carlo Petrini, Oscar Farinetti, Fabrizio Saccomanni, Milena Gabanelli, Stefano Rodotà, Giuseppe De Rita, Irene Tinagli, Salvatore Settis, Alberto Bombassei, persino Alessandro Cecchi Paone (molti dei quali non sono stati nemmeno avvertiti). Ma, proprio alla vigilia della decisione del Colle, si mette di traverso pure lo scalpitante Piero Grasso: la poltrona di presidente del Senato gli va già stretta e si dice «pronto a tutto se posso fare qualcosa per il mio paese». Insomma, se qualcuno lo chiama, è pronto a balzare da Palazzo Madama a Palazzo Chigi.

Bersani incaricato (e dimezzato)

Il 22 marzo Napolitano delude le attese di Bersani e gli affida soltanto un «preincarico», condizionato ai soliti «numeri certi in Senato». Dopo l'incontro, è lui il primo a uscire dal suo studio per incontrare la stampa prima (e non dopo, come vuole il cerimoniale delle consultazioni) che lo faccia Bersani. Il quale, quando uscirà a sua volta, troverà i giornalisti già informati di tutto dal presidente. Uno sgarbo che non passa inosservato e testimonia la tensione che s'è creata fra i due. Anche perché Napolitano non si trattiene e spiega per filo e per segno come Bersani dovrà procedere. Anzitutto «verificare l'esistenza di un sostegno parlamentare certo tale da consentire la formazione di un governo che abbia la fiducia delle due Camere». Poi tornare da lui a «riferire sull'esito della verifica compiuta appena possibile». Dati alla mano – argomenta – il segretario del Pd rimane «obiettivamente» il candidato più indicato a ricercare «una pur difficile soluzione al problema del governo, attraverso contatti con le altre forze politiche». Quando le avrà sondate tutte, dovrà risalire al Colle con in tasca la certificazione «dell'esistenza di un sostegno parlamentare certo, che gli consenta di avere la fiducia nelle due Camere». Solo in quel caso l'incarico diventerebbe pieno.

Il capo dello Stato cita i due precedenti dell'ottobre 1998, quando Prodi si dimise per aver perduto la maggioranza a causa dello sfilarsi di Rifondazione comunista: Scalfaro reincaricò prima il Professore, a condizione che ritrovasse una maggioranza in parlamento (missione fallita per un solo voto); a quel punto il presidente affidò lo stesso mandato a D'Alema, che ce la fece grazie a una pattuglia di fuoriusciti dal centrodestra capitanati da Cossiga, Mastella e Buttiglione.

Già che c'è, il presidente spiega che avrebbe preferito una riedizione del governissimo Monti: «Sarebbe stata auspicabile la nascita di un governo di vasta unione che conti innanzitutto sulle due forze parlamentari [non s'è neppure accorto che stavolta la seconda sono i 5 Stelle e non il Pdl, *nda*] ovvero, come si dice in linguaggio europeo, di grande coalizione». Ma purtroppo (per lui) «antiche e profonde contrapposizioni sono riesplose» con l'uscita del Pdl dalla maggioranza nel novembre del 2012 e «le difficoltà a procedere sulla strada della grande coalizione sono apparse rilevanti». Bersani comunque – ordina Napolitano – dovrà mettersi al tavolo con Berlusconi con la formula del doppio binario (uno per il governo, l'altro per le riforme costituzionali): «Insisto sulla necessità di larghe intese e collaborazione fra le due più grandi formazioni politiche [e ridagli, *nda*] sulle lungamente attese riforme istituzionali, a complemento del processo di formazione del governo che potrebbe concludersi in ambiti più ristretti».

Traduzione: il capo dello Stato non scommette un euro sul tentativo di Bersani, ma vuole evitare che la sua testardaggine innervosisca Berlusconi; intanto, per non perder tempo, lo invita ad aprire un tavolo parallelo con il Cavaliere per decidere insieme le riforme costituzionali e un candidato «condiviso» per il Colle.

Così spera di riagganciare il centrodestra e di non bruciare i ponti con il Pdl, indispensabile per la partita del Quirinale. Che, se andrà come lui auspica, porterà l'Italia dritta e filata al governissimo, non appena il leader del Pd sarà andato a schiantarsi.

L'indomani il Cavaliere si infila subito nel varco aperto dal suo grande alleato. Nella manifestazione fissata da tempo contro il «golpe» giudiziario e politico ai suoi danni, spiega che sarebbe un «colpo di Stato» non invitare al governo anche il Pdl e non mandare al Quirinale chi vuole lui. Segue la minaccia di una «rivolta di piazza» fino a ottenere le elezioni anticipate. Bersani cade volentieri nella trappola e lancia subito segnali di dialogo sulle riforme e sul Colle. E propone al Pdl una «super-Bicamerale» per modificare la Costituzione. Ma al Cavaliere non basta, tant'è che alle consultazioni del segretario Pd non si presenta: ci manda Alfano, che si propone come vicepremier, ma viene respinto.

In realtà è tutto un gioco delle parti. Napolitano ha fornito al Caimano un assist formidabile. E lui l'ha subito raccolto, rifiutando di parlare del governo con il Pd, senza un accordo complessivo che comprenda anche il nuovo presidente della Repubblica. Il disgelo verso l'inciucio è cominciato.

Facciamoci sempre riconoscere

Il governo Monti che – Napolitano *dixit* – ha restituito prestigio e onore all'Italia nel mondo finisce nel ridicolo con la rissa finale tra il ministro degli Esteri, Giulio Terzi di Sant'Agata, e quello della Difesa, ammiraglio Giampaolo Di Paola. Motivo: Terzi si dimette dal governo ormai scaduto perché sostiene di non aver condiviso la decisione (assunta qualche giorno prima dall'intero Consiglio dei ministri, lui compreso) di rispedire in India i due fucilieri della Marina militare che, a bordo di un mercantile italiano in acque indiane, hanno ucciso per errore due innocenti pescatori scambiandoli per pirati e sono imputati in India per omicidio. Rientrati in Italia una prima volta con un permesso premio per Natale, dietro la garanzia della riconsegna da parte del governo italiano, incredibilmente ricevuti in pompa magna al Quirinale da Napolitano come eroi nazionali, i due marò sono poi tornati in India per poco più di un mese. Il governo italiano aveva garantito sul loro rientro versando una cauzione di 800.000 euro e spendendo il prestigio del capo dello Stato, che ha solennemente dichiarato: «L'Italia rispetterà gli impegni con le autorità di New Delhi». Così queste, a febbraio, accolgono una seconda richiesta di permesso straordinario per i due fucilieri e li rispediscono in Italia per votare alle elezioni: sempre con l'impegno del governo di riconsegnarli subito dopo il voto per essere processati.

Stavolta però il governo decide di trattenerli in patria con un gigantesco imbroglio che copre il paese e le sue massime istituzioni di discredito in tutto il mondo e provoca una gravissima crisi diplomatica con il governo indiano, culminata nel sequestro dell'ambasciatore italiano a New Delhi. Ora Terzi si dissocia da una decisione presa anche da lui e annuncia a sorpresa le sue dimissioni alla Camera, attaccando il premier Monti e il collega Di Paola, tra la costernazione degli altri ministri ignari di tutto. Molti sospettano che la sua mossa sia una provocazione concordata con i suoi amici del Pdl. È l'ennesima, l'ultima figuraccia del governo dei tecnici tanto caro a Napolitano, che reagisce stizzito con tutta la violenza verbale di cui è capace: «La decisione di Terzi è irrituale». Dopo qualche giorno di pantomima sotto gli occhi esterrefatti della comunità internazionale, i due marò saranno riconsegnati al governo indiano.

Lo smacchiatore smacchiato

«Smacchieremo il giaguaro» era lo slogan di Bersani, sicuro della vittoria sul Cavaliere per tutta la campagna elettorale. Ora il gioco di squadra Napolitano-Berlusconi lo avvolge in una rete paralizzante. Smacchiante. Il segretario del Pd, semi-incaricato dal Colle, irriso da Grillo e sempre più solo anche nel suo partito, continua a girare a vuoto verso il vicolo cieco.

I numeri al Senato non saltano fuori, né lui è disposto a farsi da parte per cedere il passo a una personalità di «area», ma non targata Pd, che stia bene ai 5 Stelle o almeno a una parte di essi. Eppure persino D'Alema gli ha detto a quattr'occhi che è il momento che si faccia da parte e indichi Stefano Rodotà a Napolitano: una mossa togliattiana per stanare sia il presidente sia Grillo. E anche dal M5S (come pure da Vendola) continuano a levarsi voci che invitano il segretario a mettersi di lato per lasciare il campo a un «nome nuovo», fuori dai giochi partitici. Niente da fare.

L'ultima occasione si consuma nell'incontro a quattro del 27 marzo: mezz'ora di dialogo tra sordi in diretta streaming, fra Bersani ed Enrico Letta da una parte e i capigruppo-portavoce del M5S Crimi e Lombardi dall'altra. Bersani ha portato con sé un programma in «otto punti» (di sutura, scherzerà qualcuno...), che se fosse stato quello della campagna elettorale avrebbe forse smorzato il tracollo del Pd. Ma, rispetto alle aspettative di cambiamento dei 5 Stelle, è acqua fresca. A parte qualche accenno al «web» e al «wi-fi» (le classiche perline colorate dei colonialisti per abbindolare i pigmei), non recepisce neppure uno dei punti qualificanti del programma M5S (no al Tav Torino-Lione, abolizione dei fondi pubblici ai partiti, reddito di cittadinanza per i senza lavoro e così via). Eppoi nemmeno questa volta Bersani propone ai 5 Stelle un'alleanza per discutere insieme il programma del nuovo governo, e ovviamente i ministri. Chiede soltanto un appoggio esterno a un governo monocolore di minoranza Pd-Sel da lui presieduto, di cui ha già pronta la lista dei ministri («lo squadrone»): tutti esponenti del (o dell'area del) centrosinistra. Chi si aspetta dal Pd la classica proposta che i 5 Stelle non possono rifiutare, si trova dinanzi a una proposta che i 5 Stelle non solo possono, ma devono rifiutare: quella di appoggiare a scatola chiusa, con la fiducia o la non-sfiducia di andreottiana memoria, un governo con ministri e programma scelti da altri, a loro insaputa. Prendere o lasciare, intima Bersani: «Avete 48 ore di tempo, non aspetterò oltre». Un suo emissario tenta di contattare personalmente Grillo tramite l'architetto genovese

Renzo Piano, e persino attraverso un dentista ligure amico dell'ex comico. Ma invano.

L'incontro in diretta streaming passerà alla storia, o almeno alla cronaca, come un monumento all'incomunicabilità. Una scena che ricorda – osserva Andrea Scanzi sul «Fatto» – «una commissione d'esame».

> A giudicare dall'età, quelli a sinistra dello schermo dovevano essere i professori, docente Bersani Pier Luigi e assistente Letta Enrico (accigliato come quasi tutti gli assistenti). Alla destra, gli esaminati. La prima della classe e il bamboccione. La politica italiana è però in pieno cortocircuito, al punto che gli esaminati sono gli esaminandi. E viceversa. Era Bersani l'uomo in attesa del voto. Fuoricorso e certo di non ricevere lodi. Inedita la forma (streaming), scontata la trama (no alla fiducia). Incomunicabilità pressoché totale. Bersani ha messo in campo – cioè sul banco – tutto il politichese che aveva («esigibile») e indugiato sul ruolo del cane bastonato che mendica pietà. Forse senso dello Stato, forse masochismo, forse chiagni e fotti. La supercazzola è arrivata giusto alla fine dei 32 minuti: «Io vi rendo avvertiti, vi faccio avvertiti (?) che ritengo la cosa che sto dicendo la cosa realistica (??). Fuori da questo io vedo un meccanismo che, dal faremo e diremo (???), passeremo all'avremmo potuto (????)». Parlava del presente, ma più che altro del futuro, anticipando una campagna elettorale in cui poter dire che lui – a differenza di altri – ci ha provato: «Solo un insano di mente potrebbe aver la fregola di governare in questo momento. Sono pronto a prendermi questa responsabilità enorme».
>
> Dall'altra parte, oltre le barricate dello stallo, la Lombardi era il poliziotto cattivo e Crimi quello buono. Bersani ha implorato un appoggio esterno. Crimi, in versione pacioccone, ha trattenuto a fatica il desiderio di un caritatevole: «Ma sì, Pigi, ci fai tenerezza e ti appoggiamo». Forse stupito – per parafrasarlo – di quanto il leader Pd lo stesse tenendo sveglio senza consegnarlo al sonno di Morfeo, si è invece limitato a ripetere: «Qualora (le proposte a noi vicine) dovessero essere portate in aula, il nostro sostegno sarà pieno».

> Letta – quello del «Meglio Berlusconi di Grillo» – guardava schifato, Bersani si accartocciava sopra il gomito destro. Ogni tanto, querula come una condanna compiaciuta, interveniva la Lombardi. La sbirra cattiva. «Ascoltandola mi sembrava di stare a una puntata di *Ballarò*. Sono vent'anni che sentiamo queste promesse. Noi non incontriamo le parti sociali perché noi siamo le parti sociali. Noi siamo quegli insani di mente perché abbiamo un progetto politico a trent'anni. E abbiamo la credibilità per farlo.» Se la supponenza fosse un albero, la Lombardi sarebbe la foresta dell'Amazzonia (con nessuna Greenpeace disposta a difenderla). Bersani è stato chiaro: «Qua non è *Ballarò*, qua è una roba seria eh». Parole da grillino ortodosso, che in molti condividono. Viene solo da chiedersi perché, se la stima di Bersani per *Ballarò* è questa, lui e il suo partito siano soliti svernare – da decenni – in quel salotto così amenamente frizzante.

Mentre tratta in pubblico con i 5 Stelle, il Pd continua a trescare clandestinamente con il Pdl e la Lega per una non-sfiducia che si concretizzi almeno con l'uscita dall'aula di un pugno di senatori (ne basterebbero 17, secondo i calcoli dello staff bersaniano). Magari, come offre il sempre disponibile Violante, in cambio della «presidenza della Convenzione per le riforme costituzionali» al Pdl. O – come offrono il bersaniano Migliavacca e Letta nipote a Letta zio, a Cicchitto e ad Alfano in un incontro segreto autorizzato dal segretario – in cambio di un presidente della Repubblica «condiviso» (tipo Franco Marini). Ma Berlusconi ormai capisce di poter ottenere molto di più: la scelta del nuovo inquilino del Quirinale, da cui dipende il nuovo governo, da cui dipende – dice il Cavaliere ai suoi – «la mia possibilità residua di bloccare i giudici». E pretende che Bersani i voti del Pdl li chieda pubblicamente. Cioè firmi la capitolazione totale. La pietra tombale la pone Rosy Bindi: «Siamo partiti incontrando Saviano e finiamo chiedendo voti a Miccichè».

Alle ore 18 del 28 marzo, Giovedì santo, uno stanco e incurvito Bersani, dopo sei giorni di esplorazioni nel nulla, sale al

Quirinale con un pugno di mosche in mano. Ammette davanti a un gelido Napolitano che «il lavoro di questi giorni non ha portato a un esito risolutivo», tra «preclusioni e condizioni che non ho ritenuto accettabili» (lo scambio governo-Quirinale chiesto esplicitamente da Berlusconi). Però aggiunge di aver incontrato «anche elementi di comprensione positivi attorno ad alcuni punti». Pare di essere tornati alla sera delle elezioni «non vinte». Tant'è che il segretario torna a chiedere a Napolitano un incarico pieno per insediarsi intanto a Palazzo Chigi e cercarsi i voti al buio in Senato, in base ad alcuni imprecisati «affidamenti» che dice di aver ricevuto da senatori sparsi, senza spiegare quali. Ma il presidente non lo prende neppure in considerazione e ipotizza un governo del presidente, o di scopo, con la stessa maggioranza di Monti. Bersani, a quel punto, dice che il Pd non andrebbe oltre l'appoggio esterno. E lì si conclude, dopo un'ora e mezza, il colloquio.

È fin troppo chiaro che veder cadere il farfugliato «governo del cambiamento», unico ostacolo sulla strada delle auspicate larghe intese e dell'agognata rielezione al Colle, riempie il presidente di soddisfazione. Ma Napolitano la dissimula fin troppo bene: siccome la vendetta è un piatto che va consumato freddo, sul momento fa il magnanimo e concede a Bersani l'onore delle armi, cioè un'uscita di scena soft. Perciò non si mostra alla stampa. Non annuncia altri nomi. E si prende ventiquattr'ore per decidere. L'ufficio stampa del Pd, come se nulla fosse accaduto, si premura di precisare che «Bersani non ha rinunciato» all'incarico, con la decisiva motivazione che il suo era solo un preincarico. Dalla non sconfitta al non incarico alla non rinuncia: Bersani rimane un premier preincaricato in attesa degli eventi. Surgelato. Findus.

Secondo giro di giostra

E ora che succede? Senza alcun nuovo preincarico, il Quirinale fa sapere che «il presidente della Repubblica si è riservato di prendere senza indugio iniziative che gli consentano di accertare personalmente gli sviluppi possibili del quadro politico-istituzionale». Cioè Bersani resta in freezer e le consultazioni le conduce direttamente Napolitano. Anche perché – rivela «la Repubblica» – il presidente ha detto al segretario che vuole verificare personalmente «se davvero Berlusconi pretende il Quirinale». Cioè: in leggerissimo conflitto d'interessi con se stesso, avvia nuove consultazioni anche sul nome del suo successore. Nessuno sul momento lo nota, anche perché tutti credono che non sia interessato alla riconferma. E quando la otterrà, nessuno ricorderà più questo snodo fondamentale della partita per il Colle: quello in cui l'inquilino in scadenza consulta i partiti con la scusa di parlare del nuovo governo (com'è nei suoi poteri), ma in realtà parla anche del nuovo capo dello Stato (come non è nei suoi poteri).

Il 29 marzo, Venerdì santo, Napolitano riconsulta tutti i partiti in poche ore. Berlusconi – che s'è appena visto ricondannare Dell'Utri in appello a sette anni per mafia – ripete: governissimo con un premier del Pd qualsiasi, anche Bersani; e accordo ferreo per il Quirinale dove vorrebbe che il presidente restasse almeno un altro paio d'anni. Napolitano fa «no no» con il capo. Enrico Letta per il Pd (Bersani è ibernato a Piacenza) dice pubblicamente no al governissimo, ma aggiunge pure: «Siamo tutti corazzieri». E spiega: «Abbiamo espresso al capo dello Stato fiducia e profonda gratitudine, al quale non mancherà il nostro sostegno sulle decisioni che prenderà». Compreso dunque un governissimo o un ministero d'altro genere non presieduto da Bersani: due ipotesi escluse fino al giorno prima dal segretario.

Meno dilettanteschi che nel primo giro di giostra, i 5 Stelle appaiono più inclini a un atteggiamento propositivo. I portavoce Crimi e Lombardi (preceduti da una telefonata di Grillo a Napolitano) si presentano nello studio del presidente con in tasca i nomi di alcuni possibili candidati premier: l'ex rettore della Normale di Pisa, Salvatore Settis; il giurista, ex presidente del Pds ed ex garante della Privacy, Stefano Rodotà; e il presidente emerito della Consulta Gustavo Zagrebelsky. Collaborano tutti e tre con «Repubblica», sono personalità indipendenti, ma saldamente collocate a sinistra, e i primi due hanno preso parte attivamente alla battaglia referendaria del 2011 per i beni comuni contro la privatizzazione dei servizi idrici. Insomma, tre ideali punti d'incontro tra il mondo grillino e quello progressista. Se i 5 Stelle esplicitassero chiaramente la loro rosa di nomi, metterebbero in serio imbarazzo il Pd, che finora è riuscito a passare mediaticamente per la vittima dell'intransigenza grillina. E costringerebbero Napolitano a motivare un suo no a una maggioranza – sia pure limitata nel tempo e nel programma – fra Pd, M5S e Sel. Il presidente lo sa e, quando i due capigruppo di 5 Stelle accennano ai propri candidati, li stoppa subito prima che ne facciano i nomi, con uno sbrigativo «non voglio candidature esterne ai partiti». A quel punto Crimi e la Lombardi chiedono ciò che teoricamente non sarebbe irragionevole, visto che il loro movimento è l'unico vero vincitore delle elezioni: l'incarico di formare il nuovo governo. Soluzione sostenuta sia da Rodotà, sia dal sindaco Pd di Bari Michele Emiliano, sia da Massimo Cacciari. Ma è anche ciò che Napolitano vede come il fumo negli occhi e non concederà mai: infatti ferma all'istante i due capigruppo M5S, opponendo anche a loro un problema «di numeri», senza che nessuno possa nemmeno tentare di verificarli.

Così il presidente può proseguire a tappe forzate nel suo disegno: esclusa l'alternativa dell'immediato ritorno alle urne (dal 15 aprile il parlamento inizia a votare per il nuovo capo dello Stato), non rimane che il governissimo. Le forze che spingono verso questa soluzione sono potenti e irresistibili. È chiaro che Napolitano rappresenta o incarna interessi forti, in Italia ma soprattutto in Europa e nelle sue istituzioni finanziarie, che dalla famigerata lettera della Bce in poi considerano l'Italia come un loro protettorato e vedono come il fumo negli occhi un governo sostenuto da Pd-M5S-Sel. E non sono le sole. Lo strano «pizzino» anonimo giunto alla Procura di Palermo, che puzza tanto di servizi deviati o di apparati collusi con le mafie, ha almeno il merito di sintetizzare il pensiero di chi davvero conta dietro le quinte del Palazzo: mai un «governo di froci e di comici».

La verità vera è che tutti i poteri nazionali e internazionali, palesi e occulti, insomma gli eterni gattopardi, tifano per lo *status quo* e sono già d'accordo per una riedizione politica del governissimo tecnico. Basta aspettare un altro po', per convincere gli elettori di centrosinistra che non c'è proprio alternativa all'inciucio. Ancora due settimane e il «nuovo» capo dello Stato, legittimato dal voto del nuovo parlamento, manderà in porto l'operazione Gattopardo.

Un cappello, due conigli

Come giustificare l'ennesima perdita di tempo in un momento di così grave crisi finanziaria e istituzionale, visto che le elezioni presidenziali non potranno iniziare che il 15 aprile e Napolitano non ha alcuna intenzione di dimettersi anzitempo (come fecero Cossiga nel 1992 e Ciampi nel 2006) per accelerarle? Dal cappello a cilindro del presidente prestigiatore, escono a sorpresa due conigli: la minaccia di dimissioni e la nomina di un comitato di «saggi» per le immancabili «riforme». Due mosse che richiedono la necessaria *suspense.*

Nella tarda serata del 29 marzo, al termine del secondo giro di consultazioni, i soliti «ambienti del Quirinale» fanno trapelare che Napolitano «si è preso un momento di riflessione» e non esclude più di dimettersi in anticipo: il 2 aprile. Ne avrebbe fatto cenno alla delegazione del Pd, cioè a Letta jr. e ai capigruppo Zanda e Speranza. Perché, avrebbe spiegato, «non sono disponibile a fare governicchi alla scadenza del mio mandato e all'inizio di una nuova legislatura; e un governo del presidente non si può fare senza un presidente». Tanto vale passare il cerino acceso al successore, accelerandone l'avvento. La bomba della possibile uscita anticipata dell'uomo del Colle esplode sui giornali del 30 marzo. Ma è soltanto l'ennesimo bluff per minacciare i partiti (soprattutto quei pezzi del Pd ancora riottosi al governissimo per salvare la faccia a Bersani) e costringerli a «un sussulto di responsabilità», cioè a rassegnarsi a più miti consigli: i suoi. La stampa abbocca e descrive «la Via Crucis» di un Napolitano amareggiato, disorientato, privo di forze e di soluzioni, ma irremovibile con chi gli chiede di restare per altri sette anni («mi vedo già sui banchi di senatore a vita»). In realtà, in quelle stesse ore, mentre nel Pd tutti fuggono da Bersani e aprono al Pdl, sta pianificando l'ennesimo gioco di prestigio.

Infatti, nella tarda mattinata del Sabato santo 30 marzo, lo scenario è totalmente cambiato. Napolitano termina rapidamente la presunta Via Crucis e, con aria sorridente, distesa e rinfrancata, dopo avere «riflettuto a lungo» e ricevuto la quotidiana telefonata dell'inseparabile Mario Draghi che l'ha invitato a resistere, annuncia: «Continuo a esercitare fino all'ultimo giorno il mio mandato, come il senso dell'interesse nazionale mi suggerisce». Tant'è che ha già pronta una lista di dieci «esperti» o «facilitatori» che, dal 2 aprile, dovranno sfornare a stretto giro «precise proposte programmatiche che possano divenire in varie forme oggetto di condivisione da parte delle forze politiche». I «saggi» sono divisi in due comitati: uno si occuperà delle misure finanziarie contro la crisi e l'altro delle riforme costituzionali. Spiega il Quirinale che, entro una settimana (i famosi otto giorni, come per le colf), dovranno riferire i risultati del loro lavoro: se avranno trovato un accordo, su quella pietra Napolitano edificherà il nuovo governo. Ma «solo se davvero arriverà la certezza del risultato; se no toccherà al successore, che avrà a disposizione il lavoro della commissione e anche la carta dello scioglimento delle Camere» a lui ormai precluso.

In attesa del miracolo, chi governa? Il governo Monti, naturalmente, che per Napolitano costituisce «una concreta certezza», «è operativo e tuttora in carica, benché dimissionario e peraltro non sfiduciato dal parlamento» (è ciò che ripete Grillo da mesi, ma quando lo dice lui tutti gli ridono dietro). Anzi ha addirittura «annunciato che sta per adottare provvedimenti urgenti per l'economia». Già che c'è, il capo dello Stato auspica «un'ampia intesa tra le forze politiche» per l'elezione del nuovo presidente della Repubblica. Nel frattempo, «pur essendo assai limitate le mie possibilità di iniziativa, posso fino all'ultimo concorrere almeno a creare condizioni più favorevoli per sbloccare una situazione politica irrigidita tra posizioni inconciliabili». Cioè per gestire le elezioni presidenziali alla sua maniera.

Il ritorno dei «codini»

La mossa dei «saggi» dimostra subito, a prima vista, un paio di cose. Primo: mentre predica di non vedere l'ora di uscire di scena, Napolitano seguita a razzolare come se dal Quirinale non dovesse muoversi mai più. O, almeno, come se dovesse continuare a controllare il Colle per interposta persona. Secondo: la sua ansia di creare un tavolo purchessia che faccia risbocciare l'amore fra Pd e Pdl in vista delle elezioni presidenziali è tale da indurlo a una decisione tanto inedita e irrituale quanto sconcertante. Non s'è mai visto, a memoria d'uomo, un presidente della Repubblica che incarica dieci persone di sua fiducia di stendere il programma del nuovo governo che, per banali motivi di tempistica, non potrà essere lui a nominare: lascerà il dossier sul tavolo del successore, che molti faticano ancora a immaginare, ma che lui evidentemente ha ben chiaro in testa. L'unico che non ha ancora capito nulla è Bersani, che dalla sua Piacenza detta una dichiarazione tragicomica, credendosi ancora il premier preincaricato perché nessuno ha avuto cuore di pre-scaricarlo: «Resto in campo per un governo di cambiamento». Sì, buonanotte.

La mossa di Napolitano sortisce un triplo effetto: congelare l'iter di formazione del nuovo governo fino a dopo le presidenziali; drammatizzare la situazione come se fosse una tragedia eccezionale; e concentrare nelle mani del presidente più poteri ancora di quelli che si era già via via attribuito all'insaputa della Costituzione. I cosiddetti «facilitatori», infatti, non vengono dotati di alcuna funzione costituzionale e neppure istituzionale: riferiranno a lui e a lui solo, non certo al parlamento né tantomeno al premier preincaricato. Poi – come scrive Sebastiano Messina su «Repubblica» – «torneranno nell'ombra come fantasmi della Costituzione».

Rapidamente sfumata in quaranta giorni l'illusione di un governo proiettato al futuro, il garante della Casta riporta le lancette della politica italiana verso il peggiore passato. La bi-Bicamerale escogitata dall'uomo del Colle per dettare l'agenda a un governo che non c'è ricorda la Restaurazione del 1815, con il ritorno nelle capitali europee dei vecchi sovrani e dei loro imparruccati «codini» di corte, dopo la fine di Napoleone e il congresso di Vienna. Solo che stavolta la rivoluzione non c'è stata. Del resto l'Italia – diceva Montanelli – è il paese della controriforma senza riforma e delle restaurazioni senza rivoluzioni. Il paese che, quando ha le idee confuse, fa una commissione (o due) per confondersele un altro po'.

Dirà al «Fatto» la costituzionalista Lorenza Carlassare, quando i giochi saranno chiusi:

> La situazione era tutta strana. Dal punto di vista costituzionale la stranezza nasce con i limiti posti all'incarico dato a Bersani, dal quale si pretendeva l'assicurazione che avrebbe ottenuto la maggioranza. Ma non funziona così! Nessuno lo può sapere in anticipo: molti governi sono caduti appena nominati, compreso De Gasperi. Non è un fatto straordinario, ma semplicemente una possibilità all'interno di un sistema parlamentare. La lunghissima sosta ha portato a un'esasperazione della situazione. E i saggi [furono] l'ennesimo tentativo di temporeggiare. Per dare il senso che non si poteva procedere alla nomina di un governo. Più passa il tempo, più la situazione precipita. E nell'emergenza poi bisogna fare qualcosa di «speciale». Di lì tutto quello che è successo dopo, compresa la rielezione di Napolitano, assolutamente legittima, ma nel segno della continuità. Infatti si è profilata perché era Berlusconi a volerlo: una barriera al cambiamento.

Eppure i soliti corazzieri di complemento, sparsi nel Palazzo, nelle tv e nei giornali, trovano subito una giustificazione alla trovata del Colle: l'esigenza di «non perdere tempo» nelle due settimane che mancano all'inizio delle votazioni per il nuovo presidente. Naturalmente, per ovviare all'inconveniente, ci sarebbe una soluzione semplice semplice, se davvero Napolitano non vedesse l'ora di passare la mano e ritirarsi a vita privata: le dimissioni anticipate, peraltro da lui stesso ventilate la sera prima (e dunque possibili), che scioglierebbero l'ingorgo istituzionale e accelererebbero la successione al Colle. Tantopiù che gli italiani hanno ancora negli occhi e nel cuore la scena accaduta un mese prima in Vaticano con le storiche dimissioni di Ratzinger che hanno rotto la bimillenaria tradizione della monarchia assoluta e vitalizia della Santa sede; e con l'elezione di un papa rivoluzionario «venuto dalla fine del mondo»: Francesco, al secolo Jorge Mario Bergoglio. Ma l'Italia non è il Vaticano. E Napolitano non è Ratzinger, anche se ha due anni in più.

Anziché andarsene anzitempo, il presidente «uscente» commissaria definitivamente il parlamento appena uscito dalle urne e gli elettori appena usciti dai seggi (altro che «antipolitica»), con i saggi al posto dei colonnelli e il Gerovital al posto dei carri armati. Non revoca neppure il preincarico a Bersani, che passa dall'ibernazione all'imbalsamazione, aspettando Godot. E resuscita il cadavere del governo Monti – dimissionario da dicembre, privo della fiducia sia del vecchio sia del nuovo parlamento, e clamorosamente bocciato a febbraio dagli elettori di centro, di destra e di sinistra – talmente «operativo» da annegare in acque territoriali indiane con lo scandalo dei due marò. L'Italia diventa, anche ufficialmente, una Repubblica presidenziale.

Dieci «saggi» per il successore, cioè per sé

Ed eccoli, i Magnifici Dieci. Quattro fanno parte della commissione Istituzioni: Valerio Onida (in quota Sel), presidente emerito della Consulta e strenuo difensore del Colle sul caso Mancino-trattativa, nonché fautore della eleggibilità di Berlusconi a dispetto della legge 361/1957 sui concessionari pubblici; Luciano Violante, responsabile per le Riforme del Pd, lo stesso che nel 2002 si vantò di avere garantito a Berlusconi e a Gianni

Letta «di non toccare le televisioni» in barba alla sentenza della Consulta che imponeva la riduzione delle reti Fininvest da tre a due, da allora beniamino del centrodestra e patron di tutti gli inciuci; Mario Mauro, già Pdl, ora rieletto con Scelta civica, ma sempre ciellino e molto legato all'imputato Formigoni; e Gaetano Quagliariello, l'ex vicecapogruppo vicario del Pdl che strepitò in piena Camera contro i medici presunti «assassini» di Eluana Englaro. Violante e Quagliariello fanno coppia fissa dal gennaio 2012, quando Pd e Pdl li delegarono – con la benedizione del Colle – a studiare la nuova legge elettorale, tra elucubrazioni sui sistemi tedeschi, spagnoli più o meno «misti» o «corretti». Risultato: decine di buchi nell'acqua.

Gli altri sei «saggi» si occuperanno di «Economia»: Enrico Giovannini (in quota Pd), presidente dell'Istat, nel 2012 incaricato da Monti di studiare i tagli ai costi della politica, ma senza risultati concreti; Giovanni Pitruzzella (in quota Pdl), già avvocato e consulente dello studio legale Schifani, nonché coautore di un libro a quattro mani con Totò Cuffaro, dunque garante dell'Antitrust contro i conflitti d'interessi, la cui presenza tra i saggi comporta un ennesimo conflitto d'interessi; Salvatore Rossi (in quota Draghi), vicedirettore della Banca d'Italia, giusto perché non si dica che l'èra dei banchieri è tramontata; Enzo Moavero Milanesi, ministro degli Affari europei del governo Monti (in quota Scelta civica); Filippo Bubbico, ex governatore della Basilicata, dirigente del Pd, indagato a Potenza per abuso d'ufficio; infine Giancarlo Giorgetti, capogruppo della Lega Nord alla Camera e fedelissimo di Bossi, nonché amico di Gianpiero Fiorani e Antonio Fazio, già coinvolto nello scandalo Popolare di Lodi-Antonveneta per aver intascato nel 2005 una mazzetta di 100.000 euro in contanti nel suo ufficio a Montecitorio, salvo poi ripensarci e restituirla, senza contare la moglie che ha patteggiato una pena per truffa.

Oltre ai pedigree personali, i dieci «saggi» di Napolitano possono vantare altre quattro imbarazzanti caratteristiche.

1) Per la gran parte non sono stati eletti dai cittadini (a parte Giorgetti, Mauro e Quagliariello).

2) Hanno un'età media piuttosto avanzata (58,6 anni).

3) Non comprendono neppure una donna (forse perché le donne non hanno tempo da perdere).

4) Sono tutti scelti tra i partiti che hanno perso le elezioni (Pd, Pdl, Sel, Scelta civica, Lega): nemmeno uno rappresenta l'area dei 5 Stelle. Il che aggrava l'interferenza di Napolitano nel normale iter democratico per l'elezione del nuovo presidente e la nascita del nuovo governo.

Ma le sparutissime polemiche suscitate dall'operazione Anestesia riguardano soltanto il mancato rispetto delle quote rosa. E vengono respinte al mittente dal presidente in una furibonda conversazione con il «Corriere della Sera», con la solita stizza e allergia alle critiche: «Dopo sette anni sto finendo il mio mandato in un modo surreale, trovandomi oggetto di assurde reazioni di sospetto e dietrologie incomprensibili, tra il geniale e il demente». Insomma, questo sarebbe «il momento peggiore del settennato» a causa dei partiti che l'avrebbero «lasciato solo» dinanzi alle critiche, mentre lui, pover'uomo, selezionava i dieci saggi «con acrobatiche ricerche». Quanto ai malumori per l'assenza di donne, Napolitano replica che «si sfiora il ridicolo», ma non spiega il perché, né come mai non ne abbia trovata nemmeno una. Poi, sempre tramite il «Corriere», spiega al parlamento quale maggioranza dovrà eleggere il nuovo capo dello Stato. Sarà bene – riassume il quotidiano – ripetere «quel che accadde nel 1999», quando destra e sinistra si unirono sul nome di Ciampi.

Intanto il saggio Onida provvede a confermare l'assoluta inutilità propria e degli altri nove. Lo fa al telefono con un imitatore del programma *La Zanzara* di Radio 24 che si spaccia per l'astrofisica Margherita Hack. «Questa cosa dei saggi a me sembra sinceramente una cosa inutile» lo provoca la finta Hack. Onida, credendola quella vera, si lascia andare: «Ma guardi, sì, è probabilmente inutile... Serve a coprire questo periodo di stallo, dovuto al fatto che dal parlamento non è venuta fuori una soluzione mentre l'elezione del nuovo presidente è tra quindici giorni... Allora il nuovo presidente potrà fare nuovi tentativi o al limite sciogliere le Camere, cosa che Napolitano non può fare... Sono d'accordo che non servirà nella sostanza». Parola di saggio.

Troppa grazia, San Giorgio

Il 5 aprile i giornali raccontano il trasloco di Giorgio e Clio Napolitano dal Quirinale: la coppia presidenziale riempie gli scatoloni, prepara le valigie, spegne il gas e le luci per consegnare il palazzo come nuovo al successore. Intanto il presidente «uscente» trova ancora il modo di debordare dalle sue prerogative concedendo la grazia al colonnello americano Joseph Romano, già responsabile della sicurezza nella base aerea di Aviano, condannato definitivamente dalla Cassazione appena sei mesi prima a sette anni di reclusione per il sequestro di Abu Omar e latitante dal 2006. Mai, prima d'ora (a parte la commutazione della pena per Sallusti), l'istituto della grazia era stato usato per sconfessare una sentenza definitiva appena emessa e per salvare un condannato che non ha scontato un solo giorno di pena né rischia di scontarlo mai, visto che se ne sta al sicuro all'estero e lì resterà senza che nessuno, men che meno le autorità italiane, lo cerchi. Infatti, interpellata sulla grazia, la Procura generale di Milano ha espresso parere contrario. Ma il Quirinale se n'è infischiato. Il tutto per soddisfare le consuete pretese di impunità di una nazione straniera: gli Stati Uniti, che trattano l'Italia come il cortile di casa propria (dalla strage del Cermis al processo ad Amanda Knox).

Della sorte del colonnello Romano e degli agenti della Cia condannati per la *extraordinary rendition* dell'imam egiziano, Napolitano ha parlato il 15 febbraio con il presidente Obama nell'ultimo faccia a faccia alla Casa bianca. Lì il presidente Usa ha chiesto al suo omologo italiano di chiudere politicamente il processo ai 26 fra militari e agenti americani coinvolti. E Napolitano, prima della fine del suo mandato, si precipita ad accontentare l'alleato, graziando l'unico militare condannato estraneo alla Cia.

Come tutti gli abusi di potere del presidente, anche questo passa pressoché inosservato sulla stampa e negli ambienti politici. Ma sempre di abuso di potere si tratta. Romano, il 19 settembre 2012, è stato giudicato colpevole dalla Cassazione di aver preso parte nel 2003 al rapimento – insieme a 25 agenti Cia e con l'appoggio del Sismi – dell'imam di Milano, sospettato di rapporti con l'Islam radicale, poi condotto alla base di Aviano, di lì imbarcato su un aereo militare alla volta della base tedesca di Ramstein e di lì deportato al Cairo per essere interrogato e torturato per diversi mesi. Il sequestro – scrive la Cassazione – «venne realizzato per trasportare il prigioniero in uno Stato, l'Egitto, nel quale era ammesso l'interrogatorio sotto tortura, a cui Abu Omar fu effettivamente sottoposto». E pazienza se «la tortura è bandita non solo dalla leggi europee», ma anche da mezza dozzina di convenzioni dell'Onu e dell'Ue. Tutte regolarmente sottoscritte dall'Italia, tutte violate dai sequestratori italiani e americani e dai governi italiani di destra e di sinistra, che dal 2006 in poi hanno sempre protetto i colpevoli con il segreto di Stato, con cinque conflitti di attribuzioni contro i giudici di Milano dinanzi alla Consulta e con il blocco (deciso da ben sei ministri della Giustizia) dei mandati di cattura internazionali per assicurarli alla giustizia.

Ma l'abuso di Napolitano prescinde dalla qualità del reato commesso dal colonnello graziato. Dipende, invece, dalla violazione dei limiti fissati dalla Corte costituzionale al suo potere di grazia. Ne abbiamo già accennato a proposito dei casi Contrada e Sallusti, ma è bene chiarire meglio la questione.

Tutto nasce dal dissidio sorto nel 2005 fra l'allora presidente Carlo Azeglio Ciampi e l'allora ministro della Giustizia, il leghista Roberto Castelli. Il primo voleva graziare Ovidio Bompressi (condannato a ventidue anni di carcere, insieme a Adriano Sofri, a Giorgio Pietrostefani e a Leonardo Marino, per l'omicidio del commissario Luigi Calabresi, e ammalatosi dopo aver scontato parte della pena). Ma il secondo rifiutava di istruire la pratica e dunque di siglare il provvedimento di clemenza. Che, come tutti gli atti ufficiali del capo dello Stato («irresponsabile» in base alla Costituzione), necessita della firma di un ministro. Ciampi, a quel punto, sollevò dinanzi alla Corte costituzionale un conflitto di attribuzioni tra poteri dello Stato contro il guardasigilli (il primo attivato da un presidente) per dirimere una volta per tutte il dilemma del vero titolare del potere di grazia.

La Consulta, il 3 maggio 2006, sorprese molti costituzionalisti e diede ragione al presidente con la sentenza n. 200, firmata da Alfonso Quaranta. Ma, per farlo, delimitò con nettezza la natura e le ragioni della grazia presidenziale, circoscrivendola entro i confini indicati dallo stesso ricorso di Ciampi: quelli di un gesto «umanitario» ed «eccezionale». Per un motivo semplicissimo: trattandosi di una deroga al principio di uguaglianza sancito dall'articolo 3 della Costituzione, la grazia non solo deve giungere a debita distanza dalla sentenza definitiva, quando già il condannato ha scontato una congrua parte della pena, per evitare che suoni come una smentita al lavoro dei giudici. Ma deve anche essere chiaramente connotata come un atto non «politico», bensì appunto «umanitario».

Non è una questione di lana caprina: il presidente – spiega la Consulta – non ha alcun «potere personale», ma esercita ogni sua funzione «a nome dello Stato». La grazia però non è un atto «politico», ispirata com'è a una «*ratio* umanitaria ed equitativa» volta ad «attenuare l'applicazione della legge penale in tutte quelle ipotesi nelle quali essa confligge con il più alto sentimento della giustizia sostanziale». Se dunque – riassume la Corte – la clemenza presidenziale «esula da ogni valutazione di "natura politica"», è «naturale» attribuirla «al capo dello Stato "quale organo rappresentante l'unità nazionale", nonché "garante super partes della Costituzione"». In definitiva, «il potere di grazia risponde a finalità essenzialmente umanitarie» per «attuare i valori costituzionali [...] garantendo soprattutto il "senso di umanità", cui devono ispirarsi tutte le pene [...], non senza trascurare il profilo di "rieducazione" proprio della pena». Il tutto, a patto che la grazia resti «contenuta entro ambiti circoscritti destinati a valorizzare soltanto eccezionali esigenze di natura umanitaria», per non violare «il principio di eguaglianza consacrato nell'art. 3 Cost.». Di qui la raccomandazione della Consulta al presidente di non abusare del potere di grazia deragliando dalla «funzione di eccezionale strumento destinato a soddisfare straordinarie esigenze di natura umanitaria» per «mitigare o elidere il trattamento sanzionatorio per eccezionali ragioni umanitarie». Esigenze che paiono più adatte alle funzioni di una figura terza come il capo dello Stato, che non a un organo politico come il governo, che non deve mai impicciarsi nelle sentenze dei giudici.

Confrontiamo ora questi principi inderogabili con la grazia di Napolitano al colonnello Romano. Lo spione americano è latitante dal 2006, non ha mai fatto un giorno di galera né mai lo farà, perché nessun governo italiano l'ha mai ricercato né mai lo ricercherà. Dunque la grazia, oltre a puzzare di aperta sconfessione della condanna appena pronunciata, non può avere alcuno scopo «umanitario» per «mitigare» le conseguenze della pena detentiva (inesistente).

Infatti il Quirinale, nel comunicato in cui annuncia la grazia a Romano, la spiega con la necessità di «ovviare a una situazione di evidente delicatezza con un paese amico». Motivi squisitamente diplomatici, dunque politici: proprio quelli che la Consulta esclude a priori. Del resto Napolitano conosce benissimo la sentenza n. 200/2006 della Consulta. L'ha citata lui stesso il 12 gennaio 2008 in una lunga lettera al parlamentare di An Gustavo Selva che gli aveva chiesto pubblicamente spiegazioni sul suo rifiuto di graziare Bruno Contrada:

> Nell'esercitare il potere costituzionale di «concedere le grazie e commutare le pene», mi sono sempre doverosamente attenuto ai principi indicati dalla Corte costituzionale con la sentenza n. 200 del 2006 e ai precedenti che non fossero in contrasto con detti principi [...]. La grazia non può mai costituire un improprio rimedio volto a sindacare la correttezza della decisione penale adottata dal giudice. Questa ultima affermazione trova conferma nel messaggio che il presidente Scalfaro inviò ai presidenti delle Camere il 24 ottobre 1997 ove sostenne che «qualora applicata a breve distanza dalla sentenza definitiva di condanna», la grazia ha «il significato di una valutazione di merito opposta a quella del

magistrato, configurando un ulteriore grado di giudizio che non esiste nell'ordinamento e determinando un evidente pericolo di conflitto di fatto tra poteri».

Resta da capire perché le ovvie e banali osservazioni svolte da Napolitano nel 2008 per Contrada non valgano nel 2013 per Romano, visto che: Contrada stava male, Romano sta benissimo; Contrada aveva scontato parte della pena (oltre quattro anni su dieci, fra custodia cautelare ed espiazione), Romano nemmeno un giorno; Contrada era in carcere, Romano è latitante; la sentenza Contrada risaliva a un anno e mezzo prima, la sentenza Romano ad appena sei mesi prima. Insomma: perché Contrada no e Romano sì?

Ma c'è di più e di peggio. Napolitano aggancia la grazia per Romano a un preciso appiglio giuridico che, a suo dire, avrebbe «mutato la situazione normativa» con un «fatto nuovo e rilevante che ha fatto emergere un contesto giuridico diverso, più favorevole»: il Dpr n. 27 dell'11 marzo 2013 – approvato guardacaso dal governo Monti il 15 febbraio, proprio mentre Napolitano era in visita a Obama – che ha modificato le norme di raccordo con il trattato Nato sui militari di un paese che commettano reati in un altro paese. Una toppa frettolosa per rimediare a una gaffe di Angelino Alfano. Questi, nel 2008, da ministro della Giustizia, aveva tentato di salvare il colonnello Romano con lo strumento della rinuncia dell'Italia a processarlo in favore degli Stati Uniti. Ma la richiesta di «rinuncia alla giurisdizione», per legge, andava presentata prima del rinvio a giudizio. Che però era già scattato nel 2007. Insomma Alfano era arrivato con un anno di ritardo, quando ormai non c'era più nulla da fare. Ora il Dpr 27 stabilisce *ex-post*, retroattivamente, che la rinuncia alla giurisdizione su uno straniero imputato (per un reato commesso in Italia ma punibile nel suo paese) può arrivare in qualunque momento del processo. E Napolitano osserva che, se la norma fosse stata in vigore nel 2008, avrebbe consentito a Romano di farsi processare non a Milano, ma negli Usa. Ora però il processo è chiuso. Dunque, per riparare, non rimane che la grazia.

Ma la lettura del Quirinale, secondo Luigi Condorelli Francaviglia, docente di diritto internazionale, è «una castroneria» e «una stupidaggine» bella e buona. E per il professor Giulio Ubertis, docente di diritto penale, «un riferimento non pertinente». Lo scrive lo stesso Napolitano che la nuova legge «opera nei casi di giurisdizione concorrente tra due Stati, non quando la condotta sia reato in uno solo dei due». E non si accorge di darsi la zappa sui piedi poche righe più avanti, quando ricorda che Romano è stato condannato «per fatti commessi sul territorio italiano, ritenuti legittimi in base ai provvedimenti adottati, dopo gli attentati alle Torri Gemelle di New York, dall'allora presidente e dal Congresso americani». E proprio qui casca l'asino del Colle: se la nuova legge vale solo per i reati puniti in entrambi gli Stati («legislazione concorrente») e non in uno solo dei due, il caso Romano è escluso. Perché le *rendition* di presunti terroristi come Abu Omar sono reato in Italia, ma non negli Usa (che le rivendicano come lecite). Quindi, anche se il Dpr 27 fosse stato in vigore nel 2008, non si sarebbe comunque applicato a Romano. Che sarebbe stato processato ugualmente in Italia: perché, per la stessa condotta, negli Usa l'avrebbero subito prosciolto. Anzi, non l'avrebbero neppure perseguito.

Non basta ancora. Il Quirinale scrive che l'Italia condanna e punisce le *rendition* in quanto contrarie al diritto internazionale; e che, con Obama, la politica americana in tema di *rendition* è profondamente cambiata. Il pm milanese Armando Spataro, titolare dell'inchiesta sul caso Abu Omar insieme al collega Ferdinando Pomarici, replica che la seconda affermazione è tutta da dimostrare: anzi, la sopravvivenza del carcere di Guantánamo, con prigionieri rapiti qua e là per il mondo da agenti americani, spesso senza accuse precise, prova esattamente il contrario. Né è dato sapere se le *rendition* proseguano o si siano interrotte. Ma – fa notare Spataro – non è vera neppure la prima affermazione: e cioè che lo stato italiano condanni quelle prassi. Tant'è che «diverse sono state le scelte concrete dei governi italiani per impedire che il nostro processo arrivasse fino in fondo»: i governi Prodi, Berlusconi e Monti hanno sollevato ben «quattro conflitti di attribuzione» dinanzi alla Corte costituzionale (un quinto lo proporrà il governo Letta) contro i giudici di Milano e infine contro la Cassazione, mentre ben «sei ministri della Giustizia [Castelli, Mastella, Scotti, Alfano, Nitto Palma e Cancellieri, *nda*] hanno scelto di non chiedere l'estradizione dei latitanti americani».

Quanto al segreto di Stato opposto dai vari governi italiani, «la fonte di ambiguità non è la normativa», che invece è chiarissima, ma «il controllo politico: il Copasir», che «sotto la presidenza di Rutelli e poi di D'Alema avrebbe dovuto controllare» gli eventuali abusi del governo. Ma non lo fece. Anche perché D'Alema e Rutelli erano vicepremier del secondo governo Prodi che aveva apposto il segreto. «Con quale indipendenza di giudizio?» domanda polemico il magistrato.

L'abuso di potere di Napolitano, manifesto e addirittura confessato, è tutto qui. E prepara la strada a un possibile altro abuso, ancor più macroscopico: la grazia a Berlusconi.

Sir Bis
(2013-2020?)

La prima seduta comune delle due Camere per eleggere il nuovo presidente della Repubblica si avvicina. E fervono i preparativi per issare sul Colle una figura «condivisa», «non divisiva», «di garanzia», come auspicano i giornali dei poteri finanziari, all'unisono con i media berlusconiani. Lo stesso presidente «uscente» Napolitano caldeggia a più riprese – non si sa bene a che titolo – una soluzione concordata con «ampie intese». Già, ma tra chi e chi? Non divisiva rispetto a chi? Di garanzia per chi? La risposta è sempre la stessa: l'unità di misura rimane Silvio Berlusconi, che continua a farla da padrone anche se ha dimezzato i suoi voti e rappresenta meno di un sesto degli italiani.

Le giustificazioni sono già bell'e pronte: l'«unità nazionale» (ma solo fra Pd e Pdl, che totalizzano insieme non più della metà dei votanti e poco più di un terzo degli aventi diritto); e il «modello Ciampi» (che però fu eletto nel 1999 da un parlamento diviso in due blocchi più o meno equivalenti, mentre l'attuale di blocchi ne comprende tre e mezzo).

Il 4 aprile un articolo molto informato di «Libero» racconta che il vero negoziato dell'inciucio passa sull'«asse Letta-Letta»: «Zio Gianni e il nipote Enrico tengono viva la trattativa. Il vice di Bersani guida le colombe Pd vicine a Napolitano e gli azzurri aprono alla sua candidatura a Palazzo Chigi». È il preannuncio di quel che accadrà a fine mese, sbrigata la pratica del Colle. Per il momento, però, a trattare ufficialmente è ancora Bersani, che continua a escludere le larghe intese per il governo, ma le chiede pubblicamente per il Colle. E lo stesso 4 aprile – prendendo in contropiede lo scalpitante Letta jr., l'esuberante Franceschini e lo scatenato Renzi, alfieri del dialogo col Cavaliere fin dalla prima ora – fa sapere che di lì a sette giorni incontrerà personalmente Berlusconi per concordare insieme un «presidente di garanzia».

Toto-presidente (con monito)

Proprio alla vigilia del faccia a faccia Ber-Ber, Napolitano non rinuncia a metterci lo zampino con un'altra plateale, ancorché allusiva, invasione di campo. Lo fa intervenendo l'8 aprile alla commemorazione in Senato del ventennale della morte di Gerardo Chiaromonte, storico esponente della corrente «migliorista» del Pci (la stessa del presidente). E lì parla del passato per influenzare il presente, avventurandosi in arditi parallelismi fra gli anni Settanta e l'attualità. Esalta la scelta di solidarietà nazionale compiuta dal Pci di Enrico Berlinguer e dalla Dc di Aldo Moro «per senso di responsabilità nella grande crisi e nella svolta del 1976», quando «Gerardo fu in prima linea al fianco di Berlinguer nella scelta di una collaborazione di governo con la Democrazia cristiana dopo decenni di netta opposizione». Una scelta che richiese «coraggio», benché «imposta da minacce e prove che si chiamavano inflazione, situazione finanziaria fuori controllo e aggressione terroristica allo Stato come degenerazione ultima dell'estremismo demagogico».

È l'occasione per mandare l'ennesimo messaggio agli odiati 5 Stelle e a chiunque rifiuti di dialogare con il plurimputato Cavaliere: «Certe campagne che si vorrebbero moralizzatrici e in realtà si rivelano, nel loro fanatismo, negatrici e distruttive della politica». Questa, a suo dire, avrebbe più che mai bisogno di «unità nazionale», nobile espressione che nasconde l'inciucio Pd-Pdl da lui perseguito scientificamente da anni e ora indicato come via maestra per il futuro.

Il monito gonfia subito di entusiasmo la stampa berlusconiana, a partire da Giuliano Ferrara, specie per l'attacco ai «fanatici moralizzatori», subito individuati in coloro che chiedono una giustizia eguale per tutti, anche per il Caimano. E pazienza se l'equazione «Moro-Berlinguer uguale Berlusconi-Bersani» fa ridere i polli. Così come sovrapporre due momenti storici tutt'affatto diversi, se non opposti: a metà degli anni Settanta, nel pieno dell'offensiva terroristica, Aldo Moro si pose il problema di includere un partito popolare di massa come il Pci nell'area di governo dopo trent'anni di *conventio ad excludendum* nata dalla guerra fredda; ora invece si vorrebbe mantenere nella stanza dei bottoni un vecchio malvissuto che, da quando vi entrò nel 1994, non ne è mai uscito, essendo stato al governo o nella maggioranza per 11 anni su 19.

Due giorni dopo, Grillo ringrazia ironicamente il presidente per l'accusa di «moralismo distruttivo» e la rivendica: «È vero, il M5S vuole moralizzare la vita pubblica senza cedere a compromessi». Subito dopo, con quarantott'ore di ritardo, arriva la rettifica del Quirinale: «Si rileva che sono del tutto impropri certi commenti all'intervento del capo dello Stato: identificare sbrigativamente come "bersaglio" il M5S è palesemente arbitrario». Chissà mai chi era, allora, il bersaglio.

Dopo l'oracolo di Napolitano per le larghe intese, il Pd abbandona ogni residua velleità di autonomia e si consegna definitivamente al dominio pieno e incontrollato del Quirinale. Che pilota Bersani come una marionetta, gli detta la linea e gli impone ogni mossa. Come quella, appunto, di scegliere il «nuovo» presidente d'intesa con Berlusconi. Il quale, comprensibilmente, non ha altri candidati per il Colle se non Napolitano. Ma la carta per ora rimane coperta, anche perché il presidente «uscente» continua a giurare di non pensarci neppure.

Ricapitolando: appena quaranta giorni prima, gli elettori italiani hanno issato sul podio delle urne tre partiti minoritari, in quest'ordine: Pd, M5S, Pdl. Buonsenso vorrebbe che, non avendo nessuno dei tre partiti la forza per imporre un proprio candidato, il primo tentasse di concordare una figura super partes che vada bene anche al secondo. E, in caso di rifiuto di questo, al terzo. Invece il segretario del primo, cioè Bersani, formalmente ancora premier preincaricato con riserva, ignora totalmente il secondo, il M5S, con cui peraltro continua a fingere di voler dialogare per il suo governo immaginario. E passa direttamente al terzo, cioè al Pdl, cioè a Berlusconi. E lo invita a un tête-à-tête per accordarsi su un nome condiviso da Pd e Pdl, tagliando fuori i 5 Stelle. I quali, piaccia o no, sono gli unici che hanno scelto un metodo trasparente, per quanto ingenuo e limitato, per scegliere il proprio candidato al Colle: la consultazione online tra gli iscritti. Che potrebbe premiare un nome gradito anche agli elettori del Pd. Insomma, un personaggio che garantisca la Costituzione e la legalità. Quindi non Berlusconi. Ma tutti gli italiani.

Invece questa possibilità viene esclusa a priori dal sinedrio del Pd e dai poteri retrostanti. E così, per la prima volta in 67 anni di storia repubblicana, ai tradizionali ingredienti della battaglia per il Quirinale – pugnali, veleni, franchi tiratori e franchissimi traditori, inciuci, lacrime, sangue, merda – se ne aggiunge uno del tutto inedito: a scegliere il nuovo presidente della Repubblica saranno coloro che hanno perso le elezioni per escludere chi le ha vinte.

Patto Ribbentrop-Molotov all'amatriciana

Il vertice Ber-Ber lo organizza tra il lusco e il brusco Denis Verdini, coordinatore nazionale del Pdl, noto soprattutto per la sua collezione di processi (seconda solo a quella del suo capo), in vari abboccamenti con gli sherpa bersaniani, fra i quali spicca il vecchio tesoriere dei Ds Ugo Sposetti. Si decide che i due leader si vedranno in un'anonima stanzetta attigua all'ufficio ancora vacante del presidente della commissione Trasporti della Camera, al quinto piano del palazzo di Montecitorio. Lì, nel tardo pomeriggio del 9 aprile, i due «Ber» si presentano scortati dai rispettivi vice, Enrico Letta e Angelino Alfano. Che però a un certo punto vengono fatti uscire nel corridoio, perché il tête-à-tête non abbia testimoni e nulla trapeli della «rosa» dei candidati al Colle. Ma non servono microspie né palle di vetro per immaginarla, tanto la conoscono tutti a memoria e i giornali la sciorinano da giorni: Marini, Amato e D'Alema in pole position; e nelle retrovie, di riserva, gli outsider Severino, Bonino, Cancellieri, Finocchiaro, Violante, Grasso e – secondo alcuni – pure il fondatore del Censis Giuseppe De Rita.

Mancano due nomi: Prodi e Bersani. Prodi è «divisivo» perché ha sconfitto il Cavaliere due volte (su due) e non ha mai «dialogato» con lui, dunque il Pdl lo vede come il fumo negli occhi. E anche Napolitano e l'establishment del Pd mal lo sopportano: per le stesse identiche ragioni. Bersani invece si è autoescluso, perché ancora s'illude di ottenere dal Quirinale l'incarico pieno e incondizionato per il governo. Non lo avrà mai, per tre motivi.

1) Il no di Bersani alla riconferma di Napolitano gli ha definitivamente inimicato il presidente, che peraltro non l'ha mai amato.

2) L'ascesa di un premier ex comunista a Palazzo Chigi renderebbe quasi impossibile la compresenza di un altro ex comunista al Quirinale.

3) Il presidente sa benissimo che il suo piano per controllare il Colle (direttamente o indirettamente) per altri sette anni si fonda sull'asse di ferro con Berlusconi, che in cambio chiede una sola cosa: un governissimo che lo veda in posizione decisiva e gli consenta di barattare i suoi affari privati con i suoi voti determinanti, allontanando lo spettro dell'irrilevanza a cui sarebbe condannato da un eventuale asse Pd-Sel-5 Stelle.

A prescindere dall'età e dal sesso, che variano da candidato a candidato, il minimo comune denominatore dei nomi proposti dal Pd al Pdl è l'affidabilità agli occhi di Berlusconi, che di tutti ha sperimentato la grande disponibilità nei momenti difficili. Sono perciò esclusi a priori tutti i personaggi della società civile, da Zagrebelsky a Rodotà, pericolosamente sbilanciati dalla parte della legalità e della Costituzione. Ma anche Prodi: che il Pd il Caimano lo considera un «nemico personale», dunque il Pd si impegna a non eleggerlo. Lo farà chiaramente intendere Enrico Letta, uscendo da Montecitorio quella sera: «La chimica è stata buona. Un incontro utile per chiarire i criteri per individuare insieme una rosa di personalità che possa rappresentare l'unità del paese in un momento di grandi divisioni». Come dire: Prodi è fuori e i 5 Stelle non verranno neppure interpellati. Per il resto, Berlusconi ascolta Bersani tutto compiaciuto, ma ancora non scopre le carte del suo candidato preferito. Gli basta e gli avanza la garanzia che al Quirinale seguiterà ad avere un alleato. Ricordate? «Mai un governo di comici e froci.»

Secondo «la Repubblica» Silvio e Pier Luigi avrebbero convenuto sull'esigenza di eleggere un personaggio dotato di «alta professionalità» e «alta tenuta politica», nel senso di capacità di «gestire per sette anni una fase difficilissima per l'Italia», ma anche di esprimere «un certo grado di novità». Tutti requisiti che, letti a posteriori conoscendo il finale della storia, mettono di buonumore.

Per Bersani è comunque un radicale cambio di schema: per il governo continua a sperare nei 5 Stelle, disposto ora – almeno a parole – a «farmi da parte se sono di ostacolo»; per il Quirinale invece parla solo con Berlusconi. Ma giustifica il tutto con la natura «istituzionale», dunque super partes, della presidenza della Repubblica, diversamente da quella «politica» del governo. Che – giura – mai e poi mai riproporrà l'asse Pd-Pdl («Mai più al governo con Berlusconi»). Ma questo è soltanto una foglia di fico. Per tre motivi:

1) Un presidente è «super partes» e «condiviso» quando tutti i soggetti in campo vengono coinvolti per sceglierlo.

2) Se Berlusconi non deve neppure toccare il governo (che può durare anche mezza giornata), a maggior ragione dovrebbe essere tenuto a debita distanza dalla presidenza della Repubblica (che durerà sette anni).

3) Tutti conoscono il segreto di Pulcinella, che rende ridicola la distinzione tra il tavolo per il Quirinale e quello per Palazzo Chigi: sarà il nuovo presidente a decidere la maggioranza del nuovo governo. E, quando se ne conoscerà il nome, sarà subito

chiaro se propizierà lo schema Pd-Sel-5 Stelle o tornerà all'inciucio Pd-Pdl-Centro. Sottoporre una rosa di nomi a Berlusconi, cioè fargli scegliere il più gradito o il meno sgradito, significa consegnargli non solo le chiavi del Quirinale, ma anche quelle di Palazzo Chigi.

Giustizia, profumo d'intesa

Tale è l'entusiasmo del Pdl per l'insperato rientro in partita, che i suoi dirigenti sotterrano improvvisamente l'ascia di guerra, cessano di parlare di elezioni, mettono la sordina a falchi e falchesse e cominciano a lanciare dichiarazioni d'amore al Pd. Berlusconi esalta le virtù civiche di Bersani: «Non è uno della sinistra al caviale: è un piacentino concreto, come noi». E si fa intervistare in esclusiva dal quotidiano un tempo nemico, «la Repubblica», che ogni domenica ospita il verbo di Napolitano con la firma del profeta Scalfari. «Va bene un pd per il Colle, ma solo se si fanno le larghe intese per il governo» dichiara il Cavaliere. Poi aggiunge conciliante di non aspettarsi e di non aver chiesto a Bersani alcun «salvacondotto»: «Per i miei processi mi affido agli integerrimi giudici della Cassazione, che mi hanno sempre assolto. Un giudice a Berlino l'ho sempre trovato». Cicchitto candida Violante al Quirinale, perché «è cambiato» e «può guidare la pacificazione e chiudere togliattianamente una stagione». Quale? Quella dell'«uso politico della giustizia». Magari con una bella grazia o amnistia che salvi Berlusconi dai suoi processi. Il «Corriere» e altri giornaloni spingono perché, fatto trenta, Bersani faccia anche trentuno: cioè rinunci alla sua «ostinata perseveranza» e si metta d'accordo col Pdl anche per il governo, isolando per sempre i 5 Stelle.

Già, i «grillini»: dopo qualche settimana di blandizie, nella speranza che cadessero nella trappola di Bersani, la stampa vicina al Pd ricomincia a massacrarli. Da «buoni» che erano diventati, tornano dietro la lavagna dei cattivi. L'11 aprile, per esempio, basta un tweet della Lombardi («Per quello che ho visto del presidente, penso abbia diritto a godersi la sua vecchiaia e fare il nonno») per scatenare un putiferio di polemiche, urli al vilipendio, addirittura richieste di scuse per la presunta «gaffe»: come se non fosse stato proprio Napolitano a ripetere infinite volte di sentirsi troppo anziano per un secondo settennato. Lo stesso giorno il blog di Grillo annuncia che la campagna elettorale del M5S, a fronte di contributi volontari per 774.208 euro, è costata appena 348.506: il resto sarà devoluto ai terremotati dell'Emilia. Ma a questa notizia la grande stampa dedica qualche minuscolo trafiletto.

Il 12 aprile si riparla dei «saggi» perché, in cinque riunioni al Quirinale nell'arco di dieci giorni, hanno già concluso il loro inutile lavoro, ricopiando alla rinfusa pezzi dei programmi elettorali del Pd e soprattutto del Pdl: riforma costituzionale per trasformare il Senato in un sinedrio di rappresentanti delle regioni, taglio dei parlamentari, premierato forte con maggiori poteri al capo del governo. Quanto all'economia, non si sa bene con quale copertura finanziaria, i presunti esperti chiedono: 1 miliardo per rifinanziare la cassa integrazione, la riduzione delle tasse, la revisione dell'Imu sulla prima casa, la soluzione del dramma degli esodati. E poi ci sono i poveri: un bel problema, signora mia. Segue la riforma, non certo l'abolizione, del finanziamento pubblico ai partiti (è «ineliminabile», ci mancherebbe).

Sulla giustizia, a parte il solito libro dei sogni sui processi più rapidi e la lotta alla corruzione e alle mafie, ricicciano alcuni cavalli di battaglia dei *berluscones*: la legge bavaglio sulle intercettazioni, con nuovi limiti anche al loro uso da parte dei magistrati; la proposta Violante-Pdl per togliere al Csm i processi disciplinari ai magistrati (che verrebbero giudicati da un plotone di esecuzione a maggioranza politica), l'idea geniale e incostituzionale di limitare il diritto di elettorato passivo e la libertà di espressione per le toghe; la follia dell'inappellabilità delle assoluzioni, ma non delle condanne (già bocciata nel 2007 dalla Consulta). Quanto alla prescrizione, Onida vorrebbe rivederne il sistema, ma rimane solo. Così come solitaria è la proposta di

Quagliariello di introdurre l'intimidatoria responsabilità civile personale dei magistrati.

Poco o nulla si dice del Porcellum, visto che anche in materia elettorale i partiti promessi sposi non vanno d'accordo su nulla (proprio nel giorno in cui il nuovo presidente della Consulta, Franco Gallo, sollecita ancora una volta i partiti ad abolire la legge Calderoli, senz'aspettare che la bocci la Corte a fine anno). Napolitano riceve pomposamente al Quirinale i suoi Magnifici Dieci, che portano in dono questi e altri brevi cenni sull'universo (definiti dal presidente dell'Anm Rodolfo Sabelli «insoddisfacenti e conservatori» perché «riformano il giudice anziché la giustizia»). Poi annuncia solenne che consegnerà i preziosi dossier al nuovo inquilino del Colle: «Adesso le parole e le decisioni toccano alle forze politiche e starà al mio successore trarne le conclusioni». Il suo successore: buona questa.

La rielezione? Un «pasticcio ridicolo»

Il 14 aprile l'amico direttore della «Stampa», Mario Calabresi, pubblica una lunga conversazione con Napolitano, che descrive immerso fra «gli scatoloni con le carte e la corrispondenza», mentre «i libri, i tantissimi libri di cui si circonda e che ama annotare e tenere sulla scrivania, sono già partiti verso la prossima destinazione: lo studio a Palazzo Giustiniani, casa dei senatori a vita, dei presidenti emeriti della Repubblica». Insomma «un trasloco definitivo, senza possibilità di ritorno, mentre già escono volumi che tentano un bilancio del settennato». «Eppure – scrive Calabresi – le pressioni si moltiplicano in queste ore per cercare di convincere il capo dello Stato ad accettare un prolungamento, a restare al suo posto ancora per un anno o due. Richieste che vengono risolutamente rispedite al mittente: "Ora ci vuole il coraggio di fare delle scelte, di guardare avanti, sarebbe sbagliato fare marcia indietro".» Ecco: lui è irremovibile.

«Nonostante i faccia a faccia di questa settimana, i partiti non riescono a trovare un nome, a identificare una figura credibile e di garanzia per tutti, che possa sedere al Quirinale per i prossimi sette anni, così si cerca una soluzione di comodo, che l'attuale inquilino però rifugge come "una non soluzione".» Ecco: una non soluzione.

«In un paese in cui nessuno vorrebbe lasciare la poltrona – aggiunge il direttore della "Stampa" – Napolitano invece si ritrae, invita a non attribuire "valenze salvifiche" alla sua persona e anzi vive con ansia, quasi con angustia, le continue pressioni. Pressioni che non accetta, specie se accompagnate da una sorta di richiamo a un dovere morale.» Ecco: si ritrae, niente valenze salvifiche, guai a insistere.

«Il presidente – scrive Calabresi – è certamente grato per tutti i riconoscimenti che gli vengono tributati, ma considera il mandato concluso – "tutto quello che avevo da dare ho dato" ripete – anche perché conosce perfettamente la fatica del ruolo, sente il peso degli sforzi fatti e ricorda che a giugno compirà ottantotto anni.» Come una Lombardi qualsiasi. «C'è poi un'allergia alle "soluzioni pasticciate", a quelle che all'estero definirebbero immediatamente "soluzioni all'italiana", cioè a inventare un prolungamento non previsto dalla Costituzione.» Ecco: niente pasticci all'italiana, che nessuno ci provi, altrimenti dovrà vedersela con lui.

«Non è mai successo nella storia della nostra Repubblica e Napolitano non intende certo rompere la regola, ma i più tenaci non demordono sottolineando che viviamo tempi particolari in cui perfino un papa ha dato le dimissioni in anticipo.» Ma lui niente, tetragono: «È un esempio che non calza per nulla, perché per un papa non esiste scadenza e così nemmeno anticipo», mentre qui – aggiunge Calabresi – «tutto è codificato con chiarezza». Quindi, prosegue il direttore, «siamo arrivati all'ultima domenica al Quirinale per Giorgio Napolitano, il prossimo fine settimana potrebbe essere già stato eletto il suo successore, nel congedo non ci sono rimpianti perché a prevalere è la convinzione di aver fatto tutto il possibile per tenere in piedi il paese: il lavoro dei saggi è stato il tentativo "di dare una conclusione seria" al percorso nel momento in cui ci si è trovati di fronte a un muro». Ecco: innanzitutto serietà.

«Il presidente ha sotto gli occhi il film dell'ultimo mese e resta convinto che i saggi siano "stati l'ultimo contributo possibile", un contributo che "non andrebbe buttato via" perché ha dimostrato che un dialogo è possibile anche tra persone molto diverse tra loro, che "esistono occasioni di collaborazione" che andrebbero colte al volo.» Ecco: non buttare via, ma cogliere al volo il contributo. E soprattutto proteggerlo «da pressioni indebite», perché lui ripete per l'ennesima e ultima volta «di non essere disponibile a soluzioni di comodo apparentemente facili, ma poi confuse e pasticciate». Lui ora torna – rivela Calabresi – «alle aule parlamentari, ai libri, alla musica classica e alla vita privata. È già tutto pronto, tutto è stato ordinato, catalogato e trasferito. Restare o peggio tornare indietro "sarebbe ai limiti del ridicolo"». Ecco: indietro non si torna, sarebbe ridicolo.

E così sono sistemati quanti – soprattutto Scalfari su «Repubblica», ma anche De Bortoli, Ainis e Galli della Loggia sul «Corriere», lo implorano da mesi di restare al Quirinale per altri sette anni, o almeno per due. Insomma di non lasciarli soli. De Bortoli l'ha scritto già il 10 marzo:

> Non piace all'interessato, ma la saggezza e il buon senso, merci ormai rarissime, dovrebbero consigliare ai partiti di rieleggere il 15 aprile Giorgio Napolitano. La prassi non va in questa direzione, ma la Costituzione non lo vieta e quando esclude una rielezione lo dice. Di necessità virtù. La precaria, per non dire peggio, situazione del paese ha maledettamente bisogno di un punto fermo, un riferimento certo, un simbolo della sua unità. Rispettato da tutti. E un voto largamente maggioritario, se non quasi plebiscitario a favore dell'attuale inquilino del Quirinale, avrebbe uno straordinario significato, quasi uno scatto d'orgoglio nazionale, in particolare agli occhi degli osservatori stranieri [...]. Dimostreremmo così tutti insieme di vivere sì una complicata ed eccezionale congiuntura politica, come quella di altri paesi, ma di non avere dubbi sui nostri legami costituzionali e civili, sui valori di fondo della nostra italianità.

Non solo: secondo De Bortoli

> Napolitano, il cui prestigio internazionale è elevatissimo, potrebbe così concludere il suo tentativo di dare un governo al paese, nella pienezza dei poteri, anche di quello di scioglimento delle Camere. Un nuovo capo dello Stato che, appena eletto, mandasse a casa il parlamento che lo ha votato apparirebbe presto delegittimato, l'uscente no. Certo, l'età di Napolitano è avanzata (ottantasette anni). Un mandato a tempo non è possibile. Sarà il presidente rieletto a decidere, quando verrà il momento, anche dopo pochi mesi, di dimettersi lasciando a parlamentari e delegati l'onere di una scelta autorevole – e più giovane – ma soprattutto non condizionata da altri convulsi passaggi istituzionali.

Ma lo stesso giorno il portavoce Cascella ha impietosamente stroncato le speranze debortoliane con un tweet tranchant: «Una regola di rispetto della persona e dell'istituzione consiglierebbe di considerare la questione chiusa». Seguiva un link che rinviava alla nota del 21 febbraio, dal titolo «Il presidente Napolitano non ritiene ipotizzabile una riproposizione del suo nome per la presidenza della Repubblica». Svolgimento:

> Il presidente Napolitano ha da tempo pubblicamente indicato le ragioni istituzionali e personali per cui non ritiene sia ipotizzabile una riproposizione del suo nome per la presidenza della Repubblica. Egli apprezza e ringrazia, nel loro significato di espressione di fiducia nei suoi confronti, dichiarazioni di varie personalità a favore di una sua eventuale ricandidatura. Ma al parlamento in seduta comune con i rappresentanti delle Regioni spetterà eleggere un nuovo presidente della Repubblica, e rispetto a ciò ogni ipotesi appare oggi prematura. Dal canto suo, il presidente Napolitano non può che confermare le posizioni già espresse nel modo più limpido e netto.

Discorso chiuso, dunque. Il 24 marzo ci ha riprovato Giampaolo Pansa, su «Libero»: *Napolitano resti sul Colle più alto.* L'indomani – rivelerà il giornalista dopo la rielezione di Re

Giorgio – gli è giunta la risposta scritta («riservata personale») del presidente:

> Onestamente i miei sforzi sono giunti al limite. Farò ancora per il paese quel che potrò, una volta compiuti gli ottantotto anni e trasferitomi in Senato. Ma non possiamo proclamare un'altra anomalia italiana. E cioè l'impossibilità, per mancanza di ulteriori «riserve della Repubblica» o di persone idonee al compito, di garantire il fisiologico succedersi di un nuovo presidente a chi abbia concluso il suo peraltro lungo mandato.

Il 31 marzo si è fatto avanti Ernesto Galli della Loggia, con la penna intinta nella saliva:

> L'Italia comincia ad avere paura, sì, paura. Nel marasma generale essa avverte tuttavia che la presidenza della Repubblica è rimasta ormai la sola sede possibile di identificazione della compagine nazionale, la sola fonte autorevole di decisioni libere e disinteressate per quanto possono esserlo decisioni umane. Tutto ciò si deve a Giorgio Napolitano. Possiamo allora chiedere sottovoce: perché rinunciare a un simile presidente?

La domanda è rimasta sospesa nel vuoto: nemmeno un tweet di Cascella a rispondere. L'ultimo a provarci, prima della visita di Calabresi, è stato Scalfari. Che lo rivela la stessa domenica 14 aprile, affranto per la missione fallita. Anche lui – racconta – si è recato in pellegrinaggio sul Colle un paio di giorni prima della consegna del fondamentale *opus magnum* dei saggi, perché modestamente «ci conosciamo da molti anni e siamo da tempo legati da sentimenti di amicizia». In quell'occasione, confessa,

> ho ancora una volta tentato di fargli cambiare opinione su una eventuale *prorogatio* del suo mandato, ma mi ha elencato molte e solide ragioni per le quali riteneva impossibile accettarla: avrebbe profondamente turbato l'ordinamento costituzionale senza pro-

> durre alcun concreto vantaggio per uscire dallo stallo. Le sue motivazioni mi hanno convinto e tuttavia non sarà facile riempire il vuoto che la scadenza del suo settennato lascerà.

Già, perché Napolitano «è stato fra i pochissimi presidenti della nostra Repubblica a essere stato, dal momento della sua elezione, rigorosamente super partes». Non resta che augurarsi che «il successore proceda nel segno della continuità». E qui Scalfari traccia un identikit del nuovo presidente che ha tutta l'aria di essere stato discusso con quello «uscente»: «Non serve un notaio al Quirinale, ma un uomo di garanzia e di equilibrio. Ce n'è più d'uno che possiede questi requisiti e una biografia che li documenta. Ce ne sono in particolare tra i membri della Corte costituzionale...». Chi sarà mai?

Cassese, il favorito del Re

Scalfari vi ha già alluso la domenica precedente, il 7 aprile: «L'identikit ideale per il Quirinale oscilla tra le figure di Einaudi, Pertini, Ciampi, Napolitano. Io un nome in testa ce l'avrei, ma non ho alcun titolo per proporlo, e quindi non lo dico». Anziché svelare finalmente il fatidico nome, il Fondatore si lancia in una delle sue azzeccatissime previsioni: «Un governissimo è impossibile» e comunque «non potrà essere guidato da un dirigente di partito» (naturalmente, nel giro di due settimane, nascerà il governissimo guidato dal vicesegretario del Pd Enrico Letta). Ma il 16 aprile, mentre il parlamento comincia a votare per il nuovo presidente, «la Repubblica» aggiunge altre tessere al mosaico: «Si parla a bassa voce di un nome molto autorevole e stimato, un giudice della Corte costituzionale attualmente in carica. Dal profilo bipartisan e senza precedenti parlamentari, ma con esperienza politica». E chi è che ne parla a bassa voce, e con chi? Napolitano, con il suo cerchio magico di consiglieri politico-giornalistici. Non vuole bruciarlo, ma lo fa lanciare con mosse felpate dai giornali amici perché è il suo candidato prediletto alla successione. L'unico che gli farebbe lasciare il Colle senza soverchi rimpianti. Un suo clone, che gli consentirebbe di continuare a influenzare il Quirinale e la politica per interposta persona.

A svelare l'arcano, il giorno 17, è «Il Foglio» di Giuliano Ferrara (anche lui molto vicino a Napolitano: se non quanto Scalfari, quasi). Si tratta del giurista Sabino Cassese, settantotto anni, giudice costituzionale dal 2005 su nomina di Ciampi, dopo aver fatto il ministro tecnico del suo governo e aver ricoperto incarichi nel mondo finanziario che conta (Autostrade Spa, Lottomatica, Assicurazioni Generali, Cassa di Risparmio di Calabria e Lucania, Banco di Sicilia), ora fedelissimo del presidente della Repubblica «uscente». «Il Foglio» lo descrive «autorevole, dialogante, ottimo amico di Napolitano», apprezzato dagli ambienti berlusconiani per non aver mai firmato «appelli militanti», insomma «non è né un Rodotà né uno Zagrebelsky». E poi vuole cambiare la Costituzione sulla forma di governo e sulla giustizia, contro il presunto «modo corporativo di assicurare l'indipendenza della magistratura attraverso l'autogoverno» del Csm. Insomma, «il giurista giusto».

Rodotà, il non-saggio delle Quirinarie

A sparigliare le carte irrompono le «Quirinarie» online del MoVimento 5 Stelle, aperte alle 48.000 persone che risultavano iscritte al 31 dicembre 2012. Al primo turno i dieci nomi più votati sono, in ordine alfabetico: Emma Bonino, Gian Carlo Caselli, Dario Fo, Milena Gabanelli, Beppe Grillo, Ferdinando Imposimato, Romano Prodi, Stefano Rodotà, Gino Strada, Gustavo Zagrebelsky. Grillo si tira subito fuori, in vista del secondo e ultimo round. Ma la presenza di tre nomi forti molto graditi dall'elettorato di centrosinistra e molto detestati da Berlusconi – Prodi, Rodotà e Zagrebelsky – semina il panico tanto nel Pd quanto nel Pdl, perché rischia di guastare l'inciucio appena rinato. Tantopiù che il guru dei 5 Stelle, Gianroberto Casaleggio, dichiara: «Il presidente della Repubblica dev'essere super partes, possibilmente non politico e rappresentare tutti gli italiani. Ma se il MoVimento dovesse scegliere Prodi voteremo lui».

La reazione del Caimano arriva il 13 aprile, dalla piazza di Bari: «O ci fanno entrare nel nuovo governo ed escludono Prodi dalla corsa al Quirinale, roba da emigrare all'estero, oppure si torna a votare e mi candido a premier». Naturalmente il ricatto funziona. Anche perché, tanto per cambiare, il Pd è spaccato. Renzi, che punta dritto a nuove elezioni per candidarsi subito a premier e ha appena incontrato a Firenze l'ex nemico D'Alema, invita Bersani a non perdere altro tempo con il «governo del cambiamento» dopo l'«umiliazione» subita dagli «arroganti 5 Stelle». Bersani gli dà dell'«indecente». Per tutta risposta, il Rottamatore fulmina due dei candidati piddini in pole position: Marini e Finocchiaro. Il primo «è già stato bocciato dagli elettori d'Abruzzo». La seconda s'è fatta beccare «a fare la spesa all'Ikea con la scorta» (ha pure il marito imputato per truffa e abuso, ma questo Renzi non lo dice). Replica la Finocchiaro: «Miserabile». Renzi incontra anche Berlusconi, a Parma, in una serata dedicata al centenario della nascita di Pietro Barilla.

Il 16 aprile, vigilia della prima votazione per le presidenziali, arriva la classifica finale dei nove candidati a 5 Stelle. In ordine di consensi: Gabanelli, Strada, Rodotà, Zagrebelsky, Imposimato, Bonino, Caselli, Prodi e Fo. I primi due si riservano di dare una risposta, ma è quasi scontato che rinunceranno. Dunque il candidato ufficiale di M5S sarà Stefano Rodotà: ottant'anni, insigne giurista, nome storico della sinistra, già parlamentare con gli Indipendenti di sinistra, poi presidente del Pds, animatore del movimento per i Beni Comuni fra i promotori del referendum del 2010 sull'acqua pubblica appoggiato anche da Grillo, da Di Pietro e dai partiti di sinistra (non invece dal Pd, che si è semplicemente aggregato al carro a vittoria acquisita). Grillo è a Zoppola, in quel di Pordenone, per il tour elettorale delle amministrative. In un video tutto traballante girato nel suo camper, si appella a Bersani «senza ironie e senza battute»: «Ci pensi, potrebbe essere veramente l'inizio di una collaborazione, chissà. Cominciamo dalla Gabanelli. Magari troviamo una convergenza. Seriamente. Potrebbe essere un punto d'incontro. Se non con lei, con i giovani del Pd. Votiamo insieme la Gabanelli, date questo segnale e dichiariamo decaduto Berlusconi per la legge del 1957, poi vediamo». Cioè: con un presidente della Repubblica eletto insieme, fare un governo Pd-M5S diventerà possibile.

«Noi – spiega l'ex comico al "Fatto" – abbiamo alcune proposte come l'anticorruzione, la legge sul conflitto d'interessi e quella per l'ineleggibilità della Salma [Berlusconi, *nda*]. Bersani si prenda le sue responsabilità, sarebbe il primo passo per governare insieme.» È la prima vera apertura del capo del M5S al Pd per un governo sostenuto da entrambe le forze. Ma nessun dirigente del Pd lo degna della benché minima risposta.

L'immediato «contagio» dell'operazione Rodotà For President nella base del Pd allarma tanto Bersani quanto Berlusconi. Che infatti si telefonano subito e stipulano quello che il Cavaliere definisce con i suoi «un accordo di ferro»: insomma «la fase tattica è finita, con Bersani ormai è fatta». I due – rivela il «Corriere» – «si sentono ormai assiduamente e non hanno più bisogno di intermediari». L'accordo è benedetto da Napolitano che, tra un bagaglio e l'altro, non rinuncia a mettere lo zampino nelle trattative per la sua successione. Lo fa attraverso la corte dei fedelissimi. Che, dopo Cassese, lanciano un altro clone di Re Giorgio: Giuliano Amato. E subito su Amato convergono Bersani e Berlusconi nella loro telefonata quotidiana del giorno 16. Scrive il «Corriere» l'indomani:

> A fare il nome di Amato, come il candidato più idoneo, sono Rino Formica [ex Psi, *nda*] ed Emanuele Macaluso in una lettera al direttore del «Foglio» Giuliano Ferrara. Entrambi fanno parte dell'inner circle di Napolitano [...]. Amato piace al centrodestra, trova consensi anche nel centrosinistra [...] e incontra il gradimento di Berlusconi, che è in piena sintonia con Napolitano, da tempo sponsor dell'esponente socialista. Ma se il patto Pd-Pdl dovesse saltare, l'inquilino del Colle avrebbe un candidato

> che vedrebbe di buon occhio come suo successore [...]. Non c'è dubbio che il giudice costituzionale Sabino Cassese incontra i buoni uffici del capo dello Stato uscente, ed è il nome su cui Bersani potrebbe evitare di venire travolto da Grillo, che ieri pronto ha iniziato la manovra di accerchiamento al Pd e gli ha di fatto proposto un accordo su Rodotà. Con Cassese, Bersani si precostituirebbe un'exit strategy, ecco perché ne ha fatto cenno l'altra sera a Monti.

Berlusconi storce il naso, perché Cassese alla Consulta s'è schierato contro il lodo Alfano. Meglio Amato, o magari D'Alema. Ma Gianni Letta sta cercando di persuaderlo ad assecondare il capo dello Stato, con il decisivo argomento che Cassese «si è mosso sempre d'intesa con il presidente della Repubblica». Lo stesso giorno «la Repubblica» spara in prima pagina i due candidati del presidente: *Colle, in lizza Cassese e Amato.*

Mercoledì 17, come previsto, Gabanelli e Strada rinunciano. Grillo lancia ufficialmente Rodotà: «Il Pd lo voti con noi, metterà d'accordo tutti». Ma a nessuno sfugge il nome di Prodi nella lista dei preferiti dai «grillini», sia pure al penultimo posto. È un'ottima carta di riserva, se Rodotà non ce la dovesse fare. Se il Pd – di cui il Prof è il fondatore – lo candidasse e chiedesse i voti ai 5 Stelle, li metterebbe in forte imbarazzo: forse addirittura li spaccherebbe nel segreto dell'urna, come già avvenuto per l'elezione di Grasso. E dopo il quarto scrutinio, quando basterà la maggioranza semplice dei grandi elettori, il padre dell'Ulivo potrebbe salire al Quirinale con i voti del suo partito e di una parte del M5S. Esattamente come potrebbe accadere se il Pd, ascoltando la base, optasse per Rodotà.

Ma Berlusconi già sa di poter contare su un buon numero di franchi tiratori di sua stretta obbedienza tra le file del Pd, pronti a intervenire al segnale convenuto per affossare Prodi e, a maggior ragione, Rodotà. Lo dice lui stesso in una frase attribuitagli dal suo «Giornale» e sfuggita ai più, ancora ignari di ciò che accadrà di lì a due giorni: «Nel segreto del voto può accadere di tutto».

Marini, il nuovo che avanza

Il 17 aprile Bersani incontra il Cavaliere all'ora di pranzo nel quartiere Testaccio, in casa di Enrico Letta, ciambellano piddino dell'inciucio così come lo è lo zio Gianni nel Pdl. Ad attendere il Cavaliere, che giunge a bordo di una Subaru, ci sono anche Migliavacca, Errani e Franceschini. Il segretario del Pd gli presenta l'ultima terna, quella decisiva: «La nostra rosa è questa: Sergio Mattarella, Giuliano Amato e Franco Marini. Ora dovete scegliere». Come previsto, decide Berlusconi. Il segretario cerca di convincerlo su Mattarella, che però paga la provenienza dalla sinistra Dc e le dimissioni date nel lontano 1990 dal governo Andreotti per protesta contro la legge Mammì scritta su misura della Fininvest. Il preferito da Berlusconi è Amato, che però viene scartato perché rischia di spaccare il Pd, di non ottenere i voti della Lega e di Vendola, insomma di non passare al primo turno e di rimettere in pista Prodi o Rodotà.

La seconda scelta del Cavaliere è D'Alema: ha appena invocato una riforma della magistratura contro «gli arroccamenti antistorici dei giudici» ed è ritenuto in grado di compattare tutto il centrosinistra. Ma i consiglieri di Berlusconi fanno notare che non piace alla base Pdl. Meglio l'«usato sicuro» Marini: ottant'anni, abruzzese, ex segretario della Cisl, parlamentare dal 1992 con la Dc, poi con il Ppi, poi con la Margherita, infine con il Pd, già presidente del Senato. Ha pure avuto i suoi guai giudiziari (finiti nel nulla nel 1992 grazie al salvataggio del parlamento, che negò l'autorizzazione a procedere chiesta dalla Procura di Roma nei suoi confronti per concussione). E questo, agli occhi del Caimano, fa curriculum: «Sa bene come funziona la magistratura in Italia». Ma soprattutto Marini s'è battuto come un leone nel 1997-98, da leader del Ppi, per salvare prima Previti e poi Dell'Utri dall'arresto. Il Cavaliere lo va a trovare nella sua casa ai Parioli per sapere dalla sua viva voce che governo abbia in mente. La risposta del vecchio «lupo marsicano» è quasi scontata: governo del presidente, larghe intese, niente dialogo con

Grillo. Secondo «la Repubblica», i due si accordano addirittura sul nome del futuro premier: Enrico Letta.

Oltre che del Pdl, Marini ha il gradimento di Lega e Scelta civica. Ora tocca a Bersani convincere i 495 grandi elettori Pd-Sel, riuniti al teatro Capranica nell'assemblea serale, a votare un candidato così giurassico nel parlamento più giovane della storia repubblicana. Il segretario ha ottenuto da Berlusconi di essere il primo ad annunciare il nome di Marini, come se fosse farina del suo sacco: il Cavaliere riunirà il suo gruppo solo dopo l'inizio del raduno piddino. Ma ci vuol altro che questa foglia di fico per convincere i grandi elettori. Infatti il Pd si spacca in mille pezzi. Discute fino a notte inoltrata e alla fine la candidatura Marini viene messa ai voti: 222 Sì, 90 No, 21 astenuti. Se, nel segreto dell'urna, ne mancasse qualcun altro, Marini non otterrebbe la maggioranza qualificata dei due terzi dell'assemblea (672 voti su 1007) richiesta nei primi tre scrutini. Votano a suo favore gli uomini di Bersani, D'Alema, Franceschini, Fioroni, oltre a Fassina e a Epifani. Votano contro renziani, prodiani, bindiani, veltroniani e i «giovani turchi» dalemiani (Orfini & C.) sempre più distanti da Bersani; oltre alla pattuglia di Sel.

«Marini è un dispetto all'Italia, meglio Rodotà» tuona Renzi. «Fra Marini e Rodotà scelgo Rodotà», dice Orfini. Laura Puppato, Civati e Vendola si associano. Si astiene persino Alessandra Moretti, la portavoce di Bersani. Fassina dà un saggio del suo proverbiale acume: «Mio cognato lavora alle Poste e non sa chi sia Rodotà». Grillo, dal web, tuona e fulmina: «Marini è un ex tutto, è il suicidio del Pd, serve a salvare il culo a qualcuno». Fuori dal teatro Capranica i militanti, richiamati dalle prime indiscrezioni uscite in tv e sul web, ma anche dai lamenti dei grandi elettori dissenzienti sui social network, si riversano in piazza e assediano i grandi elettori, urlando «traditori» e altri epiteti irriferibili. Hanno capito benissimo che Marini vuol dire larghe intese, cioè resa senza condizioni a Berlusconi.

Napolitano ostenta estraneità e indifferenza. Il suo portavoce fa sapere che ha ricevuto la telefonata di commiato di Barack Obama, il quale ha voluto anche ringraziarlo per la grazia al colonnello latitante Joseph Romano. I suoi consiglieri confidano al quirinalista del «Corriere», Marzio Breda, che il presidente è «stanco ma sereno come uno che si sente libero e sta già staccando mentalmente la spina da un incarico che, specie negli ultimi tempi, s'è rivelato estenuante». Addirittura ha «visitato tre volte» il suo nuovo ufficio a Palazzo Giustiniani, che già fu di Scalfaro, per rimuovere alcuni quadri e portarvi qualche arredo, in attesa di partire per una vacanza di dieci giorni a Capri, per poi tornare in parlamento da senatore a vita e impegnarsi nella commissione Esteri. In realtà mantiene le antenne ben dritte su quanto accade nel suo partito (la balcanizzazione delle correnti e il tutti contro tutti giocano a suo favore). Ma anche nel Pdl, se è vero quel che rivela il «Corriere»: e cioè che Berlusconi lo tiene costantemente informato delle trattative, al punto da fargli recapitare in copia la lista dei suoi candidati preferiti (Marini, Amato, D'Alema) consegnata a Bersani.

Giovedì 18 aprile, al mattino, c'è la prima votazione a Montecitorio. Se tutti quelli che gli hanno garantito l'appoggio (la maggioranza del Pd, il Pdl, Scelta civica, la Lega e qualche lista minore) fossero di parola, Marini otterrebbe 739 voti su 1007, più del quorum dei due terzi (672), dunque verrebbe eletto subito presidente della Repubblica. L'astuto Bersani si fa fotografare nell'emiciclo abbracciato ad Alfano. Sembra fatta. Invece, alla conta delle ore 14, al «lupo marsicano» mancano 218 schede: ne raccoglie appena 521 su 999 votanti. Il secondo classificato è Rodotà (240 contro i 208 annunciati da M5S e Sel). Il terzo è il renziano Sergio Chiamparino, presidente della fondazione bancaria Compagnia di San Paolo (41). Il quarto Prodi (14), seguito da Bonino (13), D'Alema (12), Napolitano (10), Finocchiaro (7), Cancellieri e Monti (2 a testa), più 18 dispersi (c'è anche il conte Raffaello Mascetti, quello della supercazzola di *Amici miei*).

È chiaro che i 218 franchi tiratori sono quasi tutti del Pd. Che nel pomeriggio, per evitare un'altra mattanza, al secondo scrutinio opta per la scheda bianca, imitato da Pdl e Scelta civica. Alla fine le bianche saranno 418 su 948 votanti: primo Rodotà a quota 230, davanti a Chiamparino (90), D'Alema (38), Marini e Alessandra Mussolini (15 a testa), Prodi (13), Bonino (10), più 41 voti dispersi (fra cui quello per il pornodivo Rocco Siffredi) e 14 schede nulle.

Rodotà: perché no?

Il Pd è in frantumi, Bersani minaccia le dimissioni, ma è trattenuto dalla cerchia dei suoi fedelissimi (il cosiddetto «tortello magico» formato da Gotor, Migliavacca, Errani, Zoggia e Di Traglia). Marini non molla e chiede al segretario di insistere sul suo nome almeno fino alla quarta votazione. Ma la base si ribella: chi brucia la tessera, chi occupa le sezioni al grido di «Occupy Pd», «Niente inciuci», «Rodotà Rodotà».

Le larghe intese sono a rischio. Grillo, sempre in tour per il Friuli, tiene duro su Rodotà. Ma fra i 5 Stelle c'è chi attende un segnale dal Pd per convergere su Prodi, magari in cambio della promessa di un governo Rodotà. Bersani però quel nome non lo pronuncia nemmeno: Berlusconi scatenerebbe la guerra termonucleare. E poi Napolitano non vuole. Per motivi politici: Rodotà manderebbe in frantumi le larghe intese. E per motivi personali: fra il presidente e il giurista c'è una vecchia ruggine che risale al 1991, quando Rodotà, all'epoca presidente del Pds, osò apporre la sua prefazione al libro *Milano degli scandali* di Gianni Barbacetto ed Elio Veltri (Laterza), che anticipava le indagini di Mani pulite sulla Tangentopoli trasversale Dc-Psi-Pds nella «Milano da bere». Per quel peccato mortale, fu *ipso facto* deferito ai probiviri del suo stesso partito su richiesta di tre «miglioristi» fedelissimi di Napolitano – Gianni Cervetti e i fratelli Gianpiero e Gianfranco Borghini – essendo venuto meno al dovere di omertà verso i compagni che rubavano. Non a caso – come abbiamo detto – la corrente migliorista milanese, la più filocraxiana d'Italia, era ribattezzata «pigliorista» per le mirabili arti prensili di alcuni suoi affiliati. Il «processo» a Rodotà fu poi – per così dire – superato dagli eventi: qualche mese dopo, quando fu esaminata la sua posizione, i protagonisti del libro erano quasi tutti in galera e certi *viri* si erano rivelati tutt'altro che *probi.* Ma il reprobo fu comunque punito come meritava: candidato del Pds a presidente della Camera, fu battuto proprio da Napolitano, nemico giurato della «questione morale».

Il falò delle impunità

Di Napolitano, nel primo giorno di elezioni presidenziali, nessuno parla. Almeno nei palazzi della politica. Ma al Palazzaccio della Cassazione c'è chi veglia su di lui. Proprio il 18 aprile la VI sezione penale respinge l'ultimo ricorso dei difensori di Massimo Ciancimino contro l'ordine del gip di Palermo di distruggere le bobine con le quattro telefonate Napolitano-Mancino. «Nessuno – sostiene il pg – può seriamente dubitare che la distruzione delle intercettazioni non determini alcuna regressione, tantomeno indebita, del processo a carico del Ciancimino, e che la sequenza processuale risulti assolutamente inalterata.» E i giudici supremi gli danno ragione. A questo punto, spiega il presidente dei gip di Palermo Cesare Vincenti, «attenderemo il deposito delle motivazioni della Cassazione per stabilire la data della distruzione». Il che potrebbe richiedere un altro paio di mesi. Ma, come vedremo, le cose non andranno così.

La stessa VI sezione dovrebbe finalmente sbloccare i processi Ruby, Mediaset e Unipol (telefonata Fassino-Consorte), decidendo sull'istanza di rimessione avanzata da Berlusconi per traslocare i suoi processi da Milano a Brescia. Invece dispone l'ennesimo rinvio perché gli avvocati del Cavaliere, Ghedini e Longo, hanno opposto un legittimo impedimento, in quanto impegnati in parlamento a eleggere il nuovo capo dello Stato. Impedimento accolto per via dell'«eccezionale indifferibile funzione istituzionale che i difensori stessi sono chiamati ad assolvere». La moratoria processuale invocata dal Colle per l'imputato speciale continua.

La scarica dei 101

Archiviato Marini e scartato a priori Rodotà, Bersani prova a tenere unito il partito attorno al candidato di Napolitano: Cassese. Ma quando telefona a Berlusconi nella notte tra il 18 e il 19 aprile, quello lo boccia. Perché eleggere un clone di Napolitano, quando il caos nel Pd rende possibile la conferma dell'originale? Niente da fare neppure per il cavallo di ritorno Mattarella. Anche perché intanto – come rivelerà, mai smentito, il quotidiano «la Repubblica» – D'Alema ha incontrato in gran segreto il Cavaliere. E gli ha strappato un mezzo sì, ma solo a patto che stavolta il Pd lo voti compatto. E così non è. I renziani, dopo l'incontro fra Max e Matteo, potrebbero appoggiarlo in cambio delle elezioni anticipate con il sindaco di Firenze candidato premier. Ma i prodiani, molti giovani neoeletti e Sel dicono no. Bersani si consulta con i suoi, poi richiama il Caimano: dopo la disfatta di Marini, la maggioranza del Pd vuole Prodi, anche per frenare l'ira della base che di inciuci non vuole neppure sentire parlare. Il Professore è a Bamako, nel Mali, in missione per conto dell'Onu. Bersani lo chiama nella notte per comunicargli la notizia. Lui, scettico sul suo (ex?) partito, chiede di verificare bene i numeri, possibilmente a scrutinio segreto. Berlusconi urla al tradimento, ma senza farsi troppo sentire: sotto sotto ridacchia e aspetta sulla riva del fiume il passaggio del secondo cadavere.

Venerdì 19 aprile, alle 8.15 del mattino, nuova assemblea dei grandi elettori al cinema Capranica. Bersani propone di votare Prodi al quarto scrutinio. E subito in sala si alza una selva di mani e un coro di ovazioni. Molti grandi elettori salgono in piedi sulle poltroncine rosse. Nessun dissenso. Alcuni chiedono di votare, ma gli applausi li sovrastano. E Bersani taglia corto: «Prodi approvato per acclamazione». Che strano: solo quattro giorni prima il «Corriere» rivelava che 120 parlamentari del Pd erano pronti a firmare un documento anti-Prodi. Il che spiega perché il Professore avesse chiesto a Bersani il voto segreto.

Il governatore ligure Claudio Burlando lo chiama: «Il partito è compatto su di te». Ritelefona anche Bersani: «C'è stata la *standing ovation*, mi han detto che non c'era bisogno del voto segreto». Il Prof chiede conferma ai fedelissimi Arturo Parisi e Sandra Zampa: è proprio così. Poi chiama Napolitano, Marini, Rodotà e D'Alema. Quest'ultimo è freddino: «Va bene, ma decisioni così importanti andrebbero prese coinvolgendo i massimi dirigenti del partito». D'Alema dirà che intendeva criticare la pericolosa improvvisazione nella gestione della sua candidatura da parte di Bersani, e che avrebbe preferito la scheda bianca anche nel quarto scrutinio per raccogliere più consensi in vista del quinto. Sta di fatto che il gelo di Max induce Prodi a cattivi pensieri. Subito dopo, infatti, chiama la moglie Flavia, a Bologna: «Vai pure alla tua riunione tranquilla, tanto presidente della Repubblica non lo divento di sicuro».

E Rodotà? Invita a casa sua i capigruppo di M5S di prima mattina e, con un comunicato, li lascia liberi di decidere se cambiare candidato, casomai volessero puntare su Prodi e qualcuno lo chiedesse loro (ipotetica del terzo tipo). A quel punto lo chiama il Professore: «Mi spiace che ci troviamo in conflitto per il Quirinale». E lui: «Nessun conflitto, Romano: non posso spostare voti. Ma, se i 5 Stelle vogliono votare per te, io mi ritiro volentieri».

Prodi viene chiamato anche da Monti, che vuole sapere che farebbe da presidente: larghe intese sì o no? Il premier uscente le caldeggia: fino al punto – secondo Sandra Zampa – di far balenare i suoi voti al Prof in cambio della riconferma a Palazzo Chigi. Ma il *niet* di Prodi, bipolarista non pentito, chiude il discorso.

Intanto, alle 10, a Montecitorio inizia il terzo scrutinio. Il Pd decide di mandarlo a vuoto, essendo l'ultimo con maggioranza qualificata. Anche Pdl, Scelta civica e Lega votano scheda bianca, per non scoprire le loro carte. Risultato: 949 votanti, 465 bianche, 250 Rodotà, 34 D'Alema, 22 Prodi, 12 Napolitano, 9 Cancellieri e così via.

Prodi viene lanciato al quarto scrutinio, nel pomeriggio, quando ormai basta il 50 per cento più uno (cioè 504 schede su 1007). Pd e Sel di voti ne hanno solo 496 e al Professore ne occorrono almeno un'altra decina, sempreché nessuno tradisca.

Dopo quel che è accaduto a Marini, per mettere in sicurezza la candidatura, bisognerebbe prepararla bene, con un'opera di persuasione verso Scelta civica e M5S. Per esempio, chiedendo pubblicamente i loro voti. Invece Bersani continua a comportarsi come se avesse vinto le elezioni e possedesse una maggioranza schiacciante, convinto che i voti in più arriveranno per grazia dello Spirito Santo. L'ha detto ai suoi, con l'aria del grande stratega: «Al quarto scrutinio dimostriamo che ci siamo, poi domani al quinto eleggiamo Prodi con i 15 voti che mancano e che dai 5 Stelle, vedrete, arriveranno». «Ma non è escluso – filosofeggia il suo fido consigliere, lo storico-onorevole Miguel Gotor, poco prima della votazione – che quei 15 voti arrivino subito e che ce la si faccia già oggi». Peccato che quei voti non li abbia chiesti nessuno a nessuno. Il giovane turco Andrea Orlando ha fatto ancor meglio i conti: «A Prodi mancano solo due voti per farcela». Le ultime parole famose. Risultato: Monti, spaventato dall'equazione «Prodi uguale no larghe intese», lancia la Cancellieri. E Grillo e i 5 Stelle, totalmente ignorati (a parte un'inutile telefonata di Zanda a Crimi: «Voi chi votate?»), tengono il punto su Rodotà.

Il Pdl non partecipa al voto ed esce dall'aula, come pure la Lega. Berlusconi già sa come andrà a finire e vuole lasciare soli i fratelli coltelli del centrosinistra, per rendere ancor più evidente lo scannatoio fratricida. Alle 18.56 Laura Boldrini legge, con la solita voce da segreteria telefonica inceppata, i risultati. Prodi ha soltanto 395 voti su 732, cioè 101 in meno della somma Pd-Sel. Rodotà ne prende 213, ovvero 51 in più di quelli dei 5 Stelle (e i 51 vengono tutti dal Pd, visto che il centrodestra non ha votato). La Cancellieri ne totalizza 78: nove in più di quelli di Scelta civica, anch'essi tutti targati Pd. Seguono D'Alema con 15, «altri» con 12 e 15 schede bianche.

Dunque almeno 101 grandi elettori di centrosinistra (ma c'è chi giura che siano almeno 120, visto che una trentina fra grillini e montian-casiniani hanno votato Prodi di nascosto) hanno impiegato meno di sette ore a rimangiarsi l'acclamazione del mattino e a mettersi al servizio di Berlusconi (e di Napolitano).

Votando Rodotà (51), Cancellieri (9), D'Alema (15), Marini (3), Napolitano (2), Fioroni (1), Veltroni (1), «Massimo Prodi» (1), «Vittorio Prodi» (1), Andreotti (1), Migliavacca (1) e scheda bianca (15). E i franchi traditori sono tutti inequivocabilmente targati Pd: i parlamentari di Sel hanno reso riconoscibile il loro voto scrivendo «R. Prodi» (dicitura che ha raccolto 2 voti in più dei parlamentari vendoliani).

Bersani, alla lettura del risultato, è già fuggito da Montecitorio, come se presentisse qualcosa. E da quel momento si è reso irreperibile: «Il segretario del Pd – scrive lapidaria Concita De Gregorio su "Repubblica" – ha non vinto le elezioni, non formato un governo con un non incarico e non fatto eleggere due candidati al Colle». Una prece.

Renzi, subito rientrato a Firenze dopo una giornata a Roma, è il più lesto a seppellire il Professore: «La candidatura di Prodi non c'è più». Anche per lui, che pure ha sostenuto l'ex premier, non tutto il male viene per nuocere: Bersani, che l'aveva battuto alle primarie, è fuori per sempre.

Verso le 21 Prodi annuncia gelido dal Mali il suo ritiro dalla corsa e dal partito che ha fondato:

> Oggi mi è stato offerto un compito che molto mi onorava anche se non faceva parte dei programmi della mia vita. Il risultato del voto e la dinamica che è alle sue spalle mi inducono a ritenere che non ci siano più le condizioni. Chi mi ha portato a questa decisione deve farsi carico delle sue responsabilità. Io non posso che prenderne atto.

La lapide sul partito nato morto la scolpisce Rosy Bindi, dimettendosi da presidente con una plateale presa di distanze da Bersani: «Non sono stata direttamente coinvolta nelle scelte degli ultimi mesi». E con una battuta delle sue: «Siamo il più grande gruppo misto della storia». Anche Guglielmo Epifani, futuro segretario di transizione, intona il *De Profundis*: «Ormai siamo un partito inaffidabile per tutti: per il Pdl, per i 5 Stelle e anche per noi stessi».

Le Idi di aprile

Non c'è nulla di casuale, in un esercito così compatto e organizzato di traditori. «È una roba organizzata, scientifica» commenta a botta calda Pippo Civati: «Sono stati i dalemiani per conto del loro capo. Guardate quanti voti ha preso D'Alema: pochi, troppo pochi. Il mio sospetto è una certezza». Il prodiano Sandro Gozi non ha dubbi: «Sono stati i dalemiani e gli ex popolari». C'è chi punta il dito anche su Fioroni, e soprattutto su Renzi, che aveva garantito massimo appoggio al Prof, ma ormai è sospettatissimo dopo l'incontro col rottamato D'Alema. Lui però nega. Bersani parlerà di «una sala macchine, un'alleanza tra chi voleva affossare i candidati alla presidenza della Repubblica e chi voleva affossare me». Ma un vecchio big del Pd confiderà all'autore di questo libro, qualche mese più avanti: «Non sono state una sola o un paio di correnti, né tantomeno un insieme di singoli malpancisti, a tradire Prodi. Nelle sette ore tra l'acclamazione del mattino e l'inizio del quarto scrutinio del pomeriggio, in un vortice di telefonate e di incontri segreti, ciascun capocorrente del Pd, nessuno escluso, ha garantito chi a Berlusconi chi a Napolitano il suo tributo di sangue. *Pro quota.* Tutte le correnti, a parte quella prodiana, hanno contribuito a impallinare il Professore». Tanti assassini in simultanea, come i dodici pugnalatori di *Assassinio sull'Orient Express* di Agatha Christie. Prodi, nei mesi seguenti, riuscirà a individuarne 120. Convinto, però, che ne manchi ancora qualcuno.

Il resto è lo psicodramma finale di un partito morto, anzi mai nato. Alle 21 Bersani riunisce il suo stato maggiore e annuncia la resa, cioè le dimissioni che rassegnerà un minuto dopo l'elezione del «nuovo» capo dello Stato: «Mi sono rotto i coglioni». Alle 22.30, ridotto a uno straccio, prende la parola per appena cinque minuti nell'ossario del Capranica, davanti a un'assemblea brulicante di traditori mascherati da prefiche. Qualcuno abbozza un applauso. E lui, gelido: «Non tutti hanno il diritto di applaudire fra di voi: qui dentro, uno su quattro è un traditore. Chi ha tradito tenga le mani a posto. C'è una pulsione a distruggere, in questo partito, che è senza rimedio».

Intanto Berlusconi canta vittoria e fa addirittura il magnanimo: «Siamo pronti a votare qualunque candidato ci propongano, a patto che poi ci porti a un governo di larghe intese. Ma, se lo stallo permane fino a domenica, dovremo chiedere tutti insieme a Napolitano di accettare la rielezione». Che poi è sempre stata la sua unica, vera carta, ancorché coperta.

Grillo, dal Friuli, lancia un estremo appello al Pd: «Rodotà è il candidato giusto, tutti dovranno votarlo. Il Pd o viene con noi o è fuori dalla storia. Se eleggiamo presidente Rodotà, facciamo un governo completamente diverso, facciamo ripartire l'economia. Bersani finora non ha chiesto di fare insieme il governo, ha solo chiesto i nostri voti per il suo governo». Aggiungono i capigruppo Crimi e Lombardi: «Se il Pd vota Rodotà si apriranno praterie per il governo del cambiamento». Ed è ovvio che sia così: come potrebbero i 5 Stelle, una volta incassata l'elezione al Colle del loro candidato, fra l'altro acclamato anche dal popolo del centrosinistra e sostenuto da Vendola, dire di no a un governo del presidente appoggiato da Pd, M5S e Sel?

Anche Rodotà, intervistato da «Repubblica», lancia un segnale: «I dirigenti del Pd mi conoscono da una vita e neanche mi hanno fatto una telefonata. Eppure ho lavorato per anni con loro, quando gli faceva comodo mi cercavano eccome. Io non sono stato scelto da Grillo, ma dalla Rete: la mia candidatura girava sul web da mesi con sottoscrizioni, firme, appelli. Non è un'invenzione dei 5 Stelle». Ma anche il suo appello cade nel vuoto. La figlia Maria Laura, giornalista del «Corriere», rivela sconsolata su Facebook: «Fantastico: pur di non parlare col garante [il padre, *nda*], quelli del Pd chiamano me per convincermi a convincerlo non si sa di che». Anzi, si sa benissimo: a ritirarsi dalla corsa per fornire loro l'alibi per non votarlo e salvarli dagli elettori e dai militanti inferociti.

Berlusconi, tanto per cambiare, ha le idee chiarissime. Oltre ai suoi stranoti interessi personali, ha in mano un sondaggio che dà al primo posto, tra i candidati del centrosinistra più graditi ai suoi elettori, Napolitano (a diverse lunghezze da Amato, D'Alema e Violante). Verdini, che tiene un filo diretto col Pd tramite Sposetti, l'ha fatto sapere alla controparte. Così già in tardissima serata – subito dopo Enrico Letta, che ormai gioca la sua partita alle spalle di Bersani – Berlusconi telefona al capo dello Stato per chiedergli di ricandidarsi: «Ci aiuti lei, non so più con chi parlare del Pd, non posso telefonare a sei persone diverse». Ma – questo almeno trapela sui giornali – il presidente si dice ancora indisponibile. In realtà quasi tutta la stampa dell'indomani parlerà di un possibile Napolitano-bis. Il no di Re Giorgio è molto meno granitico di quelli di qualche giorno prima. Ma è meglio lasciar passare la nottata. Dire subito sì, prima che il Pd si arrenda e subito dopo la mattanza su Prodi, sarebbe un errore politico imperdonabile. E poi restano ancora da silurare i nomi di Cancellieri e Amato, sponsorizzati rispettivamente da Scelta civica e da una parte del Pdl, ma subito bocciati da un Pd ormai nel marasma totale. A notte fonda, dai frenetici contatti telefonici tra Berlusconi, Bersani, Monti e Maroni, emerge che solo Napolitano può mettere d'accordo tutti.

Pellegrinaggio al Divino Amore

Sabato 20 aprile, sessantaquattresimo compleanno di Massimo D'Alema, la Boldrini dà inizio alla votazione mattutina: la quinta. La delegazione del Pdl è assente e i partiti presenti lasciano quasi tutti la scheda in bianco. Votanti 741, bianche 445, Rodotà 210, Napolitano 20, altri 49. Ma la vera partita si gioca altrove. A metà mattina l'ombra di Bersani sale sul Colle del Calvario per bere l'ultimo calice amaro. Cioè per chiedere a Napolitano di accettare la rielezione. Con quali parole precise, non lo sapremo mai, visto che i *laudatores* del nuovo Salvatore della Patria ci aggiungono la tara dell'enfasi e della retorica. Secondo il «Corriere», sarebbero queste:

> Presidente, ci aspettiamo che lei ce le canti e ci dica che siamo tutti colpevoli [in realtà Bersani e molti altri leader a Napolitano danno del tu, *nda*] perché ce lo meritiamo. Avrebbe pienamente

> ragione, lo sappiamo bene. Ma adesso la preghiamo di fare un altro passo di generosità e di voler riconsiderare la sua indisponibilità a una nuova candidatura. Le domandiamo insomma di restare, l'Italia ha ancora bisogno di lei, un bisogno assoluto.

Uscito Bersani con l'aria del cane bastonato, il pellegrinaggio al santuario del Colle prosegue, nell'ordine, con: Berlusconi & Gianni Letta, Maroni, Monti e 17 governatori regionali. Tutti con la stessa richiesta: resta con noi, non ci lasciar. In più – rivela ancora il «Corriere» – Napolitano è oggetto di pressing da «esponenti di importanti fori economici e finanziari (italiani e non solo)» e da «chi vede come un grande rischio la deriva qualunquista e populista che sta crescendo da noi» (che, nel linguaggio corrierese, equivale a «MoVimento 5 Stelle»). Due su tutti, secondo «La Stampa»: il presidente della Bce, Mario Draghi, e il governatore di Bankitalia, Ignazio Visco.

Ma – informa il «Corriere» – «decisivo sarebbe stato il colloquio tra Napolitano e Berlusconi. Il presidente avrebbe dato atto all'ex premier di avere avuto, in questa difficile fase, un "comportamento da statista". Prima del congedo, fra i due vi sarebbe stato un lungo, caloroso abbraccio, talmente toccante da suscitare emozione nel portavoce di Napolitano, Pasquale Cascella». Sono cose che non capitano tutti i giorni, specie a un imputato per concussione e prostituzione minorile, prossimo pregiudicato per frode fiscale. Dunque «statista» da abbracciare. Calorosamente.

La risposta di Napolitano alla quasi unanime perorazione è, naturalmente, sì. Ma condizionata a una serie di clausole giaculatorie che mettono i partiti e il parlamento ancor di più sotto il dominio pieno e incontrollato del «nuovo» presidente: niente elezioni anticipate, governo politico di larghe intese, programma scritto dai suoi saggi e, se qualcuno non farà come lui dice, lui se ne andrà. Tutti i leader in processione sul Colle firmano una cambiale in bianco sul tavolo del vecchio-nuovo presidente, autoinvestitosi di poteri assoluti. Alle 13.37 il Quirinale dirama una nota ufficiale:

> Da tutti gli interlocutori è stata espressa la convinzione che – nella grave situazione venutasi a determinare col succedersi delle votazioni per l'elezione del nuovo capo dello Stato – sia altamente necessario e urgente che il parlamento in seduta comune possa dar luogo a una manifestazione di unità e coesione nazionale attraverso la rielezione del presidente Napolitano. Gli si è rivolto perciò un caldo appello a riconsiderare in questo quadro le ragioni da lui più volte indicate di indisponibilità a una ricandidatura: il presidente Napolitano si è riservato di rendere nota – nell'imminenza della ripresa pomeridiana della seduta comune – la sua decisione.

Tanto perché nessuno sospetti che Napolitano non aspettasse altro. E perché tutti se lo si immaginino in preda a una macerante e lacerante riflessione.

Il Rieccolo

Alle 14.20 Napolitano ufficializza il segreto di Pulcinella: «Ritengo di dover offrire la disponibilità che mi è stata richiesta. Non posso sottrarmi alla responsabilità, ora però serve un'assunzione collettiva di responsabilità». Ciò che fino al giorno prima aveva ufficialmente e categoricamente escluso con motivazioni personali, istituzionali e giuridiche, era soltanto uno scherzo. O un'impressionante serie di menzogne. Tutto cancellato in pochi minuti di presunta «riflessione».

Segue un post scriptum davvero curioso: «Naturalmente, nei colloqui di questa mattina, non si è discusso di argomenti estranei al tema dell'elezione del presidente della Repubblica». Una foglia di fico per negare che sia già nato un accordo sul nuovo governo. Che però è un altro segreto di Pulcinella: a Palazzo Chigi andranno gli stessi partiti – a parte la Lega – del pellegrinaggio (Pd, Pdl e Sc), mentre resterà fuori chi non è salito a baciare la pantofola al presidente che si è fatto Re.

E così un uomo di ottantotto anni, spalleggiato da uno di settantasette, prende in ostaggio un paese che appena due mesi prima aveva espresso nelle urne una gran voglia di cambiamento. E lo fa con una mossa che lui stesso aveva definito impraticabile «per coerenza con una regola non scritta» della Costituzione. Da fine conoscitore – almeno sulla carta – delle norme costituzionali, Napolitano sa bene che nell'Assemblea Costituente si era discusso a lungo sulla durata del mandato presidenziale (7 anni o soltanto 5?). E il 19 dicembre 1946 la seconda sottocommissione aveva approvato un articolo della Carta così formulato: «Il presidente della Repubblica è eletto per sette anni e non è rieleggibile». Poi però, nella discussione finale e nel testo definitivo, le ultime quattro parole erano state cancellate. In fondo la formula «è eletto per sette anni» era già abbastanza chiara: sette anni vuol dire sette anni, non 14 e non 21. Quella che lo stesso Napolitano chiama la «regola non scritta».

Parlando il 7 marzo 2013 all'Accademia dei Lincei, il presidente ha spiegato: «La scadenza dei sette anni corrisponde pienamente alla concezione che i Padri costituenti ebbero della figura del presidente della Repubblica, alla continuità delle istituzioni, ma anche alle leggi del succedersi delle generazioni». E così ha aderito all'interpretazione ufficializzata dal suo predecessore Ciampi. Il quale, nel settembre del 2005, poco prima della fine del suo mandato, aveva comunicato al suo portavoce Paolo Peluffo (che l'ha raccontato nel libro *Carlo Azeglio Ciampi*, ed. Rizzoli-Bur): «Ci sono precedenti: Segni addirittura nel suo messaggio alle Camere, l'unico, propose di modificare la Costituzione per inserire l'ineleggibilità per due volte del capo dello Stato. I costituenti hanno previsto un periodo di sette anni perché fosse abbastanza lungo da escludere la rielezione». Poi il 3 maggio 2006, al momento dell'addio al Quirinale, Ciampi aveva fatto pubblicare sul sito ufficiale della presidenza della Repubblica un comunicato a cui lavorava da tempo. C'era scritto che la rielezione del capo dello Stato «mal si confà alle caratteristiche proprie della forma repubblicana del nostro Stato». Gli stessi concetti aveva espresso Antonio Segni il lontano 18 settembre 1963, proponendo la non rieleggibilità del capo dello Stato «per evitare il danno delle continuità personali, proprie dei regimi ereditari e innaturali in un regime repubblicano»; e per «eliminare qualunque, sia pure ingiusto, sospetto che qualche atto del capo dello Stato sia compiuto al fine di favorirne la rielezione».

Da quale catastrofica emergenza Napolitano deve dunque salvare la Patria, a costo di forzare la «regola non scritta» ma sempre seguita da tutti i predecessori? Da nessuna. A meno di considerare una calamità naturale, un evento sconvolgente e mai visto quel paio di giorni di stallo nelle elezioni presidenziali. Per quarantott'ore, nei primi quattro scrutini, i partiti non sono riusciti a eleggere il nuovo presidente. Ma questo era già avvenuto per ben quattro dei suoi dieci predecessori: Saragat (eletto al ventunesimo scrutinio), Leone (al ventitreesimo), Pertini e Scalfaro (al sedicesimo). Altri quattro avevano ottenuto la maggioranza alla quarta votazione (Einaudi, Gronchi, Segni e lo stesso Napolitano) e solo tre erano stati eletti al primo colpo (De Nicola, Cossiga e Ciampi). Insomma un fatto assolutamente fisiologico. Che però viene drammatizzato fino a diventare un disastro di proporzioni bibliche per giustificare l'estremo rimedio della conferma del presidente uscente. Complice la solita «informazione», che gabella la rielezione di Napolitano come un evento inevitabile e salvifico. Eppure basterebbe un'occhiata ai precedenti storici per sapere che l'estremo sacrificio di Napolitano non è affatto necessario e ineluttabile. E che il presidente, anziché assecondare i partiti saliti al Colle col cappello in mano, potrebbe e dovrebbe rispedirli a Montecitorio per continuare a votare, fino a trovare l'intesa su un nuovo capo dello Stato.

A meno che, si capisce, i primi quattro scrutini non fossero soltanto una pantomima dal copione già scritto altrove. Cioè lontano dal parlamento italiano. E, forse, anche dall'Italia.

Il puzzle di indizi che abbiamo sin qui composto va esattamente in questa direzione. Ed è avvalorato dal racconto del dirigente Rai Loris Mazzetti, coautore del programma *Che tempo che fa* condotto su Rai 3 da Fabio Fazio. Il 3 marzo 2013 era ospite della trasmissione il neogovernatore della Lombardia e leader della Lega Nord, Roberto Maroni. Il quale, in camerino, prima di entrare in studio, aveva confidato a Mazzetti che difficilmente Napolitano avrebbe consentito a Bersani di formare il nuovo governo, per il «rancore» che nutriva nei suoi confronti. Motivo: per colpa di Bersani – così Mazzetti riassume le parole di Maroni sul «Fatto» – «il Pd si è fortemente opposto al desiderio di Napolitano di iniziare un secondo mandato per passare alla storia come il primo c probabilmente l'unico a dare il bis».

Jurassic Park

Nel primo pomeriggio del 20 aprile, l'assemblea dei grandi elettori del Pd mette ai voti il secondo mandato di Napolitano. E lo approva, con un solo No (Corradino Mineo) e quattro astenuti. Si vocifera di un patto già siglato al Quirinale per un governo presieduto da Enrico Letta o Amato, con Alfano vicepremier. Ma Bersani sbotta: «Sono tutte cazzate». Fabrizio Barca definisce «incomprensibile che il Pd non appoggi Rodotà o non proponga la Bonino». Michele Emiliano parla di «inciucio che fa orrore» e chiede di eleggere Rodotà. Idem Civati e Sergio Cofferati. Ma restano soli. Alle 16.30, mentre a Montecitorio si vota per la sesta volta, Grillo invita tutti i cittadini ad andare in piazza e annuncia dal suo blog che sta scendendo a Roma sul suo camper e alle 19.30 sarà davanti al parlamento per partecipare a una «mobilitazione popolare di milioni di persone per Rodotà e contro il colpo di Stato».

Alle 18.15 la Boldrini legge la scheda numero 504 col nome di Napolitano, che a quel punto ha superato il quorum. Tre minuti di *standing ovation* da tutto l'emiciclo salutano il lieto annuncio. Solo i 5 Stelle rimangono seduti a braccia conserte. In piedi per l'ovazione c'è anche Berlusconi, con un sorriso incontenibile. Bersani scoppia in lacrime. Risultato finale: votanti 997, Napolitano 738 (50 meno della somma dei partiti sostenitori: Pd, Pdl, Lega, Scelta civica e qualche minore), Rodotà 217 (M5S e Sel), Sergio De Caprio (l'ex capitano «Ultimo», sostenuto da Fratelli d'Italia) 8, D'Alema 4, Prodi 2, dispersi 6, bianche 10, nulle 12.

Le schede del vincitore sono tutte «segnate», nella migliore tradizione mafiosa: ciascun clan del Pd ha voluto firmarle in maniera diversa («G. Napolitano», «Napolitano G.», «Giorgio Napolitano», «Napolitano Giorgio»...) per evitare almeno stavolta brutte sorprese. Una violazione costituzionale proprio sull'atto fondativo della ri-presidenza Napolitano. Come fa notare Lorenza Carlassare, «la Costituzione vuole il voto segreto proprio perché non sia riconoscibile e non si possa sapere chi ha eletto il capo dello Stato, che deve essere imparziale e non apparire il presidente di una parte».

Alla fine Berlusconi dirige felice il coro dei suoi grandi elettori che intonano l'Inno di Mameli, ben più felici di quelli del Pd. Il vero vincitore, insieme a Re Giorgio, è lui e non ne fa mistero. Infatti, a insultare i grillini che osano non applaudire, sono i *pasdaràn* del Pdl, in preda a un entusiasmo irrefrenabile.

Contemporaneamente la ministra dell'Interno Cancellieri fa contattare Grillo al telefono: dice di paventare pericoli per l'ordine pubblico, a causa di possibili scontri fra i sostenitori di Rodotà e manifestanti di estrema destra. E lo prega caldamente di non gettare altra benzina sul fuoco. Il leader di M5S comunica che arriverà a Roma solo a notte inoltrata e non potrà essere in piazza. Il popolo dei 5 Stelle, senza il leader ma con molti militanti di Sel, di Rifondazione e del Pd in dissenso col loro partito, partono in corteo da piazza Montecitorio e si dirigono verso il Quirinale. Dove, alle 19.45, Boldrini e Grasso consegnano a Napolitano il verbale dello scrutinio decisivo.

L'ex neopresidente – il terzo più anziano del mondo dopo l'israeliano Shimon Peres (novant'anni) e alla pari con il dittatore dello Zimbabwe, Robert Mugabe (ottantotto) – negli ultimi mesi appariva curvo e affaticato. Ma ora sembra il ritratto del Gerovital: ritto, pimpante, allegro, felice come una Pasqua. Certo, confida ai presidenti delle Camere «il grande sacrificio personale», accettato soltanto dopo «l'incredibile pressione della notte» eccetera. Certo, ringrazia «con animo grato la fiducia espressa liberamente sul mio nome dalla grande maggioranza» eccetera. Poi precisa – in base a non si sa bene quale norma costituzionale – che la sua seconda presidenza sarà un mandato «di scopo», finalizzato ad alcuni precisi obiettivi: dal governo di larghe intese alle riforme istituzionali. Dopodiché – scrive «la Repubblica» – «Napolitano ha intenzione di passare la mano e dimettersi senza aspettare la scadenza dei sette anni (quando ne avrebbe novantacinque)». Infine annuncia che l'indomani sarà a Montecitorio per il giuramento e il discorso di insediamento, nel quale spiegherà «i termini entro i quali ho ritenuto di poter accogliere in assoluta limpidezza l'appello rivoltomi ad assumere ancora l'incarico di presidente».

Limpidezza si fa per dire, visto che la Costituzione non prevede un mandato presidenziale condizionato a questo o quell'obiettivo, né tantomeno uno a termine. L'articolo 85 non dice che il mandato del presidente della Repubblica può durare «fino a sette anni». Ma che «è eletto per sette anni». Punto. Senza se e senza ma.

Operazione Gattopardo

Si compie così, dopo due mesi persi in bugie, balletti e ipocrisie, l'Operazione Gattopardo che affratellava fin dalla sera delle elezioni tutti i poteri che contano in Italia e in Europa. La scena supera la più allucinata fantasia dei maestri dell'horror. Il cadavere putrefatto e maleodorante di un sistema marcio e schiacciato dal peso di cricche e mafie, tangenti e ricatti, si barrica nel sarcofago inchiodando il coperchio dall'interno per non farne uscire la puzza e i vermi. E tenta l'impossibile impresa di ricomporre la decomposizione.

Pippo Civati, usato come sherpa dai vertici del Pd per dialogare con i 5 Stelle, lo ammette amareggiato dopo aver votato scheda bianca: «Mi hanno mandato da loro a trattare e poi mi hanno lasciato lì come il soldato Ryan. Nessuno voleva avere notizie. A nessuno interessava niente dei 5 Stelle. Volevano solo il ritorno dell'uguale». L'hanno usato come specchietto per le allodole verso il popolo bue.

Lo confesserà bel bello Bersani in persona, casomai qualcuno nutrisse ancora qualche dubbio, il 5 luglio: «Mica io volevo fare l'alleanza con Grillo! Son mica matto! Proponevo: su otto punti di cambiamento avviamo la legislatura, consentite come ritenete... mica mi rivolgevo solo a loro, a tutti quanti... al Senato fate partire... un gesto tecnico, poi provvedimento per provvedimento ci misuriamo in parlamento». E il suo spin doctor Miguel Gotor preciserà: «Ai 5 Stelle chiedevamo l'astensione». E la fassiniana Marina Sereni sentenzierà il 30 aprile: «Non c'è mai stata l'idea di fare un governo con i 5 Stelle». E il nuovo premier Enrico Letta chiuderà il cerchio il 13 novembre: «Il mio governo esiste perché c'è stato il sacrificio di Bersani: senza il suo tentativo, il popolo e i parlamentari del Pd non avrebbero accettato le larghe intese. Bersani si è immolato per dimostrare che l'altra ipotesi, quella con i grillini, non era percorribile. Non posso che essergli grato per la sua lealtà». Insomma, è stato tutto un gioco delle parti, fin dall'inizio. Come volevasi dimostrare.

Laura Puppato, altra pontiera con il mondo grillino, racconta un altro atto della sceneggiata dell'orrendo mosaico a Concita De Gregorio. Il 18 mattina, subito dopo la *standing ovation* dell'assemblea del Pd per Prodi, è andata a trovare Bersani, al pianterreno di Montecitorio, e gli ha detto: «Per quel che sento dai 5 Stelle, si può arrivare a chiedere a Rodotà di ritirarsi di fronte alla candidatura Prodi: lo vuoi chiamare tu, segretario?». Risposta di Bersani: «No, io non lo chiamo, parlaci tu». Come se una personalità del calibro di Rodotà potesse ritirarsi dalla corsa al Quirinale perché lo chiama un peone qualsiasi.

Risultato: fuori dalla porta i 5 Stelle, con tanti saluti agli elettori, e nella stanza dei bottoni i soliti noti sotto l'ala paterna del loro Lord Protettore. Il Grande Imbalsamatore della Casta. Ma non tutti i soliti noti sono uguali. Bersani, anziché il Giaguaro, ha smacchiato se stesso e il centrosinistra. Berlusconi, che aveva straperso le elezioni, stravince il dopo-elezioni e diventa il *king maker* tanto delle presidenziali quanto del nuovo governo. E il Pd, che aveva sdegnosamente allontanato Di Pietro e Ingroia, si ritrova al governo con i *berluscones.* A buon diritto Alessandro Sallusti, sul «Giornale», titola in polemica con quanti sostenevano l'emarginazione degli impresentabili: «*PRESENTABILI. Berlusconi vara il Napolitano bis. Pdl al governo*». E Giuliano Ferrara esalta «i franchi tiratori, vera essenza della democrazia».

T'adoriam, Giorgio Divino

Il servile conformismo della stampa italiana, genuflessa dinanzi al nuovo, cioè vecchio padrone d'Italia, dà il meglio di sé. Nelle edicole di domenica 21 aprile, al posto dei vari quotidiani, esce una sorta di Giornale Unico che inneggia unanime al Salvatore della Patria, ribattezzato senz'alcuna ironia «Re Giorgio» o «Re Giorgio II» (senza spiegare in che cosa differisca da Giorgio I). Nessun commentatore azzarda la minima obiezione sulla plateale trasformazione dell'Italia, anche nelle forme, da Repubblica parlamentare in presidenziale. Napolitano – scrivono i giornali appecoronati – esporrà al parlamento «il suo programma», poi darà al paese «il suo governo» (suo di lui, non del paese), con i «suoi ministri», e farà sapere quanto intende restare in carica, e quanto durerà l'esecutivo, e cosa dovrà fare o non fare, e da chi dovrà essere composto e appoggiato, e chi dovrà opporvisi, e persino come la stampa dovrà chiamarlo (nel primo monito del secondo settennato, ha avvertito che non tollererà parole come «inciucio»). E se qualche partito si azzarderà a dissentire, verrà zittito con la doppia minaccia dello scioglimento delle Camere e delle sue dimissioni (anzi, della sua abdicazione). Severamente vietato ricordare le menzogne sparse nell'ultimo anno, e fino al giorno prima, da Napolitano per convincere gli italiani che mai e poi mai avrebbe accettato la rielezione. Anzi, tutti gli osservatori fingono di abboccare alla sceneggiata dall'anziano Cincinnato pronto a tornare ai suoi campi e al suo aratro, che viene bloccato proprio sull'uscio dalle pressioni unanimi dei partiti e quasi costretto a restare, ovviamente *obtorto collo*, esclusivamente per il Bene del paese.

Il «Corriere», anzi Corazziere della Sera, spara a tutta prima pagina: *Napolitano rieletto chiede responsabilità. Un gesto, una speranza* s'intitola l'editoriale dell'ambasciatore Sergio Romano: «Con un notevole sacrificio personale il presidente ha accolto un invito» eccetera «e ha messo ancora una volta se stesso al servizio del paese. I grandi elettori gliene sono grati». Ora, grazie al suo estremo sacrificio, «abbiamo qualche motivo per sperare che questa novità istituzionale sia il colpo di schiena di cui il paese aveva bisogno per scuotersi di dosso il pessimismo degli scorsi mesi». Ma certo, come no: la sferzata di ottimismo scaturita dalla notizia che un presidente di ottantotto anni resterà al Quirinale fino ai novantacinque già elettrizza il paese dall'Alpi a Scilla. Perché «ancora prima di rimettersi al lavoro, Napolitano con il suo gesto incoraggia gli italiani a credere in se stessi e nelle proprie istituzioni». Ora però – ammonisce l'ambasciatore – i partiti «devono permettere a Napolitano di fare ciò che ritiene utile al paese». E pazienza se il parlamento dovesse essere contrario: si potrebbe tranquillamente lasciarlo chiuso, per evitare brutte sorprese, e fare tutto al Quirinale. Romano non ha dubbi: ciò che salverà l'Italia è l'ennesimo inciucio, che lui – secondo le nuove direttive – chiama pudicamente «sforzo collegiale».

Grande compiacimento, sempre sul «Corriere», esprime anche il costituzionalista Michele Ainis. È vero – riconosce – che teoricamente il secondo settennato è in sé «inopportuno». Ma questo vale soltanto per il «passato»: «c'è un tempo della regola e c'è un tempo per l'eccezione» e guardacaso quel tempo è arrivato proprio ora, l'unica volta in cui è accaduto. Straziante la descrizione dei partiti «bambini» che «hanno chiesto soccorso al vecchio padre, che già pregustava il *buen retiro*» e lui «ha detto sì», naturalmente «a malincuore». I partiti bambini, per la cronaca, sono quelli guidati da Berlusconi (settantasette anni), Bersani (sessantadue) e Monti (settanta).

Ancora sul «Corriere» il sempre frizzante Aldo Cazzullo s'incarica di bastonare, con l'ausilio di Macaluso, l'infame Rodotà che ha osato rendersi responsabile di un grave atto di insubordinazione e lesa maestà, accettando la candidatura al

Quirinale dai 5 Stelle e impedendo a Napolitano di conquistare il meritato en plein di 997 grandi elettori su 997. «Poteva attendersi un suo gesto di cortesia – il ritiro della candidatura – che però non c'è stato.» Botte da orbi anche contro Fabrizio Barca, che con un «atteggiamento ancor più sorprendente» s'è addirittura schierato con Rodotà. Una spina in più nel Sacro Cuore dell'anziano monarca, al quale – informa Cazzullo – già «non hanno fatto piacere le immagini della contestazione di piazza, più limitata del previsto, ma pur sempre affollata di paradossali bandiere rosse». Ecco, già lo scendere in piazza è un gesto di per sé sconsiderato; ma portarsi pure le bandiere rosse, e per giunta «paradossali», è davvero imperdonabile e vien da domandarsi perché la forza pubblica non abbia provveduto a disperderle con gli idranti.

Ne conviene, sempre sul «Corriere», Pierluigi Battista, sinceramente affranto per questo riesplodere della «piazza» (luogo antidemocratico per antonomasia fin dall'Atene di Pericle), anche perché «la democrazia rappresentativa che ieri in piazza i grillini hanno voluto mettere sotto assedio è l'unica democrazia che possiamo apprezzare». E pazienza se nessuno sa chi e che cosa rappresenti. L'unico titolo del «Corriere» malauguratamente distonico con il doveroso omaggio a Sua Maestà è a pagina 33, nella sezione Cultura: *La svolta del Gattopardo*. Ma si riferisce solo ed esclusivamente a Giuseppe Tomasi di Lampedusa.

Anche «la Repubblica» infila la parola «responsabilità» nel titolone di prima pagina: *Napolitano bis: ora più responsabilità*. Il fondatore Eugenio Scalfari, che aveva auspicato anche lui il secondo mandato, pur ripetendo ogni domenica che purtroppo l'interessato non ne voleva sapere, si produce in una sobria analisi a base di «respiri di sollievo alla rielezione», di «gravoso fardello degli animi e della fatica fisica che quel ruolo richiede» e soprattutto di «governo di scopo» che dovrà seguire «le indicazioni di scopo [e quali se no?, *nda*] che il capo dello Stato gli affiderà». Ottima e abbondante anche la bastonatura inflitta all'infido Rodotà, che «non ha contattato» lo Scalfari prima di accettare la candidatura al Colle. Peccato, perché se

Stefano avesse chiamato «gli avrei detto che non capisco perché una persona delle sue idee e della sua formazione politica, giuridica e culturale, potesse diventare candidato grillino». Doveva attendere che lo candidasse la sinistra, la quale però, essendo lui di sinistra, non l'avrebbe mai candidato. Eppoi Rodotà non è all'altezza degli statisti che – secondo lo storico Scalfari – «hanno fatto l'Italia» e cioè: «Mazzini, Cavour, Garibaldi, Gramsci, Moro, Berlinguer e Napolitano». Ma Rodotà no, «non mi è venuto in mente».

Con grave sprezzo del ridicolo, «la Repubblica» informa poi che «salterà stavolta il passaggio delle consegne fra vecchio e nuovo inquilino del Colle». Cioè: Napolitano non incontrerà se stesso allo specchio per infilarsi la corona da solo.

Sulla «Stampa», un diadema di titoli encomiastici circonda una miriade di stentoree effigie presidenziali: *Lo storico bis di Napolitano*, *Le riforme per ritrovare credibilità*, *Doppia sfida per destra e sinistra*, *Ora un premier di «ricostruzione»*, *L'appello dei governatori fa breccia nei no del presidente*, *L'agenda della Terza repubblica*, *Ma la piazza non è il popolo* (giusto, è davvero un postaccio). Nemmeno un fugace accenno a quanto lo stesso Napolitano, la domenica precedente, aveva dettato in un colloquio col direttore Mario Calabresi. Parole che, se ripubblicate, avrebbero potuto trasformarsi in un imbarazzante autoritratto con il naso di Pinocchio.

Sul «Messaggero», il neodirettore Virman Cusenza si produce in un editoriale strappalacrime. Quello di «accettare un fardello come la guida di un'Italia nella tempesta» è per Napolitano un «sacrificio», ma anche «la garanzia di un presidente gentiluomo». Insomma il divino «Napolitano svetta sulle macerie dei partiti» perché solo lui, «garante riconosciuto da tutti e amato dagli italiani, può far ripartire il paese». Segue un parallelo dalla logica davvero stringente: «Non era mai successo che un papa si dimettesse, ma nemmeno che un presidente uscente fosse riconfermato». Logica vorrebbe che i due eventi facciano a pugni tra loro, visto che Ratzinger s'è dimesso a ottantasei anni mentre Napolitano s'è fatto rieleggere a ottantotto. Ma che cos'è mai la logica dinanzi al «protagonista di una sorta di rifondazione globale da avviare a tutti i livelli»? Non manca, per la gioia del Colle, la solita manganellata obbligatoria alla «piazza», frutto della «saldatura di un ostinato Rodotà con i grillini» che ovviamente «preoccupa per il futuro»: l'idea che esista anche un minimo di opposizione e che il nascituro governo del presidente non raccolga proprio il 100 per cento dei voti in parlamento, è descritta come un qualcosa di profondamente antidemocratico, malato. Nulla da eccepire, invece, sulla svolta presidenzialista, che viene anzi esaltata dal Cusenza con espressioni altisonanti: «il pur repubblicanissimo Giorgio, il "Re Taumaturgo"» avrebbe addirittura indotto Grillo a rinunciare al «gesto eversivo» di manifestare contro la sua rielezione in piazza a Roma. Se il santo giullare Francesco parlava agli uccelli e ammansiva il lupo di Gubbio, il santo sovrano Giorgio ammaestra i grilli.

Neppure il direttore del «Sole 24 Ore» Roberto Napoletano, quasi omonimo del ripresidente, riesce a trattenere l'entusiasmo. E la saliva.

> Grazie, presidente. In un'Italia senza lavoro, alle prese con una questione industriale diventata sociale, divisa pericolosamente [...] ci è voluto l'ultimo soccorso di un «giovanotto» di ottantasette anni che risponde al nome di Giorgio Napolitano per alleviare le tante ferite che attraversano il corpo (profondamente) sofferente del paese.

Il tempo per prendere il fiato, poi Napoletano riattacca:

> Il suo sacrificio di vita personale, la piena «assunzione di responsabilità» nei confronti della Nazione, il bagaglio (unico) di esperienza istituzionale, il credito personale di credibilità internazionale, sapranno garantire al paese, in tempi strettissimi, un governo politico temporaneo, ma non provvisorio, con una compagine forte e autorevole all'altezza che valorizzi le (sue) migliori risorse giovanili.

Da notare quel soave «temporaneo, ma non provvisorio». Che è un po' come dire: incinta, ma non gravida; nano, ma non basso; pirla, ma non fesso; Napolitano, ma non Napoletano.

Molto sobrio anche il titolo dell'«Unità»: *NAPOLITANO* a caratteri cubitali. Il direttore Claudio Sardo, che due mesi prima si apprestava a salire a Palazzo Chigi come portavoce dell'aspirante premier Bersani, ha già elaborato il lutto. E si consola con «il prestigio, la dignità e l'autorevolezza di Napolitano», ovvero «le risorse estreme a cui la stragrande maggioranza dei grandi elettori si è aggrappata per scongiurare» eccetera. «La stima e la gratitudine verso il capo dello Stato sono i nostri primi sentimenti.» Però ribadisce che «le larghe intese non sono la soluzione di cui il paese ha bisogno». Ma, appena nascerà il governo Letta di larghe intese, Sardo tornerà prontamente a cuccia. Qualcuno invece gli ha detto che la forzatura del secondo mandato è giustificata dallo «stato d'eccezione» e che «la nostra Costituzione prevede» per Napolitano «poteri dilatati nella formazione del governo». Solo, dimentica di spiegare dove, in quale articolo, la Costituzione preveda tutto ciò. Di fianco al suo editoriale, Natalia Lombardo argomenta cusenzianamente: «Del resto questo inizio di secondo millennio ha visto un papa dimettersi e coesistere col suo successore». Quindi, forte di questo precedente, Napolitano può tranquillamente coesistere con se stesso: è logica pura.

Su «Libero», Maurizio Belpietro si permette di canzonare il ripresidente (*Il nuovo che avanza*). Ma, a fianco, c'è il commento di segno contrario di Giampaolo Pansa, letteralmente rapito da Re Giorgio:

> Abbiamo bisogno di un governo condiviso [...]. Che cosa doveva fare il capo dello Stato? Rifiutarsi di ascoltare un grido di aiuto? Per nostra fortuna ha risposto sì. Da cittadino mi sento più tranquillo o, se vogliamo, meno impaurito. Auguro a Napolitano buona fortuna. Nella speranza che non prevalgano gli spiriti malvagi o sciocchi che urlano contro la sua scelta. Costoro non si ren-

dono conto che il vecchio presidente ha accettato di ritornare in campo anche per difendere la loro dignità di cittadini e di italiani.

È lo stesso Pansa che nel 1996, appena sorse il primo inciucio della Bicamerale, coniò sull'«Espresso» il geniale «Dalemòni». Come passa il tempo.

Il direttore del «Giornale», Alessandro Sallusti, è attanagliato da un angoscioso dilemma: leccare Napolitano o restare sul classico e leccare Berlusconi? Soluzione: leccare tutti e due. «Napolitano ha accettato di cavare le castagne dal fuoco alla sinistra», ma «di fatto ha vinto Berlusconi». Dunque, secondo Mario Cervi, «comincia la Terza repubblica».

«Abbiamo il presidente, il migliore in circolazione e dobbiamo essergli grati se ha accettato di mettersi ancora al servizio del paese» turibola Alessandro Barbano, direttore del «Mattino».

«Un gesto d'amore per il paese» titola Sarina Biraghi, direttrice del «Tempo», col solito frullato di «alto profilo», «generosità», «spirito di sacrificio» «attaccamento alla cultura democratica per salvare il paese», «punto di equilibrio». Mancano soltanto il marito fedele e il padre esemplare. Ma il pensiero della Biraghi corre commosso a «donna Clio», l'«unica sconfitta» perché «voleva "godersi" il marito ed evitargli altre preoccupazioni [...]. Non è mancanza d'amore, gentile donna Clio, ma più di lei è l'Italia ad aver bisogno di suo marito».

Un giornale chiamato «Avvenire» dovrebbe quantomeno riflettere su un presidente eletto a ottantotto anni per restare lì fino ai novantacinque. Ma è pur sempre l'organo dei vescovi italiani, dunque titola con l'aspersorio: *Napolitano bis, ritorno di saggezza.* Il direttore Marco Tarquinio intinge la penna nell'acqua santa, o forse nel vin santo: «Il soprassalto di saggezza politica e istituzionale...», «L'Italia ha di nuovo un presidente di tutti...», «C'è da essergli grati per la sua costruttiva disponibilità, di altissimo servizio istituzionale», «La sua figura sobria, la cultura dialogante, la naturale misura, il senso del dovere, un riferimento saldo», «L'esito ragionevole e proficuo», «Qualcosa di generosamente e lucidamente...». Spegniamo le luci e lasciamoli soli.

Fuochi d'artificio all'Ucciardone

La domenica 21 aprile, mentre Napolitano prepara il discorso di reinsediamento per lunedì e il governo per mercoledì, è segnata dalla grande manifestazione per le strade di Roma dei 5 Stelle, cui si uniscono tanti elettori del Pd e dei partiti di sinistra delusi e indignati. La folla è così numerosa che Beppe Grillo non riesce neppure a trovare un luogo adatto per parlare al microfono e si limita a una comparsata muta. Più tardi, in conferenza stampa, ha parole durissime contro la Restaurazione in atto: «I politici sono terrorizzati, hanno ridotto la democrazia al lumicino, hanno fatto un golpettino furbo. Ormai il parlamento è un guscio vuoto, faremo l'opposizione da soli».

Lunedì 22, nell'aula di Montecitorio per l'ultima volta rigurgitante di mille e più grandi elettori, è prevista per il pomeriggio l'investitura del «nuovo» capo dello Stato. E in mattinata, per una beffarda ironia della storia o della cronaca, con una sceneggiatura che pare studiata apposta, si tiene a 427 chilometri di distanza da Roma un'altra cerimonia dal valore squisitamente simbolico. A Palermo, nel supercarcere dell'Ucciardone, vengono distrutti i cd-rom contenenti le quattro telefonate fra Nicola Mancino e Giorgio Napolitano. Una sorta di sacrificio votivo sull'altare della Casta. Un pirotecnico falò figurato, non di agnelli o montoni o vergini inviolate, ma di supporti informatici contenenti le conversazioni che da un anno terrorizzano il presidente. Il capo dei gip, appena quattro giorni prima, aveva detto che la distruzione sarebbe avvenuta dopo il deposito delle motivazioni del provvedimento della Cassazione che giovedì 18 aveva bocciato l'ultimo ricorso dei legali di Ciancimino jr. Motivazioni che di solito arrivano nel giro di un mese. Ma, trattandosi di Napolitano, il Palazzaccio per una volta fa gli straordinari e, pur non esistendo alcun motivo di urgenza, le deposita a tempo di record: ventiquattr'ore, escluso il weekend. Tant'è che già lunedì 22 sono pronte e la Cassazione, gioiosamente partecipe ai festeggiamenti per l'incoronazione di Re Giorgio, ne rende noti alcuni stralci. Intercettare l'indagato Mancino senza prevedere che avrebbe chiamato il Quirinale per ricattarlo e senza rassegnarsi all'idea che la legge non è uguale per tutti fu, da parte dei giudici di Palermo, «un *vulnus* costituzionalmente rilevante». Una ferita letale alla «protezione e riservatezza assoluta» conferite dalla Consulta alle comunicazioni del capo dello Stato. E dei verdetti della Consulta, specie quando sono improntati da cotanta «chiarezza», «non è consentita contestazione».

Con straordinaria immediatezza il gip di Palermo, avvertito per tempo dell'arrivo delle motivazioni, ha già allestito le procedure per la simbolica pira nell'apposita aula dell'Ucciardone. E lì, nel giro di pochi minuti in mattinata, un incaricato della Research Control System (l'azienda milanese che ha in appalto il servizio di intercettazioni a Palermo, la stessa del caso Fassino-Consorte), manda in mille pezzi le varie copie dei supporti informatici ufficialmente esistenti con le parole di Mancino e Napolitano. Di cui, da questo momento, nessuno potrà mai più sapere nulla. Sempreché, s'intende, nessuno ne abbia estratto altre copie di nascosto. D'ora in poi soltanto Napolitano e Mancino, fra coloro che conoscono il contenuto delle telefonate, sono autorizzati a diffonderne eventualmente il contenuto. E, siccome Napolitano ha fatto di tutto per tenerlo nascosto, è di nuovo potenzialmente ricattabile da Mancino.

Ma la Cassazione corre a passo di lepre soltanto quando deve esaudire i desideri del presidente. Poi, per i processi di Berlusconi, torna al consueto passo di lumaca. Forse contagiata dal clima di larghe intese, la stessa VI sezione che ha deciso sui dischetti di Napolitano con la fulmineità di Speedy Gonzales, rinvia per l'ennesima volta a data da destinarsi la decisione sulla richiesta di rimessione dei processi al Cavaliere da Milano a Brescia, bloccati praticamente da prima delle elezioni. Così slittano ancora le sentenze Ruby (in tribunale) e Mediaset (in appello). Dopo le politiche, le prime consultazioni e le presidenziali, il Caimano può affrontare anche il nuovo round di consultazioni senza l'onta di una condanna per concussione e prostituzione minorile o per frode fiscale. Così sarà più facile trattarlo da statista e da padre costituente.

Di lì a qualche giorno – come già accennato – il presidente della Cassazione Ernesto Lupo va in pensione. Al suo posto il Csm nomina Giorgio Santacroce, già noto alle cronache per avere partecipato alla cena organizzata nel 1988 a New York da Cesare Previti in onore di Bettino Craxi, con altri giudici romani (alcuni poi scoperti sul libro paga della Fininvest); e per aver ammesso, quando fu sentito come teste al processo Sme, «tre o quattro incontri con Previti» e «una cena nel suo studio». Ma Lupo troverà presto un nuovo incarico di alto prestigio: quello di consigliere giuridico del rieletto presidente Napolitano, al posto dello scomparso Loris D'Ambrosio. Tutto è bene quel che finisce bene. E tutto torna.

Il discorso della Corona

Illuminato e circonfuso dai bagliori del fuoco purificatore palermitano, il nuovo Re Sole si reca nel pomeriggio in quel che resta del parlamento per il discorso della Corona.

L'esordio è una frettolosa risposta ai pochi che gli ricordano i solenni impegni, prontamente disattesi, a non ripresentarsi per il secondo settennato:

> Come voi tutti sapete, non prevedevo di tornare in quest'aula per pronunciare un nuovo giuramento e messaggio da presidente della Repubblica. Avevo già nello scorso dicembre pubblicamente dichiarato di condividere l'autorevole convinzione che la non rielezione, al termine del settennato, è «l'alternativa che meglio si conforma al nostro modello costituzionale di presidente della Repubblica» [...]. A queste ragioni e a quelle più strettamente personali, legate all'ovvio dato dell'età, se ne sono infine sovrapposte altre, rappresentatemi – dopo l'esito nullo di cinque votazioni [erano quattro, ma fa niente, *nda*] in quest'aula di Montecitorio, in un clima sempre più teso – dagli esponenti di un ampio arco di forze parlamentari e dalla quasi totalità dei presidenti delle Regioni [...].

> È emerso da tali incontri, nella mattinata di sabato, un drammatico allarme per il rischio ormai incombente di un avvitarsi del parlamento in seduta comune nell'inconcludenza, nella impotenza a adempiere al supremo compito costituzionale dell'elezione del capo dello Stato. Di qui l'appello che ho ritenuto di non poter declinare – per quanto potesse costarmi l'accoglierlo – mosso da un senso antico e radicato di identificazione con le sorti del paese. La rielezione, per un secondo mandato, del presidente uscente non si era mai verificata nella storia della Repubblica, pur non essendo esclusa dal dettato costituzionale, che in questo senso aveva lasciato – come si è significativamente notato – «schiusa una finestra per tempi eccezionali». Ci siamo dunque ritrovati insieme in una scelta pienamente legittima, ma eccezionale [...]. Bisognava offrire, al paese e al mondo, una testimonianza di consapevolezza e di coesione nazionale, di vitalità istituzionale, di volontà di dare risposte ai nostri problemi: passando di qui una ritrovata fiducia in noi stessi e una rinnovata apertura di fiducia internazionale verso l'Italia. È a questa prova che non mi sono sottratto.

Poi il Capo dello Stato di Emergenza e di Necessità inizia a scudisciare la casta partitocratica, di cui lui stesso fa parte a pieno titolo dal lontano 1953.

> Quanto è accaduto qui nei giorni scorsi ha rappresentato il punto di arrivo di una lunga serie di omissioni e di guasti, di chiusure e di irresponsabilità. Ne propongo una rapida sintesi.

Niente «riforma delle istituzioni e di rinnovamento della politica e dei partiti», con l'aggiunta di un'«acuta crisi finanziaria, una pesante recessione, un crescente malessere sociale» a cui «non si sono date soluzioni soddisfacenti», perché «hanno finito per prevalere contrapposizioni, lentezze, esitazioni circa le scelte da compiere, calcoli di convenienza, tatticismi e strumentalismi. Ecco che cosa ha condannato alla sterilità o a esiti minimalistici i confronti tra le forze politiche e i dibattiti in parlamento».

Napolitano riesce però a notare «quel tanto di correttivo e innovativo che si riusciva a fare nel senso della riduzione dei costi della politica, della trasparenza e della moralità nella vita pubblica». Ma lamenta che sia stato «facilmente ignorato o svalutato: l'insoddisfazione e la protesta verso la politica, i partiti, il parlamento, sono state con facilità (ma anche molta leggerezza) alimentate e ingigantite da campagne di opinione demolitorie, da rappresentazioni unilaterali e indiscriminate in senso distruttivo del mondo dei politici, delle organizzazioni e delle istituzioni in cui essi si muovono». Ecco, se la gente ce l'ha con i partiti e con i politici, non è colpa dei partiti e dei politici, ma della gente subornata dalle campagne denigratorie della solita stampa disfattista.

Il che – precisa l'ex neopresidente – non deve indurre «ad alcuna autoindulgenza non dico solo i corresponsabili del diffondersi della corruzione nelle diverse sfere della politica e dell'amministrazione, ma nemmeno i responsabili di tanti nulla di fatto nel campo delle riforme». Per esempio, resta «imperdonabile la mancata riforma della legge elettorale del 2005».

Napolitano torna sulla sua fissazione – già esplicitata sette anni prima, nel primo discorso di insediamento e poi per tutto il settennato – della «riforma della seconda parte della Costituzione», su cui «ho speso tutti i possibili sforzi di persuasione, vanificati dalla sordità di forze politiche che pure mi hanno ora chiamato ad assumere un ulteriore carico di responsabilità per far uscire le istituzioni da uno stallo fatale». Cioè: il capo dello Stato, mentre giura per la seconda volta (caso unico nella storia d'Italia) sulla Costituzione repubblicana, ordina ancora al parlamento di riscriverla. Non per qualche ritocco o aggiornamento, ma per rifarne da cima a fondo l'intera seconda parte. Incurante del fatto che un'analoga (anche se più ridotta) controriforma, votata dal centrodestra, è già stata bocciata dalla stragrande maggioranza degli italiani nel referendum del 2006.

Segue una vera e propria minaccia che pone una condizione (sconosciuta alla Costituzione) al suo secondo settennato: «Ho il dovere di essere franco: se mi troverò di nuovo dinanzi a sordità come quelle contro cui ho cozzato nel passato, non esiterò a trarne le conseguenze dinanzi al paese». Dunque il governo e i partiti devono ripartire dai «documenti dei due gruppi di lavoro da me istituiti il 30 marzo»: i mirabolanti «saggi».

Non si sa bene a quale titolo, il «nuovo» presidente espone poi al potere legislativo il suo personale programma di riforme da approvare, manco fosse il capo del governo di una Repubblica presidenziale, «per il rafforzamento e rinnovamento degli organi e dei poteri dello Stato [...]. Si tratti di forze armate o di forze dell'ordine, della magistratura o di quella Corte che è suprema garanzia di costituzionalità delle leggi». Una scena mai vista in una Repubblica parlamentare.

Quello che dovrebbe essere l'arbitro, il presidente di tutti gli italiani, attacca poi la maggiore forza parlamentare che ha osato non votarlo: il MoVimento 5 Stelle.

> Volere il cambiamento, ciascuno interpretando a suo modo i consensi espressi dagli elettori, dice poco e non porta lontano se non ci si misura su problemi come quelli che ho citato [...]. Apprezzo la decisione con cui il movimento largamente premiato dal corpo elettorale come nuovo attore politico-parlamentare ha mostrato di volersi impegnare alla Camera e al Senato, guadagnandovi il peso e l'influenza che gli spetta: quella è la strada di una feconda, anche se aspra, dialettica democratica e non quella, avventurosa e deviante, della contrapposizione tra piazza e parlamento. Non può, d'altronde, reggere e dare frutti neppure una contrapposizione tra Rete e forme di organizzazione politica quali storicamente sono da ben più di un secolo e ovunque i partiti [...]. Non c'è partecipazione realmente democratica, rappresentativa ed efficace alla formazione delle decisioni pubbliche senza il tramite di partiti capaci di rinnovarsi o di movimenti politici organizzati, tutti da vincolare all'imperativo costituzionale del «metodo democratico».

Ed ecco gli ordini ai partiti chiamati a formare il nuovo governo che vuole lui, in barba agli impegni appena assunti davanti ai rispettivi elettori:

> A 56 giorni dalle elezioni del 24-25 febbraio si deve senza indugio procedere alla formazione dell'esecutivo. Non corriamo dietro alle formule o alle definizioni di cui si chiacchiera. Sulla base dei risultati elettorali non c'è partito o coalizione (omogenea o presunta tale) che abbia chiesto voti per governare e ne abbia avuti a sufficienza per poterlo fare con le sole sue forze. Qualunque prospettiva si sia presentata agli elettori, o qualunque patto si sia stretto con i propri elettori, non si possono non fare i conti con i risultati complessivi delle elezioni. Essi indicano la necessità di intese tra forze diverse per far nascere e per far vivere un governo oggi in Italia, non trascurando, su un altro piano, la esigenza di intese più ampie, e cioè anche tra maggioranza e opposizione, per dare soluzioni condivise a problemi di comune responsabilità istituzionale. D'altronde, non c'è oggi in Europa nessun paese di consolidata tradizione democratica governato da un solo partito – nemmeno più il Regno Unito – operando dovunque governi formati o almeno sostenuti da più partiti, tra loro affini o abitualmente distanti e perfino aspramente concorrenti.

Peccato che in Europa nessun partito governi insieme a un altro con cui abbia giurato davanti agli elettori di non prendere neppure un caffè. Ma i valori della parola data e della fedeltà agli impegni diventano, nel discorso presidenziale, dei disvalori da cui guardarsi con sospetto. Quello di Napolitano è un inno all'inciucio davvero memorabile, specie se si pensa alle elezioni di appena due mesi prima.

> Il fatto che in Italia si sia diffusa una sorta di orrore per ogni ipotesi di intese, alleanze, mediazioni, convergenze tra forze politiche diverse, è segno di una regressione, di un diffondersi dell'idea che si possa fare politica senza conoscere o riconoscere le complesse problematiche del governare la cosa pubblica e le implicazioni che ne discendono in termini, appunto, di mediazioni, intese, alleanze politiche. O forse tutto questo è più concretamente il riflesso di un paio di decenni di contrapposizione – fino allo smarrimento dell'idea stessa di convivenza civile – come non mai faziosa

> e aggressiva, di totale incomunicabilità tra schieramenti politici concorrenti. Lo dicevo già sette anni fa in quest'aula, nella medesima occasione di oggi, auspicando che fosse finalmente vicino «il tempo della maturità per la democrazia dell'alternanza»: che significa anche il tempo della maturità per la ricerca di soluzioni di governo condivise quando se ne imponga la necessità. Altrimenti, si dovrebbe prendere atto dell'ingovernabilità, almeno nella legislatura appena iniziata.

Giusto. Ma, siccome nessuno ha i numeri per governare senza tradire il mandato ricevuto dagli elettori, si potrebbe formare un governo provvisorio e «di scopo» che duri pochi mesi, per dare il tempo al parlamento di modificare la legge elettorale e per restituire al più presto la parola ai cittadini. Ma il presidente, o chi per lui, non vuole:

> Non è per prendere atto di questo che ho accolto l'invito a prestare di nuovo giuramento come presidente della Repubblica. L'ho accolto anche perché l'Italia si desse nei prossimi giorni il governo di cui ha bisogno. E farò a tal fine ciò che mi compete: non andando oltre i limiti del mio ruolo costituzionale, fungendo tutt'al più, per usare un'espressione di scuola, «da fattore di coagulazione». Ma tutte le forze politiche si prendano con realismo le loro responsabilità: era questa la posta implicita dell'appello rivoltomi due giorni or sono.

Cioè, siccome alcuni partiti (non tutti: 5 Stelle, Sel e Fratelli d'Italia non c'erano) sono saliti sul Colle per pregarlo di restare e di non rispedirli nelle fauci degli elettori, lui ha deciso di accontentarli e di patrocinare un bell'inciucio fra loro. Ma questo, giura, rientra nei suoi poteri, anche se non specifica quali articoli della Costituzione lo prevedano.

> Mi accingo al mio secondo mandato, senza illusioni e tantomeno pretese di amplificazione «salvifica» delle mie funzioni; eserciterò piuttosto con accresciuto senso del limite, oltre che con immutata

imparzialità, quelle che la Costituzione mi attribuisce. E lo farò fino a quando la situazione del paese e delle istituzioni me lo suggerirà e comunque le forze me lo consentiranno. Inizia oggi per me questo non previsto ulteriore impegno pubblico in una fase di vita già molto avanzata; inizia per voi un lungo cammino da percorrere, con passione, con rigore, con umiltà. Non vi mancherà il mio incitamento e il mio augurio. Viva il parlamento! Viva la Repubblica! Viva l'Italia!

E quanto sia «vivo» il parlamento, lo dimostrano i suoi membri durante tutto il discorso del Re. Un'accozzaglia di politici sbandati e terrorizzati dal proprio storico fallimento e dall'ossessione di nuove disastrose elezioni si lasciano schiaffeggiare, strapazzare e ricattare politicamente dal capo dello Stato. E anziché reagire con uno scatto d'orgoglio e un soprassalto di dignità al commissariamento definitivo della democrazia parlamentare, esplodono in scroscianti applausi, *standing ovation* e *ola*: non si sa se prigionieri della sindrome di Stoccolma, o più biecamente impegnati in un gioco delle parti che impone quell'esercizio sadomasochistico per il bene supremo della propria sopravvivenza.

Pur di salvare le proprie poltrone e prebende, la Casta si genuflette al suo Santo Patrono e Lord Protettore. Si lascia dire di tutto. E gli lascia fare di tutto, in barba al principio della separazione dei poteri. Lui, il Monarca, tiene in scacco le Camere minacciando le dimissioni e il loro scioglimento se non voteranno il suo governo. In pratica, chiede la fiducia per se stesso. La ottiene per acclamazione. E confessa di aver accettato il secondo mandato con una serie di clausole precise, ovviamente non scritte. Con tanti saluti alla Costituzione, che non prevede un presidente «a condizione» e «a tempo».

La sceneggiata si conclude con le lacrime del ripresidente, che si commuove in piena aula, nella migliore tradizione napoletana del «chiagni e fotti». C'è chi giura di aver sentito Bersani, coperto dalle ovazioni, tamburellare con le dita sul suo banco e scandire un ritornello: «Ro-do-tà, Ro-do-tà...».

Alla fine il più soddisfatto rimane Berlusconi che, dopo aver perso sonoramente le elezioni, aveva temuto per un istante di finire confinato nell'irrilevanza politica. E, invece, alla vigilia delle sue sentenze, ancora non si capacita di essere più che mai l'architrave del sistema. Infatti si spella le mani per «il discorso più straordinario che io abbia mai sentito nei vent'anni della mia vita politica» (persino più straordinario dei suoi). Bacchetta i 5 Stelle, rimasti silenti in aula (come fecero sette anni prima lui e i suoi): «Che tristezza, sono analfabeti della democrazia». Infine prorompe in un liberatorio «Meno male che Giorgio c'è». Alla fine Giorgio lo ricambia con il più affettuoso dei saluti riservati ai politici che vanno in processione a congratularsi con lui.

Minculnap

L'indomani, dalla stampa serva, si leva una nuova nauseabonda nuvola d'incenso a edicole unificate. Sul «Corriere», Antonio Polito esalta il «discorso breve, severo ma intriso di commozione: una lezione di virtù repubblicana». Paolo Valentino rincara la dose:

> Ci sono discorsi che cambiano la storia di un paese. Come quello di Abraham Lincoln nel 1863 a Gettysburg [...]. O come Lyndon Johnson, che nel 1965 pronuncia il celebre *we shall overcome* e chiude la segregazione razziale [...]. Il discorso di Giorgio Napolitano ha la forza retorica, l'altezza d'ispirazione e la dirompenza politica che lo rendono già un'opera prima [...]. E ha aperto una nuova pagina, restituendo dignità alla parola e regalandoci un testo di etica pubblica senza precedenti nella storia repubblicana. In un altro paese, lo farebbero studiare nelle scuole.

Manca soltanto l'invito alle case editrici affinché rimaneggino all'uopo i sussidiari e le antologie scolastiche, espungendone gli ormai sorpassati Dante Alighieri, Machiavelli, Foscolo, Manzoni e Pirandello per fare posto a pensieri, parole e opere di Giorgio Lincoln-Johnson.

Sul «Foglio», Ferrara paragona Napolitano nientemeno che al generale De Gaulle: «Logica stringente, grinta politica, orgoglio civile e sculacciate a Gribbels [Grillo-Goebbels, *nda*], un capolavoro che ha per titolo onorario quel "Tutti per l'Italia" proposto dal "Foglio" prima della campagna elettorale». I provveditori agli studi prendono dunque buona nota per ripristinare, all'inizio delle lezioni e subito prima della preghiera mattutina, il Saluto al Re per i balilla e le piccole italiane.

Su «Repubblica», il costituzionalista Andrea Manzella non trova nulla da ridire sullo stravolgimento della Costituzione a cui tutti gli italiani hanno appena assistito in diretta. Anzi, riesce a scorgere «nella generosa disponibilità di Napolitano la consapevolezza di dover conservare "immune da ogni incrinatura" il ruolo istituzionale del presidente della Repubblica». Qualcuno nota una certa ipertrofia presidenzialista, nelle parole e nei gesti del capo dello Stato? Al contrario, spiega il Manzella: Napolitano semplicemente «assembla le attribuzioni presidenziali che erano un po' sparse nella Carta». Ecco, assembla. Il fatto che dia ordini al parlamento, oltreché alla magistratura, e faccia e disfaccia governi non deve meravigliare né scandalizzare. Perché – argomenta il Manzella – «si può dire che al triangolo tradizionale – governativo, legislativo, giudiziario – si è ora aggiunto, senza togliere nulla agli altri, un quarto lato. Un triangolo quadrilatero». A questo punto urgono opportune integrazioni non solo ai testi di diritto costituzionale, ma anche di geometria. Ai tradizionali triangoli equilatero, isoscele, rettangolo, ottusangolo e scaleno, va aggiunto senza indugio il triangolo quadrilatero, con buona pace di quel dilettante di Pitagora e del suo teorema.

Sulla «Stampa», ecco il sobrio commento di Luigi La Spina: «È una delle poche occasioni in cui l'aggettivo "storico" si può e si deve usare, perché non serve a un tributo encomiastico e adulatorio». E chi potrebbe mai pensarlo?

Per non esser da meno, «l'Unità» porta il suo obolo al nuovo culto della personalità con l'editoriale del direttore Claudio Sardo. Titolo asciutto: *La riscossa delle istituzioni.* Svolgimento marziale: «Speriamo che il discorso "storico" del presidente segni l'avvio di una nuova stagione della Repubblica». «Ora si fanno le riforme». «Ora si fa il governo che le imprese, i lavoratori, le famiglie reclamano.» «Ora non si sfugge a una convergenza politica.» «Ora si difendono le istituzioni dal vilipendio.» Se tutto va bene, i treni torneranno ad arrivare in orario e magari ci riprendiamo pure il nostro posto al sole. Libro & Giorgetto, inciucista perfetto.

Governo Letta, da zio a nipote

Sistemato il potere legislativo, Napolitano risale sull'ermo Colle e si occupa dell'esecutivo per completare il suo piano: l'imbalsamazione delle istituzioni allo *status quo ante*, come se gli italiani non fossero ancora andati a votare. La maggioranza Pd-Pdl-Centro che aveva dato vita al governo Monti, sonoramente bocciata dagli elettori con 10 milioni di voti in meno, viene riproposta tale e quale al governo sotto la pressante tutela del Quirinale. Si tratta soltanto di scegliere il prestanome giusto da mandare a Palazzo Chigi per fingere di guidare il governo del presidente.

Inizialmente l'uomo del Colle pensa all'eterno, immarcescibile Giuliano Amato, per completare la restaurazione codina. Berlusconi, al solito, è sintonizzato. Ma gli preferirebbe Enrico Letta, con cui – rivelerà al «Fatto» il suo ex maggiordomo Alfredo Pizzotti – si sente di continuo al telefono, quasi quanto con lo zio Gianni e con l'amico Giorgio. Anche per il Pd è meglio Letta jr.: Amato puzza troppo di Casta, con le sue varie pensioni da 31.000 euro totali al mese. E poi è troppo lontano dall'apparato di un partito che già ha il suo daffare a far digerire agli elettori e a una parte degli eletti l'alleanza con Berlusconi. Perciò punta sul vicesegretario reggente o, in alternativa, su Matteo Renzi, sperando di far dimenticare lo spudorato tradimento di un partito «scilipotizzato» che fino al giorno prima negava con orrore il governissimo. E, nel breve volgere di qualche settimana, è passato dal «mai con Berlusconi» al «mai con Berlusconi al governo» al «con Berlusconi solo per il Quirinale» al «con Berlusconi al governo, ma solo pochi mesi per fare la legge elettorale» al «con Berlusconi al governo per tutta la legislatura e per riformare la Costituzione».

La sera del 22 aprile Matteo Renzi – come racconterà lui stesso nel suo libro *Oltre la rottamazione* (Mondadori, 2013) – viene chiamato da alcuni «giovani turchi» (gli ex dalemiani ed ex bersaniani guidati da Orfini e Orlando), ma anche da Veltroni, dai «sindaci delle città più importanti» e persino da Casini. Lo invitano a prepararsi per un'eventuale chiamata del Colle. Il sindaco di Firenze telefona a Enrico Letta, l'altro candidato. I due si vedono l'indomani, giorno 23, «in un ufficio privato in pieno centro» a Roma, all'ora di pranzo, davanti a due pizze al prosciutto, una birra e una Coca-cola. Decidono di «non farsi la guerra» e attendere gli eventi. Anche perché sanno entrambi che quasi nulla dipende da loro. Renzi poi chiama Alfano: «Mi spiega che loro hanno altre preferenze. Lo ringrazio e, mentre stiamo terminando la conversazione, cambia tono: "Ehi Matteo, è appena entrato Berlusconi: te lo passo, così ci parli direttamente". La voce è cordiale: "Non c'è un veto nostro, caro sindaco. Semplicemente non vogliamo te, preferiamo Amato e Letta"...». Infatti, l'indomani, mentre tutti i giornali danno favoritissimo Amato, Napolitano chiamerà il nipote di Gianni Letta. Che è la sua seconda scelta dopo Amato. Ma è la prima scelta del Cavaliere. Che, dopo aver deciso il presidente della Repubblica, ora seleziona anche quello del Consiglio.

Il presidente oltretutto è ben felice che il Cavaliere gli abbia tolto dai piedi Renzi, che lui detesta cordialmente: troppo giovane, ambizioso e soprattutto autonomo. Con lui a Palazzo Chigi, il governo e il Pd deciderebbero senza prendere ordini dal Colle. È lo stesso giudizio che ne dà Berlusconi: meglio Letta jr., che è molto più controllabile e glielo ha già dimostrato in passato. Lo zio Gianni garantisce per lui. Così Palazzo Chigi passa da un Letta all'altro, secondo una bizzarra forma di successione per partenogenesi sperimentata finora soltanto a Paperopoli: da zio a nipote.

Di certo, al momento, c'è soltanto che Angelino Alfano sarà vicepremier e – osserva Civati – «chi ha tradito Prodi sarà ministro». A parte lui e Grillo («La Repubblica democratica fondata sul lavoro oggi è morta»), a fare stecca nel coro degli *Exultet* sono in pochissimi. Fra questi Ignazio La Russa, che ha lasciato il Pdl per Fratelli d'Italia: anche lui azzarda un imprudente «no all'inciucio» e viene subito redarguito dal presidente. «Napolitano mi ha bacchettato – racconterà – perché ho usato il termine inciucio.» È la prima riforma istituzionale del secondo settennato: quella linguistica. Per le altre c'è tempo, anche perché il presidenzialismo è già cosa fatta.

Letta a due piazze

Le nuove consultazioni al Quirinale, il 23 aprile, sono ancor più sbrigative delle ultime: in mezza giornata Napolitano vede tutti i partiti, ridotti praticamente al mutismo visto che ormai decide, anzi ha già deciso tutto lui. Il governo sarà appoggiato da Pd, Pdl e Scelta civica, che prontamente obbediscono. M5S, Sel, Lega e Fratelli d'Italia annunciano che resteranno all'opposizione. Napolitano non anticipa ancora il nome del premier, limitandosi a tracciarne l'identikit: «Personalità di spessore che non divida, che abbia esperienza, ma dia anche un segnale di innovazione». Anche gli *house organ* dell'inciucio, «Corriere», «La Stampa», «Il Messaggero», «Il Sole 24 Ore» e quotidiani berlusconiani, insistono su una personalità «non divisiva». Il «Corriere», con un bombardamento di editoriali delle sue firme di punta, da Massimo Franco a Galli della Loggia, da Panebianco a Sergio Romano, da Antonio Polito a Pierluigi Battista, batte sul tasto della «pacificazione» dopo vent'anni di presunta «guerra civile» più o meno «fredda», detta anche «la guerra dei vent'anni» fra le guardie e il ladro. A loro avviso, le indagini e i processi a Berlusconi, ora che l'imputato entra nel governo di larghe intese, dovrebbero evaporare qual neve al sole, non si sa bene come né perché.

Il 24 aprile, dopo l'immancabile notte di riflessione simulata, Napolitano dà l'incarico a Enrico Letta. Pisano, classe

1966, figlio di un fratello di Gianni, sposato in seconde nozze con la giornalista del «Corriere» Gianna Fregonara, che gli ha dato tre figli, è un dirigente politico dal 1991, quando diviene presidente dei Giovani democristiani europei. Nel 1996 è nominato segretario generale del Comitato Euro del ministero del Tesoro. Nel 1997 è vicesegretario nazionale del Ppi, nel 1998 ministro per le Politiche comunitarie, nel 2000 ministro dell'Industria del secondo governo Amato, dal 2001 al 2004 responsabile nazionale per l'economia della Margherita e nel 2004 europarlamentare dell'Ulivo. Nel 2006 viene eletto deputato e succede allo zio Gianni come sottosegretario alla presidenza del Consiglio nel secondo governo Prodi. Nel 2007 si candida alle primarie per la segreteria del Pd, ma arriva solo terzo, con appena l'11 per cento dei voti, dopo Veltroni e la Bindi. Nel 2008 è rieletto deputato e restituisce la poltrona a Palazzo Chigi allo zio, che affianca per la terza volta Berlusconi. Alle primarie del 2009 sostiene Bersani di cui diventa vicesegretario. Nel 2013 è deputato per la terza volta (quattro con l'Europarlamento).

In realtà i Letta sono due. Non Gianni ed Enrico: ci sono proprio due Enrico Letta. Come certi medicinali, uno è a uso esterno, da esibire agli elettori nelle campagne elettorali, antiberlusconiano doc. L'altro a uso interno, tutto cerimonioso e ossequiente con il Cavaliere, da mandare a trattare con il Pdl. Di solito, con lo zio Gianni. Più che trattative, ricongiungimenti familiari.

Il Letta modello A, pochi mesi o giorni prima di diventare premier, ha dichiarato:

> «Occorre un grande patto costituente tra progressisti e moderati che escluda dal governo i populismi di Grillo, Berlusconi e Di Pietro» (26 giugno 2012).
>
> «Il governo si regge su un patto politico chiaro: il Pd si è assunto la responsabilità di stare in una maggioranza con chi ci ha ridotto così, a patto che l'interlocutore non fosse Berlusconi» (3 luglio 2012).

«L'ipotesi di una grande coalizione col Pdl dopo le elezioni è molto lontana. E la lontananza è data dal ritorno in campo di Silvio Berlusconi, che rende questa ipotesi poco credibile» (22 agosto 2012).

«Quella di una Grande Coalizione col Pdl è una prospettiva completamente affossata dal ritorno di Berlusconi, responsabile della situazione molto negativa nella quale il paese si è ritrovato» (23 agosto 2012).

«Nella prossima legislatura non possiamo governare con un patto politico con Berlusconi. Ha distrutto il lavoro di Alfano per rendere il Pdl un normale partito conservatore europeo e l'ha fatto tornare alla logica di Arcore, per noi inaccettabile» (3 ottobre 2012).

«La prospettiva di un "Berlusconi-5 la vendetta" è un'idea repellente rispetto alla buona politica» (1° dicembre 2012).

«Tra Pd e Monti ci sarà dialogo e competizione leale. Il nostro avversario comune è Berlusconi» (23 dicembre 2012).

«Se dovesse esserci necessità di governare con un alleato, non potremmo rivolgerci né a Berlusconi né a Grillo: il ragionamento andrà fatto con coloro con cui condividiamo la scelta europeista e dunque con Monti e le forze di centro» (28 dicembre 2012).

«Risponderemo colpo su colpo alle parole vergognose sul presidente Napolitano pronunciate da Silvio Berlusconi» (31 dicembre 2012).

«Alle bugie di Berlusconi risponderemo colpo su colpo. Bisognerebbe aprire una commissione parlamentare d'inchiesta su di lui» (2 gennaio 2013).

«Il disastro e la vergogna. Berlusconi, con lo spettacolo, cerca di far dimenticare entrambi al paese. Lui è il nostro vero avversario. E dobbiamo battere il suo populismo. Confidiamo nella memoria degli italiani che sanno che, dopo tre anni di governo Berlusconi, le famiglie e le imprese si trovavano a pagare i mutui cinque volte tanto rispetto a tedeschi e francesi» (12 gennaio 2013).

«Berlusconi non torna, perché i danni che ha fatto al paese sono tanti e gli italiani non hanno una memoria così fallace» (14 gennaio 2013).

«L'Italia è stata distrutta da Berlusconi, che sta cercando ancora una volta di rendere questa campagna elettorale ansiogena ai limiti della guerra civile» (15 gennaio 2013).
«C'è stato un periodo in cui andando all'estero a noi italiani ci deridevano per il "bunga bunga" piuttosto che apprezzarci per i tanti cervelli costretti a emigrare» (25 gennaio 2013).
«Berlusconi è come Sylvester Stallone o Jean-Claude Van Damme nel film *I mercenari*, come quei personaggi che ritornano e a sessantacinque anni fanno le cose che facevano quando ne avevano venticinque: patetico e bollito» (30 gennaio 2013).
«Berlusconi è l'uomo che ha fatto quasi fallire l'Italia e che ora si ripropone, rovesciando la verità e facendo promesse irrealizzabili, contando sul fatto che gli italiani ogni tanto hanno la memoria corta. L'alternativa è tra noi e Berlusconi» (4 febbraio 2013).
«I voti a Berlusconi? Era assurdo pensare che non ci fosse chi voleva votare per chi difende l'evasione fiscale, visto che in Italia c'è il 20 per cento di evasione fiscale e gli evasori fiscali votano» (8 febbraio 2013).
«Abbiamo chiaro da tempo che l'errore fatto negli anni Novanta e quando abbiamo governato è stato di non riuscire a fare una buona legge sul conflitto di interessi e la riforma del sistema radiotelevisivo. E anche se i buoi sono scappati dalla stalla, in questa legislatura bisogna rimediare a tutti i costi: il Pd obbligherà Berlusconi a sciogliere i suoi conflitti di interesse se si vuole ricandidare. Il suo ruolo di tycoon mediatico è emerso in tutta la sua pesantezza anche in questa campagna elettorale. Sarebbe cambiata la storia del paese se la legge si fosse fatta prima, perché Berlusconi ha usato in modo sempre scorretto il suo potere» (21 febbraio 2013).
«Nel dire no a un governo con Berlusconi non dobbiamo avere alcuna ambiguità» (6 marzo 2013).
«Grande coalizione? Fossimo in Germania e ci fosse la Merkel sarebbe la soluzione perfetta. Purtroppo siamo in Italia e c'è Berlusconi, la vedo complicata» (8 marzo 2013).
«Berlusconi oggi propone un governo della concordia. Ma con quale coraggio e con quale coerenza lo fa, dal momento che nell'unico caso in cui sostenevamo lo stesso governo per fronteg-

giare la crisi più grave del dopoguerra ha tolto la spina prima del tempo solo per i suoi interessi, perché voleva andare a fare la campagna elettorale?» (20 marzo 2013).
«Pensare che, dopo 20 anni di guerra civile in Italia, nasca un governo Bersani-Berlusconi non ha senso. Il governissimo come è stato fatto in Germania qui non è attuabile» (8 aprile 2013).

Il Letta modello B è quello che ha fatto tutto il contrario di ciò che aveva detto il Letta A. Perciò, cognome a parte, Berlusconi si fida ciecamente di lui.

Mediaset Premier

Il sito di Radio Radicale custodisce un prezioso reperto d'epoca: la presentazione nel 2005 del libro dell'avvocata Giulia Bongiorno, *Nient'altro che la verità* sul processo Andreotti, che dovrebbe intitolarsi «Nient'altro che la bugia» visto che accredita la balla dell'assoluzione di Andreotti (notoriamente prescritto per il reato di mafia commesso fino al 1980). Insieme al Divo, a Pippo Baudo, a Cesare Romiti e a Francesco Cossiga, c'è anche Enrico Letta piuttosto ispirato: «Quante volte da bambino ho sentito nominare Andreotti a casa di mio zio, dove passavo tutti i capodanni e tutte le feste! Una presenza così importante che non veniva nemmeno chiamata, definita: era la Presenza e basta, venerata da tutti. Io avevo una venerazione per questa personalità, questa icona!». Poi la memoria cede il passo alla lacrima, per la grave «ingiustizia» subìta dalla venerata Icona-Presenza, fortunatamente «andata a buon fine» tant'è che «siamo tutti qui a festeggiare». Ecco: lui festeggia un politico dichiarato mafioso dalla Cassazione fino al 1980.

Un'altra volta dichiara che nel Pdl c'è «gente in gamba» come «zio Gianni e Tremonti»: lui li vorrebbe tanto nel Pd, ma siccome non vengono (mica scemi), pensa bene di imitarli. Nel 2008, quando diventa sottosegretario a Palazzo Chigi con Prodi, il ministro delle Comunicazioni Paolo Gentiloni gli scrive: «Devi cambiare le regole d'ingaggio all'Avvocatura dello Stato perché smetta di difendere la legge alla Corte di Lussemburgo contro i diritti di Europa7». E Letta jr. che fa? Nulla. Così l'Avvocatura seguita a difendere la Gasparri in Europa anche sotto il governo dell'Unione. Mediaset ringrazia e torna al governo.

Nel 2009 Berlusconi ha il solito problema: sistemare i suoi processi con il «legittimo impedimento». Letta jr. dà subito il via libera sul «Corriere»: «Il Pd non opporrà obiezioni al ricorso al legittimo impedimento: consideriamo legittimo che, come ogni imputato, Berlusconi si difenda *nel* processo e *dal* processo». Dimentica di precisare quale «ogni imputato», a parte Berlusconi, possa difendersi *dal* processo.

Nel 2010 il Pd presenta una mozione alla Camera per le dimissioni del sottosegretario Nicola Cosentino del Pdl, indagato per camorra. I banchi del centrodestra sono mezzi vuoti, sembra fatta. Ma ecco puntuale il soccorso rosso, o rosè: il gruppo del Pd fa mancare 97 voti, fra deputati assenti ingiustificati, astenuti, contrari e usciti dall'aula proprio al momento del voto e rientrati subito dopo. Fra questi ultimi c'è Letta jr. Mozione respinta con 236 No (Pdl più Lega), 138 Sì e 33 astenuti. Cosentino è salvo.

Il 12 luglio 2012, dopo anni di berlusconismo latente, Letta nipote si libera, sempre sul «Corriere», con il più classico dei coming out: «Preferisco che i voti vadano al Pdl piuttosto che disperdersi verso Grillo. Non vorrei che si tornasse alla logica dell'antiberlusconismo e delle ammucchiate contro il Cavaliere». Ecco: le ammucchiate contro il Cavaliere no, invece quella col Cavaliere sì.

La verità è che questo giovane-vecchio con l'aria da compagnuccio della parrocchietta è da sempre assetato di potere, disposto a tutto pur di agguantarlo. Anche a umiliarsi con imbarazzanti esercizi di piaggeria. Come il famoso bigliettino passato nel 2011 in piena Camera al premier Mario Monti, con su scritto: «Mario, quando vuoi dimmi forme e modi con cui posso esserti utile». Mario non ritenne di avvalersi di cotanto servilismo, ma intanto Enrico era tornato agli antichi amori con il mondo berlusconiano, grazie al filo diretto con lo zio Gianni.

Come dimostreranno le intercettazioni, pubblicate nel settembre del 2013, dell'inchiesta che porterà all'arresto per corruzione e associazione per delinquere di Maria Rita Lorenzetti, ex governatrice pd dell'Umbria e ora presidente di Italferr (società di engineering del gruppo Ferrovie dello Stato), per l'ennesimo scandalo del Tav di Firenze. Scriverà allora Fiorenza Sarzanini sul «Corriere della Sera»:

> Nel settembre 2012 ci fu un pesantissimo scontro politico per la nomina del presidente dell'Authority per i Trasporti anche all'interno del Pd. [...] Fu proprio Maria Rita Lorenzetti a chiamare Enrico Letta – all'epoca vicesegretario del Pd – per lamentarsi della sua mancata nomina al vertice dell'Ente di vigilanza e garanzia. «La Lorenzetti – annotano i carabinieri del Ros delegati all'indagine – riteneva che il suo nome fosse invece sostenuto principalmente dalla senatrice Anna Finocchiaro.» E dunque, quando vede sfumare la propria candidatura, chiama Letta che risponde: «Lì c'è uno scontro dentro il Pdl, nel senso che dentro il Pdl mio zio, che difende De Lise a spada tratta, dice "muoia Sansone con tutti i filistei", quindi se fate fuori De Lise saltano tutti». Il riferimento è a Pasquale De Lise, il presidente del Consiglio di Stato ritenuto favorito perché sponsorizzato dagli uomini più vicini a Silvio Berlusconi, ma alla fine escluso proprio per l'ostilità manifestata dalle opposizioni. Aggiunge Letta durante la telefonata: «Ho l'impressione che ci sia stata un po' di superficialità nella gestione della cosa. Io so per certo che, siccome questa non è come l'Autorità della privacy, che sono i partiti che si mettono d'accordo e fanno i nomi, questa è una nomina del governo e io so per certo che il governo non farà mai una terna tra virgolette politica» [...]. Alla collega di partito Letta spiega che c'è una «divisione nel Pdl, rispetto a questa cosa è partito Vito Riggio, presidente dell'Enac, come un ossesso, immaginando di poter fare lui l'operazione... questo per recuperare la presidenza. Dopodiché io non so la tua cosa come sia nata. Dopodiché, diciamo, il meccanismo che si è messo in moto è stato quello di un forcing pesante [...]. L'ho detto ad Anna: ho l'impressione che ci sia stata un po' di superficialità

nella gestione della cosa» [...]. Le cronache di quei giorni fanno emergere lo stallo durato quattro mesi per cercare di eleggere De Lise e poi, proprio a settembre, la decisione di ritirare la terna di candidati.

Il premier vero e quello finto

Appena uscito dallo studio di Napolitano con l'incarico in tasca, Letta nipote annuncia alla stampa che il suo sarà «un governo di servizio al paese». In realtà è un governo del presidente, cioè di Napolitano, che dopo aver deciso la coalizione e il programma (quello dei «saggi»), mette mano anche alla lista dei ministri. E tiene a sottolineare anche visivamente che comanda lui: pone una mano sulla spalla del premier incaricato e spiega che «non ci sono alternative» al governo di larghe intese (anche perché l'unica alternativa l'ha sabotata lui stesso, con la collaborazione di Enrico, fin dal primo giorno). Un modo come un altro per rammentare che il governo l'ha voluto lui, mica il parlamento. Il presunto premier ne è conscio, a tal punto da incappare nel più freudiano dei lapsus: accanto al presidente e di fronte ai giornalisti, dice di essere rimasto «sorpreso dalla telefonata ricevuta dal presidente del Consiglio». Cioè di Napolitano.

Dopodiché, prontamente ripresosi dalla sorpresa e dalla gaffe, ricambia l'affetto del sovrano con ampi salamelecchi «di profonda gratitudine al suo senso di dedizione al paese». E, per arginare la rivolta dei militanti e degli elettori dinanzi al tradimento che porta il suo nome e soprattutto il suo cognome, precisa che «il governo non nascerà a tutti i costi, ma solo se riusciremo a trovare insieme le risposte da dare agli italiani» eccetera. Poi naturalmente il governo nasce lo stesso, anche se i ministri che lo compongono e i partiti che lo sostengono non sono d'accordo su quasi nulla. In un lampo di involontario umorismo, Letta annuncia anche un nuovo slancio per «la moralizzazione della vita pubblica». Deve averne appena parlato con il pluricondannato Berlusconi.

Fedele Confalonieri, chiudendo i conti Mediaset del 2012 con il primo rosso (-287 milioni) della sua storia, coglie subito la palla al balzo e si appella ai «nuovissimi e vecchissimi uomini della politica» perché «smettano di giocare con fantasie distruttive e dirigiste che rischiano di desertificare il settore». Insomma, basta con le polemiche sul conflitto d'interessi e sul duopolio collusivo Rai-Mediaset, tutti «temi che sanno di vecchio»: Mediaset «dev'essere lasciata libera di difendere le sue attività», anche spazzando via la par condicio che lega le mani alle tv «mentre la rete seleziona la nuova classe dirigente nazionale con un'esaltazione della democrazia diretta che crea condivisibili inquietudini». Neanche a lui piace Grillo, e c'è da capirlo. Letta invece lo conosce da quand'era in fasce. Il nuovo premier piace molto anche a Pier Silvio Berlusconi, che lo giudica «una persona con ottima credibilità e un professionista che apprezzo». È proprio uno di famiglia.

Del resto, mentre Bersani fingeva di inseguire i 5 Stelle per il suo monocolore di minoranza, il suo vice Letta già gli faceva le scarpe. Lo racconta, con ampia dovizia di particolari, «Il Foglio» all'indomani dell'incarico.

> Il film della imposizione della «Letta via» all'interno del Pd comincia il 25 febbraio quando Enrico Letta, dopo aver detto in televisione a commento dei primi exit poll elettorali che «con questi numeri bisogna tornare presto alle elezioni», riceve una dura telefonata dal Quirinale con la quale il presidente invita il Pd a raddrizzare subito la rotta e a evitare di insistere sul ritorno alle urne. Letta recepisce il messaggio e già nel pomeriggio (andatevi a vedere le cronache) cambia linea (elezioni no) e continua a declinarla anche nelle settimane successive, attraverso una formula un po' politichese ma che diventerà maggioritaria all'interno del Pd: «Qualunque cosa succeda bisogna cambiare la legge elettorale prima di tornare al voto». Tradotto: un governo bisogna farlo. Passano i giorni, Bersani continua a seguire Casaleggio, il Pd comincia a sospettare che il governo del cambiamento con i voti di Grillo sia un pochino complicato, Letta

inizia a convincere Bersani che il governo lo si fa solo dialogando con il Caimano e apre due canali diplomatici importanti: uno personale con il Pdl (Letta ogni giorno si messaggiava con Alfano, e poi naturalmente c'è lo zio Gianni) e un altro meno personale con la Lega (è stata la lettiana De Micheli, grande amica anche di Fedele Confalonieri, a costruire un rapporto con Maroni attraverso triangolazioni quotidiane con il leghista Giancarlo Giorgetti). Risultato: mentre Bersani ufficialmente dice «mai con il Caimano», il Pd inizia in segreto a fare quello che poi gli avrebbe chiesto di fare ufficialmente Napolitano durante le consultazioni. Lo fa ma non lo dice. Ed è anche questa una delle ragioni che hanno trascinato Bersani in una trappola che l'ex segretario del Pd si è sostanzialmente costruita quasi da sé. E tutto, in un certo modo, accade tra il 22 marzo e il 29 marzo: altre due date importanti per capire come è nata la nuova direzione del Pd.

22 marzo, giorno di consultazioni: Bersani, dopo un lungo colloquio con il presidente della Repubblica, si presenta di fronte ai cronisti al Quirinale e per la prima volta non esclude di voler rivolgersi anche al centrodestra per cercare di formare un governo. È il primo successo della Letta via. Successo decisamente parziale, considerando il risultato ottenuto dalle successive consultazioni avviate dal preincaricato Bersani (quelle con il Wwf, con Saviano e con il Touring Club): «Non risolutivo». Passano giorni, la posizione di Bersani si indebolisce e nel Pd, complice anche la discesa in campo di Renzi che invita a non perdere tempo e a scegliere se fare o no un governo con il Pdl, si rafforza il modello «soluzioni condivise» di Enrico Letta.

E così arriviamo alla quarta data, che poi è la vera svolta che segna, anche plasticamente, il primo formale passaggio di consegne tra segretario e vicesegretario. È il 29 marzo, Napolitano conclude la sua ultima fase di consultazioni. Bersani rimane nella sua casa di Bettola e al Quirinale questa volta il Pd manda Letta. Sono le diciotto e trenta e il vicesegretario esplicita per la prima volta la nuova via. E quella che all'inizio si presenta come una semplice apertura si tradurrà nei giorni successivi in una nuova direzione.

> «Il Pd appoggerà la proposta che farà il presidente» dice il vicesegretario alla fine delle consultazioni («appoggerà», non valuterà) e a poco a poco sarà quella la posizione che si imporrà all'interno del partito e che si materializzerà prima con il clamoroso incontro tra Bersani e il Caimano (c'era anche Letta, era il 9 aprile) e poi con la drammatica svolta della direzione di martedì scorso (23 aprile): quando dopo le dimissioni di Bersani e Bindi il partito approverà la delega in bianco al Quirinale. E il senso del documento richiama le parole usate da Letta quel pomeriggio al Colle: «Il Pd appoggerà la proposta che farà il presidente». Ovvero una e solo una: le larghe intese con il Pdl. [...] Napolitano, come ha ricordato ieri Renzi al «Foglio», ha inscritto il Partito democratico dentro un nuovo perimetro. Un perimetro però anomalo, in cui per la prima volta il Pd dovrà capire se riuscirà a vivere senza avere più il collante dell'antiberlusconismo. La sfida è complicata. Ma se Letta la vincerà, anche per il Pd potrebbe davvero cominciare una nuova stagione. Chissà.

Ma certo che andrà così. E infatti Giuliano Ferrara, che la sa lunga, titola: *Il Cav ha evitato Piazzale Loreto. Ora meglio sfruttare la svolta di Nap che staccare spine.* Ma è l'unico a paragonare il suo padrone al Duce.

Il 25 aprile diventa, ancor più del solito, un'orgia di retorica resistenziale geneticamente modificata per le supreme esigenze dell'inciucio: con tanti saluti alla verità storica, la Resistenza, cioè la vittoria dei partigiani e degli Alleati che liberarono l'Italia dai nazifascisti armi in pugno, diventa la madre di tutte le larghe intese e le «pacificazioni». Grillo si permette di ricordare che col governo Pd-Pdl «il 25 aprile è morto» e «se i partigiani tornassero tra noi si metterebbero a piangere». Ma viene subito rimbeccato come uno sfascista ignorante. Laura Boldrini paragona il fascismo al «populismo autoritario» dei 5 Stelle. E Napolitano piega un'altra volta la storia a suo uso e consumo, invitando gli italiani a «imparare il coraggio, la fermezza e il senso dell'unità che furono decisivi per vincere la battaglia della Resistenza». Cioè trasformando la guerra civile – il momento di massima divisione del popolo italiano – nell'antesignana dell'inciucio (con un condannato che detesta la Costituzione).

Il 26 aprile escono su «Repubblica» e sul «Corriere» due interviste gemelle di un Berlusconi molto conciliante: «Enrico Letta appartiene a una famiglia che conosciamo bene, certamente anche Letta nipote è un'ottima persona». Nessun veto per i ministri, a parte i tecnici alla Saccomanni. «Mi auguro – dice – che non ci siano tecnici»: lui all'Economia preferirebbe Brunetta, ma è disposto anche ad accettare per il suo economista tascabile un posto da sottosegretario. Ciò che conta – assicura – è il programma: via l'Imu (con restituzione della rata già pagata), giù l'Irap, basta con i metodi «illiberali» di Equitalia nella lotta all'evasione fiscale, riforma della giustizia, riforme costituzionali a partire dal presidenzialismo e dalla modifica del Porcellum. Quanto a lui, gli sarebbe piaciuto fare il ministro dell'Economia, ma potrebbe accontentarsi della presidenza della Convenzione ri-costituente tanto cara a Napolitano. E questo è il suo volto pubblico. Poi c'è quello privato: il solito stalker che parla solo dei giudici, pretende salvacondotti, propone a Napolitano la nomina di due nuovi senatori a vita (Prodi e se stesso) e si aspetta lo scudo spaziale dell'amnistia che vaporizzerebbe tutti i suoi processi presenti e futuri. I suoi quotidiani, dal «Foglio» al «Giornale», martellano sul tema, anche se le parole «processi» e «salvacondotto» sono sostituite dalle più igieniche «malagiustizia» e «pacificazione». Per «chiudere la guerra civile dei vent'anni», beninteso.

Scrive Michele Serra su «Repubblica»:

> Lo sconvolgente voto di febbraio è stato riassorbito dalla politica italiana con un gattopardismo prodigioso, che quasi tutti i commentatori hanno definito «democristiano», ma ha visto protagonisti anche la sinistra consociativa e la destra populista, avvalorando la pessima ipotesi che non questo o quel partito, ma «la politica» nel suo complesso abbia serrato le file per difendersi dalla società, dai suoi malumori, dalle sue urgenze.

Il governo del Burattinaio

Il 27 aprile il governo Nipote è pronto: 21 ministri, più il premier. Dopo gli ultimi incontri mattutini con Bersani e poi con Berlusconi, con lo zio Gianni e con Alfano, Enrico Letta sale al Quirinale con la lista dei ministri, che peraltro Napolitano conosce benissimo visto che in gran parte è farina del suo sacco. E, tanto per cambiare, risponde soprattutto alle esigenze del Pdl, che chiede un governo politico e un'adeguata rappresentanza ministeriale, visto che il centrosinistra ha già occupato Palazzo Madama, Montecitorio e il Quirinale. Così viene incastrato il Pd che, in imbarazzo con i suoi elettori, preferirebbe un esecutivo scolorito, a «bassa intensità politica». In ogni caso, a parte un paio di dissidenti (i soliti Civati e Puppato, subito minacciati di espulsione dal turbo-lettiano Francesco Boccia, marito della neoministra berlusconiana Nunzia De Girolamo, se si azzarderanno a votare contro le larghe intese), non muove più foglia fra le centinaia di esponenti democratici che fino a due giorni prima giuravano «mai con Berlusconi». Ai primi di marzo il capogruppo Zanda lo voleva addirittura fuori dal parlamento in base alla legge del 1957, ora invece guida senza batter ciglio la falange dei senatori a votare compatti la fiducia al governo con Berlusconi. «Con Letta – commenta Grillo sul suo blog – resuscita Barabba. È la notte della Repubblica, la volontà popolare è stata rinchiusa nel ghetto: fin quando può durare?»

A menare le danze del nuovo governo, naturalmente, è Giorgio Napolitano, il «maestro burattinaio» come lo chiama il «Financial Times». Intanto impone a Letta di affiancare al suo governo una Convenzione per le riforme che dovrebbe garantirgli lunga vita: almeno 18 mesi per modificare la Costituzione, dopodiché si metterà mano alla legge elettorale. E senza questa il sovrano non scioglierà le Camere. Dunque più si ritarda la riforma del Porcellum, più si tiene in piedi il governissimo. Ma Re Giorgio ha fatto di più: il 26 aprile ha trattato per tutto il giorno direttamente con Berlusconi (che è negli Stati Uniti per una visita a George W. Bush, dunque è collegato col Quirinale via telefono) e con Gianni Letta, provvedendo anzitutto a espungere dalle liste dei ministri proposte dai partiti tutte quelle che lui chiama le «personalità divisive», cioè sgradite al Caimano. E alla fine l'uomo del Colle si è accaparrato cinque ministeri chiave.

All'Economia, per garantire i potentati europei, sistema Fabrizio Saccomanni, direttore generale di Bankitalia graditissimo a Draghi (con cui Napolitano si consulta di continuo), superando il mezzo veto berlusconiano. Agli Esteri, con lo stesso scopo, manda Emma Bonino, storica leader radicale. Alla Giustizia vorrebbe il suo pupillo Michele Vietti, vicepresidente del Csm. Berlusconi però pone il veto e propone Schifani (indagato per mafia a Palermo), ma è solo un diversivo. Infatti alla fine la spunta: il capo dello Stato ripiega sull'adorata Anna Maria Cancellieri, prefetto ed ex titolare dell'Interno, amica della famiglia Ligresti e madre di Piergiorgio Peluso, capo della finanza di Telecom (a cui la ministra, dal Viminale, ha appena rinnovato un megacontratto da 80 milioni per i braccialetti elettronici dei detenuti, giudicato «antieconomico e inefficace» dalla Corte dei conti). La Prefettessa comunque è una garanzia per il Pdl, che un anno prima voleva candidarla a sindaco di Bologna.

Poi ci sono tre dei dieci saggi del Colle: Enrico Giovannini, presidente dell'Istat, al Lavoro; il berlusconiano moderato Gaetano Quagliariello alle Riforme costituzionali; e il montiano Mario Mauro alla Difesa. Qui Napolitano voleva dirottare Angelino Alfano, ma il Cavaliere non ha sentito ragioni: il suo segretario dev'essere vicepremier e ministro dell'Interno (per controllare la polizia e i servizi segreti). E così è.

Di provata fede quirinalizia è anche l'inamovibile Filippo Patroni Griffi, che da ministro montiano della Pubblica amministrazione diventa sottosegretario alla presidenza del Consiglio.

Di suo Berlusconi, oltre ad Alfano, impone il ciellino Maurizio Lupi alle Infrastrutture (con delega anche alle Telecomunicazioni tanto care a Mediaset). Poi incamera il business della Sanità per Beatrice Lorenzin, e le Politiche agricole per Nunzia De Girolamo.

Il Pd sceglie il basso profilo e, oltre a Letta jr., non inserisce nessuno dei capicorrente. Il sindaco bersaniano di Padova Flavio Zanonato va allo Sviluppo economico. Il dalemiano Massimo Bray ai Beni culturali. Il sociologo dalemiano Carlo Trigilia alla Coesione territoriale. L'ex segretario Dario Franceschini ai Rapporti col parlamento. Il «giovane turco» Andrea Orlando all'Ambiente. La lettiana Maria Chiara Carrozza all'Istruzione. Il renziano Graziano Delrio agli Affari regionali. La canoista Josefa Idem alle Pari opportunità e Sport. La deputata italocongolese Cécile Kyenge all'Integrazione.

Completano il quadro il montiano Enzo Moavero Milanesi agli Affari europei e il casiniano Gianpiero D'Alia alla Pubblica amministrazione.

Alla fine Napolitano si congratula con se stesso per il lavoro svolto, elogiando la «novità, freschezza e competenza» dei neoministri. Letta jr. esprime «grande gratitudine al presidente» che gli ha messo su il governo. Napolitano si schermisce: «L'artefice della nascita di questo governo è Enrico Letta. Io ho solo assecondato il suo impegno». Ma intanto tiene la mano di Letta nella sua, a sottolineare che è tutto sotto il suo pieno controllo. E si mette in posa con la sua nuova creatura per le foto di rito («Poi me le mandate tutte, eh?»). È un governo del presidente o come bisogna chiamarlo? Il capo dello Stato taglia corto: «Non c'è alcun bisogno di una formula speciale per definirlo. È un governo politico, formato nella cornice istituzionale e nella prassi della nostra democrazia parlamentare. L'unico governo possibile». O quasi.

I larghi sottintesi

Appena rientra nella sua casa nel quartiere Testaccio, Enrico Letta riceve i complimenti dello zio Gianni: «Sei stato bravo e sei molto maturato». Poi detta al «Messaggero» una frase lapidaria: «Oggi si chiude la guerra dei vent'anni. Ora siamo all'armistizio. La speranza è che scoppi la pace». È quello che spera anche Berlusconi, che viene (o almeno si sente) rassicurato in vari colloqui privati sulla sistemazione dei suoi guai giudiziari. Qualcosa certamente, da Napolitano e/o da Letta, gli è stato promesso, se persino una colomba come Quagliariello dichiara al «Corriere» il 26 aprile, prim'ancora dell'annuncio dei ministri: «Se questo governo nascerà, svanirà definitivamente l'idea, che qualcuno ha nutrito in questi anni, che il problema con Berlusconi si risolvesse per via giudiziaria e non politica... Per nessuno, mai più, la giustizia sia usata come arma politica impropria». Daniela Santanchè evoca addirittura, non si sa bene in base a quale norma, la sospensione *sine die* dei processi al suo capo.

Diversi «falchi» o «lealisti» del Pdl, interpellati dall'autore di questo libro, giurano che in quei giorni il Cavaliere ripeteva di aver concordato un *do ut des*: appoggio a Napolitano e a Letta in cambio della grazia in caso di condanna. Una grazia omnibus, estesa anche alla pena accessoria, cioè all'interdizione dai pubblici uffici. E sul filo di questa aspettativa, come vedremo, il governo resterà in bilico in tutti i mesi a venire.

Insomma, la Grande Coalizione nasce all'insegna dell'ambiguità. Del non detto. Di uno o più protocolli segreti che tutti negheranno, tranne il Cavaliere. Il quale si attende il salvacondotto e inizia a minacciare, in caso contrario, la fine delle larghe intese. Niente «pacificazione», niente governo. Ma fin da subito precostituisce le condizioni per farlo cadere, all'occorrenza, senza dare l'impressione di legarne le sorti alle sue vicende giudiziarie. E avvia una campagna elettorale permanente sulle tasse, reclamando fin dal primo giorno la cancellazione dell'Imu (varata dal governo Monti con il suo voto determinante) e dell'aumento dell'Iva (deciso dal suo governo «a babbo morto» dopo la resa alla Bce e la famosa lettera di Trichet e Draghi). Il Pd glielo lascia credere e dire. E così Saccomanni, che promette «riduzioni fiscali» pur sapendo benissimo che non esistono le risorse per coprirle.

Del resto, ciascun partito della maggioranza può credere e dire ciò che vuole per rassicurare i rispettivi elettori: un programma preciso, condiviso e sottoscritto dai tre azionisti delle larghe intese non esiste. Anzi, non esistono intese né larghe né strette, essendo nate in mezza giornata. Il che rende umoristici i richiami alla «grande coalizione» tedesca. In Germania, quando nel 2005 nacque la prima Grosse Koalition fra la Cdu di Angela Merkel e l'Spd di Gerhard Schroeder, i due partiti si chiusero in conclave per 65 giorni e non ne uscirono prima di avere stilato un accordo puntiglioso fin nei minimi dettagli, con tanto di firme e bolli. E lo stesso faranno da settembre del 2013, quando la Merkel rivincerà trionfalmente le elezioni, ma senza raggiungere (per appena 5 seggi) la maggioranza nel Bundestag: due mesi di negoziato fra 75 parlamentari della Cdu e dell'Spd sino alla firma di un minuziosissimo «contratto di legislatura» Infatti le grandi coalizioni tedesche durano e funzionano. Quella di Letta non farà altro che rimuovere e rinviare quasi tutti i problemi, le scelte e le riforme. Il governo delle lunghe attese.

I lecca-Letta

La mattina di domenica 28 aprile, mentre Letta e i suoi ministri giurano al Quirinale nelle mani di Napolitano, un muratore disoccupato e squilibrato venuto da Rosarno (Calabria), Luigi Preiti, apre il fuoco da distanza ravvicinatissima su due carabinieri che sorvegliano l'ingresso di Palazzo Chigi, ferendone uno leggermente e l'altro gravemente. «Puntavo ai politici» dice. Ma ha sbagliato indirizzo, visto che a quell'ora e quel giorno di politici a Palazzo Chigi non ce ne sono. Come abbia fatto il tizio ad aggirare l'imponente apparato di sicurezza che protegge i palazzi del potere e giungere fino al portone del governo, non è dato sapere. Ma l'attentato diventa un ottimo pretesto in mano ai sostenitori delle larghe intese per accusare di terrorismo o filobrigatismo le pochissime voci critiche. Il Pdl punta il dito contro la presunta violenza verbale dei 5 Stelle. Napolitano lancia un monito alla stampa e a eventuali opposizioni: «Confido che tutti cooperino – e quando dico tutti mi riferisco anche in particolare ai mezzi di informazione – a favorire il massimo di distensione piuttosto che il rinfocolare vecchie tensioni». Non è dato sapere in quale democrazia la libera stampa «cooperi» con il governo, per giunta per ordine del capo dello Stato. Il quale così, dopo aver sistemato il potere legislativo e quello esecutivo, inietta una robusta dose di cloroformio e bromuro anche nelle vene dell'informazione. Come se questa ne avesse bisogno.

Il monito naturalmente è superfluo, visto che i Letta Boys vengono salutati da un coro pressoché unanime di *laudatores* a mezzo stampa e a reti unificate. I quali si incaricano anche di bastonare le poche voci fuori dal coro.

Breve antologia dei titoli dei maggiori quotidiani italiani. *Il governissimo delle facce nuove*; *Napolitano, missione compiuta*; *Letta, 77 ore per disinnescare la guerra civile Pd-Pdl*; *Saccomanni, il tecnico che non fa sconti alla finanza mondiale*; *La missione di Giovannini: rilanciare l'occupazione*; *Farnesina in festa per l'arrivo della Bonino* («La Stampa»). *Governo Letta: record di donne, supertecnici e quarantenni* («Il Messaggero»). *Più donne e giovani, la squadra di Letta*; *Letta è premier: donne e giovani. Provo una sobria soddisfazione*; *Ritorno alla realtà*; *Sul governo il sigillo del Colle. E si apre il cantiere delle riforme*; *Campane a festa per D'Alia* («Corriere della Sera»). *Governo giovane e in rosa*; *Straordinari doveri*; *Quagliariello: «E ora pacificazione»*; *Su Interni e Giustizia la mossa decisiva* («Avvenire»). *La nuova generazione*; *Le signore della competenza*; *Ecco il governo Letta, giovani e donne* («la Repubblica»). Ancora nessuna notizia dei bambini. Seguono i commenti, *ton sur ton*.

Pierluigi Battista, sul «Corriere»:

> I due partiti maggiori che si accingono a formare un governo presieduto da Letta stanno compiendo un atto coraggioso. Sanno che per loro questa è l'ultima chiamata. Sanno che non possono fallire.

Stefano Menichini, su «Europa»:

> In questi giorni si sconta l'antica cessione di autonomia in favore di un ceto intellettuale che del radicalismo tendente al giustizia-

lismo fa la propria ragion d'essere. I Travaglio, i Padellaro, i Flores che [...] annullano la persona di Enrico Letta perché «nipote» sono personaggi che fanno orrore. Il loro linguaggio suscita repulsione. Il loro livore di sconfitti mette i brividi. Ma in condizioni normali il loro posto dovrebbe essere ai margini, in quell'angolo della società e del dibattito pubblico dove sempre si collocano gli odiatori di professione. Solo qui capita che da quell'angolo si riesca a condizionare gli umori della sinistra italiana che [...] ha sempre cercato di parlare e di ragionare di politica, lasciando ai neofascisti la necrofilia e l'intimidazione. Ha problemi grossi da risolvere, Letta. Ma sembrano inezie se paragonati alla guerra contro i battaglioni della morte che dobbiamo vincere noi.

Beppe Severgnini, sul «Corriere»:

L'incarico a Letta non ha ancora quarantott'ore e già si sentono i soliti commenti bellicosi, le consuete dichiarazioni stentoree [...]. Questa è l'ultima spiaggia della Penisola: più in là c'è solo il mare in tempesta e un azzardo pericoloso. I saggi nominati dal presidente Napolitano si sono rivelati concreti. In poco tempo hanno prodotto poche pagine di buone idee: nel paese pleonastico, una piccola rivoluzione [...]. L'Italia ha voglia di novità. È primavera: bisogna cambiare aria nelle stanze e nel cervello [...]. Enrico Letta è un uomo competente, calmo e relativamente giovane.

Ma anche marito premuroso, padre esemplare e soprattutto nipote.

Aldo Cazzullo, ibidem:

Letta non ha citato Kennedy – «la fiaccola è stata consegnata a una nuova generazione...» – ma ha detto più o meno le stesse cose, Napolitano. Le ha dette mentre affidava l'incarico di formare il «suo» governo a un uomo di cui potrebbe essere il nonno [...]. L'Italia, paese considerato gerontocratico, fa un salto in avanti inatteso e si colloca all'avanguardia in Europa [...]. A Palazzo Chigi arriva il ragazzo che amava il *Drive In* e gli U2.

Alessandro Sallusti, abituato a ben altre famiglie, si dedica una volta tanto a quella del nuovo premier:

> Complimenti Gina, al secolo Gianna Fregonara [giornalista del «Corriere», *nda*], candidata first sciura del paese. Per l'incarico al marito, ovvio, ma soprattutto perché sono certo che se oggi Enrico Letta è sulla soglia di Palazzo Chigi dietro c'è lo zampino della moglie, la Gina appunto. E senza presunzione, mi prendo un piccolo, assolutamente casuale merito per averla spinta con qualche sotterfugio a Roma tra le braccia del suo futuro marito che all'epoca dei fatti né io né lei conoscevamo [...]. Tornava sempre con la notizia giusta e si aprì la strada con le sue capacità. Anni dopo non tornò più, aveva trovato la notizia del fidanzato giusto. Tale Enrico Letta. E dopo non poca sofferenza, come nelle favole, vissero felici e contenti e con tre figli. Brava Gina, non ci deludi mai.

Anche l'altro quotidiano berlusconiano, «Libero», turibola per la penna di Antonio Socci:

> L'arte del compromesso ci salverà dai moralisti. In un'omelia del 1981 Ratzinger elogiava la mediazione come strumento della politica. Contro le ideologie che esaltano lo Stato assoluto. Oggi tre politici cattolici, Enrico Letta, Angelino Alfano e Mario Mauro, portano avanti i valori di dialogo e razionalità che furono di De Gasperi... Un nuovo umanesimo e un nuovo rinascimento potrebbero essere l'orizzonte e l'ambizione di questa pacificazione nazionale. Se non fallisce e non viene sabotata.

Insomma Dio lo vuole. E anche Ratzinger. E De Gasperi. Ma pure Lorenzo il Magnifico.

Poi c'è «l'Unità», che ha lo stesso problema del Pd: far dimenticare quel che scriveva di Berlusconi fino al giorno prima. Il direttore bersaniano Claudio Sardo, ancora il 23 aprile, scandiva stentoreo:

> Continuiamo a pensare che le larghe intese costituiscano un pericolo, che la riproposizione di uno schema simil-Monti abbia

> troppe controindicazioni dopo quanto è successo, che la frattura politica apertasi nella società richieda una competizione trasparente e differenze leggibili tra destra e sinistra.

Il 28 aprile, dopo la cura Napolitano, s'è già rimangiato tutto:

> Il governo di Enrico Letta nasce da uno stato di necessità e da una grave sofferenza politica [...]. Il governo Letta, così nuovo e così difficile, è un'opportunità per la sinistra.

L'Operazione Amnesia passa attraverso la minimizzazione del tasso di berlusconismo nel nuovo governo. Bisogna convincere i lettori, e soprattutto convincersi, che il Caimano non c'è più: «Nel governo – scrive Sardo – non ci sono i protagonisti del conflitto politico di questi anni», «Letta è riuscito a mettere insieme una squadra di ministri giovani e a sottrarsi ai veti di Berlusconi, promuovendo un rinnovamento generazionale che, magari, potrà aiutare persino l'evoluzione democratica del partito della destra». Dunque Alfano, Lupi, Quagliariello e De Girolamo, tutti aderenti alla celebre mozione parlamentare «Ruby nipote di Mubarak», sarebbero estranei al conflitto politico di questi anni. E comunque, vivaddio, sono così giovani. Che s'ha da fare, per campare.

Il direttore del «Messaggero» Virman Cusenza, giornalista-sarto, confeziona per il nuovo governo un abitino su misura. Titolo: «Un cambio di stagione». Svolgimento:

> Non c'è commento migliore al governo appena nato della foto che ritrae Giorgio Napolitano mentre stringe le mani di Enrico Letta. Ed è difficile capire dove cominci la stretta del primo e finisca la presa del secondo, come padre e figlio sinergicamente s'affidano l'un l'altro prima delle navigazioni impegnative della vita.

Corbezzoli, gliele ha cantate chiare. Del resto, di fronte a quelle mani di fata, la prima domanda che si ponevano pensosi tutti gl'italiani era appunto questa: chissà dove comincia la stretta del primo e finisce la presa del secondo? Ah, saperlo. Per il resto, avverte il Cusenza, «il richiamo al 1946 non è casuale»: «Il nuovo governo Letta è chiamato» a «una piccola grande rifondazione del concetto di buon governo perché almeno generazionalmente sono venuti meno i muri e gli steccati che hanno avvelenato gli ultimi decenni, con la violenza e l'odio e la loro interminabile scia di sangue». Insomma quella di De Gasperi che nel 1946 governò con Togliatti è «un'impresa simile (al netto del conflitto mondiale)» a quella di Alfano che governa con Letta (al netto dei processi a Berlusconi).

Il più entusiasta rimane comunque Eugenio Scalfari, fin dal titolo del suo editoriale su «Repubblica»: *Un medico per l'Italia.* Non si sa a chi si riferisca, ma si sa a chi non si riferisce: Alfano, che essendo soltanto il ministro dell'Interno e il vicepresidente del Consiglio, non merita neppure una citazione.

> Nelle circostanze date è un buon governo. Enrico Letta aveva promesso competenza, freschezza, nomi non divisivi. Il risultato corrisponde pienamente all'impegno preso, con un'aggiunta in più: una presenza femminile quale prima d'ora non si era mai verificata [...]. Se i fatti corrisponderanno alle parole molte sofferenze saranno lenite e molte speranze riaccese.

Rimosso Alfano, Scalfari ammira molto la «competenza» dell'avvocato De Girolamo in tema di agricoltura; della signora Lorenzin (maturità classica) in materia di Sanità; di Andrea Orlando (maturità scientifica, ex responsabile giustizia del Pd) in fatto di Ambiente. Però non li nomina, per precauzione. E tributa il consueto omaggio a Sua Castità: «Napolitano, suo malgrado, ha dovuto restare al Quirinale. Suo malgrado, ma per fortuna del paese». Egli, *ça va sans dire*, «conosce benissimo i limiti e i doveri che la Costituzione prescrive»: infatti li ha violati tutti nel giro di qualche giorno. A questo punto Scalfari elenca i «molti precedenti» del governo Napolitano-Letta nella storia della Repubblica. Che poi sono due. Il primo è il patto

Moro-Berlinguer per la non sfiducia ad Andreotti a metà degli anni Settanta, che però non c'entra nulla, visto che il Pci non aveva ministri, nemmeno nel 1978 quando votò per qualche mese la fiducia. Il secondo è il governo Badoglio del 1944, dove sì convivevano ministri comunisti e democristiani: ma nemmeno quello è un precedente, perché l'Italia era ancora una monarchia, oltre a essere ancora in guerra. Insomma, i «molti precedenti» non esistono. Meglio tornare a Re Giorgio, «un presidente al di sopra delle parti» che, «salvo Ciampi, non è mai esistito» perché «garantisce tutti, ma garantisce soprattutto il paese». Ma garantisce soprattutto Berlusconi.

Infatti Giuliano Ferrara, che bada come sempre al sodo, titola sul «Foglio»: *Ora i giudici devono deporre le armi.*

ScendiLetta

Il 29 e il 30 aprile il governo Letta – il sessantaduesimo della storia repubblicana – ottiene una fiducia-plebiscito: 453 Sì, 153 No e 17 astenuti alla Camera; 233 Sì, 59 No e 18 astenuti al Senato. Ma i due discorsi del premier dimostrano fin da subito tutta l'ambiguità dell'Operazione Inciucio. E lasciano chiaramente intendere che al Cavaliere è stato promesso qualcosa sul fronte processuale, peraltro ancora bloccato dall'incredibile e interminabile moratoria decisa dalla Cassazione e dalla Consulta. Tra le varie fumisterie neodemocristiane che non dicono nulla ma lo dicono benino, i soliti salamelecchi al suo signore e padrone Napolitano, le citazioni giovanilistiche dai Tiromancino, da Ligabue e da De André e le promesse di abolire la legge sul finanziamento pubblico dei partiti, di risolvere l'emergenza carceri e di combattere la corruzione, il nipote di Gianni Letta evoca esplicitamente la «pacificazione». E così dà per scontato che i processi a Berlusconi facciano parte di una non meglio precisata guerra che dev'essere superata, peraltro non si sa come. Proprio in chiusura del suo discorso, il presidente del Consiglio si paragona al Davide della Bibbia:

> In questi giorni ho pensato al personaggio biblico di Davide. Come lui, con lui, siamo nella valle di Elah, in attesa di affrontare Golia. Nella valle delle nostre paure di fronte a sfide che appaiono gigantesche. Anche la sfida di metterci insieme per affrontarle. Come Davide in quella valle, dobbiamo spogliarci della spada e dell'armatura che in questi anni abbiamo indossato e che ora ci appesantirebbero. Davide «prese in mano il suo bastone, si scelse cinque ciottoli lisci dal torrente e li pose nella sua sacca da pastore, nella bisaccia; prese in mano la fionda e si avvicinò a Golia». Noi, dal «torrente» delle idee sulle quali ci siamo confrontati abbiamo scelto i nostri «ciottoli», le nostre proposte di programma. La «fionda» l'abbiamo in mano insieme, governo e parlamento. Ma di Davide ci servono il coraggio e la fiducia. Il coraggio di mettere da parte quella «prudenza politica» che spinge a evitare il confronto con le nostre paure, a rimanere nella valle e, se proprio decidiamo di muoverci, a farlo con indosso l'armatura. Il coraggio di affrontare la sfida liberandoci dell'armatura, forse lo abbiamo trovato.

Trenta *standing ovation* dal fronte Pd-Pdl-Centro interrompono e salutano il discorso del premier, mentre i parlamentari dei partiti che fino al giorno prima si insultavano si abbracciano e si invitano a pranzo, quando addirittura non si fidanzano o non si sposano. In questo clima da fiori d'arancio solo Barbara Spinelli, su «Repubblica», nota l'assurdità di quell'accenno a Davide e Golia: «In realtà David rifiuta l'elmo di bronzo, la corazza, la spada» perché «non vi è abituato». Infatti

> porta con sé solo cinque ciottoli lisci e la fionda per uccidere Golia, non per schivare il duello. Golia, il gigante filisteo alto sei cubiti e un palmo, cadrà a terra ferito dal primo ciottolo. Il colpo finale – la decapitazione – il giovane pastore l'assesta con la spada, che sguaina dal fodero dell'avversario atterrato... Chi ha visto il dipinto di Caravaggio ricorderà la resa dei conti, l'inorridita testa amputata di Golia che ancora grida. Difficilmente gli verranno in mente le grandi intese magnificate da Letta alle Camere, l'era delle contrapposizioni finite, un intero ventennio di abusi di potere

rimosso. Golia non è spodestato: anzi, con lui si vuole difendere la Repubblica dalle avversità. È un Golia riabilitato, perfino premiato. Brandisce addirittura la spada, sull'Imu, per mostrare chi comanda in città.

Fin dal primo giorno, 30 aprile, mentre Letta vola a Berlino a farsi benedire da Angela Merkel, Berlusconi minaccia di togliere la fiducia al governo se non verrà abolita e restituita l'Imu: poi si accontenterà di un rinvio di due rate. Intanto si candida ufficialmente alla presidenza della Convenzione per la riforma costituzionale: «Sarebbe bello, quel posto tocca a me, sono il più bravo». Poi, causa sentenze, non se ne farà nulla.

Il 2 maggio l'ex portavoce del Quirinale, Pasquale Cascella, candidato del Pd a sindaco di Barletta, intervistato da Radio24 accusa l'autore di questo libro per la morte del consigliere D'Ambrosio:

> Bisogna chiedere a Travaglio se non ha problemi di coscienza, per il modo con cui ha fatto informazione. Non credo sia un modo di fare giornalismo. È stato un attacco mirato alla persona, a Napolitano. Mi chiedo come alcuni facciano informazione al «Fatto», come facciano a convivere con la propria coscienza e deontologia professionale, che nel caso D'Ambrosio è stata violata.

Quindi l'infarto di D'Ambrosio diventa un omicidio, e chi ha dato conto criticamente del suo comportamento emerso dalle intercettazioni con Mancino diventa un assassino. Chi invece trascinò D'Ambrosio in quell'imbarazzante viluppo di abusi di potere – e cioè Mancino e Napolitano – diventa una vittima. Non contento, il Cascella fa una rivelazione:

> Napolitano non resterà sette anni: il tempo di vedere le riforme avviate e poi lascerà. Tre anni? Speriamo molto prima. Il suo è stato un rinnovo funzionale, si è dato una missione e una funzione: il tempo per far uscire il paese da una transizione che rischiava di essere infinita, avviando riforme serie.

È l'ennesima conferma che Napolitano ha in mente un mandato col bollino di scadenza, come lo yogurt, per giunta condizionato a eventi politici contingenti, in barba alla Costituzione. Queste però sono cose che si fanno, ma non si possono dire. Infatti il Quirinale precisa subito che Cascella «parla a titolo personale». E due giorni dopo il presidente lo sconfessa sul mandato «a scadenza», mentre conferma sostanzialmente la presidenza «a condizione»:

> Non posso certo mettere una scadenza al mio mandato, fissarne un limite. Ho legato la mia rielezione al raggiungimento dell'obiettivo delle riforme e anche alla capacità delle mie stesse forze. Ma nessuno certo è in grado di prevederne la durata, sia per l'uno che per l'altro aspetto. Quindi quelle sul mio mandato a tempo sono solo congetture, mere ipotesi più o meno ottimistiche.

Ma sono pochi quelli disposti a credere che il suo più stretto collaboratore (fino a qualche giorno prima) si sia inventato tutto. Cascella ha semplicemente svelato uno degli altarini che gli italiani non devono sapere, ma magari scopriranno di lì a qualche mese, o anno.

I viceimpresentabili

Il 3 maggio Napolitano e Letta completano il capolavoro con la nomina di 40 fra viceministri e sottosegretari: tutti uomini giusti nei posti giusti, all'insegna della più rigorosa meritocrazia. A cominciare dagli imputati.

Viceministro dell'Interno è Filippo Bubbico, Pd, un altro dei dieci «saggi», imputato a Potenza per abuso d'ufficio con l'accusa di avere sperperato 23.869 euro di fondi della Regione Basilicata per un'inutile consulenza esterna. Vincenzo De Luca, sindaco pd di Salerno, è imputato in tre processi per storie di appalti, incarichi e vicende urbanistiche (truffa e falso, peculato, associazione per delinquere e concussione); è stato condannato e poi prescritto per reati contro l'ambiente; ed è indagato per falso ideologico e abuso d'ufficio a proposito del mostruoso progetto «Crescent» destinato a deturpare il lungomare della sua città e infatti presto sequestrato dalla magistratura. Dunque, per competenza specifica, diventa viceministro delle Infrastrutture e Trasporti, ma senza lasciare l'incarico (incompatibile per legge) di sindaco di Salerno.

Nello stesso ministero, da cui transitano miliardi per gli appalti pubblici, si accomoda anche il nuovo segretario Rocco Girlanda, deputato Pdl, amicone di Verdini ma anche del costruttore della «cricca» Riccardo Fusi, con cui nel 2009 fu intercettato mentre chiedeva di girare una commessa da 80 milioni per la doppia superstrada Marche-Umbria (la cosiddetta «Quadrilatero») al cementificio Barbetti, di cui era un dirigente retribuito fino al dicembre 2012, anche se stava in parlamento. Un conflitto d'interessi mostruoso, che ora si aggrava con il suo nuovo ruolo di sottosegretario, cioè teoricamente di controllore delle opere pubbliche.

Un caso simile è quello di Marco Flavio Cirillo, Pdl, noto alle cronache per aver bocciato il provvedimento antitraffico e antismog del sindaco Giuliano Pisapia sul ticket d'ingresso nel centro di Milano («Serve solo per fare cassa»); ma soprattutto perché, da sindaco di Basiglio (comune della cintura milanese), ha sponsorizzato un progetto di speculazione edilizia per 300.000 metri cubi di nuovi edifici targato Paolo Berlusconi, suo amico personale. Insomma, un ecologista a tutto tondo: infatti Letta, o chi per lui, lo promuove sottosegretario all'Ambiente.

Con la stessa logica (si fa per dire), la falchessa berlusconiana Micaela Biancofiore, nota per le sue sparate omofobe, va alle Pari opportunità. Ma, appena nominata, fa un altro attacco ai gay e Letta le ritira la delega (ma non la poltrona).

Viceministro degli Esteri è Bruno Archi, ex consigliere diplomatico di Berlusconi, ma soprattutto teste in suo favore al processo Ruby, che sarà presto indicato dal Tribunale alla Procura di Milano per verificare se abbia testimoniato il falso.

Poi ci sono le due deleghe che interessano personalmente il Caimano: le tv e la giustizia. Le prime le sorveglia da par suo Antonio

Catricalà, discepolo di Letta (Gianni, non Enrico), che ben meritò agli occhi di Mediaset come capogabinetto di Maccanico, come garante dell'Antitrust e come sottosegretario alla presidenza nel governo Monti: dunque viceministro dello Sviluppo economico con delega alle Comunicazioni (e dove se no?).

Sottosegretario alla Giustizia è il pm Cosimo Ferri, leader di Magistratura indipendente, ma soprattutto citato nelle intercettazioni degli scandali Agcom-Annozero, Calciopoli e P3. E un altro magistrato, Domenico Manzione, va agli Interni con Alfano. Non si era detto che non sta bene che i magistrati entrino in politica? Sì, ma valeva solo per Ingroia.

La baronessa Ilaria Borletti Buitoni ha donato 710.000 euro all'amato Monti. Pareva troppo, per un posto in parlamento, ma ora arriva la promozione a sottosegretario alla Cultura.

Poi c'è Gianfranco Miccichè, l'uomo di Dell'Utri, quello che voleva ribattezzare l'aeroporto di Palermo perché «i nomi di Falcone e Borsellino trasmettono ai turisti un'idea negativa della Sicilia»; quello che l'ex compagno di partito Ciccio Musotto definì «politico di fiuto»; quello che ha avuto l'autista fermato dalla polizia di Palermo mentre portava una busta di cocaina a un misterioso «on. Gianfranco Miccichè». Viene promosso sottosegretario alla Pubblica amministrazione.

Ma anche su questi nomi imbarazzanti Napolitano mette la firma senza dire una parola. Anche quando Miccichè ringrazia pubblicamente Dell'Utri per la nomina: «Marcello ha avuto un peso nella scelta di Berlusconi». Sono soddisfazioni.

Restano da sistemare le commissioni parlamentari e – guarda un po' – al Cavaliere interessano molto le Comunicazioni, la Giustizia e le Immunità. Tant'è che è pronto a rinunciare alla Convenzione per le riforme in cambio di quelle presidenze, che un minimo di decenza imporrebbe di assegnare all'opposizione, 5 Stelle *in primis*. Per la Giustizia Berlusconi ha in mente il senatore Francesco Nitto Palma, per le Comunicazioni Paolo Romani o Altero Matteoli, per le immunità Ignazio La Russa.

Su Palma il Pd si spacca: l'ex magistrato ed ex ministro della Giustizia è amico di Previti, ha chiesto una commissione d'inchiesta su Mani pulite, ha proposto la norma bloccaprocessi e ha appena visitato in carcere Nicola Cosentino (arrestato per camorra), partecipato alla marcia sul Tribunale di Milano e lanciato l'idea di riaprire il condono edilizio. Troppo anche per le formidabili capacità digestive di molti Democratici. Ma il 7 maggio Berlusconi avverte: «O passa Nitto Palma o il governo cade: tira una pessima aria e questo non è tollerabile». Gianni Letta si precipita da Napolitano dopo l'omaggio alla salma di Andreotti, scomparso proprio quel giorno, e gli esterna le rimostranze del Caimano. Poi anche Letta nipote sale al Colle. E alla fine il Pd cede: anziché accogliere la proposta dei 5 Stelle, disposti ad appoggiare l'ex pm Felice Casson, vota scheda bianca. Ma solo dopo aver chiesto a Scelta civica i voti necessari per impedire l'elezione di Casson e far passare Palma. Che diventa così il nuovo presidente della commissione Giustizia del Senato (alla Camera c'è Donatella Ferranti del Pd). «Quando abbiamo reso nota la nostra disponibilità su Casson – rivela il pentastellato Michele Giarrusso – è arrivata una telefonata del Colle a quelli del Pd: Palma non poteva saltare, altrimenti cadeva il governo.» Il capogruppo Zanda smentisce: «Napolitano non ha mai parlato con me e nemmeno con altri, l'avrei saputo». Ma, se l'avesse saputo, l'avrebbe ammesso? Chissà.

Il Pd poi vota, senz'alcun rigetto, il turboberlusconiano Matteoli (salvato dall'immunità da un lungo processo per favoreggiamento a Livorno) presidente della commissione Lavori pubblici e Comunicazioni del Senato; l'imputato per corruzione Roberto Formigoni alla commissione Agricoltura di Palazzo Madama; l'ex piduista Fabrizio Cicchitto alla commissione Esteri della Camera; il deputato-avvocato Paolo Sisto (difensore di Raffaele Fitto) agli Affari costituzionali; Ignazio La Russa (ex avvocato di Previti) alla giunta per le autorizzazioni a procedere; Daniele Capezzone alla commissione Finanze, sempre della Camera. Piuttosto che a un 5 Stelle, i partiti della maggioranza regalano la presidenza della giunta per le Elezioni e immunità del Senato (decisiva per le sorti del senatore Berlusconi) a un eletto di Sel: Dario Stefàno, strano esemplare di vendoliano pugliese che fino a pochi mesi prima stava per trasmigrare nell'Udc. Il M5S deve accontentarsi della presidenza della commissione parlamentare di Vigilanza sulla Rai, che va a Roberto Fico.

L'alleato condannato

Il 6 maggio la Cassazione si decide a esaminare l'istanza di rimessione dei processi di Berlusconi da Milano a Roma e la respinge, sbloccandoli tutti. Nessuna notizia invece dalla Consulta sul vecchio legittimo impedimento invocato da Berlusconi, con tanto di conflitto di attribuzioni sollevato dalla Camera per annullare l'intero processo Mediaset. La Corte doveva decidere il 24 aprile, proprio mentre Letta jr. diventava premier, ma con una scelta singolare ha interrotto la camera di consiglio a metà, rinviando la sentenza a data da destinarsi. Non è ancora il momento, si rischia di disturbare i manovratori. Motivi di «opportunità politica» è la voce che filtra. Il relatore della causa è Sabino Cassese, già candidato di Napolitano al Colle, nonché «tutor» universitario di Giulio Napolitano, con cui ha firmato alcune pubblicazioni. Alla fine della breve udienza interrotta, alcuni giudici si sono precipitati alla presentazione di un libro: *La Repubblica del Presidente*. Cioè di Napolitano.

Del resto, intorno ai processi al Cavaliere che finalmente riprendono, c'è un gran tramestio di pompieri. Il 1° maggio, intervistato dal «Fatto», il vicepresidente del Csm Michele Vietti, che non pronuncia monosillabo senza prima concordarlo col Quirinale, ha proposto il ritorno all'immunità parlamentare col solito linguaggio felpato dei democristiani. Testualmente: «un sistema di ammortizzatori che eviti una frizione diretta tra iniziativa giudiziaria e rappresentanza parlamentare».

L'8 maggio la Corte d'appello di Milano chiude il processo sui diritti Mediaset e conferma la condanna di Silvio Berlusconi a quattro anni di reclusione e a cinque di interdizione dai pubblici uffici per frode fiscale: quella che, nelle motivazioni di primo grado, gli attribuiva «una naturale capacità a delinquere». Il

Caimano delinquente strepita: «Sentenza ridicola, i giudici sono accecati dall'odio, una patologia seria che dobbiamo eliminare». E, nel silenzio di Letta jr. e Napolitano, chiama a raccolta parlamentari e militanti per una marcia su Brescia sabato 11. «Ora lo faranno senatore a vita» ironizza Grillo. Pare una battuta, invece il Cavaliere fa sapere di aspettarsi la nomina da Napolitano, ora che s'è liberato il posto di Andreotti. Il Colle replica che la questione al momento non è all'attenzione del presidente.

Piero Grasso, presidente del Senato, trova che «dei senatori a vita si può fare a meno, si tratta di una nomina che risale al periodo regio». La frase irrita Napolitano, che non ne fa mistero. Nessuna reazione dal presidente, invece, quando Grasso nomina il senatore pdl Antonio D'Alì, imputato per mafia a Trapani (sarà poi metà assolto e metà salvato dalla prescrizione, come Andreotti), rappresentante dell'Italia nell'Assemblea parlamentare euro-mediterranea (Apem).

Ma i processi ai politici di maggioranza ormai sono tabù. Alla condanna in appello del Cavaliere, la reazione degli alleati del Pd è molto tiepida: il sottosegretario Bubbico se la cava con un «c'è la presunzione di innocenza fino al terzo grado». Gli altri, dal premier in giù, glissano. Il Cavaliere punta tutto sulla Cassazione, «il mio giudice a Berlino che mi ha sempre assolto». E, per quell'appuntamento, aggiunge un avvocato al già nutrito collegio difensivo: Franco Coppi, già legale di Andreotti. C'è chi giura che gliel'abbia consigliato il Quirinale, per il suo profilo «istituzionale» e il suo aplomb, lontano mille miglia dall'immagine dei Longo e dei Ghedini.

L'8 maggio, mentre il Cavaliere viene condannato a Milano, Napolitano torna per la prima volta al Csm dopo la sua «imprevedibile rielezione», per la cerimonia di proclamazione del neopresidente della Cassazione: Giorgio Santacroce, sostenuto dal centrodestra ed eletto con 13 voti contro 9 nove raccolti da Luigi Rovelli, appoggiato dal centrosinistra. Il presidente, che per prassi non ha votato, torna a raccomandare «rigore ed equilibrio» ai magistrati, poi invita il Csm a «dare il suo apporto» alle riforme della giustizia in arrivo.

L'indomani, altro monito con la scusa della Giornata della Memoria per le vittime del terrorismo: «riemergono estremizzazioni violente» di «propaganda politica» che vanno fermate prima che «sconfinino nell'eversione e nella distruzione» come negli anni di piombo, quando «la democrazia fu esposta a rischi acuti». Con chi ce l'ha? Lo si capisce subito dopo, quando difende Camera e Senato da chi li addita come «oscuri luoghi di potere», mentre «rappresentano la sovranità popolare e la democrazia». Tanto per cambiare, sembra avercela con i 5 Stelle.

Vietato dire la verità

Passa un giorno e anche il Csm si allinea alla «pacificazione» nazionale. Il 10 maggio il plenum di Palazzo dei Marescialli condanna alla «censura» il pm minorile di Milano Anna Maria Fiorillo. Ha insabbiato un'indagine? È andata a cena con un inquisito? È stata beccata al telefono con un politico che le chiedeva favori? No, altrimenti l'avrebbero promossa: ha soltanto raccontato la verità sulla notte del 27 maggio 2010 alla Questura di Milano, quando Karima el Marough in arte Ruby, minorenne marocchina senza documenti né fissa dimora, fu fermata per furto e trattenuta per accertamenti.

Quella notte, per sua somma sfortuna, è di turno la Fiorillo che, per sua somma sfortuna, è un pm rigoroso che osserva la Costituzione, dunque non è malleabile né manovrabile. Al telefono con l'agente che ha fermato la ragazza, dice di identificarla e poi affidarla a una comunità di accoglienza, come prevede la legge. Mentre l'agente la identifica e cerca una comunità (ce n'erano parecchie con molti posti liberi), viene chiamato dal commissario capo Giorgia Iafrate, a sua volta chiamata dal capo di gabinetto Pietro Ostuni, a sua volta chiamato dal premier Berlusconi direttamente da Parigi. L'ordine è di «lasciar andare» subito la ragazza perché è la «nipote di Mubarak» e si rischia l'incidente diplomatico con l'Egitto. Così la Questura informa la pm che Ruby è stata affidata a tale Nicole Minetti, «di professione consigliere ministeriale regionale presso la presidenza del Consiglio dei ministri» (la supercazzola è testuale). «Ciò – annoterà la Fiorillo nella sua relazione – suscitò in me notevoli perplessità che esternai con chiarezza, sottolineando in modo assertivo l'inopportunità di un affidamento a persona estranea alla famiglia senza l'intervento dei servizi sociali. Non ricordo di aver autorizzato l'affidamento della minore alla Minetti.» Cioè, spiegherà la Fiorillo, «ricordo di non averlo autorizzato». Appena la cosa finisce sui giornali, il procuratore Bruti Liberati si precipita a difendere gli agenti con una nota molto curiale, anzi quirinalesca: «La fase conclusiva della procedura di identificazione, fotosegnalazione e affidamento della minore è stata operata correttamente». Cioè anticipa l'esito di un'indagine in corso. Il Pdl esulta: visto? Il caso Ruby non esiste.

Il ministro dell'Interno Maroni si presenta in parlamento e mente spudoratamente: Ruby fu affidata alla Minetti «sulla base delle indicazioni del magistrato». La Fiorillo, sbugiardata dal bugiardo su tutti i giornali e le tv senza che nessun superiore intervenga, si difende da sola e dichiara: «Le parole del ministro che sembrano in accordo con quelle del procuratore non corrispondono alla mia diretta e personale conoscenza del caso. Non ho mai dato alcuna autorizzazione all'affido della minore». Poi chiede al Csm di aprire una «pratica a tutela» non solo sua, ma della magistratura tutta contro le menzogne del governo. Ma il Csm archivia la pratica in tutta fretta senza neppure ascoltarla: non sia mai che, con le sue verità «divisive», turbi il clima di pacificazione nazionale.

Al processo Ruby, forse per non smentire il procuratore, né l'accusa né la difesa chiedono di sentirla come teste. Provvede però il tribunale. Ma intanto il pg della Cassazione Gianfranco Ciani, lo stesso del caso Napolitano-Mancino, avvia contro di lei l'azione disciplinare per aver «violato il dovere di riserbo». Cioè per aver osato dire la verità. Infatti persino il pg Elisabetta Cesqui, che sostiene l'accusa contro la Fiorillo e chiede la sua condanna, non può esimersi dal dire che «la verità sulla condotta del magistrato è stata stabilita ed è stata data piena ragione alla sua ricostruzione dei fatti». Dunque il plotone di esecuzione del Csm la punisce con la censura. Nell'Italia delle larghe intese, la verità è «divisiva». Guai a chi la dice.

Il clima, per chi dissente dal pensiero unico, si fa pesante in tutta Italia. Uno strano e misterioso gruppo di hacker senza volto s'introduce nelle e-mail di alcuni parlamentari 5 Stelle, divulgando il contenuto privatissimo delle loro caselle di posta elettronica su alcuni siti pirata. E la polizia postale e la magistratura romana non appaiono così solerti nel ricercarne e nel perseguirne i colpevoli. Né il gravissimo attacco alla prima forza di opposizione suscita soverchia indignazione in una classe politica solitamente così sensibile ai temi della privacy (specie se si tratta di coprire comportamenti criminali o indecenti della Casta). Solo il 27 aprile Napolitano trova il tempo di dire due parole di circostanza sullo scandalo, con tre giorni di ritardo, dopo che Grillo ha denunciato il suo silenzio. Ogni parlamentare – afferma una nota del Quirinale – dev'essere libero di «adempiere al proprio mandato al riparo da inammissibili interferenze nella vita privata o peggio da indebite pressioni e tentativi di delegittimazione. Il richiamo a rispettare le regole e le norme sulla privacy sempre e nei confronti di chiunque è stato costante e chiaro da parte del residente Napolitano, che anche rispetto a gravi casi più recenti invita le autorità competenti a intervenire energicamente».

In compenso si susseguono con ben altro piglio le indagini giudiziarie contro chi insulta il Quirinale e la presidente della Camera, Laura Boldrini. La Procura di Nocera Inferiore, forse con un eccesso di zelo, decide addirittura di incriminare 22 commentatori del blog di Grillo denunciati dalla polizia postale per aver «postato» frasi ingiuriose contro Napolitano: «vilipendio del capo dello Stato». Il capo dei 5 Stelle insorge e persino il presidente «sente» che il troppo stroppia. Così fa sapere che lui con quell'indagine non c'entra, anzi precisa che bisogna distinguere «fra critica e ingiuria». E aggiunge di non avere nulla in contrario se il parlamento cancellasse il reato di vilipendio, come gli altri delitti di opinione.

Il marcio su Brescia

Sabato 11 maggio Berlusconi & C. inscenano un'altra gazzarra di piazza a Brescia, con la scusa di sostenere il candidato sindaco del Pdl, ma in realtà per bombardare i giudici di Milano. Con tanto di ministri «moderati», da Alfano a Lupi a Quagliariello, che sfilano contro un altro potere dello Stato. Purtroppo però si imbattono in una contromanifestazione antiberlusconiana, che sventola cartelli del tipo: «Silvio, hai le orge contate», «In galera». Scontri, insulti reciproci, forze dell'ordine mobilitate a dividere i due fronti. Dal palco il Caimano insulta i magistrati («ma non mi fermeranno»), si paragona a Enzo Tortora («perseguitato come me»), chiede la separazione delle carriere («I pm devono diventare avvocati dell'accusa»), la legge contro le intercettazioni, la responsabilità civile personale delle toghe. Poi ricorda a Letta jr. chi è il padrone del governo: «Ci ho lavorato a lungo, l'ho voluto io, è un fatto storico, epocale». E quando i suoi intonano il «chi non salta comunista è!», li rabbuffa ridacchiando: «Io non posso saltare con voi perché ora con i comunisti ci governo insieme...».

Ma ancora una volta Napolitano non batte ciglio. Anzi, dal Colle filtra che Berlusconi «non è stato peggiore di altre volte» (ormai ci si consola con poco). Due giorni dopo il presidente si limiterà a far sapere informalmente di condividere l'ennesima intervista iperdorotea di Vietti a «Repubblica» sui «toni preoccupanti» usati a Brescia, sulla magistratura «baluardo della legalità» e sull'esigenza di «non appiccare incendi, per fare sul serio la pacificazione». Il solito brodino bipartisan.

Stavolta però dice qualcosa Letta: non in pubblico, ma al suo vice Alfano, sul pullmino che domenica 12 li porta alla scampagnata ministeriale nell'abbazia di Spineto in Val d'Orcia (Siena), dove il premier ha riunito informalmente i suoi ministri per «fare spogliatoio». «Un'altra Brescia e mi dimetto» si infervora Enrico con Angelino. Che ribatte: «Noi continueremo a difendere il nostro leader, gli aggrediti siamo noi». E tutto finisce lì. A tarallucci e vino. Segue un minimonito di Letta jr., seguito alla telefonata quotidiana con Napolitano, perché i ministri evitino dichiarazioni pubbliche non concordate, almeno fino alle elezioni comunali di fine mese.

Lunedì 13 maggio Ilda Boccassini riprende e chiude finalmente la sua requisitoria al processo Ruby, interrotta il lontano 4 marzo per la pausa postelettorale e poi per quella presidenziale ordinata da Napolitano. E chiede ai giudici di condannare Berlusconi a sei anni di reclusione (e all'automatica interdizione perpetua dai pubblici uffici) per prostituzione minorile e concussione per induzione. L'imputato ringhia: «È il solito teorema per impedire la mia ricandidatura». E minaccia: «Risponderò all'odio cambiando la giustizia». Violante, uno dei «saggi» e dei consiglieri più ascoltati di Napolitano, lancia subito un messaggio intimidatorio ai giudici che dovranno emettere la sentenza, con un'intervista ad «Avvenire» dal titolo più che eloquente: *La riforma* [della giustizia, *nda*] *vitale per il paese. E le sentenze non ostacolino il governo.* Perché – spiega – «l'alleanza di governo non può dipendere dalle sentenze».

Impigliato alzatevi

Nella vertiginosa regressione lessicale delle larghe intese, mancavano giusto un sostantivo e un aggettivo: Napolitano li pronuncia entrambi in una di quelle esternazioni che non si sa bene come classificare (interviste? moniti? spifferi? sedute spiritiche? Boh). Si tratta di alcune sue frasi pubblicate tra virgolette il 16 maggio dal direttore del «Messaggero», Virman Cusenza, che l'ha scortato sull'aereo presidenziale da Roma a Genova dov'era atteso per i funerali delle vittime della strage al porto. Nella consueta selva di ovvietà che gli è valsa il soprannome di «Banalitano» sul sito Dagospia («portare avanti la barca tra i marosi, dare fiducia al paese», Letta «non si lascia intimidire da polemiche né da incidenti di percorso», «molto misurato», anzi «attentissimo», come del resto «Saccomanni», al discrimine «tra il fare e il non abbandonare il rispetto degli impegni», «siamo sul filo del rasoio con Bruxelles»), il presidente scandisce i due vocaboli del nuovo dizionario dell'inciucio.

Il sostantivo è «moderazione»: «Serve moderazione nelle aspettative delle misure economiche». Tradotto in italiano, significa che il governo non farà un bel nulla, visto che non c'è un euro e i presunti alleati litigano su tutto. L'aggettivo è «impigliato» che, nel «Napolitario» dei sinonimi, sta per imputato. Però, dare dell'imputato a Berlusconi pare brutto: vedi mai che si irriti e rovesci il governo. Meglio chiamarlo «impigliato». «Capisco chi si trova impigliato in processi e vicende giudiziarie di rilievo» spiega Napolitano a Cusenza. Cioè: il presidente della Repubblica «capisce» un leader di maggioranza, già tre volte premier, che «si trova impigliato» in quattro processi per corruzione di senatori, concussione e lenocinio minorile, frode fiscale, divulgazione di intercettazioni segrete di un avversario politico. Sono cose che possono capitare a tutti. Specie a chi froda il fisco ed è accusato di corrompere senatori, intimidire questure, pagare prostitute minorenni, divulgare intercettazioni rubate. E allora *zac!*, si ritrova impigliato. Perciò il capo dello Stato nutre la massima comprensione per «le forze politiche che non rinunciano a reagire, ciascuna a modo suo»: anche con manifestazioni di piazza contro il terzo potere dello Stato. Però, fa notare, «meno reazioni scomposte arrivano, meglio è dal punto di vista processuale».

Nella sua immensa bontà e saggezza, l'uomo del Colle dispensa consigli ai difensori di Berlusconi, casomai non fossero abbastanza, per favorire un miglior esito processuale all'illustre imputato, anzi «impigliato». Insomma, al presidente della Repubblica non importa sapere se l'uomo che ha mandato tre volte (direttamente o indirettamente) al governo e a cui ha firmato una dozzina di leggi vergogna è un delinquente. Questo per lui si chiama – per usare il traduttore simultaneo Cusenza – «il macigno giustizia». E, siccome «ce lo trasciniamo da anni» ed «è sempre stato all'ordine del giorno», occorre che «tutti se ne facciano una ragione». Come dire a un gioielliere che viene rapinato impunemente da anni: guarda, caro, siccome il «macigno rapine» ce lo trasciniamo da anni ed è sempre all'ordine del giorno, fattene una ragione; anzi, la prossima volta risparmia la fatica al rapinatore e consegnagli spontaneamente la refurtiva; sai, il rapinatore di solito non rinuncia a reagire e non vorrei che una reazione scomposta gli provocasse peggioramenti dal punto di vista processuale, perché io capisco chi si trova impigliato in vicende di rapina.

Il Reticente della Repubblica

L'indomani, 17 maggio, la Procura di Palermo ufficializza alla Corte d'assise la richiesta di ascoltare come testimone Giorgio Napolitano (insieme ad altre 175 persone «informate sui fatti») nel processo sulla trattativa Stato-mafia che inizia il giorno 27. Una mossa annunciata da tempo, che contribuisce a spiegare perché il presidente abbia accettato con tanto entusiasmo la rielezione. Restare capo dello Stato significa per lui, fra l'altro, che se la Corte disporrà la sua testimonianza, egli potrà essere sentito al Quirinale. E – unico cittadino a poterlo fare – avrà persino il diritto di non far entrare nel suo ufficio i magistrati venuti a interrogarlo. Infatti la sua immunità (allargata a dismisura dalla Consulta) gli consente di non essere incriminato per reticenza (o per falsa testimonianza) fino al termine del mandato e impedisce ai giudici di fare ciò che la legge prevede in questi casi: disporre il suo accompagnamento coattivo da parte della forza pubblica. Tutti privilegi che gli sarebbero negati se fosse un semplice senatore a vita.

Dal Colle, alla notizia, non trapela alcun commento ufficiale. Ma la stampa corazziera raccoglie le solite esalazioni quirinalesche senza testo né firma, che esprimono la «sorpresa» del presidente («la Repubblica»), il «silenzio e gelo del Quirinale» («Il Sole 24 Ore»), nonché lo «stupore» per le «ferite riaperte» (il «Corriere», che aggiunge un irresistibile tocco di surrealismo, deplorando un fantomatico «insopportabile e quasi ossessivo fronte politico-mediatico schierato contro il Colle»). Al presidente-testimone giunge la solidarietà pelosa dei vari *pasdaràn* berlusconiani, da Nitto Palma a Gasparri, da Brunetta alla Santanchè, dalla Gelmini a Cicchitto: tutti sdegnati con la magistratura per l'ennesimo atto di lesa maestà contro il santo patrono della Casta. Il solito Violante accusa la procura di «arroganza», ma almeno la sua stizza è comprensibile: anche lui è citato come teste per i lunghi silenzi sul caso Mori-Ciancimino.

I soliti giuristi e commentatori di corte citano la sentenza della Corte costituzionale sulla distruzione delle telefonate Napolitano-Mancino. Che però non c'entrano nulla. Così come non c'entrano, se non di striscio, quelle fra D'Ambrosio e l'ex ministro dell'Interno (su quelle e sui fatti che ne seguirono testimonieranno Grasso, Ciani, Vitaliano Esposito e Donato Marra). C'entra invece la lettera di dimissioni (respinte) che D'Ambrosio inviò al presidente il 18 giugno 2012. Quella in cui l'allora consigliere del Colle si diceva «preoccupato» dal «vivo timore di essere stato considerato solo un ingenuo e utile scriba di cose utili a fungere da scudo per indicibili accordi». E aggiungeva che di queste sue inquietanti «ipotesi» aveva messo al corrente Napolitano («lei sa») e non solo lui («ho detto anche ad altri»). Ipotesi legate alla trattativa Stato-mafia (gli «indicibili accordi»). Ora la procura vuole sapere da Napolitano (visto che D'Ambrosio è morto) da chi il consigliere temeva di essere stato usato come «scriba» e «scudo per indicibili accordi»; se, quando gli confidò a voce e per iscritto quei timori, il presidente chiese spiegazioni, dettagli, nomi e cognomi; e, se lo fece, perché non informò i magistrati. Delle due, l'una: o non gliene importava nulla, o preferiva che tutto restasse coperto.

Il presidente emerito della Consulta, Cesare Mirabelli, parla sul «Mattino» di un imprecisato «girone di ritorno rispetto alla vicenda delle telefonate distrutte» e di una «richiesta singolare che prefigura un altro conflitto». Dinanzi alla Consulta?

Il costituzionalista Michele Ainis non arriva a tanto, ma si esercita in una memorabile arrampicata sugli specchi del «Corriere». A suo dire, il processo per accertare la verità sulla trattativa è una guerra e citare 176 testimoni equivale a «sparare 176 colpi di pistola, ma anche di cannone», perché nella lista ci sono diversi papaveri: Napolitano, Ciampi, Grasso e il pg della

Cassazione, Ciani. Il che sarebbe «una rivalsa se non proprio una vendetta» dei pm contro il Colle e una «mortificazione del principio di ragionevolezza» (ignoto alla Costituzione, ma anche alla ragionevolezza stessa: se si processa la trattativa Stato-mafia, è ragionevole che fra gli imputati e i testi siedano anche uomini dello Stato, tantopiù se ancora un anno prima si scambiavano strani messaggi sul tema). Eppure Ainis sa benissimo che l'articolo 205 del Codice di procedura penale prevede espressamente «la testimonianza del presidente della Repubblica», che «è assunta nella sede in cui egli esercita la funzione di capo dello Stato». Cioè al Quirinale. Dunque il presidente, come ogni cittadino, ha l'obbligo di rispondere e di dire la verità. Per Ainis, invece, il suo dovere di deporre sarebbe «volontario» e «non obbligatorio». È l'ennesima perla di diritto creativo, coniata *ad personam* per il nuovo Re d'Italia. Ainis invita dunque la Corte a cancellare Napolitano dalla lista testi dei pm e a «mettersi l'anima in pace», per evitare l'«ennesimo tamponamento tra politica e giustizia» e «agevolare il traffico». Ma forse voleva dire i traffici.

A tutti sfugge l'aspetto morale e pedagogico della testimonianza del capo dello Stato. Ma soprattutto l'incalcolabile danno di immagine che seguirebbe al rifiuto di prestarla. La gente ne dedurrebbe che non solo ha tentato di salvare da un'inchiesta il suo amico Mancino, ma deve pure nascondere qualcosa sulla trattativa ai tempi delle stragi.

Un altro fedelissimo, il vicepresidente del Csm Vietti, si fa intervistare dalla «Stampa» per lanciare nuovi messaggi alla Corte di Palermo. Intanto, «non fa mistero del suo disappunto» per cotanto ardire da parte dei pm. E anziché tutelare i magistrati dagli attacchi subito piovuti dal fronte politico, si dice «preoccupato» per un imprecisato «clima da curva sud» che circonderebbe il processo (peraltro ignorato dai media). Poi tenta di influenzare la libera decisione dei giudici e dei giurati popolari dell'assise: «Non posso negare che mi lascerebbe perplesso» una convocazione di Napolitano come teste, anzi «fatico a immaginarla», perché «non mi sembra un'atmosfera adatta». Non è dato sapere quali poteri autorizzino il numero due dell'organo di autogoverno dei giudici a immischiarsi in un processo in corso per bacchettare i pm che citano un testimone e ad ammonire la Corte d'assise a respingere la loro richiesta; né a che titolo esprima preoccupazione, non faccia mistero del disappunto, non possa negare di essere perplesso, fatichi a immaginare e s'improvvisi barometro per valutare climi e atmosfere. Anzi si sa che il Csm nomina, promuove, trasferisce le toghe, le punisce se violano il codice disciplinare e dà pareri sulle riforme della giustizia, e su tutto il resto deve tenere la bocca chiusa. Invece il Vietti, che non muove passo senza consultare il Colle, sostiene che «far deporre Napolitano in un processo che vede come imputati i più feroci macellai della storia della mafia è una mancanza di rispetto per il ruolo che riveste e per la sua storia». Dunque, se i pm ritengono che Napolitano sappia qualcosa di utile sulla trattativa, devono astenersi dal domandarglielo per «rispetto» (concetto ignoto a Costituzione e codici).

Secondo Vietti, poi, «nessuno ha mai ipotizzato responsabilità nella vicenda della trattativa» di D'Ambrosio. E pazienza se l'ha ipotizzato lo stesso D'Ambrosio nella famosa lettera a Napolitano. Ma Vietti, che nulla sa o finge di non sapere, pontifica: «Sarei perplesso se questa fosse la finalità della testimonianza: faccio fatica a immaginare che sia utile all'accertamento della verità». Poi mette le mani avanti e diffida i giudici dal processare «scelte riconducibili alla pura sfera politica correttamente intesa»: così lui chiama i traditori dello Stato che trattarono con Cosa nostra, rendendosi complici del ricatto perpetrato a suon di bombe dai boss sulle istituzioni per smantellare le leggi antimafia e garantire lunga latitanza a Provenzano & C. Il finale è da manuale: «I giudici non si faranno suggestionare, ma è bene lasciarli lavorare tranquillamente senza tifoserie». E le tifoserie non sono i Vietti e gli altri corazzieri, ma i ragazzi delle Agende Rosse – il movimento fondato da Salvatore Borsellino – accusati di fomentare un «clima da curva sud» solo perché osano contestare gli imputati anziché accoglierli con *standing ovation* e petali di rosa.

A dare manforte a Vietti e a chi sta sopra di lui, scendono in campo le larghe intese in tutta la loro geometrica potenza. Che quel processo non s'abbia da fare e che Napolitano non debba testimoniare lo scrivono «Il Foglio», «Libero», «il Giornale» e anche «l'Unità». Ma sì, anche l'organo ufficiale del Pd, che nel giro di una settimana fa commentare il processo appena iniziato a Palermo da Pino Arlacchi e da Giovanni Pellegrino, due noti negazionisti della trattativa. Pellegrino, già senatore Ds, dalemiano di ferro, già presidente della commissione Stragi, già difensore del pregiudicato Previti davanti alla giunta della Camera per contestare la sua interdizione perpetua dai pubblici uffici, recensisce amorevolmente un «saggio» pubblicato sul «Foglio» dal professor Giovanni Fiandaca, anche lui molto apprezzato dal Colle, dall'eloquente titolo: *Il processo sulla trattativa è una boiata pazzesca*. E così «l'Unità», un tempo impegnata in epiche battaglie contro la mafia e la politica collusa, esalta gli attacchi del «Foglio» ai magistrati antimafia. Miracoli delle larghe intese.

Il Porcellum e le lunghe attese

Ricordate il Porcellum che tutti volevano abolire? Non era la prima missione della nuova maggioranza, dopo quasi otto anni di attesa? Non era l'oggetto della pesante frustata del ripresidente, nel discorso del giuramento, sull'«errore imperdonabile» della mancata riforma elettorale? Nessuno ne parla più: poiché nella maggioranza di larghe intese non c'è alcuna intesa, né fra i partiti né al loro interno, su come cambiare il sistema di voto, si è deciso di buttare la palla in tribuna per prendere tempo. Cioè di partire dalla riforma della Costituzione. Anche perché, facendo subito la legge elettorale, nulla osterebbe più al ritorno alle urne e il governo cadrebbe all'istante, viste le forze centrifughe che agitano tutti i partiti che a parole lo sostengono.

Il 20 maggio Napolitano, colto dall'ennesimo attacco di presidenzialite acuta, convoca al Quirinale il ministro delle Riforme Gaetano Quagliariello e i presidenti delle commissioni Affari costituzionali di Camera e Senato, Sisto del Pdl e Finocchiaro del Pd, per impartire le sue direttive al governo e al parlamento.

E lì manifesta tutta la sua irritazione per le critiche sollevate da Zagrebelsky e da Rodotà al sistema scelto per riformare la Costituzione: l'ennesimo comitato di saggi, che saranno presto cooptati dall'esterno del parlamento per fare da consulenti al governo. Ma il presidente fa ben di più, e di peggio, come rivela l'indomani Ugo Magri sulla «Stampa».

> Oltre a dispensare consigli e incoraggiamenti, il presidente ha fornito ai tre ospiti indicazioni molto nette su come sbrogliare certe matasse che si vanno ingarbugliando. Prima fra tutte, la riforma elettorale. Proprio ieri Anna Finocchiaro aveva depositato una proposta per tornare al Mattarellum [...] con qualche opportuna variante (via il contestatissimo «scorporo», parità di genere, premietto per chi vince). Il governo però ha tutt'altra idea. Letta vorrebbe limitarsi per il momento a qualche correzione del Porcellum, giusto come paracadute casomai si dovesse tornare di corsa alle urne; la riforma vera verrà fatta – come ripete Quagliariello – «solo dopo che avremo deciso se andare a Parigi, a Londra o a Berlino», e dunque avremo preso ispirazione dal modello francese, britannico o tedesco [...]. Tra le due strade (ritorno al Mattarellum o modifiche del Porcellum) Napolitano ha una spiccata preferenza per la seconda. La sua indicazione è netta: si corregga in fretta la legge elettorale secondo le indicazioni fornite dalla Consulta e ci si dedichi alle grandi questioni in sospeso (bicameralismo, poteri del premier, taglio dei parlamentari...). Il governo Letta è una creatura del presidente. Logico che Napolitano preferisca nell'immediato la soluzione che meno invogli qualcuno (si tratti di Berlusconi e magari poi di Renzi) [...] a rovesciare il tavolo. Nell'ottica quirinalizia, una limitata modifica dell'esistente offre al governo maggiori chance di tenuta. Dunque oggi, quando a Largo del Nazareno il segretario Epifani discuterà con i suoi il da farsi, tutto fa ritenere che verrà fatta la volontà del Colle.

Chissà mai quale norma costituzionale autorizza il presidente a interferire con tale spudoratezza nelle prerogative del governo, del parlamento e dei singoli partiti. Ma nessuno se lo domanda e tutti obbediscono ai diktat del Monarca. Resta da avvertire il deputato renziano del Pd Roberto Giachetti, che ha raccolto oltre cento firme di deputati, quasi tutti del Pd (ma c'è anche il Pdl Antonio Martino) in calce a una mozione che impegna il parlamento a ripristinare *ipso facto* il vecchio Mattarellum: cioè il sistema proporzionale «corretto» con una quota proporzionale del 25 per cento dei seggi, che vigeva in Italia dal 1994 al 2005, quando fu sostituito dalla legge Calderoli. È una «clausola di salvaguardia», che metterebbe il parlamento al riparo dal vuoto legislativo nel caso in cui la Consulta, chiamata a pronunciarsi sul tema a partire dal 3 dicembre, dovesse cancellare il Porcellum per mancanza di un tetto minimo per il premio di maggioranza.

Il 29 maggio la mozione Giachetti va al voto in aula. I 5 Stelle e Sel annunciano voto favorevole. Sembra fatta, ma il Pdl minaccia di far saltare il governo. E subito Letta jr. ordina al suo partito di dissociarsi dalla sua stessa mozione. Il capogruppo Speranza e la Finocchiaro obbediscono e chiedono a Giachetti di ritirare la mozione. Lo chiamano anche il premier e il ministro Franceschini. Lui rifiuta, spalleggiato da renziani e prodiani. Allora il Pd, compresi i 100 firmatari (14 dei quali ritirano addirittura la firma), la boccia. Finisce con 139 voti favorevoli (Giachetti e i deputati di 5 Stelle e Sel), 415 contrari e 9 astenuti. È la miglior prova che, a dispetto della propaganda, il governo e i partiti che lo sostengono non hanno alcuna intenzione di cambiare il Porcellum. Che è poi la vera «clausola di salvaguardia» delle larghe intese.

I saggi ricostituenti

Lo stesso giorno Camera e Senato approvano (con 436 No e 224 Sì) ben altra mozione: quella della maggioranza che impegna il governo a presentare entro giugno il disegno di legge costituzionale che indicherà le procedure per modificare la Costituzione. Letta jr. detta i tempi: «Abbiamo 18 mesi per fare le riforme costituzionali e guarire la democrazia italiana colpita dal pericoloso virus dell'astensionismo». Ma soprattutto per «dare immediato seguito all'impegno preso nel momento in cui si è chiesto a Napolitano di essere rieletto: fu lui stesso a chiedere al parlamento di esprimersi con il linguaggio della verità legato alla necessità non rinviabile, con la crisi drammatica della politica». Insomma – a parte la violenza alla lingua italiana – la riforma costituzionale è un regalo a Re Giorgio per la sua rielezione. E non è carino farlo aspettare troppo.

Il 4 giugno Letta nipote nomina per decreto 35 «saggi» ri-costituenti (poi saliti a 42, con l'aggiunta di altri 7 «con poteri redigenti», come se i primi non sapessero scrivere o non ne avessero voglia). Nell'ansia di esaltare il ruolo decisivo di Napolitano, la stampa corazziera ne svela l'ennesima invasione di campo: il presidente – informa «La Stampa» – ha «discusso e condiviso i criteri della scelta» e «personalmente depennato svariati nomi che non gli sembravano consoni al ruolo o comunque all'altezza della sfida istituzionale». Infatti la formazione finale è interamente lottizzata – secondo il vecchio manuale Cencelli – dal Quirinale, dal Pd, dal Pdl e da Scelta civica, senz'alcuna rappresentanza dell'area 5 Stelle. Insomma – esulta «Il Foglio» – i saggi sono tutti «di obbedienza quirinalizia», a parte Lorenza Carlassare (che fuggirà via subito, appena fiutata l'aria che tira, seguita a ruota da Nadia Urbinati, vicina al Pd).

Alcuni, come Violante, Pitruzzella e Onida, sono bi-saggi, nel senso che erano già tra i Magnifici Dieci nominati da Napolitano a fine marzo per dettare il programma al nuovo governo che non c'era. Altri due hanno ben meritato per le appassionate difese di Napolitano sul «Corriere»: Michele Ainis e Angelo Panebianco. Così come i presidenti emeriti della Consulta, Enzo Cheli e Cesare Mirabelli.

Per il Pdl e dintorni, oltre a Pitruzzella, ci sono Nicolò Zanon, membro laico del Csm; Giuseppe Di Federico, nemico giurato dei magistrati; e i giuristi Beniamino Caravita di Toritto, Giuseppe de Vergottini, Stefano Mannoni, Lorenza Violini, Ginevra Cerrina Feroni e Ida Nicotra.

Di area Pd, ma da sempre critici con la Costituzione del 1948, oltre a Violante ci sono Augusto Barbera, Mario Chiti, Massimo Luciani e Stefano Ceccanti (gli ultimi due napolitaniani doc).

Per l'ala montiana di Scelta civica, ecco l'ex rettore della Bocconi Guido Tabellini. Per la corrente del ministro ciellino Mauro, c'è Anna Maria Poggi. Francesco Clementi è un giovane renziano, ma allievo di Giuliano Amato, dunque amato sul Colle. Non mancano i vecchi arnesi della politica come gli ex ministri Franco Frattini (ex Pdl) e Francesco D'Onofrio (Udc, amico di Casini).

In comune, i membri della comitiva hanno una caratteristica: nessuno li ha eletti. Eppure, in tre mesi e mezzo, dal 4 giugno al 17 settembre, sotto lo sguardo vigile di Napolitano e Quagliariello, dovranno rifare da cima a fondo una settantina di articoli. Intanto il parlamento entro agosto modificherà l'articolo 138 – quello, finora giudicato immodificabile, che regola i cambiamenti della Carta – per abbreviare i tempi di approvazione della controriforma e farla passare a tappe forzate. Lo prevede il ddl del governo n. 813, che istituisce un Comitato parlamentare bicamerale (20 deputati e 20 senatori) per cambiare in 18 mesi la forma dello Stato, del governo e del parlamento sulla bozza approntata dai saggi lettiani-napolitaniani. Verrà approvato con la procedura d'urgenza prevista dal regolamento parlamentare, come se si trattasse di una norma ordinaria. Cioè: si vara in fretta e furia una legge che consente di cambiare la seconda parte della Costituzione a tappe forzate, visto che vengono ristretti i tempi stabiliti dall'articolo 138 per le due doppie letture Camera-Senato: che potranno avvenire dopo un intervallo non più di tre mesi, ma di uno soltanto. Un vero e proprio golpe bianco che scassina la serratura di accesso alla Carta costituzionale. Dice Gustavo Zagrebelsky, presidente emerito della Consulta, in un'intervista del 21 giugno al «Fatto», allarmato da un «presidenzialismo da Terzo Mondo»:

> Si vuol seguire una procedura farraginosa, molto più complicata dell'articolo 138. In più, questa farraginosa procedura presuppo-

ne una legge costituzionale che la codifichi, da approvarsi con le procedure oggi vigenti. Chi guardasse dall'esterno, penserebbe che si vuole complicare per non fare nulla. Invece, la verità è che, con questo procedimento, non si esautora il parlamento, ma lo si mette alle corde. Ricorda il discorso del presidente della Repubblica, al momento della sua rielezione? Si è trattato d'un atto d'accusa contro le Camere inconcludenti, che i parlamentari hanno incassato senza battere ciglio. Così, sullo svolgimento della nuova procedura vigilerà il governo, con l'aiuto dei suoi consulenti, sotto l'egida del capo dello Stato e secondo un «cronoprogramma» che dovrebbe garantirne la conclusione entro 18 mesi. Dove sia questa garanzia, però, nessuno lo sa. I parlamenti, per definizione, sono padroni dei propri tempi e lavori: ci mancherebbe che non fosse così! Per ora, si sa solo che i 18 mesi suonano piuttosto come garanzia di durata del governo. E non vorremmo credere che la garanzia stia nella minaccia di dimissioni del presidente della Repubblica, dimissioni che, come sanno i costituzionalisti, non sono affatto nella sua disponibilità secondo valutazioni politiche e che precipiterebbero la situazione nel caos.

Il 6 giugno i Trentacinque più Sette vengono solennemente ricevuti da Napolitano al Quirinale, ma a porte chiuse. Il presidente, narra «Il Foglio», siede a capotavola e se li «coccola con lo sguardo». Dall'altro capo del tavolo c'è il ministro Quagliariello. E in mezzo a loro, i giuristi ricostituenti. L'adunata con presidente e ministro ricorda almeno fotograficamente quelle che si tenevano nel Ventennio a Palazzo Venezia, con Sua Eccellenza Benito Mussolini e (quando lo invitavano) Sua Maestà Vittorio Emanuele III, davanti agli Accademici d'Italia. È vero che al posto di Quagliariello c'era Giovanni Gentile e al posto di Violante c'era Guglielmo Marconi. Ma l'impressione che si dava, e che si voleva dare, era quella di un mondo della cultura irreggimentato, arruolato e allineato al regime. Ed è lo stesso messaggio che esce dalle foto di gruppo dei saggi stretti a corona attorno ai due massimi simboli del potere: il presidente e il governo. Uomini della cultura e del diritto che dovrebbero simboleggiare la libertà di ricerca, di pensiero e di critica si intruppano militarescamente come soldati in battaglia agli ordini della politica. Tutto accade alla luce del sole, sotto gli occhi di tutti. E nessuno vi nota nulla di scandaloso, o almeno di stonato.

Ancora Zagrebelsky, intervistato da Silvia Truzzi del «Fatto» il 18 luglio:

> Quella delle «larghe intese» è una maggioranza contro natura; contraria alle promesse elettorali e quindi democraticamente illegittima, anche se legale; che pretende di fare cose per le quali non ha ricevuto alcun mandato. Ricorderà che è stata formata pensando a poche e chiare misure da prendere insieme: governo «di scopo» (come se possa esistere un governo senza scopi!), «di servizio» (come se ci possa essere un governo per i fatti suoi!) e, poi, «di necessità». Ora, sembra un governo marmorizzato il cui scopo necessario sia durare, irretito in un gioco più grande di lui. La riforma elettorale, bando alle ciance, non si fa, perché in fondo, oltre che essere nell'interesse di molti, nel frattempo, con l'attuale, non si può tornare a votare. Perfino l'abnorme procedimento di revisione della Costituzione è stato pensato a questo scopo, come si ammette anche da diversi «saggi» che pur si sono lasciati coinvolgere. E, in attesa che la si cambi, la si viola.[...]
> Potrei sbagliare, ma a me pare che su tutto domini la difesa dello *status quo* e del governo che lo garantisce. In stato di necessità, si passa sopra a tutto il resto. L'impressione, poi, è che in quella rete invisibile di connivenze, di cui parlavo all'inizio, si finisca per attribuire a un partito e al suo leader un plusvalore che non corrisponde al loro consenso elettorale e alla rappresentanza in parlamento. Come se toccarne gli interessi possa determinare una catastrofe generale. Sembra che tutti siano utili, ma qualcuno sia necessario e, per questo, si debbano tollerare da lui cose che, altrimenti, sarebbero intollerabili.
> *Così si è corrivi nei confronti di una parte politica, anche se c'è di mezzo la Costituzione. A chi spetta difenderla?*
> In democrazia, a tutti i cittadini, che nella Costituzione si ricono-

sc ono. Poi, a chi occupa posti nelle istituzioni, subordinatamente a un giuramento di fedeltà. Infine, salendo più su, a colui che ricopre il ruolo comprensivamente detto di «garante della Costituzione», il presidente della Repubblica.

A fine settembre, poco dopo la fine del loro mandato, si scoprirà che cinque «saggi» sono da tempo indagati dalla Procura di Bari in uno scandalo di concorsi universitari truccati (le accuse vanno dall'associazione per delinquere, corruzione e falso ideologico): si tratta dei giureconsulti Barbera, Violini, Caravita, De Vergottini e Carmela Salazar. Tutti, naturalmente, si proclameranno innocenti e affermeranno di non aver saputo sino a settembre di essere sotto inchiesta. Solo Caravita rivelerà tramite i suoi legali di essere stato perquisito e raggiunto da un avviso di garanzia. Cioè è probabile che, mentre giocava con gli altri al «piccolo Calamandrei», già sapesse di essere indagato: ma non ritenne di doverlo ufficializzare, né tantomeno di dimettersi per non mettere in imbarazzo il governo e il Colle.

Vicende penali a parte, comunque, sarebbe bastato il curriculum di alcuni saggi ricostituenti per sconsigliarne la nomina fin da subito. Nel 2008 De Vergottini, Caravita di Toritto, Cerrina Feroni, Nicotra, Pitruzzella e Zanon avevano firmato un appello pro lodo Alfano, poi fulminato dalla Consulta perché violava due articoli della Costituzione. E nel 2009 la Violini aveva sostenuto la successiva legge *ad personam* per Berlusconi, il legittimo impedimento, anch'essa dichiarata incostituzionale dalla Corte. Come possono riscrivere la Costituzione sette «giuristi» che la ignorano? Domanda mal posta: chi conosce la Costituzione la ama e non ci pensa proprio a cambiarla.

Persino in agosto, durante l'alta missione per conto del Re, fra una riunione al Quirinale e una trasferta premio nel resort con vista mare in quel di Francavilla, tre «saggi» trovano il tempo di vergare un parere *pro veritate* su ordinazione del pregiudicato Berlusconi, per supportare il suo ricorso alla Corte europea dei diritti dell'uomo di Strasburgo contro la legge Severino che lo fa decadere da senatore. I tre – Caravita di Toritto, De Vergottini e Zanon – riescono a sostenere, restando seri, che la legge anticorruzione, approvata appena nove mesi prima dal parlamento (Pdl incluso) per la decadenza e l'incandidabilità dei parlamentari condannati, è incostituzionale se si applica ai parlamentari condannati. Cioè sarebbe costituzionale solo se non riguardasse i parlamentari condannati, ma – puta caso – i trapezisti o gli spazzacamini. Inoltre – affermano i tre giureconsulti – la legge sui parlamentari condannati non vale per quelli già condannati, ma solo per quelli che eventualmente lo saranno in futuro (quasi un invito a delinquere alla svelta e, naturalmente, a farsi prendere). La Costituzione è in buone mani.

Il 7 giugno, intervistato dal «Fatto», il venerabile Licio Gelli, già maestro della loggia P2, si congratula con il progetto neopresidenzialista del ministro Quagliariello e di molti saggi napolitan-lettiani. E manca poco che torni a chiedere – come ai tempi della Bicamerale D'Alema – il copyright per avere precorso i tempi con il suo «Piano di rinascita democratica» del 1976:

> Già ai tempi di Craxi, in cui tra Craxi e Napolitano esisteva un concreto asse di solidarietà, si tendeva a creare in maniera mascherata i presupposti di una Repubblica presidenziale. Napolitano ci ha riprovato con Monti nei tempi dell'imposizione dell'incauto tecnocrate alla presidenza del Consiglio, dopo averlo fatto senatore a vita in pochi minuti e dopo averlo in parte sponsorizzato nella suicida campagna elettorale dello scorso inverno. Oggi l'asse che pare vincente ha un solo cognome: Letta, magnificamente trasversale.

Napolitano smentisce Napolitano

Il 1° giugno, vigilia della Festa della Repubblica, Napolitano arringa gli italiani con un videomessaggio da Repubblica presidenziale: «Vigilerò perché non si scivoli di nuovo verso opposte forzature e rigidità e verso l'inconcludenza», anche «per quel che riguarda la legge elettorale e le riforme istituzionali, più che mai necessarie». Insomma, dà al governo e al parlamento un anno di tempo: «Da qui al 2 giugno del prossimo anno, l'Italia dovrà essersi data una prospettiva nuova, più serena e sicura». Quella che indica lui, naturalmente. L'indomani, reduce dalla parata militare senza più il tradizionale ricevimento nei giardini del Quirinale («per ragioni di sobrietà e di massima attenzione al momento di gravi difficoltà che larghe fasce di popolazione attraversano»), il presidente annuncia ai giornalisti che il governo Letta è «una scelta eccezionale e senza dubbio a termine». Pochi minuti dopo l'Ansa titola: *Napolitano, governo senza dubbio a termine.* L'indomani ecco «La Repubblica»: *Napolitano: il governo è a termine.* E il «Corriere»: *Napolitano, esecutivo a termine: 18 mesi per le riforme.* E «Il Messaggero»: *Riforme, governo a termine.* Del resto è ciò che ha detto lo stesso Enrico Letta nei suoi discorsi d'insediamento dinanzi alle Camere: 18 mesi, poi si vedrà. Beppe Grillo domanda al presidente a quale titolo fissi la data di scadenza al governo, manco fosse una supposta. Nessuna replica.

Il 5 giugno però Silvia Truzzi del «Fatto» intervista Barbara Spinelli, che critica duramente il capo dello Stato: «Il presidenzialismo c'è già, il Colle ha forzato la Carta». Domanda l'intervistatrice: «Il capo dello Stato ha messo una data di scadenza al governo, una cosa mai vista. Grillo ha obiettato: "A che titolo dice queste cose?". Lei che ne pensa?». Risponde la Spinelli: «Grillo ha perfettamente ragione...». Nel pomeriggio il Quirinale ritrova la favella e dirama un piccato monito presidenziale, con tanto di nome e cognome della giornalista bacchettata:

> Si continua ad accreditare (da ultimo, da parte della giornalista del «Fatto Quotidiano» Silvia Truzzi, nella sua intervista a Barbara Spinelli) il ridicolo falso di un termine posto dal presidente della Repubblica alla durata dell'attuale governo. E ciò nonostante quel che egli aveva già detto in proposito la sera del 2 giugno ai giornalisti presenti in Quirinale [...]. Sarebbe un fatto di elementare correttezza tenerne conto e non insistere in una polemica chiaramente infondata.

I siti e i giornali, gli stessi che il 3 giugno avevano titolato sul «governo a termine», fanno finta di nulla: *Napolitano smentisce il «Fatto»*. In realtà smentisce se stesso, ma non si può dire: qualcuno potrebbe dubitare della sua lucidità mentale.

Domenica 9 giugno, alla festa del quotidiano «la Repubblica», viene trasmesso il video di un'intervista rilasciata da Napolitano a Scalfari. Dopo aver ripercorso uno degli snodi fondamentali della storia patria, le leggendarie dimissioni del ministro dell'Agricoltura del governo Pella nell'agosto del 1953, già compulsato l'estate precedente nel memorabile duetto a Castelporziano alla presenza dell'upupa e del cinghialotto, i due vegliardi passano all'attualità. Scalfari piazza il colpo del ko: «Il paese era diviso, si avvertiva la necessità di una continuità istituzionale». E Napolitano, messo alle corde da cotanta impertinenza:

> Un'alleanza politica è sempre a termine, in particolare quando è eccezionale, come tra il '76 e il '78 e come quella attuale [...]. Ora il problema è far vivere il governo per un'esigenza di minima stabilità istituzionale e di sopravvivenza del paese. Poi ciascuno riprenderà la propria strada.

L'indomani «la Repubblica» riassume le parole del presidente nel seguente titolo di prima pagina: *Napolitano a Scalfari: alleanza a termine, ognuno riprenderà la sua strada*. Idem il «Corriere»: *Esecutivo nato in situazione eccezionale, l'alleanza è a termine*. Ma stavolta dal Colle non piove alcun monito contro chi «continua ad accreditare il ridicolo falso di un termine posto dal presidente all'attuale governo». Tant'è che sorge financo il sospetto che ad «accreditare il ridicolo falso di un termine posto dal presidente» sia il presidente.

Resta però inevaso un interrogativo: perché lo fa? È un burlone che fa scherzi di Carnevale fuori stagione? È affetto da sindrome bipolare? Confonde il governo Pella con il governo Letta? Non ci sta più con la testa? Si spera di no, visto che l'Italia l'avrà sul groppone per altri sette anni (a meno che non sia lui stesso a termine, come peraltro ventilato dal suo ex portavoce, subito smentito). Si attende dunque un monito di Napolitano contro Scalfari. O contro «la Repubblica» e il «Corriere». O, Dio non voglia, contro Napolitano.

«Bombardate Palermo»

Proseguono le grandi manovre per intimidire la Corte d'assise di Palermo, in vista della decisione pro o contro la testimonianza di Napolitano. Questo almeno è il sospetto che suscita la nuova, forsennata offensiva contro chiunque abbia osato sfiorare le indagini sulla trattativa Stato-mafia. L'11 giugno il pg della Cassazione, Gianfranco Ciani, incurante del suo discreto conflitto d'interesse sulla vicenda, avvia un'altra azione disciplinare contro Antonio Ingroia, reo di seguitare a fare politica senza dimettersi da magistrato (come peraltro fanno decine di toghe elette in parlamento con Pd, Pdl e Scelta civica, senza subirne alcuna conseguenza). Analoga azione ha già colpito – come abbiamo visto – l'altro pm titolare dell'inchiesta, Nino Di Matteo, e il procuratore Francesco Messineo. Ma non basta ancora: in stereofonia con il pg, il Csm apre una pratica per trasferire Messineo per «incompatibilità ambientale» con la sede di Palermo. Le accuse, anzi «incolpazioni», fanno scompisciare dal ridere.

1) A causa di un «difetto di coordinamento» fra i suoi pm, il procuratore avrebbe sulla coscienza «la mancata cattura del latitante Messina Denaro», perché autorizzò un blitz della Polizia che avrebbe bruciato un'indagine del Ros sul boss trapanese. Peccato che il Ros abbia già comunicato ufficialmente che, dopo quel blitz, le indagini hanno potuto proseguire.

2) Messineo sarebbe «condizionato» dal suo ex aggiunto Ingroia, con cui avrebbe «un rapporto privilegiato» che gli avrebbe fatto «perdere la piena indipendenza». Ora, Ingroia ha lavorato all'antimafia di Palermo per vent'anni, dai tempi di Falcone e Borsellino: e il Csm trova disdicevole che Messineo, arrivato in procura nel 2005, ne sia stato influenzato? Davvero il problema non sono le toghe condizionate dalla mafia, ma dall'antimafia?

In ogni caso Ingroia ha lasciato Palermo da ben sette mesi: in che senso Messineo sarebbe *ora* incompatibile con Palermo?

3) Ingroia – secondo il Csm – avrebbe condizionato Messineo tenendo nel cassetto per cinque mesi le intercettazioni su una possibile fuga di notizie fatta da Messineo a un amico banchiere indagato per usura. Naturalmente Ingroia non ha tenuto nel cassetto un bel niente: a fine indagine, ricevette le trascrizioni delle bobine dalla guardia di finanza e le inoltrò alla competente Procura di Caltanissetta. Che poi ha chiesto e ottenuto l'archiviazione per Messineo: perché mai *ora* Messineo sarebbe incompatibile con Palermo?

4) Messineo andrebbe trasferito anche perché da anni suo fratello e suo cognato sono imputati a Palermo con varie accuse. Forse lo era quando i due furono indagati da Ingroia (Messineo correttamente si astenne anche formalmente dal coordinare le indagini), ma allora il Csm non aprì alcuna pratica per trasferirlo. Poi Ingroia ottenne il rinvio a giudizio di entrambi i parenti del procuratore, le cui sorti ormai da tempo sono nelle mani dei giudici: dove sarebbe *ora* l'incompatibilità di Messineo con Palermo?

5) Messineo sarebbe incompatibile con Palermo anche per le «spaccature» in procura. Peccato che non le abbia create lui: le ha ereditate dal suo predecessore Piero Grasso, che fu sempre contestato dalla gran parte dei suoi pm. Ma all'epoca il Csm, anziché trasferire Grasso, se ne infischiò. Poi lo promosse procuratore nazionale antimafia. Il che aiuta a capire perché il Csm si accorge solo ora delle spaccature. Finché rifiutò di avallare con il suo «visto» l'avviso di chiusura delle indagini sulla trattativa (ma non era condizionato da Ingroia?), Messineo andava benissimo a tutti. Ora che ha firmato le richieste di rinvio a giudizio per i 12 imputati e affianca i pm alle udienze del processo, diventa improvvisamente incompatibile. Ma forse non è lui a essere incompatibile con Palermo: è lo Stato che è incompatibile con la Giustizia.

Dopo l'ennesimo attacco del pg, che segue l'incredibile trattamento riservatogli dal Csm con il «confino» alla Procura di Aosta, il 14 giugno Ingroia rompe gli indugi e si dimette per sempre da magistrato, per dedicarsi definitivamente all'attività politica nel suo movimento, ribattezzato dopo l'insuccesso elettorale «Azione civile». Alla notizia, l'esultanza dei politici e di alcuni colleghi supera di gran lunga quella, decisamente più sobria e contenuta, di Cosa nostra. «Ingroia lascia la magistratura? Ce ne faremo una ragione» commenta entusiasta Michele Vietti, per anni compagno di partito di Totò Cuffaro. Incontenibile il giubilo di Vittorio Borraccetti, leader di Magistratura democratica e membro del Csm: «Ingroia ha danneggiato la magistratura e la credibilità di quello che ha fatto prima» e la sua accusa al Csm di averlo messo sotto tiro per le sue indagini è «inaccettabile: nessuno l'ha punito né ha ostacolato l'indagine sulla trattativa». A parte il Colle, il pg della Cassazione, il Csm e l'Anm, s'intende. Molto felice anche il segretario dell'Anm, Rodolfo Sabelli: se il Csm ha destinato Ingroia ad Aosta non è «una ritorsione, ma solo l'applicazione della normativa vigente». Ma non è vero.

Ecco che cosa prevede davvero la famosa «normativa». Un magistrato può candidarsi dove vuole, ma non è eleggibile dove ha esercitato le funzioni. Ingroia, leader nazionale di Rivoluzione civile, si mette in aspettativa elettorale e si candida in tutta Italia fuorché in Val d'Aosta, ma sa di essere ineleggibile a Palermo dov'è stato pm fino a tre mesi prima. Poi non viene eletto e rientra dall'aspettativa. Il Csm lo destina ad Aosta, unico circondario giudiziario dove non era candidato. Ma, per farlo, infrange la sua circolare del settembre 2012, che vieta il rientro dei magistrati non nel «circondario», ma nel «distretto» giudiziario dov'erano candidati: e Ingroia era candidato anche in Piemonte, cioè nel distretto di cui fa parte Aosta. Dunque, stando alla circolare, non potrebbe lavorare neppure ad Aosta.

Ingroia suggerisce una soluzione più consona alla sua competenza che, per giunta, non viola alcuna regola: c'è un posto libero alla Direzione nazionale antimafia (Dna). C'è un precedente che parla chiaro: Piero Grasso s'è candidato a Roma come capolista del Pd al Senato, sebbene fino al giorno prima esercitasse le funzioni a Roma come capo della Dna: sarebbe ineleggibile, ma il Csm gli consente di essere eletto perché la Dna ha sì sede nella Capitale, ma è extraterritoriale (nazionale) senza compiti investigativi (si limita a coordinare le indagini dei vari pool distrettuali). Il principio dovrebbe valere per tutti, anche per Ingroia. Invece no: secondo il Csm la Dna è extraterritoriale per Grasso, ma non per Ingroia che, essendosi candidato a Roma, non può andare alla Dna. La legge è uguale per quasi tutti.

Sempre a proposito di «applicazione della normativa vigente», c'è anche il caso di due collaboratori della ministra della Giustizia Cancellieri: Domenico Carcano, capo dell'Ufficio legislativo, e Renato Finocchi Gersi, capo di gabinetto. Sono due toghe di Magistratura democratica, «fuori ruolo» rispettivamente da 15 e da 13 anni (il primo ha lavorato alla segreteria e all'ufficio studi del Csm, il secondo alla Consulta e poi al ministero della Salute). In base a una circolare varata dal Csm nel marzo 2013, nessun magistrato può restare fuori ruolo per più di 10 anni, né aggirare il divieto mettendosi in aspettativa. Dunque i due, in base alla «normativa vigente», non potrebbero lavorare al ministero della Giustizia con la Cancellieri: dovrebbero tornare a fare i giudici. Ma il Csm infrange un'altra volta le regole che s'è dato e li autorizza a mettersi in aspettativa con una deroga *ad personas* (votata anche da Borraccetti). Così, i due avranno lo stipendio dei dirigenti apicali dello Stato, 240.000 euro lordi l'anno, molto più di quello che guadagnerebbero da fuori ruolo. Al Consiglio superiore, le regole per gli amici si interpretano e per gli Ingroia si applicano. Anzi, si calpestano.

La Consulta e il «patto tradito»

Chi si rivede, la Corte costituzionale. Il 19 giugno si ricorda di aver interrotto sul più bello, il 24 aprile, la camera di consiglio su Berlusconi e il suo legittimo impedimento del lontano 2010: quello che il Cavaliere aveva creato apposta, fissando un Consiglio dei ministri *ad hoc*, per far saltare l'ennesima udienza del processo Mediaset. Allora il tribunale respinse la manovra e procedette in sua assenza. Poi la Camera sollevò un conflitto di attribuzioni contro i giudici di Milano per chiedere alla Consulta di annullare il dibattimento. Che intanto proseguì, fino alla sentenza di condanna a quattro anni in appello. Per non disturbare la nascita e i primi passi delle larghe intese («opportunità politica»), i giudici costituzionali non avevano più dato notizia di sé. Ora riaprono la camera di consiglio ed emettono la sentenza, scritta dal relatore Sabino Cassese: il conflitto è respinto, il processo è salvo, a Berlusconi non resta che la Cassazione. Motivo: l'imputato-statista fissò quel Consiglio dei ministri proprio in una data «che egli aveva in precedenza indicato come utile per la propria partecipazione all'udienza e senza fornire alcuna indicazione né circa la necessaria concomitanza e la "non rinviabilità" dell'impegno, né circa una data alternativa per definire un nuovo calendario». Insomma, si prese gioco dei giudici, violando «il principio di leale collaborazione» fra le istituzioni. E bene fece il tribunale a respingere la legittimità del suo impedimento creato lì per lì, *ad personam*.

La reazione del Pdl, dinanzi a un verdetto ampiamente atteso, per non dire scontato, è piuttosto tiepida rispetto alle usanze della casa. Berlusconi si dice «amareggiato» per l'ennesimo «tentativo di eliminarmi dalla vita politica per via giudiziaria», ma non fa sfracelli. Anche perché – confida ai suoi – ora attende una mossa del Quirinale per chiudere definitivamente la «guerra dei vent'anni» fra sé e la Giustizia. Il direttore del suo «Giornale», Alessandro Sallusti, s'incarica di esplicitare il messaggio in un'intervista al «Fatto»:

> Berlusconi salga al Colle e chieda a Napolitano se il patto è ancora valido: il presidente lo deve tutelare, dato che è stato lui a volere fortemente questo governo [...]. Spetta solo a Napolitano chiarire se questo patto, nato nell'interesse del paese, è ancora valido [...]. Un'azione politica forte ci dev'essere da parte di tutto il Pdl: non puoi assistere immobile all'uccisione del leader. Ma vediamo come va al Quirinale.

Il Colle però tace. E l'indomani monta la rabbia del Caimano. «Napolitano è un comunista che non rispetta i patti» sibila Berlusconi riunito con i suoi a Palazzo Grazioli. Gasparri ricorda che «otto giudici costituzionali rispondono a Napolitano e Berlusconi si aspettava che la Consulta prendesse atto del clima di pacificazione che c'è grazie a lui». Altri rammentano la salita al Colle di Cicchitto e Gasparri il 12 marzo, fra le elezioni politiche e le presidenziali, per «rappresentare le preoccupazioni politico-istituzionali per i recenti sviluppi delle vicende giudiziarie del leader». Lì, assicura più d'uno, Napolitano promise o almeno fece intendere qualcosa che poi, nell'ottica dei falchi berlusconiani, non è (ancora) arrivato. Ma le urla a scoppio ritardato del Pdl per il verdetto della Consulta non sono altro che un pressing sul presidente perché dica qualcosa prima delle sentenze del tribunale sul caso Ruby e della Cassazione sul caso Mediaset. Soprattutto la seconda, che potrebbe portare alla prima condanna definitiva del Cavaliere. Per questo processo già si parla di una soluzione all'italiana: il presidente della Corte, Santacroce, potrebbe assegnare il caso alle sezioni unite e predisporre un collegio «morbido», così i tempi si allungherebbero e scatterebbe la solita prescrizione. Ma, come vedremo, un imprevisto complicherà tutto.

Dopo la sentenza della Consulta, intanto, trapela sul «Corriere» una strana mossa del Quirinale che, prim'ancora che la Corte uscisse con il suo verdetto, avrebbe «fatto filtrare in via preventiva un preoccupato auspicio del presidente» al Pdl perché tenesse «i nervi saldi a proposito della sentenza che la Consulta si preparava a esprimere su Berlusconi». Una «raccomandazione a "non caricare di aspettative improprie" il verdetto perché – si obiettava – un giudizio "tecnico" non può essere "confuso con gli esiti processuali, che hanno un proprio e diverso percorso"». E, osserva il quirinalista Marzio Breda, la mossa di Napolitano «sembra avere funzionato», visto che Berlusconi ha confermato la sua fiducia al governo Letta. Resta da capire il vero senso del «monito preventivo» del capo dello Stato. Anche perché qualcuno potrebbe dedurne che egli fosse già al corrente del verdetto firmato Cassese, prim'ancora che venisse emesso.

Sia come sia, il presidente così loquace *prima* della sentenza, si chiude nel più assoluto mutismo *dopo* (proprio mentre nomina suo portavoce Maurizio Caprara, inviato del «Corriere della Sera», al posto di Pasquale Cascella, nel frattempo eletto sindaco di Barletta). Parla invece la fedelissima Cancellieri, con l'ennesima apertura all'amnistia dinanzi al plenum del Csm: «Potrebbe essere la soluzione maestra al sovraffollamento delle carceri, ma è il parlamento che deve sceglierla». Il ministro montiano Mario Mauro si associa, invocando «un'amnistia per la riconciliazione». Fra guardie e ladri.

Manca ormai un giorno alla sentenza del Tribunale di Milano sul caso Ruby. Il Cavaliere partecipa al matrimonio di Geronimo La Russa e, parlando con un amico, si dice pessimista sui suoi processi da quando, venti giorni prima, ha spedito Alfano al Quirinale per supplicare Napolitano di nominarlo senatore a vita: «Ma il presidente gli ha risposto quasi indignato, come se fosse una richiesta assurda. Da quel momento ho capito che mi avrebbero condannato e che la Consulta mi avrebbe dato torto sul legittimo impedimento». Nessun segnale neppure dal governo: «Eppure, se non fosse per me, Enrico Letta non sarebbe a Palazzo Chigi».

Ruby maior, minor cessat

Il 24 giugno la presidente del Tribunale di Milano Giulia Turri legge la sentenza del processo Ruby: Berlusconi è condannato a sette anni di reclusione (sei per concussione e uno per prostituzione minorile), uno in più di quelli chiesti dal pm Boccassini (che contestava la concussione per induzione, mentre il tribunale opta per la più grave concussione per costrizione). Seguono l'automatica interdizione perpetua dai pubblici uffici e la trasmissione degli atti alla procura perché proceda per falsa testimonianza o per corruzione giudiziaria contro ben 32 testimoni. Fra questi c'è Bruno Archi, consigliere diplomatico di Arcore e viceministro degli Esteri nel governo Letta. E ci sono quasi tutte le «olgettine» delle feste di Arcore. Secondo il tribunale, sarebbero stati pagati dal Cavaliere, che ovviamente dovrà risponderne anche lui. «Questo – sbraita il Caimano – non è un tribunale, è un plotone di esecuzione. È una sentenza di inaudita violenza per eliminarmi dalla politica. La pacificazione è finita. Ma resisterò.» E si dice tentato di far cadere il governo Letta («ora tutto è possibile, di questo passo non si va lontano») per sfruttare il presunto vantaggio della sentenza in chiave elettorale. Ma è solo uno sfogo: molto meglio continuare a ricattare Letta e Napolitano per strappare un'immediata «riforma della giustizia» che metta fine all'«emergenza democratica». Cioè ai suoi processi. Il Pdl annuncia una manifestazione di piazza a Roma contro i giudici. E lancia l'idea di raccogliere «milioni di firme in estate» per chiedere un intervento del presidente in quanto «primo magistrato d'Italia» [Renato Brunetta, *sic*]. Ma per ora Napolitano tace, mentre Letta jr. manda a dire: «Se cade il governo, non si va a votare». Cioè se ne fa un altro senza Berlusconi.

Nelle stesse ore il premier accetta le dimissioni della ministra Pd Josefa Idem, coinvolta in uno scandalo per un'evasione fiscale da 3000 euro. Poi, la sera del 25 giugno, invita il neocondannato per concussione e prostituzione minorile a cena a Palazzo Chigi. All'uscita il Cavaliere appare rinfrancato: «Clima cordiale, andiamo avanti».

Dopo il rinvio della prima rata dell'Imu, Berlusconi si vende come un altro successo personale la promessa del governo di rinviare anche l'aumento dell'Iva dal 21 al 22 per cento. Intanto, in piazza Farnese, Giuliano Ferrara con rossetto e parrucca raduna una piccola folla di fedelissimi sotto lo striscione «Siamo tutti puttane». L'amico Silvio non c'è, in compenso è presente la giovane fidanzata Francesca Pascale, che non perde l'occasione di lanciare un segnale al Quirinale: «Perché, quando il presidente della Repubblica è stato intercettato, le sue conversazioni sono state stracciate all'improvviso? Perché le sue sì e quelle di Silvio no?». Chissà mai dove ha sentito questi discorsi.

Sugli attacchi forsennati che da due giorni il Pdl rovescia sui giudici Napolitano non dice una parola. Si limita all'immancabile fervorino:

> In Italia abbiamo il record della fibrillazione politica. Magari non passano nemmeno due mesi da quando viene formato un governo che il discorso quotidiano diventa quello della prossima, o imminente, o incombente, o fatale crisi di governo [...]. Abbiamo semmai bisogno di continuità nelle istituzioni. E vorrei che ci fosse un po' più di continuità nell'istituzione governo. Il rispetto e la cura delle istituzioni sono uno dei capisaldi dello Stato democratico e della società civile degna di questo nome.

Sandro Bondi gli dà del «Ponzio Pilato». E Brunetta gli replica allusivo, sulla linea Pascale:

> Ho visto la reazione del presidente quando, ingiustamente, è stato sottoposto a intercettazioni. La presidenza della Repubblica ha coinvolto la Corte costituzionale per stabilire i diritti del presidente della Repubblica, avendo ragione. Quando viene leso un diritto fondamentale, le persone, i singoli, ma anche le istituzioni, hanno il diritto-dovere di reagire. Quindi lo può fare certamente il cittadino già presidente del Consiglio Silvio Berlusconi. Noi faremo esattamente quel che ha fatto il presidente della Repubblica per difendere i diritti costituzionali del presidente della Repubblica.

Nel pomeriggio del 26 giugno, anche Napolitano si affretta a ricevere al Colle il neocondannato in tournée. Da una parte le solite lamentazioni per la persecuzione giudiziaria e le solite minacce di crisi per andare alle urne; dall'altra i consueti moniti alla calma e alla concordia, con la postilla che «il potere di scioglimento delle Camere è mio e, se cade il governo, ho il dovere di verificare se c'è una nuova maggioranza in parlamento». Alla fine le «fonti del Quirinale» fanno sapere che è stato Napolitano a voler vedere il Cavaliere: «Il presidente della

Repubblica ha invitato e ricevuto il senatore Silvio Berlusconi e con lui ha proceduto a un ampio scambio di opinioni sul momento politico e istituzionale». E l'insigne statista ha assicurato «il netto orientamento a confermare il sostegno suo e del Pdl al governo e all'azione che è impegnato a svolgere».

«Napolitano è stato attento e mi è vicino», confida Berlusconi ai suoi: «Lui vuole la pacificazione e sa quanto sia importante il mio ruolo per il paese e il governo». Infatti il presidente l'ha ascoltato senza batter ciglio durante la sua lunga filippica contro «la persecuzione giudiziaria» che mette a rischio «la pacificazione», soprattutto contro i pm di Napoli «che sono già pronti a spararmi ancora addosso» per lo scandalo De Gregorio. Poi Berlusconi dice di aver evocato l'imminente sentenza della Cassazione sul caso Mediaset, invitando Napolitano a «non restare neutrale di fronte al trattamento che sto subendo». Del resto «non è possibile che la Cassazione, dove siede quel galantuomo di Giorgio Santacroce, avalli quel massacro».

Per ora, dunque, il governo resta in piedi. E il Cavaliere fa addirittura trapelare un nuovo bluff: «Se mi danno il salvacondotto, mi ritiro dalla politica». Anche perché, «se cade Letta, potrebbe nascere un governo ben peggiore, con i fuoriusciti grillini, che potrebbe farci ancora più male»: potrebbe dimettersi Napolitano ed essere sostituito da «qualcuno di certo più ostile». In fondo, ci vuol poco.

Mi viene da monitare

Come già per Monti, Napolitano diventa subito il piazzista ufficiale del governo Letta. Guai a toccargli la sua creatura. Il 30 giugno il Pdl critica il premier nipote, tornato a mani semivuote dal vertice del Consiglio d'Europa (appena 1,5 miliardi per l'occupazione giovanile). Ma il presidente, in visita a Zagabria, non tollera critiche: «Sarebbe assurdo non riconoscere i risultati molto significativi ottenuti dall'Italia e il suo ruolo nello spostare fortemente l'accento sui temi della crescita e della disoccupazione giovanile. Certo, miracoli non si possono promettere». Ma il governo sta andando forte: infatti la disoccupazione giovanile sale alla cifra record del 40 per cento.

Il 1° luglio Monti chiede una «verifica» di maggioranza. Napolitano, ancora a Zagabria, è colto da atroce dilemma: scaricare il beniamino Mario o il beniamino Enrico? Oppure tacere, come dovrebbe? Non sia mai. Difende Letta e scarica Monti: «Faccio molta fatica a prestare un volto minaccioso al professor Monti. Voglio ritenere che voglia giocare un ruolo di stimolo. L'importante è operare con serenità, prescindendo dalle polemiche politiche che peraltro si svolgono al di fuori del governo». Poi prende le distanze dal presidente del Senato Grasso, che ha criticato le continue guerriglie del Pdl contro il governo: «Sono opinioni personali, ma legittime vedute sulle quali chiunque di noi può pensarla diversamente, forse anch'io». Parla anche dello scandalo «Datagate», cioè il mega apparato di spionaggio illegale, con microspie anche nelle ambasciate e nei governi dei paesi alleati, messo in piedi dall'Nsa, l'Agenzia per la sicurezza nazionale degli Stati Uniti. Ma lì è molto meno polemico e se la cava con un monitino alla vaselina, ben più conciliante di quelli usati per le legittime intercettazioni della magistratura italiana: «È una questione spinosa che dovrà trovare risposte soddisfacenti». Che naturalmente non arriveranno.

L'indomani, già che c'è, il presidente lancia un fervorino top secret ai gruppi parlamentari della maggioranza perché si sbrighino con la riforma elettorale, prima che il 3 dicembre se ne occupi la Consulta. Ma ovviamente non se ne fa nulla, anche perché lui stesso ha fornito ai partiti l'alibi per rinviarla *sine die*, alla fine delle famose (e fumose) riforme costituzionali.

Il 2 luglio Beppe Grillo si appella a Napolitano perché

> vada in tv in prima serata e dica la verità agli italiani sullo stato dell'economia, sulle misure che dovremo prendere, sui sacrifici enormi che ci aspettano. Imponga la cancellazione del Porcellum, contro cui alla Camera ha votato soltanto il M5S e un solo deputato del Pdmenoelle e sciolga il parlamento. Quest'agonia non può durare.

Poi chiede un incontro privato al Quirinale per ripeterglielo a voce. E pubblica sul blog un fotomontaggio con la prima pagina del «Corriere della Sera» del luglio 1943 che annunciava le dimissioni di Mussolini dopo il Gran Consiglio del fascismo, con una chiosa: «Neppure il fascismo o il re avrebbero tollerato un esecutivo sorretto da Berlusconi». Il Quirinale risponde a brutto muso che l'eventuale incontro Napolitano-Grillo non potrà essere privato, «come in tutti i casi in cui il capo dello Stato incontra delegazioni di forze politiche rappresentate in parlamento». E, siccome vorrebbe salire anche Casaleggio, il Colle fa sapere che «potranno partecipare anche altre persone, purché ne siano chiariti i titoli e le funzioni nell'ambito del MoVimento». Tante difficoltà non verranno sollevate dal Quirinale quando Gianni Letta e Fedele Confalonieri – privati cittadini senz'alcuna carica nel Pdl, esattamente come Casaleggio – saliranno indisturbati al Colle, senza chiarire i propri titoli e funzioni, per parlare del solito tema: il salvacondotto per il condannato Berlusconi.

Cicciobomba cannoniere

In Egitto si consuma il golpe militare, con l'esercito che arresta il presidente democraticamente eletto Mohamed Morsi e depone i Fratelli musulmani che hanno vinto le elezioni. In Italia, in contemporanea, i generali con l'appoggio di Napolitano mettono in mora il parlamento.

Antefatto: il 29 giugno la Camera e il Senato osano approvare (su impulso di M5S e Sel) una mozione che sospende per sei mesi, in attesa dei risultati di un'«indagine conoscitiva», i nuovi acquisti di aerei cacciabombardieri americani F35, deliberati nel 2009 da Pdl e Pd per 135 velivoli della Lockheed Martin (poi ridotti a 90) dal costo complessivo di 15 miliardi. Si tratta di un progetto di cooperazione tecnologico-militare che coinvolge nove paesi, da cui però si sono già sfilati in varie forme Gran Bretagna, Olanda, Danimarca, Australia e Turchia. Anche perché, secondo gli stessi esperti del Pentagono, i caccia presentano vari difetti di fabbricazione: se colpiti da un fulmine potrebbero addirittura esplodere in volo. Una prima mozione di Sel per annullare definitivamente la commessa è stata bocciata da tutti, col voto favorevole dei soli vendoliani e 5 Stelle. Ma quella per la sospensione semestrale è passata con 381 Sì e 149 No, votata fra mille mal di pancia anche dal Pd.

Il testo impegna il governo, «relativamente al programma F35, a non procedere a nessuna fase di ulteriore acquisizione senza che il parlamento si sia espresso nel merito, ai sensi della legge 244/2012». Più che uno stop, è un rinvio che non blocca nulla, vista la maggioranza bulgara che sostiene il governo a colpi di decreti e fiducie.

Ma la sola idea che il parlamento torni a esistere e a dire qualcosa in proprio fa saltare la mosca al naso di Napolitano. I giornali lo descrivono «molto irritato» per la lesa maestà commessa dalle Camere nei confronti suoi e della nostra sovranità limitata dagli americani. Così il 3 luglio riunisce il Consiglio supremo di difesa, di cui s'erano perse le tracce da tempo. E alla fine dirama un supermonito categorico e impegnativo per tutti: «La facoltà del parlamento [riconosciuta dalla legge 244/2012, *nda*] non può tradursi in un diritto di veto su decisioni operative e provvedimenti tecnici che, per loro natura, rientrano tra le responsabilità costituzionali dell'esecutivo».

Cioè: nel 2012 il parlamento fa una legge, la 244, promulgata dallo stesso Napolitano, per raccomandare un risparmio sulle spese militari e stabilire che quelle «straordinarie» devono sempre passare dal parlamento, così come quelle ordinarie deliberate per completare «programmi pluriennali finanziati nei precedenti esercizi con leggi speciali». Non solo: la nuova norma assegna alle Camere l'ultima parola sulle spese militari alla luce della situazione internazionale e delle disponibilità finanziarie dello Stato, per evitare «nuovi o maggiori oneri a carico della finanza pubblica». È proprio il caso degli F35. Ma Napolitano si crede il capo del governo, dei giudici e ora pure del parlamento. E fa dire a quella legge il contrario di quel che dice, usandola per esautorare le Camere, già peraltro ridotte a fotocopiatrici dei diktat di Palazzo Chigi, cioè del Colle.

Ce ne sarebbe abbastanza per un conflitto di attribuzioni fra le Camere e il Quirinale contro questo golpetto senza carri armati, ma con i generali. Però i presidenti Boldrini e Grasso, solitamente così loquaci e suscettibili, dormono profondamente e non alzano neppure un sopracciglio. Il ministro Franceschini ringrazia fantozzianamente Napolitano per il «giusto richiamo alla separazione dei poteri». Solennissima sciocchezza: il Consiglio supremo di difesa non è un potere dello Stato, ma – come osserva Rodotà – «un organo di informazione e consulenza del presidente della Repubblica e indirettamente del governo». Dunque «non solo queste prerogative non si estendono al parlamento, ma di certo non può essere il Consiglio a imporre veti alle Camere. Proprio non gli compete. Il parlamento è stato ancora una volta esautorato».

I 5 Stelle protestano per l'ennesimo «schiaffo al parlamento». Ma stavolta insorgono anche alcuni parlamentari del Pd. E a stigmatizzare severamente il colpo di mano del Quirinale interviene anche il presidente emerito della Consulta Gustavo Zagrebelsky, nella già citata intervista al «Fatto»:

> Chissà chi sono i consulenti giuridici che hanno avallato le affermazioni del Consiglio supremo di difesa, che svuotano i compiti del parlamento in materia di sicurezza e politica estera? Un regresso di due secoli, a quando tali questioni erano prerogativa regia. Del resto, lei sa che cosa è questo Consiglio? Qualcuno si è ricordato che la sua natura è stata definita nel 1988 da una relazione della Commissione presieduta da un grande giurista, Livio Paladin, istituita dal presidente Cossiga per fare chiarezza su un organo ambiguo (ministri, generali, presidente della Repubblica)? Fu chiarito allora che si tratta di un organo di consulenza e informazione del presidente, senza poteri di direttiva. D'altra parte, chi stabilisce se certi provvedimenti e certe decisioni sono solo tecniche e operative, e non hanno carattere politico? I sistemi d'arma, l'uso di certi mezzi o di altri non sono questioni politiche? Chi

decide? Il parlamento, in un regime parlamentare. Forse che si sia entrati in un altro regime?

La Fiat bacia la pantofola

Che ormai Napolitano sia visto come il re d'Italia lo dimostra pure un'ingenua dichiarazione del giovane presidente della Fiat, John Elkann. Il quale rivela il 1° luglio di avergli telefonato per preannunciargli che la casa automobilistica torinese ha rastrellato sul mercato azioni della Rizzoli-Corriere della Sera (Rcs), fino a conquistare il 20,1 per cento, cioè la quota largamente maggioritaria:

> Siamo un azionariato coeso con l'ambizione di fare in modo che Rcs sia il grande gruppo editoriale italiano che è. Oggi la parte più importante è garantire questa stabilità, come ho riferito al presidente della Repubblica, Giorgio Napolitano.

A che titolo un'azienda privata coinvolga la presidenza della Repubblica in un'operazione di mercato, fra l'altro molto controversa per la concentrazione di potere mediatico che conferisce alla Fiat, già proprietaria della «Stampa», non è dato sapere. A parte, si capisce, l'abitudine ormai diffusissima di baciare la pantofola presidenziale. Diego Della Valle, terzo azionista Rcs in profondo dissidio con il vecchio «salotto buono» di Mediobanca e della sua alleata Fiat, non la prende bene. «È una sceneggiata di cui il paese non ha bisogno» commenta; «La telefonata di Elkann a Napolitano ricorda i video dell'Istituto Luce con Mussolini che raccoglie il grano. Se uno ha una mezz'ora di tempo da perdere può telefonare ai dipendenti di Pomigliano o ai lavoratori dell'Ilva. Ci sono tanti modi per far sentire la vicinanza a un paese che se la passa male». Poi acquista una pagina su alcuni quotidiani per denunciare l'operazione Fiat che mette «in pericolo la libertà di opinione di un pezzo importante della stampa italiana».

Chiede ai soci forti di Rcs – Fiat, Intesa e Mediobanca – di fare insieme a lui «un passo indietro» e di lasciare «completamente l'azionariato di Rcs liberandolo così da tutte le vecchie polemiche e da tutte le dietrologie di ogni tipo». Poi si appella anche lui a Napolitano:

> Mi sono rivolto a Lei perché, per ottenere tutto questo, considerando l'attuale indisponibilità di alcuni protagonisti a seguire questo percorso, c'è bisogno di una voce forte al di sopra delle parti e della massima autorevolezza che lo richieda nell'interesse di un processo indispensabile di modernizzazione del paese [...]. Ora è il momento di dimostrare che chi guida il paese non ha più sudditanze verso nessuno [...]. Vedere inoltre il totale silenzio della politica vecchia e nuova è un fatto inspiegabile e molto preoccupante per la democrazia e mi ha convinto, ancora di più, a rivolgermi a Lei e all'autorevolezza che la Sua persona e il Suo ruolo rappresentano.

La risposta del presidente è piuttosto vaga, né potrebbe essere altrimenti:

> Ho letto l'appello del dottor Diego Della Valle pubblicato sulla stampa, e ne ho colto l'intento dichiarato di operare nell'interesse generale di una libera e corretta evoluzione del mondo della stampa e dell'informazione. È mio impegno quotidiano richiamare tutte le forze rappresentative del paese al massimo sforzo di lungimiranza e di coesione in questa delicata fase della vita nazionale. Naturalmente non spetta a me alcun commento su questioni e proposte rimesse alla libera determinazione di soggetti economici e imprenditoriali e al giudizio del mercato.

Il 7 luglio, in visita in Lombardia, Napolitano scioglie un peana a un gigantesco monumento allo spreco: l'Expo di Milano 2015. Parlando alla Villa Reale di Monza, pronuncia una brodosa omelia a base di «fiducia in noi stessi e rinnovata fiducia verso l'Italia da parte dell'Europa e del mondo», da conquistare «con coraggio». E la fiducia – a suo avviso – dipende da «quel che faremo e costruiremo da qui al 2015, in termini di crescita economica o di riforme istituzionali», lontano dalle «diatribe domestiche». Perché «siamo un paese che ha fiducia in se stesso, che deve averne più di quanta ne dimostri, percorso com'è ancora da nervosismi destabilizzanti e da tendenze al pessimismo». Sarà un «risoluto rilancio» contro le «sottovalutazioni» e «la cappa dell'autolesionismo». Insomma «un'occasione straordinaria per Milano» che però «rappresenta e coinvolge tutto il paese», «per un nuovo sviluppo dell'Italia nel suo insieme, da nord a sud, per il superamento della crisi che stiamo vivendo nel mondo dal 2008, all'insegna dello "spirito unitario"». «Nonostante le tensioni e i fattori d'instabilità che da tempo caratterizzano i rapporti politici e la vita istituzionale del nostro paese, in certi momenti si sa egualmente riconoscere – da parte di tutte le forze politiche e sociali responsabili – quel che tocca esigenze vitali della Nazione e deve sollecitare la più larga convergenza di sforzi.» Anzi, «un'autentica e feconda coesione sociale e istituzionale». E così dall'inno all'Expo si passa al consueto ditirambo per le larghe intese. Nessun accenno a scandali, mazzette, sperperi, lungaggini, poltronifici, infiltrazioni mafiose negli appalti. «L'Expo 2015 sarà il cuore della ripresa italiana.» Alleluja.

Brigate Cassazione

Dal fronte giudiziario piovono nuove, pessime notizie per i palazzi della politica. Le residue speranze dei corazzieri, nemici giurati del processo alla trattativa Stato-mafia, si infrangono definitivamente contro il doppio muro della Cassazione e della Corte d'assise di Palermo. La prima, l'11 giugno, con un provvedimento firmato dal presidente della II sezione Antonio Esposito (ne risentiremo parlare molto presto), respinge definitivamente la ricusazione presentata dal capitano De Donno contro il gup Morosini, autore del rinvio a giudizio degli imputati. Così il processo continua. E il 4 luglio la Corte d'assise di Palermo travolge anche gli ultimi ostacoli frapposti dagli imputati. Molti di loro chiedevano di trasferire il processo a Roma, o a Firenze o a Caltanissetta, mentre Mancino – sulla scorta dei pareri dei vari Fiandaca, Capotosti e Onida – pretendeva di essere processato dal Tribunale dei ministri. Ma il presidente Alfredo Montalto, assieme a giudici e giurati, respinge tutte le eccezioni. Il processo resta a Palermo.

Il 9 luglio, sul «Corriere della Sera», Luigi Ferrarella rivela ciò che sta accadendo in Cassazione. Qui all'inizio del mese i giudici hanno ricevuto dalla Corte d'appello di Milano il fascicolo con tutti gli atti della condanna di Berlusconi a quattro anni per frode fiscale nel processo Mediaset. E si sono accorti che il reato si prescrive per metà il 1° agosto. Ora, l'attività giudiziaria ordinaria sta per chiudere il 31 luglio e riprenderà il 15 settembre. Ma ovviamente le udienze fino al 31 luglio sono già fissate da tempo, dunque si andrebbe all'autunno. Per legge, però, i supremi giudici devono fare tutto il possibile per evitare le prescrizioni.

Così la sezione feriale della Cassazione, presieduta quest'anno dal giudice Antonio Esposito, fissa lo stesso 9 luglio il processo Mediaset davanti a sé per il giorno 30. Lo prevede espressamente il regolamento interno che, ogni anno, il primo presidente dirama a tutti gli uffici del Palazzaccio. Vanno alla sezione feriale tutti i processi urgenti: cioè quelli con imputati detenuti in scadenza dei termini di custodia e quelli «per i quali la prescrizione maturi durante la sospensione [estiva, *nda*] o nei successivi 45 giorni». È quel che è accaduto nel 2011 per 219 processi e nel 2012 per 243. Ed è anche il caso del processo Mediaset.

I fatti sono chiarissimi. Nel 2004, quando la Procura di Milano scoprì i reati commessi da Berlusconi (falso in bilancio, frode fiscale e appropriazione indebita), la frode ammontava a 368 milioni di dollari di costi gonfiati tramite società offshore e non dichiarati al fisco: fatti commessi nel 1995-98, con effetti fiscali «spalmati» con gli ammortamenti fino al 2003. Nel 2005 il Cavaliere scoprì di essere indagato e impose subito la legge ex Cirielli, che tagliava la prescrizione da dieci anni a sette e mezzo, più una raffica di condoni e scudi fiscali. Così ogni anno ha fatto evaporare un pezzo del suo monumentale delitto e nel maggio del 2013, quando è arrivata la condanna d'appello, restavano soltanto i 4,9 milioni di euro evasi nel 2002 e i 2,4 del 2003. Ma il 1° agosto (secondo i calcoli dei giudici) o a metà settembre (secondo i difensori) si estinguerà anche la frode del 2002. Dunque, se la Cassazione non sentenzierà prima, la pena di quattro anni scenderà probabilmente a due o poco più. Con due conseguenze. Primo: il processo tornerà alla Corte d'appello per rideterminarla. Secondo: sparirà la pena accessoria dell'interdizione per cinque anni dai pubblici uffici, prevista solo per le condanne superiori ai tre anni.

Insomma Berlusconi – che già non dovrebbe rischiare il carcere perché ha più di settant'anni (grazie al regalo di compleanno contenuto nell'ex Cirielli) e perché tre dei quattro anni di pena sono coperti dall'indulto del 2006 (gentile omaggio del centrosinistra) – potrebbe restare tranquillamente in parlamento, evitando sia l'interdizione, sia gli effetti della legge Severino (che prevede la decadenza degli eletti solo per condanne superiori ai due anni). Sempreché, si capisce, il nuovo processo d'appello e poi di Cassazione arrivino in tempo per evitare la prescrizione anche dell'ultima frode: quella del 2003, che si estinguerà nell'estate del 2014 (recuperando gli anni perduti con i vari impedimenti e «lodi» incostituzionali). Altrimenti il Caimano la farà franca al 100 per 100 per l'ennesima volta.

La decisione della Corte – un atto dovuto – viene accolta da Berlusconi & C. come un affronto intollerabile: la prescrizione, da quelle parti, è considerata un diritto acquisito. E il fatto che i giudici tentino di scongiurarla, come previsto dalla legge, diventa un'altra prova dell'«accanimento», della «giustizia politicizzata», della volontà di «eliminarlo dalla scena politica». Il Cavaliere, sconvolto dalla sola idea di essere trattato come gli altri cittadini, minaccia l'Aventino dei suoi parlamentari e ministri, o le loro dimissioni in massa per bloccare il parlamento, rovesciare il governo e trascinare il paese alle elezioni anticipate in ottobre:

«Vogliono una nuova piazzale Loreto, pensano di farmi scappare come Craxi, ma io resisto. Se mi condannano, non mi dimetto. Ma il governo è finito».

Il Pdl e gli *house organ* accusano la Cassazione di «sentenza sprint» e di «fretta sospetta» (per un processo iniziato nove anni prima). Il capogruppo Schifani annuncia ufficialmente la caduta del governo in caso di condanna e interdizione del capo. Franco Coppi, l'avvocato che affianca Ghedini e Longo, ipotizza la rinuncia alla prescrizione per consentire ai giudici di fissare l'udienza dopo le ferie, davanti alla III sezione specializzata nei reati finanziari. Ma poi non se ne farà nulla: Berlusconi non ci pensa neppure. Il primo presidente della Cassazione Giorgio Santacroce, molto stimato dal Cavaliere, parla al Csm. Spiega che è stata seguita la legge, perché «se un processo si prescrive, i giudici rischiano il procedimento disciplinare». Poi però assicura conciliante che l'udienza si può anche spostare «qualora il ricalcolo della prescrizione lo permetta». Ma il presidente della sezione feriale Esposito tiene il punto. E il perché lo spiegherà dopo la sentenza, il 6 agosto, in una contestatissima intervista al «Mattino»:

> C'era l'indicazione dell'Ufficio esame preliminare dei ricorsi – cosiddetto Ufficio spoglio – della terza sezione penale della Cassazione, secondo il quale la prescrizione sarebbe scattata il 1° agosto. E quindi a me, come presidente della sezione feriale, non restava altro che fissare la data in tempo non utile, ma utilissimo e ravvicinato onde evitare la prescrizione.
> *Solo sul processo Mediaset-Berlusconi c'era il pericolo della prescrizione?*
> Assolutamente no. Il processo Berlusconi si prescriveva il 1° agosto. C'erano processi che si sarebbero prescritti il 30 luglio, il 31 luglio e il 4 agosto. Anche per quelli c'era il rischio prescrizione, bisognava afferrarli per i capelli. Così abbiamo fatto.
> *Quanti processi arrivano mediamente alla sezione feriale della Cassazione?*
> A getto continuo. Ne sono stati già fissati 140-150.

Come viene composta la sezione feriale?
È il primo presidente della Cassazione che, dopo aver acquisito la disponibilità di due-tre magistrati per ogni sezione, compone i collegi. Per il 2013 i collegi sono stati istituiti con decreti del 23 maggio scorso. Io finisco domani [7 agosto, *nda*]. Nei prossimi giorni subentreranno altri presidenti.

Ma non c'è discorso tecnico che riesca a fermare le polemiche ricattatorie del Pdl, che butta tutto in politica. «Il Foglio» chiama un'altra volta in causa il Quirinale, rammentandogli neppur tanto velatamente presunti impegni assunti al momento del varo del governo di larghe intese: «La Cassazione vuole far scoppiare la bomba in tre settimane, distruggendo d'un colpo il lavoro di costruzione di un equilibrio possibile realizzato da Giorgio Napolitano».

Parlamento chiuso per lutto

Alla fine, al posto dell'Aventino, il Pdl opta per la serrata del parlamento contro la Cassazione. Un atto eversivo, mai visto nella storia repubblicana, che sulle prime dovrebbe durare tre giorni. Poi ci si contenta di uno solo: i lavori di Camera e Senato resteranno sospesi «soltanto» il 10 luglio. Incredibilmente anche il Pd – sempre più ostaggio delle larghe intese – vota a favore, fra le urla dei 5 Stelle e le proteste di Renzi. E rivendica addirittura la cosa come un successo strepitoso, perché il Pdl è sceso da tre giorni a uno di lutto nazionale. In realtà sono stati Letta e Franceschini a ordinare al loro partito di piegarsi al diktat dei *berluscones*. E nessuno – nonostante le proteste di molti democratici, soprattutto renziani – ha osato votare contro. La dichiarazione balbettata dal capogruppo Roberto Speranza è un reperto d'epoca: «Non c'è stata nessuna moratoria. Abbiamo solo votato per consentire al Pdl di tenere l'assemblea del gruppo nel pomeriggio. Abbiamo invece respinto una richiesta ingiustificata di sospendere tutti i lavori per tre giorni».

Il capo dello Stato, che avrebbe il dovere di difendere la dignità del parlamento, non dice una parola. Parla invece il suo consigliere Macaluso, che in un articolo sull'«Unità» arriva a sostenere:

> Il fatto che il gruppo parlamentare del Pdl abbia chiesto una sospensione della seduta [...] per dare sfogo, in una riunione, a sentimenti e risentimenti in un partito che si identifica in una persona che rischia di non potere più mettere piede in parlamento, è comprensibile. Tutte le componenti del Pd sapevano di fare un compromesso temporaneo e necessitato con un partito che si identifica con Berlusconi.

Napolitano riceve Enrico Letta e fa sapere di averlo incoraggiato ad «andare avanti con forte determinazione». Secondo alcuni, gli avrebbe garantito che in caso di crisi di governo non scioglierà le Camere, anzi «piuttosto mi dimetto». Intanto il premier ha fatto recapitare dal ministro Franceschini un messaggio conciliante al Cavaliere: «Io comprendo che per il Pdl è il momento più difficile e ho pieno rispetto per le vostre difficoltà, ma se parlate di Aventino sono io che non ci sto». Poi pare che i due si sentano al telefono. Dopodiché Letta jr. ripete il solito mantra: «Non ci saranno conseguenze sul governo, bisogna separare la politica dalla giustizia». Già, ma bisognava pensarci prima di riportare in maggioranza un leader imputato.

In mattinata Napolitano ha ricevuto anche Grillo e per la prima volta Casaleggio, accompagnati dai capigruppo Nicola Morra e Riccardo Nuti. Per i 5 Stelle è il «Restitution Day»: tutti i parlamentari del movimento rendono allo Stato l'equivalente delle parti di indennità e diarie (quelle forfettizzate per spese non documentate) a cui hanno rinunciato, come promesso in campagna elettorale. Il totale dei primi due mesi e mezzo è 1.569.951,48 euro. Grillo alla fine racconta di aver chiesto al presidente di «fare qualcosa: cambi la legge elettorale e poi sciolga il parlamento e ci faccia tornare tutti alle urne». E Napolitano? «Ci ha dato ragione quasi su tutto. Ci ha detto che non ha le pile Duracell – rivela Morra – e che dunque non arriverà alla fine del settennato.» Un'altra conferma del mandato «a tempo».

La mancata difesa del parlamento bloccato dal Pdl e dallo scodinzolante Pd suggerisce a Zagrebelsky altre amare considerazioni:

> Il blocco del parlamento per protesta contro l'autorità giudiziaria, come la manifestazione di decine di parlamentari scalpitanti dentro e fuori il Tribunale di Milano, è una vicenda inconcepibile. Altrettanto inconcepibile è che l'una e l'altra non siano state oggetto di puntuale e precisa condanna. Anche qui: ammettiamo per carità di patria che l'una sia stata una normale sospensione tecnica e l'altra una visita guidata a un palazzo pubblico. Non basta, però, averli «derubricati», per poter dire che non è successo nulla. La questione è che non s'è detto autorevolmente che l'intento e i mezzi immaginati sono, sempre e comunque, inammissibili perché contro lo Stato di diritto.

Niente grazia (per ora)

Il 12 luglio il quotidiano «Libero», solitamente bene informato su quel che ribolle in casa Caimano, spara un titolo in prima pagina: *Grazia a Silvio, ci sta anche Letta.* Sottotitolo: «Napolitano gli ha prospettato la soluzione estrema per salvare il governo e il premier ha preso atto». Secondo Maurizio Belpietro, la quiete dopo la tempesta calata all'improvviso nell'entourage berlusconiano si spiega con «l'intesa implicita tra Colle e Palazzo Chigi, i cui echi sono confermati a "Libero" da un ex ministro del Cav che parla di "tranquillità surreale"». Di questo si sarebbe parlato anche nell'incontro del giorno prima fra l'uomo del Colle ed Epifani.

L'indomani, 13 luglio, arriva la piccata rettifica del Quirinale: «Si smentisce nel modo più assoluto che ci siano sulla scrivania del presidente pratiche immaginarie come quella descritta. Queste speculazioni sono un segno di analfabetismo e sguaiatezza istituzionale che danno il senso di un'assoluta irresponsabilità politica che può soltanto avvelenare il clima della vita pubblica», nonché «una delle abituali provocazioni di certi giornali». Smentita più che ovvia, anche nel caso in cui il tema della grazia fosse stato davvero affrontato: la grazia si concede ai condannati definitivi, quale (ancora) non è Berlusconi. Vedremo però che, dopo la condanna, a graziare il Cavaliere il presidente ci penserà eccome.

Al momento si limita a far trapelare il suo allarme per il nuovo surriscaldarsi del clima politico con una battuta lasciata cadere l'11 luglio a un convegno in ricordo di Nino Andreatta: «È un momentaccio». E, sotterraneamente, a rassicurare Berlusconi che la partita giudiziaria potrebbe anche finire bene per lui. Lo scrive su «la Repubblica» – per il prevedibile sconcerto di molti lettori – Eugenio Scalfari che da qualche mese, nei suoi sermoni domenicali, fa l'esegeta delle parole e talora anche dei pensieri presidenziali:

> L'ipotesi che la Cassazione non condivida in tutto o in parte le conclusioni della Corte d'appello non può in teoria essere esclusa, rientra nelle possibilità del libero convincimento del giudice che è uno dei cardini della giurisdizione. L'opinione pubblica può criticare una sentenza ritenuta tecnicamente sbagliata, ma deve accettare il libero convincimento e prenderne atto, tantopiù la sinistra democratica che ha fatto dell'indipendenza della magistratura uno dei cardini della sua visione politica.

Come dire: Silvio, stai tranquillo, forse ti assolvono e, nel caso, il Pd non ne farà un dramma. Negli stessi giorni i Democratici, non contenti del via libera alla serrata delle Camere, fanno retromarcia sull'annunciato (dal capogruppo Zanda) appoggio alla richiesta dei 5 Stelle di dichiarare Berlusconi ineleggibile in base alla legge 361 del 1957. E presentano, con lo stesso Zanda e con il senatore Massimo Mucchetti, un disegno di legge che riforma l'intera materia dei conflitti d'interessi e delle relative ineleggibilità. Una norma molto pretenziosa che, sull'immediato, ha un solo effetto: una sanatoria che legittima la presenza del Cavaliere abusivo nell'attuale parlamento e rinvia l'esame della sua incompatibilità alla successiva legislatura. Un'altra mina disinnescata sotto le larghe intese, in barba alla legge.

Kazakistan, Afghanistan, Napolitanistan

Siccome ogni giorno ha la sua pena, deflagra subito un'altra bomba: il rapimento di Alma Shalabayeva e della piccola Alua, moglie e figlia di sei anni del dissidente kazako Muxtar Äblyazov. Le due donne sono state prelevate a Roma dalla polizia italiana il 28 maggio, rinchiuse in un centro per immigrati clandestini e poi deportate illegalmente la notte stessa ad Astana (capitale del Kazakistan) su un aereo privato fornito dal regime, che le ha subito recluse agli arresti domiciliari. Il tutto per ordine dell'ambasciatore kazako a Roma, dopo alcune riunioni avvenute addirittura al Viminale alla presenza di Giuseppe Procaccini, capo di gabinetto del ministro e vicepremier Angelino Alfano. Questi però cade dalle nuvole e sostiene di non averne saputo nulla: non sapeva nemmeno ciò che da settimane scrivono l'Ansa e vari siti internet, e cioè che le due donne sono le congiunte del famoso dissidente. Ma Procaccini, costretto alle dimissioni insieme a un altro pesce piccolo della catena di comando, smentisce Alfano.

Il governo Letta, sprezzante del ridicolo, fa sapere che le due donne sono state vittime di un errore e «possono tornare in Italia» quando vogliono (peccato che siano agli arresti in Kazakistan). M5S e Sel presentano mozioni di sfiducia individuale contro il ministro. Il Pdl fa quadrato attorno a lui e minaccia di rovesciare l'esecutivo. Il nuovo capo della Polizia Alessandro Pansa, gerarchicamente dipendente da Alfano, stila una relazione molto lacunosa che scagiona il suo capo che l'ha appena nominato. Il 16 luglio Alfano legge il documento alle due Camere con aria beata, autoassolvendosi e autoelogiandosi nell'imbarazzo generale. Il Pd chiede le sue dimissioni, ma poi fa marcia indietro e respinge le mozioni di sfiducia. Una ritirata ingloriosa che nasconde (si fa per dire) la mano di Letta e soprattutto di Napolitano. Il quale, il 18 luglio, poco prima del voto del parlamento, arringando i giornalisti nella cerimonia del Ventaglio, non ha resistito alla tentazione di intromettersi nel lavoro delle Camere con un'incredibile difesa dell'indifendibile ministro. L'argomento è il solito ricatto della stabilità di governo (il suo) come valore assoluto.

Premesso che l'*affaire* kazako è la «storia inaudita» di una «precipitosa espulsione» che «ha creato gravi motivi di imbarazzo e di discredito» all'Italia, il capo dello Stato riesce a sostenere, senza ridere, che il governo italiano e Alfano non c'entrano. È tutta colpa dell'ambasciatore di Astana che ha fornito alle nostre autorità una «distorsiva e reticente rappresentazione» della realtà, esercitando per giunta «pressioni e interferenze inammissibili». Ed è pure colpa dei funzionari della Polizia italiana, «sanzionati opportunamente dal governo», cioè scaricati da Alfano per salvare la poltrona. Insomma il vicepremier è puro come acqua di fonte: «È assai delicato e azzardato evocare responsabilità "oggettive" per dei ministri». Del resto – argomenta Napolitano – il governo non ha alternative: è «reso obbligato» dal risultato elettorale. Inoltre «in due mesi e mezzo s'è guadagnato riconoscimenti e apprezzamenti per la sua capacità di iniziativa e di proposta». E, se dovesse cadere, «potrebbero essere irrecuperabili i contraccolpi sui mercati finanziari e nelle relazioni internazionali».

Qui parte, irresistibile, il monito: «Non ci si avventuri perciò a creare vuoti, a staccare spine» in vista di «ipotesi più o meno arbitrarie» come le elezioni anticipate, che «spetterebbero al presidente della Repubblica» e che lui non ha alcuna intenzione di concedere. L'avvertimento è rivolto a Renzi, che chiede la testa (si fa per dire) di Alfano. Ma anche a Berlusconi, che minaccia la crisi in caso di condanna nel processo Mediaset: «Si sgombri il terreno da sovrapposizioni improprie come quella tra vicende giudiziarie dell'on. Berlusconi e prospettive di vita dell'attuale governo» e ci si affidi «con rispetto, senza pressioni né in un senso né nell'altro» alle decisioni della Cassazione. Ce n'è anche per i giornalisti, ancora non abbastanza appecoronati: «Il richiamo alle responsabilità del momento si rivolge anche alla stampa, perché la sollecitazione e l'amplificazione mediatica influenza molto parole e comportamenti dei politici». E così, con poche frasi, il presidente compie una serie di imprese davvero ragguardevoli.

1) Condiziona per l'ennesima volta l'autonomia del Pd, partito lancia in resta a chiedere le dimissioni di Alfano e finito col

votargli la fiducia. Compresi i renziani, subito rientrati all'ovile dopo il monito.

2) Attribuisce al suo governo «riconoscimenti e apprezzamenti» internazionali «per la sua capacità di iniziativa e di proposta» di cui non c'è traccia nella realtà, visto che le uniche «iniziative» assunte sono rinvii di problemi insoluti per la rissa continua dei partiti che dovrebbero sostenerlo (Imu, Iva, Irap, F35, Porcellum, abolizione del finanziamento pubblico ai partiti ecc.).

3) Si copre di ridicolo, incolpando per la *rendition* di Alma e Alua Shalabayeva l'ambasciatore kazako che avrebbe interferito e depistato il governo italiano, e non il governo italiano che l'ha lasciato interferire e depistare indisturbato.

4) Non fa seguire alle durissime parole contro l'ambasciatore kazako alcun fatto concreto: né la revoca del «gradimento» né tantomeno la sua espulsione.

5) Denuncia non meglio precisate «sovrapposizioni improprie tra vicende giudiziarie dell'on. Berlusconi e prospettive di vita dell'attuale governo». Ma, se i giudici accertano che Berlusconi è un evasore, un concussore e un utilizzatore di prostitute minorenni, la maggioranza dev'esserne orgogliosa e tenerlo con sé?

6) Collega indebitamente l'eventuale sfiducia al ministro Alfano con la sopravvivenza del governo. Ma si tratta di una mozione di sfiducia individuale contro la persona di un ministro che ha gravemente mancato ai suoi doveri di controllo sulla struttura cui è preposto, non all'intera compagine di Letta. In casi analoghi, in qualunque altro paese, il ministro si dimetterebbe o verrebbe dimissionato e sostituito con un suo compagno di partito, senz'alcuna conseguenza sul governo. Non sarebbe la prima volta neppure in Italia che un ministro incapace viene sostituito (di solito da un altro incapace). E comunque non spetta al presidente della Repubblica decidere se, quando e chi debba sfiduciare governi o ministri.

7) Squalifica le critiche ad Alfano come «azzardati» addebiti di «responsabilità oggettiva». Ma questa vale solo nella giustizia sportiva e nessuno si è mai sognato di addebitarla al vicepremier. Qui è in gioco la responsabilità politica espressamente prevista

dall'articolo 95 della Costituzione: «I ministri sono responsabili [...] individualmente degli atti dei loro dicasteri». Possibile che Napolitano non lo conosca o non lo capisca?

8) Ancora una volta il capo dello Stato, non si sa in base a quale potere costituzionale, impartisce direttive alla stampa affinché tradisca la sua missione di fare domande, dare notizie e criticare il governo a nome della pubblica opinione, ed eviti «la sollecitazione e l'amplificazione mediatica» che «influenza molto parole e comportamenti dei politici». Viene quasi nostalgia del Minculpop, che almeno le veline ai giornali le passava con più discrezione. E comunque, allora, tutti sapevano di vivere sotto una dittatura. Ora invece il regime si traveste da democrazia.

Non nominare Napolitano invano

Nel dibattito al Senato sulla sfiducia ad Alfano, il capogruppo 5 Stelle Nicola Morra prova a evocare l'esternazione di Napolitano: «Ieri è intervenuto nel dibattito politico chi sta sul Colle...». Alla parola «Colle» il solitamente sonnacchioso ma sempre ridanciano presidente Grasso scatta come la rana di Galvani: «Scusi, senatore Morra, non sono ammessi riferimenti al capo dello Stato, lasciamolo fuori da quest'aula». Applausi dal Pd e dal Pdl. Ma Morra, recidivo: «Penso sia ammissibile fare delle riflessioni, se poi sbaglierò dovranno i cittadini valutare. Il presidente della Repubblica...». Il presidente torna a monitarlo: «L'ho invitata a lasciarlo fuori. Lei non può citarlo». «Ma voglio citare quel che ha detto il nostro presidente!» «No, lei non può citarlo». Morra imperterrito ricorda le parole di Napolitano sulla gravità del caso kazako, peraltro citate poco prima dal premier Letta per fare da scudo umano ad Alfano, senza che Grasso mettesse becco. Appena Morra finisce la citazione della frase del presidente, Grasso torna ad ammonirlo: «Chiusa la citazione!».

La scena si ripete quando Morra ringrazia sarcastico Berlusconi perché, «con la sua presenza in aula [la terza dall'inizio della legislatura, *nda*], ci fa capire chi sia effettivamente a reggere questa maggioranza, insieme al presidente della Repubblica Giorgio Napolitano». A quelle parole, come morso dalla tarantola, Grasso risalta su e gli tappa la bocca: «Non si accettano riferimenti al capo dello Stato!». A quel punto i 5 Stelle ironizzano («Kazakistan docet») e domandano: «Quali regolamenti stabiliscono che il capo dello Stato non si possa neppure menzionare? E perché Letta, Schifani e Zanda non sono stati censurati quando hanno citato Napolitano?». Grasso, imbarazzato, replica: «Non volevo censurare nessuno».

Dunque il primo Comandamento della Monarchia del Napolitanistan – «Non nominare il presidente invano» – scatta soltanto quando si cita il capo dello Stato per criticarlo, o quando chi lo cita non offre sufficienti rassicurazioni di volerlo elogiare; nominarlo per incensarlo invece si può, anzi si deve. Un po' come nella tradizione ebraica, che considera la divinità talmente sacra da essere impronunciabile. Di qui il tetragramma *YHWH*, innominabile se non nella versione *Adonai*, peraltro riservata alle preghiere. Oltreché divino, dunque infallibile, incriticabile, inindagabile, imperseguibile, impunibile, inarrestabile, inintercettabile, intestimoniabile, diciamo pure inascoltabile, Sua Castità è anche ineffabile. Qualora lo si volesse evocare, purché con la dovuta devozione e il capo coperto o almeno velato, si dovranno usare le consonanti del pentagramma tratto dal codice fiscale: NPLTN.

L'eccesso di zelo del presidente del Senato finisce con l'infastidire lo stesso utilizzatore finale, cioè Napolitano. Il quale, dalle vacanze in Val Fiscalina (Alto Adige), manda a dire tramite le consuete, misteriose «fonti del Quirinale»:

> È semplicemente ridicolo il tentativo di far ritenere che il presidente della Repubblica aspiri a non essere nominato o citato in modo appropriato nel corso delle discussioni in parlamento. Ai presidenti delle Camere spetta di garantire nel dibattito parlamentare il rispetto di regole di correttezza istituzionale e di moderazione del linguaggio.

A questo punto ci sarebbe da attendersi una lavata di capo a Boldrini e Grasso. Ma le «fonti del Quirinale» non aggiungono altro. E infatti il divieto di nominare Napolitano in aula proseguirà.

L'analisi di Zagrebelsky sul caso kazako è desolata:

> Mi sembra che sulla vita politica, nel nostro paese, in questo momento, gravi un «non detto» che spiegherebbe molte cose. Si fa finta di vivere nella normalità della vita democratica, ma non è così. È come se una rete invisibile avvolgesse le istituzioni politiche fossilizzandole; imponesse agli attori politici azioni e omissioni altrimenti assurdi e inspiegabili; mirasse a impedire che qualunque cosa nuova avvenga. Questa è stasi, situazione pericolosa. Se qualche episodio, anche grave o gravissimo, sfugge alla rete, l'imperativo è sopire, normalizzare. Ciò che accade sulla scena politica sembra una messinscena. Ci si agita per nulla concludere. Ma la democrazia, così, muore. Lo spettacolo cui assistiamo sembra un gioco delle parti, oltretutto di livello infimo [...].
> [La vicenda kazaka, *nda*] è l'umiliazione dello Stato. Ammettiamo che nessun ministro ne sapesse qualcosa. Sarebbe per questo meno grave? Lo sarebbe perfino di più. Vorrebbe dire che le istituzioni non controllano quello che accade nel retrobottega e che il nostro paese è terreno di scorribande di apparati dello Stato collusi con altri apparati, come già avvenuto nel caso simile di Abu Omar, rapito dai «servizi» americani con la collaborazione di quelli italiani e trasportato in Egitto: un caso in cui s'è fatta valere pesantemente la «ragion di Stato». Non basta, in questi casi, la responsabilità dei funzionari. L'articolo 95 della Carta dice che i ministri, ciascuno personalmente, portano la responsabilità degli atti dei loro dicasteri. Se, sotto di loro, si formano gruppi che agiscono in segreto, per conto loro o in combutta con poteri estranei o stranieri, il ministro non risponderà penalmente di quello che gli passa sotto il naso senza che se ne accorga. Ma politicamente ne è pienamente responsabile. Troppo comodo il «non sapevo». Chi ci governa, per prima cosa, «deve sapere». Se no, dove va a finire la nostra sovranità? Chi, dovendola difendere, in questa circostanza, non l'ha difesa?

My fair Lady

A proposito della sovranità nazionale tanto cara al Quirinale, il 19 luglio giunge notizia dagli Stati Uniti che Robert Seldon Lady, ex capocentro della Cia a Milano, condannato definitivamente a 9 anni in contumacia per il sequestro di Abu Omar e bloccato due giorni prima a Panama dall'Interpol, è stato già rilasciato. E ha potuto tornarsene negli Stati Uniti, prim'ancora che il governo italiano chiedesse l'estradizione perché – spiegano le autorità centroamericane – «la documentazione inviata dall'Italia era insufficiente» per disporre il fermo provvisorio. Dal 2005, infatti, nessuno dei governi italiani di centrosinistra, di centrodestra e tecnici ha mai sbloccato il mandato di cattura internazionale chiesto dai giudici di Milano per lui e per gli altri 25 americani imputati per la *rendition* dell'imam di Milano. L'ha fatto (o almeno così dice) la ministra Severino solo dopo la condanna definitiva nel settembre 2012, e solo per Lady.

Il governo Letta finge «irritazione» con l'alleato Usa, ma solo per qualche ora. Poi non muove un dito per far estradare il latitante. Anzi, il suo legale Thomas Spencer dirà all'«Espresso» che «l'Italia non ha emesso alcuna richiesta di arresto e dopo ventiquattr'ore Panama ha comunicato a Lady di non avere più interesse per lui. A quel punto si è imbarcato con me su un volo commerciale per gli Usa». Il Quirinale – che ha già graziato il colonnello Joseph Romano, anche lui appena condannato per il sequestro Abu Omar – tace. E acconsente. Tant'è che il 19 agosto l'avvocato di Lady si farà intervistare dalla «Stampa» preannunciando «un messaggio a Napolitano» del suo cliente con la richiesta di grazia per sé e «per tutti gli altri agenti coinvolti nel caso». Una grazia di gruppo, formato comitiva.

Giorgio ed Enrico, difensori aggiunti

Ringalluzzito dalla prova di forza in parlamento su Alfano, che l'ha visto trionfare d'intesa con Napolitano e Letta contro un Pd a pezzi, Berlusconi ostenta ottimismo anche per l'imminente sentenza della Cassazione. Infatti torna a indossare le piume della colomba e arringa i vertici del Pdl a Palazzo Grazioli con abbondanti dosi di bromuro: «Non dovete far nulla: lasciamo che a difenderci siano Napolitano e Letta». I suoi confidano che la Corte in qualche modo «si sintonizzerà con il Colle per evitare all'Italia una pericolosa crisi al buio». Anche l'avvocato Coppi è fiducioso, al punto da insistere col Cavaliere perché rinunci alla prescrizione e propizi lo slittamento dell'udienza a dopo le vacanze, sottraendola alla sezione feriale e riportandola alla III sezione che, nei processi Mediatrade di Milano e di Roma ha confermato i proscioglimenti decisi dai due rispettivi gup.

Il 19 luglio, però, una serie di notizie dal fronte giudiziario spengono l'ottimismo a corte e rimettono in discussione la linea morbida. A Milano il tribunale condanna tutti gli imputati del processo Ruby-bis: sette anni a Lele Mora (induzione e favoreggiamento della prostituzione, anche minorile) e a Emilio Fede (favoreggiamento e induzione alla prostituzione «normale», favoreggiamento di quella minorile); e cinque a Nicole Minetti (favoreggiamento della prostituzione «normale», ma non minorile). Ma soprattutto trasmette gli atti alla procura perché indaghi Berlusconi e i suoi onorevoli legali Ghedini e Longo, nonché l'avvocato Luca Giuliante (già difensore di Mora e Ruby), per corruzione in atti giudiziari e/o subornazione di alcuni (e alcune) testimoni. Nei guai anche una trentina di persone sentite in udienza e sospettate di falsa testimonianza.

Brutte notizie per il Cavaliere anche da Napoli, dove il gup respinge l'istanza dei suoi avvocati di trasferire a Roma il processo sulla corruzione di De Gregorio e di altri ex senatori del centrosinistra. Ma la mazzata peggiore arriva da Bari, con l'atto di chiusura delle indagini sul caso «escort»: lì Berlusconi è indagato (e prossimamente sarà imputato) con l'accusa di essersi comprato anche la falsa testimonianza di Gianpi Tarantini a proposito del giro di prostitute a Palazzo Grazioli (Patrizia D'Addario & C.). Sulle prime, il Caimano se la cava con una battuta ai suoi: «Ricordatevi che mi piacciono le arance». Ma è soltanto una tattica suggerita da Coppi per non innervosire la Cassazione.

Se ne accorge pure Bertinotti

Il 23 luglio il «Corriere della Sera» ospita una lettera aperta dell'ex presidente della Camera Fausto Bertinotti a Giorgio Napolitano, accusato né più né meno di violare la Costituzione.

> Signor Presidente,
> Lei non può. Lei non può congelare d'autorità una delle possibili soluzioni al problema del governo del paese, quella in atto, come se fosse l'unica possibile, come se fosse prescritta da una volontà superiore o come se fosse oggettivata dalla realtà storica. Lei non può, perché altrimenti la democrazia verrebbe sospesa.
> Lei non può trasformare una Sua, e di altri, previsione sui processi economici in un impedimento alla libera dialettica democratica. I processi economici, in democrazia, dovrebbero poter essere influenzati dalla politica, dunque, dovrebbero essere variabili dipendenti, non indipendenti. Lei non può, perché altrimenti la democrazia sarebbe sospesa. Sia che si sostenga che viviamo in regimi pienamente democratici, sia che si sostenga, come fa ormai tanta parte della letteratura politica, che siamo entrati in Europa, in un tempo postdemocratico, quello della rivincita delle élite, Lei non può. Nel primo caso, perché l'impedimento sarebbe lesivo di uno dei cardini della democrazia rappresentativa cioè della possibilità, in ogni momento, di dare vita a un'alternativa di governo, in caso di crisi, anche con il ricorso al voto popolare. Nel secondo caso, che a me pare quello dell'attuale realtà europea, perché rappresenterebbe un potente consolidamento del regime a-democratico in corso di costruzione.
> C'è nella realtà politico-istituzionale del paese una schizofrenia pericolosa: da un lato si cantano le lodi della Costituzione repubblicana, dall'altro essa viene divorata ogni giorno dalla costituzione materiale. La prima, come lei mi insegna, innalza il parlamento a un ruolo centrale nella nostra democrazia rappresentativa, la seconda assolutizza la governabilità fino a renderlo da essa dipendente. Quando gli chiede di sostenere il governo perché la sua caduta porterebbe a danni irreparabili, Ella contribuisce

alla costruzione dell'edificio oligarchico promosso da questa costituzione materiale. Nel regime democratico ogni previsione politica è opinabile perché parte essa stessa di un progetto e di un programma che sono necessariamente di parte; lo stesso presunto interesse generale non si sottrae alla diversità delle sue possibili interpretazioni.

Ma, se mi permette, Signor Presidente, c'è una ragione assai più grande per cui Lei non può. La nostra Costituzione è, come sappiamo, una costituzione programmatica. Norberto Bobbio diceva che in essa la democrazia è inseparabile dall'eguaglianza come testimonia il suo articolo 3. Ma essa, rifiutando un'opzione finalistica nella definizione della società futura, risulta aperta a modelli economico sociali diversi e a quelli dove sarà condotta da quella che Dossetti chiamava la *democrazia integrale* e Togliatti la *democrazia progressiva.*

Quando Lei allude ai possibili danni irreparabili per il paese, lo può fare solo perché considera ineluttabili le politiche economiche e sociali imperanti nell'Europa, leali le politiche di austerità. Ha poca importanza, nell'economia di questo ragionamento, la mia radicale avversione a queste politiche che considero concausa del massacro sociale in atto.

Quel che vorrei proporLe è che nella politica e in democrazia si possa manifestare un'altra e diversa idea di società rispetto a quella in atto e che la Costituzione repubblicana garantisce che essa possa essere praticata e perseguita. Il capitalismo finanziario globale non può essere imposto come naturale, né la messa in discussione del suo paradigma può essere impedito in democrazia, quali che siano i passaggi di crisi e di instabilità a cui essa possa dar luogo. O le rivoluzioni democratiche possono essere possibili solo altrove? No, la Carta fondamentale garantisce che, nel rispetto della democrazia e nel rifiuto della violenza, possa essere intrapresa anche da noi. C'è già un vincolo esterno, quello dell'Europa leale, che limita la nostra sovranità; non può esserci anche un vincolo esterno anche alla politica costituito dall'autorità del presidente della Repubblica. Lei non può, Signor Presidente [...].

L'indomani, sempre sul «Corriere», arriva la replica di Napolitano.

Gentile direttore, la «lunga consuetudine» e il reciproco rispetto consentono anche a me un discorso schietto e amichevole in risposta alle domande rivoltemi, attraverso il «Corriere», da Fausto Bertinotti. O meglio alla domanda essenziale e più attuale, non potendo raccogliere il vasto arco di valutazioni e questioni, storiche e ideologiche, toccate, in ambiziosa sintesi, nella «lettera aperta». La domanda, posta in termini stringenti, riguarda quel che il presidente della Repubblica «non può». Ed è in effetti molto quel che egli non può, sulla base del ruolo e dei poteri attribuitigli dalla Costituzione repubblicana.
Ne sono ben consapevole, essendomi attenuto rigorosamente a quel modello, negli ultimi mesi come sempre nel settennato trascorso: a partire da quegli anni 2006-07 quando con l'allora presidente della Camera collaborammo strettamente e in piena sintonia istituzionale.
Non posso certo «congelare» né «blindare» (termini, entrambi, di fantasia o di polemica a effetto) un governo ancor fresco di nomina – nemmeno tre mesi – che è, scrive Bertinotti, solo «una delle possibili soluzioni al problema del governo del paese».
Ma c'è bisogno di ricordare l'insuccesso del tentativo dell'on. Bersani, che ebbe da me, dopo le elezioni di febbraio, l'incarico, senza alcun vincolo o limite, di esplorare la possibilità di una maggioranza parlamentare diversa da quella che è stata poi posta a base del governo dell'on. Letta? E i successivi e più recenti sviluppi politici hanno forse fatto delineare quella possibilità di cui l'on. Bersani dovette registrare l'insussistenza? Comunque, nessun «congelamento» ovvero «impedimento» – parole grosse – «alla libera dialettica democratica». Il parlamento è libero, in ogni momento, di votare la sfiducia al governo Letta. Ma il presidente ha il dovere di mettere in guardia il paese e le forze politiche rispetto ai rischi e contraccolpi assai gravi, in primo luogo sotto il profilo economico e sociale, che un'ulteriore destabilizzazione e incertezza del quadro politico-istituzionale comporterebbe per l'Italia.

So bene che «in caso di crisi», resta «il ricorso al voto popolare» e che da qualche parte si confida nella possibilità «di dare vita» così «a un'alternativa di governo». Ma di azzardi la democrazia italiana ne ha vissuti già troppi. Dovetti io stesso sciogliere le Camere nel febbraio 2008, prendendo atto dello sfaldamento di una maggioranza che si presumeva «omogenea» e dell'inesistenza, allo stato, di una diversa maggioranza di governo. E dovetti penare per evitare lo scioglimento delle Camere nel novembre 2011 e – all'indomani dell'insediamento del nuovo parlamento – nella primavera del 2013. Si comprenderà che da presidente – guardando anche a decenni di vita repubblicana – io consideri il frequente e facile ricorso a elezioni politiche anticipate come una delle più dannose patologie italiane.

In un paese normale, o anche in Italia in tempi meno soffocanti e soffocati, un simile conflitto fra l'ex presidente della Camera e il capo dello Stato sulle regole democratiche susciterebbe fiumi di commenti, dibattiti, diatribe. Invece passa sotto assoluto silenzio, come uno scambio di corrispondenza fra due sconosciuti nella rubrica della posta. Se qualcuno si azzardasse a chiosare le parole di Bertinotti, non potrebbe che ritrovarvi una lucida disamina della deriva incostituzionale imboccata dalla Presidenza della Repubblica. E, commentando la risposta del presidente, non potrebbe non notarvi la sbrigativa pochezza degli argomenti, il basso livello delle considerazioni e le numerose distorsioni della realtà sui fatti degli ultimi mesi. Meglio stendere un velo pietoso.

L'Innominabile è per sempre

Il 26 luglio, alla Camera, l'ostruzionismo dei 5 Stelle e di Sel riesce a far rinviare di un mese, da inizio agosto a inizio settembre, il secondo voto (su quattro) sul ddl costituzionale 813, quello che deturpa l'articolo 138 e apre la strada alla controriforma-lampo della Costituzione. E lì si scopre che Napolitano è innominabile non solo a Palazzo Madama, ma anche a Montecitorio. Si alza a parlare in aula il «grillino»

Andrea Colletti, sventolando una copia della Costituzione: «L'attuale presidente della Repubblica, che in realtà funge anche da presidente del Consiglio dei ministri e forse anche da capo indiscusso del Pd e del Pdl, dovrebbe rileggersi questo libello – è proprio qui, glielo possiamo anche regalare – e capire che non siamo una monarchia costituzionale con a capo Re Giorgio I, ma una Repubblica parlamentare».

La presidente Laura Boldrini, inorridita, lo interrompe: «No, lei non può parlare così del presidente della Repubblica, lei lo sa questo. Ne abbiamo già discusso in altre occasioni. Lei sa che non può chiamare in ballo il presidente della Repubblica, fa parte del Regolamento». Colletti: «Allora non lo chiamerò, dirò l'Innominabile». Boldrini: «Ho già richiamato il collega Colletti a non tirare in ballo il presidente della Repubblica». Colletti: «E allora, invece di fare ogni tanto un monito col ditino alzato, l'Innominato dovrebbe anche ogni tanto guardarsi allo specchio...». Boldrini: «Se lei continua io sono costretta a toglierle la parola».

In realtà il Regolamento parlamentare non vieta affatto di nominare il capo dello Stato. L'unica norma che cita il presidente della Repubblica è l'articolo 60 comma 3, che gli conferisce il potere di proporre la censura e l'interdizione dai lavori parlamentari per i deputati violenti.

Poco dopo, dalla Val Fiscalina parte una fotocopia del comunicato emesso una settimana prima per il Senato:

> Ai presidenti delle Camere spetta di garantire, nel dibattito parlamentare, il rispetto di regole di correttezza istituzionale e di moderazione del linguaggio. Semplicemente ridicolo è invece il tentativo di far ritenere che il presidente della Repubblica aspiri a non essere nominato o citato in modo appropriato nel corso delle discussioni in parlamento.

Ancora una volta il presidente chiede di essere nominato. Ma gli eccessi di zelo e di piaggeria dei presidenti delle Camere sono più forti anche di lui.

Giù le mani dalla Costituzione

A fine luglio il sito web del «Fatto Quotidiano» lancia un appello al parlamento di giuristi e costituzionalisti (da Alessandro Pace ad Antonio Ingroia, da Alberto Lucarelli a Gianni Ferrara, da Raniero La Valle a Domenico Gallo e molti altri) che contestano, oltre alle tentazioni presidenzialiste modello P2 del governo, lo scassinamento della valvola di sicurezza prevista dai Padri costituenti: cioè l'articolo 138 che regola le modifiche costituzionali.

> Ignorando il risultato del referendum popolare del 2006 che bocciò a grande maggioranza la proposta di mettere tutto il potere nelle mani di un «Premier assoluto», è ripartito un nuovo e ancor più pericoloso tentativo di stravolgere in senso presidenzialista la nostra forma di governo, rinviando di mesi la indilazionabile modifica dell'attuale legge elettorale. In fretta e furia e nel pressoché unanime silenzio dei grandi mezzi d'informazione, la Camera dei Deputati ha iniziato a esaminare il disegno di legge governativo, già approvato dal Senato, di revisione dall'articolo 138, che fa saltare la «valvola di sicurezza» pensata dai nostri Padri costituenti per impedire stravolgimenti della Costituzione.
> Ci appelliamo a voi che avete il potere di decidere, perché il processo di revisione costituzionale in atto sia riportato sui binari della legalità costituzionale. Chiediamo, innanzitutto, che l'iter di discussione segua tempi rispettosi del dettato costituzionale, che garantiscano la necessaria ponderazione delle proposte di revisione, il dovuto approfondimento e anche la possibilità di ripensamento. Chiudere, a ridosso delle ferie estive, la prima lettura del disegno di legge costituzionale impedisce un vero e serio coinvolgimento dell'opinione pubblica nel dibattito che si sta svolgendo nelle aule parlamentari.
> In secondo luogo vi chiediamo di restituire al parlamento e ai parlamentari il ruolo loro spettante nel processo di revisione della nostra Carta costituzionale. L'aver abbandonato la procedura normale di esame esplicitamente prevista dall'articolo 72 della Costituzione per l'esame delle leggi costituzionali, l'aver attribuito

al governo un potere emendativo privilegiato, l'impossibilità per i singoli parlamentari di subemendare le proposte del governo o del Comitato, la proibizione per i parlamentari in dissenso con i propri gruppi di presentare propri emendamenti, le deroghe previste ai Regolamenti di Camera e Senato, costituiscono altrettante scelte che umiliano e comprimono l'autonomia e la libertà dei parlamentari e quindi il ruolo e la funzione del parlamento.
Vi chiediamo ancora che i cittadini possano liberamente esprimere il loro voto su progetti di revisione chiari, ben definiti e omogenei nel loro contenuto. L'indicazione generica di sottoporre a revisione oltre 69 articoli della Costituzione, contrasta con questa esigenza e attribuisce all'istituendo Comitato parlamentare per le riforme costituzionali indebiti poteri «costituenti» che implicano il possibile stravolgimento dell'intero impianto costituzionale.
Non si tratta di un intervento di «manutenzione», ma di una riscrittura radicale della nostra Carta fondamentale non consentita dalla Costituzione, aperta all'arbitrio delle contingenti maggioranze parlamentari. Chiediamo che nell'esprimere il vostro voto in seconda lettura del provvedimento di modifica dell'articolo 138, consideriate che la maggioranza parlamentare dei due terzi dei componenti le Camere per evitare il referendum confermativo, in ragione di una legge elettorale che distorce gravemente e incostituzionalmente la rappresentanza popolare, non coincide con la realtà politica del corpo elettorale del nostro paese. Rispettare questa realtà vuol dire esprimere in parlamento un voto che consenta l'indizione di un referendum confermativo sulla revisione dell'articolo 138.
Vi chiediamo infine di escludere dalle materie di competenza del Comitato per le riforme costituzionali la riforma del sistema elettorale che, proprio per il suo significato politico rilevantissimo, ha un effetto distorsivo nell'ottica della revisione costituzionale. È in gioco il futuro della nostra democrazia.
Assumetevi la responsabilità di garantirlo.

Sebbene molti italiani siano in vacanza, l'appello raccoglierà nel mese di agosto quasi 450.000 firme di altrettanti cittadini, nonché di esponenti del mondo della cultura, dell'arte e dello spettacolo. Rafforzando la battaglia delle sole forze che si oppongono in parlamento al disegno della maggioranza: quelle dei 5 Stelle (che insceneranno anche una clamorosa protesta sui tetti di Palazzo Madama, venendo subito multati dalla presidente Boldrini) e di Sel.

Gli ultimi ricatti

In attesa del fatidico 30 luglio, cioè della sentenza della Cassazione sul processo Mediaset, tutti tacciono. Tace il Pd, tace il Pdl, tace Letta, tace Napolitano. È come se la democrazia italiana fosse sospesa. Anzi, più sospesa del solito. Un'intera classe politica trattiene il fiato in religioso silenzio, appesa a un verdetto giudiziario caricato di una valenza storica. Come se vi fosse bisogno della Cassazione per stabilire se Berlusconi (più volte ritenuto responsabile di reati che vanno dalla falsa testimonianza alla corruzione anche giudiziaria, dal falso in bilancio alla frode fiscale, dall'appropriazione indebita al finanziamento illecito ai partiti, ma sempre salvato da amnistie, condoni e prescrizioni) sia un delinquente matricolato o un innocente perseguitato.
Gli unici a rompere il silenzio, nella settimana che precede la madre di tutte le udienze, sono il duo Pitone & Pitonessa, al secolo Alessandro Sallusti e Daniela Santanchè. Sallusti, sul giornale di famiglia, titola il 24 luglio: *Prepariamoci all'ultimo ricatto*. E, con l'aria di attribuirlo ai giudici, ne lancia uno tutto suo: «Berlusconi sostiene che la sua innocenza all'ultimo sarà riconosciuta. Ammiro il suo incrollabile ottimismo e mi auguro che ancora una volta abbia ragione». Ma se avesse ragione lui, cioè Sallusti, e il padrone fosse condannato, allora «prepariamoci a dirlo forte e chiaro a chi ha costruito questo imbroglio». Non solo ai giudici, ma a tutti coloro che, nel Pd, nel Pdl e sul Colle, avevano garantito la «pacificazione». Non a caso il giorno prima «il Giornale» ha inviato un pizzino al Quirinale sotto forma di intervista a Paolo Cirino Pomicino. Titolo: *Di Pietro tentò di*

farmi incastrare Napolitano. È la vecchia storia delle presunte tangenti alla corrente «migliorista» dell'ex Pds napoletano che faceva capo a Re Giorgio, una storia che, tirata fuori dal mazzo proprio ora, ha tutta l'aria dell'avvertimento. Non è un mistero che nell'entourage del Caimano si confidi molto nella *moral suasion* del presidente sulla Cassazione.

Anche la Santanchè invia un estremo messaggio ricattatorio a Napolitano e alla Corte, ospitato dall'altro *house organ* berlusconiano, «Il Foglio» di Giuliano Ferrara. Con frasi allusive e finti schermi («non ho mai detto quello che dirò», «non dirò mai quello che ho detto»), la Pitonessa rammenta all'uomo del Colle i presunti impegni assunti con il suo capo in nome delle «larghe intese» e della «pacificazione».

> Devo stare zitta, in ballo c'è la vita del presidente [Berlusconi, *nda*]. Lui vuole che tutti stiano buoni, e io mi adeguo. Quindi non commento, sul governo e il Quirinale non ho proprio niente da dire, anche se trovo tutto sbagliato... Se potessi parlare, ma non lo faccio, direi che in Italia «qualcuno» ha nominato Mario Monti senatore a vita, mentre Berlusconi, che di meriti ne ha molti di più, niente, lui deve soltanto andare in galera [...] Berlusconi ha fatto per tre volte il presidente del Consiglio, ha dato milioni di posti di lavoro, ha dato la televisione agli italiani, ha presieduto vertici internazionali, ha messo intorno allo stesso tavolo gente come Obama, Putin e Gheddafi, Monti invece che ha fatto? [...] Tutto sbagliato, tutto sbagliato [...] Avremmo dovuto riformare la magistratura e la Corte costituzionale. Queste riforme di adesso, quelle che dovrebbe fare questa maggioranza, se le farà, nemmeno queste affrontano il problema: la giu-sti-zia [...] Siamo falchi in attesa di giudizio.

Poi un pensiero al rivale interno Alfano: «Sono pitonessa, mica vigliacca. Non si bastona il can che affoga. La guerra si fa soltanto contro i forti». E chi sono i forti in Italia?

> Napolitano è forte. Ha mai visto lei qualcuno che fa contemporaneamente il capo dello Stato, il presidente del Consiglio, il

segretario del Pd e il commissario liquidatore del Pdl? [...] Enrico Letta è un bravo ragazzo che si è trovato lì dov'è all'improvviso. Ed è considerato un traditore da Bersani e dai suoi uomini. Non è stato mica scelto dal Pd, Letta [...] Dopo il 30 di luglio nessuno starà più zitto, forse succede un botto, forse no...

Ultime manovre al Palazzaccio

Alla vigilia della storica sentenza, le stanze ovattate del Palazzaccio di piazza Cavour a Roma sono percorse da grande tensione e da un paio di episodi che correranno di bocca in bocca senza mai uscire dal portone principale. Uno è lo strano invito che il sottosegretario alla Giustizia Cosimo Ferri, pm e leader storico di Magistratura indipendente, rivolge al presidente della sezione feriale della Cassazione, Antonio Esposito, perché sia presente al premio Bancarella che si tiene fino al 21 luglio nella natia Pontremoli, feudo tradizionale del padre Enrico Ferri (ex «ministro dei 110 all'ora»). Esposito, per ovvi motivi di opportunità a due settimane dal verdetto su Berlusconi, declina.

Il secondo episodio è una proposta altrettanto stravagante avanzata dal primo presidente Giorgio Santacroce. Il quale, contrariamente a quanto avviene per i processi «normali», vorrebbe incontrare tutti insieme i membri del collegio chiamato a giudicare di lì a qualche giorno il Cavaliere. Un modo, forse, per sottolineare che quello non è un processo «normale». Ma i cinque giudici si riuniscono per discuterne e alla fine decidono che anche quella proposta dev'essere respinta.

Il Verdetto

La mattina del 30 luglio il presidente Esposito e i giudici Amedeo Franco, Claudio D'Isa, Ercole Aprile e Giuseppe De Marzo danno il via al processo Mediaset. Sono cinque «toghe moderate e di lungo corso», come le definisce persino «il Giornale». Nessuna è mai stata iscritta a Magistratura democratica o al Movimento per la giustizia, le correnti progressiste dell'Anm. Il relatore Franco apre l'udienza riassumendo (secondo gli osservatori più attenti, troppo frettolosamente) le varie fasi del giudizio e le due condanne conformi di primo e secondo grado. Poi dedica gran parte della relazione alle ragioni dei ricorsi presentati dalle difese dei quattro imputati (oltre a Berlusconi, ci sono il suo presunto prestanome Frank Agrama e due manager Fininvest, Daniele Lorenzano e Gabriella Galetto).

Poi parla il sostituto procuratore generale Antonello Mura (anche lui «conservatore», ex presidente della corrente «di destra» Magistratura indipendente), che sostiene l'accusa e chiede la conferma della condanna per tutti gli imputati. Ma, per Berlusconi, propone uno sconto sulla pena accessoria dell'interdizione dai pubblici uffici da cinque a tre anni, a opera della stessa Cassazione.

Infine tocca alle arringhe dei difensori, che illustrano una raffica di ben 94 motivi di impugnazione e chiedono l'annullamento della sentenza d'appello. Così se ne vanno i primi due giorni di udienza e la camera di consiglio può iniziare soltanto il terzo, alle 12.30 del 1° agosto (l'ultimo giorno buono prima che scatti la mezza prescrizione).

I giudici ne escono quasi sette ore dopo, alle 20.15. Il presidente Esposito sbuca dalla porticina d'accesso all'aula, sale sulla pedana, si posiziona davanti al microfono, attende che i quattro colleghi prendano posto ai suoi lati e legge il dispositivo della sentenza:

> In nome del popolo italiano, la Corte suprema di Cassazione, sezione feriale [...] rigetta i ricorsi di Agrama Frank, Galetto Gabriella, Lorenzano Daniele, che condanna al pagamento delle spese processuali. Annulla la sentenza impugnata nei confronti di Berlusconi Silvio...

A queste parole una piccola folla di fan, che si qualifica come «Esercito di Silvio» e si è data convegno dinanzi a Palazzo Grazioli, prorompe in urla di giubilo: evviva, Berlusconi l'ha fatta franca. Troppa precipitazione. Infatti Esposito prosegue:

> ... limitatamente alla statuizione relativa alla condanna alla pena accessoria dell'interdizione temporanea per anni 5 dai pubblici uffici, per violazione dell'articolo 12, comma 2, dlgs 10 marzo 2000, numero 74. E dispone trasmettersi gli atti ad altra sezione della Corte d'appello di Milano perché ridetermini la pena accessoria nei limiti temporali fissati dal citato articolo 12, ai sensi dell'articolo 133 c.p., valutazione non consentita alla Corte di legittimità. Rigetta nel resto il ricorso di Berlusconi nei cui confronti dichiara, ai sensi dell'articolo 624, comma 2, cpp, irrevocabili tutte le altri parti della sentenza impugnata. Condanna tutti gli imputati, in solido, al pagamento in favore della parte civile, Agenzia delle Entrate, delle spese dalla stessa sostenute in questo grado di giudizio, liquidate in complessivi euro 5000, oltre accessori come per legge.

Traduzione: Silvio Berlusconi è ufficialmente un pregiudicato per frode fiscale, essendo stato condannato definitivamente a quattro anni di reclusione. L'annullamento riguarda soltanto la pena accessoria: la Corte d'appello l'aveva calcolata in cinque anni, come previsto dal Codice penale per tutte le pene detentive superiori ai tre anni. Ma, secondo la Cassazione, avrebbe dovuto applicare la legge speciale, cioè la normativa penale tributaria (la legge 74 del 2000), che prevede un'interdizione da uno a tre anni. Spetterà alla Corte d'appello di Milano ricalcolarla entro quei limiti. Poi, se interpellata, la Cassazione la esaminerà per l'ultima volta. Invece la pena detentiva è irrevocabile e immediatamente esecutiva.

Non appena il Palazzo di giustizia di Milano riaprirà i battenti dopo il periodo feriale, cioè il 15 settembre, la procura disporrà l'esecuzione della sentenza e il Tribunale di Sorveglianza ne deciderà la forma. Cioè manderà Berlusconi in carcere, o agli arresti domiciliari, oppure – se il condannato ne farà richiesta entro un mese – valuterà se affidarlo in prova ai servizi sociali.

Intanto la giunta per le elezioni e le immunità del Senato dovrà avviare la pratica per dichiararlo «immediatamente» decaduto e incandidabile per sei anni in base alla legge Severino, approvata (anche dal Pdl) il 31 dicembre 2012 per ripulire il parlamento e le liste elettorali di tutti i condannati per reati non colposi a pene superiori ai due anni.

Il volto dei cinque giudici è segnato da una discussione-fiume (una delle più lunghe che gli annali della Cassazione ricordino per processi così semplici, con così pochi imputati), a tratti anche aspra, in camera di consiglio. Colpisce soprattutto l'espressione cupa, quasi pietrificata, del relatore Amedeo Franco, che una fuga di notizie sui giornali berlusconiani indicherà come fautore dell'annullamento della condanna, isolato però dagli altri quattro membri del collegio. Nessuno saprà mai se, al termine del lungo dibattito, spiegabile anche con l'enorme mole di contestazioni difensive da esaminare, la sentenza sia stata approvata all'unanimità, oppure a maggioranza di quattro contro uno. Quel che è certo è che tutti e cinque i giudici si divideranno il compito di stendere le motivazioni, che porteranno le loro cinque firme.

Lo statista pregiudicato

La reazione di Berlusconi e del Pdl è furibonda. I primi a parlare sono i suoi avvocati Coppi, Ghedini e Longo, che si dicono «sgomenti». Inventano le solite scuse per giustificare la batosta («non abbiamo potuto difenderci»). E annunciano «ogni iniziativa utile, anche nelle sedi europee, per far sì che questa ingiusta sentenza sia radicalmente riformata» (forse non sanno che nessuna Corte europea può ribaltare il verdetto definitivo emesso dalla giustizia di uno Stato membro). Intanto il Cavaliere butta giù di getto il testo di un breve monologo, poi entra nello studio cinetelevisivo di Palazzo Grazioli e inizia a recitarlo con la faccia da martire. Dura nove minuti e viene trasmesso praticamente a reti unificate.

La sentenza di oggi mi conferma nell'opinione che una parte della magistratura, nel nostro paese, sia diventata un soggetto irresponsabile, una variabile incontrollabile e incontrollata, che è assurta da «ordine dello Stato» (con magistrati non eletti dal popolo ma selezionati attraverso un concorso come tutti i funzionari pubblici) a un vero e proprio «potere dello Stato». Questo nuovo e illimitato potere dello Stato ha condizionato permanentemente la vita politica italiana, dalle inchieste di Tangentopoli fino a oggi. Dal 1992 al 1993 il corso della vita politica è stato letteralmente condizionato dall'azione fuorviante di una parte della magistratura che ha preteso di assurgere a un ruolo di rinnovamento morale in nome di una presunta rivoluzione etica mettendo fuori gioco, con i loro leader, i cinque partiti democratici che avevano governato l'Italia per oltre mezzo secolo e che, nonostante alcune ombre, avevano comunque assicurato il benessere e difeso la libertà e la democrazia dalla minaccia del comunismo. Si credeva così di aver assicurato alla sinistra la presa e il mantenimento definitivo del potere.

Ma uno sconosciuto signore, certo Silvio Berlusconi, scese in campo per contrastare il passo al Partito comunista e in due mesi vinse le elezioni ottenendo il governo del paese. Da quel momento si scatenò contro di lui una azione ininterrotta della magistratura che nel 1994 fece cadere il governo, tramite un'accusa di corruzione cui seguì una assoluzione con formula piena, una azione che si sviluppò poi con oltre 50 processi di cui 41 conclusi senza essere riusciti a raggiungere una condanna. Ma questo ormai lo sanno tutti. Invece per quanto riguarda ciò che è accaduto alla mia persona, e solo dopo la mia decisione di occuparmi della cosa pubblica, nessuno può comprenderlo. Nessuno può comprendere la carica di vera e propria violenza che mi è stata riservata in seguito a una serie incredibile di accuse e di processi che non hanno alcun fondamento nella realtà: un vero e proprio accanimento giudiziario che non ha eguali nel mondo civile.

Poi qualche parola sul processo Mediaset.

> Io non sono mai stato socio occulto di alcuno, non ho ideato mai alcun sistema di frode fiscale, nella storia Mediaset non esiste alcuna falsa fattura, così come non esiste alcun fondo occulto all'estero che riguardi me e la mia famiglia. Viviamo davvero in un paese in cui la maggior parte dei reati e dei crimini non vengono neppure perseguiti, un paese che non sa essere giusto, soprattutto verso i cittadini onesti e verso tutti coloro che, come me, hanno sempre compiuto il proprio dovere, nel lavoro così come nella vita pubblica [...] Sono fiero di aver contribuito alla ricchezza dell'intero paese, versando allo Stato miliardi e miliardi di euro di imposte e offrendo con le mie televisioni non solo uno strumento di crescita per le aziende italiane, ma anche una maggiore libertà e pluralità al mondo dell'informazione.

A questo punto elenca gli strepitosi successi del suo ventennio politico e dei suoi tre governi. E annuncia la riesumazione di Forza Italia.

> In cambio di tutto ciò, in cambio dell'impegno che ho profuso nel corso di quasi vent'anni a favore del mio paese, giunto ormai quasi al termine della mia vita attiva, ricevo in premio delle accuse e una sentenza fondata sul nulla assoluto, che mi toglie addirittura la mia libertà personale e i miei diritti politici. È così che l'Italia riconosce i sacrifici e l'impegno dei suoi cittadini migliori? È questa l'Italia che amiamo? È questa l'Italia che vogliamo? No di certo. Per queste ragioni dobbiamo continuare la nostra battaglia di libertà restando in campo e chiamando con noi in campo, a interessarsi del nostro comune destino, i giovani migliori e le energie migliori del mondo dell'imprenditoria, delle professioni e del lavoro. Insieme a loro rimetteremo in campo Forza Italia e chiederemo agli italiani di darci quella maggioranza che è indispensabile per modernizzare il paese, per fare le riforme a partire dalla più indispensabile di tutte che è la riforma della giustizia per non essere più un paese sottoposto a un esercizio assolutamente arbitrario del più terribile dei poteri: quello di privare un cittadino della sua libertà. Dal male dobbiamo saper far uscire un bene.

> Che i miei più di 50 processi e questa sentenza facciano aprire gli occhi a quegli italiani che sino a ora non sono stati consapevoli della realtà del paese, e hanno sprecato il loro voto o addirittura non hanno votato. Tutti insieme, se sapremo davvero stare insieme, recupereremo la vera libertà, per noi e per i nostri figli. Viva l'Italia! Viva Forza Italia!

I suoi giannizzeri, anche quelli che di lì a poco verranno spacciati per «colombe» e «moderati» contro i «falchi» e gli «estremisti», sparano alzo zero contro la magistratura con il solito armamentario di vocaboli tonitruanti: «colpo di Stato», «eversione», «terrorismo». Annunciano una manifestazione di piazza contro la Cassazione. Reclamano un intervento del Quirinale per garantire l'«agibilità politica» del capo. E comunicano che il governo Letta resta in piedi, ma solo per poterlo ricattare meglio. Insomma lo sosterranno come la corda sorregge l'impiccato.

La giustizia funziona, riformiamola

Che fa a questo punto il presidente Napolitano? Denuncia pubblicamente l'ennesima aggressione eversiva al potere giudiziario? Invita il pregiudicato a dimettersi da senatore in base all'articolo 54 della Costituzione che impone «disciplina e onore» a chi ricopre pubbliche funzioni, prim'ancora che il Senato applichi la legge Severino? Prende atto che il governo non può reggersi su un frodatore fiscale conclamato? No, tutto il contrario: un'ora dopo la sentenza se ne esce con l'immancabile monito sibillino, che si conclude addirittura con un'esortazione a riformare la giustizia: come se una sentenza definitiva di questa portata, giunta dopo dieci anni fra mille ostacoli, sabotaggi e leggi *ad personam*, non fosse un esempio di giustizia da elogiare, ma una malattia da curare. Dalla baita-resort di Sesto, in Val Fiscalina, il capo dello Stato dirama una nota che – fanno sapere dal Quirinale – era pronta fin dal primo pomeriggio, cioè scritta prima di conoscere il verdetto della Cassazione. Il che, escludendo che lo conoscesse in anticipo, significa che al capo dello Stato non importa un bel nulla che il principale sostenitore della sua rielezione, nonché il partner fondamentale del suo governo, sia un delinquente patentato. Gli interessa ben altro:

> La strada maestra da seguire è sempre stata quella della fiducia e del rispetto verso la magistratura, che è chiamata a indagare e giudicare in piena autonomia e indipendenza alla luce di principi costituzionali e secondo le procedure di legge. In questa occasione, attorno al processo in Cassazione per il caso Mediaset e all'attesa della sentenza, il clima è stato più rispettoso e disteso che in occasione di altri procedimenti in cui era coinvolto l'on. Berlusconi. E penso che ciò sia stato positivo per tutti. Ritengo e auspico che possano ora aprirsi condizioni più favorevoli per l'esame, in parlamento, di quei problemi relativi all'amministrazione della giustizia, già efficacemente prospettati nella relazione del gruppo di lavoro da me istituito il 30 marzo scorso. Per uscire dalla crisi in cui si trova e per darsi una nuova prospettiva di sviluppo, il paese ha bisogno di ritrovare serenità e coesione su temi istituzionali di cruciale importanza che lo hanno visto per troppi anni aspramente diviso e impotente a riformarsi.

Dove abbia notato un «clima più rispettoso e disteso», lo sa soltanto lui. Tantopiù che le sue parole vuote e stonate cadono sotto il bombardamento a tappeto dei nuovi insulti e delle nuove minacce del Pdl ai magistrati. Ma soprattutto risulta incomprensibile come possa il presidente anche soltanto ipotizzare che il parlamento riformi la giustizia insieme a un pregiudicato che rifiuta le sentenze e non riconosce il primato della legge. E poi che senso ha evocare la riforma della giustizia un'ora dopo la prima condanna definitiva di Berlusconi? Forse che una giustizia «riformata» (e come, di grazia?) lo avrebbe assolto, o non l'avrebbe neppure processato? È quello che sostengono i *berluscones*, ai quali ancora una volta il capo dello Stato alza la palla con un formidabile assist che viene subito raccolto.

Il capogruppo Brunetta si affretta ad annunciare la «totale sintonia del Pdl con quanto detto dal presidente della Repubblica». Ma Grillo avverte dal suo blog: «Nessuno si azzardi a modificare la Giustizia insieme al partito capeggiato da un delinquente. La Giustizia non si tocca, la Costituzione non si tocca. Messaggio inviato. Quirinale. Messaggio inviato». Anche Magistratura democratica critica l'associazione diretta fra la condanna e la riforma della giustizia: invocarla in questo momento – dicono Anna Canepa e Luigi Marini, segretario generale e presidente di Md – «offre legittimazione a coloro che accusano di parzialità una parte "minore" della magistratura ma sono, in realtà, interessati a interventi che mirano ad addomesticare un potere dello Stato che nonostante tutto non sono riusciti a controllare e condizionare». I richiami del Quirinale «suonano come risposte alla prova di indipendenza che la magistratura ha saputo dare, a dimostrazione che una parte consistente (quanto consistente vedremo) del sistema politico considera quella indipendenza un pericolo e intende andare adesso alla resa dei conti». L'Anm invece si limita a respingere «con fermezza gli insulti e gli attacchi verbali rivolti ai magistrati, fino alla Corte di cassazione, insulti e attacchi che si risolvono in un'aggressione nei riguardi dell'intera magistratura».

«Resta con noi, non ci lasciar»

Il 2 agosto Berlusconi riceve a Palazzo Grazioli una visita dei carabinieri, che gli notificano l'ordine di esecuzione della sentenza, cioè il mandato di arresto sospeso fino al termine della pausa feriale. Poche ore dopo arrivano anche gli agenti della Questura di Roma a notificargli un provvedimento di quella di Milano: l'annullamento e la revoca del passaporto, con il divieto di espatrio. Letta (Enrico) gli telefona per esprimergli «umana comprensione e vicinanza» ed esortarlo a restare fedele al governo. Cioè, anziché scaricare l'alleato pregiudicato e dunque impresentabile, lo prega di restare con lui: il mondo alla rovescia.

Fra una visita e una telefonata, il Cavaliere incontra i figli, poi riunisce ministri e parlamentari del Pdl per pianificare il percorso di guerra: o Napolitano gli concede la grazia (la chiamano «agibilità politica», «salvaguardia della dialettica democratica», «restituzione della libertà»), o i suoi si dimetteranno in massa dal governo e dal parlamento per costringerlo a sciogliere le Camere e a indire le elezioni il 27 ottobre (quando, se sarà già stato dichiarato ineleggibile, il Caimano potrebbe essere sostituito dalla figlia Marina e conservare il nome «Berlusconi» sulle schede). Confermata la manifestazione di piazza del 4 agosto che la Santanchè vorrebbe tenere davanti a Quirinale (poi opterà per il più anonimo e ristretto slargo davanti a Palazzo Grazioli, in via del Plebiscito).

Il capogruppo Schifani telefona al presidente della Repubblica in Alto Adige per chiedergli di incontrare lui e il collega Brunetta per parlare della grazia al Cavaliere. Possibilmente già l'indomani, quando Napolitano sarà rientrato a Roma. Le voci si susseguono incontrollate. C'è chi ipotizza addirittura una missione in altura di Gianni Letta o di un altro emissario per consultarsi *vis à vis* con il capo dello Stato.

Dal Colle filtra soltanto una breve nota: «C'è la legge a stabilire quali sono i soggetti titolati a presentare la domanda di grazia». Il che è già abbastanza: significa che parlare di clemenza per il Caimano non è più un sintomo di «analfabetismo e sguaiatezza istituzionale», come aveva detto Napolitano alla vigilia della sentenza, smentendo «Libero». Ma è un tema all'ordine del giorno. Purché, si capisce – fa semplicemente sapere – la grazia venga chiesta dall'interessato o da un alto soggetto «titolato»: un congiunto o uno dei suoi legali, dunque non Schifani e Brunetta. Nessun accenno al fatto che il «graziando» è stato condannato da appena ventiquattr'ore e, soprattutto, ha altri processi in corso.

Letta, almeno in pubblico, tace sulla questione. Si limita a definire «delittuosa» un'eventuale crisi di governo e ad appellarsi al senso di «responsabilità» [sic] di Berlusconi. Poi tiene una conferenza stampa sulla cultura. La giornata si chiude in tarda serata con una burrascosa telefonata fra Berlusconi e Napolitano. Solito copione: il Caimano si sfoga contro la «persecuzione giudiziaria», il presidente gli chiede di «abbassare i toni». Allora il Cavaliere ordina ai suoi il consueto gioco delle parti tra falchi e colombe, per costringere il Colle a graziarlo: «I falchi – ordina – stiano in pressing sul Quirinale e le colombe siano più responsabili».

«Giorgio, ricordati degli amici»

Il 3 agosto parte l'assalto degli *house organ* berlusconiani al giudice Esposito. Secondo «il Giornale», avrebbe definito Berlusconi «grande corruttore» e «genio del male» in una cena privata a Verona nel lontano 2009. Ma lui smentisce. Nei giorni seguenti anche su «Libero» e su «Panorama», salteranno fuori le accuse più fantasiose, persino una cena con Franco Nero, oltre al solito fango sulla moglie, sul figlio e sui parenti fino al terzo grado. Esposito scoprirà che un inviato della stampa berlusconiana stazionava in quel di Sapri (dov'era stato per anni pretore), raccogliendo notizie e pettegolezzi sul suo conto, fin dal 30 luglio.

Sandro Bondi inizia il gioco delle parti concordato col capo, e minaccia: «Se la politica non garantirà l'agibilità politica a Berlusconi, l'Italia rischia una guerra civile dagli esiti imprevedibili per tutti». Napolitano lo fulmina: «Dichiarazioni irresponsabili». E ottiene che i cinque ministri del Pdl non partecipino alla piazzata dell'indomani davanti a Palazzo Grazioli. Replica sprezzante di Bondi: «Non mi farò tappare la bocca da nessuno, neppure da un comunicato del Quirinale. E non accetto di essere indicato come un irresponsabile». Cicchitto invoca un «intervento pacificatore del presidente della Repubblica, nell'ambito dei suoi poteri istituzionali, per far diminuire la pressione politica che si è molto elevata». Pressione creata ad arte dal Pdl, si capisce. Ma Cicchitto rammenta a Napolitano i protocolli segreti che sarebbero alla base delle larghe intese:

> Questo governo, oltre alla sua azione sul terreno economico e delle riforme istituzionali, implicava anche una pacificazione che

> attenuasse quello scontro frontale tra berlusconismo e antiberlusconismo fondato sull'uso politico della giustizia che ha portato al fallimento della Seconda repubblica reso evidente dal risultato delle elezioni del 2013 [...]. L'obiettivo di un inizio di pacificazione è stato vanificato proprio da una accentuazione dell'uso politico della giustizia che ha comportato altre iniziative giudiziarie contro Berlusconi, una sentenza nella quale la Corte di cassazione non ha avuto il coraggio di entrare in rotta di collisione con quella Procura di Milano che da anni esercita una sorta di dominio su ogni ordine e grado della magistratura italiana anche indipendentemente dalla affiliazione di corrente. Ciò ha portato all'irreparabile e cioè al fatto che il leader dello schieramento di centrodestra è stato condannato a quattro anni di reclusione e privato dei diritti politici e di libertà. Né dalla Cassazione né prima dalla Corte costituzionale è venuto il minimo contributo alla pacificazione, anzi sono arrivati interventi di segno opposto che hanno chiaramente l'effetto di indebolire le posizioni moderate e costruttive esistenti nel centrosinistra e nel centrodestra.

Dal Colle trapela una laconica risposta ufficiosa: al presidente non è pervenuta alcuna domanda di grazia. Come se il problema, ancora una volta, fosse soltanto che nessuno l'ha chiesta. Lunedì 5 agosto comunque Napolitano riceverà al Quirinale Schifani e Brunetta.

Il giorno 4, per preparare degnamente il vertice al Colle, roteano i manganelli a mezzo stampa. «Il Giornale» titola *Napolitano sveglia. C'è in gioco la democrazia e il presidente fa l'offeso. Ma quando toccò a lui la porcata giudiziaria...* Sallusti lo massaggia da par suo tirando in ballo uno dei suoi talloni d'Achille: il caso Quirinale-Mancino. Il sillogismo, per quanto rozzo, è semplice: il presidente si è salvato con una sentenza *ad personam* della Consulta, ora faccia qualcosa *ad personam* per salvare Berlusconi.

> Napolitano è infuriato col Pdl? Pazienza, c'è [sic, *nda*] ne faremo una ragione [...]. Dopo aver messo agli arresti Berlusconi ora pretendono pure di silenziare il Pdl e i suoi milioni di elettori.

> Addirittura stanno facendo passare per adunata sediziosa la manifestazione di oggi a Roma di sostegno a Silvio Berlusconi. Attenti alle parole, dicono minacciosi. Di mio propongo due o tre slogan: Giudici banditi, Napolitano sveglia, Libertà. Ma Napolitano non potrà ascoltarli perché al Popolo della libertà sarà impedito di sfilare fino a piazza del Quirinale, la stessa che invece venne aperta ai contestatori di Berlusconi la notte delle drammatiche dimissioni da premier [...].
> Se avesse solo un po' di coraggio, dovrebbe essere lo stesso Napolitano ad aprire piazza del Quirinale in segno di rispetto e ascolto verso dieci milioni di italiani. Che vivono lo stesso dolore che ha provato lui quando una giustizia banditesca e fuori controllo voleva metterlo alla berlina e mandarlo sotto processo [tutto falso, naturalmente, *nda*] dopo aver origliato illegalmente alcune sue imbarazzanti telefonate. Un suo amico e consigliere fidato, Loris D'Ambrosio, morì d'infarto per la preoccupazione e la vergogna, vittima di una giustizia non sacra ma assassina. La vendetta del presidente fu spietata: pretese e ottenne la sua stessa assoluzione, le prove furono bruciate, i protagonisti di quella infamia, in testa Ingroia e Di Pietro, sono finiti a zappare l'orto e gli è andata ancora bene.
> E allora che facciamo presidente? Non è bello che quando tocca a lei difendersi da giudici scellerati non si vada giù per il sottile, quando tocca ad altri si urli invece al golpe e si vietino le piazze. Non abbia paura, Signor Presidente, ci dimostri che lei con questa porcata non ha nulla a che fare, altrimenti i maligni che parlano di una sua discreta complicità nell'omicidio di Berlusconi avranno sempre più spazio. E, sarebbe brutto scoprirlo, pure ragione.

Anche Giuliano Ferrara, sul «Foglio», intima a Napolitano e Letta jr. di «cassare la Cassazione» e avverte: «Chi dice che si deve distinguere, che sono fatti privati, è un cretinetti e un ipocrita». Nel pomeriggio, in via del Plebiscito, davanti a poche migliaia di fan autotrasportati e spesati dal partito, Berlusconi sale su un palco abusivo (non autorizzato dal Comune di Roma) e arringa gli astanti circondato dallo stato maggiore del

Pdl. Attacca frontalmente la magistratura: «Non è un potere dello Stato perché non è stata eletta: sono impiegati che hanno fatto un compitino, vincendo un concorso, e che ora sono liberi, irresponsabili, perché non subiscono controlli e mettono sotto gli altri poteri dello Stato. Condizione che si ritrova solo nei regimi». Sparge qualche lacrimuccia sull'ingiustizia subita. Promette (o minaccia): «Io sono qui, resto qui, combatterò per la libertà». Ma per ora non rovescerà il governo.

Dal Quirinale e da Palazzo Chigi nemmeno una parola ufficiale in difesa del potere giudiziario. Anzi, il garrulo Letta è tutto contento per «quel passaggio sul sostegno al governo». Anche Napolitano, che ha seguito in tv la diretta della piazzata, fa trapelare «sollievo» e addirittura «apprezzamento» perché il pregiudicato continua a sostenere il governo insultando i giudici. Tant'è che conferma l'udienza per l'indomani a Brunetta e Schifani, entrambi presenti alla gazzarra. E l'amico Macaluso, reduce dalle vacanze in Val Fiscalina con il presidente, scrive indulgente sull'«Unità» che «le manifestazioni dei fedelissimi di Berlusconi erano prevedibili e, tenuto conto di cos'è il Pdl, sono anche comprensibili».

Silenzio, il presidente esamina

Il vertice del 5 agosto al Quirinale tra il capo dello Stato e gli emissari del pregiudicato è un altro reperto d'epoca. L'abboccamento dura un'eternità: un'ora e un quarto. Come se l'Italia e il suo presidente non avessero problemi più urgenti e generali di cui occuparsi. I capigruppo Brunetta e Schifani (indagato per mafia a Palermo) chiedono senza tanti giri di parole la grazia per Berlusconi, o almeno la commutazione della pena detentiva in una comoda multa, o un'altra forma di salvacondotto, a piacere. La proposta indecente viene tradotta dal Colle con una supercazzola in quirinalese stretto: «valutazioni circa le esigenze da soddisfare per un ulteriore consolidamento dell'evoluzione positiva del quadro politico e uno sviluppo della stabilità utile al governo». Dunque, fa sapere Napolitano, è stato un incontro «cordiale, affettuoso e costruttivo» e ora «il capo dello Stato esamina con attenzione tutti gli aspetti delle questioni che gli vengono prospettate». Ma chiede moderazione fino a ottobre, quando il Cavaliere dovrà scegliere fra arresti e servizi sociali per iniziare a scontare la pena. Insomma c'è un'apertura, ma non un'immediata ed esplicita promessa di salvacondotto.

Insoddisfatto per la missione dei suoi emissari, Berlusconi fa trapelare una (presunta) minaccia tramite la Santanchè: «Niente domiciliari o servizi sociali, Silvio chiederà di andare in galera e poi vedremo che succede». I falchi del Pdl raccontano al Cavaliere che Napolitano lo sta imbrogliando. «Il Fatto» rivela che qualcuno ha riferito loro di aver ascoltato una conversazione fra il presidente e la moglie Clio durante le vacanze in Alto Adige. La first lady avrebbe detto al marito: «Devi scegliere fra me e la grazia a Berlusconi».

Intanto Brunetta apre un altro fronte: la legge Severino – a suo avviso – non si applica ai condannati per reati commessi prima della sua approvazione, altrimenti sarebbe incostituzionale. Cioè, in pratica, non si applica a nessuno. L'idea, però, che il salvacondotto non debba passare subito per il Quirinale, ma inizialmente per il parlamento, magari sotto forma di amnistia o indulto col pretesto delle carceri sovraffollate, anche per lasciar trascorrere qualche mese dalla sentenza in vista della grazia presidenziale, trova cittadinanza anche al Quirinale. Napolitano ne avrebbe parlato con i due capigruppo. Come scrive l'indomani «il Giornale»: «Re Giorgio apre sull'agibilità politica. Esclude la grazia, ma non chiude a una soluzione alternativa. Il presidente indica la via parlamentare per la tutela del futuro del Cav». E come conferma il quirinalista più addentro alle segrete stanze del Colle, Marzio Breda del «Corriere»:

> Ora, nella logica del capo dello Stato, più che colpi di testa servono colpi di genio, politicamente parlando. Così, a quanto pare, ha spiegato che non esiste una soluzione istituzionale che passi attraverso il Quirinale forzando magari i limiti delle prerogative, come

> invece pretenderebbero coloro che vagheggiano una commutazione della pena sul modello adottato nella vicenda Sallusti. Mentre invece potrebbero esserci delle soluzioni politico-parlamentari, magari attraverso la riforma della giustizia. Certo, tutte difficili (per varare un'impervia amnistia, ad esempio, serve la maggioranza dei due terzi in aula), tutte da studiare, tutte da costruire con pazienza.

Il 6 agosto è la giornata delle furibonde smentite di Napolitano, preoccupato per due indiscrezioni che potrebbero innervosire vieppiù il Pdl. La prima è quella raccolta dal «Fatto», che citava i falchi berlusconiani a proposito della contrarietà della moglie Clio alla grazia. «A nome mio e di mia moglie», il presidente manda a dire che si tratta di «affermazioni che non corrispondono al vero», «vergognose e grossolane panzane, inventate di sana pianta da chi vuole soltanto creare confusione e pescare nel torbido». La seconda smentita, diretta al «Corriere», riguarda il suo presunto progetto per chiamarsi fuori dal pressing berlusconiano e girare la patata bollente alle Camere in vista di una «via parlamentare» al salvataggio, con l'amnistia e/o l'indulto.

> Il presidente Napolitano si augura che non si eserciti su di lui, attraverso interpretazioni infondate e commenti intempestivi, una intrusione in una fase di esame e di riflessione che richiede il massimo di ponderazione e serenità. Non ci sono allo stato posizioni definite, ma approfondimenti e riflessioni in corso da parte del capo dello Stato. Attribuire al presidente orientamenti e ipotesi non corrisponde in alcun modo a quanto accaduto [nell'incontro con i capigruppo Pdl, *nda*], al tenore delle conversazioni e allo spirito di ricerca in cui è impegnato il presidente della Repubblica.

Quindi il Pdl stia tranquillo: il presidente non scarica il salvacondotto sulle Camere, ma è ancora in fase di «ricerca». Sta studiando, approfondendo, riflettendo, esaminando: farà sapere lui. Grillo chiede le dimissioni di Napolitano «garante del fallimento» e le elezioni anticipate. Due mesi dopo, con un messaggio alle Camere sull'amnistia e l'indulto, il capo dello Stato confermerà che Breda aveva visto giusto con largo anticipo. O, forse, gli aveva rovinato l'effetto sorpresa.

Tutta colpa del giudice

I giornali dei poteri finanziari che sostengono l'inciucio, dal «Corriere della Sera» al «Sole 24 ore», dalla «Stampa» al «Messaggero», sposano subito il partito dell'impunità. Attaccano la sentenza della Cassazione. E invocano l'amnistia. «Il Mattino» pubblica un'intervista con il giudice Esposito, infilandovi una domanda mai posta sulla condanna di Berlusconi e una frase – non autorizzata nel testo concordato con l'interessato – sul motivo della sentenza: «... non è che tu non potevi non sapere perché eri il capo. Teoricamente, il capo potrebbe non sapere. No, tu venivi portato a conoscenza di quello che succedeva...». Il giudice smentisce subito di aver mai risposto a domande su Berlusconi e di aver autorizzato la pubblicazione di quella frase, pronunciata in un contesto generale per spiegare al giornalista un principio giuridico. E documenta quanto afferma divulgando il testo concordato con «Il Mattino». Ma il Pdl ne approfitta per scatenare il putiferio, chiedendo la sua punizione e addirittura la revisione della sentenza.

L'8 agosto, in Senato, il MoVimento 5 Stelle chiede di avviare subito i lavori nella giunta delle immunità per dichiarare decaduto Berlusconi: la legge Severino impone una decisione «immediata». Ma Pd, Pdl e Centro si oppongono e rinviano tutto al 9 settembre.

In compenso c'è molta fretta di punire Esposito, accusato nientemeno di aver detto che Berlusconi è stato condannato perché colpevole. Ma le sue vere «colpe» sono altre: nel giro di due mesi, ha prima mandato in fumo l'ultima occasione per il partito dell'impunità di neutralizzare il processo sulla trattativa Stato-mafia; poi ha violato le leggi non scritte della «pacificazione», condannando per la prima volta dopo vent'anni il più intoccabile degli Intoccabili. Il vicepresidente del Csm Michele Vietti, su richiesta dei membri laici del Pdl e d'intesa con il presidente Napolitano, richiama i consiglieri dalle vacanze per aprire fin dal 5 settembre un fascicolo per trasferire il giudice per incompatibilità ambientale. Un fascicolo assurdo (come può un giudice essere incompatibile con la Cassazione, che ha giurisdizione su tutta l'Italia? E dove si vorrebbe trasferirlo: all'estero?). Ma soprattutto illegale, visto che per legge i motivi di incompatibilità ambientale prescindono da «comportamenti colpevoli», come le dichiarazioni più o meno opportune, e dipendono soltanto da fattori esterni e involontari.

La ministra della Giustizia Cancellieri e il pg della Cassazione Ciani, altri fedelissimi di Napolitano, danno un altro contentino al Pdl e annunciano l'immediato esame degli eventuali profili disciplinari del presunto caso Esposito (il pg acquisirà addirittura la registrazione dell'intervista presso la redazione del «Mattino», come se un magistrato dovesse rispondere anche dei suoi colloqui privati, registrati a sua insaputa). Ma anche questa è una procedura illegittima: gli illeciti disciplinari sono «tipizzati» con precisione dal nuovo ordinamento giudiziario (legge n. 269/2006), che punisce soltanto «le pubbliche dichiarazioni o interviste che riguardino soggetti coinvolti negli affari in corso di trattazione»: non in quelli già chiusi – come il processo Mediaset – da una sentenza definitiva.

Coppi e Ghedini tornano a minacciare, intervista di Esposito alla mano, un ricorso contro la sentenza alla Corte europea per i diritti dell'uomo di Strasburgo. La stessa che il 29 maggio 2012 ha dato ragione a un pm dell'Estonia, accusato di aver rilasciato interviste e dichiarazioni alla stampa e alla tv su una sua indagine contro un giudice corrotto, e di avere così condizionato i giudici e violato la presunzione di innocenza. E, secondo la Corte, fece benissimo a parlare, perché l'opinione pubblica «dev'essere informata su questioni di interesse collettivo», come le inchieste su personaggi pubblici; e, se il magistrato indica «le accuse all'imputato», non pregiudica i suoi diritti. Figurarsi se un giudice parla di un pregiudicato.

Il 9 agosto il ministro dell'Economia Saccomanni comunica che non ci sono coperture per abolire del tutto l'Imu, come chiede a gran voce il Pdl. I falchi vorrebbero affossare subito il governo. Ma Berlusconi, barricato ad Arcore, li stoppa con un comunicato ultimativo sull'imposta immobiliare da cancellare entro fine agosto, ma sostanzialmente conciliante, che non evoca mai la crisi. Ciò che conta è il suo salvacondotto – spiega ai fedelissimi – e guai a disturbare le «ricerche» di Napolitano, da cui si aspetta una risposta «entro dieci giorni». Rovesciare il governo ora sarebbe controproducente: «Il presidente ci ha fatto sapere che, in caso di crisi, lui si dimette un minuto dopo, piuttosto che sciogliere le Camere e concedere le elezioni anticipate, e noi rischiamo di ritrovarci Prodi al suo posto». E addio salvataggio.

Se fai il bravo, ti do la grazia

Prima di sistemare il Cavaliere, il capo dello Stato mette in riga il Pd: il 9 agosto invita a pranzo nella tenuta estiva di Castelporziano il segretario Epifani, la presidente della commissione Affari costituzionali Finocchiaro e i capigruppo Speranza e Zanda. Ufficialmente per parlare di riforma elettorale e costituzionale. In realtà Napolitano non ha gradito l'intransigenza di Epifani sulla decadenza immediata di Berlusconi. E ha deciso di fare un bel discorsetto al suo ex partito, di cui si ritiene il vero regista: se cade il governo, col Porcellum a votare non si torna; piuttosto che sciogliere le Camere, lui è disposto a dimettersi; quindi il valore assoluto è la «stabilità politica» del governo con il Cavaliere, a cui va sacrificato tutto il resto. Compresi gli interessi elettorali del Pd e i suoi rapporti sempre più deteriorati con la base. Un invito nemmeno troppo velato a tirarla in lungo nella giunta del Senato per tener buono il Pdl, salvando la faccia della legalità costituzionale con un possibile rinvio della legge Severino alla Consulta. E guai ad alzare barricate sulla grazia. Una linea che, nei giorni successivi, tutti i corazzieri sparsi in parlamento e nei giornali rilanceranno come un sol uomo.

Il 13 agosto, ben prima dei dieci giorni previsti dal Caimano, il presidente sistema anche lui e il Pdl con un supermonito ufficiale che è un «bugiardino» con le istruzioni per l'uso del salvacondotto. La posologia della grazia, preceduta da alcuni brevi cenni sull'universo.

> La preoccupazione fondamentale, comune alla stragrande maggioranza degli italiani, è lo sviluppo di un'azione di governo che, con l'attivo e qualificato sostegno del parlamento, guidi il paese sulla via di un deciso rilancio dell'economia e dell'occupazione. [...] Essenziale è procedere con decisione lungo la strada intrapresa, anche sul terreno delle riforme istituzionali e della rapida (nei suoi aspetti più urgenti) revisione della legge elettorale. [...] Fatale sarebbe invece una crisi del governo faticosamente formatosi da poco più di cento giorni; il ricadere del paese nell'instabilità e nell'incertezza ci impedirebbe di cogliere e consolidare le possibilità di ripresa economica finalmente delineatesi, peraltro in un contesto nazionale ed europeo tuttora critico e complesso. Ho perciò apprezzato vivamente la riaffermazione – da parte di tutte le forze di maggioranza – del sostegno al governo Letta e al suo programma, al di là di polemiche politiche a volte sterili e dannose, e di divergenze specifiche peraltro superabili.

Poi Napolitano mette i piedi nel piatto: Berlusconi deve sostenere il governo, se no peggio per lui.

> Non mi nascondo, naturalmente, i rischi che possono nascere dalle tensioni politiche insorte a seguito della sentenza definitiva di condanna pronunciata dalla Corte di cassazione nei confronti di Silvio Berlusconi. Mi riferisco, in particolare, alla tendenza ad agitare, in contrapposizione a quella sentenza, ipotesi arbitrarie e impraticabili di scioglimento delle Camere. Di qualsiasi sentenza definitiva, e del conseguente obbligo di applicarla, non può che prendersi atto. Ciò vale dunque nel caso oggi al centro dell'attenzione pubblica come in ogni altro.

Però il presidente comprende che il Caimano si ritenga un cittadino più uguale degli altri, perché è stato tre volte premier e ha preso molti voti.

> In questo momento è legittimo che si manifestino riserve e dissensi rispetto alle conclusioni cui è giunta la Corte di cassazione nella scia delle valutazioni già prevalse nei due precedenti gradi di giudizio; ed è comprensibile che emergano – soprattutto nell'area del Pdl – turbamento e preoccupazione per la condanna a una pena detentiva di personalità che ha guidato il governo (fatto peraltro già accaduto in un non lontano passato) e che è per di più rimasto leader incontrastato di una formazione politica di innegabile importanza. Ma nell'esercizio della libertà di opinione e del diritto di critica, non deve mai violarsi il limite del riconoscimento del principio della divisione dei poteri e della funzione essenziale di controllo della legalità che spetta alla magistratura nella sua indipendenza. Né è accettabile che vengano ventilate forme di ritorsione ai danni del funzionamento delle istituzioni democratiche.

Ed ecco il frutto delle sue ricerche sulla richiesta di salvacondotto.

> Intervengo oggi – benché ancora manchino alcuni adempimenti conseguenti alla decisione della Cassazione – in quanto sono stato, da parecchi giorni, chiamato in causa, come presidente della Repubblica, e in modo spesso pressante e animoso, per risposte o «soluzioni» che dovrei e potrei dare a garanzia di un normale svolgimento, nel prossimo futuro, della dialettica democratica e della competizione politica.
> A proposito della sentenza passata in giudicato, va innanzi tutto ribadito che la normativa vigente esclude che Silvio Berlusconi debba espiare in carcere la pena detentiva irrogatagli e sancisce precise alternative, che possono essere modulate tenendo conto delle esigenze del caso concreto.

La grazia è nei suoi poteri, ma Berlusconi deve chiedergliela o fargliela chiedere. È la terza volta che glielo dice in dodici giorni: quando si decide?

> In quanto ad attese alimentate nei miei confronti, va chiarito che nessuna domanda mi è stata indirizzata cui dovessi dare risposta. L'articolo 681 del Codice di procedura penale, volto a regolare i provvedimenti di clemenza che ai sensi della Costituzione il presidente della Repubblica può concedere, indica le modalità di presentazione della relativa domanda. La grazia o la commutazione della pena può essere concessa dal presidente della Repubblica anche in assenza di domanda. Ma nell'esercizio di quel potere, di cui la Corte costituzionale con sentenza del 2006 gli ha confermato l'esclusiva titolarità, il capo dello Stato non può prescindere da specifiche norme di legge, né dalla giurisprudenza e dalle consuetudini costituzionali nonché dalla prassi seguita in precedenza. E negli ultimi anni, nel considerare, accogliere o lasciar cadere sollecitazioni per provvedimenti di grazia, si è sempre ritenuta essenziale la presentazione di una domanda quale prevista dal già citato articolo del Cpp. A ogni domanda in tal senso, tocca al presidente della Repubblica far corrispondere un esame obbiettivo e rigoroso – sulla base dell'istruttoria condotta dal ministro della Giustizia – per verificare se emergano valutazioni e sussistano condizioni che senza toccare la sostanza e la legittimità della sentenza passata in giudicato, possono motivare un eventuale atto di clemenza individuale che incida sull'esecuzione della pena principale. Essenziale è che si possa procedere in un clima di comune consapevolezza degli imperativi della giustizia e delle esigenze complessive del paese.

Se però il Cavaliere vuole la grazia, deve avere un po' di pazienza e, in cambio, sostenere il governo Napolitano-Letta. Capito?

> E mentre toccherà a Silvio Berlusconi e al suo partito decidere circa l'ulteriore svolgimento – nei modi che risulteranno legitti-

mamente possibili – della funzione di guida finora a lui attribuita, preminente per tutti dovrà essere la considerazione della prospettiva di cui l'Italia ha bisogno. Una prospettiva di serenità e di coesione, per poter affrontare problemi di fondo dello Stato e della società, compresi quelli di riforma della giustizia da tempo all'ordine del giorno. Tutte le forze politiche dovrebbero concorrere allo sviluppo di una competizione per l'alternanza nella guida del paese che superi le distorsioni da tempo riconosciute di uno scontro distruttivo, e faciliti quell'ascolto reciproco e quelle possibilità di convergenza che l'interesse generale del paese richiede. Ogni gesto di rispetto dei doveri da osservare in uno Stato di diritto, ogni realistica presa d'atto di esigenze più che mature di distensione e di rinnovamento nei rapporti politici, sarà importante per superare l'attuale difficile momento.

Clemenza senile

Quindi Silvio Berlusconi, con buona pace dell'articolo 3 della Costituzione, non è un cittadino come gli altri. Mai, infatti, in tutta la storia repubblicana e pure monarchica, un capo dello Stato – re o presidente della Repubblica – era mai intervenuto dodici giorni dopo una condanna definitiva per spiegare al neopregiudicato come fare a cancellarla con la grazia in cambio del sostegno al governo e garantendogli che non finirà comunque in galera. L'indomani «il Giornale» di Sallusti scriverà che il testo del messaggio del presidente è stato «concordato» con il Cavaliere in persona, che ne avrebbe «letto diverse stesure, fino a quella definitiva». Ma, nel Supermonito di Ferragosto, c'è ben di più e di peggio.

1) Non è vero – come dice Napolitano – che «la normativa vigente esclude che Silvio Berlusconi debba espiare in carcere la pena detentiva irrogatagli». Le norme cui si riferisce il presidente sono due: la ex Cirielli del 2005 sugli arresti domiciliari per i condannati ultrasettantenni; e il decreto Alfano «svuota-carceri» del 2010. La Cirielli stabilisce all'articolo 2 comma 1:

> La pena della reclusione per qualunque reato, a eccezione di quelli... [di mafia, di terrorismo e a sfondo sessuale, *nda*], può essere espiata nella propria abitazione o in altro luogo pubblico di cura, assistenza e accoglienza, quando trattasi di persona che, al momento dell'inizio dell'esecuzione della pena, o dopo l'inizio della stessa, abbia compiuto i settant'anni di età purché non sia stato dichiarato delinquente abituale, professionale o per tendenza.

Quindi l'ultrasettantenne «può» finire ai domiciliari (e nella gran parte dei casi ci finisce), ma pure in carcere. Dipende dal grado di ravvedimento e di consapevolezza della gravità del reato commesso, dall'intenzione di riparare al danno arrecato e dunque dal maggiore o minore livello di pericolosità sociale. Che si misura anche dal numero degli altri processi pendenti. E non ci vuol molto a comprendere che il condannato Berlusconi non s'è affatto ravveduto, visto che continua a negare il suo reato e insulta i giudici che l'hanno condannato. Non è per nulla conscio della gravità delle sue frodi fiscali. Se risarcirà il danno, è solo perché la Cassazione l'ha condannato a farlo, in solido con i coimputati, per dieci milioni di euro all'Agenzia delle Entrate a titolo di provvisionale. E soprattutto ha altri cinque procedimenti in corso.

Esistono poi diversi precedenti di condannati over 70 spediti in galera, anziché ai domiciliari. Nel 2006, con la sentenza 27853, la I sezione della Cassazione ha respinto il ricorso di un condannato sardo, P.A., che s'era visto negare i domiciliari dal Tribunale di Sorveglianza di Sassari, marciva in carcere da quattro anni sebbene ne avesse più di 70, e invocava appunto la Cirielli. Ma i supremi giudici hanno obiettato che non c'è alcun automatismo fra l'età avanzata e l'incompatibilità con il carcere:

> Il legislatore [...] fa riferimento a un potere discrezionale della magistratura di sorveglianza la quale deve sempre verificare la meritevolezza del condannato e la idoneità della misura a facilitarne il reinserimento nella società, non essendo previsto in tale materia alcun «automatismo» proprio perché la ratio di tutte le misu-

> re alternative alla detenzione – anche quando sono ammissibili [...] – è quella di favorire il recupero del condannato e di prevenire la commissione di nuovi reati [...]. Anche la detenzione domiciliare per gli ultrasettantenni [rimane] sottoposta alle modalità, alle prescrizioni e agli interventi del servizio sociale [...], ai controlli [...] e alla revoca per il caso di evasione o di incompatibilità del comportamento del soggetto, contrario alla legge o alle prescrizioni dettate.

L'ultrasettantenne detenuto più famoso è Calisto Tanzi. Il 4 maggio 2011 l'ex patron della Parmalat fu condannato dalla Cassazione a otto anni nel processo milanese per l'aggiotaggio Parmalat e l'indomani fu prelevato dalle forze dell'ordine e condotto in carcere, sebbene avesse ormai settantatré anni. Il Tribunale di Sorveglianza di Bologna respinse tre volte le istanze di scarcerazione, presentate dai suoi legali in base alla norma dell'ex Cirielli sugli over 70, ritenendolo socialmente pericoloso (eppure in tribunale aveva chiesto scusa alle migliaia di vittime). Solo dopo due anni di detenzione gli concesse gli arresti ospedalieri: ma non per la sua età, bensì per le sue condizioni di salute che nel frattempo si erano aggravate. L'anagrafe – spiegarono i giudici – non dà alcun diritto ai domiciliari automatici. Dunque Tanzi doveva restare in cella per «gli ingenti danni cagionati» e per «la mancanza, a tutt'oggi, di una effettiva consapevolezza delle proprie responsabilità morali e giuridiche, ma soprattutto dell'intenzione – con fatti concreti ed effettivi e non con mere dichiarazioni di intenti – di dimostrare una adeguata revisione critica, un effettivo ripensamento e anche pentimento per i danni cagionati». Pare proprio il ritratto di Silvio Berlusconi.

Anche il decreto svuotacarceri Alfano del 2010 affida al giudice di sorveglianza, e non a Napolitano, il compito di applicarlo al caso concreto. Fino alla condanna di Sallusti, infatti, chi doveva scontare fino a un anno di pena (totale o residua) poteva chiedere la sospensione dell'ordine di carcerazione e l'affidamento ai servizi sociali, altrimenti finiva dentro. Dopo invece, per salvare Sallusti, il procuratore capo di Milano decise che la sua procura avrebbe sempre e comunque proposto la sospensione della carcerazione, anche senza richiesta, e l'invio del condannato ai domiciliari. In ogni caso l'ultima parola spetta al giudice, non al Quirinale. Il fatto dunque che Napolitano affermi apoditticamente che Berlusconi non dovrà andare in carcere è una grave invasione di campo nel libero convincimento del giudice di sorveglianza che sarà chiamato a decidere.

2) Un'altra pesante interferenza è l'accenno alle «precise alternative [al carcere, *nda*], che possono essere modulate tenendo conto delle esigenze del caso concreto». Non si vede a quale titolo il presidente faccia sapere al giudice di sorveglianza di attendersi che Berlusconi benefici di una pena alternativa alla cella, per di più in una versione «modulata» che tenga «conto delle esigenze del caso concreto»: cioè della pretesa del pregiudicato di continuare a fare politica da detenuto.

3) Napolitano giudica «legittimo» che Berlusconi e il Pdl «manifestino riserve e dissensi» sulla sentenza della Cassazione e «comprensibile» che esprimano «turbamento e preoccupazione per la condanna a una pena detentiva di personalità che ha guidato il governo» ed è «per di più rimasto leader incontrastato di una formazione politica di innegabile importanza». Ma da quando l'aver guidato il governo, una o più volte, o l'essere stato per anni leader incontrastato di un grande partito conferisce un diritto speciale a contestare sentenze definitive? È il mondo alla rovescia: chi ricopre pubbliche funzioni deve attenersi a requisiti costituzionali di «disciplina e onore», oltreché al rispetto degli altri poteri dello Stato. Tutti obblighi che non sono richiesti ai comuni cittadini. Dunque, per un leader ed ex premier, gli spazi di critica alla magistratura non sono più ampi, ma più ristretti di quelli riservati alla gente comune.

4) È vero che il condannato, per ottenere la grazia, deve almeno fare lo sforzo di chiederla e di riconoscere la sentenza di condanna («prenderne atto» è poco). Lo prevede la sentenza della Consulta numero 200 del 2006: quella – già citata – che diede ragione a Ciampi nel conflitto col ministro Castelli per

la grazia a Bompressi. Ma quella sentenza dice ben più di quel che Napolitano le fa dire: afferma che la grazia può essere motivata solo con «eccezionali esigenze di natura umanitaria», mai «politiche», per «attenuare l'applicazione della legge penale» quando «confligge con il più alto sentimento della giustizia sostanziale». Insomma serve a «mitigare o elidere il trattamento sanzionatorio», «garantendo soprattutto il "senso di umanità" cui devono ispirarsi tutte le pene», «non senza trascurare il profilo di "rieducazione" proprio della pena». Per questo «esula da ogni valutazione di natura politica» ed è «naturale» attribuirla in esclusiva al Colle. È qui che il presidente si dà la zappa sui piedi: quando scrive che il condannato in carcere non ci andrà. Perché, così, afferma che non c'è alcuna detenzione disumana da «mitigare» o «elidere». Dunque non c'è alcun motivo per parlare di grazia a Berlusconi, e non si comprende che cosa sia venuto in mente a Napolitano di rilasciare questa dichiarazione. Infatti il presidente rivendica il potere di graziare il Cavaliere per motivi tutti politici (la sopravvivenza del governo, la condanna di un ex presidente del Consiglio molto votato): proprio quelli esclusi dalla Consulta, che verrebbe platealmente calpestata da una grazia al Caimano. Se poi, come scrive, la grazia non gliel'ha chiesta nessuno, non si capisce a chi stia rispondendo Napolitano, e perché.

5) Non è vero, come afferma il presidente, che l'eventuale grazia possa riguardare soltanto «l'esecuzione della pena principale» (detentiva) e non quella accessoria (interdizione). Esistono precedenti di suoi predecessori che hanno cancellato varie volte entrambe le pene. Almeno su questo punto, i *berluscones* non hanno torto a protestare.

6) Oltre a quello che scrive, c'è poi quello che il capo dello Stato omette. Non una parola sulla gravità del reato di frode fiscale per cui Berlusconi è stato condannato. Né sui vergognosi attacchi ai giudici (a parte la solita giaculatoria sull'accettazione della «divisione dei poteri e della funzione essenziale di controllo della legalità che spetta alla magistratura nella sua indipendenza»). Né sugli altri cinque procedimenti penali in

cui il graziando è ancora imputato. Due sono già approdati a condanne in primo grado (sette anni per concussione e prostituzione minorile nel caso Ruby; 1 anno per rivelazione di segreto nel caso Consorte-Fassino). E tre sono in fase di indagine (induzione alla falsa testimonianza di Gianpi Tarantini; corruzione giudiziaria di decine di testimoni al processo Ruby; corruzione del senatore De Gregorio). Senza contare le innumerevoli prescrizioni: due per corruzione giudiziaria (Mills e Mondadori) e cinque per falso in bilancio. Ora, non s'è mai visto graziare un condannato ancora imputato in altri processi di tale gravità. Che si fa, allora: lo si grazia una volta all'anno per tenerlo artificialmente a piede libero? Si inventa una grazia seriale, multiuso, come i blocchetti dei buoni-pasto aziendali, da spendere per ogni processo presente e futuro? Una «clustergrazia» che va a colpire a uno a uno tutti i suoi processi, come le bombe a grappolo?

Dal Porcellum al Porcellinum

La legittima soddisfazione del Pdl per il monito del Colle induce i falchi berlusconiani a pretendere subito qualcosa di più, rammentando a Napolitano le «promesse» di salvacondotto come atto costitutivo delle larghe intese. Così il presidente si irrita e il 16 agosto tuona:

> Su diversi organi di stampa e siti internet, sono apparse nei giorni scorsi invenzioni di pura fantasia, o notizie prive di ogni riscontro ed evidentemente provocatorie, riferite alla Dichiarazione diramata, di sua personale iniziativa, dal presidente Napolitano. La Presidenza della Repubblica ritiene di non dover far seguire a questo stillicidio di falsi uno stillicidio di smentite chiaramente superflue.

Il 20 agosto Napolitano cambia tema per un giorno e torna a parlare della riforma elettorale. Non lo fa apertamente, ma tramite un «messaggio riservato» affidato a imprecisati «colloqui» con esponenti politici e fatto filtrare ai giornali amici, senza virgolette. Il presidente ribadisce che non scioglierà mai le Camere senza una nuova legge elettorale. Poi torna a precisare come dovrà essere modificato il Porcellum: non con una «riforma complessiva», ma con un intervento minimo per fissare una soglia al premio di maggioranza (oggi riservato alla forza politica o alla coalizione più votata, indipendentemente dalle percentuali riscosse alle urne) ed eliminare le liste bloccate, come chiede da tempo la Corte costituzionale. L'idea di Parisi e Giachetti di cancellare con un tratto di penna il Porcellum e di tornare al Mattarellum non gli piace: dice che non basterebbe una legge di due articoli, ma bisognerebbe ridiscutere uno per uno i 54 articoli del Mattarellum, col rischio di vederlo lardellare di emendamenti paralizzanti in parlamento dai nemici del maggioritario. Sia come sia, è un altro regalo al Pdl, che vede come il fumo negli occhi il ritorno ai collegi uninominali (sia pure con il correttivo di un 25 per cento proporzionale). Meglio dunque passare dal Porcellum al Porcellinum.

Il Gran Consiglio di Arcore

Sempre barricato nella villa di Arcore con la fidanzata Francesca Pascale e l'inseparabile barboncino bianco Dudù, il Caimano ha ben altro a cui pensare. Il 9 settembre, quando la giunta per le elezioni inizierà a esaminare la sua decadenza da senatore con una maggioranza sulla carta a lui sfavorevole (Pd, M5S, Sel e parte di Scelta civica), si avvicina. E sui fronti della grazia, della commutazione della pena e degli altri salvacondotti possibili o impossibili, tutto tace. Bisogna dare una scossa. Per esempio, con un videomessaggio alla Nazione per lanciare l'estremo ricatto al Colle e agli alleati di governo.

Il 20 agosto Berlusconi riceve Alfano a villa San Martino per concordare le prossime mosse. Il 21 sguinzaglia Gianni Letta e lo stesso Alfano in avanscoperta. Lo zio Gianni è ricevuto al

Quirinale da Napolitano (che non si capisce a che titolo riceva continuamente questo privato cittadino sprovvisto di mandati elettivi e di cariche pubbliche, senza neppure informarne i cittadini con comunicati ufficiali). Ma non si sa esattamente che cosa chieda e quali risposte riceva. Alfano intanto vede Letta nipote, prima con Lupi e Franceschini, poi *tête à tete*. Gli chiede di «farsi carico dell'agibilità politica di Berlusconi» e di rammentare che il Cavaliere «è il leader del partito alleato del Pd», senza il quale il governo delle larghe intese non esisterebbe. Il premier dichiara impraticabili «soluzioni politiche», perché la decadenza di Berlusconi «è questione giuridica di pertinenza dei partiti» impegnati nella giunta del Senato, non certo del governo. Sta al Pdl sollevare le obiezioni sull'applicazione della legge Severino e al Pd esaminarle. L'ala governativa del Pdl intravede qualche spiraglio nei settori del Pd più vicini al presidente e al premier, disposti a «ragionare sulle carte senza pregiudiziali antiberlusconiane». Si parla di un'imminente apertura di Violante – uno dei «bi-saggi» di Napolitano che ormai al Colle è di casa – sulle obiezioni del Pdl all'applicazione «retroattiva» della legge Severino.

Il 22 agosto Berlusconi torna all'attacco con un'intervista al settimanale ciellino «Tempi»: la via d'uscita per salvarlo Napolitano ce l'ha, «la Costituzione e il buon senso offrono molte strade». Se nessuno le batterà, allora le dimissioni in massa dei suoi ministri e parlamentari non saranno «colpa mia», ma la conseguenza «del massacro giudiziario del loro leader eletto da milioni di italiani». In ogni caso «io resisto» perché «non possono eliminarmi» né «impedirmi di guidare il centrodestra» né «vietarmi di essere Berlusconi». Poi avverte il Pd: «Se due amici sono in barca e uno dei due butta l'altro a mare, di chi è la colpa se la barca sbanda?».

Lo stesso giorno Alfano parla al Meeting di Cl a Rimini: «Noi chiediamo che il Pd rifletta, astraendosi dalla storica inimicizia di questi vent'anni, sulla opportunità di votare no alla decadenza di Berlusconi». E paragona Berlusconi a Gesù: «L'esempio di Cristo testimonia l'esigenza di un giusto processo e la pericolosità di certe giurie popolari». In serata, mentre Letta jr. sale al Colle, Alfano vola ad Arcore a riferire al capo. Ma è ancora a mani vuote e quello lo strapazza, inferocito dalle dichiarazioni di vari esponenti del Pd sul sì alla decadenza e dalla melina di Napolitano.

È in questo clima di rabbia che sabato 24 agosto si riunisce ad Arcore il Gran Consiglio del Pdl. Cinque ore di burrascosa discussione. I ministri e i dirigenti filogovernativi finiscono in minoranza. Stravince la linea di Verdini e Santanchè, che convincono Berlusconi dell'inaffidabilità di Napolitano e di Letta nipote («ti stanno prendendo in giro»). Il Cavaliere è stufo dei giochini del Colle: «Per dare retta a Napolitano mi sono dimesso due anni fa senza neppure essere sfiduciato. Per ascoltarlo abbiamo appoggiato Monti e poi addirittura un governo a guida Pd. E cosa abbiamo avuto in cambio? Zero. Ho dato entrambe le guance, ma adesso questi da me vogliono ben altro...». Alla fine Alfano, che non è solo vicepremier, ma anche segretario del partito, si mette a vento e fa la faccia feroce:

> La decadenza di Silvio Berlusconi da senatore è impensabile e costituzionalmente inaccettabile. Tutti insieme rivolgeremo alle massime istituzioni della Repubblica [cioè a Napolitano, *nda*], al primo ministro e ai partiti che compongono la maggioranza, parole chiare sulla questione democratica che deve essere affrontata per garantire il diritto alla piena rappresentanza politica e istituzionale dei milioni di elettori che hanno scelto Berlusconi.

La Santanchè traduce: «Il Cavaliere ha deciso: noi falchi abbiamo vinto, ora faremo cadere il governo». Sembra lo strappo definitivo, ma è solo un altro penultimatum nell'eterna trattativa Stato-Mediaset.

Il lodo Violante e gli scudi umani

Il messaggio del Gran Consiglio giunge subito a destinazione. Nell'area lettiana del Pd si comincia a parlare di rinviare il voto in giunta. Ma soprattutto scendono in campo i corazzieri di complemento. Tra una riunione e l'altra dei saggi ricostituenti, il sempre disponibile Violante traccia il solco e lo difende in un'intervista pubblicata il 26 agosto dal «Corriere della Sera», che si danna l'anima a caccia di scudi umani salva Caimano:

> Il senatore Berlusconi deve spiegare alla giunta perché a suo avviso la legge Severino non si applica. E i membri della giunta hanno il dovere di ascoltare e valutare la sua difesa. La Corte costituzionale ha ritenuto che il procedimento davanti alla giunta è di carattere giurisdizionale. Quindi la giunta, se ritenesse che ci fossero i presupposti, potrebbe sollevare l'eccezione davanti alla Corte. Ma questa non sarebbe dilazione, sarebbe applicazione della Costituzione.

Invece sarebbe un bel rinvio, visto che sulle questioni di incostituzionalità la Consulta impiega in media da un anno e mezzo a due anni per decidere. Già che c'è, Violante aggiunge che anche «la Corte di Strasburgo potrebbe essere interpellata perché dica se in base alla normativa europea, applicabile anche in Italia, la legge Severino dà luogo a pena, non retroattiva, o a un semplice effetto della condanna». Consulta e Strasburgo: due ottime destinazioni per gettare la palla in tribuna e sospendere per mesi e mesi la partita della decadenza.

Nei giorni seguenti quasi tutti i giuristi, costituzionalisti e politici più vicini al Quirinale si affrettano a pronunciarsi in favore del «lodo Violante»: da Capotosti a Fiandaca («noi giuristi siamo in grado di sostenere sia l'una che l'altra tesi»), da Onida a Manzella, da Vietti ai parlamentari Pd Carlo Galli e Giampaolo Galli, da Casini ai socialisti Riccardo Nencini ed Enrico Buemi, dall'ex presidente del Senato Franco Marini all'ex sottosegretario montiano Salvatore Mazzamuto all'ex finiano Giuseppe Consolo. Ai quali si aggiungono due magistrati: il procuratore aggiunto di Venezia Carlo Nordio e il giudice di Cassazione Enzo Jannelli (quello che nel 2008, procuratore generale a Catanzaro, controsequestrò le carte delle inchieste di De Magistris appena sequestrate dalla Procura di Salerno, mentre Napolitano la attaccava).

Il 27 agosto l'esercito degli scudi umani si arricchisce di un nuovo volontario: Umberto Ranieri (Pd), da trent'anni braccio destro e consigliere di Napolitano. Il Pd – monita Ranieri in un articolo sul «Foglio» – deve ben guardarsi dall'«usare il potere giudiziario come una clava o un ombrello protettivo» (non spiega cosa c'entrino i giudici e le clave con una legge liberamente votata da tutto il parlamento otto mesi prima per cacciare i pregiudicati). E deve mostrare «maggiore consapevolezza della tragicità della vicenda politica italiana» in cui, «a vent'anni dal crollo del sistema dei partiti della Prima repubblica» (per le ruberie di Tangentopoli, ma questo non lo dice), «il leader del centrodestra esce di scena condannato a quattro anni di carcere» (per una gigantesca frode fiscale, ma questo preferisce ometterlo), anzi «sconfitto in un'aula di giustizia» (come se i processi fossero gare sportive dove l'importante è partecipare). Poi le due righe che giustificano tutto l'articolo: «Sarebbe giusto dare spazio prima di pronunciarsi all'esame di alcuni dubbi sull'applicazione della legge sollevati anche da giuristi non conosciuti per simpatie berlusconiane». Insomma «rimettere alla Corte i dubbi non manifestamente infondati di legittimità costituzionale» con i voti decisivi del Pd per «mantenere un filo di dialogo tra le parti necessario non tanto per il governo quanto per il futuro della politica italiana». Ormai esausto per l'arrampicata sulle specchiere del Colle, Ranieri non spiega perché mai il futuro della politica dipenda dal salvataggio di un pregiudicato per frode fiscale, né chi gli abbia detto che i dubbi sulla «retroattività» della Severino non sono manifestamente infondati. Che sia una legge scritta per i posteri?

Il 28 agosto Napolitano impartisce la sua solenne benedizione urbi et orbi (soprattutto orbi) ai suoi corazzieri e scudi umani, facendo sapere tramite il «Corriere» di aver «letto con attenzione e apprezzamento» l'intervista di Violante. Il quale è divenuto nel frattempo un beniamino del Pdl e una bestia nera per gli elettori del Pd. Monti, intervistato dal «Foglio», si aggrega trafelato alla comitiva chiedendo la «grazia a Berlusconi per il ruolo che ha avuto nella politica italiana». E il ministro Mauro torna a invocare una bella «amnistia per la pacificazione» e per far risorgere «il senso dello stare insieme» (al pregiudicato) da cui «germoglia l'armonia».

Le larghe attese

Nel bunker di Arcore, Berlusconi torna a sorridere per qualche giorno. Coglie subito il segnale di Violante & C. e mette provvisoriamente la museruola a falchi e pitonesse. «Il presidente – dice – se vuole può fare tutto: dare la grazia, commutare le pene, risarcire il danno morale...» E ricorda – come riferisce Ugo Magri su «La Stampa» – che «durante un incontro di mesi fa al Quirinale, Napolitano gli avrebbe fatto balenare vie d'uscita, qualora mai la Cassazione l'avesse condannato. Ed è anche sulla base di quegli affidamenti che il Pdl si sarebbe deciso a sostenere le larghe intese». «La Repubblica» e «Libero» gli attribuiscono una frase ancor più esplicita e minacciosa: «Rivelerò a tutti le promesse che mi ha fatto Napolitano quando abbiamo acconsentito a far nascere il governo Letta».

Gasparri, per dare un'altra spinta, fa graziosamente notare a Napolitano che «tre mesi fa ha graziato il colonnello Romano, condannato per il caso Abu Omar. In base alla legge sull'accesso, chiederò di sapere chi gli ha sollecitato l'atto di clemenza, se Napolitano l'ha concesso di sua iniziativa, come si è svolta l'istruttoria e se sono stati svolti tutti quegli adempimenti che vengono richiesti per un'eventuale grazia a Berlusconi. Sarebbe ben strano se un ex premier valesse meno di un colonnello americano» (in realtà, come farà notare il Quirinale, la grazia a Romano era stata chiesta dai suoi legali).

Il piano di Berlusconi sarebbe il seguente: ottenere dal Pd un rinvio della Severino alla Consulta e/o alla Corte di Strasburgo: bloccare i lavori della giunta e fermare il count down verso il voto sulla decadenza; restare così senatore e attendere che la

Corte d'appello ricalcoli la pena accessoria dell'interdizione dai pubblici uffici; dopodiché sperare che questa, una volta confermata dalla Cassazione, venga commutata da Napolitano con una «mezza grazia», che magari lasci intatta la pena detentiva (da scontare comodamente ai servizi sociali per non più di otto mesi, detraendo dai dodici i quattro di «liberazione anticipata» per buona condotta). Quanto alla decadenza, prima che le Corti sciolgano tutti i nodi giuridici passerebbero un paio d'anni: il tempo necessario per tornare alle urne ancora da «candidabile».

Il compito di lubrificare il complesso ingranaggio, facendo la spola fra Palazzo Chigi, la sede del Pd e il Quirinale, è affidato al solito Gianni Letta. Che il 27 agosto risale per l'ennesima volta al Colle. Ma senza raccogliere granché: al momento il massimo sforzo del Quirinale è quello di spendere i suoi uomini di punta perché convincano, anche sui media, il Pd a concedere l'agognato rinvio della Severino alla Consulta. Poi, per la commutazione della pena, si vedrà dopo che la Corte d'appello di Milano e la Cassazione l'avranno definitivamente ricalcolata. Ma, perché Napolitano la prenda in considerazione, occorrerà comunque una richiesta di grazia da parte di Berlusconi o di chi per lui. E comunque sarà più facile far sparire la pena detentiva che la pena accessoria dell'interdizione.

Il 29 agosto la sezione feriale della Cassazione deposita, un giorno prima dei trenta stabiliti, le motivazioni della sentenza Mediaset. Un appuntamento ampiamente prevedibile e previsto, così come le espressioni usate dai cinque giudici per confermare due condanne precedenti: «Berlusconi fu l'ideatore, l'organizzatore e il beneficiario» del sistema di frodi fiscali nei paradisi offshore da lui «creato» e «sviluppato» fin dagli anni Ottanta. Ma anche questo diventa un pretesto per nuove gazzarre, finalizzate a forzare la mano alla giunta del Senato a dieci giorni dalla prima seduta.

Berlusconi parla di «sentenza allucinante e fondata sul nulla per eliminare il leader del primo [sic, *nda*] partito italiano», ma «milioni di italiani non lo permetteranno». Il coro dei *berluscones* è una gara a chi la spara più grossa contro i giudici, nella certezza – poi confermata – che il capo dello Stato non interverrà neanche stavolta a zittirli. Né il Pd solleverà alcuna obiezione sulla permanenza nella maggioranza non solo del colpevole di reati così gravi; ma anche di un bugiardo matricolato che giura da vent'anni di non occuparsi più delle sue aziende, mentre dal verdetto risulta avere continuato a guidarle anche da Palazzo Chigi.

Il 30 agosto, altra benzina sul fuoco. Napolitano nomina quattro nuovi senatori a vita: l'architetto Renzo Piano, il direttore d'orchestra Claudio Abbado, lo scienziato Carlo Rubbia e la ricercatrice Elena Cattaneo. Quattro «eccellenze» che hanno illustrato l'Italia nel mondo, dunque ideali per occupare quegli scranni. Però, trattandosi di personalità collocate nell'area del centrosinistra, il Pdl sospetta – forse non a torto, vista la tempistica – che l'intenzione del capo dello Stato sia anche quella di rimpolpare le file dei sostenitori del governo al Senato. E di minacciare il Cavaliere con la spada di Damocle di una maggioranza alternativa (che potrebbe nascere se dal Pdl si staccassero almeno 7 senatori). Berlusconi è furente, e non solo perché a un posto di senatore a vita aveva fatto un pensierino. Ma soprattutto perché, come dice ai suoi, «Napolitano controlla già la Corte costituzionale e ora vuole controllare anche il Senato. Pensa di mettermi paura, spostando gli equilibri della maggioranza con i quattro senatori a vita e una decina di nostri traditori per far nascere un Letta-bis senza di noi. Ma si sbaglia. Fino al 9 settembre tutti zitti, poi vediamo cosa succede».

In realtà resiste solo fino al 3 settembre, vigilia della riunione della giunta del Senato per fissare il calendario dei lavori. Annunciata da un titolo de «il Giornale» – che descrive Napolitano come «mandante» e «carnefice» del Caimano e lo accusa di «attentare alla Costituzione» – Berlusconi parla. Anzi strepita: «Aspettare fino al 9 non ha senso, tanto hanno già deciso di farmi fuori e io non posso restare al governo con chi mi pugnala», dice in una riunione ad Arcore con Verdini e Santanchè. Dunque Schifani e Alfano dovranno lanciare l'estremo ultimatum al Pd e Gianni Letta salire un'altra volta al Colle per smuovere Napolitano.

Sul suo tavolo ora c'è un dossier preparato da Ghedini, Longo e Coppi, che dimostra come in ben tredici casi precedenti la grazia presidenziale abbia estinto anche le pene accessorie. Se nemmeno stavolta gli sherpa del Caimano raccoglieranno nulla di concreto e immediato, si aprirà la crisi di governo per andare alle urne a fine novembre.

Ma le uscite sgangherate dei falchi suscitano le ire del Quirinale. A causa dei titoli del «Giornale» – rivela «La Stampa» – il povero Gianni Letta riceve «una telefonata dal Colle capace di sollevarlo da terra, segno che la misura è colma: nessuna "provocazione" verrà mai più tollerata». Insomma – dice via cavo Napolitano allo zio del premier – «Berlusconi se vuole clemenza non può illudersi di non pagare un prezzo politico e di evitare tanto la decadenza quanto le pene accessorie». Pessimo viatico per la missione dello zio Gianni al Quirinale, fissata per l'indomani. Alfano, come sempre, esegue gli ordini del padrone: «In base a precisi riferimenti giuridici – comunica – abbiamo chiesto e chiediamo al Pd una parola chiara sul principio della non retroattività della legge Severino». Un ritornello, quello della presunta «irretroattività», che non ha fondamenti giuridici: sono le sanzioni penali a non poter essere retroattive, mentre quelle previste dalla Severino sono semplici requisiti amministrativi di eleggibilità, liberamente stabiliti dal parlamento.

Schifani ne inventa un'altra: chiede la ricusazione e la sostituzione dei membri della giunta del Pd, di Sel e dei 5 Stelle, compreso il presidente Dario Stefàno, rei di essersi «già espressi a favore della decadenza di Berlusconi» e dunque non più imparziali (quelli del Pdl si sono già espressi contro, ma possono restare). Grasso, regolamento alla mano, spiega che ciò non è possibile. Ma un nuovo salvagente al Caimano lo lancia la ministra della Giustizia Cancellieri, fedelissima di Napolitano, con una dichiarazione ben oltre i confini della realtà: «Non ravvedo [sic, *nda*] profili di incostituzionalità nella legge Severino; ma, visto che si sono espressi dei giuristi con una competenza di gran lunga superiore alla mia, credo che dobbiamo tener conto dei loro pareri e come minimo rifletterci». Parola della ministra dell'Interno del governo Monti (che propose quelle norme) che fu incaricata di collaborare alla stesura della legge anticorruzione insieme alla collega Severino proprio nella parte relativa alla decadenza e alla incandidabilità dei parlamentari condannati. Ma ormai quella legge sembra essersi scritta da sola. Figlia di madre ignota.

Post Scriptum

Questo libro era praticamente chiuso ai primi di settembre. Ma, durante la rilettura delle bozze, ho dovuto riaprirlo perché nel frattempo Napolitano non si è fermato. Anzi, ha proseguito al ritmo medio di un monito ogni due giorni. Ed è quasi impossibile stargli dietro.

Trattativa Stato-Mediaset

3 settembre. Berlusconi incontra Alfano, che gli comunica l'esito dei suoi ultimi abboccamenti: il Pd, pressato dalla base e incalzato dai 5 Stelle, non se la sente di salvarlo dalla decadenza. E il presidente della giunta del Senato, Dario Stefàno, annuncia: «Voteremo entro settembre, poi si passerà all'aula». Ma i fedelissimi di Letta nipote nel Pd garantiscono tempi lunghi, con discussioni interminabili sul regolamento e le procedure in giunta e poi in aula.

5 settembre. La Corte d'appello di Palermo deposita le motivazioni della condanna di Dell'Utri a sette anni per concorso esterno in associazione mafiosa. Ce n'è anche per Berlusconi: nel 1974 siglò un «patto» con i boss Bontate e Teresi con la mediazione di Dell'Utri e da allora, «nell'arco di un ventennio ha versato a Cosa nostra somme di denaro per la sua protezione personale tramite Dell'Utri che ha consentito che l'associazione mafiosa rafforzasse e consolidasse il proprio potere sul territorio». Nessun commento da parte degli alleati e dell'alto patrono delle larghe intese. Il Cavaliere torna a minacciare il governo Letta tramite l'apposito Schifani (indagato per mafia): «Vedo la crisi avvicinarsi». La Santanchè avverte che il suo videomessaggio con l'annuncio del ritiro dalla maggioranza è pronto e imminente. Si parla di un duro attacco a Napolitano, che vorrebbe il Caimano «morto in esilio come Craxi». Napolitano lo prega di restare fedele alla maggioranza con una nota di non meglio precisati «ambienti del Quirinale»: «Il presidente della Repubblica non sta studiando o meditando il da farsi in caso di crisi perché ha già messo in massima evidenza che l'insorgere di una crisi precipiterebbe il paese in gravissimi rischi. E conserva fiducia nelle ripetute dichiarazioni di Berlusconi in base alle quali il governo continua ad avere il suo sostegno». Bondi chiede in cambio una «grazia esaustiva», comprensiva cioè della pena accessoria. Il Quirinale fa trapelare di non poter (ancora) esaminare una richiesta in tal senso, ma solo perché l'interdizione non è ancora stata ricalcolata dalla Corte d'appello.

6 settembre. Il «Corriere» rivela che il giorno prima il presidente della Repubblica ha ricevuto al Quirinale il presidente di Mediaset, Fedele Confalonieri, per un «colloquio riservato». Il manager, sempre secondo il «Corriere», è nella Capitale per «parlare di politica con i politici» in un «giro romano delle sette chiese» e «consultare amici e avversari, prima e dopo la sua salita al Colle», convinto che «è necessario muoversi senza fare casino». Per parlare di cosa? Dei nuovi palinsesti di Canale 5? Delle azioni Mediaset? Delle polizze Mediolanum? Della campagna acquisti del Milan? No, di come «garantire l'agibilità personale per Berlusconi con un gesto di clemenza». Sarà un caso, ma appena il presidente di Mediaset è sceso dal Colle, i proclami guerreschi del Pdl si sono interrotti. Secondo i soliti *boatos*, Napolitano avrebbe lanciato aperture anche alla grazia sull'interdizione (quando sarà fissata dalla Corte d'appello e confermata definitivamente dalla Cassazione). Ma a patto che il Cavaliere non vada allo scontro sulla decadenza da senatore quando sarà votata, e si dimetta prima. La trattativa Stato-Mediaset continua.

8 settembre. Eugenio Scalfari, su «Repubblica», sempre in sintonia con il Colle, invita l'ex nemico Berlusconi a «chiedere nelle forme dovute un provvedimento di clemenza», perché «forse l'otterrebbe» dall'amico Napolitano (amico di entrambi). A patto – si capisce – che «assicuri il percorso del governo per il tempo necessario» (non si sa bene a chi) e aiuti l'Italia a liberarsi della vera piaga che la ammorba: «la sinistra movimentista e paragrillina» che vorrebbe «buttare giù il governo e andare alle elezioni».

La giunta delle eternità

9 settembre. Prima seduta della giunta del Senato. Il relatore Pdl Andrea Augello sposa la linea di Berlusconi, citando anche Scalfari e Violante, con una raffica di pregiudiziali di incostituzionalità della legge Severino, finalizzate soltanto a prendere tempo. Pd, 5 Stelle e Sel annunciano il No. E gli concedono ventiquattr'ore di rinvio prima del voto. Poi, bocciata la relazione, nomineranno un nuovo relatore, stavolta favorevole alla decadenza. Schifani definisce la giunta «una camera a gas».

10 settembre. Schifani minaccia: «Se la giunta vota oggi, si apre la crisi di governo». Ma nel pomeriggio, poco prima che la giunta si riunisca, le agenzie di stampa battono un monito di Napolitano da Barletta, in codice: «Se non consolidiamo i pilastri della nostra convivenza nazionale, tutto è a rischio». Intanto i soliti ambienti del Quirinale insufflano la «sorpresa» e l'«irritazione» del presidente per la posizione intransigente del Pd in giunta. Napolitano telefona a Zanda e Finocchiaro: «Se anche nel Pd prevalgono i falchi, io vado davanti al paese a dire che avete tradito il patto sottoscritto quando mi avete chiesto di restare al Quirinale». Contemporaneamente Letta jr. chiama Epifani: «La decadenza è nell'ordine delle cose, ma non forzate i tempi».

Risultato del pressing: in ventiquattr'ore il Pd passa dalla linea dura alla linea molle. Niente voto immediato per bocciare le pregiudiziali, e dunque l'intera relazione Augello, con automatica sostituzione del relatore. Augello ritira le pregiudiziali derubricandole a «questioni preliminari», si riaprono le discussioni sul calendario e si rinvia tutto di una settimana. Berlusconi, consigliato da Gianni Letta in costante contatto con il Colle, tiene nel cassetto il videomessaggio di guerra pronto da giorni e rinvia la riunione dei gruppi parlamentari che doveva mettere ai voti la crisi. «Napolitano ha parlato e il Pd se l'è fatta sotto e si è genuflesso» esultano i falchi Pdl. Felice Casson avverte, in vista del voto in aula a scrutinio segreto: «Attenti ai franchi traditori». Il Cavaliere ne dovrà reclutare almeno 44 per far bocciare la sua decadenza. Spera di trovarli fra i casiniani di Scelta civica e fra le decine di senatori che impallinarono Prodi.

Intanto la Camera approva, come già il Senato, la controriforma costituzionale dell'articolo 138. Ora si riprende con la seconda lettura, prima al Senato e poi alla Camera. La maggioranza Pd-Pdl-Sc punta al voto finale entro tre mesi. Protestano 5 Stelle e Sel.

12 settembre. Napolitano nomina giudice costituzionale (al posto dello scaduto Franco Gallo) Giuliano Amato, settantacinque anni, già braccio destro di Craxi, deputato e vicesegretario del Psi, vicepremier, due volte premier, due volte ministro del Tesoro, una dell'Interno, una delle Riforme, una degli Esteri, senatore dell'Ulivo, deputato dell'Unione, presidente dell'Antitrust, presidente di Aspen e della Treccani, vicepresidente della Convenzione per la costituzione europea, nonché della Scuola superiore Sant'Anna di Pisa e del Comitato per le celebrazioni dei 150 anni dell'Unità d'Italia, candidato al Quirinale nel 1999, nel 2006 e nel 2013, «vicino» al Montepaschi, consulente di Deutsche Bank, più volte ritiratosi dalla politica per rientrarvi subito dopo, titolare di due pensioni per un totale di 31.000 euro lordi al mese a cui ora assommerà un nuovo stipendio mensile di 33.000 euro e il diritto a una terza pensione. Ma soprattutto fedelissimo del Colle, che così infila un'altra pedina nella Consulta proprio a due mesi dalla sentenza sulla legge elettorale e poi, magari, anche sulla Severino e su altre leggi firmate dallo stesso Napolitano. Vivi applausi da Pd, Pdl e Sc. Protestano solo M5S e Lega Nord.

Il capo dello Stato trova anche il tempo per esortare il governo a «non lasciare soli i sindaci, gli imprenditori e gli operai» che sostengono il Tav Torino-Lione, contro la volontà della maggioranza della popolazione della Val di Susa.

I dodici deputati 5 Stelle che in estate avevano protestato sui tetti della Camera contro la «riforma» costituzionale vengono sospesi per cinque giornate dopo un incredibile processo davanti all'ufficio di presidenza di Montecitorio.

15 settembre. Come già la settimana precedente, Scalfari torna a invitare Berlusconi a chiedere la grazia al comune amico Napolitano nel consueto sermone domenicale su «Repubblica»: «Berlusconi sembra aver perso la trebisonda; eppure il percorso che ha davanti a sé è molto chiaro: dovrebbe dimettersi da senatore e, se desidera ottenere provvedimenti di clemenza dal capo dello Stato, li chieda nelle forme previste dalla legge. A quel punto Napolitano valuterà e deciderà come ritiene più opportuno. Non esistono altre vie e salvacondotti perché nella nostra Costituzione non esiste il *motu proprio* e nessuno può inventarselo».

I 42 saggi di Letta e Napolitano si trasferiscono in un hotel a 4 stelle di Francavilla al Mare, ovviamente a spese dello Stato, per chiudere la loro preziosa opera di controriforma costituzionale.

16 settembre. Enrico Letta si sfoga: «Io e Napolitano non possiamo essere gli unici parafulmini». Mentre la giunta del Senato continua a traccheggiare, i 5 Stelle chiedono il voto palese in aula, per evitare il salvataggio di Berlusconi da parte dei franchi tiratori del Pd, pronti poi ad accusare i «grillini» di aver fatto il doppio gioco.

17 settembre. La Cassazione civile conferma, con un modesto sconto, la condanna emessa dalla Corte d'appello di Milano contro la Fininvest di Berlusconi (che fu «parte della corruzione») a risarcire la Cir di De Benedetti con 494 milioni per la sentenza comprata da Previti ed emessa nel 1991 dal giudice Vittorio Metta, che scippò la Mondadori all'Ingegnere girandola al Cavaliere.

I saggi ri-costituenti, di ritorno dalla gita al mare, presentano le loro riforme: premierato forte all'inglese; decreti del governo blindati e quasi inemendabili; legge elettorale con premio di maggioranza del 15 per cento dei seggi alla coalizione che ottiene almeno il 40 per cento dei voti.

Uno li tiene, l'altro li mena

18 settembre. Videomessaggio di Berlusconi. Il Caimano invita i suoi a «protestare e reagire contro i giudici», che lo perseguiterebbero da vent'anni, e attacca a testa bassa questi «impiegati pubblici non eletti» che Magistratura democratica avrebbe trasformato abusivamente in «potere dello Stato», anzi in «contropotere» allo scopo di realizzare, per conto della sinistra, la «via giudiziaria al socialismo». Poi contesta le sentenze di condanna e annuncia che, anche se decadrà da senatore, resterà «in campo». Epifani protesta, Letta minimizza, Napolitano tace. Ma i quirinalisti più vicini a lui, sull'«Unità», sulla «Stampa», sul «Corriere» e su «Repubblica», sostengono che il capo dello Stato è irritatissimo. Perché? Perché così «la grazia si allontana».

In giunta al Senato il fronte Pd-M5S-Sel-Sc boccia la relazione di Augello, che sarà sostituito come relatore dal presidente Stefàno, il quale dovrà preparare un'altra relazione.

La Corte costituzionale elegge il suo nuovo presidente: è Gaetano Silvestri del Pd, celebre per aver firmato insieme a Frigo la sentenza pro-Napolitano nel conflitto di attribuzioni contro la Procura di Palermo. Un altro alfiere del partito del presidente, che batte di misura (8 a 7) il berlusconiano Mazzella. Prima dichiarazione: «Il Porcellum solleva dubbi». E chissà mai a che titolo il neopresidente della Consulta anticipa una sentenza attesa di lì a un mese e mezzo, da sempre usata da Napolitano per indurre i partiti a ritoccare il Porcellum come piace a lui.

I 5 Stelle, durante il dibattito alla Camera sulla legge antiomofobia, attaccano la presidente Boldrini («di parte e inadeguata») e ne chiedono le dimissioni. Napolitano monita in sua difesa dagli attacchi «inammissibili e intollerabili» e dalla «campagna di gravi e perfino turpi ingiurie e minacce condotta nei suoi confronti sulla Rete».

19 settembre. Monito di Napolitano dopo il videomessaggio di Berlusconi. Ma non per difendere i magistrati aggrediti, bensì per invitarli a «spegnere nell'interesse del paese il conflitto tra politica e giustizia». Perché – ripete il presidente, parlando agli studenti della Luiss per commemorare lo scomparso consigliere Loris D'Ambrosio e copiando a piene mani da svariati moniti precedenti – politica e giustizia non devono essere «mondi ostili guidati dal sospetto reciproco» e occorre interrompere la presunta «spirale di contrapposizioni tra politica e giustizia che da troppi anni imperversa in Italia». Basta dunque con i magistrati che violano i doveri di «equilibrio, sobrietà, riserbo, assoluta imparzialità e senso della misura e del limite» (il tutto, ricordando D'Ambrosio!). Quali, non si sa. Ma è probabile che non lo sappia neanche lui, altrimenti sarebbe suo dovere segnalarli al Csm perché li sanzioni.

Il presidente incappa in una doppia contraddizione, quando esorta i magistrati a «un'attitudine meno difensiva e più propositiva rispetto al discorso sulle riforme di cui la giustizia ha indubbio bisogno e che sono pienamente collocabili nel quadro dei principi della Costituzione». Sia perché da anni l'Anm – come gli fa subito notare il presidente Sabelli – e molti magistrati propongono riforme utili a sveltire i processi e a combattere meglio la criminalità di ogni specie e livello, regolarmente zittiti come invasori di campo da chi fa soltanto leggi vergogna. Sia perché sul tema ogni magistrato è libero di pensarla come gli pare. A meno di voler sostenere che il magistrato è libero di parlare, ma solo se acconsente con le leggi vergogna sfornate a getto continuo da governi e parlamenti. Resta poi da capire che cosa sia il «senso della misura e del limite» prescritto dal presidente ai magistrati: come si calcola e, soprattutto, chi lo calcola?

Il Pdl applaude a scena aperta. Ma stavolta, oltre ai 5 Stelle e a Ingroia, protesta anche l'Anm. La giudice milanese Alessandra Galli (presidente del collegio che ha condannato Berlusconi in appello per il caso Mediaset) denuncia: «Ci hanno lasciati soli. Non ci si può chiedere il silenzio assoluto: chi ci chiede di imbavagliarci lede un nostro diritto. E chi ci chiede la pacificazione non spiega cosa devono fare coloro che adottano comportamenti fuori dai principi del diritto».

Il monito è un messaggio implicito alle Corti d'assise di Palermo e Caltanissetta che si accingono a sentirlo come testimone nei processi Borsellino-quater e Trattativa. Anche perché Napolitano se la prende pure, a suon di allusioni, con «il Fatto Quotidiano» che ha dato conto delle nuove carte depositate dalla Procura di Palermo al processo Stato-mafia: «Nulla è stato più paradossale e iniquo – dice – che vedere anche Loris divenire vittima di quello che il professor Fiandaca ha chiamato "un perverso giuoco politico-giuridico e mediatico". La cui impronta mistificatoria si è fatta sentire proprio oggi forse in non casuale coincidenza con questo incontro». Sugli insulti di Berlusconi alle toghe e sulla minaccia di scatenare la piazza contro il terzo potere dello Stato, nemmeno un monosillabo. È il solito gioco di squadra: il Caimano bastona i magistrati, il presidente li tiene fermi.

20 settembre. Eugenio Scalfari riceve nella sua casa romana di piazza della Minerva tre ospiti illustri per una cena intima: il presidente Napolitano, il premier Letta e il presidente della Bce Draghi. Alcuni vicini di casa, insospettiti dal viavai di auto blu e uomini di scorta, informeranno Roberta Zunini del «Fatto Quotidiano», che una settimana dopo, fatte le opportune verifiche, pubblicherà la notizia.

22 settembre. Il consueto editoriale domenicale di Scalfari sulla «Repubblica» si intitola: *Napolitano-Letta-Draghi: lo scudo Italia-Europa*. Il Fondatore appare particolarmente ispirato sul pensiero della triade. Ricordava che i governi Monti e Letta non sono stati una scelta, «ma il prodotto necessario d'una situazione priva di alternative.» Una situazione che – a suo dire – perdura tuttora, quindi domanda: «Riusciranno i nostri eroi?». Nessuno può ancora sapere che i nostri eroi erano suoi commensali solo due sere prima. Scalfari, terminata la digestione, li definisce «i nostri tre punti di forza, che hanno l'Europa come obiettivo preminente per l'avvenire di tutti». Insomma, la cena è andata bene.

23 settembre. Napolitano difende il governo Letta: «La politica eviti rotture», proprio ora che – a suo dire – «si riaffaccia la speranza di uno sviluppo su basi più solide», insomma «non bisogna sprecare il momento favorevole». Infatti l'Italia è stata appena sorpassata persino dalla Spagna per la competitività del suo sistema produttivo. Il presidente si scaglia poi contro «i tagli alla scuola», che «soffre per gli interventi alla cieca». Parola del presidente che firmò la legge Gelmini, che tagliava 8 miliardi alla scuola pubblica.

Il vicepresidente del Csm, Michele Vietti, lancia dalle colonne del «Messaggero» un nuovo messaggio intimidatorio alla Corte d'assise di Palermo che deve decidere se ascoltare Napolitano come testimone sulla trattativa: «Non posso e non voglio entrare nel merito del processo. Mi limito a ricordare che il presidente della Repubblica è l'unica istituzione a cui i cittadini guardano ancora con fiducia: vediamo di non metterla a rischio». Quindi, per motivi tutti politici, i giudici dovrebbero rinunciare a sentire un testimone prezioso sugli «indicibili accordi» che D'Ambrosio disse di avergli confidato. E meno male che Vietti non voleva entrare nel merito del processo.

24 settembre. Riparte la trattativa Stato-Mediaset. Napolitano riceve al Quirinale Alfano, Epifani e Franceschini per parlare di come assicurare un percorso netto alla legge di stabilità. Ma non solo di quello. Di ritorno dal Colle, Alfano convince Berlusconi a rinunciare a un'ospitata a *Porta a Porta*, che avrebbe potuto attizzare nuove polemiche. Il premier Letta, dall'America, assicura che sul caso Berlusconi «alla fine si troverà una soluzione nel rispetto della legge».

Ricatto al governo

25 settembre. Berlusconi capisce che è il momento di forzare la mano: chiede a tutti i suoi parlamentari, ministri compresi, una lettera di dimissioni in bianco da usare come arma di ricatto in vista del voto in giunta sulla sua decadenza, fissato per il 4 ottobre: «Sono 55 notti che non dormo, ho perso 11 chili, uno per ogni anno di galera che vorrebbero farmi fare per Mediaset e Ruby. C'è un'operazione eversiva contro di me che stravolge lo Stato di diritto, la democrazia non c'è più». Pare che tema, una volta perduta l'immunità, di essere arrestato a Napoli per la compravendita dei senatori o a Milano per il Ruby-ter che lo vede indagato per corruzione di decine di testimoni. Letta e il Pd annunciano che non si faranno ricattare, ma nel frattempo preparano nuovi slittamenti del voto in giunta. Napolitano perde improvvisamente ogni trasporto per la pacificazione e rilascia una nota di raro umorismo involontario: «Mi riservo di verificare con maggiore esattezza le conclusioni» del Pdl. Intanto tace.

Zitto e muto, il presidente, anche alla celebrazione del trentennale del governo Craxi, a Palazzo Giustiniani, officiata dalla figlia Stefania che dà in escandescenze contro «il volume di fuoco del Partito comunista che, sia pure attraverso la strada obliqua della magistratura con la Procura di Milano, distrusse mio padre, il Mitterrand italiano». Napolitano assiste al delirio su un trono dorato, circondato da noti pregiudicati, da Forlani a De Michelis, applaudendo l'energumena e alla fine abbracciandola, prima di lasciare la sala senza dire una parola.

26 settembre. Brunetta e Schifani, dopo un'assemblea finita a tarda notte dei gruppi parlamentari Pdl, raccolgono le firme dei parlamentari in vista delle dimissioni da rassegnare in massa il 4 ottobre, giorno previsto per il voto della giunta sulla decadenza di Berlusconi. E parlano di «colpo di Stato» e «operazione eversiva» ai danni del Cavaliere. Napolitano ha finalmente capito che il destinatario del ricatto è lui, e verga un comunicato furibondo di diciotto righe:

> Non posso che definire inquietante l'annuncio di dimissioni in massa dal parlamento – ovvero di dimissioni individuali, le sole presentabili – di tutti gli eletti nel Pdl. Ciò configurerebbe infatti l'intento, o produrrebbe l'effetto, di colpire alla radice la funzionalità delle Camere. Non meno inquietante sarebbe il proposito di compiere tale gesto al fine di esercitare un'estrema pressione sul capo dello Stato per il più ravvicinato scioglimento delle Camere. C'è ancora tempo, e mi auguro se ne faccia buon uso, per trovare il modo di esprimere – se è questa la volontà dei parlamentari

> del Pdl – la loro vicinanza politica e umana al presidente del Pdl, senza mettere in causa il pieno svolgimento delle funzioni dei due rami del parlamento. Non occorre poi neppure rilevare la gravità e assurdità dell'evocare un «colpo di Stato» o una «operazione eversiva» in atto contro il leader del Pdl. L'applicazione di una sentenza di condanna definitiva, inflitta secondo le norme del nostro ordinamento giuridico per fatti specifici di violazione della legge, è dato costitutivo di qualsiasi Stato di diritto in Europa, così come lo è la non interferenza del capo dello Stato o del primo ministro in decisioni indipendenti dell'autorità giudiziaria.

Schifani e Brunetta replicano a brutto muso: «Questo voto [della giunta, *nda*] calpesta un principio fondamentale dello Stato di diritto, quello della "irretroattività delle leggi". La definizione quindi di "colpo di Stato" e di "operazione eversiva" non è inquietante, ma invece assolutamente realistica e pienamente condivisibile». Anche Letta jr., da New York, trova un po' di coraggio e accusa Berlusconi di «umiliare l'Italia» mentre lui è all'Onu, ma poi rientra subito in se stesso e invita il Pdl ad «assumersi le proprie responsabilità». Cioè si tiene ben stretto in maggioranza chi umilia l'Italia.

27 settembre. Schifani e Brunetta annunciano che l'Aventino del Pdl non tocca il governo, ma l'unica via d'uscita è rinviare la Severino alla Consulta. Il premier Letta, di ritorno da New York, sale al Quirinale («Sai Giorgio che Kissinger mi ha detto che fa il tifo per te?»). Napolitano gli assicura pieno sostegno e lo manda alle Camere per il «chiarimento definitivo» con il voto di fiducia. Poi Letta nipote incontra Letta zio a Palazzo Chigi. In Consiglio dei ministri, con l'aumento dell'Iva all'ordine del giorno, si blocca tutto per una rissa tra Franceschini («Volete solo salvare Berlusconi») e Alfano («Siete voi col vostro antiberlusconismo a cacciare il governo nei guai»).

Il capo dello Stato vola a Milano e monita dalla Bocconi con lacrima sul viso: «Si è smarrita ogni nozione di confronto civile e ogni costume di rispetto istituzionale e personale». E se ne accorge ora?

A Palermo, al processo sulla trattativa Stato-mafia, l'Avvocatura dello Stato (che stavolta rappresenta non il Quirinale, ma il governo e la Regione Sicilia come parti civili contro gli imputati politici e mafiosi) si oppone alla richiesta della procura di ascoltare Napolitano come testimone sulla famosa lettera che gli scrisse D'Ambrosio un mese prima di morire (quella degli «accordi indicibili»). Secondo l'avvocato pubblico Giuseppe Dell'Aira, il capo dello Stato, in virtù dei suoi presunti «compiti di coordinamento politico e operativo» non si sa di cosa (né dove stia scritto nella Costituzione), godrebbe di «assoluta riservatezza sia per le attività pubbliche che per quelle informali» (e pazienza se la Costituzione lo copre solo nell'esercizio delle sue funzioni), come gli ha riconosciuto la nota sentenza della Consulta. Con un bel salto logico, l'avvocato dello Stato arriva a sostenere che il presidente non deve testimoniare sulla lettera di D'Ambrosio (totalmente estranea a quelle conversazioni) e non devono farlo neppure i pg di Cassazione Esposito e Ciani, né l'ex procuratore antimafia Grasso, né il segretario del Quirinale Marra, in quanto testi «riferiti alla funzione presidenziale».

Eppure i pm non vogliono sentirli sulle telefonate Napolitano-Mancino, ma su quelle Mancino-D'Ambrosio e sulla lettera che Marra inviò al pg per raccomandare la richiesta di Mancino di convocare Grasso per deviare altrove l'indagine di Palermo. Già che c'è, l'avvocato Dell'Aira sostiene che è vietato financo trascrivere le telefonate D'Ambrosio-Mancino (peraltro già trascritte e pubblicate su tutti i siti e i giornali), perché anche D'Ambrosio sarebbe contagiato per irradiazione dall'immunità napolitana. Si attende ora l'intervento dell'Avvocatura della mafia che, a questo punto, sarà forse a corto di argomenti.

Sfiducia vuol dire fiducia

28 settembre. Berlusconi riunisce i falchi ad Arcore: Verdini, Santanchè, Bondi, Ghedini e la figlia Marina. Ghedini lo convince che arriverà, non si sa bene da dove, una richiesta di arresto entro venti giorni («Farai la fine di Silvio Pellico»). Intanto Napolitano, in visita al carcere di Poggioreale, annuncia un imminente messaggio alle Camere per l'amnistia e l'indulto. Spera così di placare l'ira del Caimano, sempre molto sensibile all'impunità. Ma questi pretende ben altro che un annuncio. Chiama il portavoce Daniele Capezzone, gli detta una durissima dichiarazione di guerra contro il governo. Poi fa chiamare Alfano da Ghedini, che gliela legge: «Ecco il comunicato che voi ministri dovrete fare vostro». È una sorta di autodafé con cui i cinque ministri del Pdl devono scusarsi di aver collaborato col Pd e annunciare le loro dimissioni. Alfano lo trova troppo aspro. Dopo un'ora di trattative e limature, Sandro Bondi stende una versione più soft, che comunque apre la crisi invitando i ministri Pdl a dimettersi. E viene diramata alle 18: «Ho invitato la delegazione del Pdl al governo a valutare l'opportunità di presentare immediatamente le dimissioni per non rendersi e non rendere il Pdl complice di una ulteriore odiosa vessazione imposta dalla sinistra agli italiani. Silvio Berlusconi».

Quindi ufficialmente la crisi nasce sul mancato stop all'aumento dell'Iva: ottimo pretesto per camuffare dietro ragioni generali una scelta tutta privata. I Magnifici Cinque obbediscono come un sol uomo: Alfano, Lupi, Quagliariello, De Girolamo, Lorenzin lasciano il governo. Berlusconi annuncia la ricusazione della giunta del Senato e aggiunge a mo' di sfida: «E ora vediamo se oseranno arrestare il capo dell'opposizione».

Napolitano – a cui Brunetta poco prima aveva garantito che c'era ancora spazio per un accordo – è sorpreso: «Non c'è razionalità in questa vicenda: se alla dimensione politica si privilegia quella umana, non si può costruire più nulla. Sono dispiaciuto anche per Berlusconi, ma tutto ciò con la politica non c'entra nulla». Poi parla di «brutalità», addirittura di «orrore». Enrico Letta attacca il «gesto folle per motivi personali» e annuncia che il 2 ottobre sarà in parlamento per un voto di fiducia «alla luce del sole». E inizia a lavorare con Napolitano per spaccare il Pdl e architettare una nuova maggioranza, con una pattuglia di ex berlusconiani «governativi».

29 settembre. Berlusconi compie settantasette anni. In regalo, quattro dei cinque ministri appena dimessisi – Alfano, Quagliariello, Lorenzin e Lupi – si dissociano da se stessi: «Basta estremismi, difendiamo il governo». Il ministro delle Riforme avverte: «Non entro nella rinata Forza Italia se è la nuova Lotta continua». Il segretario e vicepremier Angelino comunica: «Siamo diversamente berlusconiani». E raduna le sue truppe siciliane, oltre a Cicchitto e Giovanardi. Berlusconi prima minaccia di cacciare i dissenzienti «governisti» e di sfiduciare il governo per tornare alle urne all'inizio del 2014. Poi ci ripensa: «Sono pronto a votare la legge di stabilità». Letta incontra per un'ora e mezza Napolitano, poi dice in tv, da Fabio Fazio: «Non sarò un Re Travicello, resto fino al 2015 e non solo per fare la legge elettorale». Il Quirinale trova che «le dichiarazioni dei ministri dimissionari e dello stesso Berlusconi determinano incertezza sugli sviluppi della situazione politica». Ma sotto sotto Napolitano gongola: alla scissione lavora sottotraccia da tempo, per controminacciare Berlusconi con un Letta-bis o un altro «governo del presidente» e neutralizzare i suoi ricatti sulla crisi. E infatti conferma che non ha alcuna intenzione di sciogliere le Camere. Civati sospetta: «Chi molla Berlusconi lo fa solo dietro una contropartita: cosa stanno offrendo ai transfughi, in cambio? Il Pd prenda atto che le larghe intese sono definitivamente crollate».

30 settembre. In una telefonata con un dirigente del Pdl, che la fa ascoltare in vivavoce a un giornalista di *Piazzapulita* su La7, Berlusconi spara:

> Tu non riesci ad avere nessuna informazione su quello che è successo alla II sezione civile della Cassazione per il lodo De Benedetti? Perché mi è stato detto che il capo dello Stato avrebbe telefonato per avere la sentenza prima che venisse pubblicata. Dopodiché ha ritelefonato da capo, ha fatto ritelefonare da Lupo al presidente della Cassazione che ha chiamato il presidente di sezione costringendolo a riaprire la camera di consiglio. Cosa che non succede mai! Perché la sentenza era già pronta il 27 giugno.

E riaprendo la camera di consiglio hanno tolto circa 200 milioni di quella da cui... che De Benedetti doveva avere in meno. È una cosa gravissima.

Anticipata da alcuni siti web, la telefonata suscita la furibonda reazione del Quirinale:

Quel che sarebbe stato riferito al senatore Berlusconi circa le vicende della sentenza sul lodo Mondadori è semplicemente un'altra delirante invenzione volgarmente diffamatoria nei confronti del capo dello Stato.

Qualcuno sospetta che il parlamentare del Pdl fosse d'accordo con Berlusconi per inviare l'ennesimo messaggio ricattatorio al Colle.

Lo stesso giorno esce un libro-intervista di Napolitano a Federico Rampini, *La via maestra.* E chi l'ha pubblicato? La Mondadori della famiglia Berlusconi, naturalmente.

1° ottobre. Letta jr. incontra Napolitano al Quirinale, poi Renzi e poi due volte lo zio Gianni a Palazzo Chigi. Respinge le dimissioni dei ministri del Pdl e si prepara a chiedere la fiducia alle Camere. Inizia la caccia ai voti necessari, soprattutto in Senato, fra i trasformisti ex berlusconiani che, ansiosi di conservare la poltrona, pensano di costituire gruppi parlamentari autonomi e ritirano le lettere di dimissioni appena consegnate ai capigruppo. Alfano chiede a tutto il Pdl di votare la fiducia. Il Cavaliere, sul settimanale «Tempi», annuncia invece la sfiducia perché Letta e Napolitano «sono inaffidabili»: «hanno permesso il mio omicidio politico» anziché rispettare l'impegno preso a suo tempo di «garantirmi l'agibilità politica» e «i diritti politici». Napolitano entra a gamba tesa un'altra volta sul parlamento e intima una «chiarificazione piena» perché il governo possa assumere «un impegno non precario fino agli obiettivi da perseguire nel 2014». Cioè affinché non si voti prima del 2015.

2 ottobre. In mattinata Bondi e Brunetta confermano che il Pdl voterà la sfiducia. Poi però Verdini porta a Berlusconi i numeri del gruppo al Senato, spaccato in tre fra sfiducia (32 senatori), fiducia (25) e uscita dall'aula (24). Allora il Caimano si arrende. E – mentre Bondi si immola alla Camera con un durissimo discorso contro Letta («Vergognatevi! Vergognatevi!») – , il Cavaliere prende la parola a Palazzo Madama: «L'Italia ha bisogno di un governo che produca riforme. Abbiamo deciso, non senza travaglio, per il voto di fiducia». Letta nipote, dal banco del governo, sussurra: «Grande!». Poi dichiara che questa «è una giornata dai risvolti storici» perché ora «la coalizione è più forte e coesa» e può fare a meno di Berlusconi e dei falchi.

Prima, però, nei suoi discorsi alle due Camere, il premier aveva lanciato vari segnali, con un accenno alla «riforma della giustizia» e addirittura con un invito alla giunta del Senato, che il 4 ottobre dovrebbe votare la decadenza di Berlusconi, a «evitare voti *contra personam*». Due passaggi suggeriti da Napolitano, che ha letto in anticipo e integrato il suo discorso. E a quelle aperture s'è appigliato il Cavaliere per giustificare la ridicola giravolta *in extremis*. Finisce con 235 Sì e 70 No al governo in Senato e 435 Sì e 162 No alla Camera. Napolitano si compiace («soddisfazione») per l'ennesima manovra andata a buon fine: «L'essenziale è che il governo ha superato la prova e vinto la sfida, innanzitutto per la serietà e la fermezza dell'impostazione sostenuta dal presidente del Consiglio dinanzi alle Camere». Ora bisogna «girare pagina», perché «lo scenario politico è in via di mutamento» e «Letta non tollererà altri giochi al massacro». Il capo dello Stato già pregusta i gruppi parlamentari autonomi dei governisti, così da avere un suo partito anche tra le file del fu Pdl, per rendere irrilevante il Caimano e per sostenere il neonato governo «Alfetta».

3 ottobre. Berlusconi incontra per due ore Alfano e tenta di ricucire lo strappo, proponendogli la leadership del partito. Di gruppi separati non si parla più. Anche perché al largo di Lampedusa muoiono annegati centinaia di migranti. Papa Francesco urla: «Vergogna». Napolitano chiede «subito una legge per il diritto di asilo». Per qualche ora si discute delle assurde leggi sull'immigrazione (Bossi-Fini) e sul reato di clandestinità (Maroni). Naturalmente senza cambiarne neppure una virgola.

4 ottobre. La giunta del Senato, dopo infinite polemiche per una battutaccia volgare su Berlusconi fatta su Facebook dal 5 Stelle Vito Crimi, approva la relazione del presidente Stefàno per la decadenza del pregiudicato da senatore: 15 Sì e 8 No. Berlusconi parla di «fine della democrazia» per «eliminarmi per via giudiziaria». E tutto il Pdl, governisti compresi, protesta come un sol uomo. Entro venti giorni il caso dovrebbe trasferirsi nell'aula di Palazzo Madama, in vista del voto finale. Ma iniziano subito le grandi manovre sotterranee per rinviare tutto il più avanti possibile, con la scusa di discutere sullo scrutinio palese o segreto. La Santanchè si pente pubblicamente di aver votato per la rielezione di Napolitano. Macaluso, sull'«Unità», esalta invece «il ruolo essenziale del presidente della Repubblica nella «fiducia ottenuta dal governo Letta» contro «i tentativi di Berlusconi di metterlo in crisi». E così conferma che nei traffici per spaccare il Pdl e raccattare voti in Senato c'è lo zampino del presunto «arbitro» del Colle.

5 ottobre. L'avvocato Coppi annuncia che Berlusconi chiederà ai giudici di Milano di scontare la pena ai servizi sociali. Il Cavaliere – rivela «la Repubblica» – si sfoga contro l'uomo del Colle: «Napolitano può pure continuare a negare, ma da lui la parola che le cose non sarebbero andate così come sono andate io l'ho avuta». Il Tribunale di sorveglianza, oberato di arretrati, esaminerà la sua richiesta forse nella primavera del 2014.

6 ottobre. Enrico Letta proclama astutamente che «si è chiusa una stagione politica di vent'anni: Berlusconi ha cercato di far cadere il governo e non ci è riuscito. La pagina è stata voltata in modo definitivo». Geniale anche la mossa di Epifani, che intima ai governisti del Pdl di costituire subito i gruppi separati. Così Alfano torna per un po' fra le braccia del Caimano, invitando seccato il premier a «non interferire nel nostro partito», visto che «la nostra gente vuole ancora Berlusconi».

L'insulto dell'indulto

8 ottobre. Pizzino di Giuliano Ferrara a Napolitano: «Se la situazione resta così fragile è anche perché dalla presidenza della Repubblica non è venuto tutto il sostegno alla pacificazione che era lecito attendersi». Insomma, avrebbe dovuto «pronunciare con più tempestività la parola «amnistia» e «parlare in modo meno notarile dell'ipotesi di grazia, collegandola a una esplicita ragione politica». Nel pomeriggio il Quirinale dirama un messaggio del presidente alle Camere, il primo del suo doppio mandato, sul tema delle carceri sovraffollate. Napolitano chiede al parlamento di varare «rimedi straordinari» e «in tempi stretti», soprattutto due: l'amnistia per i reati minori (escludendo quelli «di particolare gravità») e l'indulto di tre anni per gli altri. Così – dice – uscirebbero dalle carceri almeno 24.000 detenuti (come con l'inutile indulto di Mastella & C. del 2006) e l'Italia eviterebbe le condanne a risarcimenti milionari che potrebbero piovere dalla Corte di Strasburgo a partire da maggio del 2014.

È l'ennesima ricetta sbagliata. Sia perché crea soltanto un effetto placebo, consentendo al parlamento di continuare a non adottare misure strutturali (costruire nuovi penitenziari, aprire i quaranta già esistenti e misteriosamente inutilizzati, cancellare le leggi riempicarceri come la ex Cirielli, la Fini-Giovanardi sulle droghe, la Bossi-Fini e il pacchetto Maroni sull'immigrazione clandestina). Sia perché l'amnistia per i reati bagatellari non ha alcun effetto deflattivo (i detenuti per reati bagatellari sono pochissimi). Sia perché un nuovo megaindulto di tre anni avrebbe conseguenze criminogene, rimettendo in circolazione migliaia di pericolosi criminali pronti a tornare a delinquere, amplificando il già alto senso d'impunità e attirando dall'estero nuova manovalanza per le organizzazioni criminali. Inoltre per entrambi i provvedimenti occorre il voto dei due terzi del parlamento; dunque il Pdl sarà determinante e imporrà al Pd l'ennesimo ricatto quando si dovranno decidere il tetto massimo di pena per i reati da amnistiare e la lista dei delitti da indultare (come già nel 2006): o vi rientreranno i processi di Berlusconi, o non ci sarà la maggioranza e il supermonito di Napolitano cadrà nel vuoto.

Ma non c'è solo il Cavaliere. Alzando lo sguardo sulle vicende giudiziarie degli ultimi anni, la lista degli imputati eccellenti è un mezzo elenco telefonico: banchieri, imprenditori, manager, politici nazionali e locali che hanno grassato e depredato l'Italia la farebbero franca senza mai vedere una cella neppure in cartolina, con la scusa dei poveri detenuti che affollano le carceri. Infatti il Pdl applaude entusiasta il messaggio presidenziale. Il Pd anche, ma precisa subito che «Berlusconi non c'entra». E invece c'entra: se anche l'indulto non fosse cumulabile a quello del 2006 per i condannati che ne hanno già usufruito nei loro processi, otterrebbe comunque un altro sconto di pena di tre anni per tutte le eventuali, future condanne (dal caso Ruby ai processi di Napoli e Bari).

Letta nipote parla di «intervento ineccepibile». Gli unici a dire no chiaro e tondo a «Napolitano che salva il Caimano» sono i 5 Stelle, che chiedono le sue dimissioni. Il presidente perde la testa, rinunciando definitivamente anche all'apparenza dell'arbitro super partes. Da Cracovia, dov'è in visita di Stato, strapazza volgarmente i «grillini» che osano dissentire da lui (cioè gli unici parlamentari che, mentre la classe politica, lui compreso, creava ad arte l'emergenza carceri per preparare l'ennesimo colpo di spugna, non c'erano): «Coloro i quali pongono la questione in questi termini vuol dire che sanno pensare a una sola cosa; hanno un pensiero fisso e se ne fregano degli altri problemi del paese e della gente».

Il Senato decide di far slittare il voto dell'aula sulla decadenza di Berlusconi a dopo il 19 ottobre, quando la Corte d'appello di Milano ricalcolerà la pena accessoria dell'interdizione dai pubblici uffici.

Conati di monito

11 ottobre. Alla vigilia della manifestazione indetta in piazza del Popolo a Roma dall'associazione Libertà e Giustizia, che ha come presidente onorario Gustavo Zagrebelsky, per dire no alla controriforma dell'articolo 138 della Costituzione e della seconda parte della Carta, Napolitano – che solo nel 2009 aveva elogiato lo spettacolo di Benigni sulla «Costituzione più bella del mondo» – lancia un monito preventivo: «È ora possibile e necessario affrontare il compito di un sapiente rinnovamento del nostro ordinamento costituzionale, coerente con i suoi valori fondanti». Come se non avesse giurato su questa Costituzione, non su un'altra. Violante, intanto, si incarica di screditare i manifestanti dell'indomani accusandoli di «usare la Costituzione per fare un altro partitino».

12 ottobre. Libertà e Giustizia porta in piazza almeno 60.000 persone. Sul palco di piazza del Popolo si alternano – fra gli altri – Zagrebelsky, Rodotà, Maurizio Landini della Fiom e il professor Alessandro Pace, fra i promotori dell'appello dei costituzionalisti anticontroriforma lanciato sul sito del «Fatto Quotidiano». Il direttore Antonio Padellaro, a nome dei lettori, consegna simbolicamente le 450.000 firme raccolte e annuncia che saranno portate ai presidenti delle due Camere. Il blog di Grillo ospita un intervento del professor Paolo Becchi che chiede l'impeachment per Napolitano: «È andato oltre i suoi poteri» con l'attacco ai 5 Stelle e «non rappresenta più l'unità della nazione».

Matteo Renzi si dice contrario all'amnistia e all'indulto ordinati da Napolitano, che definisce «un autogol e un *vulnus* al principio di legalità che la gente non capirebbe». Poi aggiunge: «Il Pd che voglio è pienamente rispettoso del capo dello Stato, ma le leggi le facciamo noi, non il Quirinale. A Napolitano si può anche dire qualche no». Apriti cielo. Enrico Letta si dissocia. Franceschini telefona a Renzi per avere chiarimenti. Il presidente fa sapere che il suo messaggio è stato «travisato». Poi, conscio di averla fatta fuori dal vaso, nega che lo sfogo di qualche giorno prima fosse rivolto ai 5 Stelle. Nel senso che non era rivolto soltanto a loro, ma «a tutti coloro che hanno distorto il messaggio, mentre resta del tutto legittima la critica». Ma Napolitano fa di più: come risulta all'autore di questo libro, telefona al sindaco di Firenze facendogli una lavata di capo per la presa di distanza sull'amnistia: l'idea che presto il Pd possa avere un segretario che non prende ordini dal Quirinale, evidentemente, lo atterrisce. Renzi però tiene il punto. Allora il Quirinale gli invia un'email del presidente con il testo integrale del messaggio alle Camere e l'invito a rileggerlo perché, sostiene, è stato travisato.

13 ottobre. Al solito segnale convenuto, parte l'attacco concentrico a Renzi, che in poche ore viene attaccato da tre ministri di Letta jr.: Bonino, Zanonato e Lupi. E poi dal solito Macaluso e da Gianni Cuperlo, candidato dalemiano a segretario del Pd. Ma il sindaco insiste: «Dissentire da Napolitano non è lesa maestà».

14 ottobre. Napolitano inaugura una nuova forma di comunicazione: il monito luogotenenziale, sul modello dei regi decreti del luogotenente del regno Umberto di Savoia dopo l'abdicazione di re Vittorio Emanuele III parcheggiato a Salerno. È un altro, ingegnoso sistema per parlare anche le rare volte che tace, in aggiunta alle tragicomiche «note» degli «ambienti del Quirinale». Funziona così: lui parla con un apposito quirinalista, e quello riporta tutto, ma senza virgolette. Nella fattispecie: Marzio Breda del «Corriere della Sera». Così non si capisce quale farina provenga dal sacco del presidente e quale da quello del cronista ventriloquo. Salvo una frasetta innocua e banale, simile ai pensierini dei Baci Perugina, da virgolettare. Questa: «Tutti stiano ai fatti». Una formuletta multiuso che serve a Napolitano per dire a mezza bocca la sua sui due eventi che più l'hanno infastidito negli ultimi giorni: la grande manifestazione sulla controriforma costituzionale e il dissenso di Grillo e Renzi (oltreché dell'85 per cento degli italiani) su amnistia e indulto.

«Napolitano – scrive il "Corriere" – vorrebbe che i fatti valessero anche per la bufera rinfocolata [da chi? come? boh, *nda*] su amnistia e indulto. Lui – ha insistito da subito [dove? quando? come? mah, *nda*] – non ha fatto alcun messaggio alle Camere per l'amnistia, ma un messaggio per la questione carceraria.» Ah, be', allora cambia tutto. Resta da individuare il burlone che ha infilato nel messaggio alle Camere sulla questione carceraria la parola amnistia per ben 11 volte e la parola indulto per ben 13, insieme a frasi tipo: «La prima misura su cui intendo richiamare l'attenzione del parlamento è l'indulto» e «al provvedimento di indulto, potrebbe aggiungersi una amnistia». Parole che avevano fatto ingenuamente pensare a coloro che «stanno ai fatti» a un messaggio per l'amnistia e l'indulto. Invece era tutto un equivoco: il presidente scherzava, non vuole né l'amnistia né l'indulto. Del che bisognerebbe prontamente avvertire il premier Letta e i ministri bastonatori di Renzi.

Dal monito luogotenenziale trapela poi «l'amarezza di Napolitano per le critiche» sulla controriforma dell'articolo 138 e della seconda parte della Costituzione. Il primo destinatario dell'«amarezza» è Zagrebelsky, invitato caldamente a «non chiamare in causa il presidente, perché non è lui che elabora le riforme» (le elaborano i saggi nominati da Letta e da lui, sai che differenza). E soprattutto a «rileggersi tutto l'insieme» dei «documenti agli atti della storia repubblicana» (niente di meno). E di non farlo così, *en passant*, ma «con freddezza e onestà». Così impara.

15 ottobre. Alla vigilia del secondo voto del Senato sul 138, mentre il ministro Quagliariello illustra alla Camera le proposte dei «saggi», Napolitano annuncia: «Al cammino delle riforme ho legato il mio impegno all'atto di una non ricercata rielezione a presidente. Lo porterò avanti finché sarò in grado di reggerlo. Occorre andare avanti con le riforme istituzionali come quella elettorale e quella della seconda parte della Costituzione». O le Camere fanno come dice lui, o lui si dimette. La battaglia sulla decadenza del senatore pregiudicato Berlusconi si sposta alla giunta per il regolamento del Senato che deve decidere la modalità di voto dell'aula: segreto, come chiede M5S seguito a ruota da Sel e Pd; o palese, come vorrebbe il Pdl? Il ministro Quagliariello smentisce la collega Cancellieri e il Pd e fa sapere che «Berlusconi non può essere escluso dall'amnistia e dall'indulto, che devono valere per tutti».

A Palermo, la IV sezione del tribunale deposita le motivazioni dell'assoluzione dell'ex generale Mario Mori e dell'ex colonnello Mauro Obinu dall'accusa di favoreggiamento mafioso per la mancata cattura di Provenzano nel 1995. Motivo: i due favorirono sì il boss, ma senza l'intenzione («dolo») di favorire la mafia. Già che ci sono, i giudici danno una sistematina anche a processi che non competono loro, soprattutto il Borsellino-quater in corso a Caltanissetta sulla strage di via d'Amelio e quello sulla Trattativa appena iniziato a Palermo. Guardacaso i due dibattimenti in cui Napolitano è stato citato come testimone. A loro dire, l'«accelerazione» dell'omicidio di Borsellino che si opponeva alla trattativa Stato-mafia sarebbe solo «una mera ipotesi che potrebbe essere plausibile, ma non trova supporto probatorio in nessun sicuro elemento». Peccato che le prove siano depositate negli altri due processi, così come quelle sulla presunta falsa testimonianza di Mancino, che i giudici del processo Mori assolvono preventivamente senz'alcuna competenza a occuparsene.

17 ottobre. La Corte d'assise di Palermo non si lascia intimidire e accoglie la richiesta della procura di sentire Napolitano come testimone. L'interessato non commenta, ma le solite «fonti del Quirinale» lo descrivono «irritato» e pieno di «riserve» contro la Corte che avrebbe addirittura «aggirato» la nota sentenza della Consulta, e mediterebbe financo un nuovo conflitto di attribuzioni contro la magistratura palermitana dinanzi alla Corte costituzionale. La ministra della Giustizia, titolare dell'azione disciplinare sui magistrati, interferisce a nome del presidente e attacca i giudici e i giurati popolari: «Non ho letto la motivazione, prima vorrei documentarmi. Ma la convocazione del capo dello Stato mi lascia un po' perplessa, mi sembra un po' inusuale». Cioè: non sa nulla, ma non è d'accordo. In difesa di Re Giorgio scendono in campo i soliti corazzieri, dal «saggio» Violante a Capotosti, da Casini al «Corriere». E anche, con pelosa solidarietà, il trio Ferrara-Sallusti-Belpietro che insinua presunti «ricatti», «invasioni» e «strapoteri» dei giudici contro Napolitano, nel tentativo di accomunare la sua posizione di testimone a quella del plurimputato Berlusconi. Dopo il Pdl, si spacca anche Scelta civica sul sostegno al governo Letta che ha appena varato una legge di stabilità piena di buchi e scoperture. Monti messo in minoranza dai «governisti» Casini e Mauro che vorrebbero fondare il Ppe italiano con Alfano & C. e con la benedizione del Quirinale, lascia il partito che ha fondato solo dieci mesi prima e accusa Pier Ferdinando: «Mi ha chiesto posti e mi ha tradito». Si parla di una pattuglia di Sc pronta a votare contro la decadenza del Cavaliere.

18 ottobre. Gelido comunicato del Quirinale: «Si è in attesa di conoscere il testo integrale dell'ordinanza di ammissione della testimonianza adottata dalla Corte d'assise di Palermo per valutarla nel massimo rispetto istituzionale». Come se un testimone convocato da un giudice potesse «valutare» a sua discrezione se presentarsi o meno a compiere un obbligo imposto per legge a ogni cittadino italiano.

19 ottobre. Napolitano interviene anche sulla contestatissima legge di stabilità del governo (che ha portato il viceministro dell'economia Fassina sull'orlo delle dimissioni): «Ha fatto cadere lo spread. Ora bisogna spostare l'accento sulla crescita. Per farlo serve senz'altro coraggio, ma non incoscienza».

La Corte d'appello di Milano, come richiesto dalla Cassazione, ricalcola la durata dell'interdizione di Berlusconi dai pubblici uffici in seguito alla condanna definitiva a 4 anni nel processo Mediaset: e la riduce da 5 a 2 anni (uno in meno del massimo fissato dalla legge penale tributaria). Respinta l'eccezione di incostituzionalità di Coppi e Ghedini, che sostenevano l'incompatibilità fra l'interdizione e la decadenza fissata dalla legge Severino.

Il Csm apre una «pratica a tutela» dei magistrati di Bari attaccati duramente sul «Corriere» dai «saggi» ricostituenti Onida e Cheli, per la loro indagine sui concorsi universitari truccati che coinvolge anche i «saggi» Barbera, Caravita di Toritto, De Vergottini, Salazar e Violini.

Mania di persecuzione

20 ottobre. Scalfari, su «Repubblica», denuncia un oscuro complotto contro Napolitano: «Lo si attacca per mandare a casa Letta e gli autori di questa aggressione ormai li conosciamo uno per uno, magistrati faziosi, giornalisti faziosi, politici che brigano per rimpiazzare gli attuali inquilini del Quirinale e di Palazzo

Chigi. Conosciamo i nomi uno per uno, ma non li diremo perché non vorrebbero altro che questo».

22 ottobre. Alcuni quotidiani, fra cui «il Fatto», riportano le durissime dichiarazioni di Daniela Santanchè e di altri falchi berlusconiani, che accusano Napolitano di «tradimento» per non aver mantenuto la presunta promessa di graziare *motu proprio* Berlusconi. Il Quirinale la prende malissimo. Ormai ha la mania di persecuzione. Ma, anziché smentire i fedelissimi del Caimano, se la prende con i giornali che hanno trascritto le loro dichiarazioni. Anzi, con uno soltanto: «Solo "il Fatto Quotidiano" crede alle ridicole panzane come quella del "patto tradito" dal presidente Napolitano. La posizione del presidente in materia di provvedimenti di clemenza è stata a suo tempo espressa con la massima chiarezza e precisione nella dichiarazione del 13 agosto scorso».

A parte l'imbarazzante autoelogio per la «massima chiarezza e precisione» dei suoi moniti, colpisce la tardività della precisazione. Sono mesi – come abbiamo fin qui documentato – che tutti i giornali d'Italia ripetono come a Palazzo Grazioli ribolla il risentimento del Cavaliere per la mancata grazia presidenziale. Del resto, se il Quirinale non vi ha mai pensato, perché dodici giorni dopo la condanna di Berlusconi emanò il famoso monito agostano per spiegare come doveva fare il neopregiudicato a ottenerla? E perché, ogni qualvolta il Caimano & C. pretendevano la clemenza come atto dovuto e i giornali ne davano conto, Napolitano non era mai insorto per accusarli di credere a «ridicole panzane»? Panzane che, in ogni caso, non saranno mai ridicole come quelle raccontate dal presidente quando, per mesi e mesi, negava di aspirare alla rielezione.

23 ottobre. Napolitano è a Firenze, in visita con Enrico Letta. Lì incontra il sindaco-candidato Renzi e torna ad ammonirlo, dopo la burrascosa telefonata sull'amnistia. Primo: lasci in pace il governo Letta (che «deve durare almeno fino al 2015»). Secondo: non si metta di traverso sulla legge elettorale Porcellinum che il presidente ha in mente e vuole far partire non alla Camera (come chiede il Rottamatore), ma al Senato (per non scontentare il Pdl, che a Montecitorio è ininfluente); e alla svelta perché «stiamo giungendo a un nuovo limite estremo, e cioè la sentenza della Consulta del 3 dicembre». Terzo: non dia retta alle «invenzioni calunniose del "Fatto" che mirano a destabilizzare il governo e a gettare ombre sulle istituzioni». Un concetto che ribadisce anche in pubblico, con un'autentica chiamata alle armi dei corazzieri, perché lo difendano dalle «invenzioni calunniose e destabilizzanti», dalle «faziosità che tentano di gettare ombre sulle istituzioni di più alta garanzia».

Il presidente ormai vede nemici dappertutto: quelli che del suo messaggio su amnistia e indulto avrebbero «da più parti alimentata una rappresentazione contraffatta, grossolanamente strumentale»; quelli che osano opporsi sulla controriforma della Costituzione con «posizioni difensive» che vanno respinte, insomma «non lasciamoci fermare dai fuochi di sbarramento, bisogna vincere il fronte di resistenza conservatrice senza cedere al clima avvelenato»; e quelli che osano indagare su cinque suoi saggi per i concorsi truccati (non a caso ne cita ben due: Caravita e Barbera).

A Roma, in quel mentre, il Senato approva in seconda lettura la «riforma» del 138, superando la maggioranza dei due terzi per soli 5 voti, nonostante gli 11 falchi berlusconiani assenti (decisivi quelli della Lega, in aggiunta a Pd, Pdl e Sc): tanto basta per impedire che i cittadini possano esprimersi con un referendum pro o contro la norma costituzionale, sempreché anche nell'ultimo voto alla Camera (previsto entro Natale) i Sì raggiungano la maggioranza qualificata. Il gup di Napoli Amelia Primavera rinvia a giudizio Berlusconi e il faccendiere Valter Lavitola per la corruzione di Sergio De Gregorio (che sta patteggiando la pena). Il processo inizierà nel febbraio del 2014, la prescrizione scatterà alla fine del 2015.

Vietato l'accesso alle opposizioni

24 ottobre. Napolitano riceve di nuovo al Quirinale i ministri Franceschini e Quagliariello; la presidente della commissione

Affari costituzionali del Senato, Anna Finocchiaro; i capigruppo della maggioranza Zanda (Pd), Schifani (Pdl) e Susta (Sc). Tema dell'avvincente simposio: la riforma del Porcellum, votato e/o conservato finora dai tre grandi partiti saliti al Colle. Resta da capire a che titolo Napolitano si occupi di una materia – quella elettorale – di squisita competenza parlamentare. Per giunta, con alcuni membri del governo. E, per soprammercato, senza i rappresentanti delle opposizioni, fra cui il partito più votato dagli italiani in Italia, il MoVimento 5 Stelle, ma anche Sel, Lega Nord e Fratelli d'Italia. In quale democrazia parlamentare la maggioranza e il governo si riuniscono con il capo dello Stato per decidere le regole delle future elezioni all'insaputa delle opposizioni? È forse nato un nuovo «arco costituzionale» che stavolta non esclude i fascisti, come quello degli anni Settanta, ma tutti gli oppositori in quanto tali? E chi l'ha deciso, e perché, e come si è permesso? Le quattro forze escluse protestano fragorosamente. Grillo ufficializza che chiederà l'impeachment per Napolitano, non perché abbia giuridicamente attentato alla Costituzione, ma perché ormai «non rappresenta più tutti gli italiani».

Da indiscrezioni, trapela che nel summit al Quirinale Napolitano ha ammonito governo e maggioranza a fare presto con una leggina elettorale (il Porcellinum – o Napolitanellum, come lo chiama Grillo – che inserisca almeno una soglia minima intorno al 40 per cento dei voti, sotto la quale non far scattare il premio di maggioranza del Porcellum), possibilmente prima della sentenza della Consulta prevista per il 3 dicembre. Corre persino voce che il governo – mentre Napolitano predica «la dignità del parlamento» (agli altri!) – stia pensando di ritoccare la legge Calderoli per decreto col consenso del Colle. E pazienza se i decreti in materia elettorale sono proibiti dalla legge Spadolini n. 400 del 1988, articolo 15 comma 2.

Lo scandalo Datagate sullo spionaggio dell'Nsa americana nelle cancellerie europee e nei vertici internazionali rivela intanto che sono stati probabilmente spiati quasi tutti i capi di Stato e di governo dell'Ue. Gasparri butta lì una domanda: «La Merkel chiamò Napolitano e altre autorità italiane alla fine del 2011 per favorire la crisi del governo Berlusconi?». Nello stesso periodo, la Procura di Palermo intercettava le chiamate fra Mancino e Napolitano. Insomma, il terrore corre sul filo per la paura che gli americani abbiano captato anche quelle conversazioni distrutte in aprile dei giudici siciliani.

Da Catanzaro giunge notizia del rinvio a giudizio di tre magistrati lucani che agirono per screditare il pm Woodcock (allora a Potenza) insieme a quattro uomini della polizia giudiziaria, a un agente del Sisde e a un imprenditore inquisito: i reati vanno dall'associazione segreta all'associazione per delinquere, dalla corruzione alla rivelazione di segreti. È l'inchiesta «Toghe lucane», a suo tempo scippata a De Magistris dal Csm che lo trasferì a Napoli prima che potesse concluderla.

25 ottobre. Napolitano tenta di mettere una pezza sul mancato invito ai partiti di opposizione per discutere di legge elettorale e li convoca facendo telefonare dalla segreteria generale del Quirinale con un giorno di ritardo. Nemmeno una lettera ufficiale. Sel, Fratelli d'Italia e la Lega accettano l'invito. I 5 Stelle no: «Troppo tardi». Il Colle spiega che il giorno prima si è deciso di «dare la precedenza» ai partiti di governo «per il ruolo che hanno nella prima commissione al Senato», e che ha sempre ricevuto i rappresentanti del M5S anche se questi gli muovono spesso «attacchi scorretti e perfino ingiuriosi». Ma la toppa è peggiore del buco. Gasparri, in tv, coglie la palla al balzo per chiedere la Repubblica presidenziale:

> Noi, quando abbiamo eletto il presidente della Repubblica, abbiamo eletto il capo del governo. Abbiamo fatto tutti insieme una forzatura, perché c'era uno stallo. E abbiamo cambiato di fatto la Costituzione: perché allora non possiamo cambiarla anche di diritto? Napolitano ha fatto una roba che normalmente non si farebbe: una riunione formale dei capigruppo di maggioranza e dei membri del governo. Il capo del governo operativo è Napolitano. Letta è il numero due. Come in Francia, dove c'è il presidente della Repubblica Hollande e poi c'è il primo ministro. Però, leggendo la nostra Costituzione, questo non esiste.

26 ottobre. L'Anm invita al suo congresso nazionale Renato Schifani, capogruppo del Pdl al Senato, indagato per mafia a Palermo, ma molto molto apprezzato dal Colle e da Letta per la sua marcia di allontanamento da Berlusconi e di avvicinamento ai governisti di Alfano & C. Tema del simposio, con la inseparabile Anna Finocchiaro e con alcuni imbarazzati magistrati: «Giustizia e politica». Non invita a parlare invece Nino Di Matteo, che fino a pochi mesi prima è stato leader dell'Anm a Palermo e che da mesi, anche ultimamente, subisce minacce di morte da Cosa nostra sempre più preoccupanti. In compenso, al congresso prende la parola il presidente della Cassazione, Santacroce, per scagliarsi contro i magistrati che si candidano (il solito Ingroia), i «processi mediatici», il «populismo giudiziario» e le toghe che «scambiano la giustizia per uno show o un carro di carnevale». Poi invita, col pilota automatico del Colle, a chiudere «lo sterile match fra politica e giustizia». Interviene anche il pg Ciani, che propone una *standing ovation* alla memoria di Loris D'Ambrosio, il defunto consigliere del Quirinale che telefonava a Mancino. Napolitano, seduto in prima fila, applaude commosso.

Napolitano cossighizzato

29 ottobre. Visita lampo del presidente a Bari per omaggiare la memoria del fratello, l'architetto Massimo Napolitano, a cui viene intitolato il «palazzo dell'Enel» da lui progettato, poi acquistato e ristrutturato dall'università. È presente anche la nipote Susanna, figlia di Massimo, portavoce del governatore Nichi Vendola. Durante la visita, il capo dello Stato si imbatte nel sindaco di Bari, Michele Emiliano, schierato con Renzi e reo non solo di aver criticato la sua proposta di amnistia e di indulto, ma anche di essersi detto convinto che il patto Napolitano-Berlusconi per il salvacondotto c'era eccome. «Se non fossi presidente della Repubblica – lo apostrofa il presidente furente – avrei dovuto querelarla.» Così almeno riferisce «La Gazzetta del Mezzogiorno».

Emiliano però sostiene di non aver sentito nulla, pur avendo notato la freddezza di Napolitano che, al momento del saluto, avrebbe ritratto la mano per non stringergliela. Poi il presidente si concede altre battute in libertà sulle riforme: «Fosse per me, ai partiti darei sette giorni». E su Grillo («quasi quasi mi pento di essere stato così disponibile con i 5 Stelle», invitando anche loro al Quirinale. La «cossighizzazione» di Napolitano prosegue inarrestabile.

30 ottobre. Monito del presidente, forse un tantino tardivo, alle banche nella Giornata del Risparmio: «Sostengano l'economia ed espandano i finanziamenti alle imprese, in particolare piccole e medie».

La giunta per il Regolamento del Senato vota finalmente come si voterà sulla decadenza di Berlusconi: lo scrutinio palese prevale su quello segreto con 7 voti (M5S, Sel, Pd e Sc) contro 6 (Pdl e Lega). Il Caimano grida alla «democrazia violata» e torna a minacciare la sfiducia al governo. E il cambio delle regole a partita iniziata (in Senato in questi casi si vota in segreto, mentre alla Camera, dai tempi di Napolitano, con scrutinio palese) ringalluzzisce i falchi del Pdl, inducendo i dissidenti governisti a fare quadrato attorno al leader. Alfano parla di «sopruso».

La ministra dei Ligresti

31 ottobre. Dopo giorni di riflessione, il Quirinale fa sapere che Napolitano sarebbe «ben lieto di dare, ove ne fosse in grado, un utile contributo all'accertamento della verità processuale, indipendentemente dalle riserve sulla costituzionalità dell'articolo 205, comma 1, del Codice di procedura penale espresse dai suoi predecessori» nel processo Trattativa. E ha scritto una lettera al presidente della Corte d'assise di Palermo Alfredo Montalto per dirsi disponibile a testimoniare, anche se non gli piace la norma del Codice (vigente dal 1989) che prevede la citazione dei presidenti della Repubblica come testi, con l'unica limitazione che vengano sentiti nel loro ufficio al Quirinale, cioè a domicilio. Nella lettera ai giudici, già di per sé inusuale per un testimone, Napolitano precisa poi i «limiti» della sua audizione: quelli – peraltro scontati – «delle sue reali conoscenze in relazione al capitolo di prova testimoniale ammesso».

Soltanto il 21 novembre, quando Montalto depositerà la lettera alle parti, si scoprirà che Napolitano non s'è ancora rassegnato a testimoniare come un normale cittadino. Infatti, pur dicendosi «ben lieto», chiede alla Corte che «valuti ulteriormente, anche in applicazione della previsione di cui all'articolo 495 comma 4 del Codice di procedura penale, l'utilità del reale contributo che tale testimonianza potrebbe dare». L'articolo 495 comma 4 dice che «il giudice, sentite le parti, può revocare con ordinanza l'ammissione di prove che risultano superflue». Cioè Napolitano ritiene, *motu proprio*, che la sua testimonianza è superflua perché non sa nulla (dunque D'Ambrosio, nella sua lettera, diceva bugie?). E pretende che la Corte d'assise si rimangi l'ordinanza in cui lo citava come teste e di allontanare da lui l'amaro calice. Una cosa mai vista in un processo, tant'è che il presidente Montalto deposita la lettera alle parti, cioè ai pm e agli avvocati, «perché possano pronunciarsi sulla sua acquisizione e utilizzabilità». Tra l'altro, siccome durante il mandato il capo dello Stato non può essere processato nemmeno per i reati commessi al di fuori delle sue funzioni, se rifiutasse di ricevere i giudici al Quirinale questi non potrebbero incriminarlo per reticenza né mandarlo a prelevare dai carabinieri per l'accompagnamento coattivo, come si fa con i testimoni riottosi. Miracoli della rielezione.

«La Repubblica» rivela che la ministra della Giustizia Anna Maria Cancellieri è stata indirettamente intercettata sui telefoni della famiglia Ligresti, arrestata in blocco dai giudici della Procura di Torino per il buco da oltre 600 milioni del gruppo Fonsai (falso in bilancio e aggiotaggio). Il 17 luglio, giorno degli arresti di Salvatore Ligresti e delle figlie Ionella e Giulia (il terzo figlio, Paolo, è fuggito in Svizzera), la ministra chiama Gabriella Fragni, compagna di «don» Salvatore: gli arresti – dice – sono «la fine del mondo», «non è giusto, non è giusto», «c'è modo e modo». Cioè critica i magistrati con la donna dell'arrestato, commentando i provvedimenti appena emessi, che dunque non ha letto. Insomma, fra i giudici e i galeotti, la guardasigilli sta con i galeotti. Poi si mette a disposizione della potente famiglia, di cui è amica da trent'anni: in particolare di Antonino Ligresti, pregiudicato per corruzione della guardia di finanza, ma anche di don Salvatore, pregiudicato per corruzione di Craxi, che dal 2011 al 2012 ha avuto alle sue dipendenze il figlio della Cancellieri, Piergiorgio Peluso, come top manager di Fonsai, e poi l'ha liquidato con una buonuscita di 3,6 milioni di euro dopo appena un anno di lavoro. «Qualsiasi cosa io possa fare – dice la Cancellieri alla Fragni – conta su di me, proprio qualsiasi cosa adesso serva, non fate complimenti.» E i Ligresti non fanno complimenti.

Il 17 agosto la Fragni dice ad Antonino di contattare la ministra. Lui esegue e le chiede di fare scarcerare Giulia, che s'è ammalata di anoressia e rifiuta il cibo in cella. L'indomani la Cancellieri chiama i due vicecapi del Dap (Dipartimento amministrazione penitenziaria), Francesco Cascini e Luigi Pagano, chiedendo se possono fare qualcosa. I due, per sua fortuna, rispondono di no, e così le risparmieranno un'accusa di abuso d'ufficio. Infatti il procuratore Gian Carlo Caselli dirà di aver ottenuto la scarcerazione di Giulia Ligresti il 28 agosto soltanto sulla scorta di una perizia medica, senza ricevere alcuna pressione dall'alto: non perché la Cancellieri non le abbia fatte, ma perché si sono fermate a Roma senza raggiungere Torino. La ministra ci ha provato, ma le è andata buca. La sera del 21 agosto la Cancellieri – come risulta dai tabulati – telefona ad Antonino e parla con lui per sette minuti e mezzo. Probabilmente per dirgli di aver fatto la segnalazione al Dap.

L'indomani, interrogata a Roma dai pm di Torino, dice di aver agito soltanto «per una profonda e antica amicizia», ma soprattutto «per motivi umanitari», per evitare che Giulia morisse suicida in carcere (ma che c'entra l'anoressia di Giulia con la prima telefonata la sera stessa degli arresti?). E ricorda due sole telefonate con i Ligresti dopo il blitz dei giudici: quella del 17 luglio con la Fragni e quella del 19 agosto con Antonino.

Dimentica invece proprio quella della sera prima, che derubrica a una semplice risposta a un sms. Un'omissione che induce la Procura di Torino a riflettere sull'eventuale iscrizione nel registro degli indagati per reticenza o falsa testimonianza.

4 novembre. Festa delle Forze armate. Napolitano monita davanti alla tomba del Milite ignoto in favore delle spese militari: «Ci si guardi bene dal discutere con leggerezza di una riduzione in generale dell'impegno dell'Italia sul piano militare. Non servono propagandismi». Poi però aggiunge che, causa crisi, «le risorse scarseggiano e la coperta è corta, ma riusciremo a riaprirci alla crescita». I granai restano vuoti, ma nessuno tocchi i cannoni.

Napolitano parla anche con Alfano a proposito dei voti del Pdl alla legge di stabilità. Rivela «il Foglio»: «Non passa giorno che Alfano non parli al telefono con Giorgio Napolitano».

5 novembre. Dibattito in parlamento sul caso Cancellieri. «Non mi sono mossa soltanto per Giulia Ligresti – dice la ministra nella sua autoarringa –, anzi ho agito nello stesso modo in molti altri casi: almeno 110 detenuti si sono rivolti a me e io ho segnalato i loro problemi al Dap.» Insomma, nessun trattamento privilegiato agli amici. Ma è una difesa che fa acqua: è impossibile – almeno si spera – che in quei 110 casi la guardasigilli abbia chiamato i parenti degli arrestati per attaccare i giudici, ed è altamente improbabile che i 110 malcapitati le abbiano telefonato sul suo cellulare. Siccome poi Salvatore Ligresti ha dichiarato a verbale di averla raccomandata nel 2011 presso l'allora premier Berlusconi per farla nominare commissario prefettizio a Parma, la Cancellieri nega anche questo: «In nessun modo la mia carriera è stata influenzata da rapporti personali». Il Pdl la difende a spada tratta, azzardando un'equazione fra le sue telefonate ai Ligresti e quelle di Berlusconi in questura per Ruby. Il Pd è freddo e imbarazzato, con la base sempre in subbuglio, ma conferma la fiducia alla Cancellieri perché il suo grande sponsor Napolitano fa sapere che è intoccabile. Letta jr. si associa. Renzi invece è per le dimissioni. I 5 Stelle e Sel presentano una mozione di sfiducia individuale, ma la votazione – anziché entro tre giorni, come da regolamento –

viene rinviata al 20 novembre, perché subito la ministra entra in clinica per un intervento alla spalla.

La conferenza dei capigruppo del Senato decide a maggioranza (con il No del Pdl) la data del voto sulla decadenza di Berlusconi: l'aula si pronuncerà il 27 novembre, dopo che vi sarà passata la legge di stabilità. Berlusconi, in un'altra anticipazione del libro di Vespa, manda a dire che «Napolitano è ancora in tempo» a concedergli la grazia se è vero che «per averla bisogna iniziare a scontare la pena». Il Quirinale lo rimanda informalmente al supermonito del 13 agosto: la grazia la deve chiedere lui, così gli uffici del Colle potrebbero procedere a «un esame obiettivo e rigoroso» per verificare se «sussistano le condizioni» per «motivare un eventuale atto di clemenza che incida sull'esecuzione della pena principale», ma non di quella accessoria. Quindi alla fine ha ragione il Caimano: Napolitano è ancora in tempo.

8 novembre. Dell'Utri annuncia in tv: «Tutti e cinque i figli di Berlusconi, in modo compatto, hanno chiesto la grazia per lui». Ma subito Ghedini lo smentisce: «Notizia destituita di ogni fondamento». E anche il Quirinale: «Non è arrivato nulla. Già da tempo al presidente della Repubblica era stato escluso da persone vicine all'onorevole Berlusconi ogni ipotesi di domanda di grazia». In realtà pare che i figli una domanda l'abbiano stesa e firmata, ma che non l'abbiano inoltrata al Colle per la contrarietà del padre e del suo avvocato prediletto. Che spiega al «Corriere»: «La grazia non conviene al presidente Berlusconi perché, come dice Napolitano, non estinguerebbe l'interdizione. Invece, all'esito positivo dei servizi sociali, dopo dieci mesi e quindici giorni, sarebbe tutto estinto, compresa l'interdizione»: non, dunque, dopo due anni, ma già alla fine del 2014.

12 novembre. Renzi propone la legge elettorale del «sindaco d'Italia», cioè il doppio turno simile a quello delle comunali. E così stoppa il Porcellinum sponsorizzato dal Colle e dunque dal Pd («sarebbe un ritorno al proporzionale e dunque la legittimazione permanente delle larghe intese»). Napolitano, frattanto, non ha resistito alla tentazione e ha tracimato un'altra volta dagli argini su una materia squisitamente parlamentare:

«Non si getti la spugna, ci vorrebbe un briciolo di senso di responsabilità. Un decreto legge? Chiedete al governo, non a me». Già, ma i decreti li deve autorizzare lui, e in materia elettorale sono vietati dalla legge. Senza contare che, quando ha voluto, Napolitano si è spesso intromesso nell'iter delle leggi e anche dei decreti.

Da Palermo giunge notizia che Totò Riina, parlando nella sua cella del carcere di Opera a Milano, senza sapere di essere ascoltato da un agente penitenziario, ha lanciato minacce di morte al pm della Trattativa, Nino Di Matteo: «Gli faccio fare la fine del tonno. Deve morire e con lui tutti i pm della Trattativa. A tutti questi bisognerebbe macinargli le corna. Mi stanno facendo impazzire. Devono morire, fosse l'ultima cosa che faccio». Al pm viene rafforzata la scorta e proposto il trasferimento in una località segreta. Lui però rifiuta: «Resto a Palermo a lavorare». Nei giorni precedenti è stato interrogato in Cassazione per il processo disciplinare intentatogli dal pg Ciani: quello che lui stesso dovrà ascoltare come teste nel processo Trattativa. Nessun messaggio di solidarietà a Di Matteo da Napolitano.

13 novembre. Il Csm archivia la pratica di trasferimento d'ufficio per il giudice Esposito a proposito della sua intervista (manipolata) al «Mattino». Ma contemporaneamente segnala i presunti «profili di natura disciplinare e deontologica» al pg Ciani e alla ministra Severino perché valutino contro di lui un'azione disciplinare. Che, come abbiamo visto, sarebbe fuorilegge.

L'avvocato Coppi annuncia che «la richiesta di grazia per Berlusconi è un'ipotesi ormai tramontata».

Tengo ministra

14 novembre. «La Repubblica» rivela l'ultima telefonata della Cancellieri ad Antonino Ligresti, quella della sera del 21 agosto, taciuta dalla ministra della Giustizia nell'interrogatorio ai pm di Torino il 22 e nel discorso al parlamento. La Camera anticipa al giorno 20 il voto sulla mozione di sfiducia dei 5 Stelle. Civati del Pd ne annuncia una sua. Renzi torna a chiedere le dimissioni. Letta jr. dice che per lui «il caso è chiuso». Napolitano riceve il papa Francesco al Quirinale, presenti anche Scalfari, Monti, Riccardo Muti e i neosenatori a vita Elena Cattaneo e Carlo Rubbia. E coglie l'occasione per denunciare le «esasperazioni di parte in un clima avvelenato e destabilizzante». Intanto il Pdl tenta di far slittare il voto sulla decadenza di Berlusconi a dicembre, con la scusa del fatto che la legge di stabilità è in ritardo. Il Cavaliere dice: «Se avessi ancora il passaporto me ne andrei ad Antigua».

15 novembre. Napolitano riceve la Cancellieri e le chiede di resistere. Poi torna a interferire nell'autonomia del parlamento e del Pd: «Si auspica l'ulteriore pieno sviluppo dell'azione di governo avviata dal ministro della Giustizia». Lei nega di aver mai mentito e spiega che l'ultima telefonata con Antonino Ligresti, medico, era per discutere i suoi problemi di salute.

La Commissione europea boccia la legge di stabilità di Letta e Saccomanni: stime di crescita gonfiate, deficit più alto del previsto, debito ancora troppo alto. E taglia 4,5 miliardi di aiuti agli investimenti italiani.

Alla vigilia della direzione nazionale del Pdl, i governisti di Alfano – che sarebbero minoranza fra i delegati – annunciano la scissione dal Pdl e dalla «nuova» Forza Italia: nascono i gruppi parlamentari autonomi del «Nuovo Centrodestra» (Ncd). Schifani è con loro. In tutto sono 33 al Senato e 27 alla Camera: quanti ne bastano per sorreggere il governo Letta nel caso in cui il Pdl lo sfiduciasse. Ma Alfano annuncia che sulla giustizia «continueremo a difendere Berlusconi dal governo», tentando di far rinviare il voto sulla decadenza addirittura a gennaio.

16 novembre. Berlusconi, al Consiglio nazionale, lancia Forza Italia e invita tutti a non attaccare i «cugini» del Nuovo Centrodestra, con cui «saremo alleati». Insomma fa capire che la scissione è concordata con lui per raccattare sia i voti degli elettori antigoverno sia di quelli pro. E aggiunge: «Napolitano non può stare ancora a guardare, ho fatto di tutto per farlo rieleggere e per dar vita al governo che lui voleva, deve fare qualcosa. Mi dicono che c'è ancora la possibilità di fare un patto *in extremis* con il Colle». Dice di attendere «nuove carte dall'America su Agrama», che potrebbe presentare alla Corte di Strasburgo e, in attesa che quella si pronunci, congelare il voto del Senato. Letta jr. invece è convinto che la rottura Alfano-Berlusconi sia autentica: «Ora il governo è più forte». Sandro Bondi tuona: «Dietro le decisioni di Alfano c'è la regia di Napolitano. Volevano addirittura imporre al Pdl e a Berlusconi un patto scritto in cui si dicesse che il governo doveva essere messo al riparo fino al 2015, anche con la decadenza del Cavaliere: e questa non può che essere la conseguenza di un patto vincolante fra Alfano, Napolitano ed Enrico Letta. Probabilmente c'è un accordo per un nuovo Centro con pezzi di Casini e di Pd. Con la regia di Napolitano».

17 novembre. Anche Scalfari abbocca e saluta estasiato su «Repubblica» «la nascita di quella che noi chiamiamo la destra repubblicana, [...] una novità di grandissimo rilievo nel panorama della politica non soltanto italiana ma anche europea. Il governo Letta ne esce rafforzato perché scompare la presenza di Berlusconi e del berlusconismo dalla maggioranza». Peccato che il Caimano, almeno per ora, continui a votare la fiducia al governo.

Anonimi funzionari del ministero della Giustizia lanciano, tramite «La Stampa», durissime accuse di scorrettezze e illegalità alla Procura di Torino sul caso Cancellieri, ipotizzando addirittura l'invio di ispettori ministeriali sotto la Mole. Un'intimidazione molto pesante contro i magistrati che stanno decidendo se iscrivere la ministra per falsa testimonianza. Durissima la replica del procuratore generale Marcello Maddalena: «Accuse incredibili e stupefacenti, anche sotto il profilo della conoscenza processuale e penale». In ogni caso il ministero faccia pure «tutti i possibili e immaginabili accertamenti», visto che i pm torinesi hanno rispettato «la più puntigliosa osservanza della legge».

18 novembre. La Procura di Torino non archivia il caso Cancellieri, ma nemmeno indaga la ministra: comunica di aver deciso di inviare subito gli atti alla competente Procura di Roma (dove si è svolto l'interrogatorio che potrebbe configurare la falsa testimonianza), lasciando a quella la scelta se procedere contro di lei o meno («nessun soggetto è stato iscritto nel registro degli indagati, ma gli atti possono richiedere approfondimenti»). Una decisione puramente tecnica e di buon senso (comunque l'indagine sarà condotta e conclusa nella Capitale), priva di alcun significato innocentista o colpevolista sulla ministra. Ma il Quirinale non perde l'occasione di immischiarsi nel caso giudiziario e, non si sa a che titolo, dirama un comunicato: «Il presidente della Repubblica ha apprezzato la chiarezza e il rigore delle decisioni e delle precisazioni venute dalla Procura di Torino». Il tutto alla vigilia dell'assemblea dei deputati del Pd che dovranno pronunciarsi sul voto da dare in aula il giorno 20 sulla sfiducia individuale alla ministra.

Renzi vince le primarie fra gli iscritti per il nuovo segretario del Pd con il 46,7 per cento dei voti, contro il 38,4 di Cuperlo, il 9,19 di Civati e il 6 di Gianni Pittella (che è eliminato dalle primarie dell'8 dicembre, aperte ai non iscritti).

19 novembre. Renzi torna a chiedere le dimissioni della Cancellieri prima del voto alla Camera. Napolitano parla con Letta jr. e Franceschini: la guardasigilli non si tocca, «se cade lei cade anche il governo», insomma «ognuno faccia le sue scelte ma se ne assuma fino in fondo la responsabilità». Letta telefona a Renzi: «Ho sentito il presidente della Repubblica, ti chiediamo di ritirare la tua richiesta». Renzi risponde picche: «Per me Napolitano può fare anche il presidente del Consiglio, ma il segretario del Pd lo farò io». Il premier lo richiama più tardi: «Il presidente e io ci permettiamo di insistere: ne va della sopravvivenza del governo. In fondo la Cancellieri non è neppure indagata». Renzi ribatte: «Non è un problema penale, ma politico e morale, di opportunità». Franceschini, alleato di Renzi, ma soprattutto di Napolitano e Letta, annuncia che i suoi deputati renziani voteranno no alla sfiducia. Invece i renziani ortodossi, con Paolo Gentiloni, annunciano un ordine del giorno anti-Cancellieri. Renzi chiede al Pd di poter partecipare in serata all'assemblea dei parlamentari, come segretario ormai in pectore. La risposta della segreteria è no.

Letta invece partecipa. Arriva direttamente dalla Sardegna devastata da un uragano e prende la parola in apertura dei lavori: «La sfiducia alla Cancellieri è una sfiducia a me e a tutto il governo: chiedo al Pd un atto di responsabilità». Un ex democristiano che si appella alla disciplina di partito, residuato del «centralismo democratico» comunista. A quel punto i renziani e Civati si allineano.

La sfiducia, l'indomani, verrà respinta e la ministra dei Ligresti resterà alla Giustizia. È il replay del caso Alfano. Ma qui Letta nipote, spalleggiato dal Quirinale, ha compiuto un passo in più. Come Gustave Flaubert con Madame Bovary, ha detto: «Madame Cancellieri c'est moi». E Napolitano, per non essere da meno, ha copiato direttamente il Re Sole: «L'État c'est moi».

Nella stessa collana

(ultimi volumi pubblicati)

Peter Gomez, Antonella Mascali
IL REGALO DI BERLUSCONI

Claudio Gatti
FUORI ORARIO

Nicola Biondo, Sigfrido Ranucci
IL PATTO

Riccardo Staglianò
GRAZIE

Giovanni Fasanella, Rosario Priore
INTRIGO INTERNAZIONALE

Ferruccio Sansa, Andrea Garibaldi, Antonio Massari,
Marco Preve, Giuseppe Salvaggiulo
LA COLATA

Giorgio Meletti
NEL PAESE DEI MORATTI

Luigi Grimaldi, Luciano Scalettari
1994

Ferruccio Pinotti
LA LOBBY DI DIO

Gianluigi Nuzzi, Claudio Antonelli
METASTASI

Nadia Francalacci
PAURA DI VOLARE

Giacomo Galeazzi, Ferruccio Pinotti
WOJTYLA SEGRETO

Ferdinando Imposimato, Sandro Provvisionato
ATTENTATO AL PAPA

Mario José Cereghino, Giovanni Fasanella
IL GOLPE INGLESE

Gianni Barbacetto, Davide Milosa
LE MANI SULLA CITTÀ

Marco Cobianchi
MANI BUCATE

Franco Stefanoni
I VERI INTOCCABILI

Gianni Dragoni
CAPITANI CORAGGIOSI

Riccardo Staglianò
TOGLIETEVELO DALLA TESTA

Gianfrancesco Turano
FUORI GIOCO

Gianni Barbacetto, Peter Gomez, Marco Travaglio
MANI PULITE

Giovanni Spinosa
L'ITALIA DELLA UNO BIANCA

Claudio Gatti, Ferruccio Sansa
IL SOTTOBOSCO

Gianluigi Nuzzi
SUA SANTITÀ

Gianni Dragoni
BANCHIERI & COMPARI

Valentina Furlanetto
L'INDUSTRIA DELLA CARITÀ

Roberto Ippolito
IGNORANTI

Federico Monga, Rocco Varacalli
SONO UN UOMO MORTO

Stefania Limiti
DOPPIO LIVELLO

Pasquale Chessa
L'ULTIMO COMUNISTA

Giovanni Fasanella
UNA LUNGA TRATTATIVA

Alessandra Coppola, Ilaria Ramoni
PER IL NOSTRO BENE

Carlotta Zavattiero
LE LOBBY DEL VATICANO

Luca Ciarrocca
I PADRONI DEL MONDO

Ferruccio Pinotti, Stefano Santachiara
I PANNI SPORCHI DELLA SINISTRA

Paolo Biondani, Carlo Porcedda
IL CAVALIERE NERO

Finito di stampare
nel dicembre 2013 presso
Rotolito Lombarda SpA – Seggiano di Pioltello (MI)